孟德斯鸠文集
第 2 卷

论法的精神
（下）

许明龙 译

商务印书馆
创于1897 The Commercial Press

Montesquieu
DE l'ESPRIT DES LOIS

  本书主要根据如下译本译出：1）Gallimard 出版社 1995 年版的 De l'esprit des lois。同时参考了：2）Gallimard 出版社 1951 年出版的"七星诗社丛书"（Bibliothèque de la Pléiade）中的《孟德斯鸠文集》（Oeuvres de Montesquieu）；3）Garnier-Flammarion 出版社 1979 年版的 De l'esprit des lois；4）Seuil 出版社 1964 年版《孟德斯鸠文集》（Oeuvres de Montesquieu）；5）美国 Cambridge University Press 1989 年出版的英译本 The Spirit of the Laws。

孟德斯鸠

总　　序

　　孟德斯鸠、伏尔泰和卢梭是公认的法国启蒙运动三杰,孟德斯鸠最年长,1755年与世长辞,未曾经历法国大革命。当伏尔泰和卢梭被迎进先贤祠时,孟德斯鸠的遗骨已不知去向,否则,先贤祠中必应有他的一席之地。

　　就著作的数量而言,孟德斯鸠在三人中是最少的。他广为人知的著作只有《波斯人信札》《罗马盛衰原因论》和《论法的精神》三部,与伏尔泰和卢梭著作等身无法相比。然而,孟德斯鸠既是法学家、政治学家、哲学家,又是文学家、社会学家、历史学家。如此才华横溢,在各个领域独领风骚的思想家,即使在启蒙时代,也是非常罕见的。

　　建国已逾二百年的美国,至今只有一部1789年宪法,虽多次修正,却从未更换。这是美国人民的伟大创举。但同时,孟德斯鸠的思想和主张对这部宪法的积极影响却也是显而易见的。被尊为"美国宪法之父"的詹姆斯·麦迪逊在《联邦党人文集》中写道:"在立宪问题上,自始至终被我们倾听和援引的是著名的孟德斯鸠。"

　　孟德斯鸠为中国人认识之初是在清末民初,那时他是作为法国大革命的先驱被讴歌的,梁启超甚至赞颂他为功盖华盛顿、拿破仑的革命家。此后数十年间,他的著作陆续被译成中文出版,国人对他逐渐积累了更多的了解。

　　虽然无论是思想家、哲学家、社会学家、经济学家，任何一个称号，孟德斯鸠都当之无愧，但我觉得，法国人当年用来称呼著名文人学子的"philosophe"即"哲人"，对他最恰当，最准确。孟德斯鸠就是一个不折不扣的"哲人"。单是一部《论法的精神》就涵盖了众多学科，哪里只是一部法学著作所能囊括！《波斯人信札》所论及的宗教、政治、人口、经济等问题，又岂是一部纯文学小说所能容纳。

　　孟德斯鸠是个不太安分的人，对什么都感兴趣。如果说对自家葡萄园的土壤和葡萄栽培进行研究，尚不至于令人感到意外，但亲自动手解剖青蛙，近距离观察树木如何吸收和输送营养，以及对物体的透明程度的研究，对罗马各类建筑、众多画家和雕塑家的作品的独到见解，则无人能出其右。

　　孟德斯鸠不是关在书斋里苦思冥想的书呆子，他与不同阶层的人士接触，细致地观察社会，并把自己思考的结果详细地记录下来。他花了将近三年时间游历欧洲，到过意大利、匈牙利、德国、波兰等多个国家，那时这些国家尚未统一，境内邦国林立，各有其长短优劣。所到之处，他考察民情，调查经济，参观名胜古迹，拜访各界翘楚，将他的所见所闻和感想，一一写入笔记，成为他日后著书立说的重要资料。他的许多观点和主张，不是来自抽象的思考和推理，而是来自对历史和现实的概括。

　　由于孟德斯鸠的著作为数不多，为了深入了解和如实评价孟德斯鸠，还应该研究他生前未曾发表的各种笔记、摘录、游记、随想等文稿，方能对他和他的思想有一个更全面的解读。

正是出于这样的考虑，这部《孟德斯鸠文集》除了他的三部名著外，还选译了他的一些发表过的各类杂文，其中包括政论、演说、小说、游记和自然科学论文等，取名为《孟德斯鸠杂文选》。

孟德斯鸠的笔记数量很多，但大多已不存，留存下来的主要是《随想录》(Pensées)、《地理》(Geographica)和《随笔》(Spicilège)。这些笔记是他读过的各种书籍的摘要、感想和评论，他与他人的交谈，还有一些时而闪现的思想火花。国外学者对这些笔记的利用较多，但国内至今尚无译文。此次我们从《随想录》中选译了五百余条，约占这本笔记总数的四分之一。

在近几十年中，孟德斯鸠有关中国的论述和中国对他的影响，得到国人的高度重视，尤其因为他对中国的态度与伏尔泰的高度褒扬有着明显的差异，因而被称作"贬华派"，被指责对中国的批评仅凭道听途说为依据，把历史上的中国判定为专制主义政体。

据我所知，在18世纪的法国，少有如孟德斯鸠那样下功夫来了解中国的启蒙学者。他阅读了杜赫德所编《中华帝国全志》、基尔歇的《图说中国》、柏应理的《中国贤哲孔子》《耶稣会士中国书信集》等书，并做了详细摘录和笔记，留下了众多评语。在他的老家拉布莱德藏书室里，至今尚保存着著名传教士门多萨、卫匡国、庞迪我等人论述中国的著作。他还与当时在法国的唯一一位中国人黄嘉略多次面谈，写下了长达二十多页的记录。在当时条件不允许来中国实地考察的情况下，孟德斯鸠对中国的了解，远非"道听途说"所能概括。

正是在这种对中国详尽了解的基础上，他才能不追随潮流，对中国做出有别于他人的判断，既不恶意贬斥，也不过度溢美。就连

《法意》的译者严复先生，也高度赞扬孟德斯鸠对中国的看法："吾译此章，不觉低首下心，而服孟德斯鸠之伟识也。其于吾治也，可谓能见其大者矣。"指责孟德斯鸠无端贬斥中国，甚至把黑格尔对中国的贬斥也归咎于孟德斯鸠，实在不是公正之论。

文集收入了此前已经出版的《孟德斯鸠论中国》（文集中简称《论中国》）一书，将迄今孟德斯鸠所有著作中有关中国的言论全部囊括，读者通过这些文字可以全面了解孟德斯鸠对中国的看法，得出自己的结论。对中国是褒是贬，或是二者兼而有之，读者可以自己得出符合事实的判断。

此番纳入文集的孟德斯鸠著作，大多已在此前以单行本出版。十余年来，读者以各种方式对这些译本提出了宝贵意见，笔者非常感激。此次整理出版《孟德斯鸠文集》时，已经在这些建议的基础上做了相应的修改，俾使译文更能准确体现孟德斯鸠的原意。然而，错误和不妥之处依然在所难免，静候广大读者的指正。

许明龙

2020 年 6 月 20 日

目　　录

第　五　编

第二十四章　法与各国宗教仪规和宗教本身的关系…………… 3
　第一节　泛论宗教………………………………………………… 3
　第二节　培尔先生的悖论………………………………………… 4
　第三节　宽和政体宜于基督教，专制政体宜于
　　　　　伊斯兰教………………………………………………… 5
　第四节　基督教和伊斯兰教的特征造成的后果………………… 7
　第五节　天主教宜于君主政体，新教宜于共和政体…………… 7
　第六节　培尔先生的又一个悖论………………………………… 8
　第七节　宗教中的完美法律……………………………………… 9
　第八节　道德法规与宗教法规的一致性………………………… 10
　第九节　犹太苦修派……………………………………………… 10
　第十节　斯多葛派………………………………………………… 10
　第十一节　静修…………………………………………………… 11
　第十二节　苦行…………………………………………………… 12
　第十三节　不可补赎的罪行……………………………………… 12
　第十四节　宗教如何对世俗法律产生影响……………………… 13

第十五节　世俗法律有时如何修正伪宗教的谬误 ········· 15
　　第十六节　宗教法律如何修正政治体制的弊害 ············ 16
　　第十七节　续前题 ······································ 17
　　第十八节　宗教法律如何发挥世俗法律的效力 ············ 18
　　第十九节　教义对世俗状态中的人有利或有害，在于
　　　　　　　教义的滥用与否，而不在于其真伪 ············ 18
　　第二十节　续前题 ······································ 20
　　第二十一节　轮回 ······································ 20
　　第二十二节　宗教若教人憎恶无关紧要的事物，那就
　　　　　　　　十分危险 ···································· 21
　　第二十三节　节日 ······································ 21
　　第二十四节　地方性宗教的法律 ·························· 22
　　第二十五节　向异国移植宗教所产生的弊病 ············· 23
　　第二十六节　续前题 ···································· 24
第二十五章　法与各国宗教的建立及其对外机构的关系 ······ 26
　　第一节　宗教感情 ······································ 26
　　第二节　信奉不同宗教的理由 ···························· 26
　　第三节　庙宇 ·· 28
　　第四节　神职人员 ······································ 30
　　第五节　法律应对神职人员的财产设定的限制 ············ 32
　　第六节　修道院 ·· 33
　　第七节　迷信的靡费 ···································· 34
　　第八节　宗教领袖 ······································ 35
　　第九节　对宗教的宽容 ·································· 35

第十节 续前题 …………………………………… 36
第十一节 更换宗教 …………………………………… 36
第十二节 刑法 ………………………………………… 37
第十三节 对西班牙和葡萄牙宗教裁判官们的忠告 … 38
第十四节 基督教为何在日本如此遭人憎恶 ………… 41
第十五节 宗教的传布 ………………………………… 42

第二十六章 法与它所规定的事物秩序的关系 …… 44

第一节 本章总体思想 ………………………………… 44
第二节 神为法和人为法 ……………………………… 45
第三节 有悖自然法的公民法 ………………………… 46
第四节 续前题 ………………………………………… 47
第五节 何时可以更改自然法原则而按公民法
　　　 原则裁决 ……………………………………… 48
第六节 继承顺序不应以自然法原则而应以政治法和
　　　 公民法原则为准 ……………………………… 49
第七节 教规不应对属于自然法范畴的问题作出决定 … 52
第八节 不应以教会法原则处置应由公民法处置的
　　　 事项 …………………………………………… 53
第九节 应由公民法原则裁定的事项大多不能由
　　　 宗教法原则裁定 ……………………………… 54
第十节 何时应遵循公民法所许可而不遵循宗教所
　　　 禁止 …………………………………………… 56
第十一节 不应以关注彼岸世界的法庭准则规范
　　　　 今世法庭 …………………………………… 56

第十二节　续前题 …………………………………………… 57

第十三节　在婚姻问题上，何时应遵从宗教法，何时应
遵从公民法 …………………………………… 57

第十四节　亲属间的婚姻何时应遵从宗教法，何时应
遵从公民法 …………………………………… 59

第十五节　不应依据政治法原则而应依据公民法原则
处置的事项 …………………………………… 63

第十六节　应由政治法处置的事项不应由公民法处置 …… 64

第十七节　续前题 …………………………………………… 66

第十八节　应该检验那些看似彼此抵触的法律是否属于
同类 …………………………………………… 67

第十九节　不应以公民法处置应由家庭法处置的事项 …… 68

第二十节　不应以公民法处置属于万民法的事项 ………… 68

第二十一节　不应以政治法处置属于万民法的事项 ……… 69

第二十二节　印加人阿图阿尔帕的不幸遭遇 ……………… 70

第二十三节　因某些情况导致政治法摧毁国家时，应采用
保护国家的政治法，该法有时会变成万民法 …… 70

第二十四节　治安法规与公民法分属不同类别 …………… 72

第二十五节　不应以公民法的一般规则处置，应根据事物
性质作特殊处理的事项 ……………………… 73

第 六 编

第二十七章 ……………………………………………………… 77

独节　罗马继承法的起源与沿革 ……………………………… 77

第二十八章　法国公民法的起源与沿革 …… 90

第一节　日耳曼各族法律的不同特点 …… 90

第二节　蛮族诸法均为属人法 …… 93

第三节　萨利克法与西哥特法和勃艮第法的主要差异 …… 95

第四节　罗马法何以消失在法兰克人地区而保存在哥特人和勃艮第人地区 …… 97

第五节　续前题 …… 100

第六节　罗马法何以能保存在伦巴第人的领地内 …… 101

第七节　罗马法何以在西班牙被废弃 …… 102

第八节　伪造敕令 …… 103

第九节　蛮族法典和敕令何以消失 …… 104

第十节　续前题 …… 106

第十一节　蛮族法典、罗马法和敕令被废弃的其他原因 …… 106

第十二节　地方性习惯法、蛮族法和罗马法的沿革 …… 107

第十三节　萨利克法或萨利安法兰克法与里普埃尔法兰克法以及其他蛮族法的区别 …… 110

第十四节　其他差异 …… 111

第十五节　一点说明 …… 112

第十六节　萨利克法的沸水取证 …… 113

第十七节　我们的先人的想法 …… 114

第十八节　决斗取证法何以越传越广 …… 116

第十九节　罗马法、萨利克法和敕令被遗忘的另一原因 …… 121

第二十节	名誉问题的由来	123
第二十一节	对日耳曼人的名誉问题的又一看法	125
第二十二节	与决斗有关的习俗	125
第二十三节	司法决斗的法律原则	127
第二十四节	司法决斗的规则	128
第二十五节	为司法决斗设置的限制	130
第二十六节	诉讼当事人与证人的决斗	132
第二十七节	诉讼当事人与领主的附庸决斗，就判决不妥提起上诉	134
第二十八节	向上级法庭提起渎职之诉	140
第二十九节	圣路易统治的朝代	145
第三十节	对上诉的看法	148
第三十一节	续前题	149
第三十二节	续前题	150
第三十三节	续前题	151
第三十四节	诉讼程序何以变成秘密进行	152
第三十五节	诉讼费用	153
第三十六节	公诉方	155
第三十七节	圣路易的《条例》何以被人遗忘	158
第三十八节	续前题	160
第三十九节	续前题	162
第四十节	何以采用教皇圣谕的司法形式	164
第四十一节	教会裁判和世俗裁判的此消彼长	165
第四十二节	罗马法的复兴及其结果，法庭的变化	167

第四十三节	续前题	169
第四十四节	人证	170
第四十五节	法兰西习惯法	171

第二十九章 制定法律的方式 … 175

第一节	立法者的精神	175
第二节	续前题	175
第三节	看似与立法者的意图相悖的法律其实最与之相符	176
第四节	违背立法者意图的法律	176
第五节	续前题	177
第六节	相似的法律未必就有相同的效果	178
第七节	续前题,妥善立法的必要性	178
第八节	相似的法律未必出自相同的动机	179
第九节	希腊法和罗马法都惩罚自杀,但动机不同	180
第十节	看似相反的法律可能源自同一精神	181
第十一节	两种不同的法律如何进行比较	181
第十二节	看似相同的法律有时其实不同	182
第十三节	不应将法律与其立法目的分开,罗马法对偷窃的处置	183
第十四节	不应将法律与其制定时的情况分开	185
第十五节	法律有时应当自行修正	186
第十六节	制定法律时的注意事项	186
第十七节	制定法律的不良方式	192
第十八节	整齐划一的观念	193

第十九节　立法者 …………………………………… 193
第三十章　法兰克人的封建法理论与建立君主政体的关系…… 195
　　第一节　封建法 …………………………………… 195
　　第二节　封建法的根源 …………………………… 196
　　第三节　附庸制的起源 …………………………… 196
　　第四节　续前题 …………………………………… 198
　　第五节　被法兰克人征服的地区 ………………… 199
　　第六节　哥特人、勃艮第人和法兰克人 ………… 199
　　第七节　分割土地的不同方式 …………………… 200
　　第八节　续前题 …………………………………… 201
　　第九节　勃艮第人和西哥特人的法律在分地方面的
　　　　　　正确实施 ………………………………… 202
　　第十节　奴役 ……………………………………… 203
　　第十一节　续前题 ………………………………… 204
　　第十二节　蛮族分得的土地不缴贡赋 …………… 208
　　第十三节　罗马人和高卢人在法兰克君主国中的负担 … 211
　　第十四节　所谓税赋 ……………………………… 214
　　第十五节　所谓的税只向农奴而不向自由民征收 … 215
　　第十六节　家臣或附庸 …………………………… 219
　　第十七节　自由民的兵役 ………………………… 220
　　第十八节　双重职务 ……………………………… 223
　　第十九节　蛮族人民中的和解金 ………………… 226
　　第二十节　后来的领主司法权 …………………… 230
　　第二十一节　教会的领地司法权 ………………… 234

第二十二节　司法制度在加洛林王朝末期的建立……… 236
第二十三节　迪波教士《法兰西君主国在高卢的建立》的
　　　　　　总体思想……………………………………… 240
第二十四节　续前题，对该书基本体系的思考 ………… 241
第二十五节　法兰西的贵族……………………………… 245

第三十一章　法兰克人的封建法理论与其君主制巨变的
　　　　　　关系……………………………………… 253
第一节　官职和采地的变化……………………………… 253
第二节　民事管理有什么改革…………………………… 257
第三节　官相的职权……………………………………… 261
第四节　国家在官相问题上的特性……………………… 263
第五节　官相如何取得军队的指挥权…………………… 264
第六节　墨洛温王朝王权衰微的第二阶段……………… 266
第七节　官相治下的高官和采地………………………… 267
第八节　自由地何以变成采地…………………………… 269
第九节　教会地产何以变成采地………………………… 272
第十节　僧侣的财富……………………………………… 273
第十一节　铁锤查理时代的欧洲状况…………………… 275
第十二节　什一税的设立………………………………… 278
第十三节　主教和修道院院长的选举…………………… 281
第十四节　铁锤查理的采地……………………………… 282
第十五节　续前题………………………………………… 282
第十六节　王权与官相的权力在加洛林王朝合而为一… 283
第十七节　加洛林王朝国王选举中的特殊情况………… 285

第十八节　查理曼 ……………………………………… 287

第十九节　续前题 ……………………………………… 288

第二十节　宽厚者路易 ………………………………… 289

第二十一节　续前题 …………………………………… 292

第二十二节　续前题 …………………………………… 293

第二十三节　续前题 …………………………………… 294

第二十四节　自由民被许可拥有采地 ………………… 297

第二十五节　加洛林王朝积弱的主要原因，自由地的
　　　　　　变化 …………………………………… 298

第二十六节　采地的变化 ……………………………… 301

第二十七节　采地的另一变化 ………………………… 303

第二十八节　重要官职和采地的变化 ………………… 304

第二十九节　秃头查理当政后采地的性质 …………… 306

第三十节　续前题 ……………………………………… 307

第三十一节　帝国何以摆脱了查理曼王室 …………… 309

第三十二节　法兰西王冠何以传到于格·加佩家族 … 309

第三十三节　采地永久化的若干后果 ………………… 311

第三十四节　续前题 …………………………………… 316

附　录

有关《论法的精神》的资料 ……………………………… 321

为《论法的精神》辩护 …………………………………… 463

有关《为〈论法的精神〉辩护》的资料 ………………… 517

对《论法的精神》的若干解释 …………………………… 520

向神学院提交的回答和解释……………………………… 523
答格罗莱对《论法的精神》的意见……………………… 551

主题索引………………………………………………………… 556
译名对照………………………………………………………… 731

第五编

前文科

第二十四章 法与各国宗教仪规和宗教本身的关系

第一节 泛论宗教

茫茫黑暗之中,我们能够辨认哪里比较明亮,众多的深渊之中,我们能够辨认哪个深渊比较浅。同样,我们也可以在众多的错误宗教中,寻找那些最符合社会福祉的宗教,那些虽然不能把人引向极乐的来世,却最能帮助人获得今生幸福的宗教

所以,我对世界上各种宗教的审视,仅仅着眼于它们能为生活在尘世中的人带来什么福祉,无论它们源自天上还是来自人间。

我是作为一个政治著作家,而完全不是作为神学家撰写本书的,所以,书中可能会有一些东西,只有用尘世俗人的眼光去看,才显得完全真实,因为,我并未把它们与更高的真理联系起来考虑。

至于真正的宗教,只需稍有一点公正心就可以发现,我从未试图让宗教利益屈从于政治利益,而是试图让两者彼此结合,然而,要想做到这一点,首先必须认识和了解它们。

毫无疑问,要人们相亲相爱的基督教,希望每个民族都有最佳

政治法和最佳公民法，因为除了宗教以外，这些法律就是人们能够给予和获得的最大福祉。

第二节　培尔先生的悖论

　　培尔先生声称，他能证明，与其做一个偶像崇拜者，不如做一个无神论者，换句话说，与其信奉一种不良宗教，不如什么教也不信①。他写道："我情愿让人说我这个人并不存在，也不愿让人说我是一个坏人。"这只是一种诡辩，其依据是：对人类来说，相信某人存在毫无用处，反之，相信上帝存在却非常有用。如果认为上帝并不存在，就会以为可以不受约束、为所欲为，如果没有上帝存在的观念，那就会萌发叛逆念头。如果因为宗教并非时时刻刻都在发挥约束作用而断言它不是一种约束因素，那就等于断言公民法也不是约束因素。在一部卷帙浩繁的著作中罗列宗教引发的种种弊端，以此作为反对宗教的理由，却不罗列宗教带来的好处，这种推理方法是不可取的。若是把世界上的公民法、君主政体和共和政体所产生的一切弊端罗列出来，一件件无不骇人听闻。即使宗教对于臣民们没有用处，对于君王们也不会没有好处，因为那些不怕人类法律的人只受一种约束，而这种约束就像是马嚼子，所以，以白沫清洗马嚼子不会没有好处②。

　　一个既热爱又畏惧宗教的君主犹如一头狮子，对于抚摸它的

---

① 《漫话彗星》，第六十四篇。
② 戴上嚼子的马会因暴躁发怒而口吐白沫。——译者

手和安抚它的吆喝,驯服而又听话。畏惧而又憎恨宗教的人犹如困兽,拼命撕咬防止它伤害路人的铁链。完全不信教的人犹如可怕的动物,只有当它撕咬和吞噬猎物时才感到自由。

对于某个人或某个民族来说,问题不在于弄明白,是根本不信教好还是过度信赖宗教好,而是要知道哪个害处少,是过度信赖宗教呢,还是根本不信教。

为了减轻无神论的可怖程度,人们对偶像崇拜的攻击有些过头。古人在社坛供奉某些恶神,并不意味着他们喜爱恶神,恰恰相反,这意味着他们仇恨恶神。斯巴达人建庙供奉恐惧之神,并不意味着这个好战的民族祈求恐惧之神在战斗中夺走斯巴达人的胆量。人们向一些神明祈求,为的是不要激励罪恶,而向另一些神明祈求,则是为了远离罪恶。

第三节　宽和政体宜于基督教,专制政体宜于伊斯兰教

基督教与不折不扣的专制主义相去甚远,因为,《福音书》既然竭力提倡仁爱,基督教当然反对君主以专制淫威判案定罪和滥施暴虐。

基督教禁止妻妾成群,君主因而较少幽居后宫,较少与臣民隔离,因而比较有人性。他们更愿意制定法律,更能够意识到自己并非万能。

伊斯兰教的君主们不断杀人,也不断被杀,基督教则使君主们不那么怯懦,因而也就不那么残忍。君主依赖臣民,臣民仰仗君

主。真是妙极了！彼岸世界的福祉似乎是基督教的唯一追求,可是它却也为今生带来了幸福。

尽管埃塞俄比亚国土辽阔,气候恶劣,基督教依然成功地阻止了专制主义在那里落地生根。基督教还为非洲腹地送去了欧洲的习俗和法律。

埃塞俄比亚的一位王储拥有一个公国,为其他臣民提供了仁爱和顺从的榜样。就在王储的公国不远处,伊斯兰教徒把塞纳尔[①]国王的几位王子监禁起来;国王死后,枢密院为扶植继位者登基,派人掐死了被监禁的那几位王子[②]。

这一边,希腊和罗马的首领们不断大肆屠杀,那一边,帖木儿和成吉思汗恣意蹂躏亚洲,毁灭民族和城池。我们只要睁眼看一看那些首领的所作所为,就能知道我们如何受益于基督教,在治国方面我们享有一定的政治权,在战争中我们享有某种万民法规定的权利,人类的本性对这些权利无论怎样表示感谢都不为过。

在我们当中,正是万民法给被征服的人民留下了以下这些重要的东西:生命、自由、法律、财产,只要被征服者自己不糊涂,他们的宗教也总是得到保护。

可以说,与当年变成专制和黩武后的罗马帝国相比,今天的欧洲人民并非更不团结,人民如此,军队也如此;当时的军队与今天的军队相比,情况也是这样,一方面,当时各国的军队相互攻击,战事不断;另一方面,当时的军队被允许劫掠城市,瓜分或没收土地。

[①] 塞纳尔(Sennar),古代努比亚王国,疆域从尼罗河直抵红海,今为苏丹一省。——译者

[②] 见《耶稣会士书简集》,第四辑,第290页:蓬塞(Poncet),"埃塞俄比亚游记"。

第四节　基督教和伊斯兰教的特征造成的后果

鉴于基督教和伊斯兰教的特征，我们无须详加审视，就应该皈依前者而唾弃后者。因为在我们看来，一种宗教能否敦化民俗，无论如何总比一种宗教是否是真教来得明显。

一种宗教如果是由征服者传入的话，那就是人性的不幸。伊斯兰教建立在破坏精神之上，一味崇尚利剑，至今依然在以这种精神影响人。

牧人之王萨巴卡①的历史令人赞叹②。底比斯的神明出现在他的梦中，命令他杀死埃及的所有祭司。他据此断定，他当国王已经不再让神明高兴，否则，神明不会让他做此类与神明通常的意愿背道而驰的事情，于是，他隐退到埃塞俄比亚去了。

第五节　天主教宜于君主政体，新教宜于共和政体

在一个国家中产生和成长的宗教，通常总是紧跟那个国家的政体走向的，因为，无论是信奉这种宗教的人或是传播这种宗教的

---

① 萨巴卡（Sabbacon），埃及第二十五王朝（公元前750—前700年之间）的法老。——译者

② 狄奥多罗斯，《世界文库》，第二卷。

人，除去他们生活在其中的那种政体之外，他们对于其他政体所知甚少。

两个世纪之前，基督教不幸分裂为天主教和新教，北方民族皈依了新教，而南方民族则依然信奉天主教。

这是因为，北方民族不但现在具有而且将永远具备一种独立和自由的精神，而南方民族则不具备这种精神；再者，领袖地位不突出的宗教，比较适合因气候条件而养成的独立精神，而对于领袖地位突出的宗教来说，独立精神就不那么合适。

建立了新教的那些国家，在国家政治层面上也进行了一些变革。路德虽然获得了一些君主的支持，可是，新的宗教倘若没有堂皇的外表，他也很难让这些君主接受教会的权威。不过，支持卡尔文的是共和国中的民众或是君主国中默默无闻的小市民，所以，他大可不必搞那些堂皇的外表和显赫的职位。

这两个宗教派别都可以自诩尽善尽美，卡尔文派认为自己最符合耶稣基督的教诲，而路德派则认为自己最符合使徒们的行为。

第六节 培尔先生的又一个悖论

培尔先生咒骂了所有宗教之后，又对基督教大加斥伐，他竟然声称，真正的基督教徒倘若组成一个国家，这个国家就不可能生存下去。为什么不可能？那将是一批对于自己的义务了然于胸的公民，他们具有极大的热情去履行自己的义务；他们对于天赋的自卫权利有强烈的感受，越是觉得自己受惠于宗教，就越是觉得自己沐泽于祖国。深深地铭刻在他们心中的基督教教义，具有无比强大的力量,远远胜过君主政体下虚伪的荣宠、共和政体下人类的美德以及专制国家中卑劣的畏惧。

这位大名鼎鼎的人物由于不了解自己所信奉的那个宗教的精神,不懂得区分建立基督教所需的神品和基督教本身,不懂得区分《福音书》中的戒律和劝导,因而受到指责,这让人颇感震惊。立法者之所以不制定法律而进行劝导,那是因为他们发现,如果把这些劝导作为法律颁布的话,就会违背法的精神。

第七节 宗教中的完美法律

人类的法律是用来指导精神的,所以,法律应该给予人们以戒律而不是劝导。宗教是用来指导心灵的,所以宗教给予人们的劝导应该很多,而戒律则应该很少。

比方说,宗教设定一些规矩,不是为了好,而是为了最佳,不是为了善,而是为了至善,因而,只有当这些规矩是劝导而不是戒律时方才合适。因为,不能指望每个人和每件事都能达于至善。况且,如果这些规矩是法律而不是劝导,那就需要许许多多其他法律来保证这些法律得到遵守。基督教劝人独身,当这种劝导成为某一类人必须遵守的法律后,就得每天制定新的法律,迫使这类人遵守独身的法律[①]。立法者如果把热爱至善的人眼中的劝导当作戒律来实现,那他就不但会使自己疲惫不堪,也会让社会不胜其烦。

[①] 参见迪潘(Dupin),《6 世纪僧侣著作汇览》,第五卷。

第八节　道德法规与宗教法规的一致性

一个国家所信奉的宗教，倘若不幸不是上帝赐予的那种宗教，那就始终需要设法让宗教与道德保持一致。因为，宗教——哪怕是伪宗教——是为人正直诚实的最佳保证。

勃固人所信奉的宗教的主要教义是：不杀、不偷、不做下流无耻的事、不做任何让众人不快的事，反之，要竭尽全力为众人做一切好事。他们相信，能做到这些的人，不论信奉什么宗教，都能得到拯救。正因为如此，勃固人民尽管既贫且傲，却都以慈爱和同情之心对待不幸的人。

第九节　犹太苦修派

犹太苦修派①发誓以公正待人，即使奉他人之命也不加害于任何人，他们憎恨不义，对所有的人恪守诚信，以谦和的态度发号施令，永远站在真理一边，面对不义之财避而远之。

第十节　斯多葛派

古代的各种哲学派别可以看作是不同的宗教。没有任何一个哲学派别的原则比斯多葛派更无愧于人类，更能培养好人。假若

---

① 参见普里多，《犹太史》。

我能在一瞬间忘掉自己是基督教徒,我就会把芝诺学派①的毁灭列为人类的一大灾难。

这个学派做得过头的只是那些包含伟大因素的事,那就是蔑视快乐和痛苦。

唯有斯多葛派懂得培养公民,唯有斯多葛派培育了伟人,造就了伟大的帝王。

暂且把神启真理搁置一边,去到万物中寻找,你绝找不到比两位安托尼乌斯乃至尤利安更伟大的人物。尤利安,就是这个尤利安(尽管我不得不认可尤利安,但绝不会成为他背弃宗教行径的同谋),在他之后,再也没有一个比他更配做统治万民的君主了。

斯多葛派虽然把财富、人世间的显赫、痛苦、忧伤和愉悦视为虚无,可是,他们全力以赴的却是为人类谋福,尽社会义务。看来,他们是把确信自身所具有的那种神圣精神,视为一种关爱着人类的神明。

他们为社会而生,每个人都相信自己的命运就是为人类效力,为社会效力并不是一种负担,因为他们所得到的全部报酬就在他们自己的内心里,唯有他们的哲学能使他们幸福,唯有他人的幸福能增加他们自己的幸福。

第十一节　静修

人生来就要传宗接代,就要吃饭穿衣,就要从事一切社会活

---

① 芝诺(Zénon,约前 336—前 264),古希腊斯多葛派的创始人,认为人应顺应自然或服从命运。——译者

动,所以,宗教不应让人过一种过于静修的生活①。

穆斯林的沉思是习惯使然,他们每天祈祷五次,每次祈祷都要作出表示,把尘世间的一切抛诸脑后,这就使他们养成了沉思的习惯。此外,他们对一切事物都持冷漠态度,这是因为教义告诉他们,命运难以抗拒。

倘若此外还有其他因素进一步促成他们的超然态度,比方说,苛政和有关地产权的法律给他们一种不稳定感,那就一切都完了。

袄教曾把波斯治理得欣欣向荣,消除了专制主义的种种弊害,可是,伊斯兰教如今又把这个帝国摧毁了。

第十二节 苦行

苦行不该与怠惰而应与勤奋的思想相结合,不应与非凡而应与善良的思想相结合,不应与贪婪而应与节俭的思想相结合。

第十三节 不可补赎的罪行

被西塞罗引述的一段高级僧侣的论述②表明,罗马人中间曾经有过不可补赎的罪行③,正是在这一点上,索西穆斯巧妙地编造故事,用来诋毁君士坦丁皈依的动机,尤利安在他的《诸王传》中也

---

① 佛教和道教的毛病就在这里。
② 西塞罗,《法律》,第二卷。
③ "亵渎神圣是无法补赎的罪,这是一种因蔑视宗教而犯下的罪。凡是可以补赎的罪,但愿公共教士们予以补赎。"

据此对君士坦丁的皈依进行辛辣的嘲讽①。

异教仅仅禁止若干重大罪行，它只管手而不管心，所以，异教徒可能犯下不可补赎的罪行。可是，有一种宗教②不可能有不可补赎的罪行。这种宗教抑制一切情欲，对行动与对欲望和思想同样小心翼翼；它不是用几条链子而是用无数细绳把我们拴住；它把人类的公理置于一边，而另立一种公理；它的使命是不断地把我们从悔引导到爱，又从爱引导到悔；它在审判者和罪人之间设置一个中间人，在遵守教规的人和中间人之间设置一个伟大的审判者。然而，尽管它把恐惧和希望给予所有的人，它依然让人充分地意识到，虽然没有一种罪行因其性质而是不可补赎的，但整个生命却可能是不可补赎的，不断地以新的罪行和新的补赎去折磨天主的仁慈，那是极端危险的；既然我们欠着上帝的债，而且因从未还清而忧心忡忡，那么，我们就应该担心旧债未还又添新债，千万别把事情做绝，不要一直走到慈父不再宽恕的终点。

第十四节　宗教如何对世俗法律产生影响

宗教和世俗法律的主要目标都应是使人成为好公民。如果其中一个偏离了这个目标，另一个就更应坚持这个方向。凡是宗教

---

① 据索西穆斯说，君士坦丁于公元 326 年误杀了人，为了补赎这一罪过，他才皈依基督教。其实，他皈依基督教是在公元 312 年，即杀人事件的 14 年之前。——译者

② 孟德斯鸠此处指基督教。——译者

较少加以约束的地方，世俗法律就应严加约束。

以日本为例，由于那里占主导地位的宗教几乎毫无教义可言，既不讲天堂也不讲地狱，为弥补这一欠缺，法律不但制定得十分严厉，而且执行得一丝不苟。

宗教的教义如果认定人的行动受命运支配，那么，法律规定的惩罚就应严厉，治理者就应时时保持警觉，使那些没有管束就放纵自己的人受到约束。不过，倘若宗教确立的是自由的教义，那就另当别论。

伊斯兰教的宿命论源自精神的懒惰，而宿命论反过来又导致精神的懒惰。有人说，这是真主在圣谕中规定的，我们无须行动。在这种情况下，应该用法律去唤醒沉睡在宗教中的人。

如果宗教谴责应该为世俗法律所许可的某些事，而世俗法律却许可应该被宗教谴责的某些事，那就很危险了；因为这种情况表明，和谐与公正的观念始终缺失，这种缺失会从一方蔓延到另一方。

试以成吉思汗的鞑靼人①为例，在他们看来，把刀子扔进火里，把身子靠在鞭子上，用缰绳打马，用骨头击碎另一块骨头，这些都是罪行，甚至是重大罪行；可是，背信弃义、抢掠财物、伤人杀人，这些却都不构成罪行。总而言之，如果法律把无关痛痒的小事看做大事，那就会产生一种弊害，即把大事看成无关痛痒的小事。

台湾人相信有一种地狱②，不过，这个地狱是用来惩罚以下这些人的：在某些季节中没有赤身裸体的人、不穿丝绸而穿布衣的

---

① 参阅柏朗嘉宾的记述，此人奉教皇因诺森四世之命，于1246年出使鞑靼。
② 《创建东印度公司历次航行记》，第五卷，第一部分，第192页。

人、拾牡蛎的人、做事之前不先问卜于小鸟的人。所以，他们不但不把酗酒和调戏妇女视为罪恶，甚至反而认为，子女们的放荡行为能博得神明的欢心。

　　法律如果宽恕一个偶发事件，它就会因此而无谓地失去对人的最大推动力。印度人相信，恒河水具有圣化的效能①，死在恒河岸边的人可以免受阴间的酷刑，并且可以居住在极乐净土。因此，印度人从偏僻的角落把装有骨灰的坛子带到恒河边上，投入河中。生前是否品德高尚又有何妨？只要死后让人扔进恒河就行了。

　　既然相信有一个能得到好报的地方，自然就会相信也有一个会受到惩罚的地方。倘若希望得到好报却并不惧怕受到惩罚，世俗法律就无计可施了。对于确信自己能在阴间过好日子的人，立法者是无能为力的，他们根本不把死亡当作一回事。倘若有人确信，官员给他的最重刑罚之日，正是他好日子开始之时，法律又有什么办法去约束这样的人呢？

第十五节　世俗法律有时如何修正伪宗教的谬误

　　出于对古代事物的崇拜，由于头脑简单或是迷信，人们有时候会创制一些有伤贞操的神秘祭礼或仪式，世界上不乏其例。亚里士多德说②，在这种情况下，法律准许家长代替自己的子女和妻子前

---

① 《耶稣会士书简集》，第十五辑，第13页。
② 亚里士多德，《政治学》，第七卷，第十五章。

去神庙参加祭礼。这项法律真不错,它抵御了宗教对风尚的侵害。

奥古斯都禁止男女青年参加任何在夜间举行的祭礼①,除非有年长的亲属陪同;他恢复牧神节②后,禁止青年男女在节日里裸体奔跑③。

第十六节 宗教法律如何修正政治体制的弊害

另一方面,当法律软弱无力时,宗教可以发挥支撑国家的作用。

比如,当一个国家因内战频仍而动荡不安时,宗教如果能使这个国家的某一部分始终处于安定状态,那就相当了不起。希腊的埃里亚人④作为阿波罗的祭司,享受着持久的和平;在日本,京都始终没有遭受战乱⑤,因为宗教把维持这座圣城的和平定为必须遵守的规矩;日本似乎是世界上独一无二的国家,国内的商业从不因战争而毁灭,所以它既没有也不欢迎任何来自外国的资源。

在有些国家里,未经公众讨论就打起仗来,法律也没有任何办法制止或防止战争,宗教在这种情况下就可以确定一个和平或休战时期,以便让人民去完成那些必须做的事,例如播种以及类似的

---

① 苏埃托尼乌斯,《奥古斯都》,第三十一章。
② 牧神节为每年的 2 月 14 日,届时,全身赤裸的青年男女在罗马的街道上狂奔,并用兽皮条抽打路上遇到的行人。——译者
③ 苏埃托尼乌斯,《奥古斯都》,第三十一章。
④ 埃里亚人(Eléens),希腊西北部埃里亚地区的居民。——译者
⑤ 《创建东印度公司历次航行记》,第四卷,第一部分,第 127 页。

工作，否则国家就无法继续生存。

在阿拉伯部落中，每年有四个月停止一切敌对行动①，最小的骚乱也被视为亵渎神明。法国的领主们随意开战或停战，宗教却规定在某些季节里必须休战。

第十七节　续前题

一个国家若有许多记仇的理由，宗教就应提供许多和解的途径。阿拉伯这个强盗民族，经常做一些相互伤害、彼此不公正的事。穆罕默德定下一条法规②："有人如果宽宥了杀害兄弟的坏人③，可以要求坏人支付赔偿及利息；但是，如果接受赔偿之后还伤害坏人，那就会在审判日受到酷刑的惩罚。"

在日耳曼人中，亲人的仇恨和敌意一代一代传袭，但并非传之永久。一定数量的牲畜可以抵消杀人之仇，被害人全家都会对此感到满意。塔西佗就此写道④："这种做法非常有用，因为对于一个自由的民族来说，敌意相当危险。"我相信，在这些人中间享有巨大威望的神职人员，肯定参与了调解。

马来人没有建立起这种调解机制⑤，杀人者确信自己定会被死者的亲友杀死，于是放纵自己的狂暴，逢人便伤，逢人便杀。

---

① 普里多，《穆罕默德传》，第64页。
② 《古兰经·黄牛》。
③ 即放弃同态复仇。
④ 塔西佗，《日耳曼尼亚志》，第二十一章，第一节。
⑤ 《创建东印度公司历次航行记》，第七卷，第303页。又见福尔班伯爵（comte de Forbin），《福尔班伯爵回忆录》以及他对望加锡人的记述。

第十八节　宗教法律如何发挥世俗法律的效力

希腊人最早是一些散居各地的小部落，在海上当海盗，在陆地上胡作非为，无人管理，也没有法律。赫剌克勒斯和忒修斯的英勇功绩①反映了这个新生民族当时的状况。除了激起人们对凶杀的恐惧之外，宗教还能做些什么呢？他告诉人们，被暴力杀害的那个人的愤怒首先使杀人者感到不安和恐怖，接着，他还要杀人者把他以前经常光顾的地方让给他②；人们既不能接触罪犯，也不能同他谈话，否则就会沾染鲜血，并且失去以遗嘱安排遗产的资格③；凶手应该被逐出城外，他的罪行应该得到净化④。

第十九节　教义对世俗状态中的人有利或有害，在于教义的滥用与否，而不在于其真伪

即使是最真实和最圣洁的教义，如果不与社会原则相结合，也会产生非常恶劣的后果；反之，即使是最虚假的教义，如果能与社会原则相结合，也能产生美妙的后果。

---

① 此处指希腊神话中这两位英雄所完成的英勇无比的伟业。——译者
② 柏拉图，《法篇》，第九卷。
③ 参阅索福克勒斯的悲剧，《俄狄浦斯王》。
④ 柏拉图，《法篇》，第九卷。

第二十四章　法与各国宗教仪规和宗教本身的关系　19

孔子的教义否认灵魂不死①，芝诺学派不相信灵魂。谁会想到，孔教和芝诺学派从它们的虚假原则中引申出来的结论，虽然不正确，却非常有益于社会。

佛教和道教相信灵魂不死，可是，从如此圣洁的教义中，人们竟然引申出一些骇人的结论来。

灵魂不死的说法由于被人作了错误的理解，在世界各地和各个时代，都诱使一些妇女、奴隶、臣民和朋友走上了自杀之路，到阴间去为自己所敬佩和热爱的对象服务。东印度人如此，丹麦人亦然②；直至今日，在日本③，在望加锡④，在世界许多其他地方，都依然如此。

这种习俗并非直接来自灵魂不死的教义，而主要是来自肉体死而复活的教义。从这种教义引申出的结论是，同一个人死后的需求、感情欲望与生前一模一样。从这个角度看，灵魂不死的教义对人产生的影响非同小可，因为，在一般人看来，调换一个住所要比重新建造一个容易得多，因而比较容易让人欣然接受。

对于一个宗教来说，仅仅确立一种教义还不够，还要加以指导。基督教在我们所说的教义方面就做得非常出色。基督教让我

---

① 一位中国哲学家以下列论据驳斥佛教教义："佛经说，肉体是人的居所，灵魂作为永生的房客居住在肉体中。父母的肉体如果也只是一个居所，那当然就应该把它当作一堆烂泥加以蔑视。这岂非要从人心中去除热爱父母的美德吗？这同样会使人不爱惜肉体，拒不保养肉体，拒不给予珍惜和爱护。正因为如此，自杀而死的佛教徒数以千计。"见杜赫德《中华帝国全志》第三卷第 52 页所载一篇中国哲学著作。

② 参见托马斯·巴塞林（Thomas Bartholin），《古代丹麦》，第五卷，第二部分。

③ 《创建东印度公司历次航行记》第五卷第二部分中关于日本的记述。

④ 《福尔班伯爵回忆录》，第一卷，第 178、179 页。

们寄以希望的,是我们所相信的未来状态,而不是我们所感受到的或所了解的当前状态。包括死而复活在内的一切,都将我们引向神灵观念。

第二十节 续前题

波斯人的圣书写道:"如果你想成为圣人,那就教育你的孩子,因为,他们将来所做的一切都将归功于你[①]。"圣书劝导人们早婚,因为到了末日审判时,子女将是一座桥,没有子女的人就过不去。这些教义虽然虚假,却非常有用。

第二十一节 轮回

灵魂不死的教义有三种说法,一为不死说,二为更换住所说,三为轮回说,分别是基督教的说法、斯基泰人的说法和印度人的说法。刚才谈到了头两种说法,现在要谈的是第三种说法。我认为,轮回说在印度的导向有好有坏,因此,其效果也有好有坏。轮回说使人憎恶流血,因而印度极少发生凶杀事件;尽管几乎没有人被处以死刑,所有人却都安分守己。

另一方面,妇女自焚以殉夫,这说明,受暴死之苦的偏偏是那些无辜的人。

---

① 海德,《波斯人的宗教》。

第二十二节 宗教若教人憎恶无关紧要的事物，那就十分危险

宗教偏见造成的荣耀感使印度的各个种姓彼此憎恶。宗教是这种荣耀感的唯一基础，种姓不同并不构成公民身份上的差别，有的印度人觉得与国王同席进餐是有失体面的事。

这种差别与对他人的某种厌恶有关，与因社会地位的差异而产生的感情截然不同，我们欧洲人的这种感情包含着对下层人民的怜爱。

除了鄙视邪恶，宗教法律应该避免激励人们鄙视其他事物，尤其不应使人远离对他人的爱怜。

穆斯林和印度的宗教信徒多得难以计数。穆斯林因为食用牛肉而遭印度人憎恨，印度人则因食用猪肉而遭穆斯林憎恨。

第二十三节 节日

宗教在规定某日停止工作时，首先应予考虑的是人们的需求，其次才是敬奉对象的崇高伟大。

雅典的节日过多是一大弊端[1]。希腊的所有城市都把它们的纠纷提交给统治整个希腊的雅典人民解决，雅典人实在忙不过来。

君士坦丁规定星期天停工歇业，不过，这项规定仅实施于城市[2]，

---

[1] 色诺芬，《雅典政制》，第三章，第八节。
[2] 《法律》，第三篇"关于安息日的法典"。此项法规无疑是为异教徒制定的。

而不实施于乡村。他认为,劳动在城市里是有益的活动,而在乡村中,劳动则是必不可少的活动。

　　基于同样理由,在以贸易为生的国家中,节日的多寡应与贸易相适应。由于新教国家和天主教国家的地理位置不同①,前者对劳动的需求大于后者,所以,取消节日对于新教国家来说比较合适,而对于天主教国家来说就不那么合适。

　　唐比埃指出,各国人民的娱乐因气候不同而大异其趣②。炎热地带盛产美味的水果,蛮人不费力气就可获得生活的必需,因而有较多时间进行娱乐。寒冷地带的印第安人要不断地捕鱼狩猎,没有多少闲暇,所以他们的舞蹈、音乐和宴饮都比较少。建立在他们那里的宗教在作出有关节日的规定时,应该对此有所考虑。

第二十四节　地方性宗教的法律

　　各种宗教都有许多地方性法律。莫采苏马③坚持认为,西班牙人的宗教适合西班牙,墨西哥的宗教适合他的国家。他的话绝非谬说,事实上,立法者纵然不想考虑大自然此前已经确立的东西,那也是办不到的。

　　轮回说是为印度的气候量身定制的。烈日炎炎的乡村犹如一

---

　　① 天主教国家偏南,新教国家偏北。
　　② 《周游世界记》,第二卷,第一部分,第218页。
　　③ 莫采苏马(Montésuma),1519年墨西哥被征服时的皇帝。——译者

片火海,只能饲养少量牲畜,缺乏耕畜之虞始终存在,那里的牛繁殖力很低①,却很容易染病。所以,宗教为保护耕牛而制定法律,是十分适应治国需要的举措。

草地虽然受着烈日的炙烤,稻谷和蔬菜却因有水灌溉而茁壮成长,那条只准以这些作物为食的宗教法律,显然对生活在此类气候条件下的人非常有用。

肉类在那里不受欢迎②,取自于牛的奶和奶油是人们赖以生存的一部分食品;所以说,印度的法律禁止杀牛和吃牛肉,并非没有道理。

雅典人口密集,土地贫瘠,因而,用小祭品供奉神明与杀牛作供献相比,前者更能彰显对神明的崇敬③,这是一条宗教箴规。

第二十五节　向异国移植宗教所产生的弊病

鉴于以上所述,将一国的宗教移植到另一国,往往会产生许多弊病④。

德·布兰维利耶先生说,"阿拉伯大概没有多少猪,几乎没有树林,动物可吃的食料几乎一点也没有,不但如此,水和食物所含的盐分使当地人民很容易得皮肤病⑤。"当地禁止食用猪肉的法

---

① 《耶稣会士书简集》,第十二辑,第95页。
② 贝尼耶,《莫卧儿帝国游记》,第二卷,第137页。
③ 阿特纳奥斯在《哲人宴享》中引用幼里庇德斯的话,第二卷,第40页。
④ 这里说的绝非基督教,正如我们在本书第二十四章第一节末尾所说,基督教是人类第一财富。
⑤ 《穆罕默德传》。

律，若其他国家执行肯定不是好事①，在那些国家里，猪肉是极为普遍而且几乎是不可或缺的食品。

我要谈一点感想。桑克多利乌斯②指出，我们食用的猪肉难以让我们出汗③，而且还妨碍其他食物让我们出汗，他发现，食用猪肉导致的出汗量减少可达三分之一④。况且我们知道，不出汗会引起和加剧皮肤病。所以，在由于气候原因而容易感染皮肤病的地方，例如巴勒斯坦、阿拉伯半岛、埃及和利比亚等地，应该禁止食用猪肉。

第二十六节　续前题

沙尔丹先生说⑤，除了边境上的库拉河⑥，波斯几乎没有可通航的河流。袄教徒禁止在河流上航行的古法，当然没有在波斯造成任何不便，可是，若是在另一个国家执行该法，就会把贸易彻底摧垮。

在炎热地带经常沐浴是司空见惯的事，所以，伊斯兰教和印度的宗教规定要经常沐浴。印度人在流水中向神祈祷⑦是值得高度

---

① 例如在中国。
② 桑克多利乌斯(Sanctorius，1561—1636)，意大利医学教授，他认为饮食过量是致病的原因，最佳的治疗方法是出汗。——译者
③ 桑克多利乌斯，《静态医学》，第三编，第22条。
④ 同上书，第23条。
⑤ 贝尼耶，《莫卧儿帝国游记》，第二卷，第122页。
⑥ 库拉河(Kur)，即古代的居鲁斯河，在高加索南部注入里海。——译者
⑦ 贝尼耶，《莫卧儿帝国游记》，第二卷，第137—138页。

赞扬的举动，可是，生活在其他气候条件下的人怎么能去做这种事呢？

产生于特定气候条件的宗教，若是与另一个国家的气候条件相差太多，就不可能在那个国家立足，即使被引入那个国家，也会立即被赶出来。从人的角度看，为基督教和伊斯兰教设置分界线的，好像就是气候。

由此可见，一种宗教如果既有独特的教义又有普遍的信仰，那就几乎永远是合适的。有关宗教信仰的法律不宜过细，比如说，不要只规定某一种苦修方式，而应该提出多种苦修方式。基督教充满良知，节制欲念是神的权力，可是，究竟节制哪一种特定的欲念，则应由世俗权力机构规定，而且应该是可以更改的。

第二十五章 法与各国宗教的建立及其对外机构的关系

第一节 宗教感情

敬神者和无神论者时时都在谈论宗教，前者谈他所爱，后者谈他所惧。

第二节 信奉不同宗教的理由

世界上有多种宗教，每种宗教为信教者提供的信奉理由并不相同，这在很大程度上取决于各种宗教如何适应人的思想和感受方式。

我们倾心于偶像崇拜，却不喜欢崇拜偶像的宗教。我们并不十分喜欢神的观念，却醉心于让我们崇拜神明的宗教。这是一种幸福感，它部分地来自我们对自己的满意，因为，我们所选择的是把神从其他宗教的屈辱下解救出来的那种宗教，这说明我们相当具有辨识能力。我们把偶像崇拜视为粗野民族的宗教，把信奉神明的宗教视为开化民族的宗教。

如果能把形成教义的最高神明观念，与进入信仰中的某些可感知的思想结合起来，我们就能对宗教怀有极大的热忱，因为，刚才说到的那些理由与我们天生的对可感知事物的爱结合起来了。天主教徒的此类信仰甚于新教徒，所以，天主教徒比新教徒更加执着于自己的信仰，更加热心地传播自己所信奉的宗教。

当以弗所人民得知参加公会议的神甫们作出决定[①]，从此可以称上帝之母为圣母时，他们欣喜若狂，亲吻主教们的手，抱他们的膝，欢声雷动，响彻云天[②]。

当一种理智的宗教告诉我们，我们是神的选民，且宣扬这种宗教的人与不宣扬这种宗教的人是大有区别的，我们就会把巨大的热情寄予这种宗教。如果既没有偶像崇拜者也没有基督教徒，伊斯兰教信徒就不可能成为好穆斯林。由于偶像崇拜者的存在，穆斯林才相信他们自己是独一无二的真主复仇者；由于基督教的存在，穆斯林才确信自己是真主首选的选民。

与礼拜仪式简单的宗教相比，礼拜仪式繁复的宗教[③]更能拴住信徒的心。人对于频繁地参与的事总是比较在心的，穆斯林和犹太教徒对信仰的坚韧不拔，蛮人和未开化人在信仰上的朝三暮四，都是明证；未开化人和蛮人一心忙于狩猎和作战，几乎没有什么

[①] 公元431年在以弗所举行了天主教第三次公会议，与会者讨论了基督的人神两性和上帝之母的称谓等问题。以弗所是位于小亚细亚西侧的一个城市，今属土耳其。——译者

[②] 参阅圣西利尔（Saint Cyrille）的信。

[③] 这在全世界都可看到。请读一下《近东传教团》和《创建东印度公司历次航行记》第三卷第一部分第201页中关于巴达维亚的摩尔人的记述；拉巴神甫关于黑人穆斯林的记述等。

宗教仪式可言。

人非常善于期望,也很容易惧怕,所以,一种既没有天堂也没有地狱的宗教不大能够笼络人心。以下事实可以证明此说不假:外来宗教很容易在日本立足,日本人热烈欢迎并热爱外来宗教①。

宗教应该崇尚纯洁的道德,否则难以拥有信徒。尽管如果逐个审视的话,每个人也许都是骗子,但是从总体上看,人是非常诚实的,而且全都热爱道德。倘若不是讨论如此严肃的话题,我就会说,这一点只要到剧场去看看戏就可得到充分证明。戏中为道德所赞同的感情必定讨人喜欢,为道德所摒弃的感情必定遭人嫌弃。

宗教如果能有一个华丽的外表,这将让我们非常高兴,将会使我们更加倾心于宗教。庙宇和僧侣的财富也非常有助于宗教对我们的吸引。所以,连民众的贫困也能成为宗教吸引信徒的原因,而制造民众贫困的人却曾以宗教为借口。

第三节　庙宇

开化的民族几乎都住在房屋里,由此自然而然地产生了给神建造一所房屋的念头。人们可以在这所房屋里敬神,每当有所期待和有所担心时,也可以到那里去找他。

对于人来说,有一个地方可以近距离地感到神的存在,大家可以聚在一起倾吐无奈和苦难,确实是一件最让人宽慰的事。

---

① 此处指基督教和印度的宗教,这两种宗教都有天堂和地狱,而日本的神道教则既无天堂也无地狱。

第二十五章 法与各国宗教的建立及其对外机构的关系

不过,这种十分自然的念头只出现在从事农耕的民族中,自己没有房屋的民族不会想到建造庙宇。

正因为如此,成吉思汗对清真寺表露出极度的轻蔑①。这位大汗询问穆斯林之后表示,他赞同伊斯兰教的所有教义,唯有去麦加朝觐一事不能赞同。他不明白,为什么不能就地敬拜真主②。鞑靼人不住在房屋里,所以对庙宇一无所知。

没有庙宇的民族对自己的宗教不大在意,这正是鞑靼人始终相当包容的原因③。为什么征服了罗马帝国的蛮族毫不犹豫地皈依了基督教,为什么美洲的野蛮民族不把自己的宗教当成一回事,为什么自从欧洲传教士在巴拉圭修建教堂后,他们就狂热地信奉我们的宗教。

神明是不幸者的避难所,而没有人比罪犯更为不幸,这就让人自然而然地想到,庙宇是罪犯们的庇护所;这种想法对于希腊的杀人犯来说更加自然,因为,他们被赶出城市,远离人群,除了庙宇再也没有别的房屋,除了诸神再也没有别的保护人。

起初只有过失杀人犯这样做,可是,后来连重大罪犯也这样做时,就出现了这样一个巨大的矛盾:他们既然冒犯了人,当然也就更冒犯了诸神。

这种避难所在希腊日益增多。塔西佗说,庙宇里挤满了还

---

① 成吉思汗走进布色拉清真寺时,一把夺过《古兰经》,把它扔在马蹄下。见《鞑靼史》,第三部分,第 273 页。
② 《鞑靼史》,第三部分,第 342 页。
③ 日本人源自鞑靼人,这一点很容易证明。所以,鞑靼人的这种心态也传递给了日本人。

不起债的债务人和不良奴隶,官员难以进行管理,民众保护人的罪行就像保护祭祀诸神的仪式一样,元老院于是不得不减少庙宇的数量①。

摩西法很聪明。过失杀人是无辜的,但是绝不能让死者的亲属见到杀人者,于是就为杀人者修建了一个庇护所②。重大罪犯没有资格进庇护所,他们也根本没有庇护所③。犹太人住在可以拆卸的帐篷里,经常迁徙,因而想不到设置庇护所。他们确实也应该有一座庙宇,可是,如果罪犯们从四面八方涌来,必然会扰乱圣事。如果都像希腊人那样把杀人犯赶出本国,只怕他们都会因此而信奉外国的神。出于这些考虑,修建了一些用作避难的城市,罪犯们可以住在那里,直到司祭长去世。

第四节 神职人员

波菲利④说,上古时代的人只用青草祭神。祭拜既然如此简单,人人都可以在家里主持祭礼。

人人都想取悦神明,这很自然,祭礼于是就越来越繁复,忙于耕种的人无法一个细节也不漏地完成全部祭礼。

于是就在特殊场所敬拜神明,这样一来,就得设置神职人员负责照料,就像某个公民要照料自己的家和家务一样。所以,没有教

---

① 塔西佗,《编年史》,第二卷,第三章。
② 《圣经·旧约·民数记》,第三十五章。
③ 同上。
④ 波菲利(Porphyre,232—303),新柏拉图主义哲学家。——译者

第二十五章　法与各国宗教的建立及其对外机构的关系　31

士的民族通常都是蛮族,佩达尔人①当年是这样,沃尔古斯基人②如今依然是这样。

献身为神服务的人应该受到尊敬,对于某些民族来说尤其如此,他们形成了一种观念,认为只有肉体洁净的人,才可接近神最喜欢去的地方,才能主持某些仪式。

对神的崇拜需要持续不断地付出精力,大多数民族于是让神职人员单独成为一个群体。埃及人、犹太人、波斯人就是这样,他们让若干家族把自己奉献给神,让这些家族世世代代为神服务。还有一些宗教不但让神职人员远离世俗杂事,而且还让他们摆脱家庭的羁绊,基督教的一个主要分支就是这样做的。

我不想在这里议论独身戒律的后果,有人觉得,如果神职人员的队伍太大,而世俗信徒的人数不够多,独身戒律就会产生有害的后果。

基于人类理解能力的本质,我们在宗教方面喜欢一切需要付出努力的东西,犹如在道德方面,我们总是在思辨上喜欢那些具有严肃性质的东西。一些看来最不适宜实行独身制的民族,却喜欢独身制,尽管后果可能很糟糕。在欧洲南部国家中,基督教的戒律因气候原因而难以得到遵守,可是,这条戒律却并未废弃。反之,在欧洲北部国家中,尽管人的情欲不那么强烈,独身制却遭禁止。不但如此,人口稀少的国家接受这条戒律,人口众多的国家反而拒

---

① 参阅里里奥·吉拉尔蒂(Lilio Giraldi)的著作。
〔里里奥·吉拉尔蒂(Lilio Giraldi,1479—1552),意大利神话作家。——译者〕
〔佩达尔人(Pédaliens),印度的一个民族。——译者〕
② 居住在西伯利亚的一个民族。参见伊斯勃兰兹伊德斯,《北方游记》,第八卷,第13页。

绝接受这条戒律。我们知道,上述这些说法仅仅是就独身制过于扩散的状况而言,并非对独身制本身的议论。

第五节　法律应对神职人员的财产设定的限制

一个单独的世俗家族可能会消亡,他们的财产并无永恒的归宿。神职人员则是一个不会衰败的家族,他们的财产不会外流,永远属于他们。

世俗家族的数量会增多,他们的财产也应随之增多。神职人员是一个不应增多的家族,他们的财产应该受到限制。

《圣经·利未记》中有关神职人员财产的一些规定都保留下来了,可是唯独没有对于财产的限制。我们确实不知道,什么是一个宗教团体获取财产时不得超越的极限。

在民众眼中,神职人员无止境地获取财产毫无道理,想要为此辩护的人都会被视为傻瓜。

公民法在革除积弊时会遇到一些阻碍,因为这些积弊总是与一些应该受到尊重的事物有牵连。在这种情况下,间接措施比直接打击更能体现立法者的智慧。与其禁止神职人员获取财产,莫如设法让他们自己对此失去兴趣;把权利留下,把事实消除。

某些欧洲国家考虑到贵族的权利,作出了一项有利于他们的规定,即有权向永久管业权的领有者[①]的不动产收取一笔补偿金。

---

① 此处指教会。——译者

君主为了自己的利益,规定在这种状况下要收取一笔补偿税[①]。卡斯蒂利亚没有这种税,那里的神职人员就获得了永久产业权拥有者的所有财产;阿拉贡规定要缴付一定数额的补偿税,神职人员所得因而就少一些。法国征收补偿税和补偿金,神职人员的所得就更少;我们甚至可以说,法国的繁荣部分得益于征收这两种税金。如果有可能,不妨增加这两种税金,取消永久产业权。

应该赋予神职人员自古就必不可少的领地以神圣和不可侵犯的性质,使之像神职人员一样具有固定和永久的性质,但是,要让他们放弃新的领地。

当规章已经成为流弊时,就应该允许违规,当流弊回归规章时,就应当容忍流弊。

我们始终记得,当人们在罗马与神职人员发生纠纷时,有人发送的一份备忘录上写道:"不管《圣经·旧约》上怎么说,神职人员应该为国家的开支作出贡献。"不难看出,这份备忘录的作者对宗教语言不怎么精通,对苛捐杂税语言倒是有较透彻的了解。

第六节　修道院

哪怕只有一点点常识的人也能看出,永远不会衰落的修道院既不应出售其产业以换取终身年金,也不应为终身年金而进行借

[①] 补偿税(droits d'amortissement),获得新的永久管业权的人应该缴纳的税,数额为此产业价值的三分之一。永久管业权是封建领主所享有的一种特权,它规定,领主的附庸如果死后无人继承遗产,这份遗产就归领主所有。在欧洲封建时代,教会也是许多领地和庄园的领主。——译者

贷,除非有人想让修道院有权继承无亲属者和不愿有亲属者的全部遗产。修道院耍弄人民,而且开银行耍弄人民。

第七节　迷信的靡费

柏拉图说①:"有人不承认神的存在;有人承认神的存在,但主张神不应干预人间事务;有人认为,可以很方便地用供献去安抚神,这三种说法都是有害的,都是对神的侮辱。"柏拉图的这段话,说出了自然理智在宗教问题上全部最合乎情理的表述。

宗教信仰的华丽外表与国家政制大有关系。优良的共和政体不但制止虚荣的奢侈,而且还制止迷信的奢侈;在宗教问题上制定了不少提倡节约的法律,其中有梭伦制定的若干法律、柏拉图制定的若干关于丧葬的法律,这些法律都被西塞罗采纳了,此外还有努玛制定的关于供献的法律②。

西塞罗说:"小鸟和一天之中绘成的画作都是非常虔敬的祭品。"

一个斯巴达人说:"我们的供献都是一些普通的东西,这样我们就能天天敬神。"

敬神不能随便马虎,但这与大讲排场迥然不同。你若不想让神看到我们如何珍视他所蔑视的东西,那就别把金银宝贝献给他。

柏拉图说得好:"好人收到坏人的礼物时会感到羞愧,亵渎宗教者的供献会让神作何感想呢?"

宗教不应以供献为由向民众索取国家留给他们的生活必需

---

① 柏拉图,《法篇》,第十卷。
② "不得将葡萄酒泼在火葬用的柴堆上。"见《十二铜表法》。

品,应该如柏拉图所说,纯洁和虔诚的信徒对神的供献应是与他们的品行一致的东西①。

宗教也不应鼓励为丧葬而大肆挥霍,人一死就不再有财产多寡之分,此时不去刻意显示贫富之间的差别,难道不是再自然不过了吗?

第八节 宗教领袖

神职人员若是很多,自然就应有一个首领,设立这个职务也就成为一种制度。在君主政体下,不应让所有权力集中在一个人手中,所以,宗教领袖应该与国家分开。专制主义把一切权力都集中于一个人手中,就没有必要把宗教领袖与国家分开。不过,在这种情况下,君主就有可能把宗教视为他的法律,他的旨意的产物。为了防止这种弊病,宗教就应该拥有自己的权威性文书,例如确立和固定该宗教的圣书之类。波斯国王是宗教领袖,可是,宗教规则却是古兰经。中国皇帝是最高宗教领袖,可是,人人手中都有一些书,皇帝本人也要按照书中所说行事。曾有一位皇帝试图把这些书付之一炬,然而却徒劳无功,书战胜了暴政。

第九节 对宗教的宽容

我们在这里是政治学家,而不是神学家,即使对于神学家而言,容忍一种宗教与赞成一种宗教,两者也有很大区别。

---

① 《法篇》,第四卷。

国家的法律如果允许多种宗教同时并存，就应该强制这几种宗教彼此宽容。任何一种宗教若受到压制，就必然会去压制其他宗教，这是一条规律。因为，当它侥幸摆脱了压制之后，就会对曾经压制它的那个宗教进行攻击，而且不是作为一种宗教去攻击另一种宗教，而是作为暴政实行压制。

所以，法律有必要要求各种宗教不但不扰乱国家，而且也不彼此相扰。一个公民仅凭不骚扰国家尚不能满足法律的要求，他还得不骚扰任何其他公民才行。

第十节　续前题

凡是狂热地在异地寻求立足的宗教，几乎都不具有容忍精神，能够容忍异教的宗教很少会想到向外扩张。因此之故，一个国家对于已经建立的宗教倘若感到满意，就不应再允许另一种宗教插足进来[①]；这将是一项极好的法律。

有关宗教的政治性法律的基本原则应该是：如果有权自行决定国家是否接受新的宗教，那就应该拒绝接受；如果新的宗教已经在国内站稳脚跟，那就应该对它采取容忍态度。

第十一节　更换宗教

一个君主如果试图摧毁或更换本国占支配地位的宗教，他将

---

① 我在这里所说与基督教无涉。因为正如我在他处所说，基督教是第一财富。参阅前章第一节以及《为〈论法的精神〉辩护》，第二部分。

面临许多危险。倘若他的国家是一个专制国家,摧毁或更换宗教比施行暴政更有可能引发一场革命,革命对于他的国家来说一点也不新鲜。引发革命的原因在于,一个国家要想更换宗教,改变习俗和风尚,不可能一蹴而就,不可能像君主颁布建立新教的敕令那样快捷。

况且,原有的宗教与国家的政制相互关联,而新的宗教则不然;原有的宗教与气候相适应,新的宗教则常常并非如此。不但如此,公民们会憎恶法律,蔑视业已建立的政体,原来对一种宗教的坚定信奉,将被对两种宗教的疑虑所取代。总之,至少在一段时间中,国家得到的将是一批坏公民和坏信徒。

第十二节 刑法

应该避免在宗教事务中援引刑法。不错,刑法能让人产生畏惧,可是,宗教也有自己的刑法,也让人产生畏惧。一种畏惧将被另一种畏惧抵消。夹在两种不同的畏惧之间,人的心灵就会变得凶残。

宗教给予人的恐惧和许诺都如此之大,以至于当这些恐惧和许诺已然进入我们的心灵时,无论官吏采用何种手段迫使我们脱离宗教,结果似乎都将是这样:如果把我们所信奉的宗教夺走,那就什么也不能留下;如果不把它夺走,那就不能从我们这里拿走任何东西。

凭借灌输那个伟大的目标[①],让人走近那个更加伟大的时刻,

[①] 此处指殉教。——译者

并不能让人脱离宗教。施加恩惠,提供生活方便,诱发对财富的期盼,这些都是攻击宗教的可靠方法;提醒起不到什么作用,应该设法让人们忘却;当其他感情作用于人们的头脑,同时宗教所激发的感情趋于沉寂时,不应激起人们的愤怒,而应促使人们的心情趋于平和,这样才有可能让人脱离宗教。总起来说,在促成更换宗教这件事上,诱导胜过惩罚。

人的精神特征在人所使用的各种惩罚中得到了体现。让我们回想一下日本人的惩罚手段吧[①],残暴的惩罚比长期的惩罚更能激起反抗,长期的惩罚只会令人灰心丧气,而不会令人义愤填膺;这种惩罚看起来好像不难承受,实际上却是更难承受。

总之,历史已经充分证明,刑法的效果向来就只有摧毁而已,别无其他。

第十三节 对西班牙和葡萄牙宗教裁判官们的忠告

在里斯本最近一次火刑中被处死的一个十八岁的犹太女子,成为一本小册子的主题,我觉得,这是一本前所未有的最没有用处的书。事实如此清晰,居然还要给予证明,那就肯定无法令人折服。

此书作者声称,他虽是犹太人,但他不但尊重基督教,而且十分热爱基督教,因此,他能让不信奉基督教的君主们找不到像样的借口去迫害基督教。

[①] 《创建东印度公司历次航行记》,第五卷,第一部分,第 192 页。

第二十五章　法与各国宗教的建立及其对外机构的关系

他对宗教裁判官们说:"你们指责日本皇帝下令用小火把国内所有的基督教徒慢慢地烧死,可是,他会这样回答你们:'你们的信仰与我们不同,我们对待你们就跟你们对待信仰不同的人一样,你们只能抱怨自己无能,没能把我们统统灭绝,反而让我们把你们统统灭绝。'"

"不过应该承认,你们比那位日本皇帝残忍得多。我们只相信你们的信仰,但不相信你们所信仰的一切,于是你们就要把我们处死。你们也知道,我们信奉的宗教以前曾经得到过上帝的钟爱,我们相信上帝至今依然钟爱它,而你们却认为,上帝已经不再钟爱它了。由于你们作出了这一判断,于是就对犯了错误但情有可原的那些人,施以铁与火的惩罚①,其实,他们只不过认为上帝依然钟爱着他曾经钟爱过的那个宗教而已。你们对我们相当残忍,对我们的孩子更加残忍。你们把他们活活烧死,只因为他们遵顺了一些人给予他们的灵感,而这些正是自然法和一切民族的法律教导我们要敬若神明的人。"

"伊斯兰教的建教手段使你们优于穆斯林,但是,你们却把这个优势丢失了。当他们为自己信徒众多而自吹自擂时,你们说他们凭借暴力招徕信徒,依仗刀剑扩展宗教;可是,你们为什么用火刑来扩展你们的宗教?"

"你们要我们皈依你们的宗教,我们则以你们为之骄傲的渊源作为反驳。你们回答说,你们的宗教虽然是一种新的宗教,却是一

---

① 《福音书》的结构是依据上帝的意图安排的,因而也是上帝的不可变性的延续,犹太人看不到这一点,这正是他们茫然无知的根源之所在。

种神圣的宗教。你们为此提出的证明是,你们的宗教是在异教徒的迫害和殉教者的鲜血中成长起来的;可是,你们今天扮演的是戴克里先[①]的角色,却让我们扮演你们的角色。"

"我们恳请你们,不是以你们和我们共同侍奉的上帝的名义,而是以你们所说的那个下凡到人间,为你们作出榜样的那个基督的名义,我们恳请你们与我们一起行动,就像他那样行动,如果他依然在世的话。你们希望我们成为基督教徒,而你们自己却不愿意成为基督教徒。"

"可是,纵然你们不愿成为基督教徒,至少也应做个人;倘若你们没有可以为你们领路的宗教,没有可以教化你们的启示,而只有大自然赐予我们的那微弱的正义之光,那就如你们所愿的那样对待我们吧。"

"如果上天出于对你们的钟爱而让你们看到了真理,那是他给予你们的巨大恩惠;可是,得到了父亲遗产的子女,难道可以仇恨没有得到遗产的子女吗?"

"如果你们得到了这个真理,请不要用你们宣扬它时使用的方法把它隐匿起来。真理的特征能够征服心灵,而不是你们所说的软弱无能,非得靠你们滥施酷刑方能让人们接受它。"

"如果你们没有失去理智,那就不应由于我们不愿欺骗你们而将我们处死。如果你们的基督是上帝的儿子,我们希望他会因我们不愿亵渎他的奥秘而奖赏我们,我们相信,你们和我们所侍奉的

---

① 戴克里先(Dioclétien,245—313),罗马皇帝,303—311年间曾残酷镇压基督教。——译者

上帝，不会因我们为宗教去死而惩罚我们，因为，那正是他过去赐予我们的宗教，我们相信，如今他依然把那个宗教赐给我们。"

"在你们生活的这个时代里，与生俱来的智慧空前活跃，哲学开启了心智，你们的《福音书》所宣扬的道德获得了更广泛的认知，人与人之间彼此享有的权利以及各种信仰之间的相互影响，都得到了更好的确认。所以，你们如果不抛弃过去的偏见，这种偏见很容易成为你们强烈的感情，到那时，你们就得承认自己已经不可救药，难以接受任何启示和教诲了。国家若赋予你们以权威，那就太不幸了。"

"愿意我们坦率地把自己的想法告诉你们吗？与其说你们把我们视为你们宗教的敌人，毋宁说把我们视为你们的敌人；因为，倘若你们真的热爱你们的宗教，你们不会眼看着它遭受粗野无知的腐蚀而无动于衷。"

"我们必须警告你们，万一后世有人大胆地说，在我们所生活的世纪里，欧洲人民是文明的人民，那么，有人就会以你们为例，证明那个世纪里的欧洲人是蛮人。你们在人们心目中的形象就会非常糟，糟得连你们所生活的那个世纪也将名声扫地，而且还会引起人们对你们的同时代人的仇恨。"

第十四节　基督教为何在日本如此遭人憎恶

我已经说过，日本人的性格凶残[①]。每当面临是否应该放弃

[①] 本书第六章第十三节。

信仰时，基督教总是激励人们要坚定不移，而官员们则认为这种坚定非常危险，因为他们觉得，百姓的胆子越来越大了。最细小的违抗行为在日本也会受到严厉的惩罚，官方下令放弃基督教信仰，不放弃就是违抗，就是应该受到惩罚的罪行，继续违抗就会招致再一次惩罚。

日本人把惩罚看作是对侮辱君主的行为的报复。欧洲的殉教者欢快的歌声在日本人看来是对君主的冒犯。官员们听到殉教者这个称呼就害怕，这个称呼在他们眼中就意味着反叛，所以，他们要竭尽全力阻止任何人获得这个称呼。于是，人心激愤，在判刑的法庭和被判刑的被告之间，在世俗法律和宗教法律之间，展开了一场惊心动魄的争斗。

第十五节　宗教的传布

除了穆斯林以外，所有东方民族都认为，各种宗教就其本身而言，都没有多大差别。他们之所以害怕建立新的宗教，只不过如同害怕建立新的政体那样。日本有好几个教派，国家长期以来有一位宗教领袖，从来没有因宗教问题而发生争执[1]。暹罗也是这样[2]。卡尔穆克人[3]更是如此，他们把宗教容忍看做一个良心问

---

[1] 参阅肯普弗，《日本史》，第三卷，第一章，第1—3页。
[2] 福尔班伯爵，《回忆录》，第一部分，第432页。
[3] 卡尔穆克人（Calmuks），散居在中国西部及中亚的蒙古人，中国的史书称之为准噶尔人。——译者

题。卡里卡特[1]有一条国训,那便是:所有宗教都是好的[2]。

但是,一种从遥远国家传入的宗教,一种与当地的气候、法律、习俗和风尚全然不能适应的宗教,并不会因其神圣而大获成功,这种情况尤以专制大帝国为最[3]。起初,外国人受到容忍,因为那些东西似乎并不损害君主的权威,因而没有引起注意,当地人处在极度无知之中。一个欧洲人可以利用他所获得的某些知识博得赏识。起初这样做是有效的,可是,这是一个因其性质而特别需要太平的国家,稍有风吹草动,政权就可能被推翻,所以,当外来者取得了一些成就,发生了某些争执,就会引起利益相关者的警觉,新近传入的宗教和传播这种宗教的人于是就被禁止;更因为传教士之间爆发了争执,当地人遂开始憎恶这种新的宗教,就连前来传播这种宗教的人,彼此也不能达成一致意见[4]。

---

[1] 卡里卡特(Calicut),古印度的一个港口城市。——译者
[2] 皮拉尔,《游记》,第二十七章。
[3] 孟德斯鸠此处暗指中国。——译者
[4] 这一段所议论的是指欧洲天主教传教士在17、18世纪传教的大体情况;所谓争执就是耶稣会士和其他修会的传教士之间在"中国礼仪"问题上发生的争论。——译者

第二十六章　法与它所规定的事物秩序的关系

第一节　本章总体思想

　　人受制于多种法律：自然法、神为法即宗教法、教会法，万民法、普通政治法、特殊政治法、征服法、各个社会的公民法，最后还有家庭法。教会法又称教规，是宗教用以实施管理的法规；万民法可以被看作世界性的公民法，如果把一个民族看做一个公民的话；普遍的政治法以创建一切社会的人类智能为对象；特殊政治法涉及每一个社会；征服法的基础是一个民族企图、能够或不得不以暴力对付另一个民族；各个社会的公民法则用来保护公民的财产和生命，防止任何其他公民的侵害；家庭法缘起于每个社会都分为众多家庭，需要进行特殊管理这一状况。

　　由此可见，法律分属不同的类别，人类理性的高明之处就在于十分明白，需要制定法律的事项主要应该归属于哪一类，从而不至于搅乱支配人类的那些原则。

第二节 神为法和人为法

绝对不要把应该由人为法规定的事项交由神为法去规定,反之,也绝对不要把应该由神为法规定的事项交由人为法去规定。

这两类法律的起源、对象和性质都不同。

所有的人都一致认为,人为法与神为法的性质不同,这是一大原则。不过,这条原则本身却受到其他原则的约束,应该加以探索。

1)就其性质而言,人为法应该适用于一切偶发事件,并随着人的意愿的改变而改变。相反,宗教法的特点是永不改变。人为法为善而立,神为法为至善而立。善可以有多个对象,因为善不只一种,可是,至善只有一个,所以永远不会改变。法律可以更换,因为法律仅仅被认为是好的,宗教制度则不同,宗教制度始终被认为是最好的。

2)在某些国家里,法律等于零,或者仅仅是君主反复无常的旨意而已。这些国家的宗教法律倘若也像人为法那样说变就变,这些宗教法律也就同样等于零。可是,社会毕竟需要一些固定的东西,而宗教就是这种固定的东西。

3)宗教的力量主要来自人们的信仰,人为法的力量来自人们的畏惧。越是久远的事情,我们往往越相信,因为我们的头脑中没有来自那时的非主流思想,无法对久远的事情提出质疑,所以,古老适合于宗教。相反,人为法的优势在于它的新,它是立法者为促使人们遵守法律而表达的当前特殊关注。

第三节　有悖自然法的公民法

柏拉图说:"奴隶如果因自卫而杀死自由民,就将按弑亲罪论处。"①这就是惩罚大自然所赋予的自卫权利的一条公民法。

亨利八世掌政时,不经证人对质就可以定罪判刑,这就有悖大自然所赋予的自卫权利。事实上,证人必须知道,他所指证的人就是被告,被告也应有权对证人说:你说的那个人不是我;只有在这种情况下才可以定罪判刑。

亨利八世掌政时颁布的另一项法律规定,任何女子若与男子私通而在婚前未向国王如实报告,就要受到惩罚。这项法律践踏了大自然所赋予的捍卫羞耻心的权利,要求一个女子作这种报告,就像要求一个男子不要捍卫自己的生命一样不讲道理。

亨利二世②的法律规定,女子怀孕时若未向官员报告,婴儿一旦死亡,该女子就应被判处死刑。这种法律同样违背大自然赋予的自卫权利。其实,只要规定她必须将自己怀孕一事告知一位近亲,让这位近亲关照她保护婴儿就可以了。

当她的羞耻心受到如此严重的侵害时,她还能再说什么呢?她因受过教育而更加懂得应该保护自己的羞耻心,可是在这种情况下,她把死都看得很淡了。

---

① 《法篇》,第九卷。
② 亨利二世(Henry II),法国国王(1547—1610 在位)。——译者

第二十六章　法与它所规定的事物秩序的关系　47

英国有一项法律经常遭人议论[①]，该法准许七岁的女孩自行择婿。该法在两个方面令人反感：其一，它没有考虑到心灵的自然成熟期；其二，它没有考虑到身体的自然成熟期。

在罗马，父亲可以强迫女儿休夫，尽管这门亲事是经他同意的[②]。可是，离婚竟然是由第三者处理的，这就有违人的自然本性。

离婚只有双方同意或至少一方愿意，才符合人的自然本性。双方如果都不同意却偏要离婚，那就无异于妖魔鬼怪。总之，只有对自己的婚姻感到烦恼，并且发现结束婚姻对双方都有好处的时刻已经到来的人，才应该有权决定离婚。

第四节　续前题

勃艮第国王贡德鲍规定，小偷的妻和子如果不告发，就降为奴隶[③]。这条法律也是违背人的天性的，妻子怎能告发丈夫，儿子怎能告发父亲呢？法律作出这种规定，岂不是要人为惩治一项罪行而犯下另一项更大的罪行吗？

雷塞斯温德[④]的法律规定，奸妇的子女或其丈夫的子女可以对她提起控诉，并可审问家奴[⑤]。这项法律实在太坏了；竟然为了

---

①　培尔在《卡尔文主义史评论》第 293 页中谈到该法。
②　《法典》，第五篇中"关于休婚和解除有关民风的判决"。
③　《勃艮第法》，第四十一篇。
④　雷塞斯温德（Recessuinde，卒于 672 年），西哥特王，曾收集西哥特的各种法律编为法典。——译者
⑤　见《西哥特法》，第三卷，第四篇§13。

保持淳朴的民风而颠覆人的本性,需知人的本性正是淳朴民风的根源。

我们高兴地看到,戏剧舞台上的一位青年英雄,在发现其养母的罪行时,对这一发现所表现的憎恶,丝毫不亚于对罪行本身的憎恶[1];他虽然受到控告、审讯,被判处流放,为此而蒙受羞辱,但是他在惊异之余,却几乎不敢思索菲德拉与之血脉相连的那卑劣的鲜血;他抛弃了他所拥有的最珍贵的东西,最温馨的东西,与他的心灵对话的所有东西,一切能激怒他的东西,把自己交给神去惩罚,而实际上他是不应受到惩罚的。令我们感到愉悦的是大自然的声音,这一切声音中最柔和的声音。

第五节　何时可以更改自然法原则而按公民法原则裁决

雅典的一项法律规定,子女必须赡养贫困潦倒的父亲[2]。但是,以下三类子女不受这条法律的约束:其一,妓女所生者;其二,为父亲所逼而出卖贞操者[3];其三,其父未曾传授任何谋生手段者[4]。

法律规定以上三类子女为例外的原因是,第一类人的父亲难

---

[1] 孟德斯鸠在这里说的是 17 世纪法国诗人和剧作家拉辛(Racine)的悲剧《菲德拉》(Phèdre)。——译者
[2] 违者受当众羞辱之刑,另一刑罚则为入狱。
[3] 普鲁塔克,《梭伦传》,第二十二卷。
[4] 同上书。加里恩努斯,《劝言篇·关于技艺》,第八章。

以确认,子女的天然义务因而难以确定;第二类人的父亲毁坏了他所给予的生命,做了他对子女所能做的最大的坏事,即败坏了他们的名声;第三类人的父亲使得子女的生活困难重重,难以支撑。法律把这样的父亲与子女仅仅当作公民看待,仅从政治和民事观点来处理他们的关系。法律认为,一个优良的共和政体尤其需要良好的民风。

我认为,梭伦法对于第一类人和第二类人所做的规定都很好,因为,大自然没有让他们知道自己的父亲是谁,或是似乎命令他们不要认自己的父亲。可是,对于第三类人的规定难以让人苟同,因为,他们的父亲只不过违背了民事规章而已。

第六节　继承顺序不应以自然法原则而应以政治法和公民法原则为准

沃科尼乌斯法[①]不准立妇女为遗产继承人,哪怕是独生女。圣奥古斯丁说[②],自古以来没有比这更不公正的法律。马尔库尔弗的一项法规[③]认为,剥夺妇女继承父亲财产的权利的习俗是对神的不敬。查士丁尼把不准女性继承而只许男性继承的法律称之为野蛮的法律[④]。这种观念的根源在于以为子女继承父亲遗产的

---

① 沃科尼乌斯(Voconius),公元前169年的罗马执政官,他所制定的剥夺妇女继承权的法律,史称《沃科尼乌斯法》。——译者
② 《上帝之城》,第三卷。
③ 《法规》,第二卷,第十二章。
④ 《新法集》,第二十一篇。

权利来源于自然法。其实并非如此。

自然法要求父亲抚养子女,但并不强求父亲立子女为继承人。财产的分割、关于财产分割的法律、分得财产者死后的继承等等,所有这些都只能由社会作出规定,因而只能由政治法和公民法解决。

不错,政治法和公民法常常要求由子女继承遗产,但并非始终如此要求。

我们的采地法规定,长子或最近的男性亲属继承全部财产,女性不得继承任何财产,当初作这样的规定是有一定道理的。伦巴第的法律规定①,由姐妹和私生子女以及其他亲属继承财产,当这些人缺失时,则由国库会同女儿共同继承,当初作出这样的规定也是有一定道理的。

中国的若干朝代曾规定,由皇帝的弟兄继承皇位,皇子不得继承。如果希望君主有一定的经验,如果担心王子冲龄继位,如果必须提防宦官把一个个孩子推上皇位,那么,完全应该确立这样的继承顺序。有些写书的人把那些兄弟视为皇位篡夺者②,显然是以中国的法律观念为依据的。

依据努米底亚③的习俗④,继承王位的不是杰拉的儿子马希尼

---

① 《伦巴第法》,第二卷,第十六项§6、§7、§8。
② 杜赫德,《中华帝国全志》,第一卷,第313页和第316页。
③ 努米底亚(Numidie),古代罗马人对非洲北部的称呼,其地域相当于今阿尔及利亚的一部分。——译者
④ 狄特-李维,《古代罗马史》,第三部,第二十九卷,第二十九章。

萨①，而是他的兄弟戴尔萨斯。巴巴里②的阿拉伯人每个村子都有一位村长，直到今天③，他们依然按照古老的习俗选择堂姑表亲中的长辈做村长的继承人。

有一些君主国的君主完全通过选举产生。在这些国家中，凡是明确规定继承顺序应该依据政治法和公民法加以确定的，政治法和公民法就应决定：在什么情况下应由子女继承，在什么情况下应由其他人继承。

在多妻制国家里，君主的子女很多，这些子女的数量在一些国家比在另一些国家更多。有些国家④的国王子女数量太多，人民实在负担不起，于是作出规定，不是由国王的子女，而是由国王的姐妹的子女继承王位。

君主的子女一多，国家就面临发生内乱的危险。让国王的姐妹的孩子继承王位有助于防止这种局面的出现。因为，国王倘若只有一位妻子，国王的姐妹的子女数量就不会超过国王的子女。

在一些国家里，由于政治或宗教原因，政权始终掌握在某个家族手中，这种情况在印度造成的结果是，有人为自己属于这个家族而趾高气扬，有人因自己不是这个家族的后裔而害怕⑤。那里的

---

① 马希尼萨（Massinisse，公元前238—前148），努米底亚国王。——译者
② 巴巴里（Barbarie），19世纪之前欧洲人对非洲北部各国的称呼。——译者
③ 参阅肖（Schaw）先生的《游记》第一卷，第402页。
④ 例如在非洲的罗文哥［今属安哥拉。——译者］。参阅《创建东印度公司历次航行记》，第四卷，第一部分，第114页。史密斯，《几内亚游记》，第二部分，第150页关于瑞达王国的记述。
⑤ 《耶稣会士书简集》，第十四辑，第387—389页；《创建东印度公司历次航行记》，第三卷，第二部分，第644页。

人觉得,要想让国王永远是有王族血统的人,就应该由国王的大姐的孩子来继承王位。

总的准则便是:抚养子女是一项由自然法派生的义务;由子女继承则是公民法或政治法规定的义务。由此在世界各国引申出一些对待庶出的子女的不同的措施,这些措施所遵循的是各国的政治法或公民法。

第七节 教规不应对属于自然法范畴的问题作出决定

阿比西尼亚人的斋期相当难熬,长达五十天,身体变得极度虚弱,在很长时间里做不了事。土耳其人趁机在斋期结束后对阿比西尼亚人发动攻击[①]。宗教应该维护自然法赋予的自卫权利,对这种行径作出限制。

犹太人有过安息日的规矩。每当敌人选择这一天发动进攻时,他们居然不进行抵抗[②],真是愚不可及。

康比斯围攻佩鲁兹[③]时,让一大群埃及人视为圣物的牲畜打头阵,埃及的驻军不敢出击。难道有谁不知道,自卫的权利高于任何教规吗?

[①] 《创建东印度公司历次航行记》,第四卷,第一部分,第35页和第103页。

[②] 庞培围攻神庙时,他们就没有抵抗。参阅狄奥,《罗马史》,第三十七卷。

[③] 佩鲁兹(Peluze),尼罗河三角洲上的一座城市,公元前525年被康比斯攻克。——译者

第八节　不应以教会法原则处置
应由公民法处置的事项

依据罗马公民法的规定①,在神圣场所偷窃私人物品者,仅以偷窃罪论处;而依据教会法②,则应以渎圣罪论处。教会法着眼于地点,公民法着眼于事情。可是,如果仅仅着眼于地点,那就等于既不考虑偷窃的性质和定义,也不考虑渎圣的性质和定义。

正如现今丈夫可以以妻子不忠为由要求离异,以往妻子也可以以丈夫不忠提出离异③。这种有违罗马法有关规定的做法④进入了教会法庭⑤,而能够在教会法庭上听到的只有教规。确实,如果从纯宗教和与彼岸世界事物的关系角度看,无论是丈夫或妻子,他们在破坏婚姻这一点上并无二致。不过,世界上几乎所有国家的政治法和公民法,都不无道理地对丈夫提出离异和妻子提出离异作出区分,它们在矜持和节欲方面对妇女的要求高于对男子的要求。因为,失贞对于妇女来说意味着摒弃一切美德,违背有关婚姻的法律意味着脱离其自然依附状态,大自然为对婚姻不忠的妇

---

① 《法律》,第五篇"尤利安法":关于偷窃公共财物"。
② 《寺庙法》第十七章"无论谁"问题 4,屈亚斯,《观察》,第十三卷,第十九章,第三节。
③ 博马努瓦,《博韦西斯习惯法》,第十八章。
④ 《法律》,第一篇"法典:《尤利安法》:关于通奸"。
⑤ 这种做法如今已不为法国教会法庭采用。

女打上了某些明确的标记,不但如此,妇女的奸生子女必须归丈夫监管,由丈夫出资抚养,而丈夫的奸生子女则既不归妻子监管,也不由妻子出资抚养。

第九节　应由公民法原则裁定的事项大多不能由宗教法原则裁定

宗教法以其崇高见长,公民法以其使用范围广见长。

源自宗教的至善法律,主要以遵守这些法律的人的善良为目标,而不是以施行这些法律的社会良好为目标。公民法恰恰相反,它主要以所有人总体的优秀道德为目标,而不是以个人的道德良好为目标。

所以,直接源自宗教的观念纵然非常值得尊敬,终究不能全都用作公民法的原则,因为,公民法还有另一个原则,那便是社会的普遍福祉。

为了维护妇女的良好风尚,罗马人在共和政体下制定了一些规定,这些规定都属于政治机制范畴。君主政体取而代之后,他们就此制定了一些公民法,这些法律都是依据世俗政府的原则制定的。基督教兴起后,新制定的法律与婚姻的神圣性关系较多,而与风尚的普遍良好关系较少;就对于两性结合的思考而言,从世俗角度出发较少,从宗教角度出发较多。

罗马法规定[①],妻子的奸情判处后,丈夫若把她领回家中,就

---

① 《法律》,第十一篇末节《尤利安法》:关于通奸"。

会以妻子不轨行为的同谋犯身份受到惩处。查士丁尼另有想法，他下令规定①，丈夫可以在两年之内到修道院去把妻子接回家。

起初，丈夫出征期间如果杳无音讯，妻子就可以从容地再婚，因为她享有离婚权。君士坦丁法规定②，妻子应等待四年后，向丈夫所在部队的长官呈递离婚书；丈夫日后倘若活着返乡，妻子不会被告犯奸。但是，查士丁尼法规定③，不管丈夫已经出征多久，妻子均不得再嫁，除非他所在部队的长官以证言和誓言证实此人已经亡故。查士丁尼看重婚姻的不可解除性；不过我们要说，他把这一点看得过重了。只要能够提出消极证据就足够了，可是他却要求提供积极证据；其实，想要得知一个远征在外，天天出生入死的人究竟是死是活，实在非常困难。大家很自然地想到，远征的丈夫可能战死沙场了，而查士丁尼却想到，此人可能犯了罪，即开小差了。他让一个女人守活寡，这是他对公共利益的损害；让一个女人面临千万种危险，这是他对个人利益的损害。

查士丁尼法把夫妻双双同意进修道院作为离婚的理由之一④，这就完完全全背离了公民法的原则。某些离婚原因缘起于一些婚前无法预料的障碍，这很自然；可是，上述守贞的愿望是可以预见到的，因为它就在我们心中。这条规定增加了婚姻的不稳定性，而就其性质而言，婚姻本来应该是永恒不变的。这条规定冲

---

① 《新法集》，第一百三十四篇，第十章。
② 《法律》，第七篇"关于婚姻的解除和取消有关风尚的裁决"。
③ 《附录》，"今天不拘大小如何"篇"法典：关于婚姻的解除"。
④ 同上书，"今天的事"篇"法典：关于婚姻的解除"。

击了离婚的基本原则,即允许解除一项婚姻仅仅是因为有望缔结另一项婚姻;说到底,即使从宗教观念角度来看,这条规定也只是向上帝奉献不具供献意义的牺牲品。

第十节 何时应遵循公民法所许可而不遵循宗教所禁止

当禁止多妻制的宗教传入一个许可多妻制的国家时,单从政治上说,该国的法律不会允许一个有妻有妾的男子信奉这种宗教,除非官员和丈夫对偏房予以补偿,即以某种方式赋予她们以公民身份,否则她们的处境将会十分悲惨。她们所做只不过是服从法律而已,可是却被剥夺了最大的社会利益。

第十一节 不应以关注彼岸世界的法庭准则规范今世法庭

按照基督教僧侣们的悔罪法庭观念设立的宗教法庭,与一切良好的治理背道而驰。它到处引发义愤,一心建立宗教法庭的那些人,如果没有从众多的反抗行动中获利的话,或许早就向这些反对行动让步了。

任何一种政体都不能容忍这种法庭。在君主政体下,它只能豢养一些告密者和叛徒;在共和政体下,它只能培养一批狡黠之徒;在专制政体下,它与专制政体一样,是一个破坏者。

第十二节　续前题

两个罪行相同的被告被推上宗教法庭,拒不认罪的那个被判极刑,承认罪行的那个免于一死。这是宗教法庭的弊病之一。它源自修道院的某些观念,依据这些观念,否认有罪似乎就是不愿悔改,于是受到惩罚;承认有罪似乎就是真心悔改,于是得到拯救。可是,这种区分法不应当应用在世俗法庭上,世俗法庭的审判仅以行动为依据,它与人只有一种约定,那就是不犯罪;宗教法庭以思想为依据,它与人有两种约定,一是不犯罪,另一是忏悔。

第十三节　在婚姻问题上,何时应遵从宗教法,何时应遵从公民法

无论在哪个国家,无论在什么时候,宗教总要插足婚姻。每当某些事情被视为不洁净或不合法,却又必须这样做时,宗教就会被请出来,使这些做法在某种情况下变成合法,在另外一些情况下受到谴责。

从另一个角度看,婚姻是人的所有行动中与社会关系最大的一种,因此,婚姻应该由公民法来规范。

与婚姻的性质有关的一切,诸如婚姻的形式、缔结婚姻的方式、婚姻带来的子孙繁衍,都属于宗教的管辖范围。子孙繁衍让所有民族懂得,婚姻是特殊恩惠的赐予对象,可是这份恩惠并非总是

能够得到,所以说,婚姻仰仗于上苍降福。

两性结合给财产带来的后果、双方从中得到的好处、与新家庭有关的一切、与派生出新家庭的那个家庭有关的一切、与新家庭将要派生出的另一个家庭有关的一切,所有这些都属于公民法适用范畴。

鉴于婚姻的一大目的是消除不正当结合的不稳定性,宗教就让婚姻带有宗教的特征,公民法也让婚姻带有民事的特征,为的是让婚姻具备所有真实性。因此,除了宗教为婚姻有效而要求的条件之外,公民法也可以要求另外一些条件。

公民法之所以拥有这项权力,是因为它所要求的条件只是对宗教条件的补充,而不是与之对抗。宗教法规定要举行某些仪式,公民法则规定要征得双方父亲的同意,可见,公民法只是多提了一项要求,并没有与宗教法相抵触的要求。

由此可见,婚姻关系是否可以解除,是由宗教法作出决定的,因为,如果宗教法规定婚姻关系不可解除,而公民法则规定婚姻关系可以解除,那样的话,两者就发生矛盾了。

公民法对婚姻提出的各种规定有时并非绝对必要;比如,不解除婚姻但却处罚缔结这个婚姻的人,这种规定就并非绝对必要。

罗马的巴比安法将它所禁止的婚姻宣告为不正当婚姻,但仅仅以给予处罚了事[①]。可是,根据马尔库斯·安东尼皇帝的演说通过的一项元老院法令,却宣布此类婚姻为无效婚姻,婚姻、妻子、

---

① 参见我在本书第二十三章"法与人口的关系"的论述。

嫁妆和丈夫全都不再有了①。公民法则相机行事,有时着力于补救弊病造成的后果,有时则着力于防患于未然。

第十四节 亲属间的婚姻何时应遵从宗教法,何时应遵从公民法

在禁止亲属间结婚的问题上,准确地指出自然法的终点和公民法的起点,是一件十分棘手的事情。为此首先需要制定出一些原则。

母与子结婚会造成混乱。儿子应该对母亲无限尊敬,妻子应该对丈夫无限尊敬,母子结婚就把他们的自然状态全都颠覆了。

不但如此,大自然把妇女的生育期定得早些,把男子的生育期定得晚些,鉴于同一原因,妇女较早失去生育能力,男子较晚失去生育能力。如果允许母子结婚,那么,情况几乎永远是:正当丈夫精力旺盛时,妻子已经没有生育能力了。

与母子结婚一样,父女结婚也为大自然所摒弃,只是情况略好一些,因为这种婚姻没有上面提到的那两个障碍。所以,鞑靼人可以娶女儿②为妻,却不能娶母亲为妻,正如我们在《鞑靼史》中读到的那样③。

---

① 参见《法律》,第十六篇"关于婚姻的仪式";又见《法律》,第三篇§1,又见《法学阶梯》"关于夫妻间的赠予"。

② 鞑靼人的这条法律非常古老。普里库斯(Priscus)在他的《拜占庭帝国史》中说,阿提拉在某地停下来与女儿埃斯卡结婚,他说:"斯基泰的法律准许这种婚姻。"

③ 《鞑靼史》,第三部分,第256页。

父亲关心子女的贞操,这在任何时候都是理所当然的。父亲对子女负有抚养之责,使他们的体魄尽可能强健,心灵尽可能不受污损;精心呵护他们身上一切更能激发愿望的东西,一切最能养成仁慈秉性的东西。始终致力于呵护子女的良好品行的父亲,自然而然地会远离一切可能腐蚀子女的东西。有人会说,结婚绝非腐化堕落;但是,结婚之前必然会表白,会求爱,会引诱;而令人恶心的就是这个引诱。

因此,在施教者和受教者之间应该设置一条鸿沟,避免任何腐化,即使是出于正当理由的腐化也不行。做父亲的为什么要如此小心翼翼地不让未来的女婿陪伴和亲近女儿呢?

对于姐弟或兄妹乱伦的憎恶出于同一原因。只要父母确实希望子女品行端正,家风优良,那就足以促使子女憎恶一切可能导致两性结合的东西。

禁止堂表兄弟姐妹结婚,也基于同一理由。远在初民时期即圣洁无瑕的时期,也就是不知奢华为何物的时期,所有孩子都待在家里[1],生活在家里,所以,一所不大的房屋就可以住下一个大家庭。兄弟的孩子或是堂兄弟的孩子都被看做兄弟,孩子们彼此也认作兄弟[2]。兄弟与姐妹既然不能结婚,堂表兄弟与堂表姐妹当然也不能结婚[3]。

---

[1] 早期的罗马人便是如此。

[2] 在古罗马,这些兄弟都有共同的姓氏,堂表兄弟都以兄弟相称。

[3] 早期的罗马便是这样,直到人民通过一项法律,不再禁止堂表兄弟姐妹的婚姻,原因是一位口碑极佳的男子娶了他的堂(或表)姐(或妹)为妻。见普鲁塔克,《索求罗马物件》,第六章。

第二十六章　法与它所规定的事物秩序的关系　61

这些理由非常有力而且完全合乎自然,所以通行全球,且与各地的人群是否有过交往无关。罗马人不曾告诉台湾人①,四服之内的亲属结婚就是乱伦;罗马人不曾这样告诉阿拉伯人②,也没有这样教导马尔代夫人③。

如果说,有些民族并不禁止父女结婚和兄弟姐妹结婚,那是因为如同我在本书第一章中所说,人并不始终遵循自己的法则。谁能想到,某些宗教观念竟然常常让人因糊涂而犯此类错误。亚述人和波斯人可娶母亲为妻,前者之所以这样做,是出于对塞米拉米斯的宗教崇敬,后者之所以这样做,则是因为袄教格外看好这种婚姻④。埃及人娶自己的姐妹为妻,也是由于宗教狂乱,他们以这种婚姻敬奉女神伊西斯⑤。宗教的精神在于要我们竭尽全力去完成伟大而艰险的事业,所以,不必由于某事被一种虚伪的宗教奉为神圣而认为此事合乎自然。

禁止父女结婚和兄弟姐妹结婚,为的是保护家庭中与生俱来的操守观念,这一原则有助于我们发现,哪些婚姻是自然法所禁止的,哪些婚姻仅仅是公民法所禁止的。

子女通常居住在父母家中,或者被认为居住在父母家中,因此,依据自然法,女婿与岳母,公爹与媳妇或妻子的女儿,都不能结

---

① 《印度游记辑览》,第五卷,第一部分,第 98 页;《台湾岛现状》。
② 《古兰经·妇女》。
③ 皮拉尔,《游记》,第一卷,第 172 页。
④ 此类婚姻被认为是最光彩的婚姻。见菲洛(Philon),《关于十诫的特殊法律》,巴黎,1640 年,第 778 页。
⑤ 伊西斯(Isis),埃及女神,神通广大,能让死者起死还魂,受到普遍的供奉,后传入希腊和罗马。——译者

婚。在这种情况下，表象与实际的效果相同，因为二者的原因相同。公民法不能也不应准许此类婚姻。

我曾说过，有些民族把堂表兄弟姐妹看做亲兄弟姐妹，因为他们通常生活在同一个屋檐下；而另一些民族则没有这种混居的习惯。在前一类民族中，堂表兄弟姐妹之间的婚姻应该被视为违背自然法，可是，其他民族的此类婚姻则不应被视为违背自然法。

可是，自然法不应该仅仅是地方性法律，所以，当这些婚姻被禁止或许可时，他们应该酌情由公民法予以禁止或许可。

夫妻双方的兄弟姐妹没有必要生活在同一个屋檐下，这样，就无须为了维护良好的门风而禁止他们之间的婚姻；无论准许或禁止这种婚姻的法律，都不是自然法，而是视具体情况和各国习惯而定的公民法。

在某个国家里，因习惯而形成的婚姻如果是自然法所禁止的婚姻，那么在相同情况下，公民法就应加以禁止。自然法所禁止的是不变的，因为自然法的依据是不变的，比方说，父亲、母亲和子女必然居住在同一所房屋内。但是，公民法所禁止的则是偶发性的，因为公民法的依据也是偶发情况，例如，堂表兄弟姐妹等亲戚并非始终居住在同一所房屋内。

正是由于这个原因，摩西法和埃及人的法律①以及其他许多民族的法律，准许夫妻双方的兄弟姐妹通婚，而另外一些民族则禁止此类婚姻。

此类婚姻在印度不被禁止是理所当然的。在那里，舅舅、叔叔

---

① 参见《法律》，第八篇"法典：关于乱伦的婚姻和有害的婚姻"。

和伯伯都被看成与父亲一样,他们有义务把侄甥当作自己的子女培养成人,这是印度人的善良和充满人情的秉性使然。由这种法律或习俗派生出另一条规矩,那就是:丧妻的男子必娶前妻的姐妹为续弦①。这很合乎自然,新妻成了其姐妹的子女的母亲,就不会有残暴的后娘了。

第十五节 不应依据政治法原则而应依据公民法原则处置的事项

人放弃了与生俱来的独立状态,生活在政治法的统辖之下;人放弃了天然的财产公有制,生活在公民法的管辖之下。

政治法使人获得了自由,公民法使人获得了财产。只应由与财产有关的法律处置的事项,就不应由与自由有关的法律处置,因为我们已经说过,与自由有关的法律仅仅只是城邦的权力。认为公共利益优先于个人利益的想法是一种不合逻辑的推论;只有当涉及城邦权力即公民自由时,公共利益才可优先于个人利益,而在涉及财产时则不应如此,因为,公共利益就在于人人永恒不变地保有法律允许他拥有的财产。

西塞罗认为,土地均分法很糟糕,因为,建立城邦就是为了让人人都能保有自己的财产。

且让我们提出这样一条准则:公共利益绝不应该是政治法规对个人财产的剥夺,哪怕只是个人财产中微不足道的一部分。在

---

① 《耶稣会士书简集》,第十四辑,第 403 页。

这种情况下应该严格执行公民法,因为公民法是所有权的守护神。

因此,当公共机构需要一个人的财产时,绝不应该依据政治法采取行动,而应由公民法来加以处理;公民法犹如慈母的眼睛,就像关注整个城邦那样时时注视着每一个人。

政治官员若要修建公共建筑或道路,他应该对由此造成的损失给予补偿。此时的公共机构就与个人一样,双方的关系如同个人与个人的关系。如果公共机构强使公民出售自己的产业,剥夺公民依据公民法所拥有的不受强迫出让财产的权利,那就走得太远了。

击败罗马人的那些民族滥用了他们的胜利之后,自由精神唤醒了他们的公正精神,在执行其野蛮法律时有所收敛;如果有人对此心存疑虑,不妨读一下博马努瓦那部佳作,他在书中论述了12世纪的法学。

他在世时,大路常常进行维修,恰如今天一样。他写道,一条大路如果已经无法修复,就在离原有大路尽可能近的地方新修一条大路,由新路的受益人出资,给予旧路所有者以补偿[①]。当时这种做法的依据是公民法,今天同样做法的依据则是政治法。

第十六节　应由政治法处置的事项不应由公民法处置

只要不把源自城邦财产的规章与源自城邦自由的规章混为一

---

① 领主指派税吏向农民收捐,伯爵强迫乡绅捐款,主教强迫教会捐款。参见博马努瓦,《博韦西斯习惯法》,第二十二卷。

谈，一切问题都可迎刃而解。

国家所有的领地是否可以转让？这个问题不应该由公民法而应该由政治法来解决。之所以不应该由公民法来解决，是因为，国家之需要领地用以维持其生存和运转，恰如国家之需要公民法用以规范财产的处置。

国家的领地如果被转让，它就不得不筹款新置一处领地。可是，这种权宜之计会把政府搞垮，因为，事物的性质规定，每建立一处新的国家领地，臣民就要多缴捐税，而君主的收入则会减少。所以，总而言之，领地是必要的，转让领地则是不必要的。

在君主政体下，王位继承顺序的确立是以国家利益为依据的，国家利益要求继承顺序固定不变，以免发生我所说的在专制主义政体下发生的那些灾难；在专制政体下，一切都不确定，一切都随心所欲。

之所以要确立王位继承秩序，不是为了王室，而是因为国家利益需要一个王室。规范私人继承事宜的是以个人利益为目标的公民法，规范王位继承事宜的则是以国家利益及其维护为目标的政治法。

由此推论，当政治法在某个国家中建立了王位继承顺序，当这个顺序已经结束时，如果依据某个民族的公民法来要求王位继承权，那就荒谬绝伦。此社会的法律并非为彼社会而制定，罗马人的公民法并不比其他民族的公民法更具有可行性，当罗马人审判国王时，他们应用的就不是他们自己的公民法；他们在审判国王时所应用的准则为人所不齿，绝对不应该让它们复活。

由此还可推论，当政治法迫使某个家族放弃王位继承权时，如果试图依据公民法给予这个家族以民事补偿的话,那也是极端荒谬的。法律中确有关于补偿的规定,这对于生活在法律之下的人来说,当然是好事;可是,有一些人是为了制定法律而被推上台的,他们的存在就是为了制定法律,对于这些人来说,补偿就不是好事。

有人试图用解决私人权益的准则来解决一个国王、一个民族,乃至整个世界的权益问题,比如,西塞罗所说的檐槽所有权①,这岂非笑话。

第十七节　续前题

贝壳放逐制②应由政治法而不应由公民法的有关规章来审查。这个制度不但丝毫不应败坏平民政府,反而足以证明平民政府的宽厚。我们总是把放逐看做惩罚,但是,如果把贝壳放逐和惩罚看做两回事,我们就能感受到平民政府的宽厚。

亚里士多德说,大家都一致认为,贝壳放逐制体现了某种人道和平民的精神③。当时在实行贝壳放逐制的地方,既然谁也不觉得这种制度令人憎恶,那么,我们这些远离那个时代和那个地方的人,难道应该在这个问题上与原告、法官,甚至与被告持不同意见吗?

---

① 西塞罗,《法律》,第一卷,第四章。
② 关于"贝壳放逐制",参见本书第十二章第十九节译注。——译者
③ 亚里士多德,《政治学》,第三卷,第十三章。

这种人民的判决当初使被审者享有极大荣耀,只是后来当雅典人滥用这种制度,用来审判一个毫无长处可言的人时①,这种制度才被叫停。如果注意到这些事实,我们就能发觉,雅典人对贝壳放逐制的理解是错误的,其实,贝壳放逐制是一项值得赞赏的法律,它对一个已经获得荣耀的公民再次获得荣耀的不良后果,可以起到预防作用。

第十八节　应该检验那些看似彼此抵触的法律是否属于同类

普鲁塔克明确告诉我们②,罗马人允许丈夫把妻子借给别人。众所周知,小加图曾把妻子借给霍廷西乌斯③,而小加图并不是一个可能触犯国法的人④。

另一方面,丈夫如果容忍妻子淫乱,不把她交付审讯,或是判刑后把她带回家,那就要受罚⑤。这些法律看似彼此抵触,其实不然。允许罗马人出借妻子的法律,显然是斯巴达为共和国拥有品种优良——如果可以这样说的话——的孩子而确立的制度。另一项法律则旨在维护良好的民风。前一项法律是一项政治法,后一项法律是一项公民法。

---

① 希佩鲍卢斯(Hyperbolus)。参见普鲁塔克,《阿里斯底德传》。
② 普鲁塔克,《莱库古与努玛的比较》。
③ 霍廷西乌斯(Hortensius,前114—前50),曾任罗马执政官。——译者
④ 普鲁塔克,《小加图传》。斯特拉波说,此事就发生在我们的时代。
⑤ 《法律》,第十一篇末尾《尤利安法》:关于通奸"。

第十九节　不应以公民法处置应由家庭法处置的事项

西哥特法规定,奴隶必须把当场捉住的奸妇和奸夫捆绑起来①,交给奸妇的丈夫或法官。这真是一条令人不寒而栗的法律,竟然把公权、家庭和个人的惩罚权交给了这群卑劣之徒!

这项法律只适用于东方的后宫,那里的阉奴负责监管宫闱禁地,如有不当事件发生,他们就犯了渎职罪。他们进行告发的目的,与其说是为了把犯罪者交付审判,不如说是为了表白自己,以便让人查明,他在事件发生的当口绝对没有疏忽大意。

可是,在妇女不被监管的国家里,妇女主持家务,公民法如果把他们置于奴隶的监视之下,那就是荒诞无稽了。

这种监管充其量只能是某种情况下的一种特殊家庭法,而绝对不应该是公民法。

第二十节　不应以公民法处置属于万民法的事项

自由主要在于:不会被迫做法律不要求做的事。只有在公民法的治理之下,人才能处于自由状态。我们之所以是自由的,是因为我们生活在公民法之下。

---

① 《西哥特法》,第三卷,第四篇§6。

因此之故,由于君主与君主之间的关系不受公民法约束,所以他们不自由。他们受制于暴力,时时刻刻受他人强制和强制他人。所以,他们在强力下签订的条约与他们自愿签订的条约,同样具有强制性。我们生活在公民法下,当我们被迫签订某个法律所并不要求的合同时,我们可以借助法律之力对抗暴力。可是,君主始终生活在强制他人和受他人强制的状态中,他不能抱怨他人以暴力强迫他签订的条约;否则就等于他抱怨自己所处的自然状态,他想当其他君主的君主,让其他君主成为他的子民,也就是说,违背各种事物性质。

第二十一节　不应以政治法处置属于万民法的事项

政治法要求人人都受所在国的民事法庭和刑事法庭的管束,同时也受该国元首的惩治。

万民法要求君主们互派使节,依据从事物的性质推导出的理由,使节不受派驻国君主节制,也不受派驻国法院管束。他们是派出国君主的代言人,应该享有自由。任何障碍都不应该妨碍他们的行动。他们可能常常令人不快,因为他们代表一个独立的人讲话。如果因为他们犯罪就惩治他们,那就会有人诬告他们犯罪;如果因为他们负债就逮捕他们,那就会有人替他们伪造债务。在这种情况下,为生而骄矜的君主充当喉舌的,必将会是一个谨小慎微,什么都怕的人。所以,对使节应该适用万民法,而不是政治法。使节如果滥用其代表身份,就应终止其代表身份,将他们遣返回国;甚至还可以把他们告到他们的君主面前,这时,若他们的君主不对他们进行审讯,那便是同谋。

第二十二节　印加人阿图阿尔帕的不幸遭遇

西班牙人恣意破坏了上述原则。印加人阿图阿尔帕[①]本来只应受万民法的审讯,西班牙人却以政治法和公民法对他进行审讯[②]。他们指控他杀死了若干臣民,娶了多个妻子,等等。最为荒谬的是,他们对他进行审判的依据竟然不是印加人的政治法和公民法,而是西班牙的政治法和公民法。

第二十三节　因某些情况导致政治法摧毁国家时,应采用保护国家的政治法,该法有时会变成万民法

政治法是为政治集团制定的,它确立了国家王位继承的顺序,当它反过来对政治集团具有破坏作用时,无疑就应采用另一部政治法,从而改变王位继承的顺序;后一部政治法非但不会与前一部政治法发生抵触,而且从根本上说是完全一致的,因为它们都遵循

[①] 阿图阿尔帕(Athualpa),印加帝国的末代皇帝,1535年被俘后被绞死。——译者

[②] 参阅印加人加尔希拉梭(Garcilasso),《西班牙人内战史》,第108页。

同样的原则,那就是:人民的安全是至高无上的法律。

我说过,有一个大国①成了另一国的附庸,于是每况愈下,而且还牵累了宗主国。众所周知,国家元首应该在国内,国家收入应该得到良好的管理,货币不应流出国外去喂肥另一个国家。主政者不应满脑子都是外国的训条,这点很要紧。外国训条不如本国既有的训条合适,何况人总是难以割舍自己的成文法和习惯法,因为正是这些法律成就了每个国家的幸福。各国历史学家告诉我们,更换这些法律而不发生巨大动荡和血流成河的情况是极为罕见的。

因此,当一个大国的王位继承人是另一个大国的国君时,这个大国完全可以拒绝由他国君主来继承王位,因为,更改王位继承顺序对于两个国家都是好事。正因为如此,俄国女沙皇叶卡捷琳娜在位初期制定的一项法律非常谨慎地规定,任何外国君主均不得立为俄国的皇位继承人。葡萄牙的法律也规定,任何外国人都不得以血统为由继承葡萄牙的王位。

一个国家既然可以拒绝外国君主继承本国王位,当然更有理由要求外国君主主动放弃这一继承权。如果担心联姻会给国家带来丧失主权独立或国土被瓜分的结果,那就可以要求婚约的签订者以及他们未来的子女,放弃对于这个国家的一切权利。放弃权利者和放弃权利的受害者没有理由愤愤不平,因为国家本来就可以借助法律把他们排除在继承者的行列之外。

---

① 参见本书第五章第十四节,第八章第十六至二十节,第九章第四至七节,第十章第九至十节。

第二十四节　治安法规与公民法分属不同类别

　　官吏对一些罪犯处以刑罚，对一些罪犯予以矫正。前者属于法律管辖范畴，后者属于官吏权力范围；前者被排除在社会之外，后者被强制在社会中遵纪守法地生活。

　　在治安管理中，实施惩罚的是官吏而不是法律；在审讯罪行时，实施惩罚的是法律而不是官吏。治安管理所涉及的是时刻发生的事，通常都是一些小事，所以无须烦琐的手续。治安管理的行动迅捷，它所处理的事项每天都会发生，所以不宜施以重罚。治安管理所关注的始终是一些细小的琐事，因而不宜施以重大儆戒；它所需要的与其说是法律，毋宁说是规章。受治安管理约束的人时时刻刻受到官吏的监督，如果违规，那就是官吏的过错。所以，不能把重大的违法行为与触犯治安规章混为一谈，两者分属于不同类别。

　　在意大利的某共和国①，随身携带枪支被当作死罪惩处，这样做违背了事物的性质；携带枪支竟然与不当使用枪支同罪，这实在太离谱了。

　　一个面包铺老板的欺诈行为被皇帝当场发现，皇帝遂将他以木桩刑处死，皇帝因此举而广受赞颂②。其实只有苏丹才会这样做，因为在苏丹看来，只有滥用重典才能做到公正。

---

　　① 指威尼斯。
　　② 这是一册记述土耳其的游记。——译者

第二十五节　不应以公民法的一般规则处置，应根据事物性质作特殊处理的事项

水手们在航行途中缔结的一切民事借贷契约均属无效，作出这样规定的法律是好法律吗？弗朗索瓦·皮拉尔告诉我们[①]，在他那个时代，葡萄牙人不遵守这条规定，但法国人遵守。船上的人只是短期相聚，君主既为他们提供一切，他们也就没有任何需求，只有航行这一个目标；他们成了船上的公民，不再生活在社会之中，因而不应缔结借贷契约，因为这些契约只能起到承担市民社会义务的作用。

正是基于这种精神，罗得岛人在进行沿海航行期间作出规定，在海上风暴中留守船只的人可以得到船和船上的货物，逃离船只的人则什么也得不到。

[①]　《游记》，第十四章，第十二节。

第六编

第二十七章

独节　罗马继承法的起源与沿革

这个问题涉及极其遥远的古代，为探究其底奥，请允许我对早期罗马法律进行探索，从中发现迄今尚未有人发现的东西。

众所周知，罗慕洛斯把他那个小国的土地分给该国的公民[1]。我认为，罗马继承法由此发轫。

土地分配法规定，一家的财产不得转移到另一家。法律据此规定的继承人只有两类[2]，一类是本家继承人，即子女和曾经生活在父亲照料之下的后代，这类继承人如果缺失，则由男系中最近的亲属继承，也就是男系亲属。

这就是说，女系亲属不得继承，否则财产就会转到另一个家庭，因而作此规定。

基于同样理由，子女不得继承母亲遗产，母亲也不得继承子女

---

[1] 哈里卡纳索斯的狄奥尼修斯，《罗马古事记》，第二卷，第三章。普鲁塔克，《莱库古与努玛的比较》，第二十四章。

[2] "未立遗嘱者死后无继承人，最近的男性亲属应获得遗产。"见《十二铜表法断篇》，载乌尔比安，《摘要》末节。

遗产,否则,财产就会转到另一个家庭。所以,十二铜表法不允许这两种继承①。十二铜表法只许本家继承人享有继承资格,而儿子与母亲之间不存在男系亲属关系。

不过,由于女系亲属不能继承,所以,本家继承人或最近的男系亲属是男是女都无关紧要;女继承人虽然可以结婚,财产却永远归属她的娘家。正因为如此,十二铜表法对继承人的性别不作规定②。

这样一来,孙子可以继承祖父,外孙就不能继承外祖父,因为,为了防止财产转移到另一个家庭,外孙被排除在继承人行列之外,只有男系亲属才能继承。所以,女儿可以继承其父亲,但不能继承其子女③。

所以在早期罗马,如果与土地分配法不相抵触,妇女可以参与继承,反之,妇女不得参与继承。

早期罗马的继承法便是如此。继承法理所当然地从属于政制,而且源自土地分配制度,所以,其渊源显然并非来自外邦,也并非来自派往希腊城市的代表们所带回来的那些法律。

哈里卡纳索斯的狄奥尼修斯告诉我们④,塞尔维乌斯·图里乌斯发现罗慕洛斯和努玛关于土地分配的法律已被废除后,不但予以恢复,而且还补充了一些新的条文,使之更有分量。所以,刚

---

① 见乌尔比安,《摘要》,第二十六篇§8;《学说汇纂》,第三篇,"德笃利安元老院法令":"特权"。
② 鲍卢斯,《判决》,第四卷,第八篇§3。
③ 《学说汇纂》,第三卷,第一篇§15。
④ 《罗马古事记》,第四卷,第276页。

才提到的这几部由土地分配制度派生出的法律,都出自这三位罗马立法者之手,对此无须存疑。

继承顺序既然已经依据政治法确定,公民就不应凭借个人意愿进行扰乱;换句话说,在早期罗马,不应许可公民立遗嘱。不过,临终之时不能施惠于人,实在有点冷酷。

在法律与个人意愿之间找到了一种调和方案,那就是允许个人在人民大会上处分自己的财产,以这种方式立下的每一份遗嘱,在一定程度上都可以说是立法机构的一种行为。

十二铜表法允许立遗嘱者选定他所中意的公民为继承人。罗马法之所以要严格限制无遗嘱继承人的数量,原因在于土地分配法;罗马法之所以大幅度扩展订立遗嘱的权利,原因在于:父亲既然可以出卖子女①,当然更可以剥夺子女的财产。所以说,这是一些不同的后果,因为它们源自不同的原则;这也就是罗马法在这方面的精神。

雅典古法绝不允许公民立遗嘱。梭伦允许公民立遗嘱,但有子女者除外②。深受父权思想熏陶的罗马立法者,甚至允许遗嘱损害子女的利益。应该承认,在前后一致这一点上,雅典古法胜过罗马法。罗马法漫无节制地准许立遗嘱,从而一点一点地破坏了土地分配的政治条规,这比任何其他法律更严重地导致贫富悬殊;一个人可以获得多份土地,结果是少数人得到的太多,大多数人一

---

① 哈里卡纳索斯的狄奥尼修斯借助努玛的一项法律证明,允许父亲出售儿子三次的法令是罗慕洛斯,而不是十人团制定的。

② 普鲁塔克,《梭伦传》。

无所有。因此，一再被剥夺应得份额的人不断要求重新分配土地。这些人提出这种要求的时候，恰值俭朴、节约和贫穷成为罗马特色之时，也恰是奢华发展到无以复加之时。

遗嘱既然是人民会议通过的法律，从军在外的人就被剥夺了立遗嘱的权利。人民于是准许军人在若干同伴面前[①]，表明他本应在人民会议上表明的有关遗嘱的意愿[②]。

大型人民会议一年只开两次，人口增多了，事物也更繁杂了。人们认定，应该准许所有公民在代表全体人民的若干罗马成年公民面前立遗嘱[③]；作为代表的公民共五人[④]，继承人当着他们的面向立遗嘱人购买其门第，也就是他的全部遗产[⑤]，另一位公民用秤称量遗产的价值，因为罗马人当时还没有货币[⑥]。

看来，这五位公民分别代表人民的五个阶级，由赤贫者组成的第六阶级没有计算在内。

不应该像查士丁尼那样，把这种通过称量出售遗产的做法说成是空想，不错，后来的确成了空想，但起初并非如此。后来用来处置遗产的大多数法律，大多源自这些称量出售遗产的做法，乌尔

[①] 这种遗嘱称作"出征遗嘱"，不同于依据罗马皇帝的法令立下的"军人遗嘱"。见《法律》第一篇"关于军人遗嘱"。这是皇帝们对士兵的安抚之一。

[②] 这种遗嘱不是书面的（sins libra et tabulis），也没有一定格式，就像西塞罗在《演说家》第一卷中所说"没有任何法定手续和格式"。

[③] 《学说汇纂》，第二卷，第十篇§1。奥卢斯·格利乌斯，《阿提卡之夜》，第十五卷，第二十七章。这种遗嘱叫做"书面计数遗嘱"。

[④] 乌尔比安，《摘要》，第十篇§2。

[⑤] 狄奥菲勒，《学说汇纂》，第二卷，第十篇。

[⑥] 罗马人到了皮洛士之战时才有货币。狄特-李维在谈及韦伊之围时写道："当时还不会铸造银币。"

比安的《摘要》为此提供了证据①。聋人、哑人和浪子不得立遗嘱。因为,聋人听不见门第购买者的话,哑人说不出财产的称谓,浪子由于被禁止参与任何管理事务,因而不能出售他的财产。其他实例我就不讲了。

遗嘱既然是在人民会议上立下的,它就应是政治法文书而非公民法文书,是公法文书而非私法文书。所以,父亲不能准许受他支配的儿子立遗嘱。

在大多数国家中,遗嘱的格式不比普通契约更为复杂,因为,这两种契约都是缔约人意愿的表示,同样属于私法范畴。可是,罗马人的遗嘱由于属于公法范畴,格式因而比其他文书繁复②。在法国实行罗马法的那些地区,至今依然如此。

如我所说,遗嘱既然是一项人民的法律,就应具有命令的效力,以**直接**和**强制**的语言写就。由此引申出这样一条规则:不使用命令式语言,便不得给予和转移遗产③。所以,在某些情况下,可以实行替代继承④,把遗产转给另一个继承人。但是,绝对不得实行委托继承⑤,即以请求形式委托某人将遗产和部分遗产转交给法定继承人之外的另一继承人。

父亲在遗嘱中如果既不立其子为继承人,也不剥夺其子的继

---

① 《摘要》,第二十二篇§13。
② 《学说汇纂》,第二卷,第十篇§1。
③ 例如,"让狄第乌斯当我的遗产继承人。"
④ 替代继承分为:普通替代继承、未成年替代继承、智力障碍替代继承。
⑤ 奥古斯都以特殊原因为由,批准开始实行委托继承。《学说汇纂》,第二卷,第二十三篇§1。

承权利,这份遗嘱当属无效;但是,父亲如果在遗嘱中既不立其女为继承人,也不剥夺其女的继承权利,这份遗嘱当属有效。我认为此举有理。因为,既不立也不废儿子的继承权,本应作为男系亲属继承其父遗产的孙子就将受到伤害;然而,既不立也不废女儿的继承权,由于女儿的子女既非本家继承人,也非男系亲属,不能作为男系亲属继承其母的遗产[1],所以不会受到任何伤害。

早期罗马继承法由于只考虑遵循土地分割的精神,对妇女的财产未作足够的限制,从而为奢华的风气留下了一扇方便之门,因为奢华是与妇女的财富分不开的。第二次和第三次布匿战争期间,人们开始感到这一弊病,于是制定了沃科尼乌斯法[2]。该法是基于极为重大的考虑而制定的,然而留存至今的记述极少,对该法的议论至今相当含混,所以,我将要对该法作一番澄清。

西塞罗保存了该法的一份残篇。从中可以看出,该法禁止立妇女为继承人,不论该妇女是否已婚[3]。

狄特-李维的《摘要》提到了该法,但并无更多内容[4]。据西塞罗[5]和圣奥古斯丁[6]的记述,女儿乃至独生女都在被禁之列。

---

[1] 依据《十二铜表法》的规定,立遗嘱人不得将其遗产给予母亲的子女,因为妇女不得拥有继承人。乌尔比安《摘要》的二十六题§7。

[2] 该法系护民官昆图斯·沃科尼乌斯(Quintus Voconius)倡议。参见西塞罗,《再驳韦列斯》;载狄特-李维,《摘要》,第四十一卷;书中沃隆尼乌斯(Volumnius)有误,应作沃科尼乌斯。

[3] "重申……不得立任何妇女为继承人。"西塞罗,《再驳韦列斯》,第一卷。

[4] "他支持不准立任何妇女为继承人的法律。"见狄特-李维,《摘要》,第四十一卷。

[5] 《再驳韦列斯》。

[6] 《上帝之城》,第三卷,第二十一章。

大加图竭尽全力促使该法得以通过[1]。奥卢斯·格利乌斯引述了大加图在该场合下发表的演说中的一个片段[2]。他想通过禁止妇女继承遗产来铲除奢华的根源,正如他希望通过为欧皮阿法[3]辩护来制止奢华一样。

查士丁尼[4]和狄奥菲勒[5]的《学说汇纂》提到,沃科尼乌斯法中有一章对妇女的继承权作了限制。读了这一章之后,谁都会认为,制定这一章的目的是防止遗产因遗赠过多而所剩无几,以至于继承人拒绝接受。可是,其实这并不是沃科尼乌斯法的精神所在。前面已经提到,该法旨在防止妇女获得任何遗产。为妇女继承遗产设置障碍的这一章,目的正在于此。因为,倘若可以随心所欲地留下遗赠,妇女凭遗赠所获之财产,就可与无法作为遗产继承的财产一样多。

沃科尼乌斯法是为防止妇女积攒过多财产而制定的。所以,应予剥夺的是巨额财富,而不是不足以维持奢华的财产。法律规定给予被禁止继承遗产的妇女以一定数额的财产。我们从西塞罗那里获知此事[6],但他并未说明这笔财产的确切数额。狄奥则说,这笔财产的数额为十万小银币[7]。

---

[1] 狄特-李维,《摘要》,第四十一卷。

[2] 《阿提卡之夜》,第十七卷,第六章。

[3] 罗马护民官欧皮乌斯(Oppius,前3世纪)倡议并促使通过了防止妇女奢华之风的法律,史称《欧皮阿法》。——译者

[4] 《学说汇纂》,第二卷,第二十二篇。

[5] 同上。

[6] "无人同意给予法迪亚的财产可多于她依据《沃科尼乌斯法》所能得到的数额。"见《善与恶的极限》,第二卷,第五十五章。

[7] "可以援引《沃科尼乌斯法》,该法规定,妇女获得到的遗产不得多于十万小银币。"狄奥,《罗马史》,第五十六卷。

制定沃科尼乌斯法的目的是调节财富,而不是调节贫困。所以西塞罗说,该法仅约束已录入户口册的人①。

这就为规避法律提供了一个借口。我们知道,罗马人是极端的形式主义者。前面说到,罗马共和国的精神就是死抠法律文字。有一些父亲为了把遗产留给女儿,没有进行户口登记。裁判官认为,他们并未违犯沃科尼乌斯法,因为从文字上看,他们并未违犯该法。

一位名叫安尼乌斯·阿塞卢斯的人立他的独生女为遗产继承人。西塞罗说,他可以这样做,沃科尼乌斯法并不禁止他这样做,因为他的名字不在户口登记册上②。韦列斯当了护民官,就把女儿的继承权剥夺了。西塞罗认为,他可能接受了贿赂,否则他不会打乱其他护民官都遵循的继承顺序。

全体公民都应录入户口登记册,那么,不在登记册内的是些什么人呢?不过,按照哈里卡纳索斯的狄奥尼修斯所记述的塞尔维乌斯·图里乌斯确立的制度③,凡是没有登记在户口册上的公民,一律降为奴隶。西塞罗就说过,有一个人因此而失去了自由④。佐纳鲁斯也说过同样的话。由此可见,沃科尼乌斯法和塞尔维乌斯·图里乌斯的制度,在户口登录问题上显然不尽相同。

依据沃科尼乌斯法的精神,没有登记在根据财产多寡划分的前五个阶级中⑤的人,不算已经录入登记册。依据塞尔维乌斯·

---

① "那些已经登入户口册的人。"西塞罗,《再驳维列斯》。
② "他未经户口登记"。
③ 《罗马古事记》,第四卷。
④ "他没有登记在户口册上"。
⑤ 前五个阶级人数极多,以至于有的作者就说只有五个阶级。

图里乌斯制度的精神,凡是没有登录在六个阶级中,或是没有被列为人头税缴纳者的人,不算已经录入登记册。本性的能量竟有如此之大,它居然能驱使那些父亲,为了规避沃科尼乌斯法而甘愿受辱,在第六阶级中与无产者和人头税缴纳者为伍,甚至被列入被剥夺选举权者名录①也在所不惜。

我们说过,罗马的法律制度不允许委托继承。委托继承是为规避沃科尼乌斯法而采取的一个手段,具体说来就是,立一个有权依法继承的人为继承人,然后请他把继承权让与一个被法律排除在继承人行列之外的人。这种新的做法产生了一些相当不同的后果。有人把继承权转交给他人。塞克斯图斯·柏图库斯②的做法妙极了,有人把一大笔遗产交给了他,除了他本人,世界上没有一个人知道他是受人之托转交这笔遗产。他找到立遗嘱人的遗孀,把她丈夫的全部遗产转交给她。

另一些人则把委托继承的全部遗产留给自己,塞克斯提留乌斯·鲁富斯便是一个广为人知的例子,因为西塞罗在他与伊壁鸠鲁派论战时援引了这个实例③。他说:"在我年轻的时候,塞克斯提留乌斯·鲁富斯请我陪他去见他的朋友,他询问这些朋友,他是否应该把昆图斯·法迪乌斯·加鲁斯的遗产交还给他的女儿。他找来了好几位年轻人,还有几位德高望重的人物,大家都认为,交给法迪乌斯的遗产不应超过她依据沃科尼乌斯法应该获得的数

---

① "降为最低公民等级"。
② 西塞罗,《善与恶的极限》,第二卷。
③ 同上。

额；塞克斯提留乌斯于是得到了一大笔遗产。如果他当初不是选择了实惠，而是选择了公正和正直，那他就连一个小银币都休想得到。"西塞罗接着说："我可以相信，你们本来是愿意将遗产转交他人的，就连伊壁鸠鲁本来也是愿意这样做的，可是，你们并未照你们的原则办事。"我在这里要多说几句。

立法者不得不制定法律打击人的天然感情，就像沃科尼乌斯法那样，这是人类的不幸。因为，立法者在这样做时，对社会的考虑多于对公民的考虑，对公民的考虑多于对人的考虑，他们的法律牺牲了公民和人，只想到了共和国。一个人竟然要托付朋友把遗产交给他的女儿，这是因为法律既蔑视立遗嘱者的天然感情，也蔑视女儿的孝心；法律丝毫没有考虑那个受托转交遗产的人，他的处境实际上非常尴尬；若是把遗产转交了，他就是一个不良公民；若是把遗产留给自己，他就是一个食言而肥的人。只有天性善良的人才想规避这种法律，只有老实人才会被选中去规避这种法律；因为，战胜贪婪和淫欲是一大胜利，而只有老实人才能取得这种胜利。把他们视为不良公民或许失之过严，这种法律如果确实只能逼迫老实人设法规避法律的话，那就不妨认为，立法者已经在很大程度上达到了他的目的。

制定沃科尼乌斯法的时候，罗马依然保存着一些纯朴的民风。人们有时为维护法律而激励社会良心，让民众宣誓遵守法律①，这就像是以诚实对抗诚实。可是到后来，民风极度败坏，委托继承几乎失去了规避沃科尼乌斯法的效用，而该法却大大增加了被遵守的力度。

---

① 塞克斯提留乌斯说，他曾宣誓遵守法律。

无数公民死于内战,奥古斯都执政时期的罗马人烟稀少,必须大量添丁。于是制定了巴比安法,凡是能鼓励公民结婚生子的办法无一遗漏①。主要手段之一是让该法的支持者更加有望继承遗产,让不支持者更加无望继承遗产。沃科尼乌斯法禁止妇女继承遗产,巴比安法则在某些条件下予以解禁。

　　妻子②尤其是生养了孩子的妻子获得了根据丈夫遗嘱继承遗产的权利。她们如果有子女,还可以根据族外人的遗嘱接受遗产。所有这一切都不符合沃科尼乌斯法的规定,值得注意的是,尽管采取了这些措施,却并未完全摒弃该法的精神。比如,依据巴比安法的规定③,有一个孩子的男子④可以依据遗嘱接受一个无血缘者的全部遗产,而妇女必须有三个孩子方能获得这份遗产⑤。

　　应当指出,巴比安法虽然准许有三个孩子的妻子继承遗产,但以有族外人的遗嘱为限;在继承亲属的遗产方面,巴比安法依旧保留了沃科尼乌斯法的全部效力⑥,只不过这种情况没有持续多久。

---

　　① 请参阅作者在本书第二十三章第二十一节中的论述。
　　② 参见乌尔比安,《摘要》,第十五篇,第十六篇。
　　③ 同样的区别在《巴比安法》的许多条文中都可看到。参见乌尔比安,《摘要》末篇第四至六节。
　　④ "有了我,你才有子女,
　　　　才享有做父亲的权利;
　　　　有了我,你才被立为继承人。"
　　　　　　尤维纳利斯,《讽刺诗》,第九章第 83 行和第 87 行。
　　〔这是一个性无能者的妻子对她的情夫所说的话。因为依据《巴比安法》规定,已婚而无子女的男子不得继承遗产。——译者〕
　　⑤ 参见《狄奥多西法典》,第九法:"关于被宣布为公敌者的财产。"又见乌尔比安,《摘要》,末篇§6以及第二十九篇§3。
　　⑥ 参见乌尔比安,《摘要》,第十六篇§1;索佐梅诺斯,《教会史》,第一章,第十九节。

罗马受到来自各国的财富的腐蚀，民风大变，遏制妇女奢华之风已经不可能。生活在哈德良时代的奥卢斯·格利乌斯说[1]，他那时候，沃科尼乌斯法几乎已经被废，城邦的淫逸之风把它淹没了。所以，生活在尼杰尔[2]时代的鲍卢斯[3]，生活在亚历山大·塞维努斯时代的乌尔比安，分别在他们的《判决》[4]和《摘要》[5]中提到，男系的姐妹可以继承遗产，被沃科尼乌斯法剥夺继承权的仅限于较远的亲属。

罗马古法开始显得过于严峻，除了公正、节制和适度之外，裁判官们已经很难被其他东西触动了。

我们看到，依据罗马古法，母亲根本无权继承子女的遗产，沃科尼乌斯法为剥夺母亲的继承权又增添了一条理由。可是，克劳狄皇帝把继承子女遗产的权利给予母亲，作为对她们丧失子女的安抚。哈德良[6]掌权时发布的德笃利安元老院法令规定，有三个孩子的女自由民可以继承遗产，女被释奴则有四个孩子方可继承。很显然，这项元老院法令只不过是巴比安法的延伸而已，该法规定，在同样情况下，妇女可以接受外族人给予的遗产。查士丁尼法则规定[7]，不论子女多寡，妇女均可继承遗产。

---

[1] 奥卢斯·格利乌斯，《阿提卡之夜》，第二十卷，第一章。
[2] 尼杰尔(Pescennius Niger)，罗马将军，193年被叙利亚军团拥立为皇帝。——译者
[3] 鲍卢斯(Paulus, Julius)，公元3世纪的罗马法学家。——译者
[4] 《判决》，第二十卷，第一章。
[5] 乌尔比安，《摘要》，第二十六篇§6。
[6] 即庇乌斯(Pie)皇帝，因过继而更名为哈德良。
[7] 《法律》，第二篇，"法典：关于子女的权利"第三卷第三篇第四节"德笃利安元老院法"。

禁止妇女继承遗产的法律在某些原因的作用下受到了限制，同样的原因使禁止妇女继承女系亲属遗产的法律逐渐失去效力。这些法律本来非常符合优良的共和政体的精神，因为，在共和政体下，女性不应由于拥有财富或有望拥有财富而凭借奢华高人一头。在君主政体下则恰恰相反，奢华加重了婚姻负担，变得相当靡费，所以，要靠妇女提供的财产和她们有望获得的遗产来支援婚姻。君主政体在罗马建立后，全部继承制度都发生了变化。依照过去的法律，女系亲属根本不能继承遗产，而如今如果男系亲属缺失，裁判官就可以让女系亲属继承遗产。奥菲提安元老院法令①准许子女继承母亲的遗产，瓦伦梯尼安②、狄奥多西和阿卡迪乌斯三位皇帝在位时，外孙子和外孙女也可继承外祖父的遗产。最后，查士丁尼皇帝彻底清除了旧法关于遗产继承的规定，重新确定了如下三个继承顺序：直系卑亲属、直系尊亲属和旁系亲属；不分男女，也不分男系亲属和女系亲属，并且把旧法有关继承的所有规定全部废除③。查士丁尼认为他这样做是为了摆脱旧法的羁绊，遵从人的本性。

---

① 时在公元前178年。——译者
② 《法典》，"关于亲生与合法的子女"，第9条。
③ 同上书，"法典：关于亲生与合法的子女"，第12条；《新法集》，第一百一十八篇、第一百二十七篇。

第二十八章　法国公民法的起源与沿革

"肉体如何由旧变为新,这就是我想要讲述的……"

奥维德:《变形记》①

第一节　日耳曼各族法律的不同特点

法兰克人离开故土之后,就让本族的智者编纂萨利克法②。克洛维斯在位期间③,里普埃尔法兰克人部落并入与萨利安法兰克人部落④,但依旧保留着自己的习俗,奥斯特拉西亚国王戴奥德里克⑤下令把这些习俗编为成文法⑥。他还搜集他的附庸国巴伐利亚和

---

① 奥维德(Ovide),著名拉丁诗人。《变形记》是一部著名神话史诗,共十五卷,讲述了从混沌时期到恺撒执政时期有关的神话。——译者

② 参阅萨利克法的前言。莱布尼茨(Leibnitz)先生在他的《论法兰克人的起源》中说,萨利克法在克洛维斯在位之前制定的,但不可能在法兰克人走出日耳曼尼亚之前制定,因为那时他们不懂拉丁语。

③ 参阅图尔的格雷瓜尔,《法兰克史》。

④ 里普埃尔法兰克人(Francs Ripuaires),又译莱茵河畔法兰克人,见本书第十八章第二十二节译注。萨利安法兰克人(Francs Saliens),居住在莱茵河的支流埃塞尔河沿岸的法兰克人,又译海滨法兰克人。——译者

⑤ 奥斯特拉西亚(Austrasie),墨洛温王朝时期的法兰克王国。戴奥德里克(Théodoric),克洛维斯的儿子。——译者

⑥ 参见《巴伐利亚法》的前言和《萨利克法》的前言。

阿勒曼的习俗编为成文法①。之后，日耳曼尼亚的实力因许多部族出走而大为削弱，法兰克人征服了前面的土地后，后退一步，把他们的统治带进了父辈的森林。有迹象表明，图林根②法典也是这位戴奥德里克下令编纂的③，因为，图林根人也是他的臣民。铁锤查理和丕平④征服了弗里兹人⑤，在此之前弗里兹人没有法律⑥。查理曼最先征服了萨克森人，为他们制定了至今犹存的法律。这两部法典出自征服者之手，只要读一下就可知道。西哥特人、勃艮第人和伦巴第人创建王国后，把他们的法律变为成文法，目的不是要求被征服者遵照执行，而是为了自己的方便。

萨利克法、里普埃尔人、日耳曼尼亚人、巴伐利亚人、图林根人以及弗里兹人的法律，都非常简洁朴实，体现出一种原始的粗糙以及一种独有的精神，一种未曾被另一种精神削弱的精神。这些法律变化很小，因为除了法兰克人，这些民族都没有离开日耳曼尼亚。法兰克人所建立的帝国也有一大部分在日耳曼尼亚。所以，他们的法律都属于日耳曼法。西哥特人、伦巴第人和勃艮第人则不然，他们的法律丧失了许多原来的特色，因为这些民族在新的土地上定居之后，失去了许多原来独有的特点。

---

① 参见《巴伐利亚法》的前言和《萨利克法》的前言。
② 图林根(Thuringien)，古代德国中部的地区。——译者
③ "盎格鲁维利诺人的法律就是图林根人的法律"。
④ 铁锤查理(Charles Martel，688—741)，法兰克王国的宫相，王国的实际统治者。丕平(Pépin，714—768)，铁锤查理的儿子，外号矮子丕平，法兰克国王(751—768在位)。——译者
⑤ 弗里兹人(Frisons)，居住在欧洲西北部的一支日耳曼人。——译者
⑥ 弗里兹人没有文字。

勃艮第王国寿命不长，征服者的法律来不及发生重大改变。贡德鲍和西吉斯蒙德①把他们的习俗编纂成书，只不过，他们几乎已是末代君王了。伦巴第人的法律没有修订，倒是增添了一些内容。罗塔利制定的法律被格利摩、路易普朗、拉希、埃斯图尔弗②等人用作范本，形式上没有新的改动。西哥特人的法律则不然③，他们的国王对这些法律进行了修订，又让神职人员再作修订。

墨洛温王朝的国王们将萨利克法和里普埃尔法中与基督教绝不兼容的部分删除，但保留了这两部法的基本部分④。西哥特法就不是这样。

勃艮第人和西哥特人的法律采用肉刑，尤以西哥特人为甚。萨利克法和里普埃尔人的法律不允许采用肉刑⑤，较好地保存了这些法律原有的特点。

勃艮第人和西哥特人居住的那几个省份易受攻击，因而千方百计地试图调和与原有居民的关系，为他们制定对各族居民一视同仁的公民法⑥。可是，确信自己实力过人的法兰克国王们，没有

---

① 西吉斯蒙德(Sigismond，卒于523年)，勃艮第王(516—523在位)。——译者
② 格利摩(Grimoald)，伦巴第王(663—672在位)；路易普朗(Luitprand)，伦巴第王(713—743在位)；拉希(Rachis)，伦巴第王(744—750在位)；埃斯图尔弗(Aistulphe)，伦巴第王(卒于758年)。——译者
③ 欧里克(Euric)制定了西哥特法，娄弗吉尔德(Leuvigilde)作了修改。参阅伊西多尔《纪年史》。秦达逊德斯和雷塞逊德斯加以改造。埃吉加(Egiga)编纂了至今犹存的法典，他还将此事委托给主教们。从托莱多第十六届公会议来看，秦达逊德斯和雷塞逊德斯的法律被保存下来了。
④ 参阅《巴伐利亚法》的前言。
⑤ 在希尔德贝一世(Childebert I)的谕令中只发现了寥寥数例体刑。
⑥ 参阅《勃艮第法》的前言及正文，尤其是其中第七条第5款和第三十八条。又见图尔的格雷瓜尔，《法兰克史》，第二卷，第二十三章，以及西哥特法典。

对此予以关注①。

法兰克人控制下的萨克森人桀骜不驯,坚持不懈地进行反抗。所以,在他们的法律中可以看到征服者的冷酷②,这在其他蛮族的法典中是看不到的。

罚金体现了日耳曼法的精神,而肉刑则显现了征服者法律的精神。

萨克森人在境内所犯罪行被处以肉刑,只有当他们在境外犯罪时,才依据日耳曼法的精神惩处。

法律规定,一旦犯罪就永无宁日,就连去教堂躲避也不允许。

在西哥特宫廷里,主教们的权威无限,重大事项都在主教会议上决定。当今宗教裁判所的一切规矩、原则和观点,全都来自西哥特法典。僧侣们用以对付犹太人的那些法律,全都是当年的主教们制定的。

此外,贡德鲍为勃艮第人制定的法律非常得体。罗塔利和其他伦巴第君主们的法律更是如此。不过,西哥特人的法律以及雷塞逊德斯、秦达逊德斯和埃吉加③制定的法律,全都幼稚、拙劣和痴妄,辞藻华丽,空洞无物,内容浅薄,文字浮夸。

第二节　蛮族诸法均为属人法

这些蛮族法律的一大特点是与地域无关,法兰克人依据法兰

---

① 参阅本书本章第三节。
② 参见《萨克森法》第二章第八、九节,第四章第二、七节。
③ 秦达逊德斯(Chaindasuidade),西班牙的西哥特王(642—649在位)。雷塞逊德斯(Recessuinde),西哥特王,前者之子。埃吉加(Egiga),西班牙的西哥特王(687—701在位)。——译者

克人的法律审判，日耳曼尼亚人依据日耳曼尼亚人的法律审判，勃艮第人依据勃艮第人的法律审判，罗马人依据罗马人的法律审判。那时的征服者不但没有考虑统一各族人民的法律，甚至没有想到为被征服者制定法律。

我发现，这种情况的根源存在于日耳曼人的固有习俗之中。日耳曼各部族被沼泽、湖泊和森林分隔，我们可以从恺撒的著作①中获知，他们喜欢分居各地。对罗马人的惧怕使他们联合起来，当他们在一地混居时，各个部族的每个人都接受本部族的习俗和习惯法审判。各个部族的人在自己所属的部族内部是自由和独立的。当他们在一地混居时，依然享有独立。他们有共同的祖国，同时也有各自的共和政府；领土是共同的，部族则是各异的。这些部族在离开家乡之前，就已经具备了属人法精神，而且带着这种精神四处征战。

这种做法在马尔库尔弗的法规②、蛮族的法律，尤其是里普埃尔人的法律③和墨洛温王朝诸王的谕令④中得到确认，加洛林王朝的有关敕令⑤都来自墨洛温王朝诸王的谕令。子女遵守父亲所遵守的法律⑥，妻子遵守丈夫所遵守的法律⑦，丧夫的妇女重新遵守

---

① 《高卢战纪》，第六卷。
② 《法规》，第一卷，法式八。
③ 《里普埃尔法》，第三十一章。
④ 克罗泰尔560年的谕令，载《敕令汇编》，巴鲁兹版，第一卷，第4条；该书末尾。
⑤ 《伦巴第法》所附敕令第一卷第二十五篇第七十一章；第二卷第四十一篇第七章；第七十六篇第一、二章。
⑥ 《伦巴第法》所附敕令第二卷第五篇。
⑦ 同上书，第七篇第一章。

自己原来遵守的法律①,被释奴遵守他们的主人所遵守的法律②。不但如此,每个人还可以选择他所愿意遵守的法律,罗泰尔一世为此下令,每个人的选择都必须公之于众③。

第三节　萨利克法与西哥特法和勃艮第法的主要差异

前面说到④,勃艮第法和西哥特法对不同民族一视同仁;但是,萨利克法并非如此,它对法兰克人和罗马人的不同待遇令人万分痛心。杀死一个法兰克人、蛮族人或受法兰克法管束的人,应付赔偿金二百苏⑤,被杀的如果是罗马人业主,赔偿金则为一百苏⑥,被杀的如果是罗马人仆从,赔偿金就只有四十五苏。被杀的如果是国王的法兰克人臣属,赔偿金是六百苏⑦,被杀的如果是国王的罗马人客卿⑧,赔偿金仅为三百苏⑨。由此可见,萨利克法极其残酷地区别对待法兰克士绅和罗马士绅、普通法兰克人和普通罗马人。

---

① 《伦巴第法》所附敕令第二卷第七篇第二章。
② 同上书,第三十五篇第二章。
③ 《伦巴第法》,第二卷,第四十七篇。
④ 本书本章第一节。
⑤ 《萨利克法》,第四十五篇§1。
⑥ "在所居住的村庄里拥有财产者"。《萨利克法》,第四十五篇,第十五章和第七章。
⑦ "忠于主人者"。《萨利克法》,第四十四篇,第四章。
⑧ 罗马人中的大人物都在朝廷中服务,许多主教就在宫中成长一事可资证明。因为,除了罗马人,没有什么人能识文断字。
⑨ "如果此罗马人是国王的客卿"。《萨利克法》,第四十四篇,第六章。

不但如此。如果聚众袭击一个法兰克人①并将他杀死在家中,萨利克法规定赔偿六百苏。可是,如果被袭击的是罗马人或被释奴②,赔偿金减半。萨利克法还规定③,如果一个罗马人用铁链捆绑一个法兰克人,应付赔偿金三十苏;可是如果一个法兰克人用铁链捆绑一个罗马人,他应赔付的仅仅只是十五苏。一个法兰克人如果被一个罗马人剥光衣服,可得赔偿金六十二苏;一个罗马人如果被一个法兰克人剥光衣服,只能得到赔偿金三十苏。对于罗马人来说,所有这一切都是难以忍受的不公。

可是,有一位享有盛誉的作者④,以法兰克人是罗马人最好的朋友为假设,为法兰克人定居高卢编造理由。那么,既给罗马人带去了骇人的灾祸,也在罗马人那里遭受了骇人的灾祸的法兰克人,真是罗马人的最好朋友吗?用武力征服罗马人之后又冷酷无情地压迫罗马人的法兰克人,真是罗马人的最好朋友吗?他们是罗马人的朋友,恰如征服了中国的鞑靼人是中国人的朋友一模一样。

尽管有几位天主教的主教利用法兰克人击败了信奉阿里乌斯教派⑤的多位国王,难道因此就可以认为,这些主教真的愿意生活在蛮族统治之下吗?难道可以就此得出结论说,法兰克人特别关注罗马人吗?我的结论恰恰相反:法兰克人越是认为罗马人不足

---

① 《萨利克法》,第四十五篇。
② 此处指里都斯(Lidus),其身份优于农奴。见《日耳曼尼亚法》,第九十五章。
③ 《萨利克法》,第三十五篇,第三章和第四章。
④ 迪波教士。
⑤ 阿里乌斯教派是公元4世纪的一个基督教异端,当时高卢地区的许多国王都是其信徒,其首领为阿里乌斯,忠于正统基督教的克洛维斯击败了这些国王。——译者

虑，就越发不放松对他们的压迫。

可是，作为一个历史学家，迪波教士所发掘的是劣质的史料以及诗人和演说家的作品，然而，理论体系的基础不应建立在浮夸的著作之上。

第四节　罗马法何以消失在法兰克人地区而保存在哥特人和勃艮第人地区

至今模糊不清的那些事情，会因我在前面所说的事情而变得清晰。今天叫做法兰西的这块土地在墨洛温王朝时代处于罗马法、提奥多西法典和居住在那里的各个蛮族①的管束之下。

在法兰克人统辖地区，编纂法兰克法供法兰克人使用，编纂提奥多西法典②供罗马人使用。在西哥特人地区，依据阿拉里克③的命令制定的提奥多西法典④，用来解决罗马人的争讼，欧里克下令编制的该国成文习惯法⑤，用来解决西哥特人的争讼。萨利克法何以能在整个法兰克人地区普遍拥有权威呢？罗马法何以在那个地区日趋衰微，而在西哥特人地区却日益扩展，并拥有普遍权威呢？

我认为，罗马法之所以被弃而不用，是因为法兰克人、蛮族人

---

① 他们是法兰克人、西哥特人和勃艮第人。
② 该法于438年编纂完成。
③ 阿拉里克（Alaric），即西哥特王阿拉里克二世（484—507在位）。——译者
④ 该法典的前言表明，该法于阿拉里克在位二十年时制定，两年后由阿尼阿乌斯公布。
⑤ 西班牙纪年504年，见伊西多尔，《纪年史》。

以及接受萨利克法管束的人享有巨大优势[1]，以至于所有人都想抛弃罗马人而接受萨利克法的管束。只有僧侣依旧使用罗马法[2]，更换法律对他们没有任何好处，身份和社会地位的差异仅仅体现在赔偿金的数额上，这一点我在下面还将谈及。可是，一些特别法[3]规定，他们的补偿金应与法兰克人的补偿金一样优厚，所以他们不放弃罗马法。罗马法没有给他们造成任何损害，况且制定罗马法的那几位罗马皇帝都是基督教信徒。

另一方面，在西哥特人的遗产问题上，西哥特法给予西哥特人的民事权益，丝毫不多于罗马人[4]，因此，罗马人没有任何理由放弃自己的法律转而接受另一种法律，所以，他们继续使用罗马法，而不采用西哥特法。

这一点在下面将看得更加清楚。贡德鲍法相当公正，并不厚勃艮第人而薄罗马人。从该法的序言来看，该法既是为勃艮第人制定的，也是为解决罗马人与勃艮第人之间可能出现的纠纷制定的；一旦出现这种纠纷，法庭由相同数量的双方人员组成。之所以必须这样做，是出于当时政治协议[5]方面的一些特殊原因。罗马

---

[1] "法兰克人、蛮族人或生活在萨利克法之下的人。"《萨利克法》，第四十五篇，第一章。

[2] 《里普埃尔法》第五十八篇第一章写道："依据教会所尊奉的罗马法。"参见迪康热，《晚期拉丁语和希腊语词汇》中的"罗马法"条所列举的众多权威著作。

[3] 请阅林登勃洛赫版《萨利克法》。该法末尾所附多项敕令以及蛮族法的多种法典中所规定的神职人员，在这方面享有的特权。又见查理曼807年致其子意大利国王丕平的信函，载《敕令汇编》，巴鲁兹版，第一卷，第452页，其中提到，神职人员可获得三倍的补偿金。又见《敕令汇编》，巴鲁兹版，第一卷，第五章第302条。

[4] 参阅该法。

[5] 我将在本书第三十章第六、七、八、九节中再次谈及。

第二十八章　法国公民法的起源与沿革　99

法在勃艮第继续存在,用以解决罗马人与罗马人之间可能发生的争讼。罗马人没有理由像居住在法兰克人地区的罗马人那样放弃自己的法律。况且,从阿戈巴尔①致宽厚者路易的那封有名的信函中不难看出,萨利克法并未在勃艮第施行。

阿戈巴尔请求国王宽厚者路易在勃艮第施行萨利克法②,可见该法当时并未在该地施行。因此,罗马法在附属于这个国家的一些省份中过去存在,现在依然存在。

罗马法和哥特法在哥特人定居的地区里继续施行,而萨利克法则从未在那里施行。丕平和铁锤查理把撒拉逊人逐出该地时,臣服于这两位君主的城市和省份③提出了要求,终于保住了他们自己的法律。这样一来,尽管当时所有法律都是属人法,然而不久之后,罗马法却在这些地区被视为属物法和属地法。

秃头查理④于864年在皮斯特⑤发表的一道敕令证明了这一点,他在敕令中将根据罗马法进行审判的地区与不根据罗马法进

---

① 阿戈巴尔(Agobard,779—840),里昂大主教,曾与宽厚者路易作对。——译者
② 阿戈巴尔,《著作集》。
③ 参见杜申(Duchesne),《文集》,第三卷,第366页中的热尔韦·德·蒂尔布里(Gerbais de Tilburi)所说:"与法兰克人签订了一个条约,条约规定,生活在该地的哥特人遵循其父辈习俗,受其固有法律管束。因而,纳波奈兹省就归于丕平。"又,卡泰尔(Catel),《朗格多克史》,所记759年的编年史。又,杜申,《文集》,第三卷,第316页所记,一位不知名的作者为宽厚者路易所作的传记中有关塞提马尼亚人民在卡里西亚戈人民会议上所提请求的记述。
④ 秃头查理(Charles le Chauve,823—877),查理曼的孙子,840年继承其父宽厚者路易的王位,成为法国国王。——译者
⑤ 皮斯特(Pistes),加洛林王朝时期的一个重要城市,秃头查理经常在此居住。——译者

行审判的地区作了区分①。

　　皮斯特敕令证实了两件事，其一，有些地区依据罗马法进行审判，有些地区则不是这样；其二，正如该敕令所表明，当时依据罗马法进行审判的那些地区，就是如今依据罗马法进行审判的那些地区②。由此可见，法国的一些地区使用习惯法，另一些地区使用成文法，这种区别远在皮斯特敕令时期就已经存在了。

　　我说过，君主国初期的法律都是属人法，皮斯特敕令既然区分罗马法地区和非罗马法地区，这就意味着，非罗马法地区选择某种蛮族法律的人非常多，几乎没有人选择罗马法；而在罗马法地区，选择蛮族法的人非常少。

　　我知道，我在这里所说的都是前所未闻的新鲜事。如果这些新鲜事都正确无误，那就都是相当古老的旧事了。说到底，把它们说出来的是我，还是瓦卢瓦③或比尼翁④，又有什么关系呢？

第五节　续前题

　　在勃艮第人中，贡德鲍法与罗马法共存了相当长的一段时间，宽厚者路易在位期间，贡德鲍法依旧在使用，阿戈巴尔的那封信

---

　　① 该敕令第16条写道："依据罗马法审判的地区继续照此办理，其他地区……"参见该《敕令》第20条。
　　② 参见《皮斯特敕令》，第12条和第16条："在卡维罗诺""在纳波纳"等。
　　③ 瓦卢瓦（Valois, Adrien de, 1607—1692），研究法国起源的法国历史学家。——译者
　　④ 比尼翁（Bignon, Jérome, 1589—1656），法国官员和学者，著有《法兰西王国诸王史》。——译者

令人对此不存任何疑虑。与此同理，尽管皮斯特敕令把西哥特人所占领的地区叫做罗马法地区，其实西哥特法在那里依旧存在。皮斯特敕令颁布十四年之后的公元 878 年，结巴路易①执政时期举行了特鲁瓦基督教公会议②，这便是明证。

后来，哥特人和勃艮第人的法律在他们自己国家里也不施行了，其原因也就是促使各地蛮族的属人法全都废弃的那些普遍原因。

第六节 罗马法何以能保存在 伦巴第人的领地内

一切都符合我的原则。伦巴第人的法律对各族一视同仁，罗马人丝毫无意放弃自己的法律转而采用伦巴第人的法律。促使法兰克人统治下的罗马人选择萨利克法的理由，在意大利根本不存在。罗马法与伦巴第法同时并存。

伦巴第法后来甚至向罗马法让步，尽管它依旧是主要贵族的法律，却不再是统治民族的法律。共和政体在大多数城市中建立后，贵族不是自行消亡便是被彻底摧毁③。新的共和国的公民都不愿意采用伦巴第法，因为该法规定了司法决斗制度，而且保留着许多骑士制度的风俗和习惯。几乎完全生活在罗马法管

---

① 结巴路易（Louis le Bègue, 846—879），法国国王，秃头查理之子。——译者
② 此次公会议是在教皇约翰八世主持下举行的，会议期间，结巴路易加冕为王。——译者
③ 参阅本书本章第九节和第十节。

束下的意大利神职人员从此势力强大，遵守伦巴第法的人数日益减少。

再者，伦巴第法没有罗马法那种让意大利想起当年曾主宰天下的气魄，也不具备罗马法的广度。伦巴第法和罗马法还能发挥的作用，仅仅是补充那些已经成为共和国的城市的法规而已。伦巴第法仅仅对若干局部有所补充，而罗马法却包罗万象，那么，为这两种法所作的补充孰优孰劣呢？

第七节　罗马法何以在西班牙被废弃

西班牙的情况不同。西哥特法在那里获胜，而罗马法则被废弃了。秦达逊德斯①和雷塞逊德斯②禁止罗马法，甚至不允许在法庭上提及罗马法。雷塞逊德斯制定了法律，废除对哥特人与罗马人通婚的禁令③。这两部法律显然体现了同一种精神，因为，国王雷塞逊德斯想要消除造成哥特人与罗马人之间隔阂的主要原因。人们当时认为，最大的障碍莫过于禁止两族人民通婚和许可各自适用不同的法律。

可是，尽管西哥特的国王们禁止罗马法，罗马法却始终存在于他们所拥有的高卢南部。高卢南部远离国家政权中心，拥有较大

---

① 他于642年登基为王。
② "我们不愿再受外邦法和罗马法的折磨。"见《西哥特法》，第二卷，第一篇，篇§9、§10。
③ "允许哥特男子娶罗马女子为妻，也允许罗马男子娶哥特女子为妻。"见《西哥特法》，第三卷，第一篇，第一章。

第二十八章　法国公民法的起源与沿革　103

独立性①。瓦姆巴②于672年登上王位,从他的那部《瓦姆巴王的历史》获知,本地人占有优势地位③,罗马法享有较大权威,哥特法的权威性则较差。西班牙的法律既不符合他们的习俗,与当时的形势也不相宜,本地人之所以坚守罗马法,也许因为他们把自由与罗马法连在一起了。此外,秦达逊德斯和雷塞逊德斯的法律包含有对付犹太人的一些可怕的规定,不过,犹太人在高卢南部实力强大。《瓦姆巴王的历史》把这些犹太人地区叫做娼寮省份。撒拉逊人来到这些省份是受邀而来,那么邀请他们的是犹太人还是罗马人?哥特人最先受到压迫,因为他们是统治民族。普洛科比乌斯的著作告诉我们,灾难临头时,哥特人从纳波奈兹高卢退到西班牙去了④。毫无疑问,他们在灾难临头时退到西班牙那些尚在抵抗的地区去了,高卢南部依然受西哥特法支配的人数遂大为减少。

第八节　伪造敕令

那位可怜的编纂者柏努瓦·莱维特⑤不是把禁止罗马法的西

---

① 参见卡西奥多鲁斯,《东哥特史》,第四章,第十九封信和第二十六封信,其中有关于当时声望最高的东哥特王戴奥多里克对这些地区宽容态度的记述。

② 瓦姆巴(Vamba,又称 Bamba,卒于687年),继雷塞逊德斯为西哥特王。——译者

③ 从附录在《瓦姆巴王的历史》后面的那些判决书来看,高卢南部的叛乱具有普遍性。鲍卢斯及其同伙都是罗马人,他们甚至得到了主教们的支持。瓦姆巴不敢将被他打败的叛乱者处死。《瓦姆巴传》的作者把纳波奈兹高卢叫做叛乱的温床。

④ "在大屠杀中幸存的哥特人携妻带子逃往西班牙,投奔公然以暴君行事的窦德斯。"见《哥特战纪》。

⑤ 柏努瓦·莱维特(Benoît Lévite),美茵兹的一位主教,850年编写出版了一部托名查理曼和宽厚者路易的伪造《敕令集》。——译者

哥特法变成一项敕令,而且还说是查理曼的敕令吗①?他把这部地方性法律变成了一部到处都适用的法律,似乎想要把罗马法从全世界铲除掉。

第九节　蛮族法典和敕令何以消失

萨利克法、里普埃尔法、勃艮第法、西哥特法逐渐为法兰西人所抛弃。详述如下:

由于采地变成世袭,附属采地有所扩大,因而出现了上述这些法律无法适应的许多新做法。那些法律主要以罚款来解决大部分问题的精神被保留下来,可是,也许因为货币的价值已经发生变化,罚款也随之有了变化。我们在许多财产或遗产文书中看到,领主们为他们应在小型法庭上支付的罚金确定了数额②。这就是说,人们遵循的是法律的精神,而不是法律的条文。

此外,法兰西被分割为许许多多小领地,这些领地自认为是国王的封建臣属而不是政治臣属。所以,很难让同一部法律在各处都得到承认。即使想要让所有领主遵守同一部法律,实际上也办不到。派遣特派官员③到各省去监督司法和政治事务的做法也几乎不再使用。即使从财产和遗产文书也可以看出,就在新的采地建立时,国王已经剥夺了自己对这些采地派遣特派官员的权力。

---

① 《敕令汇编》,巴鲁兹版,第一卷,第六章,第三百四十三节,第981页。
② 德·拉·托玛希耶尔(de la Thaumassière)先生收集了好几份。参阅他的《贝里古今地方性习惯法》第四十一章、第四十六章及另外几章。
③ 拉丁文写作 Missi dominici。

第二十八章　法国公民法的起源与沿革　　105

所以，当整个国家都变成大大小小的采地时，就不能再向采地派遣这类官员，共同的法律也就不复存在，因为谁也没有办法让共同的法律得到遵守。

所以，在加洛林王朝末期，萨利克法、勃艮第法和西哥特法已经不受重视，而到了加佩王朝初期，几乎听不到有人谈论这些法律了。

在墨洛温王朝和加洛林王朝时期，常常召开全国性的领主和主教会议，那时还谈不上普通百姓的会议。与会者在这些会议上寻求管理神职人员的办法，神职人员这个群体可以说是在征服者的庇护下形成并确立其特权的。在这些会议上制定的法律，就是人们所说的敕令。此时发生了四件事：其一，确立了采地法，教会的一大部分财产受采地法管束；其二，僧侣愈加分化，并且置改革法于不顾①，其实他们并非独一无二的改革派；其三，有人将历次公会议制定的教规②以及教皇敕答谕旨汇集成册；其四，神职人员接受了这些法律，因为在他们看来，这些法律来自更圣洁的源头。我在前面说到，自从采地建立后，国王们不再向外省派遣官员监督国王所颁布的法律的执行情况，所以，在加佩王朝时期，再也听不到有人议论敕令了。

---

①　秃头查理在844年敕令第八条中说道："以有权制定教规为借口的主教们，既不应反对本敕令，也不应置若罔闻。"他似乎已经预感到这项敕令将被废弃。

②　在这些教规册子中加入了难以计数的教皇谕令，教皇的谕令在旧有的教规集子中很少，小德尼在他自己编的教规集子中放进去了许多教皇谕令，伊西多尔·梅卡多尔编的集子中有许多教皇谕令，其中有真也有假。旧教规集在法国一直使用到查理曼时代。这位君主从教皇亚德里安一世手中接过了小德尼编的教规集，并让大家都接受它。伊西多尔·梅卡多尔编的集子大约在查理曼时代出现在法国，人们都迷恋这部集子，此后接着出现的便是所谓的《教规法集》。

第十节　续前题

伦巴第法、萨利克法和巴伐利亚法增添了不少敕令。若要寻求此举的原因，必须从事物本身中去发现。敕令分为好几类，有的与政治管理相关，有的与经济管理相关，有的与民事管理相关，而大多数则与教会管理相关。与民事管理相关的敕令被添加在公民法中，也就是说，被纳入各民族的属人法中。正因为如此，敕令声称，有关规定中绝无反对罗马法的内容①。事实是，与经济管理、教会管理以及政治管理相关的敕令，与罗马法毫不相干；与民事管理相关的敕令仅与蛮族法律有关，主要是对这些法律作了一些诠释、修改和增删。可是我认为，添加在属人法上的这些敕令，却使敕令本身被忽视了。在蒙昧时代，一部书的节本常常使它的正本被人遗忘。

第十一节　蛮族法典、罗马法和敕令被废弃的其他原因

日耳曼民族征服罗马帝国后，学会了使用文字，于是就仿效罗马人，把自己的习俗书写成文②，使之成为法典。查理曼身后的几

---

① 参见《皮斯特敕令》，第 20 条。
② 这些法典的前言中对这一点说得非常清楚。我们甚至可以在萨克森法和弗里兹法中看到依据不同地区的情况制定的不同法规。在原有的习俗之上添加一些具体情况所要求的特殊条规，对付萨克森人的严厉的条规便是如此。

位国王治国无方,加上诺曼人入侵和内战频仍,这些脱离了蒙昧状态的征服者民族,重新坠入蒙昧之中,既不识字,更不会书写。这样一来,成文的蛮族法和罗马法以及那些敕令,在法兰西和德意志全被人遗忘了。教皇和希腊皇帝统治着意大利,那里有许多繁华的城市,经营着当时几乎独一无二的商业,所以,文字的使用在意大利得到了最佳的保存。以前臣属于哥特人和勃艮第人的高卢由于与意大利毗邻,因而较好地保存了罗马法,何况,罗马法在高卢是一种属地法和一种特权。有迹象表明,西哥特法在西班牙湮灭的原因是那里的人不识字。许多法律湮灭之后,各地形成了一些习惯法。

属人法废弃了,补偿金和安保费①不再依据法律条文而是依据习惯确定;所以,几个世纪之后,人们从成文法重新回到不成文的习惯法,这情形犹如当初君主政体建立时,从日耳曼的习惯法过渡到成文法一样。

第十二节 地方性习惯法、蛮族法和罗马法的沿革

从不少历史文献可以看出,在墨洛温王朝和加洛林王朝时期,已经有了地方性习惯法。文献提到了地方习俗②、老习惯③、习

---

① 我在下面还要谈及此事。
[安保费(freda),侵害者除了向受害者支付补偿金之外向法兰克国王缴纳的罚金,数额相当于补偿金的三分之一。由于找不到更适当的词,姑且译为安保费。——译者]
② 马尔库尔弗,《法规》,前言。
③ 《伦巴第法》,第二卷,第五十八篇§3。

俗①、法律和习惯法②。有些作者认为,所谓习惯法其实就是蛮族的法律,而所谓法律其实就是罗马法。我能够证明这种说法是错误的。国王丕平规定,凡是没有法律的地方,均以习惯为法,但是,习惯不得优于法律③。如果硬说罗马法优于蛮族法典,那就是与所有古代文献唱反调,更何况,蛮族法典所记述的始终与这种说法相反。

蛮族的法律非但不是这些习惯法,倒是作为属人法的蛮族法律把习惯法纳入到他们的法律中去了。例如,萨利克法是一种属人法,可是,在仅有或几乎仅有萨利安法兰克人居住的地区,萨利克法尽管是属人法,对于萨利安法兰克人来说,却变成了属地法,只有对于居住在其他地方的法兰克人来说,萨利克法才是属人法。倘若在萨利克法是属地法的某一地方,一些勃艮第人、日耳曼尼亚人或罗马人常常发生争讼,那就要用这些民族自己的法律来解决;而大量依据这些法律作出的判决,就会把新的习惯引入当地。这就是对丕平的法制所作的最佳解释。在案例不依照萨利克法处置的情况下,这些习惯对当地的法兰克人产生影响,那是理所当然的事;可是,这些习惯在处置案件中的作用倘若超过了萨利克法,那就不是理所当然的事了。

所以,每个地方都有一种主导法律和已被接受的习惯,这些习惯与主导法律不存在矛盾时,可以用作主导法律的补充。

---

① 《伦巴第法》,第二卷,第四十一篇§6。
② 《圣莱热传》。
③ 《伦巴第法》,第二卷,第四十一篇§6。

这些习惯甚至可能成为一种非属地法的法律的补充。仍以上面的情况为例,在一个萨利克法是属地法的地方,一个勃艮第人接受勃艮第法的审判,可是此案在勃艮第法中找不到相关的文字规定,毫无疑问,在这种情况下,此案只能依照当地的习惯法处置。

在丕平执政期间,已经形成的习惯法不如法律的威力大,可是不久之后,习惯法就压垮了法律。新的法规一向是为医治新的毛病而开出的药方,因此可以认为,从丕平时代开始,习惯法已经被视为优于法律了。

正如我们在皮斯特敕令中所看到的那样,罗马法从最初就开始变成一部属地法;而我所提及的特鲁瓦公会议似乎可以表明,哥特法仍然继续有效;这两部法律何以如此呢？我在上面所说可以对此作出解释[1]。罗马法变成了普通属人法,而哥特法则变成了特殊属人法,因此,罗马法也是一部属地法。可是,为什么蛮族的属人法由于蒙昧而到处被毁,而罗马法作为属地法却在西哥特和勃艮第各省继续存在呢？我的回答是:罗马法的命运同其他属人法大致一样,否则,在罗马法曾经作为属地法存在的那些省份中,提奥多西法典本应依然施行,而实际上现在那里施行的是查士丁尼法[2]。对于这些省份来说,残留下来的仅仅是曾经施行罗马法和

---

[1] 本书本章第五节。

[2] 提奥多西法典是提奥多二世于公元534年颁布的一部法典,它汇集了君士坦丁以来的多种罗马帝国的法律和法规。查士丁尼法典则是根据东罗马帝国皇帝查士丁尼的命令于公元534年编制的一部法典,11世纪被再度发现。孟德斯鸠此处想说的是,罗马法的施行不具有连续性,到6世纪就消失了。11世纪再度发现的罗马法是查士丁尼法典,人们就像从未中断过似的施行这部法典。——译者

成文法的那些地区的名字,是人民对将其视为特权的法律的热爱,以及留存在人们记忆中的罗马法的若干规定,如此而已。不过,这些已经足以产生以下效果,那就是,当查士丁尼编纂的法典问世时,哥特人和勃艮第人辖下的各个省份都把它当作成文法来接受,而在法兰克人的旧辖区里,这部法典仅仅被当作写成文字的道理①。

第十三节　萨利克法或萨利安法兰克法与里普埃尔法兰克法以及其他蛮族法的区别

　　萨利克法规定,不得使用消极证言。也就是说,依据萨利克法,提起诉讼和提出控告的人必须为自己的主张提供证据,而被告仅仅予以否认是不够的。这种规定与世界上几乎所有国家的法律相符。

　　里普埃尔法兰克人的法律具有另一种精神②,它只要求提供消极证言。一个被提起诉讼或被控告的人,在大多数情况下可以通过与若干证人一起发誓,证明自己并未做过被指控的事。案情越重,参与立誓的证人就应越多③,有时可多达七十二名④。日耳

---

　　① 意思是说,罗马法在习惯法地区被当作典范,用来弥补口头习惯法的不足。——译者
　　② 塔西佗所说与此相符,他说,日耳曼人既有共同习惯,也有特殊习惯。见《日耳曼尼亚志》,第二十七章,第五节。
　　③ 《里普埃尔法》,第六、七、八篇以及其他篇。
　　④ 同上书,第十一、十二和十七篇。

曼尼亚人、巴伐利亚人、图林根人、弗里兹人、萨克森人、伦巴第人和勃艮第人的法律，都与里普埃尔人的法律如出一辙。

我说过，萨利克法不接受消极证言，只有一种情况例外①，不过，即使在这种情况下，也不能只有消极证言，而必须辅以证据。原告让他的证人提供证言支持他的诉讼②，被告让他的证人提供证言为他辩护；法官从控辩两造的证言中厘清事实真相③。这种做法与里普埃尔法以及其他蛮族法迥然不同，依据这些法律的规定，被告应该发誓自己绝对没有犯罪，同时让他的父母也发誓，证明他说的是事实，以此来表明自己的清白无辜。这类法律只适合于纯朴和天生直率的民族，不过，立法者依然需要设法防止流弊，下面我们很快就会谈及。

第十四节　其他差异

萨利克法不准以决斗取证。而里普埃尔法④以及几乎所有蛮族法都准许以决斗取证⑤。在我看来，决斗是采用消极证言的法律的一种自然延续和弥补。当一个人提起指控，而这项指控将因被控者的誓言而归于无效时，对于一个眼看就要受辱的具有尚武

---

① 当被告是国王的扈从即附庸时，通常被假定为相当坦诚。见《萨利克法条例》，第七十六篇。
② 见《萨利克法条例》，第七十六篇。
③ 犹如当今英国的做法。
④ 《里普埃尔法》，第三十二篇，第五十七篇§2，第五十九篇§4。
⑤ 见下一个注。

精神的人来说,除了向被控者的伪誓和强加于己的不公讨回公道外,他还能做什么呢①?萨利克法不接受消极证言,所以无须以决斗取证,也不接受以决斗取证。但是,里普埃尔人②和其他蛮族接受决斗取证的法律③,因而不得不规定许可以决斗取证。

我请大家读一下勃艮第王贡德鲍有关此事所作的两条著名的规定④,可以看出,这些规定是依据事物的性质制定的。借用蛮族的法律用语来说,那就是不让企图滥用誓言的人有机会发誓。

伦巴第人使用的罗塔利法规定,已经以发誓为自己的无辜作证的人,不必再受决斗之苦。这种做法越传越广⑤,下面我们就会看到由此产生的种种弊病,以及为何应该回归古制的理由。

第十五节 一点说明

我并不是说,在蛮族法典的变更中,在增添的那些法规和诸多敕令中,都无法找到某种文字表述,用以说明之所以采用决斗取证,事实上并不是由于准许采用消极证言。在几个世纪的过程中,

---

① 这种精神在里普埃尔法中体现得十分明显。见该法五十九篇§4,第六十八篇第五节;又见803年附加在《里普埃尔法》中的宽厚者路易的敕令第二十二条。
② 见《里普埃尔法》。
③ 弗里兹人、伦巴第人、巴伐利亚人、萨克森人、图林根人和勃艮第人的法律均如此。
④ 《勃艮第法》第八篇§1,2有关刑事的规定;第四十五篇关于民事的规定。又见《图林根法》第一篇§31,第七篇§6,第八篇;《日耳曼法》第八十九篇;《巴伐利亚法》第八篇第二章§6,第三章§1,第九篇第四章§4;《弗里兹法》第二篇§3,第十四篇§4;《伦巴第法》第一卷第三十二篇§3,第三十五篇§1,第二卷第三十五篇§2。
⑤ 见本书本章第十八节末尾。

由于一些特殊情况而制定了一些特殊法律。我说的是日耳曼法的普遍精神、这些法律的性质及其起源；我说的是由法律所表明或确立的日耳曼人的古老习俗；我在这里所谈及的仅此而已。

第十六节　萨利克法的沸水取证[①]

萨利克法准许采用沸水取证[②]。这种采证方法实在太残酷，所以法律允许一种缓和措施，以减轻其残忍程度[③]。被传唤前来进行沸水取证者，在对方同意之下，可以用金钱赎买自己的手。被告以取得由法律确定的一笔款额为条件，只要求若干证人以发誓表明被告并未犯罪。这是萨利克法承认消极证言的一个特殊规定。

这种证据仅是一种双方同意的协议，法律可以接受，但并未对此作出规定。凡同意被告以消极证言进行辩护的原告，均可获得一笔补偿。原告既有原谅被告的过错或侮辱的自由，也有相信被告誓言的自由。

法律规定的这种缓和措施[④]，促使对残忍的取证法心存恐惧的被告和有望得到一小笔补偿金的原告，在裁决之前解决争讼，化解仇恨。很显然，这种消极证言一旦作出，就不再需要其他证据，

[①] 与决斗一样，同属神明裁决。被控者将手浸入沸水中，烫伤处若在三天后痊愈，其清白即被证明。——译者
[②] 另一些蛮族法律也准许采用沸水取证。
[③] 《萨利克法》，第五十六篇。
[④] 同上。

由此可见，萨利克法的这种特殊规定不会带来通过决斗作出裁决的后果。

第十七节　我们的先人的想法

我们的先人把公民的荣誉、财产和性命，较少寄托于理性，较多寄托于偶然因素；他们一再使用的那些无法证明任何事情的证据，既与无辜无关，也与罪恶无关。当我们看到这些时，不能不深感惊诧。

从未被征服的日耳曼人[①]极端放纵。各个家族因谋杀、偷盗和侮辱而刀剑相向[②]。这种习惯后来有所改变，他们的内战被置于某些规则之下，只有依据官员的命令并且在官员的监视之下，方可相互诉诸武力[③]。这比普遍放纵，听任相互厮杀，毕竟好些。

如今的土耳其人把内战中的首次胜利视为上帝的裁决，日耳曼人也是这样，他们把解决私人纠纷的决斗结果视为上帝的决断，上帝无时无刻不在注视着惩治罪人和掠夺者。

塔西佗说，日耳曼人的某个国家要与另一个国家打仗时，就找一个俘虏来与本国人决斗，以决斗的结果来推断谁将在即将开始的战争中获胜。他们既然相信决斗可以裁决公共事务，当然更相信决斗可以解决私人之间的争端。

[①] 有塔西佗的话为证："同样的特征存在于每一个人身上。"见《日耳曼尼亚志》，第四卷，第二章。

[②] 维莱犹斯·帕特库卢斯（Velleius Paterculus）说，日耳曼人用决斗解决一切。见《罗马史》，第二卷，第一百一十八章。

[③] 参阅蛮族法典，关于较近时代，可参阅博马努瓦，《博维西斯习惯法》。

第二十八章　法国公民法的起源与沿革　　115

　　在所有国王中,勃艮第国王贡德鲍主张决斗裁决最热心。这位君主在他的法律中为决斗提供理由。他说:"这是为了不让我的臣民再就含混不清的事实立誓,再就确凿的事实立假誓。"于是,这边教会人员宣布准许决斗的法律为不敬,那边勃艮第法却将规定立誓的法律视为亵渎神灵。

　　决斗取证有着某种基于经验的理由。在一个以打仗为唯一能事的国家里,怯懦意味着另外一些邪恶,它表明怯懦者已经背弃他所受的教育,对荣誉无动于衷,不依照他人所遵循的原则行事。它表明,怯懦者不怕他人的蔑视,也不在意他人的敬重。只要出身不算太坏,通常就不缺少应该与力量相辅相成的机智,也不缺少应该为勇气提供支持的力量。因为,倘若珍视荣誉,那就要终生投身于为获得荣誉而必须投身的事业。此外,在一个尚武的国家里,力量、勇气和刚毅受到尊敬,真正意义上为人不齿的罪恶大多产生于欺诈、工于心计和狡猾,也就是产生于怯懦。

　　以火取证就是让被告将手放在一块烧热的铁上或浸入沸水,然后用布把手包好并加封,三天之后若无伤痕,就宣告为清白无辜。谁都知道,惯于舞刀弄枪的人皮肤又厚又粗,纵然把手放在火上或沸水中也无大碍,三天之后不至于留下明显的痕迹。如果留下了痕迹,那就只能说明受考验者不是一个男子汉大丈夫。我们的农民可以用他们粗糙的大手若无其事地操弄烧红的铁块,就连劳动妇女的手也经得住烧红的铁块。为捍卫小姐太太而不惜与人决斗的不乏其人[①];况且在一个没有奢华的国家里,几乎不存在中

---

　　① 见博马努瓦,《博维西斯习惯法》,第六十一章。又见《安格尔法》,第十四章,依据该法,沸水取证仅为辅助手段。

产阶级。

依据图林根法规定①,被控通奸的妇女只有在无人出面为她决斗时,方被裁决以沸水取证。依据里普埃尔法,只有找不到证人为被告申辩时,才使用沸水取证②。可是,一个妇女如果没有一个人愿意为她辩护,一个男子如果没有一个人能证明他诚实可信,那么,仅凭这一点就足以证明他们是有罪的。

所以我说,在采用决斗、热铁和沸水取证的那个时代,法律与习俗相得益彰,法律虽然并不公正,但是,因法律而产生的不公正后果却并不多,后果优于原因,对公正的侵害甚于对权利的侵害,法律虽然不合情理,却并不专横。

第十八节　决斗取证法何以越传越广

由阿戈巴尔给宽厚者路易的那封信可以得出这样的结论,决斗取证法并未被法兰克人采用,因为,阿戈巴尔了解了贡德鲍法的种种流弊后,就要求在勃艮第依据法兰克法进行审判③。然而我们知道,法兰西那时是采用司法决斗的,这样一来就处于两难境地了。这种状况可以用我刚才所说作出解释,那就是:萨利安法兰克法不采用决斗取证,里普埃尔法兰克人却采用决斗取证④。

但是,尽管教会人士大声反对,司法决斗仍然日复一日地在法

---

① 《图林根法》,第十四篇。
② 同上书,第三十一章,第五节。
③ "如果我们的君主同意,就依据法兰克法进行辩护。"
④ 参见《里普埃尔法》,第五十九篇§4;第六十七篇§5。

兰西扩展。其实，促成司法决斗日益扩展的，在很大程度上恰恰就是这些教会人士，我马上就将对此予以证明。

伦巴第法为我们提供了这个证明。奥托二世①的律令前言写道："很早以前传入了一种可恶的习惯，若有某个遗产文书被指控伪造，提交这件文书的人只要对着《福音书》发誓说，此件确系真实可靠的原件，就可不经任何司法程序，成为遗产的所有者。因此，伪誓肯定有效②。"奥托一世皇帝③在罗马加冕时④，教皇约翰十二世主持召开了一个会议，意大利的所有领主在会上向皇帝强烈呼吁，要求制定一项法律纠正这一可耻的流弊⑤。教皇和皇帝认为，应该把这个问题提交即将在拉文纳召开的基督教公会议讨论⑥。与会的权贵们提出了同样的要求，而且嚷嚷得更加起劲，可是，有人以某些人物缺席为由再次搁置这个问题。奥托二世和勃艮第国王康纳德⑦抵达意大利后，与意大利的权贵们在维罗纳⑧举行了一次会议。在他们一再要求下，皇帝征得全体与会者的同意后，颁布一项法律；该法规定，凡是因遗产发生争执，一方出示遗产证书，而另一方指控遗产证书系伪造时，应以决斗解决争端；此规定还适用

---

① 奥托二世(Othon II,955—983)，神圣罗马帝国皇帝(973—983 在位)。——译者
② 《伦巴第法》，第二卷，第五十五篇，第三十四章。
③ 奥托一世(Othon I)，神圣罗马帝国皇帝。——译者
④ 公元 962 年。
⑤ "意大利的权贵们强烈要求至圣的皇帝更换法律，禁止可鄙的行为。"《伦巴第法》，第二卷，第五十五篇，第三十四章。
⑥ 此次公会议于公元 967 年举行，教皇约翰十三世和皇帝奥托一世均出席。
⑦ 康纳德是罗道夫的儿子，奥托二世的舅父，汝拉山外勃艮第王国的国王。
⑧ 时在 988 年。

于采地争讼,也适用于教会,不过,教会方面可由决斗人代为进行决斗。由此可以看出,贵族之所以强烈要求司法决斗,原因是教会的取证方法有毛病;可是,尽管贵族强烈要求,流弊本身实际上也是一种呼声,况且享有权威的奥托二世来到意大利,为的就是以主人身份说话和采取行动,教会人士在两次会议上依然毫不动摇;教会人士既然是在贵族和君主齐心协力的逼迫下才作出让步的,司法决斗因而可以被认为是贵族的一项特权,是他们防止不公正的一个堡垒,是他们的财产不受侵犯的一项保证。从此以后,司法决斗日趋盛行。这种情况出现在皇帝强大而教皇弱小的时期,出现在两位奥托皇帝在意大利重建帝国威望的时期。

前面我说过,由于准许消极证言,才出现了决斗裁决。我将就此谈一点想法,藉以证实我的这一说法。被指控出示伪造遗产证书的人,可以利用消极证言成功地为自己辩护,为此他只要手按《福音书》宣称证书绝非伪造即可;这就是有人在两位奥托皇帝面前抱怨的弊病。有什么办法可以纠正法律被人断章取义后所产生的弊病呢?于是乎就采用决斗。

为了讲清当时神职人员和世俗人士之间的争端,必须先说说奥托二世的法规。此前已有罗泰尔一世①的法规②,该法规为了确保财产权,为应对上面所说的争端和抱怨,规定由公证人立誓,保证他所制作的遗产证书绝非伪造;公证人如果已经过世,则由在遗

---

① 罗泰尔一世(Lothaire I),法兰克皇帝(840—855在位)。——译者
② 载于《伦巴第法》,第二卷,第五十五篇§33。在穆拉托里(Muratori)先生使用的版本中,此项法规被说成是居伊(Guy)皇帝所订。

产证书上签名的证人立誓。可是，毛病依然存在，还得采用我所说的补救办法。

我发现，在此前查理曼主持的大会上，全国人民向他提出①，在当时的条件下，很难让被告和原告都不发假誓，所以还是恢复司法决斗为好。查理曼同意照此办理。

司法决斗蔓延到勃艮第，立誓取证则受到限制。意大利国王戴奥德里克禁止东哥特人进行司法决斗②，而秦达逊德斯和雷塞逊德斯的法律则似乎连司法决斗的想法都不准有。不过，这些法律在纳波奈兹很少为人接受，司法决斗因而在那里被看作哥特人的一项特权③。

希腊人毁灭东哥特之后，伦巴第人征服了意大利，把决斗也带到了意大利。不过，他们最初的几部法律对决斗作了一些限制④。查理曼⑤、宽厚者路易、两位奥托皇帝制定了一些一般性的法规，起初把决斗应用到刑事案件中，后来又扩大应用到民事案件中；这些法规被纳入伦巴第法，添入萨利克法。人们不知道怎么做才好。立誓作证这种消极证明方法有其弊病，决斗取证也有弊病，人们于是依据自己受损害的程度，时而采用立誓取证法，时而采用决斗取证法。

---

① 见《伦巴第法》，第二卷，第五十五篇§23。
② 见卡西奥多鲁斯，《东哥特史》，第三卷；第二十三封信和第二十四封信。
③ 不知作者为何人的《宽厚者路易传》写道："巴塞罗那伯爵贝拉被一个名叫苏尼拉的人指控背叛自己的誓言后来到宫中，贝拉于是依据他们的特殊法律与苏尼拉进行决斗，两人既然都是哥特人，进行一场马上决斗就是理所当然的事，结果苏尼拉败北。"
④ 见《伦巴第法》，第一卷，第四篇；第九篇§23；第二卷，第三十五篇§4—§5；第五十五篇§1—§3。《罗塔利法规》；《路易普朗法规》，第十五节。
⑤ 《伦巴第法》，第二卷，第五十五篇§23。

一方面，教会高兴地看到，人们因世俗纠纷而求助于教会和祭坛①；另一方面，高傲的贵族喜欢用利剑来保卫自己的权利。

我并不是说，贵族所抱怨的立誓取证法是神职人员采用的。其实，这种办法源自蛮族的法律精神和消极证言制度的建立。但是，由于这种取证方法让许许多多罪犯得以逃避罪责，因而使人想到应该求助于教会的神圣性，借此使罪犯胆战心惊，使立假誓者大惊失色；教会人士支持并使用这种办法，因为他们其实是反对采用消极证言的。我们在博马努瓦的著作②中看到，宗教法庭从来不采用此类证据，这也许在很大程度上促成了废弃消极证言，并削弱了蛮族法典在这方面的规定。

我们因此而更能感受到消极证言的采用与我多次说到的司法决斗之间的关联。世俗法庭既采用消极证言也采用决斗，宗教法庭则既不采用消极证言也不采用决斗。

一个民族采用决斗取证，是其尚武精神使然。因为，当人们把决斗视为神明裁决而予以采用时，另外一些被视为神明裁判的手段，诸如双臂交叉法③、冷水法④、沸水法，就都被废除了。

---

① 司法立誓当时在教堂中举行。墨洛温王朝时期，王宫里专设一个小教堂用于处理争讼。见马尔库尔弗，《法规》，第一卷，第三十八章；《里普埃尔法》，第五十九篇§4，第六十五篇§5；图尔的格雷瓜尔，《法兰克史》；添加在《萨利克法》中的803年敕令。

② 《博维西斯习惯法》，第三十九章，第212页。

③ 双臂交叉法的具体做法是这样的：控辩双方面对面地站立在十字架下面，双臂前伸成十字状，第一个因支持不住而双臂下垂者被视为有罪。——译者

④ 冷水法的具体做法是：控辩双方被捆住手脚放入冷水中，沉底者被视为有罪。——译者

查理曼留下命令,他的儿子们如果发生争执,就用双臂交叉法解决。宽厚者路易规定①,这些方法仅用于宗教事务,他的儿子罗泰尔彻底废除了双臂交叉法,同时被废除的还有冷水法②。

当时被普遍接受的采证法很少,所以我并不是说,上述这些采证方法后来并未被任何一个教堂所采用,何况腓力·奥古斯都的一项法规曾经提到了这些采证方法。我只是想说,这些方法很少被实际应用。博马努瓦生活在圣路易时代以及稍晚一些时候,他在谈及各种取证方法时提到了司法决斗,但是,上面说到的其他方法他一个也未提到。

第十九节　罗马法、萨利克法和敕令被遗忘的另一原因

我在前面已经谈及萨利克法、罗马法和敕令以及它们的权威消失的原因;在我看来,决斗取证法的广泛传播是其主要原因。

萨利克法因不准采用决斗取证法而在某种程度上变得无效,于是就消亡了。罗马法也不准许采用决斗取证法,于是也消亡了。当时人们所考虑的只是如何制定准许决斗的法律,并以此作为优良的法律原则。敕令所作的规定同样无效。许多法律就这样失去了效力,却无人能够准确说出,它们究竟是什么时候失去效力的。它们被人们遗忘了,却没有别的法律取而代之。

---

① 他的这些规定可在《伦巴第法》和《萨利克法》的附录中找到。
② 见《伦巴第法》,第二卷,第五十五篇§31。

这样的国家无须成文法,即使有了成文法,也会很容易被人们遗忘。

一旦发生争执,只要下令进行决斗就可以了,而决斗并不需要多少才干。

所有民事行为和刑事行为都被简化为某些事实。决斗就是针对这些事实进行的。所以说,决斗所要解决的不只是讼案本身,还有附带讼案和预审讼案;博马努瓦就是这样说的,他还列举了一些实例①。

我发现,在加佩王朝初期,法律原则基本上都是待人接物之类的举止问题,名誉问题支配着一切。有人如果不服判决,法官就会追究他对法官的冒犯。在布尔日②,一个被传唤的人如果没有按时到场,法官就会说:"我派人传唤你,你却因不屑而不来,你得为此而向我赔礼。"双方接着就进行一场决斗。胖子路易③对这种习惯进行了改革④。

在奥尔良,所有索债讼案都采用决斗⑤。路易七世宣布,债务金额超过五苏时方可进行决斗。这项法令只是一条地方法规,因为,在圣路易执政时期⑥,债务金额达到十二锝即可进行决斗。博马努瓦曾听一位法学家说⑦,法国过去有一种坏习俗:可以在一定

---

① 《博维西斯习惯法》,第六十一章,第309页和第310页。
② 胖子路易1145年的法规,载于其谕令集。
③ 胖子路易(Louis le Gros),即法国国王路易六世(1108—1137)。——译者
④ 胖子路易1145年的法规,载于其谕令集。
⑤ 胖子路易1168年的法规,载于其谕令集。
⑥ 参阅博马努瓦,《博维西斯习惯法》,第六十三章,第325页。
⑦ 同上书,第二十八章,第203页。

时间内雇用一个专职决斗人，让他为自己的讼案与人进行决斗。由此可见，司法决斗在当时流传极广。

第二十节　名誉问题的由来

蛮族法中有许多不解之谜。弗里兹法给予棒击受害者的赔偿只是区区的半苏[①]。但对于受伤者，即使伤势极轻微，赔偿金也肯定多于半苏。萨利克法规定，一个自由民棒击另一个自由民三下，赔付三苏；被击者如果因受击打而流血，击打者应受之惩罚与以铁器伤人相同，即赔付十五苏。补偿金额依伤势轻重而定。伦巴第法规定[②]，击打一下、两下、三下或四下，罚金各不相同。如今击打一下和击打十万下，应受惩罚并无差别。

纳入伦巴第法的查理曼法规定[③]，决斗者应使用棍棒进行决斗。这也许是对教会人士的一种让步，也许是鉴于决斗已经日渐普遍而采取的一种减少流血的措施。宽厚者路易的敕令规定，决斗时可以任选棍棒或刀剑[④]。后来只有农奴才可以在决斗时使用棍棒[⑤]。

名誉问题的一些要件此时已经出现并逐渐形成。告发者向法官诉说某人犯了某罪，被告人则指责告发人诬告[⑥]，法官于是下令

[①]　维尔马卢斯（Wilemari），《知识的增加》，第五卷。
[②]　《伦巴第法》，第一卷，第六篇§3。
[③]　同上书，第二卷，第五篇§23。
[④]　公元819年添入萨利克法。
[⑤]　博马努瓦，《博维西斯习惯法》，第六十四章，第323页。
[⑥]　同上书，第329页。

决斗。准则由此形成,那就是,当一个人被指责撒谎时,必须通过决斗厘清事实。

一旦宣布要决斗,就不能反悔。如果反悔,就要受罚[1]。由此形成一条惯例,一言既出就不能收回,否则就会名誉扫地。

绅士们决斗时手持武器骑在马上[2],平民决斗时站在平地手持棍棒[3]。由于这个缘故,棍棒就被视为用来侮辱人的器械[4],被棍棒击打的人也就被视同平民。

只有平民才在决斗中不遮掩脸面[5],因此也只有他们的脸部才可能被击中。被打耳光的耻辱就得用血来清洗,因为打在脸上的耳光说明自己被人当作平民对待了。

日耳曼人各族人民对名誉的看重丝毫不亚于我们,甚至可以说有过之而无不及。所以,最远的远亲也对侮辱感同身受,他们的所有法典都以此为基点。伦巴第法规定,一个人如果出于羞辱和戏弄的目的,在扈从的簇拥下前去殴打一个毫无防备的人,应该赔付给被打者的赔偿金相当于杀人赔偿金的一半[6];如果出于同一目的而把被打者捆绑起来,那就应该赔付杀人赔偿金的四分之三[7]。

---

[1] 博马努瓦,《博维西斯习惯法》,第三章,第 25 页和第 329 页。
[2] 关于决斗时所持武器,参见博马努瓦,《博维西斯习惯法》,第六十一章,第 308 页;第六十四章,第 328 页。
[3] 参见博马努瓦,《博维西斯习惯法》,第六十四章,第 328 页。又见加朗所说的圣奥班·当茹的条规。
[4] 罗马人从不把棍棒视为侮辱的器械。"关于棍棒的法律。关于被侮辱者。"
[5] 他们除了手持的棍棒和盾牌之外,别无他物。博马努瓦,《博维西斯习惯法》,第六十四章,第 328 页。
[6] 《伦巴第法》,第一卷,第六篇§1。
[7] 同上书,§2。

所以不妨这样说，我们的先人极度重视名誉和面子，但是对于侮辱的不同方式，例如，用什么器械打在什么部位，用什么方法击打等等，却并不加以明确的区别。所有这一切都是被打，都是侮辱，在这种情况下，受辱的程度取决于暴行的大小。

第二十一节 对日耳曼人的名誉问题的又一看法

塔西佗说[①]:"对于日耳曼人来说，在战斗中丢弃盾牌是奇耻大辱，不少人因此而自杀身亡。"所以，萨利克古法规定，被人诬指丢失盾牌的人可以得到赔偿金十五苏[②]。

查理曼在修正萨利克法时，把此项赔偿金减为三苏。没有理由因此而怀疑这位君王想要削弱军队的纪律性，很明显，他之所以作此修改，原因在于武器的变化，而武器的变化其实是许多习惯发生变化的根由。

第二十二节 与决斗有关的习俗

我们与妇女的关系建立在感官的愉悦所产生的幸福感、爱和被爱的魅力以及取悦她们的愿望。一个人的长处由许多成分构成，妇女能对其中一部分作出高明的判断。取悦妇女的普遍愿望

[①] 《日耳曼尼亚志》，第六章，第六节。
[②] 见《萨利克古法》。

造成了献媚之心,但是,献媚之心并不是爱情,它只是体贴,只是轻佻,只是骗人的山盟海誓。

从各个民族的不同情况和各个时代来看,在爱情的上述三种表现中,侧重于其中一种的时候多,侧重于其中两种的时候少。不过我认为,在决斗盛行的时期,献媚之心独占鳌头。

我在伦巴第法中发现[①],两个决斗人之一如果身上带有魔幻草,法官就会让他取掉,并让他发誓身上不再有魔幻草。制定这条法规的依据只能是公众舆论;有人说,人们由于恐惧而想出了许多东西,魔幻草这类被认为有魔力的东西就是因恐惧而幻想出来的。在个人决斗中,决斗人全身披挂,手持沉重的防卫性和进攻型武器,质量好、强度高的武器自然拥有极大的优势,倘若有人说某位决斗人的武器具有魔力,很多人听了就会晕头转向。

由此产生了奇异的骑士制度,所有人都倾心于此类想法。在小说里,我们看到了游侠、巫师、仙女、长着翅膀或是通人性的马、无形的人和刀枪不入的人、关注大人物们的出生和教育的魔法师、有魔力和无魔力的宫殿;在现实世界中,我们看到了一个崭新的世界;只有凡夫俗子才依照大自然的正常秩序过日子。

在世界上充斥着城堡、碉楼和盗贼的那些地方,游侠们武器永不离身,以路见不平拔刀相助为荣。于是在我们的小说中,基于爱情观念的殷勤献媚就与武艺和保护结合起来了。

人们幻想出一些不同凡响的男子来,当他们遇见品德高尚、容貌动人而又娇弱无助的美女时,心甘情愿地为她们赴汤蹈火,在日

[①] 《伦巴第法》,第二卷,第五十五篇§11。

常生活中则设法取悦她们。殷勤献媚之风就这样产生了。

我们的骑士文学为这种取悦女子的愿望推波助澜，把鲜见于我们先人的殷勤献媚之风推向欧洲的部分地区。

硕大无朋的罗马城中奢华惊人，进一步推动着感官享受的思想。出于对希腊乡村的那种宁静氛围的追求，有人萌生了描写爱情的念头①。保护妇女的品德和美貌的游侠观念，导致对妇女的殷勤献媚之风。

这种精神因骑士比武制度而得以长期延续，骑士比武将勇武和爱情结合在一起，从而使殷勤献媚之风显得尤为重要。

第二十三节　司法决斗的法律原则

我们也许会有一种好奇心，想要知道司法决斗这种丑陋的习俗如何归纳出某些原则，看看这种怪异的法律原则究竟是什么东西。人从根本上来说是讲理性的，然而有时候却会把偏见当成规矩。没有任何东西比司法决斗更加有悖良知了。不过，说清楚了这一点之后，司法决斗在实际执行中稍稍多了一些谨慎。

想要清楚地了解当时的法律原则，就应仔细地读一读圣路易制定的法规，他对司法制度进行了巨大的改革。德方丹是圣路易的同时代人，博马努瓦的著作撰写于圣路易身后②，其他人生活在他过世之后。因此，古人的做法应该从后人所作的改动中去寻找。

---

① 不妨读一读中世纪的希腊小说。
② 成书于公元1283年。

第二十四节　司法决斗的规则

原告若有数人①,就应通过协商指定一人参与决斗;如果不能取得一致,就应由听取辩护的那位原告,从所有原告中指定一人参与决斗。

绅士向平民提出挑战时②,应该携带盾牌和棍棒步行前往;如果他骑着马带着武器前去挑战,那就要让他下马,并取走他的武器。于是他只能穿着仅剩的衬衣与平民决斗。

决斗开始之前,司法官员要宣布三条禁令③。第一,当事人的亲属必须退场;第二,在场旁观的人必须保持安静;第三,不得救助决斗人,违者处以重罚,这种救助若是致使决斗双方中的一方败北,则甚至可将其处死。

司法官员负有守护决斗场之责④,若有一方求和,司法官员应记住决斗双方当时的位置和状态,以便一旦和议不成,可以在原有状态下重新开始决斗⑤。

被挑战方如果认为对方有罪或立假誓,并拾起挑战物⑥接受挑战,在这种情况下,非经当地领主同意不得议和。一方在决斗中

---

① 博马努瓦,《博维西斯习惯法》,第六章,第40页和第41页。
② 同上书,第六十四章,第328页。
③ 同上书,第330页。
④ 同上。
⑤ 同上。
⑥ 此处指挑战者放在地上的手套和帽子等物品。——译者

败北后,非经伯爵①同意也不得议和②;这与国王的赦免书有关。

但是,当事关重罪时,如果领主被礼物收买后同意讲和,他不但要支付罚金六十锂,而且他所享有的处置不良分子的权利也要转交给伯爵③。

不少人既无力挑战也无力应战。查明原因后,可以允许他们雇用决斗人。为使被雇用者的利益与决斗的胜负挂钩,规定他若败北将被砍掉一只手④。

上世纪制定了禁止决斗的法律,违者处死;其实,砍掉武士的一只手,使之失去武士的资格,或许也就足够了。因为,对于男子汉来说,通常最大的悲哀也莫过于失去了自己特有的品质而苟且偷生。

当一方犯有死罪⑤而双方均由决斗人代为决斗时,决斗场选在双方当事人都看不到的地方,两人均用一条绳子拴住,谁的决斗人败北,就用这条绳子处死谁。

在决斗中败北的一方并不输掉全部争讼。例如,决斗如果针对预审判决,那么,输掉的也仅仅是预审而已⑥。

---

① 伯爵(Comte),伯爵的头衔源自罗马帝国,是一种官职,而不是爵位。在古代法国,伯爵也是国王选定主持一地军政的主要官员,基本上从贵族中遴选。本书提及的伯爵,大多不是后来的贵族等级公、侯、伯、子、男意义上的贵族称谓,而是国王委派的一个地方官员。——译者

② 大附庸拥有特权。

③ 博马努瓦在《博维西斯习惯法》第六十四章第 330 页中写道:"他失去了司法权。"这句话在当时的作者看来没有普遍意义,而是仅限于该案。见德方丹,《谏言》,第二十一章,第 29 条。

④ 敕令中有这样的规定。这种做法一直延续到博马努瓦生活的时代。见《博维西斯习惯法》,第六十一章,第 315 页。

⑤ 博马努瓦,《博维西斯习惯法》,第六十一章,第 330 页。

⑥ 同上书,第 309 页。

第二十五节　为司法决斗设置的限制

在无关紧要的民事讼案中，即使一方已经接受另一方的挑战物，领主也要强令收回。

案件如果涉及众所周知的事实①，例如一人在集市上被杀，那就不要求提供证人证言，也不要求进行决斗，法官依据众所周知的事实判决。

如果领主的法庭经常用同一种方法判案，而这种方法已为大家所熟知②，此时领主就会拒绝双方进行决斗，以免习惯法因决斗的不同结果而改变。

只能为自己、为家族成员或直属领主申请决斗③。

被告若被免于起诉，原告的亲属就不得要求进行决斗，否则讼案就会没完没了。

如果亲属们要为死者复仇，但这个人却并没有死，而且重新露面的话，就不需要进行决斗。与此同理，如果大家都知道，案发时嫌疑人并不在现场，那也就没有理由进行决斗④。

被害人在死亡之前如果曾为疑凶辩解⑤，并且指认另一个人为凶手，那就完全不必进行决斗。但是，如果被害人并未指认任何

---

① 博马努瓦，《博维西斯习惯法》，第六十一章，第 308 页；第六十三章，第 239 页。
② 同上书，第 314 页。又见德方丹，《谏言》，第二十二章，第 24 条。
③ 博马努瓦，《博维西斯习惯法》，第六十三章，第 322 页。
④ 同上书，第 322 页。
⑤ 同上书，第 323 页。

人为凶手,那么,他的辩解只能被视作对凶手的宽恕,仍须继续追究,倘若案件发生在绅贵之间,甚至可以通过开战来求得解决。

如果已经开战,而一方的亲属发出或接受进行决斗的挑战,战争的权利立即中止。双方被认为有意通过司法程序解决问题;拒不停战的一方将被判赔付因此而造成的损失。

由此可见,司法决斗的好处在于它能将普遍性的争端化解为特殊性的争端,把处置的权利还给法庭,将原本只能由万民法处置的案件,变成可以由公民法处置的案件。

有许多明明白白的案件被作了愚蠢的处置,同时又有许多棘手的案件被处理得十分漂亮。

一个因被指控犯罪而被挑战的人[1],如果能够确凿地指证罪犯就是挑战者,那就不存在是否接受挑战的问题,因为,任何一个罪犯都懂得,与其束手就擒接受惩处,不如进行一场胜败未卜的决斗。

由裁决人决断或由宗教法庭判决的案件,不得以决斗进行处理[2]。凡涉及妻子得自丈夫的财产[3]案件时,也不得以决斗进行处理。

博马努瓦说:"妇女不能决斗。"如果一个妇女提出挑战而不指定自己的决斗人,挑战就不会被接受。此外,妇女若没有得到其主人[4]即丈夫的许可,也不得提出挑战。不过,向妇女提出挑战无须事先征得其丈夫的同意。

---

[1] 博马努瓦,《博维西斯习惯法》,第六十三章,第 324 页。
[2] 同上书,第 325 页。
[3] 此处指结婚时丈夫指定妻子享有的财产,妻子在丈夫死后方可动用。——译者
[4] 博马努瓦,《博维西斯习惯法》,第六十三章,第 325 页。

挑战者或被挑战者若不满十五岁①,不得进行决斗。不过,在有关未成年孤儿的案件中,人身监护人或财产监护人如果敢冒风险的话,可以进行决斗。

在我看来,农奴可以获准在以上几种情况下进行决斗。农奴如果受到挑战,他可以与另一个农奴决斗,可以与一个自由民决斗,甚至可以与绅士决斗;但是,挑战者如果是农奴②,绅士可以拒不接受挑战,农奴的领主甚至可以把他从法庭带回。农奴可以依据领主的条规③或习俗,与任何一位自由民决斗;教会声称,它的农奴同样拥有这项权利④,以此作为尊重教会的标志⑤。

第二十六节　诉讼当事人与证人的决斗

博马努瓦⑥说,当一个人发觉证人将要提出对他不利的证言时,他可以以对方当事人提供伪证和诽谤为由,要求法官不让第二位证人出庭⑦;证人如果坚持支持诉讼,就可以向对方发出进行决

---

① 博马努瓦,《博维西斯习惯法》,第六十三章,第323页。又见本书第十八章,第二十六节。
② 同上书,第322页。
③ 德方丹,《谏言》,第二十二章,第7条。
④ "他们可以决斗,也可以作证。"见于1118年胖子路易的谕令。
⑤ 1118年胖子路易的谕令。
⑥ 博马努瓦,《博维西斯习惯法》,第六十三章,第325页。
⑦ 同上书,第三十九章,第218页:"在他们立誓之前,要问明他们提供证据是想要帮助谁,因为只有依据这一点,才有可能以伪证为由取消他作证的资格。"

斗的挑战。此事无须进行调查，因为，如果证人在决斗中败北，那就说明他所支持的那方提供了伪证，结果就是败诉。

不能让第二证人立誓，因为他若是提供了证言，两位证人的证言足以使案件就此结束。倘若能制止第二证人提供证言，第一证人的证言也就归于无效。

第二证人若被阻止提供证言，该方就不能再要求听取其他证人的证言，并因此而败诉。不过，如果无人提出决斗挑战①，那就还可以要求听取其他证人的证言。

博马努瓦说，证人可以在陈述证言之前向己方的诉讼当事人作如下表述："我不打算为你的讼案决斗，也不想为我自己而介入讼案。但是，如果你准备手持武器为我提供防护，我就说出真相。"②在这种情况下，诉讼人就不得不为证人决斗，他若在决斗中败北，他的官司并未败诉③，只是不能再采信那位证人的证言而已。

我觉得，这是由古代的习惯法蜕变而来。我之所以作如是想，是因为挑战证人的做法在巴伐利亚法④、勃艮第法⑤中都可找到，而且没有任何限制。

前面已经提到贡德鲍的律令，这部律令遭到阿戈巴尔⑥和圣

---

① 博马努瓦，《博维西斯习惯法》，第六十一章，第316页。
② 同上书，第六章，第39、40页。
③ 不过，决斗倘若是由决斗代人为进行的，那么一旦败北，决斗人就要被砍掉一只手。
④ 《巴伐利亚法》，第十六篇§2。
⑤ 《勃艮第法》，第四十五篇。
⑥ 《致宽厚者路易的信》。

阿维特[①]声嘶力竭的反对。

圣阿维特说:"被告提出的证人如果发誓说被告不曾犯过被指控的罪,原告就可向证人提出进行决斗的挑战;因为,对于已经发誓并声称了解真相的人来说,为支持真相而进行决斗没有任何困难。"这位国王没有给证人留下任何避免决斗的口实。

第二十七节 诉讼当事人与领主的附庸决斗,就判决不妥提起上诉

决斗裁决的性质是一劳永逸地结束讼案,不容许重新审理,也不容许重新追诉[②]。罗马法和教会法所规定的上诉,也就是向上一级法院提请再审,从而改变原审法庭的裁决,这种做法在法兰西是不存在的。

一个尚武的民族由于一心只想着名誉和面子,不懂得这种司法程序。出于同一原因,他们甚至会把对付诉讼当事人的办法用来对付法官[③]。

对于这个民族而言,上诉就意味着发出挑战,用武器进行以流血告终的决斗,而不是邀请对方打一场笔墨官司,笔墨官司是后来才有的事。

---

① 《圣阿维特传》。
[圣阿维特(Saint Avit,卒于525),维埃纳主教。——译者]
② "人们到法庭去是回应决斗挑战,决斗既已结束,就没有理由再提起上诉了。"见博马努瓦,《博维西斯习惯法》,第二章,第22页。
③ 博马努瓦,《博维西斯习惯法》,第六十一章,第338页。

圣路易在他的《条例》中说,上诉是不忠不义之举①。所以,博马努瓦说,有人倘若想要控告领主加害于他②,他应该向领主宣布放弃采地,然后向上级领主告发,并向领主发出进行决斗的挑战。与此同理,领主如果向自己的领主告发自己的附庸,也要放弃与被告发者的隶属关系。

就领主的判决不公提起上诉,等于指责领主的判决不公且含有恶意;以这种言辞指责自己的领主,不啻是犯下了一种叛逆罪。

所以,与其直接指控领主判决不公,莫如指控组成和主持法庭的那些人,因为这些人都是领主的附庸。这样做只是指控那些附庸,没有犯叛逆罪之虞,而对附庸的指控以后是可以说清楚的。

指控附庸审案不公要冒很大风险③。如果等待法官作出并宣布判决,而所有参与审案的附庸都认为审理并无不妥之处,那就得与他们一个一个地进行决斗④。如果在全体参审的附庸发表看法之前提出指控,那就得与所有持相同意见的附庸⑤决斗。为了避免这种危险,诉讼当事人可以请求领主命令每一位附庸大声说出自己的意见⑥,当第一位附庸说完他的意见而第二位即将发表意见时,当事人应该立即表示,指责第一位表示意见的附庸说假话,是个坏人,无端诬陷他人。这样一来,他需要与之决斗的就只有这

---

① 《条例》,第二卷,第十五章。
② 博马努瓦,《博维西斯习惯法》,第六十一章,第 310 页、第 311 页;第六十七章,第 337 页。
③ 同上书,第六十一章,第 313 页。
④ 同上书,第 314 页。
⑤ 他们都赞成对案件的审理。
⑥ 博马努瓦,《博维西斯习惯法》,第六十一章,第 314 页。

个人。

德方丹主张①在指责审判不公之前,先让三位法官发言。他认为不必与这三位法官决斗,更不必与所有已经发表一致意见的法官决斗。出现这种差异的原因在于,那时还很少有完全相同的做法。博马努瓦说的是克莱蒙地方的做法,而德方丹说的则是韦芒杜瓦地方的做法。

当参审的附庸之一宣布支持判决后②,法官就下令提出挑战,与此同时,上诉人还要向法官提出担保,保证其仍然坚持上诉。但是,被上诉的附庸无须提出担保,因为他是领主的人,有义务支持上诉,否则就要向领主支付罚金六十锂。

上诉人如果不能证实判决不公,就得向领主支付罚金六十锂③,并向被上诉的附庸以及曾公开表示支持判决的那两位附庸支付相同款额的罚金④。一个疑犯如果被强烈怀疑犯有可判死刑的重罪,而且已经被捕并被判决,他就不能以判决不公为由提起上诉⑤,因为,否则他就可以一而再,再而三提起上诉,争取多活几天或达成和解。

如果有人指控判决不公⑥却并不提供证据支持自己的主张,

---

① 德方丹,《谏言》,第二十二章,第1条、第10条。他只说要向每个人支付一笔罚金。
② 博马努瓦,《博维西斯习惯法》,第六十一章,第314页。
③ 同上书,第31页。德方丹,《谏言》,第二十二章,第9条。
④ 德方丹,《谏言》,第二十二章,第9条。
⑤ 博马努瓦,《博维西斯习惯法》,第六十一章,第316页。德方丹,《谏言》,第二十二章,第21条。
⑥ 博马努瓦,《博维西斯习惯法》,第六十一章,第313页。

也就是说不参与决斗,若此人是绅士,就得支付罚金十锂,若此人是农奴,就得支付罚金五锂,作为对他信口开河的惩罚。

决斗中败北的法官和附庸①不会被处死,也不会被砍掉手或足。可是,倘若事关死刑案件,上诉人在决斗中败北后就要被处死②。采用这种对附庸提起判决不公上诉的办法,为的是避免对领主本人提起上诉。领主如果没有附庸③或附庸的人数不足,他可以出资向他的领主借用附庸④,不过,被借用的附庸如果不愿意,就不一定非参与审案不可,他们可以宣称此番仅为提供建言而来。倘若出现这种特殊情况⑤,领主本人就得主持审判并宣判,如果有人以审判不公为由提起上诉,就得由他本人应诉。

领主如果穷得无力借用他的领主的附庸⑥,或者由于疏忽而没有提出这个请求,或者他的领主不借,此时领主本人既不能单独审案,也不会有人被迫在这样一个不能作出判决的法庭上进行辩护,在这种情况下,案件就应上交给上级领主的法庭审理。

我认为,这就是司法与采地分离的主要原因之一。由此形成了法国法学的一条规则:采地是采地,司法是司法。因为在法国,没有附庸的附庸为数极多,他们无力支撑一个法庭,所有的案件于

---

① 德方丹,《谏言》,第二十二章,第 7 条。
② 参见德方丹,《谏言》,第二十一章,第 11 条和第 12 条以及下面若干条。这些条文区分两种情况,其一,事实被证实,上诉人就应被处死;其二,仅为预审案件。
③ 博马努瓦,《博维西斯习惯法》,第六十二章,第 322 页。
④ 伯爵并非必须同意将其附庸借出。博马努瓦,《博维西斯习惯法》,第六十七章,第 337 页。
⑤ "谁也不能在自己的法庭里审案。"博马努瓦就是这样说的。见《博维西斯习惯法》,第六十三章,第 336 页和第 337 页。
⑥ 博马努瓦,《博维西斯习惯法》,第六十二章,第 322 页。

是都交到他们的领主的法庭去审理,这样一来,既然他们不能也不愿主张司法权,因而就这样丧失了自己的司法权。

所有参审的法官都要出席宣判①,以便当有人以审判不公为由质问他们是否同意判决时,他们可以对他说"是"。德方丹说:"这里牵涉到的是礼节和光明正大的问题,既不能逃避也不能迟延。"我觉得,英国至今仍在遵循的那种做法,即只有所有法官一致同意方可宣判死刑,其源头即来自上述这种想法。

这就是说,判决必须依据大多数参审法官的意见作出。如果持正反意见的人数相等,凡涉及刑事案件的就作出有利于被告的判决,凡涉及债务的案件就作出有利于债务人的判决,凡涉及遗产的案件就作出有利于被告的判决。

德方丹说,附庸不得以下列理由为借口拒不参与审案:出席审案的法官仅有四名②;全体法官并未到齐;最高明的法官并未出席审案。这就像是在激战之时,附庸以身边只有一部分兵员为由,拒不驰援他的领主。但是,让法庭具有威望,选用最勇敢和最聪明的人充当法官,这是领主该做的事。我列举这些是想说明附庸的义务:既要决斗又要审案,就其性质而言,我们甚至可以说,审案就是决斗。

一个在自己的法庭上控告附庸的领主③,可以对参与审案的某个附庸提出审判不公的指控。但是,由于附庸因立誓效忠而必须敬重领主,领主则因接受了附庸的效忠而必须施惠于附庸,所以

---

① 德方丹,《谏言》,第二十一章,第27条、第28条。
② 至少应有四名法官。参见德方丹,《谏言》,第二十一章,第36条。
③ 博马努瓦,《博维西斯习惯法》,第六十七章,第337页。

需要区分以下两种情况：其一，领主笼统地指责审理不公和不妥①；其二，点名指责该家臣渎职②。在第一种情况下，领主所指责的是他自己的法庭，某种意义上也就是他自己，所以他无法向谁提出决斗挑战；在第二种情况下，可以提出决斗挑战，因为他所指责的是附庸的名誉；在为了维持公共安宁而进行的决斗中，两人中必有一人丧失生命和财产。

在这种特殊情况下，这种区分是必要的，但后来，这一区分被扩大使用了。博马努瓦说，当有人以审案不公为由提出指控，并把矛头对准参与审案的某个附庸时，那就要进行决斗；但是，如果此人只是指控审案不公，那么，被指控的附庸可以自由选择，既可以通过决斗也可以经由法律途径解决争端③。可是，博马努瓦时代的主流精神是限制司法决斗，而受指控的附庸所拥有的是否通过决斗来维护原判的选择权，同样既与当时的名誉观念相左，也违背了附庸维护领主法庭的承诺。所以我觉得，博马努瓦提出的这种区分对法国是一种全新的法律原则。

我并不是说，所有对审案不公的指控都要通过决斗解决，这种指控如此，其他所有指控也如此。读者可能还记得我在本书第二十五章中谈到的一些例外。在这里，决定是否取消决斗挑战的是上级领主的法庭。

对国王法庭所作出的裁决，不得以不公为由提出指控，因为，

---

① "审理既不公亦不妥"。博马努瓦，《博维西斯习惯法》，第六十七章，第337页。
② "出于谋划或许诺，你作了不公的判决，恰如你的为人一样。"博马努瓦，《博维西斯习惯法》，第六十七章，第337页。
③ 博马努瓦，《博维西斯习惯法》，第六十七章，第337页和第338页。

无人与国王处于平等地位,无人可以对他提出指控,国王没有上级,不能就其法庭的裁决提起上诉。

这条基本法不但与政治法一样是必要的,而且与公民法一样,减少了当时司法实践中的弊端。一个领主如果担心有人指控他的审判不公①,或是发现有人将要提出这种指控,如果他认为提出这种指控不利于司法公正,他就可以要求由国王法庭的法官来主持审理,因为,国王法庭的判决是不能被指控为不公的。德方丹说,国王菲利普②曾把枢密院的全体成员都派到科比教士的法庭去审理案件③。

领主若是请不到国王法庭的法官,只要他的直接领主是国王,他就可以把自己的法庭并入国王法庭去审理案件。领主与国王之间如果还有若干层中间领主的话,他可以求助于他的直属领主,逐级上达国王。

所以,尽管当时尚无如今的上诉做法,甚至连上诉的概念也没有,不过,求助于国王还是有的,国王毕竟是江河之源头,百川之归宿。

第二十八节　向上级法庭提起渎职之诉

领主法庭若是延宕、规避或拒绝为双方作出公断,当事人可以

---

① 德方丹,《谏言》,第二十二章,第 14 条。
② 国王菲利普(Philippe III),即菲利普三世,史称勇夫菲利普,圣路易之子,法国国王(1270—1285 在位)。——译者
③ 德方丹,《谏言》,第二十二章,第 14 条。

就此向上级法庭提出指控。

在加洛林王朝时期,每个伯爵手下都有几名官员,他们的人身隶属领主,司法上却不归领主管辖。这些官员以伯爵的名义主持初审和大大小小的复审和终审。全部区别在于司法管辖权的划分上,比如说,伯爵有权宣判死刑,就涉及自由和财产返还的案件作出判决①,而百人长②则无权作这些决定。

基于同一理由,直接与政治秩序有关的重大案件保留给国王审理③。主教、教士和伯爵等要人之间的争讼,就属于重大政治案件,由国王会同其各大附庸进行审理④。

有些作者说,伯爵可以把指控提交给国王的特派员,这种说法缺乏依据。其实,伯爵与国王的特派员各自独立,他们的司法权力相等⑤。全部差异在于国王的特派员每年主持审案四个月,其余八个月则由伯爵主持审案⑥。

在初审中⑦被判有罪的人⑧如果申请重审,而且再次败诉,就得支付罚金十五苏,或由主持审案的法官打手十五下。

伯爵和国王的特派员如果觉得自己的权力不足以让大人物

---

① 812年敕令III第3条,巴鲁兹版,第497页;添加在《伦巴第法》中的秃头查理敕令,见该法第二卷第3条。
② 百人长(centenier),伯爵属下的官员,负责一个小镇的次要案件的审理。——译者
③ 812年敕令第2条,《敕令汇编》,巴鲁兹版,第497页。
④ "会同亲信"。宽厚者路易的敕令,巴鲁兹版,第667页。
⑤ 参见添加在《伦巴第法》中的秃头查理的敕令。见该法第二卷,第五十九篇。
⑥ 812年敕令III第8条。
⑦ 初审,拉丁文写作Placitum。
⑧ 添加在《伦巴第法》中的敕令,见该法第二卷,第五十九篇。

们服从他们的裁决,可以要求他们作出保证,一定向国王法庭提起诉讼①,目的是请求审理,而不是请求重审。我在梅斯敕令②中发现,只能以审案不公为由向国王法庭提起上诉,其他理由的上诉均被禁止,违者将受到惩罚。

有人如果不服③助理法官④的裁决,但未提出申诉,那就把他监禁起来,直到他服从裁决;如果他提出申诉,那就把他安全地押送到国王法院,将案件交由国王法院审理。

就渎职向上级法庭提起诉讼几乎是不可能的。因为,凡是对有权主持审案的人心怀不满的,原因绝非他们不如期开庭,而是开庭次数太多⑤。许多法令一再规定,伯爵及其他官员每年开庭不得超过三次。问题不是纠正他们的懒散,而是要制止他们过于积极。

可是,当出现了无数小采地,建立起了一层又一层的封建臣属关系后,疏于开庭的现象开始发生在某些附庸身上,于是就渎职向上级法庭提起诉讼的现象就出现了⑥,何况这种诉讼能给上级领主带来丰厚的罚金。

司法决斗越来越普遍,由于地点、案情以及时间等各种原因,有时很难找到足够的官员主持决斗,所以有些案子就长期悬而未

---

① 这在法规、敕令和条例中都可见到。
② 颁布于757年。见《敕令汇编》,巴鲁兹版,第180页,第9条和第10条。755年韦尔农敕令第29条,巴鲁兹版,第175页。这两道敕令均为丕平国王在位时颁布。
③ 颁布于805年的查理曼敕令 XI,巴鲁兹版,第423页;《罗泰尔法》,见《伦巴第法》,第二卷,第五十二篇,第23条。
④ 助理法官是伯爵属下的官员,拉丁文写作 scabini,即职业法官。
⑤ 参见《伦巴第法》,第二卷,第五十二篇§22。
⑥ 从菲利普二世执政时期开始就有此类上诉。

决。于是就出现了就渎职向上级法庭提起的诉讼。此类讼案是我们历史上值得关注的事件,因为,当时的战争大多因践踏政治法而引起,犹如今天诉诸战争的原因或借口通常是违反万民法一样。

博马努瓦说①,凡是就渎职而提起的指控,从未导致决斗,究其原因,大概有以下这些:鉴于领主的人身应受的敬重,当事人不能向领主本人发出决斗挑战;当事人也不能向领主的附庸提出决斗挑战,因为事情很清楚,只要算一算传唤出庭的日子或其他日子就可以了;既然没有审判,自然也无从就审判不公提出指控。最后,附庸们既然侵害了当事人的利益,当然也就冒犯了领主,可是,领主与他的附庸进行决斗不符合尊卑有序的规矩。

可是,在上级领主的法庭上,如果证人的证言表明渎职确有其事,被指控者此时可以向证人提出决斗挑战②,这样就既不冒犯领主,也不冒犯他的法庭。

1) 倘若由于领主的附庸故意延宕审案,或在到期之后避而不加审理,因而造成渎职,就渎职而向上级领主提出指控的对象应该就是领主的附庸,这些附庸如果败诉,就应向他们的领主支付罚金③。领主不能为他的附庸提供任何帮助,相反,他应该查封这些附庸的采地,直至他们将六十锂的罚金交清。

2) 渎职如果起因于领主本人,例如他因人手不足而没能及时审理案件,或者没有召集他的附庸前来审案,或是没有指定一人替他召集附庸,在这种情况下,当事人可以向上级领主指控领

---

① 博马努瓦,《博维西斯习惯法》,第六十一章,第315页。
② 同上书,第六十二章,第315页。
③ 德方丹,《谏言》,第二十一章,第24条。

主渎职,不过,出于对领主应有的尊敬,被传唤出庭的是原来的被诉方①,而不是领主本人。

领主可以向他的上级领主要求对他进行审判,如果胜诉,案件就发回给他审理,申诉人则应向他支付罚金六十苏②。但是,渎职如被证实确有其事,对领主的处分就是剥夺其对此案的审理权。案件本身则由上级领主的法庭审理③,实际上,就渎职而提出指控的目的正在于此。

3) 只有在涉及采地的案件中,领主的法庭才会审讯领主本人④;当所有指定的日期全都超期之后,法庭就该传讯领主接受权贵们的询问了⑤,传讯领主应得到君主的批准,并由君主下令传讯。领主不由附庸传讯,因为他们不能传讯领主,但是他们可以代表领主传唤他人⑥。

领主尽管渎职,却让人作出了判决,在这种情况下,提出渎职指控之后,可能再提出审判不公的指控⑦。

当附庸以渎职为由向上级法庭指控自己的领主时⑧,如果指控

---

① 德方丹,《谏言》,第二十一章,第32条。
② 博马努瓦,《博维西斯习惯法》,第六十一章,第321页。
③ 德方丹,《谏言》,第二十二章,第29条。
④ 路易八世在位期间,领主内勒(Nesle)控告弗兰德伯爵夫人让娜(Jeanne, comtesse de Flandre),要她在四十天之内将案件交付审理。后来他又以渎职为由向国王法庭控告让娜。她回答说,她将让她在佛兰德的附庸主持审理。国王法庭宣布,案件不会交出,伯爵夫人将会被传唤。
⑤ 德方丹,《谏言》,第二十一章,第34条。
⑥ 同上。
⑦ 博马努瓦,《博维西斯习惯法》,第六十一章,第311页。
⑧ 同上书,第312页。不过,指控领主者如果不是领主的附庸或家臣,就只需向他支付罚金六十苏。

不能成立,附庸就要向领主支付罚金,罚金的金额由领主任意确定。

根特人①曾向国王指控弗兰德伯爵渎职,理由是他的法庭迟迟不对他们的案件作出判决。事实上,这位领主处置案件所用的时间,比当地习惯法规定的时间还要短,所以,这些根特人就被国王发回给领主处理。领主下令扣留他们的财产,数额高达六万锂。于是他们再次上告到国王面前,要求减少这笔罚金。国王最终裁定,伯爵不仅可以收取这笔罚金,而且只要他愿意,罚金的数额还可以更高些。博马努瓦亲历了这几次审判。

4) 领主若因附庸的生命或名誉受到损害,或因非采地的财产等原因与附庸发生争端,此类讼案不能以渎职为由向上级法庭提出指控,因为,此类案件根本不由领主法庭审理,而是由上级领主法庭审理。德方丹说②,家臣无权就领主的人身作出裁决。

在当时的著作中,这些事情都混乱不清,所以我费了好大力气把这些事情讲清楚,而把它们从一团乱麻中理清,无异于重新发现。

第二十九节　圣路易统治的朝代

圣路易在他的领地内取消了司法决斗,在他的相关法令③和《条例》④中都可查到。

---

① 博马努瓦,《博维西斯习惯法》,第六十一章,第318页。
② 德方丹,《谏言》,第二十一章,第35条。
③ 颁布于1260年。
④ 《条例》第一卷第二章和第七章;第二卷第十章和第十一章。

可是，除了就裁判不公向上级法庭提出的指控案件外，他并未禁止男爵领主们的法庭采用司法决斗①。

如果指控领主法庭判案不公②，就必须同时向原审法官提出决斗挑战。可是，圣路易规定，可以提起裁决不公之诉而不能进行决斗③，这是一个具有革命性的变革。

他宣布④，在他的领地上，不能就审判结果起诉领主，因为这是一种背叛罪。其实，倘若这是一种背叛领主的罪行，当然更是背叛国王的罪行。可是，他规定，可以要求修改国王法庭作出的判决⑤，理由并非这些判决不公或有误，而是这些判决造成了损害⑥。他对此作出的规定是，如果当事人对于男爵的裁决感到冤屈，应该提起裁决不公之诉⑦。

刚才提到，依据《条例》的规定，不能对国王领地内的法庭提起裁决不公之诉，而只能要求原审法庭改判。如果原审法庭不愿改判，国王准许向他的法庭提起诉讼⑧，或是依据自己对《条例》的诠释，向国王本人呈送陈情书或恳请书⑨。

圣路易准许就领主法庭的裁决提起裁决不公之诉，要求把案

---

① 在《条例》中随处可以看到。博马努瓦，《博维西斯习惯法》，第六十一章，第309页。
② 即以判案不公为由向上级法庭提出指控。
③ 《条例》，第一卷，第六章；第二卷，第十五章。
④ 《条例》，第二卷，第十五章。
⑤ 《条例》，第一卷，第七十八章；第二卷，第十五章。
⑥ 同上书，第七十七章。
⑦ 同上书，第十五章。
⑧ 同上书，第七十八章。
⑨ 同上书，第十五章。

件移送国王法庭或上级领主法庭①,这并不是为了到那里去用决斗解决,而是依据他所规定的程序借助证人的证言来解决②。

因此,无论是在领主法庭上可以提起裁决不公之诉,还是在国王领地的法庭上不可提起裁决不公之诉,依据法规,当事人都可以向上级法院提起诉讼而不必冒决斗的风险。

德方丹讲述了他所见到的最初两个案例③,在这两个案例中都没有进行司法决斗。第一例发生在国王领地圣康坦法庭,另一例发生在蓬蒂厄法庭,那里的伯爵到庭参审,但是他反对依据旧法处置案件。不过,这两个案子都依法审理,没有借助决斗。

有人也许会问,圣路易对男爵法庭的审案程序所作的规定,为何有别于他自己领地的法庭?请听其中原因。圣路易委托自己的领地法庭制定规则时,他的目标不会受到任何阻挠;可是,领主们享有古老的特权,除非有人敢冒指责裁决不公的风险,否则案件就绝对不会从领主的法庭移走,所以,圣路易就得对这些领主们谨慎从事。他保留了裁决不公之诉,但规定不以决斗处置这类诉讼,也就是说,为了减少变革引起的震动,他采取了名存而实亡的手法。

领主们的法庭并未普遍接受这种做法。博马努瓦说④,在他那时有两种审案方法,一种依照国王《条例》,一种依照古制;领主们可以任意选用其中之一;只是在一个案件中,一旦选用了此种方

---

① 可是,如果有人不想指控裁决不公,却又想上诉,这种请求不会被接受。《条例》第二卷,第十五章规定:"领主法庭依法有权执行。"
② 《条例》第一卷,第一、二、三章。
③ 德方丹,《谏言》,第二十二章,第16条和第17条。
④ 博马努瓦,《博维西斯习惯法》,第六十一章,第309页。

法,就不能再采用彼种方法。他还说,克莱蒙伯爵采用新制①,而他的附庸们仍然采用旧制,但是,他若愿意,随时可以恢复旧制,否则,他在附庸们面前的权威就要打折扣。

　　应该知道,那时的法兰西分割为国王领地②和众多的男爵领地,用圣路易《条例》上的话来说,也就是分割为王权辖区和非王权辖区。国王向王权辖区发号施令时,仅以自己的名义即可,而当他的号令施于男爵领地时,则由国王与男爵们联名发布,或由他们盖章或副署③,否则,男爵们就会视对其财产有利与否决定是否接受国王的命令。下级附庸与上级附庸的关系大体上也是这样。《条例》虽然对领主们有利,而且相当重要,但在颁布之前并未征得领主们的同意,所以,表示接受的只是那些相信这些法律对自己有利的领主。圣路易的儿子罗贝尔在他的克莱蒙伯爵领地接受《条例》,但是他的附庸们却认为,不宜在他们的领地上实施这些法律。

第三十节　对上诉的看法

　　有人认为,上诉既然就是要挑起决斗,那就应该立即付诸实

---

① 博马努瓦,《博维西斯习惯法》,第六十一章,第309页。
② 《博维西斯习惯法》《谏言》和《条例》,第二卷,第十、十一、十五章。
③ 参见洛里埃(Laurière)《法令集》中加佩王朝初期的法令,特别是菲利普二世执政时期关于教会司法权的法令、路易八世关于犹太人的法令、勃鲁塞尔编辑的法令集,特别是圣路易关于土地租赁和赎回的法令,以及封建女子成年的规定等,参见《法令集》,第二卷,第三章,第35页,《法令集》中菲利普二世的法令,第7页。

施。博马努瓦说①:"倘若走出法庭而没有提起上诉,那就等于放弃上诉,也就是承认判决有效。②"

第三十一节 续前题

德方丹告诉我们③,平民不能指控领主法庭的裁决不公,《条例》证实了这一说法④。德方丹还说⑤:"因此,在领主和平民之间,除了上帝,没有其他法官。"

是有关司法决斗的规定剥夺了平民对领主提起裁决不公之诉的权利,这一点千真万确。无论依据法规或习俗⑥,凡是有权参与决斗的平民,就有权对领主提起裁决不公之诉,哪怕参审的领主家臣是骑士⑦。德方丹提出了一些补救办法⑧,以使指控判决不公的平民与骑士决斗这类事不至于发生。

司法决斗开始消失,新的上诉习惯逐渐形成;自由民遇到领主判案不公时拥有补救手段,而平民却不拥有同样手段,有人认为这不合理。高等法院于是如同接受自由民的上诉一样接受平民的上诉。

---

① 博马努瓦,《博维西斯习惯法》,第六十三章,第 327 页;第六十一章,第 312 页。
② 参见圣路易,《条例》,第二卷,第十五章;查理七世的 1453 年法令。
③ 德方丹,《谏言》,第二十一章,第 21 条和第 22 条。
④ 《条例》,第一卷,第八十六章。
⑤ 《谏言》,第二卷,第 8 条。
⑥ 德方丹,《谏言》,第二十二章,第 7 条。迄今对该条与第二十二章,第 21 条的解释一直不对。德方丹丝毫不曾把领主的判决与骑士的判决对立起来,因为这两者本来就是同一回事;但是,德方丹指出,普通平民与享有决斗特权的平民是迥然有别的。
⑦ 骑士始终享有充当法官的权利。见德方丹,《谏言》,第二十一章,第 48 条。
⑧ 德方丹,《谏言》,第二十二章,第 14 条。

第三十二节　续前题

对领主法庭的判决提起不公之诉时,领主应亲自到庭,在上级领主面前为其法庭的判决辩护。同样①,在渎职之诉中,被传唤方应该带着领主一起出庭上级领主的庭审,以便一旦渎职无法证实时,领主可以立即重新审理。

此后,原本属于特殊情况的这两种案例,由于形形色色的上诉案件的出现而成为适用于所有案例的普遍规则;在这种情况下,领主终生只能在别人的法庭审案,而不能在自己的法庭审案;只能处理别人的案件而不能处理自己的案件;这就显得太不同寻常了。伐鲁瓦的菲利普②下令,被传唤的只能是法官③。随着上诉案件日渐增多,为诉讼进行辩护的就是上诉人了,以往由法官做的事变成由当事人来做了④。

上面已经说到⑤,领主在渎职之诉中失去的仅仅是在他的法庭审案的权利。可是,如果领主本人是被上诉人⑥,而这种情况越来越多⑦,领主就得向国王或受理诉讼的上级领主支付罚金六十

---

① 德方丹,《谏言》,第二十一章,第33条。
② 伐鲁瓦的菲利普(Phlippe de Valois, 1294—1350),即菲利普六世(Phlippe VI),法国国王(1328—1350),伐鲁瓦王朝的第一位国王。——译者
③ 时在1332年。
④ 不妨看看布蒂利耶时代的状况,他生活在1402年间。参阅《乡村大全》,第一卷,第19页,第20页。
⑤ 见本书本章第三十节。
⑥ 博马努瓦,《博维西斯习惯法》,第六十一章,第312页,第318页。
⑦ 同上书。

锂。上诉被普遍接受后,每当领主的原判在上诉中被改动,他就得支付罚金。这种做法渐渐变成了一种习惯,长期延续,并由鲁西永法令①加以肯定,后来则由于其不合情理而消亡。

第三十三节　续前题

在司法决斗中,以裁决不公为由起诉原审法官的原告,可能因决斗而败诉②,但不可能因决斗而胜诉。事实上,无论他人做了什么,原审中的胜诉方都不能因此而变成败诉方。提起裁判不公之诉的上诉人即使在决斗中取胜,也还得与原审中的胜诉方进行一场决斗,这场决斗的目的不是辨明原判是否公正,因为前一场决斗已经由于上诉人的胜利而宣告原判无效,这场决斗的目的是要判定上诉人提出的要求是否正当。下面这种宣判方式可能就是由此而产生的:"法庭宣布上诉无效,法庭宣布上诉和上诉所指控的原判无效。"其实,提起裁决不公之诉的原告倘若在决斗中战败,上诉也就自然无效;而他如果在决斗中胜出,原判连同上诉都归于无效;随之应该重新进行审理。

以上所述绝对准确无误。通过调查进行审理的案件不使用这种宣判方式。德·拉罗什-弗拉万③先生说,调查庭在其初创期间不能使用这种宣判方式④。

---

① 此处指法国国王查理九世 1564 年在鲁西永颁布法令的第 27 条。——译者
② 博马努瓦,《博维西斯习惯法》,第六十一章,第 312 页,第 318 页。
③ 德·拉罗什-弗拉万(Bernard de la Roche-Flavin,1536—1624),法国图卢兹高等法院推事。——译者
④ 德·拉罗什-弗拉万,《法国的高等法院》,第一卷,第十六章。

第三十四节　诉讼程序何以变成秘密进行

决斗造成了一种公开的诉讼程序，控方和辩方都为公众所知。博马努瓦就此写道[①]："证人必须当众宣读证言。"

为布蒂利耶[②]的著作作注的人[③]说，他从旧时一些从事法律工作的人以及古老的手抄诉讼文书中获知，古代法国的有些刑事案件是公开审理的，其方式与罗马公开审理的案件没有多大差异。这与当时人们不识字有关。文字的使用使想法得以固定下来，使保守秘密成为可能。可是，在没有文字的时候，只有公开进行审讯，才有可能把这些想法固定下来。

由领主的附庸审理或在附庸面前进行辩护的案件[④]，总会有一些不确定因素，所以，每次开庭都可以借助被称作记忆[⑤]的这个程序帮助当事人进行回忆，在这种场合，不得向证人提出决斗的挑战，否则诉讼就将永远无法终结。

后来出现了一种秘密审理程序。过去所有审理活动都公开进行，现在全都改为秘密进行。质询、审查、检验证言、对质和公诉人的结论，无一不秘密进行，这就是现在的做法。公开审理适合于旧

---

① 博马努瓦，《博维西斯习惯法》，第六十一章，第 315 页。
② 布蒂利耶（Jean Boutillier），法国 14 世纪的法学家，著有《乡村大全》一书。——译者
③ 此人名叫沙龙达（Charondas, 1536—1617），曾任法国克莱蒙地方官员，1603 年整理出版了布蒂利耶的《乡村大全》一书。——译者
④ 如博马努瓦所说，见博马努瓦，《博维西斯习惯法》，第三十九章，第 209 页。
⑤ 所谓记忆，就是由证人证明过去做过的事、说过的话以及法庭下过的命令。

时的政体,新的审理程序适合此后建立的新政体。

为布蒂利耶著作作注的人认为,1539年①法令是这一变化的标志。我认为,这个变化是从一个领主领地到另一个领主领地逐渐发生的,在此期间,各个领地相继摒弃旧的审案方法,圣路易的《条例》也日臻完善。其实博马努瓦曾说过②,公开听取证言仅限于可以提出决斗挑战的那些场合,而在其他场合,听取证言是秘密进行的,当事人的陈述采用书面形式。决斗挑战既然不复存在了,审理当然就变成秘密进行了。

第三十五节　诉讼费用

对于诉讼费用的负担问题,旧时的法国世俗法庭根本不作判决③。败诉方向领主或领主的附庸支付罚金,这就已经够厉害了。在以决斗解决问题的刑事诉讼中,战败方失去了生命和财产,再重的惩罚也莫过于此。在以决斗解决问题的其他诉讼中,罚金的数额有时是固定的,有时则由领主任意规定,这就让人对审理结果惴惴不安。不以决斗解决问题的案件也是这样。鉴于领主是主要获益者,所以诉讼费用主要也由领主支付,诸如召集附庸,安排他们审案等等。此外,由于案件大多在当地审理,而且几乎总是很快结案,又不像后来有许多文书,所以无须由诉讼当事人支付诉

---

① 当时在位主政的是弗朗索瓦一世。——译者
② 博马努瓦,《博维西斯习惯法》,第三十九章,第218页。
③ 德方丹,《谏言》,第二十二章,第3条,第8条;博马努瓦,《博维西斯习惯法》,第三十三章;《条例》,第一卷,第九十章。

讼费用。

自从有了向上级法院提起诉讼这个程序之后,诉讼费用问题就随之出现了。难怪德方丹说①,自从依据成文法提起诉讼,也就是依据圣路易的新法提起诉讼后,当事人就得支付诉讼费用。不过依据常规,除非指控裁决不公,否则就不能向上级法院提起诉讼,所以也就不存在支付诉讼费用问题;如果案件发回领主审理,领主只能得到一笔罚金,同时可以占用有争议的财产一年零一天。

可是,上诉变得比较方便之后,此类诉讼就大量增加②,案件频繁地从一个法院移到另一个法院,当事人一次又一次离开自己的住地前往法院应诉;新的诉讼技巧不断涌现,以致诉讼时间越拖越长;规避正当要求的手段越来越精巧;诉讼当事人学会了为让人追寻而故意逃跑;控方已经破产而辩方依然若无其事;种种道理都被淹没在成堆的文书和滔滔不绝的辩词之中;律师之类为打官司而忙碌的诉讼辅助人员多得难以计数,公道却难见天日;心术不正的人在得不到支持的地方却找到了主意。凡此种种表明,必须以支付诉讼费用来让诉讼人有所顾虑,让他们必须为判决付费,为逃避判决的每一种手段付费。美男子查理③就此颁布了一项总法规④。

---

① 德方丹,《谏言》,第二十二章,第8条。
② 布蒂利耶写道:"如今大家都喜欢向上级法院告状。"见《乡村大全》,第一卷,第三篇,第16页。
③ 美男子查理,即查理四世(Charles IV,1294—1328),法国国王和纳瓦尔国王(1322—1328在位)。——译者
④ 时在1324年。

第三十六节 公诉方

依据萨利克法、里普埃尔法以及蛮族的其他法律,对于罪恶的惩罚一律处以罚金,那时不像我们现在这样有负责追究罪行的公诉方。实际上,一切都归结为对损害作出赔偿,所有的追究在某种意义上都属于民事性质,任何一个个人都可以进行追究。另一方面,罗马法对于罪行的追究规定了某些群众性的形式,这种形式与公诉方的职责并不一致。

司法决斗也与设置公诉方的观念相抵触,因为,谁愿意充当公诉人代表所有的人去和所有的人决斗?

我在穆拉托里先生[①]编入伦巴第法的一部法规集中发现,在加洛林王朝时期,有一个代表公诉方的诉讼代理人[②]。不过,读完了这部法规集后就发现,那时的公诉代理人与如今我们所说的公诉人,即总检察长、国王检察官、领主检察官,都截然不同。这些诉讼代理人与其说是民事法规的公共管理人员,不如说是政治和家事法规的公共管理人员。从这部法规集中可以看出,这些官员从来不对罪犯进行追究,也不管与未成年人、教会和个人状态有关的案子。

我说过,公诉人制度的建立与司法决斗相抵触。不过,我倒是

[①] 穆拉托里(Muratori,1672—1750),意大利米兰城的一个图书馆管理人员。——译者
[②] 拉丁文写作:Advocatus de parte publica。

在这部集子中发现了一项规定,涉及一个有权参与决斗的公诉代理人。穆拉托里先生把这项规定放在亨利一世[①]的法规后面,而这项规定就是为了这部法规制定的[②]。这项规定说:"凡是杀死父亲、兄弟、侄子、外甥或其他亲属者,一律不得继承遗产,遗产由其他亲属继承,其本人财产收归国库。"为取得这笔应收归国库的遗产,支持国库享有此项权利的公诉代理人拥有参加决斗的自由;这一点载明于总法则中。

从这些法规中可以看出,公诉代理人的追究对象是以下这几类人:逮住小偷却未将其送交伯爵者[③];举行起义或聚众反对伯爵者[④];不顾伯爵命令而救助死刑犯者[⑤];违反伯爵命令拒不将小偷送交伯爵的教会诉讼代理人者[⑥];将国王的秘密泄露给外邦人者[⑦];手持武器追赶皇帝特使者[⑧];因蔑视皇帝的信函[⑨]而被皇帝的诉讼代理人或皇帝本人追究者;不愿接受君主的货币者[⑩]。无论被追究的对象是哪一种人,公诉代理人都依照法律规定追索由国库收缴的财物[⑪]。

---

① 亨利一世(Henri Ier,1008—1060),法国国王(1031—1060)。——译者
② 参见这项法令和这条法规,载《意大利的历史学家》。
③ 《穆拉托里法规集》,第104页,关于《查理曼法》第88条,见该集第一卷,第二十六篇§78。
④ 《穆拉托里法规集》中的另一条法规,见该集第87页。
⑤ 《穆拉托里法规集》,第104页。
⑥ 同上书,第95页。
⑦ 同上书,第88页。
⑧ 同上书,第99页。
⑨ 同上书,第132页。
⑩ 同上书,第132页。
⑪ 同上书,第173页。

第二十八章　法国公民法的起源与沿革

可是，在刑事案件中见不到公诉代理人的身影，即使出现以下各种情况也不例外：进行决斗①；发生火灾②；法官当庭被杀③；涉及个人身份④；涉及自由和奴役⑤。

这些法规不只是为伦巴第法，也是为此后添加的敕令制定的，所以，它们所反映的是加洛林王朝时代的做法，对此不应有所怀疑。

很显然，正如外省的国王特使一样，这些公诉代理人随着加洛林王朝的覆亡而消失。究其原因，大概有如下几点：普遍适用的法律不复存在，全国性的国库也不复存在；外省不再有伯爵主持诉讼，因此也就不再有以维护伯爵权威为主要使命的官员了。

在加佩王朝时期，由于决斗之风日甚一日，因而无法建立公诉人制度。布蒂利耶在他的《乡村大全》中谈到司法官员时提到了法官、拥有采地的家臣和执达吏。我们不妨读一下《条例》和博马努瓦的《博维西斯习惯法》中关于当时司法追究方式的记述。

我在马略卡⑥国王雅克二世的法律⑦中发现，他设置了一个国王检察长的职务，其职能与我们今天的检察长相似⑧。显而易见，检察长是在司法形式发生变化之后才设立的。

---

① 《穆拉托里法规集》，第 147 页。
② 同上书，第 147 页。
③ 同上书，第 168 页。
④ 同上书，第 134 页。
⑤ 同上书，第 107 页。
⑥ 马略卡（Majorque），地中海上属于西班牙的最大岛屿。——译者
⑦ 参见《圣徒传》六月，第三卷，第 26 页。
⑧ "为长期协助圣庭而设立的职位，负责对圣庭中的案件进行调查和追究。"

第三十七节　圣路易的《条例》何以被人遗忘

《条例》的命运注定它在很短的时间里诞生、衰老和死亡。

我想就此谈几点看法。圣路易的《条例》从来就不是为了在全国通行而制定的,尽管这部法典的前言确实是这样说的。这是一部一般性的法典,对几乎所有民事事项都作了规定,其中包括:财产的遗嘱处分或生前处分、妇女的妆奁和优遇、采地的收益和特权、治安事务等等。可是,每一个城市、乡镇和村庄当时都有各自的习惯法,想要制定一部普遍适用的民事法,无异于推翻分别适用于王国每一个地方的所有法律。当时的君主虽然已经无人不臣服,可是要把各地的所有习惯法汇编成一部普遍适用的习惯法,依然是一项考虑不周的举措。因为,如果说,利弊参半时不应更改,那么,利少弊多时就更不应更改。每个领主无不醉心于自己的主权和实力,这就是当时王国所处的境况,如果注意到了这一点,那就不难看到,更改各地既有的法律和习俗,绝对不是各地的执政者想要做的事。

我刚才所说又一次证实,《条例》这部法典并未在高等法院中获得男爵们和法律界人士的赞同,迪康热[①]引用的收藏在亚眠市

[①] 迪康热(Ducange,1610—1688),法兰西驻亚眠财政官,著有《晚期拉丁语和希腊语词汇》一书。——译者

政厅的一件手稿就是这样记述的①。我们从其他手稿获知,这部法典是圣路易在出征突尼斯之前的1270年制定的。这个说法也不见得符合事实。因为,圣路易出征突尼斯是在1269年,迪康热先生也注意到了这一点,所以他推断说,这部法典是圣路易不在国内时颁布的。不过,我觉得事实未必如此。圣路易怎么会在他远离法国的时候做这样一件招致动乱、引发革命而并非改革的事呢?这一举措比其他举措更需要就近观察,绝非软弱无力的摄政机构可以完成,何况这个摄政机构中的一些权贵还可从这一举措的失败中获利呢。这些权贵就是圣德尼修道院院长马蒂耶、内勒伯爵西蒙·德·克莱蒙;这两位如果亡故,接任的便是埃夫勒主教菲利普、蓬蒂厄伯爵让。前面已经说到②,蓬蒂厄伯爵在他的领地上反对执行新司法制度。

我想说的第三点是,有重大的迹象表明,我们现在所看到的法典,并非圣路易关于司法制度的《条例》,两者之间有着不小的差异。法典中多次引述《条例》,可见它是一部评述《条例》的著作,而非《条例》本身。此外,博马努瓦经常提及圣路易的《条例》,可是,他所提及的始终是圣路易的条例,而不是汇总条例的那部法典《条例》。德方丹的写作年代是在圣路易在位期间③,他提到最初两次执行圣路易的《条例》时,是被当作早年的事件提到的。可见,圣路易的《条例》早于我刚才说到那部法典。如果仔细检视一番那部法

---

① 见《条例》,前言。
② 本书本章第二十九节。
③ 同上。

典，再考虑到被某些蠢材编排在这部著作开篇处的错误百出的前言，大致可以推断，那部法典颁行于圣路易死前不久，甚至是在他死后才问世的。

第三十八节　续前题

被我们称之为圣路易《条例》的这部集子，是一部晦暗、混乱和含糊的法典，它把法兰西的法律原则与罗马法搅在一起，时而用立法者的口吻说话，时而用法律顾问的口吻说话，它囊括了有关民法的所有案例和所有问题，那么，这究竟是一部什么样的法典呢？想要了解这个问题，必须置身于那个时代之中。

圣路易看到了当时法律的弊病，遂设法激起人们对这些弊病的憎恶，他为自己领地上的法庭和他的附庸们的法庭制定了一些法规，大获成功。在他过世不久之后就开始写作的博马努瓦写道，圣路易所确立的审案方式被很多领主法庭所采用。

圣路易为领主法庭所制定的法规，虽然只是作为人人应该效仿而且值得效仿的范例，而不是作为一种适用于全国的法律来制定的，但是，他毕竟实现了初衷。他消除了弊病，让人看到了什么才是好法律。大家在他的法庭上和他的附庸们的法庭上看到了，什么是更自然，更合理，更符合道德、宗教、公共安宁以及人身和财产安全的司法审理程序，于是就弃旧图新，接受了这套新的司法审理程序。

在不必强制的时候进行规劝，在不必命令的时候进行诱导，这才是最高明的做法。理性拥有天然的强大力量，甚至是不容抵抗的力量,有人硬要与之对抗,殊不知对抗本身就是理性的胜利;过不了多久,与之对抗的人不得不重新回归理性。

圣路易为了让大家厌弃法兰西法律的原则,所以让人翻译有关罗马法的著作,使之为当时的法律界人士所了解。德方丹是我们所知的第一位预审学作者[1],他大量应用了罗马法,从某种意义上说,他的著作把法兰西以往的法律原则、圣路易的法律或条例以及罗马法融为一体了。博马努瓦很少使用罗马法,但是,他把法兰西以往的法律原则与圣路易的法规调和起来了。

我认为,正是遵循着这两部著作特别是德方丹那部著作的精神,某位法官编纂了被我们称之为《条例》的那部法学著作。这部集子的标题上写明[2],它是依据巴黎和奥尔良以及男爵领主法庭的习惯编写的;它的前言写明,此书论述了整个王国、安茹[3]以及男爵领地的司法习惯。由此可见,《条例》这部书是为巴黎、奥尔良和安茹所编,恰如博马努瓦和德方丹的书是为克莱蒙和维尔芒图瓦索而编一样。博马努瓦所说似乎表明,圣路易的若干法律已经渗透到男爵们的法庭,所以,编纂者有理由声称此书也与男爵们的法庭有关[4]。

---

[1] 他自己在《谏言》的前言中写道:"在我之前,从未有人做过可用作范例的事。"
[2] 旧时欧洲的书名往往很长,有时由好几个句子组成,故有此说。——译者
[3] 安茹(Anjou),法国西部地区,曾是英国领土。——译者
[4] 《条例》一书的标题和前言极其含混不清。首先是巴黎、奥尔良以及男爵法庭的司法习惯,然后是全国所有世俗法庭以及司法官吏辖区的司法习惯,最后还有整个王国以及安茹和男爵法庭的司法习惯。

很显然,此书的编纂者把圣路易的法律和条例与当地的习惯法糅合在一起了。这部书相当宝贵,因为它不仅编入了安茹的古代习惯法,还把当时施行的圣路易的法律和条例,以及当时在安茹实施的法兰西法律原则收入书中。

与德方丹和博马努瓦的著作有所不同,此书以命令的口吻说话,俨然是一位立法者,事实上这一点不难理解,因为这是一部文字记载的司法习惯和法律的汇编。

此书有一个内在的缺陷,那就是它是一部两不像的法典,因为它把法兰西法律原则与罗马法混作一团,这两者从无关联,原本是彼此矛盾的,却硬是被凑在一起。

我知道,法国的附庸和家臣们的法庭,判决之后不得向另一个法庭提起上诉的做法,以"我宣布有罪"或"我宣布无罪"[①]这样的语句宣判的方式,都与罗马法的群众性审判颇为相似。但是,古罗马的法律原则此时很少得到应用,得到较多应用的倒是后来罗马皇帝们引进的那些法律原则,《条例》应用这些法律原则的目的是规范、限制、修正和扩大法兰西的法律原则。

第三十九节　续前题

圣路易采用的司法方式不再被采用。这位君王较少着眼于审判方式本身,也就是说,他不大关注什么是最好的审判方式,而是

---

① 《条例》,第二卷,第十五章。

比较关注以较好的审判方式取代旧的审判方式。他的首要目标是激起人们对旧法的憎恶,其次才是制定新法。可是,当他的新法显现出某些弊病时,另一种很快就取而代之了。

所以说,与其说圣路易的法律改变了法兰西的法律原则,莫如说它为这种改变提供了一些方法。圣路易的法律开启了新的法庭,确切地说,是开启了通向新的法庭的道路。人们可以方便地到一个拥有普遍权威的法院去打官司,过去的判决仅仅依据某些领地的习惯法作出,现在的判决则构成了普遍适用的法律原则。在《条例》的作用下,终于出现了过去从未有过的具有普遍性的判决。房子反正已经盖好了,脚手架倒塌就倒塌吧。

所以说,圣路易的法律所产生的效果,绝不是什么立法杰作能带来的。有时候需要数百年时间才能为变革作好准备。时机逐渐成熟,革命就会到来。

王国的几乎所有案件,最后都由高等法院审理结案。过去高等法院所审理的除了公爵、伯爵、男爵、主教和教士之间的案件[①],就是国王和他的附庸之间的案件[②],而不是政治性质和民事性质的案件。后来,不得不将高等法院变成一个常年工作的机构,其组成人员常年聚集在一起;不但如此,为了能够审理所有的案件,还设置了一些新的高等法院。

---

① 参见迪蒂耶(Dutillet)关于附庸法院的著作,《法国国王高等法院演说集》。又见拉罗什-弗拉万,《法国的高等法院》,第一卷,第三章;比代(Budé),《《法学阶梯》注释》以及保尔·埃米尔(Paul Emile),《历史》。

② 其他案件由普通法院审理。

高等法院刚刚变成一个固定的机构，立即就开始编纂它的判例。美男子菲利普在位期间，让·德·蒙吕克编辑了一部巴黎高等法院判例集，这就是我们今天称之为《奥里姆[①]实录》的那部判例集[②]。

第四十节　何以采用教皇圣谕的司法形式

可是，为什么放弃既有的司法形式，转而采用教会法的司法形式，而不采用罗马法的司法形式呢？这是因为，人们司空见惯的是采用教会法审案的宗教法庭，从未见过任何采用罗马法审案的法庭。何况，当时对于宗教法庭与世俗法庭的司法管辖界限，人们了解得还很少。一些人[③]既在宗教法庭也在世俗法庭进行诉讼，没有任何不同[④]；一些相似的案子也是这样，既可以在宗教法庭也可以在世俗法庭审理。世俗司法机构为自己保留的专属范围，似乎只包括领主与附庸的封建关系事务、世俗人员所犯并不触犯宗教戒律的罪行[⑤]。因为，每当涉及协议和契约纠纷时，按理应该到世俗法庭寻求解决；但是当事双方如果愿意，也可以告到宗教法庭

[①]　蒙吕克（Jean de Monluc）编辑的巴黎高等法院审理实录有多卷，第一卷的第一个字为拉丁文 Olim，意为从前。后人即以 Olim（奥里姆）称呼此实录。——译者

[②]　参阅埃诺院长的佳作，《新编法兰西简史》中关于 1313 年部分。

[③]　博马努瓦，《博维西斯习惯法》，第十一章，第 58 页。

[④]　寡妇、十字军战士以及拥有教会财产并为这些财产进行诉讼者。博马努瓦，《博维西斯习惯法》，第十一章，第 58 页。

[⑤]　宗教法庭甚至以立誓为借口争夺这些案件的审理权，从菲利普二世与教会和男爵们达成的那个著名的协定就可看出；此协议见于洛里埃，《法令集》。

去,宗教法庭虽然无权强令世俗法庭执行它的判决,但是它可以用革出教门作为威胁,强制执行它的判决①。在此类情况下,世俗法庭若是试图改变审判方式,就会采用宗教法庭的审判方式,因为这是世俗法庭的司法人员所熟悉的,他们不会采用罗马法的审判方式,因为他们对此不熟悉。

第四十一节 教会裁判和世俗裁判的此消彼长

由于民政权执掌在许许多多的领主手中,所以对于教会来说,日渐扩大它的司法权并非难事。可是,由于教会的司法权削弱了领主的司法权,从而加强了国王的司法权,国王的司法权反过来又一步一步对教会的司法权实行限制,迫使教会司法权向国王的司法权作出让步。高等法院在审判程序上借鉴了宗教法庭的一切良好和有效的做法之后,回过头来再看宗教法庭,就只能发现种种弊病了。国王的司法权日益加强,日益具有矫治这些弊病的能力。这些弊病确实不能容忍,我不想在此一一列举,只请大家读一读博马努瓦、布蒂利耶的著作以及国王的敕令②。我只想谈一谈直接关系到公共利益的那些弊病。我们是从旨在矫治这些弊病的高等

---

① 博马努瓦,《博维西斯习惯法》,第十一章,第60页。
② 参阅布蒂利耶,《乡村大全》,第九卷:什么人不能向世俗法庭提起诉讼。博马努瓦,《博维西斯习惯法》,第十一章,第56页;菲利普二世的法规中与此有关的条款。菲利普二世与教会、国王以及男爵议定的条例。

法院决定中知道这些弊病的；愚昧犹如浓重的黑暗制造了这些弊病，光明一旦显现，这些弊病就销声匿迹了。教会的缄默表明，他们自己也欢迎矫治这些弊病。就人性的本质而言，这是值得赞扬的。任何人生前如果没有把自己的一部分财产贡献给教会，就叫做未作忏悔而死，就要被剥夺为他举行圣事和葬礼的权利。生前若未曾留下遗嘱，死者的亲属应该请主教与他们共同指定几位仲裁人，以便确定死者本应写明在遗嘱上的奉献给教会的财产。新婚夫妇如果没有花钱买到许可的话，第一夜不得同房，就连第二夜和第三夜也不行。之所以务必选择这三夜，是因为在其他日子里，新婚夫妇愿意给的钱肯定不会多。高等法院把这种规定废止了，拉戈①的《法兰西法律词汇》一书②收入了高等法院针对亚眠主教的一项法令③。

让我们回到本节开始的地方。在一个时代里或是在一个政府里，当我们看到国家机构中某些部门竭力提升自己的威望，彼此争夺某些利益时，倘若把这些行径视为腐化的表征，那就常常会犯错误。人类固有的一大不幸就是懂得适可而止的伟人少之又少。随势而动在任何时候都比急流勇退容易，所以，在上层人物的行列中，品德极高的人不难找，极端明智的人却不容易找。

身居他人之上实在是妙不可言，热爱善良的人也极爱自己，所以，倘若要对自己的好心提出怀疑，谁也不会不备感痛苦。实际

---

① 拉戈（Rague au，卒于1605），法国法学教授。——译者
② 在"遗嘱执行人"词条下。
③ 1409年3月19日发布。

上,我们的行为受制于许多因素,所以,做好事要比把事做好容易一千倍。

第四十二节 罗马法的复兴及其结果,法庭的变化

查士丁尼的《学说汇纂》在 1137 年前后被重新发现[1],罗马法好像因此而获得了重生。意大利开设了一些学校,教授罗马法。那时已经有了查士丁尼的《法典》和《新法集》。前面已经说过,罗马法在意大利大行其道,伦巴第法几乎销声匿迹。

意大利的饱学之士把查士丁尼的法律带到了法兰西,法国人过去只知道提奥多西法典[2],因为,查士丁尼法典是在蛮族定居高卢后制定的[3]。这部《法典》曾遭到一些人的反对,但是尽管教皇为了保护教会法而把一些人革出教门[4],这部《法典》依然保持住了自己的地位。圣路易试图借助让人翻译查士丁尼的著作来提高这部《法典》的声望,我们的图书馆里至今依然收藏着查士丁尼组织翻译的译文手稿。我说过,圣路易的《条例》大量利用这些手稿。美男子菲利普在法国使用习惯法的地区,把查士丁尼的《法典》作

---

① 据法国学者称,此说纯系传言;查士丁尼的《法典》其实是在 11 世纪重新发现的。——译者

② 意大利遵循查士丁尼《法典》,所以在特鲁瓦公会议之后发布的圣谕中,教皇约翰八世谈到了这部《法典》,并非因为这部《法典》已为法国人所知,而是因为教皇知道这部《法典》。教皇圣谕则各处都要遵守。

③ 这位皇帝的法典颁行于公元 530 年。

④ 《教皇圣谕》,第五卷,"论特恩"篇。

为付诸文字的理由,下令广为传授①;在实行罗马法的地区,这部《法典》则作为法律被接受下来了。

前面说过,借助司法决斗判案对审案者的才能要求甚低,只需依据各地的习俗和因传统而形成的习惯法,对各地的诉讼作出判决即可。在博马努瓦生活的年代②,有两种不同的审案方式:在一些地方由领主的家臣审理,在另一些地方由法官审理③。采用第一种审案方式时,领主的家臣们依照他们的司法管辖区的习惯审案④;采用第二种审案方式时,由乡绅或长者把该司法管辖区的习惯告诉法官。所有这一切都无须任何学问、任何才具和任何调查。可是,圣路易的《条例》和其他法律文集问世了,罗马法被翻译出来并且开始在学校中教授了,诉讼技巧和审判技巧开始形成了,精通业务的司法人员和法学家出现了,于是乎,乡绅和领主的家臣们无法继续审案,家臣开始退出领主法庭,领主不再愿意召唤他们来审案,何况,审判不再是让贵族称心、让武士兴趣盎然的一桩名声远扬的壮举,而是他们既不懂也不想懂的一件差事。家臣审案日渐⑤少

---

① 据迪蒂耶称,这是美男子菲利普于1312年为奥尔良大学下达的敕令。
② 博马努瓦,《博维西斯习惯法》,第一章中对法官职责的论述。
③ 在村镇上,市民由其他市民审理,这与采地上的人彼此互审一样。参阅拉·托玛希耶尔,《贝里旧俗》,第十九章。
④ 所以,所有诉状都以这样的语句开篇:"法官老爷,依照您所管辖的司法区的……。"布蒂利耶在《乡村大全》中记述了这种诉状。见该书第一卷,第二十一篇。
⑤ 这个变化是在不知不觉中发生的。布蒂利耶留下遗嘱的那年是1402年,那时还有家臣审案,他在《乡村大全》第一卷第二十一篇中记述了诉状的格式:"法官老爷,在这里为我审案的有高级、中级和低级法官,有法院、法庭、法官以及家臣和执达吏。"不过,只有涉及领主与附庸的封建事务案件时,才由家臣审理。见《乡村大全》,第一卷,第一篇,第16页。

见,领地法官审案日益增多。领地法官从前并不审案①,他们只负责调查和宣布乡绅的判决。不过,由于乡绅已经不再具有审案的能力,于是领地法官们便亲自审案。

这种变化并不困难,因为眼前就有现成的教会审判案例,再说,教会法和新的民事法在取消家臣审案这一点上,也起到了推波助澜的作用。

这样一来,在法国王政时期经常见到,在萨利克法和敕令中以及在加佩王朝初期的法学著作中记述的情形,即法官从不独自审案的习惯就不复存在了②。由于在一些地方启用了法官助理,负责为法官提供咨询并取代以往的乡绅,同时,法律规定法官在动用肉刑时必须有两位文士在场,因此,法官独自审案这种过去仅出现在地方司法审理中的弊病,起初有所改善,后来因为上诉非常方便,最终彻底消失了。

第四十三节　续前题

由此可见,并非哪一项法律禁止领主主持法庭,并非哪一法

---

① 据布蒂利耶在《乡村大全》第一卷第十四篇中提到了领主发给法官的文书格式,从这种文书的格式看,法官好像是不审案的。博马努瓦的《博维西斯习惯法》第一章"法官"也为此提供了证明。法官只掌管审判程序。"法官必须在家臣面前听取申述,并询问当事人是否愿意法庭依据他们的申述作出判决。如果当事人说:老爷,我愿意。法官就应该命令家臣作出判决。"还可参见圣路易的《条例》,第一卷,第五十五章;第二卷,第十五章:"如果法官不愿作出判决。"

② 博马努瓦,《博维西斯习惯法》,第六十七章,第336页;第六十一章,第315页,第316页;《条例》,第二卷,第十五章。

律取消了领主的家臣们在法庭上的职能,没有任何一项法律规定要设置领主法官,也没有哪一项法律赋予他们以审判权。所有这一切都是顺理成章地逐渐形成的。想要了解罗马法、法庭的判决令和新近写成文字的习惯法,就得进行研究,这是目不识丁的贵族和平民无法做到的。有关此事的法令我们只见到过一份,这份法令要求领主们在非教会人士中遴选领主法官①。有人认为,这就是创设领主法官的由来,这个看法不见得对,这件法令只说了我们所看到的话,并无其他。不但如此,这件法令还依据它所提出的理由作出如下规定:"为了能够惩处渎职的领主法官,领主法官必须从平民中遴选②。"众所周知,教会人士在那个时代是享有特权的。

领主们过去享有特权,如今不再享有了,切莫以为这些特权是被作为非法窃取的权利而被剥夺的,其实,不少特权都是在不经意间失去的,另外一些特权则是主动放弃的,这是因为,数百年间发生了许许多多的变化,这些特权无法继续存在下去了。

第四十四节 人证

当时的法官除了习惯就没有别的规章,所以遇到问题时通常都要求助于证人。

司法决斗日益稀少后,取而代之的是书面调查。可是,口头证

---

① 此件系1287年颁发。
② "目的是当他们在履行职务中犯有过失时,他们的上级可以处罚他们。"

据即使写成文字,终究还是口头证据,无非只是增加一些诉讼费用而已。因此就制定了一些规定①,使此类调查归于无效;同时又建立了公共登记处,用以确证贵族身份、年龄、亲子关系、婚姻关系等大多数与身份有关的事实。书面证据不容易篡改,所以把习惯法写成文字。这些做法都十分合理,因为,要想证实皮埃尔是不是保尔的儿子,到洗礼登记处去查询,要比花费大量时间进行调查方便得多。一个地方倘若有大量习俗,把它写成一部习惯法,总要比让大家一一证明这些习俗方便一些。此外还有那个著名的法令,它规定,凡涉及一百锂以上的债务,除非一开始就提供了书面证据,否则一律禁止提供人证。

第四十五节　法兰西习惯法

我已经说过,法兰西是一个由不成文的习惯法支配的国家,每个领地各不相同的习惯法也就是该地区的民事法。恰如博马努瓦所说②,每个领地都有自己的民事法,且这种民事法是很特殊的。博马努瓦是伟大的写作家,他以他的思想照亮了他的那个时代。这位写作家说,他不相信能在全国找到两个使用同一部法律的领地。

这种五花八门的差异有其第一根源,还有其第二根源。关于第一根源,读者不妨回忆一下我在前面关于地方习惯法的章节中

---

① 参见如何证明年龄和亲属关系。《条例》,第一卷,第七十一章和第七十二章。
② 博马努瓦,《博维西斯习惯法》,前言。

的论述,至于第二个根源,则可以从司法决斗的种种变故中寻找,因为,偶发事件不断出现必然促成一些新的习惯。

这些习惯起初仅仅保留在长者的记忆中,后来慢慢地形成为法律或习惯法。

1) 在加佩王朝初期[①],前后几位国王以我在前面介绍过的方式颁发了一些特殊法规和普遍适用的法规,例如菲利普二世的条例和圣路易的条例。与此同时,国王的大附庸们会同他们属下的领主,也在各自的公爵领地或伯爵领地上,依据各自的实际情况制定了一些法规或条例,例如布列塔尼伯爵若弗鲁瓦关于贵族遗产分割的法规,拉乌尔公爵的诺曼底习惯法,国王蒂博[②]的香槟习惯法,蒙福尔伯爵西蒙的法律,等等。由此而产生了一些成文法,其中有的比原有的法规更具有普遍性。

2) 在加佩王朝初期,几乎所有的平民都是农奴。在若干原因的推动下,国王和领主解放了这些农奴。

领主在解放农奴时给予他们一些财产,因而需要用民事法来规范他们的财产支配权。领主在解放农奴时等于放弃了自己的财产,所以有必要制定一些法规来规范他们为自己保留的权利,作为财产的等价物。这两种权利都由解放农奴条例加以规定,这些条例因而也就成为法兰西习惯法的一部分,而这部分习惯法都是成文习惯法。

---

① 参阅洛里埃,《法令集》。
② 蒂博(Thibaud),即纳瓦尔国王蒂博五世(1234年即位),他同时也是香槟伯爵。——译者

3) 圣路易和他的几位继任者在位时期,德方丹和博马努瓦等造诣深厚的法学家为各自的管辖区编写了成文习惯法。他们这样做的目的,主要是规范司法程序,而不是规范当时在处理财产方面的习惯。可是,这些东西都包括在他们编写的成文法中了。尽管这些法学家的声望仅仅来自于其论述的真实性和公开性,可是,他们却对法兰西法律的复兴作出了积极的贡献,对于这一点我们丝毫不应怀疑。这些就是当时的法兰西成文习惯法。

随后到来的便是伟大的时代。查理七世[①]及其继任者下令在全国范围内编写不同的地方性习惯法,编制编写习惯法应遵循的格式。由于这些习惯法以行省为单位编写,而且各个领地都把各自的成文或未成文的习惯法送交该省的议会,所以,在不伤害应予保留的个人利益的前提下,这些习惯法力图编写得尽可能更具普遍性[②]。因此,我们法国的习惯法具有以下三个特点:它们是成文法,它们具有较大的普遍性,它们盖上了国王的印玺。

这些习惯法中的若干部后来重新进行了修订,作了一些改动,删除了为现行法律所不容的一些规定,增添了来自现行法律的某些内容。

虽然有些法国人把习惯法视为一种与罗马法对立的法律,以至于法国的领土因适用的法律不同而分为罗马法地区和习惯法地区,可是,罗马法的一些规定实际上已经被习惯法所吸收,尤其在

---

① 查理七世(Charles VII,1403—1461),法国国王(1422—1461 在位)。——译者
② 贝里和巴黎的习惯法就是这样编写的。参阅拉·托玛希耶尔,《贝里古今地方性习惯法》,第三章。

重新编写习惯法时；在这个离我们并不那么遥远的时代，希望获得公职的人必须熟悉罗马法，人们不能再以不知道应该知道的事和知道不应该知道的事为荣，聪慧的天资主要用于学习一种职业，而不是立即从事这种职业，就连不断地娱乐嬉戏也不是妇女的特质了。

　　在本章的结尾处，我原本应该多说几句，深入一些更重大的细节，一一详论那些在不知不觉间发生的变化，这些变化自从施行上诉制度以来，已经成为法国法律制度中的重要组成部分。不过，若是细细论述所有这些，我就得在一部卷帙浩繁的著作中再加进去一部卷帙浩繁的著作。我就像那位古物爱好者一样，离开家乡前往埃及，到了那里之后，只看了一眼金字塔就匆匆回国[①]。

[①] 参阅《英国观察家报》，第十期。

第二十九章　制定法律的方式

第一节　立法者的精神

宽和适中应该是立法者的精神。我说过这句话,而且我觉得,我之所以要写这部书,只是为了证实这句话。道德上的善和政治上的善始终处在两极之间。下面就是一个实例。

法律手续对于自由而言是不可或缺的。但是,手续可能过于繁杂,以至于损及立法的目标;如果过于繁杂,案子就会一拖再拖,以至于难以审结;财产的所有权就会无法确定;一方的财产就会不加审查便给予另一方,或因一再审查而使控辩两造双双破产。

公民就会丧失自由和安全,原告就会无法证明被告有罪,被告就会无法证明自己清白。

第二节　续前题

塞西里乌斯在奥卢斯·格利乌斯的《阿提卡之夜》中谈论十二铜表法允许债权人将无力还债的债务人剁成碎块时表示,这种凶残的做法是有道理的,这样就可以防止债务人超过还债能力进行借贷①。这么说来，最残忍的法律岂不就是最佳法律？善岂不就是过激？事物的所有关系岂不就会被统统摧毁吗？

第三节　看似与立法者的意图相悖的法律其实最与之相符

梭伦的法律宣称，凡在骚乱中不参与任何一方者均为无耻小人。这项规定听起来有些怪异，但是应该考虑到当时希腊所处的实际情况。希腊那时分成许多小邦，在一个苦于内乱的共和国里，有理由担心那些极端小心谨慎的人将自己隐蔽起来，致使形势向极端方向发展。

在这些小邦的骚乱中，大多数人都参与了争斗或是制造了争斗。在大的君主国中，参与骚乱各派的人为数不多，大多数民众宁可不采取任何行动。在这种情况下，当然应该号召参与骚乱的少数人回到大多数人的行列中来，而不是号召大多数人倒向骚乱参与者。在另一种情况下，则应让少量明智和清醒的人参与到骚乱行列中去，这样就能让一种已经发酵的酒，由于放入了一滴别的酒而停止发酵。

第四节　违背立法者意图的法律

有一些法律就连立法者也知之甚少，以至于与立法者的初衷背

---

① 塞西里乌斯说，他从未看到或读到这项惩罚曾付诸实施；很可能根本就没有这种规定。有些法学家认为，关于《十二铜表法》只允许分割出售债务人所得款项的说法比较可信。

道而驰。有这样的规定:一份恩地若有两个人主张,那么,其中一个死亡后,另一个主张者就可以得到这份恩地。为法国人制定这一规定的人也许想要借此熄灭争讼,可是,实际效果却恰恰相反。我们看到,教会人士相互攻击,拼命厮打,就像英国犬那样,不死绝不罢休。

第五节　续前题

下面我要谈到的这条法律,就在埃斯基涅斯为我们所保存的誓词中[①]:"我发誓,绝不摧毁近邻同盟的任何一座城市,绝不让它们的河流改道;倘若有谁敢做此类事情,我将向他宣战,并把他的城市摧毁。"这部法律的最后一条表面上是对第一条的肯定,实际上恰好相反。安菲克提翁[②]要求其近邻同盟的成员绝对不要摧毁希腊的城市,可是,该同盟的法律却为摧毁城市大开方便之门。想要在希腊人中间确立一种良好的万民法,就要让他们习惯于认为,摧毁一座希腊城市是一桩残暴的举动,所以,甚至就连消灭摧毁者也不应该。近邻同盟的法律是公正的,但并不严密,它被滥用就证明了这一点。腓力赋予自己摧毁城市的权力,不就是以这些城市践踏了希腊人的法律为借口吗?近邻同盟原本可以执行另外一些刑罚,例如,下令将摧毁者所在城市的某些官员或滥施暴行的军队首长处以死刑,在一段时间中摧毁他人城市者不得享受希腊人的特权,并应支付罚金,直至被毁的城市恢复原貌。法律尤其应该关注对损失的赔偿。

---

① 埃斯基涅斯,《伪使节》,115。
② 安菲克提翁(Amphictyon),近邻同盟的倡议和创立者。——译者

第六节 相似的法律未必就有相同的效果

恺撒下令，个人藏在家中的小银币不得多于六十枚①。这项法律在罗马被认作调节债权人和债务人关系的好法律，因为，它一方面强迫富人借钱给穷人，另一方面也使穷人得以满足富人的要求。在体制②时代，法国也有一条相似的法律，效果却极其可悲，因为制定此项法律时的形势非常糟糕。不但一切理财手段都被取消，就连把钱财存放在自己家中也不被允许，这简直就是强取豪夺。恺撒的禁令为的是让钱财在民众之间流动，那位法国大臣③的禁令却是为了让所有的金钱都集中到一个人的手中去。恺撒规定以地产或私人抵押换取金钱，那位法国大臣却规定用证券换取金钱，而这些证券一文不值，因为这些证券是借助法律的力量强迫民众购买的，这种性质就决定了它不可能有任何价值。

第七节 续前题，妥善立法的必要性

雅典、阿戈斯和叙拉古④都制定了贝壳放逐制⑤。由于考虑不

---

① 狄奥，《罗马史》，第四十一卷。
② 此处指约翰·劳的金融体制。参阅本书第二十二章第六节译注。——译者
③ 约翰·劳曾被任命为法国的财政总监，所以孟德斯鸠称他为大臣。——译者
④ 阿戈斯（Argos），古希腊的一个城邦。叙拉古，见本书第八章第四节译注。——译者
⑤ 亚里士多德，《政治学》，第五卷第八章。
关于"贝壳放逐制"，参见本书第十二章第十九节译注。——译者

周,这项制度给叙拉古带来了数不清的恶果。一些重要的公民手拿一片无花果树叶,相互投票放逐对方①,致使具有才干的人纷纷离职而去。在雅典,由于立法者深谙此项法律的适用范围及其限度,贝壳放逐制成效良好;那里被投票放逐的从来只有一个人,而且必须有很多人投票同意方可,所以,除非某人确实不能再留在雅典,否则就很难被放逐。

贝壳放逐每年举行一次,实际上,自从这项制度只能针对令其同胞胆战心惊的某个大人物之后,贝壳放逐就远非日常事务了。

第八节　相似的法律未必出自相同的动机

法国人接受了罗马法中大部分关于替代继承的法规,可是,采用替代继承的动机却与罗马人迥然不同。罗马人在继承遗产时,要依据祭司法的规定交若干供献②。因此,罗马人认为死而无人继承有辱脸面,于是就把奴隶当作继承人,并且创立了替代继承制度。最先创立的普通替代继承制就是一个有力证明,这种继承制只有在法定继承人不愿意接受遗产时方可使用,其目的不是让遗产永远留在同一个家族中,而是找到一个能够继承遗产的人。

---

① 普鲁塔克,《狄奥尼修斯传》。
[有法国学者指出,普鲁塔克并未论及贝壳放逐制,孟德斯鸠可能把此书与狄奥多罗斯的《世界文库》相混了。——译者]
② 遗产如果伴有过于沉重的债务,遗产继承人就会设法通过出售部分遗产来逃避应该给予教会的供献。这就是拉丁文中"无供献遗产"一词的由来。

第九节 希腊法和罗马法都惩罚自杀，但动机不同

柏拉图说[1]，一个人倘若并不是奉官员之命，也不是为了免受耻辱，而是出于懦弱而杀死与他联系最紧密的那个人，也就是他自己，那他就要受到惩罚。罗马法惩治自杀行为，但是，它所惩治的是因犯罪而绝望所诱发的自杀行为，而不是因懦弱、厌世或不堪忍受痛苦而导致的自杀行为。罗马法免予惩治的自杀行为，恰是希腊法律所惩治的，而罗马法所惩治的，恰恰又是希腊法律所不予惩治的。

柏拉图的法律是依据斯巴达的法制制定的，在这个法制体系中，官员的命令绝对没有通融余地，耻辱是最大不幸，懦弱是最大罪行。罗马法把所有这些美好的理念统统抛弃，它只是一种财政法律。

共和时期的罗马根本没有惩治自杀行为的法律。在历史学家的著述中，自杀行为始终得到善待，从来没有关于自杀者受到惩处的记述。

最初几位皇帝时期，罗马的几个大家族不断因获罪而灭门。以自杀来防止因犯罪而被判刑的习惯逐渐形成，因为有人从中发现了巨大好处，那就是可以得到体面的安葬，遗嘱也可以得到执行[2]。之所以出现这种情况，原因在于此时罗马没有惩治自杀的法律。

---

[1] 柏拉图，《法篇》，第九卷。
[2] "自杀而死者的遗体应妥善安葬，遗嘱应得到尊重，以此作为对其速死之回应。"见塔西佗，《编年史》，第六卷。

不过，当皇帝们不但凶残而且贪得无厌时，就不再把为自己保留财产的手段留给他们想要剪除的那些人，他们宣布，出于对罪行的悔恨而剥夺自己的生命，也是犯罪。

关于皇帝们的动机，我所说绝对不错，因为他们作出规定，自杀者生前所犯罪行如果不应被处没收财产，自杀而死后可保留其财产①。

第十节　看似相反的法律可能源自同一精神

如今为了传唤一个人，可以到他的家里去，当年罗马人却不能这样做②。传审是一项暴烈的行动③，是对人身的一种强制行为④。当年不许入户传唤当事人受审，犹如今天对一个仅因民事债务而被判罪的人，不能实施人身强制一样。

罗马法⑤和我们的法律都采用如下原则：家是每个公民的庇护所，在家中不受暴力侵犯。

第十一节　两种不同的法律如何进行比较

作伪证在法国要处死刑，在英国则不处死刑。若要评论孰佳

---

① 安东尼皇帝"关于生前未判决的自杀者的财产"。
② 《法律》，第十八卷："关于传唤。"
③ 参见《十二铜表法》。
④ 贺拉斯，《讽刺诗》，第九行："他把对手拖上法庭。"正因为如此，应该受到尊敬的人不应被传审。
⑤ 《法律》，第十八卷："关于传审。"

孰劣,还得知道,法国对疑犯要进行刑讯,英国则不进行刑讯;还有,在法国,被告不得提请证人,法庭极少允许被告陈述带有辩白性质的事实;英国则听取控辩双方的证言。法国的这三项法律组成为一个环环相扣的体系,英国的这三项法律同样组成一个环环相扣的体系。英国法律由于不准对罪犯进行刑讯,因而很难指望被告会对自己的罪行忏悔,所以必须从各个方面收集外来的证据,但又不敢以死刑胁迫证人。法国的法律由于多了一个手段,所以不怎么顾忌对证人进行恐吓,相反,进行恐吓是有道理的。法国法律只听取一方的证言①,那就是公诉人的证言,被告的命运就系于公诉人的唯一证言。可是在英国,法庭听取双方的证言,案子在某种程度上可以由双方展开争论。因此,伪证的危害就比较小,而且被告拥有反驳伪证的机会,不像法国那样根本不给被告这个机会。所以,要想判明这两种法律孰优孰劣,哪一种比较符合理性,不能仅仅两相对比,而要通盘考虑,通盘比较。

第十二节　看似相同的法律有时其实不同

希腊和罗马的法律对窝赃者的处置与偷窃者相同②,法国的法律与此相同。希腊和罗马的法律在这一点上是正确的,法国的法律则不然。在希腊和罗马,对偷窃者的处罚是罚金,所以窝赃者

---

① 法国的古法规定,证人的证言由双方听取。所以圣路易的《条例》第一卷,第七章规定,对伪证的惩处是罚金。

② 《法律》,第一卷:"关于窝赃者。"

理应受到同样的处罚,因为,任何人无论以何种方式使他人遭受损失,都应给予补偿。可是,法国的法律对偷窃者处以死刑,所以不应该对窝赃者处以同样的刑罚,否则就失之过重了。窝赃者往往出于无心,而偷窃者永远是明知故犯。窝赃者只是妨碍对犯罪行为提供证明,偷窃者则是犯罪。前者在其所做的一切中都处于被动,后者所采取的都是主动行为。偷窃者需要克服更多的障碍,在更长的时间里咬紧牙关对抗法律。

法学家走得更远,他们认为,窝赃者比偷窃者更可恶[①],在他们看来,如果没有窝赃者,偷窃不可能长久不为人知。如果惩罚仅仅只是处以罚金,他们的主张也许是对的,这涉及损害赔偿问题,而窝赃者通常更具备赔偿能力。但是,处罚如果是死刑,那就得依照其他原则决定刑罚了。

第十三节 不应将法律与其立法目的分开,罗马法对偷窃的处置

偷窃者来不及藏匿赃物时就被人赃俱获,罗马人称之为现行偷窃,事后被发现的偷窃则被称之为非现行偷窃。

十二铜表法规定,对已成年的现行偷窃犯处以杖笞,并降为奴隶,对未成年者仅处以杖笞;对非现行偷窃犯处以相当于被偷物品价值两倍的罚金。

鲍尔希安法对公民废除了杖笞和降为奴隶的惩罚,对现行偷

[①] 《法律》,第一卷:"关于窝赃者。"

窃犯处以相当于被偷物品价值四倍的罚金,对非现行偷窃犯的惩处依然是相当于被偷物品价值两倍的罚金。

  这些法律将这两种偷窃定为不同性质,处以不同刑罚,不免令人不解。偷窃犯是否当场被捉,实际上只是一个具体情节而已,丝毫不能改变偷窃的性质。我很怀疑,罗马法处置偷窃罪的全部理论很可能来自斯巴达人的法制。莱库古为了培养公民的机智、心计和灵巧,要求对儿童进行小偷小摸的训练,并且狠命鞭打当场被抓的小孩。这就是希腊人和罗马人区分现行偷窃和非现行偷窃的由来[①]。

  罗马人把犯偷窃罪的奴隶推下塔佩亚悬崖[②]。在这一点上,罗马人的做法并未将斯巴达人的法制作为依据,莱库古的法律关于偷窃的规定根本不是为奴隶制定的。在这一点上背离斯巴达人的做法,其实正是追随斯巴达人的法制精神。

  在罗马,一个未成年的小偷被抓后,裁判官就叫人对他随意杖笞,这与斯巴达人的做法无异。所有这些做法由来已久。斯巴达人采用的是克里特人的习俗。柏拉图认为,克里特人的法制是为战争而制定的,为此他援引下面这一条为证:"能够忍受私人格斗中的痛苦,也就能够忍受暗中进行偷窃的痛苦。"

  公民法依附于政治法,因为公民法总是为社会制定的。所以,要想把一个国家的公民法移植到另一个国家去,最好事先考察一

[①] 对比普鲁塔克在《莱库古传》中所说与《法学阶梯》中"盗窃"篇以及《学说汇纂》,第四卷,第一篇§1、2、3。

[②] 塔佩亚悬崖位于朱庇特神庙所在的罗马卡皮托里山西南端,古罗马人常在这里将死刑犯推下悬崖。——译者

下,看看这两个国家的法制和政治法是否相同。

克里特人关于偷窃罪的法律移植到斯巴达人那里时,由于这项法律是连同政治体制和法制一起移植过去的,所以它适合于斯巴达人就像此前适合于克里特人一样。可是,由于罗马的法制与斯巴达不同,这项法律从斯巴达移植到罗马后总是格格不入,与罗马人的其他公民法规章毫无关联。

第十四节 不应将法律与其制定时的情况分开

雅典有一条法律规定,雅典城一旦被围困,就应将所有无用的人处死[①]。这是一条卑劣的政治法,它来自同样卑劣的那条万民法。在希腊,一座城市一旦被攻占,该城居民就失去公民自由,被作为奴隶出售。被攻占的城市就被彻底摧毁,这就是顽强抵抗和丧失人性之举的缘由,不但如此,这也是有时制定此类残暴法律的缘由。

罗马法规定[②],医生可因疏忽或不能胜任而被处以刑罚;地位较高的医生可处流放,地位较低的医生可处死刑。法国的法律与此不同,因为罗马法与法国的法律不是在相同的情况下制定的。在罗马,无论谁想当医生都可以滥竽充数,在我们这里,任何人都必须经过学习,并且取得资格方可行医,所以,大家都认为医生是精通医术的人。

---

① "因年龄而无用的人应该处死。"见西里亚诺斯,《埃尔莫根尼斯》。
② 科里尼法"谋杀犯",《学说汇纂》,第四卷,第三题;《阿契利亚法》。

第十五节　法律有时应当自行修正

十二铜表法规定,可以杀死夜间行窃的盗贼[1],白昼行窃的盗贼被发现后如果进行抵抗,也准许将他杀死。但是,该法还规定,杀死盗贼的人必须高声大叫并且向公民呼喊[2]。那些准许公民自行执法的法律,应该始终坚持此项要求。因为,呼叫可以证明杀死盗贼者并未犯罪,可以在他采取行动时引来证人,招来法官。必须让民众了解情况,而且应该让他们了解杀贼时的具体情况,因为此时的一切,诸如神态、面容、激情、缄默或是每一句话,统统都会说话,都能证明杀贼者有罪或无罪。这样一条可能危害公民安全和自由的法律,理应当着公众的面执行。

第十六节　制定法律时的注意事项

凡是具有足够的才能为本国或他国制定法律的人,都应该对制定法律的方式给予一定程度的关注。

法律的文风应该简约。十二铜表法是一个少而精的典范,小孩子都能记熟背诵[3]。查士丁尼的《新法集》冗长无当,以至于不

---

[1]　《法律》,第四卷:"关于阿吉利安法"。
[2]　同上书:"关于阿吉利安法"。又见添加在《巴伐利亚法》中的塔西里昂法令:"本地居民法。"
[3]　"就像必须会唱的歌一样。"西塞罗,《法律》,第二卷。

得不加以删节①。

法律的文风应该朴实,平铺直叙永远要比拐弯抹角好。东罗马帝国的法律里没有至尊的皇帝,出现在那里的君王们说起话来也像是修辞学家。当法律的文风变得臃肿时,人们就只把它看作是一部浮夸的著作。

法律的用词要做到让所有的人都理解为相同的概念。枢机主教黎塞留主张,可以在国王面前指控大臣②,但是,指证的事实如果不重大,此人就要受到惩处。这就必然妨碍所有的人说出任何对他不利的实情,因为,重大不重大完全是相对而言的,某甲认为重大的事,在某乙看来完全可能并不重大。

依据霍诺里乌斯法的规定,将释放奴买为农奴或使之焦虑不安的人应被处以死刑③。不应该使用使之焦虑不安这种类含混不清的字眼,因为是否使人焦虑不安完全取决于这个人的感受程度。

法律需要确定某个额度时,应该尽量避免用金钱作标识,因为货币的价值可因千万种原因发生变化,同等数额的货币可能早已不是原来的实际价值了。我们都知道罗马那个鲁莽汉子的故事④,他见谁打谁耳光,然后依据十二铜表法让人送去二十五苏了事。

当事物的概念在法律中已经阐释清楚后,就不应再使用模糊

---

① 此项删节工作是由伊内留乌斯完成的。
② 黎塞留,《政治遗嘱》。1699年版,第一卷,第八章,第6段,第257页。
③ "或企图骚扰被以某种方式释放的奴隶。"见于西蒙神甫(le P. Simond)引用的迪奥多西法典的附录,载《高卢古代教规》,第737页。
④ 奥卢斯·格利乌斯,《阿提卡之夜》,第二十卷,第一章。

不清的词语。路易十四的一项刑事法令①——列举了各种应由国王审理的案件后,又加了这几个字:"以及所有向来由国王的法官审理的案件",这样一来,刚刚走出专断,马上又回去了。

查理七世说②,听说在习惯法地区,有的控辩双方违背王国习惯法,在判决下达后的三、四或六个月后才提起上诉,他于是下令规定,除非由于检察官舞弊或欺诈③,或确有重大和明显的原因,当事人可以在超过上诉期限之后提起上诉,否则必须立即上诉。这项法令的这个结尾否定了开头的规定,而且否定的如此彻底,以至于后来有人在三十年后才提起上诉④。

伦巴第法规定,并未发誓入教却身着教服的妇女不得结婚⑤,该法写道:"一个男子倘若只用一个戒指就可以娶一个老婆,那就不可能再娶一个老婆而不犯法,更不用说上帝之妻或圣母了……"我想说的是,在法律中讲道理,应该从真实到真实,而不应该从真实到虚构,或是从虚构到真实。

康斯坦丁的一项法律规定,只需主教一人的证言,无须听取其他人的证言⑥。这位君主想抄近道,审理案件只看人,看人又只看身份高低。

法律不能让人难以捉摸,而应该能为普通人所理解。法律不

---

① 该法令前面写明了颁布此法令的动机。
② 见于1453年由他发布的蒙戴尔莱图尔法令。
③ 可以在不影响公共秩序的前提下惩办检察官。
④ 1667年法令对此有所规定。
⑤ 《伦巴第法》,第二卷,第三十七篇。
⑥ 见于西蒙神甫引用的迪奥多西法典第一卷的附录。

是高深的逻辑艺术,而是一位家长的简单道理。

在一部法律中,例外、限制和修改如果都不是非有不可,那就最好统统不要。有了这一些,就会有另一些。

没有充足的理由就不要对法律进行更改。查士丁尼曾规定,男子订婚后如果在两年内不能完婚,女子可以退婚而不失去其妆奁①。后来他对这项法律作了更动,允许贫穷的男子把两年延长为三年②。可是,就这种事例而言,两年与三年没有什么不同,三年不见得就比两年好多少。

如果想要证明一部法律确有道理,那就要让道理配得上这部法律。罗马的一部法律规定,盲人不得辩诉,因为他看不见法官的服饰③。提出这样一个不像样子的理由,显然出于故意,因为站得住脚的理由其实多得很。

法学家鲍卢斯说,七个月时出生的婴儿已经发育完全,毕达哥拉斯的数率似乎可以为此提供证明④。这就很奇怪了,怎么要靠毕达哥拉斯的数率来判案呢。

有些法国法学家说,国王得到一个地区后,该地的教会就被置于国王的特权之下,由国王任命该地的神职人员,理由就是王冠是圆形的。我不想在这里讨论国王的权利,也不讨论在这种情况下,公民法或教会法的理由是否应该让位于政治法的理由。我只是想说,如此可敬的权利应该以严肃的准则来捍卫。一种身份所带来

---

① 《法律》,第一卷:法典"关于休婚"。
② 《新法集》,但是今天篇;《法典》:"解除婚约"。
③ 《法律》,第一卷:"控告"。
④ 鲍卢斯,《判例》,第四卷,第九篇。

的真实权利的基础,竟然是表示这种身份的标志物的形状,此事谁见过?

达维拉[1]说,查理九世在刚满十四岁时就被鲁昂高等法院宣布为成年,那时的法律规定,凡涉及未成年人财产权的收回和管理,要一天不差地计算实足年龄,而当涉及尊号授受时,过了生日就算长了一整岁[2]。我无意对这条至今并未产生任何流弊的规定说三道四,而只是想说,这位济贫署署长所说的道理不对,国王要治理万民,岂止是一个尊号问题。

在推断方面,法律胜过人。法国的法律[3]认为,商人破产前十天中的活动都带有欺骗性,这就是法律的推断。罗马法规定,发现妻子的奸情而不休妻的男子,除非出于对打赢官司缺乏信心,或是不大在乎自己是否丢脸,否则就要受到处罚。这就是人的推断。法官需要推断丈夫的行为动机,并且依据一种模糊不清的思维方式作出决断。法官判案的依据如果是推断,判决就具有随意性,如果依据法律进行推断,法律就会给予法官一种恒定的规则。

我说过,柏拉图的法律惩处那些由于懦弱而并非为逃避耻辱而自杀的人[4]。这是一项很糟糕的法律,因为,依照这项法律,万一无法从罪犯嘴里掏出他自杀的动机时,法官就得自行推断自杀者的动机。

---

[1] 达维拉(Davila, Enrico-Caterino, 1576—1631),出生于意大利的历史学家,曾在法国做官。——译者
[2] 达维拉,《法兰西内战》,第 96 页。
[3] 指 1702 年 11 月 8 日颁布的法律。
[4] 柏拉图,《法篇》,第九卷。

可以逃避的法律削弱了立法，犹如没有实效的法律削弱了必不可少的法律一样。每一项法律都应该有效，不能允许因特殊条款而拒不执行。

罗马人的法西迪安法规定，遗产继承人永远可以获得遗产的四分之一。另一项法律①则规定，立遗嘱人可以禁止继承人获得这份四分之一遗产。这简直就是拿法律开玩笑，这样一来，法西迪安法就变为无效了，因为，立遗嘱者如果想让继承人获得遗产的话，继承人无须借助法西迪安法的力量，立遗嘱人如果不想让继承人获得遗产的话，他可以禁止继承人援引法西迪安法。

制定法律时应该切实注意，防止法律违背事物的性质。奥兰治②亲王被流放时，腓力二世发出悬赏，答应给予杀死奥兰治亲王的人或他的继承人25000埃居和爵位。这种话居然出自国王之口，而且以上帝的仆人的名义，爵位竟然可以许诺给这种行为，而这种行为竟然是以上帝仆人的身份发出的悬赏！所有这一切把荣誉观念彻底倾覆，把道德观念和宗教观念也统统彻底倾覆。

以空想的至善为借口，对一件并不坏的事加以禁止，这种必要性十分罕见。

法律在一定程度上应该是直率的。为惩治人的邪恶而制定的法律，本身就应洁白无瑕。西哥特法有一条荒谬的规定③，它强迫犹太人食用所有与猪肉一起烹煮的食物，但可以不吃猪肉。这是

---

① 《新法集》，"但是立遗嘱人"。

② 奥兰治亲王（Prince Orange, 1533—1584），即威廉一世，荷兰共和国的缔造者。——译者

③ 《西哥特法》，第十二章，第十六节。

一种极端残暴的规定，因为它把犹太人置于不得不违反他们自己法律的境地，而他们的法律已经所剩无几，除了从不吃猪肉这一点可以辨认出他们是犹太人之外，再也没有别的什么标志了。

第十七节　制定法律的不良方式

与我们的君主一样，罗马皇帝也通过谕旨和敕令发布他们的旨意。不过，罗马皇帝和我们的君主也有不同，他们允许法官和个人就他们的争执向皇帝呈送陈述书，皇帝的批复则叫作敕复。教皇的敕谕其实就是敕复。我们知道，这是一种不良的立法方式，要求通过这种方式立法的人，是立法者的不良引导人。尤里乌斯·卡皮多利努斯说[1]，图拉真经常拒不签发此类敕复，为的是不让一个往往只是一种属于特殊恩惠的决定，普遍使用到所有案件中去。马克里努斯[2]决定取消所有敕复[3]；在他看来，把康茂德和卡拉卡拉以及另外那些笨拙无能的皇帝的敕复视为法律，这是不能容忍的。查士丁尼却不这样认为，他把这些敕复统统编入了他的法律汇编。

我提请阅读罗马法的读者注意，把那些假设性的东西与下列这些法律区分开来：元老院法令，平民会议决议，皇帝们的总体法制，以及一切基于事物的性质、妇女的脆弱性、未成年人的弱点和公共利益而制定的法律。

---

[1] 见尤里乌斯·卡皮多利努斯，《马克里努斯》。
[2] 马克里努斯(Macrin, 164—218)，罗马皇帝(217—218在位)。——译者
[3] 见尤里乌斯·卡皮多利努斯，《马克里努斯》。

第十八节　整齐划一的观念

大人物有时会沾染某些整齐划一的观念（查理曼也未能幸免），而小人物则不可避免地会沾染这种观念。他们在统一中找到了他们所了解的那种完善，因为他们不可能不发现这种完善。行政管理和商贸中使用统一的度量衡，全国使用统一的法律，所有地方都尊奉统一的宗教。可是，这些整齐划一的东西就那么恰当，永远没有任何例外吗？变革比忍受的痛苦更大吗？伟大的天才难道就不知道，什么时候应该整齐划一，什么时候应该有所区别吗？在中国，中国人守中国人的礼仪，鞑靼人守鞑靼人的礼仪[①]；尽管如此，中国在以太平为目标这一点上，却是世界上无人能与之比肩的。只要民众都遵法守法，至于是哪种法律又有多大关系呢？

第十九节　立法者

亚里士多德时而想要满足他对柏拉图的妒忌，时而想要满足他对亚历山大的热情。柏拉图为雅典人民的暴戾而义愤填膺。马基雅维里满脑子是他的偶像瓦伦迪诺瓦公爵[②]。托马斯·莫尔的著述大多是他阅读所得，而不是他所想，他想让世界各国都按照希

[①]　此处孟德斯鸠所说的中国人和鞑靼人应理解为汉人和满人。——译者
[②]　瓦伦迪诺瓦公爵（Valentinois le Duc），原名塞萨尔·博尔吉亚（César Borgia），法国国王路易十二以为他有能力统一意大利，遂于1498年册封他为公爵。——译者

腊城邦的简单方式来进行治理①。哈林顿眼里只有英格兰共和国,而在一大群作者看来,凡是没有国王的地方都乱得不可开交。法律总要遭遇立法者的激情和偏见,有时与之擦肩而过,只是染上一点淡淡的色彩,有时则停下脚步,与之融为一体。

---

① 参见他的著作《乌托邦》。

第三十章 法兰克人的封建法理论与建立君主政体的关系

第一节 封建法

有一件事世界上曾发生过,以后肯定不会再发生。我相信,我若避而不谈此事,就会在本书中留下一个缺陷。这就是那些曾经在短时间出现在整个欧洲的法律,它们与此前人们所知道的那些法律并无联系,它们成就了无数好事和坏事,帮助出让领地的人保留了权利,在相同的东西和相同的人之上设立了领主权利,把这些权利交给若干人,从而削减了整个领主权利的分量;它们在疆域过于广阔的帝国中设置界限,制定带有某种无序倾向的规则,而这种无序状况具有一种倾向秩序和和谐的趋势。

若要一一谈论这些法律,就得另外再写一部书。鉴于本书的性质,读者在本书中看到的这些法律,将是我所观察的,而不是我所论述的。

封建法律犹如一幅美丽的画卷。一颗古老的橡树高高耸立[①],

[①] "从头顶到苍穹有多远,从树根到地狱就有多远。"见维吉尔,《埃涅阿斯纪》。

远远望去，枝繁叶茂，走近观察，树干一株，树根却不见踪影，只有挖开地面才能找到树根。

第二节　封建法的根源

征服罗马帝国的民族出自日耳曼尼亚。描述这些民族的习俗的著作虽然不多，我们倒是有两部，而且分量相当重。恺撒在与日耳曼人作战时记述了日耳曼人的习俗①，他的一些策略就是依据日耳曼人的习俗制定的②。恺撒在这方面的几页书等于好几卷。

塔西佗写了一部关于日耳曼人习俗的专著，这部书篇幅很小，可是，这是塔西佗的著作，他把一切都写得很精练，因为他亲眼看到了一切。

恺撒和塔西佗与我们所掌握的蛮族法典极其吻合，在他们的著作中处处可以看到这些法典，在这些法典中处处可以看到他们两人的影子。

在封建法研究中，尽管我仿佛置身于幽暗的迷宫中，到处都是岔路和曲径，但我却坚信，线头攥在我的手中，我一定可以走到头。

第三节　附庸制的起源

恺撒说："日耳曼人对农业不怎么热心，他们的食物绝大部分

---

① 《高卢战记》，第六卷，第三十一至三十八节。
② 比如他从日耳曼尼亚撤退。见《高卢战记》，第六卷，第二十九至六十三节。

是牛奶、奶酪和肉类,也没有私人拥有的数量明确、疆界分明的土地。官员和首领们每年把他们认为大小适当、地点合宜的田地,分配给集聚在一起的氏族和亲属,一年之后,又强迫他们迁到别处去[1]。"塔西佗说[2],"每个君主都有一群人拥戴并跟随。"塔西佗用他自己的语言称这些日耳曼人为侍从[3],这个称呼当然与他们的状况不无关系。这些日耳曼人争强好胜,人人都想获得君主的青睐,各个君主之间也互争高下[4],看谁的侍从多且勇。塔西佗说:"身边围着一群挑选出来的年轻人,这意味着地位和实力,平时是排场,战时是堡垒。谁在侍从的数量和勇气上超过他人,谁就在本族和近邻中声望卓著;于是就有人前来送礼,各地的使节也纷至沓来。名声往往决定着战争的结局。在战斗中,君主的勇气倘若不如人,那就是耻辱,官兵的品德若是不能与君主媲美,同样也是耻辱,君主战死而官兵依然苟活着,那就是永世无法清洗的奇耻大辱。神圣的承诺就是保卫君主。自己的城邦若无战事,君主就到正在打仗的城邦去,以此保持与许多朋友的关系。这些朋友从他们那里得到战马和长矛,丰盛而并不美味的饭食便是对他们的一种回报。君主们的慷慨大方全仗着打仗和劫掠才得以维持。要劝说他们耕种土地以期丰收,远比劝说他们挑战敌人血溅沙场难得多。凡是能够以鲜血换取的东西,他们绝不会以汗水去换取。"

---

[1] 《高卢战记》,第六卷,第二十三节。
[2] 《日耳曼尼亚志》,第十三卷,第二、三章。
[3] 拉丁文写作 comites。
[4] 《日耳曼尼亚志》,第十三、十四卷。

所以，日耳曼人只有附庸而没有采地。君主根本没有土地，所以也就无所谓采地，或者说，采地就是战马、武器和饭食。之所以说有附庸，是因为有忠心耿耿的下属，这些下属曾立誓效忠，有义务作战，他们所承担的义务与后来为采地承担的义务相差无几。

第四节　续前题

恺撒说[①]："当任何一个领袖在公众会议上宣布他愿意做首领，让愿意跟随他去的人赶快表态时，那些赞成这件壮举或对他表示钦佩的人，都站起来表示愿意效力，这位领袖于是就博得了群众的赞扬。但是，他如果不履行自己的承诺，就会失去公众的信任，被人看作逃兵和叛徒。"

恺撒在这里所说的以及我在上一节中引述塔西佗的话后所作的论述，便是墨洛温王朝的历史渊源。

每次征战之前，国王们都要重组军队，劝降另一些部队并招募新兵；为了多多攫取，就要多多散财，他们不断地通过瓜分获得许多土地和战利品，又不断地把这些土地和战利品分发掉，他们的领地不断扩大，又不断地缩小；父亲把一个王国赠与儿子时，总要搭上一些财宝[②]；国王的财宝被认为是一个君主所不可或缺的东西，即使为了给女儿做嫁妆，也必须征得其他国王同意，否则便不

---

① 《高卢战记》，第六卷，第二十三节。
② 参见《达戈贝尔传》。

能因嫁女而把财宝分给外邦人①。听到上述这些叙述,我们丝毫也不应吃惊。君主政体的运转依靠发条,需要不时上紧方可。

第五节　被法兰克人征服的地区

有人说,法兰克人进入高卢之后,占据了所有土地并使之成为采地。这个说法与事实不符。一些人之所以这样想,是因为他们看到,在加洛林王朝末期,几乎所有的土地都变成了采地、次采地、采地或次采地的附属地。可是,这是由于一些特殊原因而形成的,下面将要予以说明。

有人试图由此推断,蛮族制定了普遍适用的法规,以便到处建立耕作种奴隶制;这种推断就像它的原则一样,都不正确。如果在一段时间中,采地都是可以回收的,那么,王国境内的所有土地,不是采地就是采地的附属地,所有人就都是附庸和附属于附庸的农奴;由于拥有财富就拥有权力,所以,持续不断地支配着他的唯一财产即采地的国王,也就拥有土耳其的苏丹那种独断专行的权力。若是果真如此,历史就被整个颠倒了。

第六节　哥特人、勃艮第人和法兰克人

高卢被日耳曼人侵占。西哥特人占据了纳波奈兹和几乎整个

---

① 参阅图尔的格雷瓜尔《法兰克史》第六卷中有关西尔佩里克的女儿婚事的记述。希尔德贝派人告诉西尔佩里克,他不可能把父亲的王国中的城市让女儿带走,即便是财宝、农奴、马匹、骑士、牛的挽具等也不行。

法国南部。勃艮第人定居在东部,法兰克人把其余地方几乎全都征服了。

蛮族在他们征服的地区内保留了他们原住地的风俗、喜好和习惯;这一点无需怀疑,因为,任何一个民族都不可能在短时间内改变思想方式和行动方式。这些日耳曼人不大务农,从塔西佗和恺撒的记述来看,他们主要依靠畜牧为生。所以,蛮族的法律大多与畜群有关。撰写了法兰克人史的罗里孔[①]就是一个牧人。

第七节　分割土地的不同方式

哥特人和勃艮第人以种种借口侵入罗马帝国,罗马人为了遏制他们的劫掠和破坏,不得不设法为他们提供生活来源。起初给他们小麦[②],后来觉得分给他们土地更好。正如我们在西哥特人[③]和勃艮第人[④]的纪年史和法典中所看到的那样,罗马皇帝和代表罗马皇帝的官员,就分地问题与西哥特人和勃艮第人达成了一些协定[⑤]。

法兰克人的做法不同。萨利克法和里普埃尔法中找不到任何有关分地的踪迹。他们征服一些地方,拿走他们所要的东西,如此而已,他们只在自己人中间制定规矩。

---

① 罗里孔(Roricon),据传说,此人是《法兰克王的战功》一书的作者。——译者
② 参见索西穆斯,《历史》,第五卷,关于应阿拉里克所请分发小麦的记述。
③ 《西哥特法》,第十卷,第一篇§8、9、16。
④ 《勃艮第法》,第五十四篇§1、2。宽厚者路易的829年敕令表明,分地制度在他执政时期依然存在。这项敕令被收入在《勃艮第法》第七十九篇§1中。
⑤ 马略(Marius)的《纪年史》中关于公元456年的记述。"勃艮第人占据了高卢,与高卢和罗马的元老们瓜分土地。"

因此,要把高卢的勃艮第人和西哥特人,西班牙的西哥特人,奥古斯图鲁斯①和奥多亚克②麾下驻在意大利的雇佣兵③的做法,与高卢的法兰克人和非洲的汪达尔人④的做法⑤区分开来。前一种做法是与原居民达成的协议,因而也就是与他们分地的约定,后一种做法则与分地毫无关系。

第八节 续前题

有人说,蛮族夺取了罗马人的大量土地。之所以有这种说法,是因为在西哥特人和勃艮第人的法律里发现,这两个民族占有三分之二的土地。可是实际上,只有在指定给他们的地区里,他们才占有三分之二的土地。

贡德鲍在勃艮第法里说,勃艮第人在定居区里占有三分之二的土地⑥;勃艮第法的第二补编说,以后来到此地的人只能得到一半土地⑦,并非一开头就把所有土地都分给罗马人和勃艮第人了。

---

① 奥古斯图鲁斯(Augustulus),西罗马帝国末代皇帝,公元475年登基,翌年即被赶下台。——译者
② 奥多亚克(Odoacre,434—493),西罗马帝国雇佣兵首领,他于公元476年废黜奥古斯图鲁斯皇帝,西罗马帝国就此灭亡。——译者
③ 参阅普洛科比乌斯,《哥特战记》。
④ 公元3世纪定居在维斯图拉河和奥德河沿岸地区的日耳曼人。——译者
⑤ 《汪达尔人战记》。
⑥ 《勃艮第法》,第五十四篇§1:"虽然我们民族在那时得到三分之一奴隶和三分之二土地。"
⑦ 《勃艮第法·补编》,第二条:"此后到来的勃艮第人只能要求获得目前所需,即一半土地。"

这两部法规使用了同样的表述,所以可以彼此印证。既然不能把勃艮第法所说的分地理解为把所有土地全都分掉,当然同样也不能对西哥特法作这样的理解。

西哥特人与勃艮第人一样,行事比较讲究节制,他们并未在所有被他们征服的地方剥夺罗马人的土地。他们拿这许多土地做什么?他们拿走了对他们合适的土地,把其他土地都留下了。

第九节　勃艮第人和西哥特人的法律 在分地方面的正确实施

不应把分地看作出于暴戾精神的一种举措,而应看作为满足居住在同一地区的两个民族的相互需要而采取的举措。

勃艮第法规定,每个勃艮第人都应被罗马人作为客人接待。这与日耳曼人的习俗相符。据塔西佗说[1],日耳曼人是世界上最好客的民族。

法律规定,勃艮第人占有三分之二的土地和三分之一的农奴。这项法律遵循了两个民族的精神,符合他们谋生的方式。勃艮第人放牧,对土地的需求较多,对农奴的需求较少。耕种土地要付出巨大劳动,所以罗马人对农奴的需求较多,对土地的需求较少。树林均分,因为两个民族在这方面的需求相同。

从勃艮第法典可以看出,每个蛮族人都被安置到一个罗马人

---

[1] 《日耳曼尼亚志》,第三十一章。

的地方①。所以，并非所有土地都分掉，拿出土地的罗马人和接受土地的勃艮第人数量相等。罗马人的损失被减到了最小程度。勃艮第人善战，会狩猎，会放牧，分到荒地也不在乎；罗马人为自己保留了最适宜耕种的土地，勃艮第人的牲畜让罗马人的土地变得肥沃。

第十节　奴役

勃艮第法写明②，勃艮第人在高卢定居时，得到了三分之二的土地和三分之一的农奴。由此可见，勃艮第人到来之前，在这部分高卢地区已经有了耕作奴隶③。

勃艮第法在有关两个民族的事务上，为两个民族的贵族、自由民和农奴④分别作了正式而明确的区分。奴役因而不为罗马人所特有，恰如自由民和贵族不为蛮族所特有一样。

勃艮第法规定⑤，一个勃艮第被释奴倘若没有向其主人支付一定数额的赎金，也没有收到一个罗马人支付的第三者保金，他就始终被认为是主人家的奴隶。所以，拥有产业的罗马人是自由的，因为他完全不属于另一个家庭；他是自由的，因为，他的第三者保

---

① 《西哥特法》也有相同规定。
② 《勃艮第法》，第五十四篇。
③ 法典的标题"农民、缴纳年贡的地主和屯垦者"可资证明。
④ 《勃艮第法》，第二十六篇§1："如果拔掉勃艮第贵族或罗马贵族的一颗牙"；《勃艮第法》，第二十六篇§2："如果给予中等阶层的自由民，无论勃艮第人或罗马人"。
⑤ 同上书，第五十七篇。

金就是他拥有自由的标志。

翻一翻萨利克法和里普埃尔法就可以知道，生活在法兰克地区的罗马人所受的奴役，绝不比生活在高卢其他征服者地区的罗马人更甚。

布兰维利耶伯爵先生的主要论点出错了，他没能证明法兰克人曾制定过普遍适用的规定，从而使罗马人沦于奴役之中。

他的著作毫无技巧可言，他出身于古老的贵族，在书中使用的就是贵族的那种简朴、直率和天真的语言，他所说的对话和错话，人人都一目了然。所以，我就不再对他的那部著作详加评说了。我只是想说，他的悟性胜过才智，他的才智胜过知识，不过，他的知识不容轻视，因为，他对法国历史和法律中的大事所知甚多。

布兰维利耶伯爵先生和迪波教士各有一套理论，一个像是在诅咒第三等级，一个像是在诅咒贵族。太阳神把战车交给法厄同①驾驭时对他说："你若上得太高，就会烧毁天宫，你若下得太低，就会焚毁大地。你若太向右走，就会掉进巨蛇星座，你若太向左走，就会走进祭台星座。好好地走在两者之间吧②。"

第十一节　续前题

有人之所以觉得在征服时期就有一种普遍适用的法规，是因

---

① 法厄同（Phéaton），希腊神话中的太阳之子。——译者
② 这段引语来自奥维德的史诗《变形记》第二卷第 13—18 行。孟德斯鸠在脚注中引述了拉丁文原文，内容与正文中的引语完全相同，故从略。——译者

第三十章　法兰克人的封建法理论与建立君主政体的关系　205

为在加佩王朝初期的法国,奴隶的数量已经多得惊人;由于没有注意到奴隶的数量是逐渐增多的,因而以为在一个黑暗的时代就存在着一种普遍适用的法律;其实根本没有。

墨洛温王朝初期,无论法兰克人或罗马人,都有大量自由民。可是农奴数量的增速极快,到了加佩王朝,几乎所有农夫和城市居民都变成了农奴[①]。在墨洛温王朝初期,城市管理与罗马相似,有市民群体、元老院和法院;到了加佩王朝初期,就只有领主和农奴。

法兰克人、勃艮第人和哥特人入侵时,凡是军队带得动的东西,诸如黄金、白银、家具、衣服,甚至男子、妇女和男童,统统劫掠一空,集中起来由军队瓜分[②]。整个历史证明,这些蛮族首次定居下来后,也就是在他们实施了第一次劫掠之后,就把当地居民吸纳进来,同时保留他们原有的一切政治和民事权利。战时抢走一切,平时给予一切,这便是当时的万民法。倘若不是如此,在萨利克法和勃艮第法中,怎么会有那么多与把所有人都变成奴隶的做法完全相反的条款呢?

但是,征服战争没有完成的,却由同一部万民法在战事结束后完成了[③]。由于抵抗、反叛和城市被占领,民众沦入奴役之中。除了各族之间的征服性战争,法兰克人的独特之处在于,国家一分为几之后,兄弟和甥侄之间的内战不断,而万民法在这些内战中始终

[①] 在罗马人管辖下的高卢,农奴是一个特殊群体,通常由被释奴和他们的后代组成。

[②] 图尔的格雷瓜尔,《法兰克史》,第二卷,第二十七章;艾穆安(Aimoin),《法兰克人史》,第一卷,第十二章。

[③] 参见《圣人传》。参见本节下面另一脚注。

得以执行,所以与其他国家相比,法兰西的奴役更加普遍一些。我认为,这也许就是在领主权利方面,法国的法律与意大利和西班牙的法律有所不同的原因之一。

征服战争不过是短暂的事件,而在战争中应用的万民法则产生了某些奴役。由于同一部万民法连续使用了数百年,所以,奴役就有了惊人的扩展。

特德里克①认为奥弗涅人民对他不忠②,于是对分给他管辖的法兰克人说:"跟我走吧,我要把你们带到一个地方去,那里有黄金、白银、俘虏、衣服和许许多多牲畜,你们可以把那里的人全都迁到你们的地方去。"

贡特朗和西尔佩里克媾和③之后,围困布尔热的军队奉命撤退,他们带走的战利品难以计数,连人和牲畜也几乎没有留下一个。

意大利国王戴奥德里克一心要在蛮族中高人一筹,为此采取了相应的策略,他派兵进入高卢时,在写给他的将军的信中说道:"我要求大家执行罗马法,请你们把逃跑的奴隶交还给他们的主人;自由捍卫者不应鼓励抛弃奴隶制。其他国王尽可以高高兴兴地劫掠和摧毁他们攻克的城市,我的获胜方式不同,我要让臣民抱怨我征服他们太晚了。"很显然,他想让法兰克的勃艮第人国王遭人憎恶,而且不言自明地提到了他们的万民法。

万民法在加洛林王朝依然存在。据《麦斯年鉴》④记述,丕平

---

① 特德里克(Theudéric,486—538),奥斯特拉西亚和奥弗涅国王。——译者
② 图尔的格雷瓜尔,《法兰克史》,第三卷,第十一章。
③ 同上书,第四卷,第三十一章。
④ 在763年条目下写道:"战利品和奴隶多得难以计数,他们回到法兰西时都发了财。"

的军队进入阿基坦,带着无数战利品和农奴返回法兰西。

我还可以援引许多权威著作①。巨大的灾难激起了人们的恻隐之心,多位圣洁的主教看到俘虏们被成双成对地捆在一起后,便拿出教会的钱,甚至出售教堂的圣杯,尽其所能为这些俘虏赎身,许多圣洁的僧侣为此竭尽全力,《圣人传》对这些事迹记述得最为详尽②。凡是上帝计划之内的事情,他肯定已经一一完成,尽管在这些事情上,我们有理由责备这些传记的作者们有时过于轻信,但是,我们依然可以从中得到巨大的启示,看清楚当时的风俗和习惯。

当我们把目光投向传之久远的历史和法律著作时,就好像见到了一片大海,一片一望无际的汪洋大海③。这些冷冰冰的、枯燥的、乏味的、艰涩的著作,统统都要读,要把它们吞下去,就像寓言中所说,沙特恩把石头吞下去那样。

自由民所开发的无数土地④,变成了领主拥有永久所有权的地产。一个地方如果失去了曾经居住在这里的自由民,拥有大量农奴的人就会攫取或强制他人出让大片土地,在那里建立起村庄,

---

① 《弗尔德年鉴》,739年;保尔·迪亚克尔(Paul Diacre),《伦巴第人的武功》,第三卷,第三十章;第四卷,第一章;下一个脚注所引的《圣人传》。

② 参阅圣埃皮法纳(Saint Epiphane)、圣埃普塔蒂乌斯(Saint Eptadius)、圣赛塞尔(Saint Césair)、圣菲多尔(Saint Fidole)、圣波西安(Saint Porcien)、圣特雷维里乌斯(Saint Trévérius)、圣欧西齐乌斯(Saint Eusichius)、圣莱热(Saint Léger)等圣人的传记以及圣尤利安(Saint Julien)的圣迹。

③ 奥维德在《变形记》第一卷中写道:"茫茫大海,无边无际"。

④ 屯垦者也不全是农奴。参见《法典》:"农民、种植者和屯垦者"第18、23条;同篇第20条。

就像我们在各种条例中所看到的那样。另一方面,过去从事手艺的人如今变成了农奴,可是依然还得从事手艺。所以说,奴役把过去夺走的东西归还给了手艺和耕作。

当时一种常见的做法是:土地所有者把农奴交给教会使用,用以顶替年贡,并且认为,这些农奴的劳役等于替土地所有者为教会的神圣事业作出了贡献。

第十二节　蛮族分得的土地不缴贡赋

一群淳朴、贫穷、自由、尚武的牧人,他们的生活不依靠任何技艺,对于土地的依赖也仅限于那间小茅屋①,他们跟随首领战争,为的是获取战利品,而不是为了缴纳或收取贡赋。苛捐杂税是后来发明的,是人们开始享受到其他手艺带来的福祉后才发明的。

一阿庞②土地缴纳一陶罐葡萄酒作为临时税③,这是西尔佩里克和弗雷戴贡德④强制征收的一种税,缴纳者仅限于罗马人。其实,并不是法兰克人,而是教会人士撕毁了这些纳税人名册,而当时的所有教会人士全都是罗马人⑤。承受此税之苦的主要是城市

---

① 图尔的格雷瓜尔,《法兰克史》,第二卷。
② 阿庞(arpent),古代土地面积计算单位,约合 20—50 公亩。——译者
③ 图尔的格雷瓜尔,《法兰克史》,第二卷。
④ 弗雷戴贡德(Frédégonde,545—597),西尔佩里克之妻,纽斯特里亚王后。——译者
⑤ 这在图尔的格雷瓜尔,《法兰克史》全书中都可以看到。这位格雷瓜尔问一个原籍伦巴第的名叫瓦尔菲里亚库斯(Valfiliacus)的人,他怎么能够成为教会人士。见该书第八卷。

第三十章　法兰克人的封建法理论与建立君主政体的关系　209

居民①，而当时的城市居民几乎全都是罗马人。

　　据图尔的格雷瓜尔记述②，在西尔佩里克在位时，某个法官曾经强迫法兰克人纳税，国王死后，这位法官因此而躲进了一所教堂；法兰克人在西尔佩里克在位时期是自由民："在西尔佩里克在位期间，向许多身为自由民的法兰克人征税。"可见，不是农奴的法兰克人是不纳税的。

　　任何一位语法学家看到迪波教士对这段文字的解释，都会大吃一惊③。他说，被释奴（affranchis）那时也叫作自由民（ingénus），并以免除赋税（affranchis de tributs）解释拉丁文的ingenui。法文可以使用 affranchis de tributs 这种词组，诸如 affranchis de soins（免除照看）、affranchis de peines（免除刑罚）等等，但是在拉丁文中，ingenue a tributes（不纳税自由民）、libertini a tributis（不纳税被释奴）、manumissi tributorum（不纳税人）这种词组却是怪异不通的。

　　图尔的格雷瓜尔说，帕特尼乌斯认为，他之所以会被处死，是因为曾向法兰克人强制征税④。这段文字让迪波教士十分难堪，他只能对这件并不清楚的事情进行猜测，冷冷地说，那是一种超额的赋税⑤。

---

①　"这种税在高卢的所有城市中征收。"见《圣阿里迪乌斯传》。
②　图尔的格雷瓜尔，《法兰克史》，第七卷。
③　迪波，《法兰西君主国在高卢的建立》，第三卷，第十六章，第515页。
④　《法兰克史》，第三十六章。
⑤　《法兰西君主国在高卢的建立》，第三卷，第514页。

我们在西哥特法①中看到，一个罗马人的土地如果被一个蛮族人占有，法官为了让这块地能继续缴税，就要强制这个蛮族人把地卖掉，由此可见，蛮族是不缴土地税的②。

迪波教士为自圆其说，需要西哥特人缴税③，于是他脱离法律的字面意义和实质意义，仅仅依靠想象就说，在哥特人定居和这项法律颁布之间的这段时间里，赋税增加了，但只涉及罗马人。要知道，拥有任意处置历史事实大权的人，只有阿杜安神甫一位啊④。

迪波教士又到查士丁尼的法典⑤中去寻找依据⑥，试图用以证明罗马人的军事收益也要纳税；他由此得出结论说，法兰克人的采地或收益也要纳税。可是，把法国采地的渊源说成是罗马人定居高卢的观点，如今已经无人以为然了；这个说法只是在一个时期中被认为可信，那时我们只知道罗马史，而对我们自己的历史却所知甚少，而且种种古老的见证物还被湮没在历史的尘埃之中。

迪波教士为了说明当时法兰克人的习惯做法，列举了卡西奥多卢斯，讲述了意大利和戴奥德里克统治下的高卢，其实这是一些

---

① 法官和行政长官把为罗马人保留的土地，即三分之一，从占有这些土地的人手中拿回来，立即交还给罗马人，让罗马人缴清赋税，以免财政受损。见《西哥特法》，第十卷，第一篇，第十四章。

② 汪达尔人在非洲根本不缴土地税。见普洛科比乌斯，《汪达尔人战记》，第一卷和第二卷；《杂史》，第十六卷第 106 页。请注意，非洲的征服者是汪达尔人、阿兰人和法兰克人。见《杂史》，第十四卷，第 94 页。

③ 《法兰西君主国在高卢的建立》，第三卷，第十四章，第 510 页。

④ 阿杜安神甫(le Père Hardouin，1646—1729)，法国耶稣会学者。他自称经考证后确认，荷马的史诗和维吉尔的史诗，其实都是中世纪僧侣的作品。孟德斯鸠在此以阿杜安神甫的无稽之谈讥讽迪波神甫。——译者

⑤ 《法律》，第十一卷，第七十四篇，第三题。

⑥ 《法兰西君主国在高卢的建立》，第三卷，第 511 页。

不应混淆的事实。有朝一日我也许会写一本书,讲一讲东哥特王国的君主制体制,与其他蛮族在那时所建立的君主体制截然不同;绝不能因为法兰克人有某种做法,就说东哥特人也有这种做法;恰恰相反,我们有理由认为,正因为东哥特人有某种做法,所以法兰克人不会采用与此相同的做法。

对于那些精神飘浮在博学之中的人来说,最费力气的事是在并非与主题毫不相干的地方寻找证据,借用天文学家的话说,就是在那里找到太阳的位置。

迪波教士任意解释敕令,如同他任意解释历史和各族人民的法律一样。他说法兰克人是纳税的,于是他就把只有农奴才做的事让自由民去做①;他要谈论法兰克人的民团,于是就把只有自由民才能当的差说成农奴也可以干②。

第十三节 罗马人和高卢人在法兰克君主国中的负担

下面我要谈一谈罗马人和被征服的高卢人是否继续缴纳帝国时期的税赋。为了节省篇幅,我只想说,虽然他们起初缴纳税赋,但不久之后就被免除了,这些税赋后来变成服兵役了。我承认,我确实无法想象,为何法兰克人起初对苛捐杂税如此亲近,后来突然变得那么疏远。

---

① 《法兰西君主国在高卢的建立》,第三卷,第十四章,第 513 页;他在此处援引了皮斯特版的第 28 条。参见本书本章第十八节。
② 同上书,第三卷,第四章,第 298 页。

从宽厚者路易的一道饬令①中,我们可以清楚地看到自由民在法兰克君主国中的状态。为逃避摩尔人压迫的一些三五成群的哥特人和伊比里亚人,被收留在这位路易的土地上②。路易与这些外来者议定,他们将作为自由民随他们的伯爵出征,在行军途中,他们将在伯爵的指挥下担负守卫和巡逻③,他们向国王的特派员和往返于宫廷的使节提供车马④;他们不得被强制缴纳其他税赋,并将享受自由民的待遇。

这些做法不能说是加洛林王朝初期的新举措,应该说,至少在墨洛温王朝中期和后期就已经有了。864 年的一道敕令明确地写道,古老的习俗规定,自由民要从军,要花钱提供前面说到的车马⑤。这些就是他们要负担的特殊税赋,拥有采地的人则不必缴纳,我在下面将会对此提出证明。

这还不是一切。有一条规定几乎不允许让这些自由民承担税赋⑥。凡是拥有四个份地⑦的人必须从军出征,拥有三个份地的人需要与一个拥有一个份地的自由民凑对,后者为前者支付四分之一

---

① 815 年敕令第一章。此敕令与秃头查理的 844 年敕令的 1 条和第 2 条相符。

② "为居住在阿基坦、纳波奈兹和普洛旺斯地区的西班牙人"。见宽厚者路易的 815 年敕令。

③ "被他们称作瓦克达斯(wactas)的卫队和巡逻队"。

④ 他们没有向伯爵提供同样服务的义务。

⑤ "家有马匹的法兰克应将马匹交给伯爵与敌人作战"伯爵不得扣留他们的马匹。"为使他们能够依据古老的习俗从军并备好马匹。"皮斯特版,载《敕令汇编》,巴鲁兹,第 186 页。

⑥ 查理曼 812 年敕令第一章;皮斯特版 864 年第 27 条。

⑦ 拉丁文为 Quatuor mansos。我认为这里所说的 mansus 是指一定数量的土地,土地之上附有住宅,并拥有奴隶。853 年的敕令"致希利"可资证明,见该敕令第 14 条"关于不得将奴隶逐出份地"。

第三十章　法兰克人的封建法理论与建立君主政体的关系　213

的税赋,并且留住在前者家中。两个各自拥有两个份地的自由民同样可以凑对,从军出征的那一位的费用,由留守的那一位负担一半。

不但如此,还有许多条令把采地的特权赋予自由民的土地或管区,我在后面将会详加讲述①。这些土地无须缴纳伯爵和其他官员所索取的所有负担;条令中详细罗列了各种负担,却不曾提到税赋,可见并不征收税赋。

罗马的苛捐杂税在法兰克人的王国里,轻易地就被废除了。罗马人征收的税非常复杂,头脑简单的法兰克人想不到这些,更没有征收这种税的计划。鞑靼人倘若今天侵入欧洲,要让他们弄清楚我们的财政是什么,恐怕也是一件相当劳神费力的事情。

《宽厚者路易传》的不知名作者②,在谈到查理曼在阿基坦安置的伯爵和法兰克民族的其他官员时说,他把守卫边境的任务、军事权力和管理国王领地的职责交给了他们;由此可以得知加洛林王朝时期国王的收入情况。国王拥有领地,由奴隶耕种。但是,徭役、人头税和帝政时期对自由民的人身或财产征收的其他税赋,都变成了守卫边界和从军征战的义务。

这部著作还说③,宽厚者路易在日耳曼尼亚找到了父亲查理曼,父亲问他,一个国王怎么会穷到这步田地,路易答复说,他这个国王徒有虚名,几乎所有领地都为领主们所拥有。查理曼担心,那些未经深思熟虑就给出去的土地,如果让年轻的儿子自己去统统

---

① 见本书本章第二十节。
② 杜申,《文集》,第二卷,第287页。
③ 同上书,第89页。

讨回来，难免会失去领主们的爱戴，于是派遣了一些专员去处理此事，使之恢复原状。

主教们写信给秃头查理的兄弟路易①，信中说："看管好你的土地，不然的话，你就不得不在僧侣们的住所之间游荡，把他们的驾车奴隶弄得疲惫不堪。无论如何，你总得衣食无忧，还能接待使节才是。"由此可见。当时国王的收入主要来自他们的领地②。

第十四节　所谓税赋

蛮族走出他们的本土之后，想把他们的习俗书写成文字。可是，用罗马字母书写日耳曼语比较困难，于是便以拉丁文来书写这些成文法。

在征战及其推进过程的混乱中，大多数事物都发生了质的变化，要想表达这些事物，就得借用与新的习俗最接近的拉丁文旧词。因此，为了能让人想起罗马人旧时的税（cens）③，就使用税（census）和赋（tributum），至于那些与罗马人的概念毫无关系的事物，就用罗马字母书写日耳曼人的词，例如罚金（fredum），在下面几节中，我将要对此详加说明。

税和赋这两个词被任意使用之后，它们的含义在墨洛温王朝

---

① 见858年敕令第14条。
② 在有河流和路口的地方，国王也征收一些路桥费。
③ 税（census）这个词用途广泛，在有河流的地方，也可以用来指过桥或渡河费。见803年敕令，巴鲁兹版，第395页第1条；819年敕令V第616页。从秃头查理865年敕令第8条来看，这个词还可以用来指称自由民向国王或国王的特使提供的车辆。

和加洛林王朝期间就不大明确,一些自成体系的近代作者①在当时的著作中见到税这个字,就以为它与罗马人的税字含义完全相同,由此而产生的结果是,法国头两个王朝的国王不仅替代了罗马皇帝的地位,而且对罗马帝国的行政体制也没有作任何改动②。加洛林王朝时期征收的某些税由于偶然因素或某些变化而改成了其他税种③,这些作者们就断言说这些税与当年罗马人的税完全一样。他们发现,自从有了近代法规之后,国王的权限具有绝对不可剥夺的性质,他们于是就说,这种税相当于当年罗马人的税,并不在国王固有权限之内,因而是百分之百的侵占。对于他们的其他结论,我不准备谈论。

把当代所有的概念统统放置到遥远的已逝年代中去理解,谬误之源即在于此,后果之严重莫过于此。对于想把一切以往的事物予以现代化的人,我想借用埃及祭司对梭伦所说的话:"哦,雅典人,你们只不过是些孩子而已。"

第十五节 所谓的税只向农奴而不向自由民征收

国王、神职人员和领主分别向各自领地上的农奴按规定征赋。

---

① 迪波教士和他的追随者。

② 迪波教士在《法兰西君主国在高卢的建立》第三卷第六章第十四节中提出的理由十分软弱无力,尤其是他对图尔的格雷瓜尔关于他的教堂和查理贝尔(Charibert)国王纠纷的记述所作的推导。

③ 例如奴隶释放金。

国王征收此赋,有维利斯敕令为证;神职人员征收此赋,有蛮族法典①为证;领主征收此赋,有查理曼制定的相关法规②为证。

这些赋被称作税,这是经济税,而不是财政税;是纯私人性质的税收,而不是公共税收。

我说过,所谓税是向农奴征收的一种赋。马尔库尔弗的一个规定可以为我证明此事,这件文书包含有国王的一项规定,准许生而为自由民并且未在纳税名录上登记的人成为神职人员③。我还有一件文书可资证明,那就是查理曼写给他派往萨克森地区的一位伯爵的一道谕令④,谕令说,鉴于萨克森人皈依基督教,因而将自由给予他们,所以说,其实这是一个自由宪章⑤。查理曼恢复了他们原有的公民自由,并免除他们的纳税义务⑥。由此可见,身为农奴和缴纳税赋是一回事,恰如身为自由民无须缴纳税赋一样。

查理曼还颁发过一道谕令,给予被法兰西王国收留接纳的西班牙人以某些好处⑦,谕令规定,伯爵们不得向这些西班牙人征收任何税赋,也不得剥夺他们的土地。众所周知,来到法兰西的外国人都被当作农奴对待,而查理曼却要求把他们视为自由民,让他们

---

① 《日耳曼法》,第二十二章;《巴伐利亚法》,第一篇,第十四章,其中有神职人员对他们自己的身份制定的规则。
② 《敕令汇编》,第五卷,第三百零三章。
③ "如果有人身自由,而且没有在纳税册上登记。"见《敕令汇编》,第一卷,第19条。
④ 公元789年谕令,载《敕令汇编》,巴鲁兹版,第一卷,第250页。
⑤ "此自由宪章应是持续和永久的"。见《敕令汇编》,巴鲁兹版,第一卷,第250页。
⑥ "赋予他们以原有的自由,解除他们向我们缴纳的税赋。"载《敕令汇编》,巴鲁兹版,第一卷,第250页。
⑦ 公元812年敕令《处理西班牙人条例》,载《敕令汇编》,巴鲁兹版,第一卷,第500页。

第三十章 法兰克人的封建法理论与建立君主政体的关系

拥有自己的土地,禁止向他们征税。

秃头查理的一道施惠于西班牙人的敕令①规定,对待这些西班牙人要像对待法兰克人一样,禁止向他们征税;从这里也可以看出,自由民是不纳税的。

若干国王或教会的屯垦者将他们份地的附属土地,出售给教会人士或与他们地位相同的人,只留给自己一个小茅屋,这样一来,他们就不必纳税了。皮斯特敕令第三十条纠正了这个流弊,下令恢复原状。这也可以证明,所谓税就是奴隶缴纳的一种赋。

由此导致的另一个结果是,法兰西王国境内没有普遍征收的税,这一点在大量文书中都说得相当明白。有一道敕令②这样写道:"以往合法征税③的地区仍应征收国王税",这通敕令意味着什么呢?查理曼曾下过一道敕令④,要求其驻在各省的特使准确调查过去属于国王权限的所有税赋⑤,这通敕令表明什么呢?他还在另一道敕令⑥中处理了被要求纳税的人们所缴的税款⑦,这又意味着什么呢?还有一位作者⑧写道:"如果某人得到了一块纳赋的土地,也就是一块我们习惯于收税的土地。"⑨这又是什么意思呢?

---

① 公元844年敕令,载《敕令汇编》,巴鲁兹版,第二卷,第1、2条第27页。
② 收在安泽吉士(Anzegise),《敕令集》中的805年敕令III,第20、22条,见该汇编第三卷,第15条。此敕令与秃头查理854年的阿蒂尼敕令第6条相符。
③ "以往合法征税的地区",见安泽吉士,《敕令集》。
④ 载《敕令汇编》,巴鲁兹版,第一卷,第498页;812年敕令第10、11条。
⑤ "以往收归国王的所有税赋",见812年敕令第10、11条。
⑥ 载《敕令汇编》,巴鲁兹版,第一卷,第508页;812年敕令。
⑦ 813年敕令第6条:"纳税人所交纳的税赋"。
⑧ 《敕令集》,第四卷,第37条,编入《伦巴第法》。
⑨ "如果有人获得了一块纳赋土地,一块我们习惯上要征税的土地。"《敕令集》第四卷第37条。

最后还有一件文书[1],秃头查理在这件文书上谈到了那些自古以来一直由国王征税的纳税土地[2],这又作何解释呢？

请注意,有些文书乍一看好像与我所说相反,其实恰恰证实了我的说法。我们已经在上面的叙述中看到,王国内的自由人只负有提供车辆的义务。我刚才援引的文书把这种义务也叫作纳税[3],可是它把这种税与农奴交纳的税作了严格的区分。

此外,皮斯特敕令[4]还谈到了那些为自己的人头和茅屋纳税的法兰克人,在饥馑期间出售自己[5]。国王希望他们能够赎身。因为,凡是借助国王的敕令解除奴隶身份的人[6],通常得不到完全的自由[7],可是他们必须缴纳人头税。我在这里所谈的就是这类人。

所以,必须摒弃以下这种观念：存在着一种针对所有人普遍征收的税,它起源于罗马人的行政管理制度,由此推测,领主的税赋同样也来自侵占。其实,如果不考虑对税这个词的误用,那么,法兰西王国中的所谓税,实际上是由主人对农奴征收的一种特殊税。

前面那么多的引文肯定让读者极度厌烦,我恳请读者原谅。如果不是因为我的面前始终摆着迪波教士的那部《法兰西君主国

---

[1] 805年,第8条。

[2] "自古以来由国王征税的纳税土地。"见805年敕令第8条。

[3] "税或法兰克人应向国王提供的驮马。"

[4] 载《敕令汇编》,巴鲁兹版,第192页;864年敕令第34条。

[5] 载《敕令汇编》,巴鲁兹版,第192页:"应为自己的人头和茅屋向国王纳税的法兰克人。"

[6] 同一道敕令第28条对此作了解释。此敕令甚至对被释奴中的罗马人和法兰克人作了区分,可见并非人人都纳税。应该好好读一读这件文书。

[7] 参见前引查理曼813年的一道敕谕。

在高卢的建立》,我可能不会那么啰唆。最能阻碍知识进步的,莫过于一位著名作者的一部坏书。因为,欲授人以真知,需从解惑始。

第十六节　家臣或附庸

我曾谈及随君主出征的那些日耳曼志愿者。这一习俗在征服战争结束后依然保留着。塔西佗把这类人叫作侍从①;萨利克法把这类人叫作矢忠于国王的人②;马尔库尔弗把这类人叫作国王的忠臣③;最早的法国历史学家称之为家臣或忠臣④;后来的历史学家则称之为附庸或领主⑤。

萨利克法和里普埃尔法有大量关于法兰克人的条款,却只有寥寥几条是关于国王的家臣的。关于这些家臣的规定与关于其他法兰克人的规定不同,这是因为,家臣们的财产适用政治法而不是公民法,再则,他们的财产归军队所有,而不归家庭所有。

在不同时期的不同作者笔下,为这些家臣保留的财产分别被叫作国库财产⑥、恩赐、荣赏、采地。

---

① 拉丁文写作 comites。
② 拉丁文写作 Qui sunt in truste regis,见于萨利克法第四十四卷第 4 条。
③ 这个词来自 trew,在阿拉曼语中意为忠诚,在英语中即 true,意为真实。
④ 拉丁文写作 Leudes, fideles。
⑤ 拉丁文写作 Vassali, seniores。
⑥ 拉丁文写作 Fiscalia。参见马尔库尔弗,《法规》,第一卷,第 14 条。《圣摩尔传》称:"国王给了他一笔国库财产。"《麦斯年鉴》所记 747 年:"国王给予他伯爵领地和一些国库财产。"用于维持王族日常生活的费用叫作王家费用,拉丁文写作 regalia。

采地起初是可以撤销的,对这一点不应有所怀疑①。据图尔的格雷瓜尔的记述②,苏内吉希尔和加洛曼的采地被剥夺了从国库得到的一切,只给他们留下了自己的产业。贡特朗把侄子希尔德贝扶上王位时,与他进行了一次密谈,告诉他应该赐给哪些人以采地,剥夺哪些人的采地③。马尔库尔弗的一项法规说,国王可以用作交换的,不单是出自他的国库的恩赐,也可以是来自另一个人的金库的恩赐④。在伦巴第法中,这种恩赐与产权是截然不同的⑤。历史著作、法规、各蛮族的法典在这一点上都是一致的。《采地概要》⑥的作者们告诉我们⑦,起初领主可以随意撤销采地,后来把采地的期限定为一年,再后来定为终生⑧。

第十七节　自由民的兵役

两种人要服兵役:一是附庸和附庸的附庸,他们拥有领主的采地,所以要为领主服兵役。二是法兰克人、罗马人和高卢人中的自由民,他们为伯爵服兵役,由伯爵或他的军官统率。

---

① 《论采地》,第一卷,第一篇;屈亚斯关于该书的论述。
② 《法兰克史》,第九卷,第三十八章。
③ "应该把采地给谁,把谁的采地收回。"见《法兰西史》,第七卷。
④ "无论何人都应被承认有权拥有这种地位,作为得自他人或我们的收益的一部分。"见《法规》,第一卷,第 30 条。
⑤ 《伦巴第法》,第三卷,第八篇§3。
⑥ 《采地概要》(Libre feudorum),在意大利编制的一部伦巴第封建法论著,作者为两位执政官。——译者
⑦ 《采地概要》,第一卷,第一篇。
⑧ 屈亚斯指出,这也是一种特惠,领主可以每年继续给予,也可以不再给予。

第三十章 法兰克人的封建法理论与建立君主政体的关系

所谓自由民,指的是这样一些人,他们一方面没有任何恩赐或采地,另一方面,他们也不受耕作奴役;他们所拥有的土地叫作自由地。

伯爵召集自由民,率领他们打仗①。伯爵麾下有两名叫作督军的军官②;由于所有服役的自由民都分编在若干百人队中,多个百人队编为镇,所以伯爵麾下还有一些叫作百人长的军官;编在镇或百人队中的自由民士兵在这些百人长带领下作战③。

百人队这种编制是在法兰克人定居高卢之后才出现的,采取这一措施的是克罗泰尔和希尔德贝,他们这样做的目的是让每个地区对于发生当地的盗窃事件负起责任来,这两位君主的谕令谈到了这件事④。这种制度如今在英国仍可看到。

伯爵率领自由民作战,附庸率领自己的附庸或附庸的附庸作战,主教、教士或他们的代理人⑤带领他们的附庸参战⑥。

主教们很为难,他们并不觉得自己的参战行为很合适⑦,于是他们请求查理曼不再强求他们参战。可是,当他们的请求获得批准时,却又抱怨因此而失去了公众的尊敬。查理曼不得不就此阐明他的意图的正确性。不管怎样说,我发现当主教们不再参战后,

---

① 参见查理曼812年敕令第3条和第4条;又见《敕令汇编》,巴鲁兹版,第一卷,第491页;《皮斯特敕令》,864年第26条,第二卷,第186页。
② "每位伯爵有两位督军和百人长。"见《敕令集》,第二卷,第28条。
③ 这些士兵叫作伙计(compagnons)。
④ 《敕令汇编》,巴鲁兹版,第20页;595年敕令第1条。这些法规大概是征询意见后制定的。
⑤ 拉丁文写作 Advocati。
⑥ 查理曼812年敕令第1条和第5条。见《敕令汇编》,巴鲁兹版,第一卷,第490页。
⑦ 《敕令汇编》,巴鲁兹版,第408页和第410页;803年沃姆斯(Worms)敕令。

他们的附庸并非在伯爵的率领下作战,恰恰相反,率领主教的附庸们作战的,是国王或主教遴选的亲信①。

在宽厚者路易的一道敕令②中,国王把附庸分成三类:国王的附庸、主教的附庸、伯爵的附庸。只有当家臣或领主因故不能亲自率领他们的附庸参战时,才由伯爵率领参战③。

可是,家臣由谁率领上战场呢?毫无疑问,当然是国王,国王始终是家臣们的领袖。正因为如此,敕令中常常出现国王的附庸与主教的附庸相互对立的情形④。国王个个骁勇、自豪和尊贵,他们御驾亲征绝不是为了率领主教的兵员,也不会选择与这些人生死与共。

但是,有一道敕令对此作出了规定,家臣同样应率领他们附庸和附庸的附庸参战。查理曼在这通敕令中下令,凡拥有四个份地者,不论份地是自己的地产或是他人的恩赐,一律都要参战抗敌或是跟随自己的领主。

很显然,查理曼想要表明的是:只有自己一块地的人应该加入伯爵的队伍,享有领主恩地的人则应随领主出征。

可是,迪波教士却硬要说⑤,敕令提到附属于某位领主的男子时仅指农奴,他是以西哥特法和西哥特人的实际做法为根据的。

---

① 《敕令汇编》,巴鲁兹版,第409页;803年沃姆斯敕令;《敕令汇编》,巴鲁兹版:秃头查理在位时845年韦尔农宫公会议。

② 同上书,第618页;819年敕令第27条。

③ "关于目前在王宫中为国王服役并享有特惠的附庸,特作规定如下:凡留在宫中陪伴皇帝者,不得让其附庸的附庸随与他一同留在宫中,而是应该允许他们与其管辖区的伯爵一同出发作战。"载《敕令汇编》,巴鲁兹版,812年敕令II,第7条。

④ 《敕令汇编》,巴鲁兹版,第一卷,第490页;"隶属于我们或隶属于主教或教士、拥有恩赐或自己产业的人。"

⑤ 《法兰西君主国在高卢的建立》,第三卷,第六章,第299页。

其实,他倒不如以敕令为依据更好。我刚才援引的敕令明确地表达了相反的意思。秃头查理与其兄弟签订的协议也提到,自由民可以自行选择领主或国王;这个规定与其他许多规定是一致的。

因此,可以说有三种兵员,其一是国王的家臣的队伍,家臣又有他们自己的家臣;其二是主教或其他神职人员以及他们的附庸的队伍;其三是伯爵的队伍,他们率领的是自由民。

握有个别指挥权的人隶属于握有全面指挥权的人,所以,我并不认为附庸不能隶属于伯爵。

我们看到,附庸们如果没有尽到采地的义务,伯爵和国王的特使可以对他们施加处罚,让他们支付罚金。

同样,国王的附庸如果抢掠①,只要他们自己不提出愿意接受国王处置的要求,就可由伯爵对他们进行处置。

第十八节　双重职务

凡在军事上受某人管辖的人,在司法上也受此人管辖;这是法兰西王国的一项基本原则。所以,宽厚者路易的 815 年敕令②规定,伯爵对自由民兼领军事权和司法权;因此,率领自由人出征的伯爵的法庭③,也被称为自由民的法庭④。下面这条准则或许就由

---

① 《敕令汇编》,巴鲁兹版,第二卷,第 17 页;882 年敕令第二条"在韦尔农宫"。
② 同上书:第 1 条和第 2 条;845 年韦尔农公会议文书第 8 条。
③ 法庭或审判会议。
④ 安泽吉士,《敕令集》,第四卷,第 57 条,《敕令汇编》,巴鲁兹版,第一卷,第 615 页。宽厚者路易 819 年的第五道敕令,第 14 条;见《敕令汇编》,巴鲁兹版,第一卷,第 615 页。

此形成：凡涉及自由的案件，不能由其官员的法庭审理，而只能由伯爵的法庭审理。所以，主教或教士的附庸也就不能在伯爵的率领下参战[1]，因为他们不在伯爵的司法管辖之下。因此，伯爵也不能率领家臣的附庸的附庸参战。因此，英国的法律词汇[2]写明[3]，萨克森人称作科普尔的人，诺曼人称之为伯爵或扈从，因为他们与国王共享司法罚金。所以，就我们所见，任何附庸对其领主的义务[4]，无论何时都是从军打仗和在他的法庭审理家臣[5]。

司法权和率领作战权联结在一起的原因之一是，率领作战者同时要负责征税，所谓税就是由自由民提供用于作战的车辆，以及我将要谈到的某些司法利益。

领主在自己的采地上拥有司法权，基于同一原则，伯爵在自己的伯爵领地内也拥有司法权。可以这样说，在不同时期中，每当采地上变化发生时，伯爵领地内也随之发生变化；这是因为，在治理思想和治理方法方面，采地和伯爵领地没有差别。总而言之，伯爵领地内的伯爵就是领主，采地上的领主就是伯爵。

把伯爵视为司法官员，把公爵视为军事官员，这种想法是不正确的，实际上，伯爵和公爵既是军事官员，也是民事官员[6]。区别

---

[1] 见《敕令汇编》，巴鲁兹版，第一卷，第 490 页。《敕令汇编》，巴鲁兹版，第一卷，第 490 页："隶属于我们或隶属于主教或教士、拥有恩赐或自己产业的人。"

[2] 参阅威廉·朗巴尔（Guillaume Lambard），《安格尔古法》。

[3] 对 satrapa 一词的解释。

[4] 《耶路撒冷审议庭》第二百二十一章和二百二十二章对此作了很好的解释。

[5] 教会的助理教士也主持审讯和率领兵员。

[6] 参见马尔库尔弗，《法规》，第一卷，第 8 条。文中有致公爵、地方长官或伯爵的信，赋予他们以司法管理和税务管理权。

在于公爵下辖若干伯爵,尽管弗雷德加里乌斯告诉我们,也有许多伯爵并不隶属于任何公爵①。

有人大概会想到,法兰克人的政体一定相当严苛,因为同一批官员同时握有军事权、民事权和司法权,乃至税务权。我曾经说过,这就是专制主义的明显标志之一。

但是,别以为伯爵就像土耳其的帕夏那样单独审案②。每当审案时,他们都要召集当地名流参与刑庭或是审判会议③。

为了让大家了解法规、蛮族法和敕令中关于审判的规定,我想告诉大家,伯爵、伯爵领地总管和百人长的职能是相同的④。法官、司法助理和助理法官,这些都是以不同头衔称呼的同一些人,大多是伯爵的副手,通常有七名。由于参与审判的官员不得少于十二名⑤,人数不够时就请名流补足⑥。

然而,无论是谁拥有管辖权,是国王和伯爵,或是伯爵领地总管和百人长,或是领主和神职人员,他们从不独自一人审案。这种在日耳曼尼亚森林中养成的习惯,在采地已经有了新形式之后依然保存着。

财政权比较完善,伯爵很难滥用。君主对自由民拥有的权力

---

① 弗雷德加里乌斯,《编年史》,第七十八章:关于636年。
② 参阅图尔的格雷瓜尔,《法兰克史》,第五卷:580年之前。
③ 即法兰克人中的自由民的审判会议。
④ 请联系我在本书第二十八章第二十八节以及第三十一章第八节中的论述。
⑤ 参见宽厚者路易的敕令,附加在《萨利克法》第2条后面;迪康热的审判规则中对名流的解释。
⑥ 拉丁文写作 Per bonos homines。有时所有参审人员都是名流。参见马尔库尔弗《法规》第二章附件。

相当简单,如我在前面所说,这种权力无非就是在某些公共场合[①]向他们征集车辆而已;至于司法权,则有防止舞弊的法律[②]。

第十九节　蛮族人民中的和解金

对日耳曼人的法律和习俗如果没有透彻的了解,就不可能对法国的政治法有较深入的认识,所以,我要花一点时间对这些法律和习俗作一番探究。

从塔西佗的著作看,日耳曼人只有两种极刑:绞死叛徒,溺死懦夫。日耳曼人的公罪只有这两种。一个人若是损害了另一个人,受冒犯者或受害者的父母就会参与纠纷,双方的仇恨则以赔偿解决[③]。受害者如果愿意接受赔偿,赔偿对象就是受害者本人;受害者的父母如果也受到伤害,他们也是赔偿对象;受害者如果死亡,赔偿则归其父母所有。

据塔西佗说,履行此类赔偿需通过双方订立协议,所以在蛮族法中,这种赔偿叫作和解金。

我发现,只有弗里兹人的法律[④]听任每个家庭处于自然状态,没有任何政治或民事法律加以管束,任由各自以能够想到的方法

---

① 以及前面提到的某些渡河过桥收费权。
② 参见《里普埃尔法》,第八十九篇;《伦巴第法》,第二卷,第五十二篇§9。
③ "解决一个父亲和一个亲属的仇恨和友谊都是法律要管的事,但是,并非事事都不讲通融。即使是杀人罪,也可以用一定数额的格罗升和小型牲畜抵罪。受害者全家都会接受这种赔偿。"见塔西佗,《日耳曼尼亚志》。
④ 《弗里兹法》,第二篇:关于谋杀;乌勒玛尔(Vulemar)关于盗窃的增篇。

进行复仇,直到心满意足方才罢休。这项法律后来有所缓和,它规定①,被要求偿命的人在家中不受仇人报复,在往返教堂的途中以及审讯场所也有安全保障。

萨利克法的编纂者列举了法兰克人的一种古老习俗②,盗墓剥尸者要被逐出人群,直至受害者家属同意其返回时为止。在此之前,包括其妻在内的任何人都不得向他提供饮食或将其接回家中,在这种情况下,就双方关系而言,受罚者与他人,他人与受罚者,都处在一种自然状态之中,直到支付和解金后方才终止。

此外,各蛮族的智者贤人都想自行采取某种措施,用以取代当事双方的协议,因为等待这种协议太费时间,而且太危险。他们细心地规定了一个公正的数额,作为受害方应该接受的和解金。所有蛮族法在这方面的精确度确实令人称道,对案情作细致分类③,对情况作具体分析;法律设身处地为受害者着想,替他向对方提出他本人在冷静状态下可能提出的赔偿要求。

在塔西佗时代,日耳曼人似乎还处在自然状态中,正是这些法律的制定,使他们脱离了自然状态。

罗塔利在伦巴第法中宣称,他增加了古代习惯法中对于受害者的赔偿,为的是让受害者满意和消除敌意④。事实是,伦巴第人本是贫苦的民族,征服意大利后发了财,从前规定的和解金显得微不足道了,于是和解变得难以达成了。我毫不怀疑,正是出于这种

---

① 乌勒玛尔,《哲人增篇》,第一篇§1。
② 《萨利克法》,第五十八篇§1;第十八篇§3。
③ 参见《萨利克法》,第三、四、五、六篇关于盗窃牲畜的处分。
④ 《伦巴第法》,第一卷,第七篇§15。

考虑，征服民族的首领们制定了至今依然通行的那些法典。

　　加害者应该付给死者父母的款项是和解金的主要部分。和解金的数额可因身份不同而有异①。安格尔法规定，死者若是日耳曼贵族，和解金为六百苏；死者若是一个自由民，和解金为二百苏；死者若是农奴，和解金为二十苏。能够得到高额和解金当然也是一种特权。因为，高额和解金除了表明他的身份外，也为生活在暴烈民族中的他提供了更大的安全系数。

　　巴伐利亚的法律让我们对此深有体会②。该法列出了应该得到双倍和解金的家族名单，这便是地位仅次于阿吉罗芬格人③的那些家族④。阿吉罗芬格人是公爵后裔，公爵历来从他们当中选出，他们可以获得四倍的和解金。公爵本人可以获得的和解金比阿吉罗芬格人又多三分之一。法律写明："因为他是公爵，给予他的荣耀超过他的亲属。"

　　和解金均以货币计算。不过，由于蛮族人不大使用货币，在日耳曼尼亚地区居住时更是如此，所以，也可以用牲畜、小麦、家具、武器、狗、狩猎用的猛禽以及土地等作价代替货币⑤。有时法律干

---

①　参见《安格尔法》，第一篇§1、2、4；《安格尔法》，第一篇§5、6；《巴伐利亚法》，第一篇，第八、十章；《弗里兹法》，第十五篇。
②　《巴伐利亚法》，第二篇，第二十章。
③　阿吉罗芬格人（Agilolfingues），巴伐利亚公爵的第一王朝传人。——译者
④　《巴伐利亚法》规定，这些家族包括霍基德拉、欧札、撒伽纳、哈比林瓜、阿尼耶纳。
⑤　伊纳法规定，一条命值多少钱多少土地。《伊纳王法典》中的"国王家臣篇"；《英国古代法律词汇》，剑桥，1644年。

第三十章　法兰克人的封建法理论与建立君主政体的关系

脆把这些东西的价格确定下来①。这些蛮族人的货币很少,以罚金处理的案件却很多,原因就在于此。

所以,这些法律非常注重精确区分各种过失、伤害和罪行,以便让每个人都清楚,自己受到了何种程度的冒犯或侵害,准确地知道自己可以获得多少赔偿,特别是知道他不应接受超出定额的赔偿。

这样一来,我们就很明白,凡是接受了赔偿的人又寻机复仇,那就犯了大罪。这种罪行既是对私人的侵犯,也是对公众的侵犯,因为这是对法律的蔑视。立法者当然不会不惩罚这种罪行②。

当这些民族在民治政府下丢失了某些独立精神,国王们致力于改善国家的管理时,有一种罪行被认为特别危险③,这就是不愿支付或不愿接受赔偿。我们看到,在各种不同的蛮族法中,立法者都强制支付和接受赔偿④。的确如此,不愿接受赔偿的人是想为自己保留复仇的权利,不愿支付赔偿的人则为受害者保留了复仇的权利。智者贤人于是对日耳曼人的法制进行了改革,要求支付

---

① 《萨克森法》甚至为不止一个民族确定了这种价格;见该法第十八章。又见《里普埃尔法》第三十六篇§11;《里普埃尔法》,第三十六章§11;《巴伐利亚法》,第一篇§10、11:"倘若他没有黄金,就让他拿出另一种有价值的东西来,例如农奴、土地。"

② 参见《伦巴第法》,第一卷,第二十五篇§21;第一卷,第九篇§8、34;同前§38;查理曼802年敕令第三十二章中有他对各省特派员的指示。

③ 参见图尔的格雷瓜尔,《法兰克史》,第七卷,第四十七章所记一个案件的详情。当事一方因自行报复而失去了和解金的一半,不管他此后又受到了什么伤害,他都不能再获得赔偿。

④ 参见《萨克森法》,第三章§4;《伦巴第法》,第一卷,第三十七篇§1、2。《日耳曼法》,第四十五篇§1、2。日耳曼法允许在第一时间立即自行复仇。见查理曼779年敕令第二十二章;802年敕令第三十二章,805年敕令第五章。

和接受赔偿，但不再强制执行。

刚才我提及萨利克法的一个规定，立法者给予受害者接受或不接受赔偿的自由。正是这项法律禁止盗墓剥尸者与任何人交往，直至受害者的父母接受赔偿，提出准许他返回人群为止①。

把和解金付给在行窃中被杀的盗贼的亲属，或是因奸淫而被休的妇女的亲属，那就不对了。巴伐利亚法规定，对于此类情况绝不支付和解金，同时也惩罚报复者②。

在蛮族法典中也不乏有关过失犯罪如何支付和解金的规定。伦巴第法历来非常明智，它规定，在这种情况下和解金由肇事者酌定，受害者的亲属不得诉诸报复③。

克罗泰尔二世颁布过一道相当明智的敕令，他禁止被盗者在没有法官命令的情况下，私下接受和解金④。

第二十节　后来的领主司法权

蛮族法律规定，发生凶杀、伤害和侮辱等事件后，除了向受害者的亲属支付和解金外，还要支付一笔酬金（Fredum）⑤。后面我

---

① 《里普埃尔法》的编纂者好像对此作了修改。见《里普埃尔法》第八十五篇。
② 参见塔里松法令："论人民的法律"第 3、4、10、16、19 条；《安格尔法》，第七篇 §4。
③ 《伦巴第法》，第一卷，第九篇 §4。
④ 希尔德贝与克罗泰尔于 593 年签署的和平协议；克罗泰尔二世于 595 年前后颁布的敕令第十一章。
⑤ 法律如对安保费的数额未作明确规定，通常应是和解金的三分之一。《里普埃尔法》，第八十九章对此有规定，813 年第三道敕令对此作了解释。见《法规汇编》，巴鲁兹版，第一卷，第 512 页。

第三十章　法兰克人的封建法理论与建立君主政体的关系　231

将详谈,俾使读者对此有一个清晰的概念。我想说的是,这是肇事者因受到免遭报复的保护而给予保护者的一份酬谢。如今在瑞典语中,安保费(Fred)一词依然表示和解的意思。

在这些性格暴烈的民族中,主持司法公道就是给加害人提供保护,免遭受害人报复,同时强制受害人接受他应得到的赔偿。因此,日耳曼人就与其他民族不同,他们的司法保护罪犯免遭受害者的报复。

蛮族的法典说明了哪些案件应该缴纳安保费。在受害者亲属无法进行报复的案件中,加害者不必缴纳罚金。道理很清楚,既然不可能发生报复行为,当然也就无须行使保护权。伦巴第法于是规定①,某人若因过失而杀死一个自由民,必须按死者的价值赔偿,但无须缴纳罚金,因为,既然事实是过失杀人,被害者的亲属就无权实施报复。例如,里普埃尔法规定②,某人被木块或手工制作的物件砸死,有罪的是木块或物件,受害者的亲属可以取走自用,但无权要求肇事者缴纳罚金。

该法规定③,与此同理,牲畜若是致人死亡,只需赔偿而无须缴纳罚金,因为,死者的亲属并未受到侵害。

萨利克法规定④不满十二岁的少年因犯罪应支付和解金,但不缴罚金;因为,他还不能使用武器,所以,受害者本人或其亲属不

---

① 《伦巴第法》,第一卷,第九篇§17,林登布洛克版。
② 《里普埃尔法》,第七十篇。
③ 同上书,第四十六篇。参见《伦巴第法》,第一卷,第二十一章§3:"马蹄如果……"林登布洛克版。
④ 《萨利克法》,第二十八篇§6。

能要求报复。

　　罪犯因为犯罪而失去了平安和安全,缴纳罚金就是为了重新获得平安和安全。可是,少年不是成年人,他并未失去安全,也不可能被置于人群之外。

　　罚金是一种付给当地审判主持人的地方税①。但是,里普埃尔法禁止审判主持人自行索取②,而应该由胜诉方收取,然后转交给财政部门,借此永葆里普埃尔人之间的和平。

　　罚金的多寡与受到的保护程度成正比。所以,受到国王的保护比受到伯爵或其他法官的保护,应该缴纳更多的罚金。

　　我觉得,领主司法权由此已经产生了。无数资料表明,采地有时包括一些面积巨大的土地。我在前面已经指出,对于法兰克人分得的土地,国王不征收任何税赋,更不对采地保留任何权利。获得了采地的人在这方面享有相当广泛的权利,他们收取采地上的一切收获和一切收益,其中最大的收益之一就是司法收益,即依据法兰克人的习俗收取的安保费③,由此产生的结果便是,拥有采地的人也就拥有司法权,而这种司法权的行使仅仅只是向受害者的亲属支付和解金,向领主缴纳好处费。这种司法权其实不是什么别的东西,就是迫令加害者依法支付和解金和缴纳罚金。

　　我们从一些法规中看到,采地确有这种权利。因为,这些法规或是确认一处采地属于或永久转归某位家臣所有④,或是确认一

---

①　克罗泰尔二世595年敕令:"罚金由事发地法官保管。"
②　《里普埃尔法》,第八十九篇。
③　参见查理曼的维利斯敕令。他把安保费列为国王辖区重要收入之一。
④　马尔库尔弗,《法规》,第一卷,第3、4、17条。

第三十章　法兰克人的封建法理论与建立君主政体的关系　233

处采地的特权属于或是永久转归教会所有①。还有许多条例也证实了这一点②，这些条例禁止国王的法官和官员前往领地去行使任何司法职责或索取司法酬谢。国王的法官既然不能向地方索取酬谢，自然也就不再到地方去了；当地的国王法官以往承担的职务就由当地法官承担了。

国王的法官不得为确保双方当事人出庭而让他们支付保证金，要求支付保证金的应该是获得领地的人。此外，国王的特派员不得要求提供住宿，因为事实上他们已经不再承担任何职责。

由此可见，新旧采地上的司法权都是采地所固有的权利，是采地众多权利中的一种收益权。正因为如此，任何时代的人都对此作如是观，由此而产生的原则便是，司法权在法国被视为一种可继承的遗产。

有人认为，司法权起源于国王和领主对其农奴的身份解除。可是，解除奴隶身份的并非只有日耳曼各族及其后裔，而把司法权视为遗产的却只有他们。此外，我们从马尔库尔弗的《法规》中③也看到，自由民起初也被置于这种司法管辖之下，所以，农奴既然居住在采地，当然也是司法管辖的对象；但是他们并非采地之所以形成的根源，因为他们本身就被包含在采地之中。

---

① 马尔库尔弗，《法规》，第一卷，第 2、3、4 条。
② 参见各种条例集，尤其是本笃会神甫们编纂的《法兰西历史学家》第五卷篇尾的诸多条例。
③ 马尔库尔弗，《法规》，第一卷，第 3、4、14 条；查理曼 771 年条例；马泰纳（Martène），《逸事集》，第 11 集："兹令所有公共法官均拥有对密尔贝克教堂和修道院所在地的各色人等的司法权，无论自由民或农奴，同时对于该地的居民也同样一样拥有司法权。"等等。

另外一些人的看法更加直截了当,他们说,是领主篡夺了司法权,如此而已。但是,世界上篡夺君主权力的人难道只有日耳曼人的后裔所组成的民族吗?历史充分表明,其他民族也曾篡夺他们君主的权力,却并未发现因此而出现所谓的领主司法权。所以,必须到日耳曼人的习俗中去寻找领主司法权的根源。

我请大家读一读鲁瓦索①的著作②,看看他所猜想的领主们组织和篡夺各种司法权的方法。在他看来,领主是世界上最奸诈的人,他们不像武夫那样在战场上劫掠,而是像乡村法官和公诉人那样相互偷盗。依照他的说法,在王国的各省里,在许多王国里,这些武夫建立了一种普遍的政治体系。鲁瓦索把自己在书斋里应用的推理方法,说成似乎就是这些武夫的推理方法。

我还想说,如果司法权不是采地的附属物,那么,无论在宫廷中或是战场上,采地为什么要为国王或领主提供服务,而且到处都是这样呢③?

第二十一节　教会的领地司法权

教会获得了相当可观的地产。我们看到,国王赐予教会以巨大的财富即采地,我们发现,司法权首先在这些教会的采地上确立起来了。这种非同一般的特权其源头在哪里呢?在于采地的性

---

① 鲁瓦索(Loyseau, Charles, 1566—1627),巴黎高等法院律师,著有《乡村的司法制度》。——译者

② 《乡村的司法制度》。

③ 迪康热,《晚期拉丁语和希腊语词汇》中的 homimium 词条。

第三十章　法兰克人的封建法理论与建立君主政体的关系

质。教会的地产拥有这样的特权,因为无人可以剥夺它的这种特权。地产被赐予教会时,就像赐予家臣一样,连同附在这份地产上的特权一起赐给了教会。我们已经看到,这份地产如果赐予非教会人士,受赐者就应该为国王提供服务,所以,赐予教会的这份地产同样应该提供服务。

因此,教会有权在采地上收取和解金和罚金。这就意味着教会必然要阻止国王委派的官员进入它的领地收取安保费,行使任何司法权,因此,在《法规》[①]中,在条例和敕令中,教会的这种司法权就被称作豁免权。

里普埃尔法规定[②],教会的被释奴除了在他们被释地的教堂里[③],不得在其他地方举行司法集会[④];由此可见,教会甚至对自由民也拥有司法权,而且在君主制初期就已经有了它自己的审判会议。

我在《圣人传》[⑤]中读到,克洛维斯把一块六法里的土地交给一位神圣的人物治理,并规定这块土地不受任何司法管辖。我觉得这是一个误传,是一个由来已久的误传,生活的真实与谎言都与习俗和法律有关,而我们在这里探究的正是这些习俗和法律[⑥]。

克罗泰尔二世下令给拥有边远地区土地的主教和权贵,要他们在当地选择司掌审判并因此接受薪金的人。

[①] 参见马尔库尔弗,《法规》,第3、4条。
[②] 《里普埃尔法》,第五十八篇§1:"除了他们被解放的地方以外,他们不得寻求司法保护。"又见林登勃洛克版,§19。
[③] 拉丁文写作 Tabularii。
[④] 拉丁文写作 Mallum。
[⑤] 《图卢兹主教圣日尔梅尼乌斯传》,5月16日,保朗杜斯出版。
[⑥] 参阅《圣梅拉尼乌斯传》和《圣戴伊克尔传》。

克罗泰尔二世①还为他的官员和教会法官规定了各自的司法权限。查理曼于802年发布敕令,授予主教和教士以司法官员应有的身份。查理曼的另一道敕令②禁止国王的官员对任何耕种教会土地的人行使司法权③,除非这些人是为了进行欺诈或逃避税赋而耕种教会土地。聚集在兰斯的主教们宣布④,教会的附庸均处于他们的豁免权行使范围之内。806年的查理曼敕令规定⑤,教会对其领地上的所有居民拥有刑事和民事司法权。最后,秃头查理⑥还将国王的司法权、领主的司法权和教会的司法权作了区分。下面我还将详加论述。

第二十二节 司法制度在加洛林王朝末期的建立

有人说,附庸们在加洛林王朝末期的混乱中,取得了他们自己地盘上的司法权。人们总是喜欢泛泛而论,而不愿意认真研究。

---

① 615年巴黎公会议文书第19条和第12条:"本区拥有土地的主教或权势人物,不得指定非本地人担任法官和审判人员参与和主持司法审理。"
② 《伦巴第法》,第二卷,第四十四篇,第二章,林登勃洛克版。
③ 同上书:"已经获得土地的农奴,持有旧约或新近获得土地的人。"
④ 858年圣谕第7条,见《谕令集》第108页:"神职人员生活的土地以及在教会豁免权保护下并应由其附庸服务的地产。"
⑤ 该敕令附于《巴伐利亚法》,第7条;参见林登勃洛克版第三条第444页:"首先必须规定,教会对于居住在教会领地上的人的财产和居住权,无论在其生前或死后,均享有司法权。"
⑥ 857年吉耶兹公会议文书第4条;《敕令汇编》,巴鲁兹版,第96页。

第三十章　法兰克人的封建法理论与建立君主政体的关系　237

说附庸们以前并不拥有司法权容易,讲清楚他们如何取得司法权就比较困难。可是,司法权并非源自篡夺,它源自最初的确立,而不是它的腐败。

巴伐利亚法写道①:"若是杀死了一个自由民,就得向死者的父母支付赔偿金,死者如果没有父母,赔偿金就支付给公爵或者死者生前托付的人。"大家都知道,为获得赏赐而实行托付②是怎么回事。

阿勒曼尼亚法写道③:"奴隶被劫的主人应该向劫犯的君主索要赔偿金。"

希尔德贝敕令写道④:"一个百人长如果在另一个百人长的辖区内或家臣的地界内发现盗贼,但并不加以驱赶,他就应该把盗贼交出,否则就应以发誓证明自己的清白。"由此可见,百人长的辖地与家臣的辖地是有区别的。

希尔德贝的这道敕令为克罗泰尔⑤颁发于同年的一项法规⑥

---

① 《巴伐利亚法》,第三篇,第十三章,林登勃洛克版。
② 所谓托付,是指业主将自己的地产让与某位领主,然后以承担某些义务为条件将该地产作为赏赐地收回。——译者
③ 《日耳曼法》,第八十五篇。
④ 595年敕令第11、12条;巴鲁兹版,第19页:"也有可能是这样:一个百人长在另一个百人长辖区追踪并发现踪迹;如果事情发生在一位家臣的地界内,而家臣并未作出努力把嫌犯驱赶出去,或是并未把他看作与盗贼有关的人。"
⑤ 希尔德贝(Childebert)、克罗泰尔(Clotaire)都是克洛维斯的儿子,分别是巴黎和苏瓦松的国王。——译者
⑥ 希尔德贝595年敕令第2、3条:"如果已经证实确有盗贼作案,不课罚金;如果有人经多方努力抓住了盗贼,此人可以接受全部赔偿金。如果在采地内抓住盗贼,他就只能获得采地赔偿金的一半,此外还可以要求对盗贼处以重刑。"

提供了解释。该法规与希尔德贝的敕令所针对的情况和案情没有什么不同,两者的区别仅在于用词不同。希尔德贝的敕令称之为 in terminis fidelium nostrorum(我的家臣们的地界)的,克罗泰尔称之为 truste(封地)。比尼翁先生和迪康热先生认为[①],in truste 指的是另一位国王的领地,但他们并未说对。

意大利国王丕平[②]为法兰克人和伦巴第人颁发过一项法规[③],对行使司法权时有渎职或延宕行为者予以惩处,这位君主还规定[④],一个拥有采地的法兰克人或伦巴第人如果不愿审理讼案,该法兰克人或伦巴第人所在地的法官们可以暂停其采地权的行使,在此期间由该法官或其代理人审理讼案。查理曼的一道敕令[⑤]表明,国王并不收取安保费。查理曼的另一道敕令[⑥]表明,封建法规和封建法庭均已建立。宽厚者路易的一道敕令规定,拥有采地者如果不审理讼案,或者妨碍他人审理讼案,大家就可随意住在他家中,直到案件审结[⑦]。我还可举出秃头查理的两道敕令;其一是

---

① 参见迪康热,《晚期拉丁语和希腊语词汇》中的 trustis 词条。

② 丕平(Pépin,777—810),意大利国王(781—810 在位),查理曼之子。这位丕平不是前面提及的矮子丕平。——译者

③ 载于《伦巴第法》,第二卷,第五十二篇§14。该法规即为 793 年敕令。见《敕令汇编》,巴鲁兹版,第 544 页,第 10 条。

④ 一个拥有赐地的法兰克人或伦巴第人如果不愿审理讼案,他所隶属的法官可以停止其对赐地的使用,在此期间,由该法官代行司法权。见《伦巴第法》,第二卷,第五十二篇,第 2 条,此条与查理曼 779 年敕令,第 21 条相关。

⑤ 812 年第三道敕令,第 10 条。

⑥ 813 年第二道敕令,第 14、20 条,第 509 页。

⑦ 819 年敕令,第 23 条:"特使、主教或教士以及其他享有赐地和土地的人,如果阻止他人或不愿审理案件,为案件而来的人就可以住宿在他家中,直到案件审毕。"见《敕令汇编》,巴鲁兹版,第 617 页。

861年敕令①,该敕令表明,各地的司法机构已经建立,法官和法官下属的官员已经就位;其二是864年敕令②,该敕令对国王本人的领地与其他人的领地作了区分。

我们没有见到采地的初始转让,因为我们知道,采地的建立是征服者分地的结果。所以,无法用初始契约来证明,司法权一开始就附属于采地。可是,正如前面所说,我们在采地的确认或永久转移条例上看到,司法权已经在那里建立,由此推知,司法权源自采地的性质,是采地的重要特权之一。

有关在教会属地上确立封建司法权的文献,多于我们所掌握的能够证明在家臣的赐地和采地上确立封建司法权的文献;原因有以下两个:其一,我们所掌握的文献大多是僧侣们为修道院之需而保存或搜集的;其二,教会的可承袭地产由特殊让与组成,对于既有秩序来说是一种例外,所以对此应有条例加以规定;家臣们接受的让与则是政治方面的后果,为此不需要更不必保存特殊条例。国王通常只是借助令牌完成简单的让与,恰如我们在《圣摩尔传》中所看到的那样。

马尔库尔弗的第三条法规③有力地证明,神职人员和世俗人士同样享有豁免特权以及由此带来的司法特权,因为这些特权既

---

① 《敕令汇编》,巴鲁兹版,第二卷,第152页:"吉耶兹敕令。兹规定,派往其辖区任何一地的所有法官,协同其下属官员,对所有被其证实对抗司法者予以惩处。"

② 同上书,第18条,第181页:"皮斯特敕令。罪犯如果遁入我的领地和其他任何采地和任何领主的属地……"

③ 马尔库尔弗,《法规》,第一卷:"我想将善意的决定交予教会属地,或将适当的特权赋予我所愿意的人,由此扩大帝国的无限权威。"

是为前者也是为后者确定的。克罗泰尔二世的条例也是如此①。

第二十三节　迪波教士
《法兰西君主国在高卢的建立》的总体思想

　　结束本章之前,有必要对迪波教士的著作作一番审视,因为我的想法始终与他的想法南辕北辙,如果他已经发现了真理,那我就没有发现。

　　这部著作以其高超的写作技巧迷惑了许多人;作者在书中对涉及的问题从头到尾进行假设,证据越缺乏,似是而非的论述就越多,无数臆测被当作原则,进而又从这些原则推导出另一些臆测作为结论。读者竟然忘掉了,自己之所以怀疑为的是开始相信。作者的渊博学识被置于体系之外,没有写进他的体系;无关紧要的枝节分散了读者的注意力,以至于无暇顾及主旨了。不但如此,作者的探索对象如此之多,让人无法想象他竟然什么也没有发现。旅途如此漫长,令人以为终于到达了目的地。

　　可是,当我们细细一看,却发现原来这是一具泥足巨人。迪波教士的体系如果立论有据,完全可以从这部著作的主题中找到他想要的一切,而不必用连篇累牍的三大卷来证明;他无须到处去寻找远不可及的东西,理性本身就会担负起使命,把这个真理放置在其他真理的链条之中。历史和我们的法律本来应该对他说:"不必为难自己,我们将为你作证。"

---

① 我在本书本章第二十一节中已经列举了此条例:"本区拥有……"

第二十四节　续前题，对该书基本体系的思考

迪波教士试图彻底消除法兰克人是作为征服者进入高卢的看法。在他看来，法兰克国王受人民之请，轻而易举地登上帝位，承袭了罗马皇帝们的各种权力。

这种说法与当时进入高卢的克洛维斯攻城略地时的实际情况不符，与他向罗马军官希亚格利乌斯[①]挑战并攻下其防地时的实情也不相符；所以，这种说法仅仅适用另一个时期的实情，那就是克洛维斯借助暴力成为高卢大部分地区的主人后，由于人民的选择和爱戴，受邀去统治高卢的其余地区。克洛维斯仅仅被人民接受还不够，还得受到邀请才是。迪波教士应该证明，人民不愿意生活在罗马人或他们自己的法制之下，而心甘情愿地接受克洛维斯的统治。可是，据迪波教士说，在这部分尚未受到蛮族侵袭的高卢境内，罗马人分为两类：一类属于阿莫里克[②]联邦，他们赶走了罗马皇帝的官员，与蛮族进行自卫战争，用自己的法律管理自己；另一类则是服膺罗马官员的罗马人。可是，迪波教士却说，仍然生活在罗马帝国的罗马人向克洛维斯发出了邀请，对此他提供证据了吗？根本没有。他说阿莫里克人的共和国向克洛维斯发出了邀请，甚至与他签订了一些条约，迪波教士对此提供证据了吗？依然

[①]　希亚格利乌斯（Syagrius, 430—486），罗马将军。——译者
[②]　阿莫里克（Armorique），公元 7 世纪之前的布列塔尼地区。——译者

是根本没有。他不但说不清楚这个共和国后来的归宿,甚至连它是否存在过都拿不出证据。从霍诺里乌斯时代一直到克洛维斯的征战,迪波教士始终追随着这个共和国的历史,尽管他以出色的写作技巧把当时的所有事件都与这个共和国挂钩,然而,我们在作者的笔下却都看不到这个共和国。因为,用索西穆斯著作中的一个片段①证明,在霍诺里乌斯统治下的罗马帝国②阿莫里克地区和其他高卢行省高举反叛义旗,组成了一个共和国③,这是一回事;用事实证明,尽管经历了高卢人的多次绥靖,阿莫里克人却一直拥有自己的共和国,而且一直延续到被克洛维斯征服之前,这是另一回事;两者是不相同的。迪波教士想要确立自己的体系,就得拿出过硬和精准的证据来。因为,当我们看到征服者进入一个国家,凭借武力把它的大部分领土置于自己的统治之下,整个国家不久以后就对征服者表示臣服,而历史并未说明事情何以发展到了这种地步;在这种情况下,我们有充分的理由认为,此事既然是以武力肇始的,同样也是以武力终结的。

迪波教士既然没有认识到这一点,他的整个体系也就一垮到底,这是不难想见的。因此,每当他从自己的这个原则中推导出某些结论,诸如高卢人并未被法兰克人征服,法兰克人是受罗马人之邀来到高卢的等等,我们始终有理由否定他的此类说法。

迪波教士以克洛维斯曾被授予罗马人的官职为据来证明他自

---

① 索西穆斯,《历史》,第六卷,第五章。
② 霍诺里乌斯(Honorius,384—423),395年继罗马皇帝位,懦弱无能,听任蛮族侵入罗马帝国。——译者
③ 索西穆斯,《历史》,第六卷,第五章:"整个阿莫里克地区和其他高卢行省。"

己的原则。据他说,克洛维斯继其父希尔代里克担任民团长官之职。可是,这两个职务纯系迪波教士的杜撰。他引以为据的圣雷米致克洛维斯的信函[①],其实就是一封祝贺登基的贺信。一件文书为何而写本来很清楚,他为何却要另有一说呢?

克洛维斯在位末期,被阿纳斯塔西乌斯皇帝任命为执政,可是,仅有的一年任期能给予他什么权威呢?迪波教士说,有迹象表明,阿纳斯塔西乌斯皇帝在同一纸任命书上还任命克洛维斯为行省总督。我倒是想说,有迹象表明并无此事。就一件毫无依据的事实而言,给以肯定和给予否定具有同等权威。我甚至还另有理由。图尔的格雷瓜尔在谈到克洛维斯任执政官时,对于他任行省总督一事只字未提。即使他当过行省总督,充其量也只有半年左右。克洛维斯在执政官任上一年半后过世,所以不可能把行省总督变成一项世袭的职务。最后,当他当上执政官之后,再加上有人所说的行省总督,他已然是君主国的主人了,所有权力都已经确立。

迪波教士提出的第二个证据,是查士丁尼皇帝把克洛维斯在罗马帝国和高卢领有的所有权力,都交割给其子孙。我原本可以就此事多说几句。我们可以从法兰克国王们执行割让条件的方式作出判断,割让这些权力对于他们来说是否重要。何况,法兰克国王们是高卢的主人,他们是太平之君,而查士丁尼在那里不拥有一寸土地;西罗马帝国早已覆灭,东罗马帝国仅仅作为西罗马帝国的代表才对高卢享有若干权力,这些其实是凌驾于权力之上的权力。法兰克人的君主国已经建立,典章已经制定,居住在高卢的个人和

---

① 迪波,《法兰西君主国在高卢的建立》,第二卷,第三章,第 270 页。

族群彼此享有的权利已经商定，各族的法律不仅已经颁布，甚至已经用文字写出。对于一个已经建成的国家，外来的权力割让有何用处？

在秩序荡然无存、一片混乱、国家全然崩垮之时，在征服者烧杀劫掠之时，所有主教却竭力向征服者阿谀谄媚，迪波教士捧出这些主教的夸夸之谈说明了什么呢？除了说明那些被迫阿谀奉承的人是些软骨头之外，还能说明什么？修辞与诗歌除了这些技艺本身的使用之外，还能证明什么？图尔的格雷瓜尔提及克洛维斯实施的几桩谋杀后说，上帝让克洛维斯的敌人天天匍匐在他面前，因为他走在他的道路上；听了这样的话能不惊诧不已吗？教会人士对于克洛维斯改宗基督教满心欢喜，而且从中获得了巨大利益，谁会对此有所怀疑？可是与此同时，人民在征服中受尽苦难，罗马统治者向日耳曼统治者作出了让步，谁能对此有所怀疑？法兰克人既不愿意也不可能改变一切，再说，哪个征服者有此癖好？然而，迪波教士为了让他的所有结论都正确无误，就必须说法兰克人不但没有改变罗马人的任何东西，反而改变了他们自己。

遵循迪波教士的方法，我甚至可以证明希腊人并未征服过波斯。首先可以说说某些希腊城市与波斯人签订的条约，然后再说说波斯人雇用的希腊人，犹如罗马人雇用的法兰克人一样。尽管我们可以把亚历山大攻入波斯人的家乡，围困、占领和摧毁提尔城，看作一件特殊事件，犹如希亚格利乌斯事件一样；但是，那就看看犹太人的大祭师如何驱前迎奉亚历山大[①]，听听朱庇特·阿蒙

---

① 据传，犹太人的大祭师曾在耶路撒冷庄严地迎接亚历山大。——译者

的神谕①,想一想此事在戈耳狄俄斯如何被预言②,看看所有城市如何张开双臂欢迎他,总督和权贵们如何成群结队前来迎奉他。他身着波斯服,也就是克洛维斯的执政官官服。大流士不是把王国的一半给了他吗?大流士不是被人当作暴君处死了吗?大流士的母亲和妻子不是为亚历山大之死而痛哭流涕吗?昆图斯·库尔提乌斯③、亚里安、普鲁塔克不都是同时代人吗?他们的著作④中所缺失的某些东西,印刷术不是已经为我们提供了一些线索吗?这就是《法兰西君主国在高卢的建立》一书所记述的历史。

第二十五节　法兰西的贵族

迪波教士认为,在法兰西王国初期,法兰克人中只有公民一个等级。这种说法对于我们的名门望族是一种侮辱,对于先后统治我国的三个伟大王朝同样是一种侮辱。伟大王朝的伟大渊源岂不就要湮没在遗忘、黑夜和时间之中了吗?历史岂不应该向我们昭示一些时代,说明三个伟大的王朝在那时只不过是普普通通的家族吗?为了证明西尔佩里克、丕平、于格·加佩曾是显贵,难道非得到罗马人、萨克森人,也就是说到被征服民族中去寻找他们的渊

---

①　朱庇特·阿蒙在神谕中承认,亚历山大是朱庇特的儿子。——译者
②　据传,亚历山大出征波斯前,把一把宝剑用死结挂在供献给宙斯的车辕上。神谕称,解开死结可赢得亚洲帝国。此处即隐喻亚历山大在戈耳狄俄斯解开死结一事。——译者
③　昆图斯-库尔提乌斯(Quinte-Curce),公元1世纪拉丁历史学家,著有十卷本《亚历山大传》。——译者
④　参见迪波教士在该书中所写的前言。

源吗？

迪波教士的见解以萨利克法为依据[1]。他说，萨利克法表明，法兰克人中间显然不存在两类公民。该法规定，凡是杀死一个法兰克人，不管其身份是什么，一律赔付和解金二百苏[2]；但是，萨利克法对罗马人作了一些区分；国王的客卿如果被杀，和解金为三百苏；罗马人业主被杀，和解金为一百苏；隶属于他人的罗马人被杀，和解金仅为四十五苏。鉴于和解金的多寡意味着重大区别，所以迪波教士由此得出结论说，法兰克人只有一个等级，罗马人则有三个等级。

令人吃惊的是，他的错误竟然没能使他发现自己的错误。其实，生活在法兰克人统治之下的罗马贵族，其和解金如果高于法兰克人，其地位如果高于最高贵的法兰克人和最高级的军事将领，那倒真的是咄咄怪事了。一个胜利者民族倘若果真如此不尊重自己，却对被征服的民族充满敬意，那会呈现怎样的一副模样呢？况且，迪波教士列举的其他蛮族法表明，这些民族的公民分为多个等级，这个普遍规律如果恰恰不存在于法兰克人之中，那就太异乎寻常了。此事本应令迪波教士想到，他不是对萨利克法的文字理解有误，就是对该法的实际应用出现了问题。事实正是如此。

翻开萨利克法，我们看到，为国王的家臣和附庸之死[3]支付的

---

[1] 见《法兰西君主国在高卢的建立》，第三卷，第六章，第304页。

[2] 他为此援引《萨利克法》，第四十四篇和《里普埃尔法》，第七篇和第三十六篇。

[3] "国王的忠臣行列中的一员"，《萨利克法》，第四十四篇§4；这与马尔库尔弗，《法规》，第13条"国王的家臣"相关。又见《萨利克法》，第六十六篇§3、4，第七十四篇；《里普埃尔法》，第十一篇，秃头查理的887年敕令："于吉耶兹"第二十章。

第三十章 法兰克人的封建法理论与建立君主政体的关系

和解金为六百苏,而为国王的罗马客卿之死支付的和解金为三百苏①;萨利克法规定②,为普通法兰克人之死支付的和解金为二百苏③;为一个普通罗马人之死支付的和解金仅为一百苏④,为一个隶属于他人的罗马人,即农奴或被释奴之死支付的和解金为四十五苏⑤。但是,我不准备谈论此事,也不准备谈论法兰克农奴和被释奴死亡的和解金问题,因为,我在这里所谈到的不是这些属于第三等级的人。

迪波教士做了些什么呢?他闭口不谈属于第一等级的法兰克人,也就是关于国王家臣的那个条文;接着,他把死亡和解金为二百苏的普通法兰克人,与死亡和解金各不相同的罗马人中的三个等级加以比较,从中得出结论说,法兰克人只有一个等级,罗马人有三个等级。

在他看来,既然法兰克人只有一个等级,勃艮第人最好也只有一个等级,因为,勃艮第是法兰克王国的一个重要组成部分。但是在他们的法典中有三种赔偿金⑥,一种适用于勃艮第或罗马贵族,一种适用于普通勃艮第人或罗马人,一种适用于这两个民族中的卑微者。迪波教士并没有引用这项法规。

---

① 《萨利克法》,第四十四篇§6。
② 同上书,§4。
③ 同上书,§1。
④ 同上书,§15。
⑤ 同上书,§7。
⑥ 《勃艮第法》,第二十六篇§1、2、3:"因过失损毁一个勃艮第贵族的一颗牙者,赔偿二十五苏;受害人若是勃艮第人或罗马人中的自由民,赔偿金应为十苏,受害人若是下等人,赔偿金则为五苏。"

看看他如何避而不谈从各个角度让他感到压力的那些段落①,这就不能不令人觉得奇怪。人家与他谈到了权贵、领主和贵族,他却说,那只是一些称号,并不是等级差异,只不过是一些礼仪上的东西,而不是法律规定的特权;他还说,这些人要不就是国王枢密院的成员,甚至可能是罗马人;可是,法兰克人中无论如何只有一个公民等级。另一方面,如果谈到法兰克人中地位卑微的人,那就是农奴②。他就是用这种方法对希尔德贝的敕令进行诠释的。我觉得有必要对这道敕令说上几句。迪波教士让这道敕令名声大振,因为他用它来证明两件事:其一③,蛮族法规定的所有赔偿金,都只是附加在肉刑上面的民事利益,这就把历来的古老文献记录统统彻底否定了;其二,所有自由民都直接由国王审理④。这与记载当时司法程序的无数文字记载和权威说法,都截然相反⑤。

这道在全国会议上颁布的敕令说,当抓住一个声名狼藉的盗贼时,法官如果发现盗贼是个法兰克人(Francus),就把他捆起来送交国王;如果盗贼是个地位低下的人(debilior persona),那就立即把他绞死⑥。迪波教士说,Francus 是自由民,debilior persona 是农奴。且不说 Francus 究竟是什么人,先来看一看 debilior per-

---

① 《法兰西君主国在高卢的建立》,第三卷,第六章,第四、五节。
② 同上书,第五章,第 319、320 页。
③ 同上书,第六章,第四节第 307、308 页。
④ 同上书,第六章,第 309 页,第五章,第 319、320 页。
⑤ 参阅此书的第二十八章第二十八节,第三十一章,第八节。
⑥ 《敕令汇编》,巴鲁兹版,第一卷,第 19 页:"于是在科隆决定由我颁布:法官获悉盗贼犯案后,应立即赶往出事地点,将盗贼捆绑,并调查清楚,盗贼如系自由民,应送给我处置,若系下等小民,立即绞死。"

sona 是什么人。我认为，无论哪种语言，凡是用于比较的词都必然有三级：最大、次大、小。此处所涉及的如果只是自由民和农奴，那就应该称之为农奴，而不应称之为势力较小的人。所以，debilior persona 绝对不是农奴，而是地位高于农奴的人。这个假设如果成立，那么，Francus 就不是自由民，而是颇有势力的人。我们之所以在这里把 Francus 视为颇有势力的人，是因为在法兰克人中间，始终有那么一批人，他们在政府里颇有势力，法官或伯爵往往拿他们没有办法。这个解释与许多敕令①相吻合，这些敕令规定，哪些案件中的罪犯可以送交国王，哪些案件中罪犯不能送交国王。

在泰冈撰写的《宽厚者路易传》②中，使这位皇帝蒙受羞辱的主要人物是一些主教，尤其是曾经当过农奴和蛮族出身的那些主教。宽厚者路易让埃彭脱离奴籍，当上了兰斯大主教，泰冈斥责这个埃彭说："皇帝的善举得到了什么回报呢③？他让你成了自由民，当然，你并没有当上贵族，可是，他给了你自由以后，是不可能再帮你当上贵族的。"

这段话有力地证明公民确有两个等级，不过，迪波教士并不因此而感到为难。他说④："这段话丝毫也不表明宽厚者路易不能让埃彭当上贵族，作为兰斯大主教，埃彭应该属于第一等，已经高于

---

① 参阅本书第二十八章第二十八节和第三十一章第八节。
② 《宽厚者路易传》：第四十三章和第四十四章。
③ 同上书。"你是怎么报恩的！他把你变成一个自由民，当然并非贵族，可是，被释奴是不能成为贵族的。"
④ 《法兰西君主国在高卢的建立》，第三卷，第六章，第四节，第 316 页。

贵族了。"我请读者自己去品评这段话的意思,对这里的僧侣高于贵族的说法作出自己的判断。迪波教士接着说①:"这段话仅仅证明,生而自由的公民被称作贵族,按照大家的习惯,贵族和生而自由的人是同一个意思。"什么!由于在我们的年代中,有一些市民取得了贵族身份,竟然就把《宽厚者路易传》中的一段话用在这些人身上了!迪波教士还说②:"埃彭当奴隶的时候,或许不在法兰克人中,而是在萨克森人中或是在另一个日耳曼民族中,而在这些民族中,公民是被分为若干等级的。"这么一来,由于迪波教士的这个"或许",法兰克人当中就绝对没有贵族了。不过在他笔下,"或许"这个词从来不曾用得如此糟糕。我们刚才看到,泰冈把曾经反对宽厚者路易的主教分为两类③,一类曾是农奴,另一类曾是蛮族。埃彭属于前一类,而不属于后一类。此外,我不知道怎么会有人说,像埃彭这样的一个农奴是萨克森人或日耳曼人。须知,农奴既无家庭,因而亦无国家。宽厚者路易让埃彭脱离了奴籍,而被释奴是遵守主人所遵守的法律的,埃彭并未变成萨克森人或日耳曼人,而是变成了法兰克人。

　　刚才我在进攻,现在应该转入防守了。有人或许会对我说,国王的家臣组成了国家中一个有别于自由民的群体,可是,由于采地起初是可以转让的,后来才具有永久性,所以未能形成一个因出身而成为贵族的群体,因为,特权并不附属于世袭的采地。毫无疑

---

① 《法兰西君主国在高卢的建立》,第三卷,第六章,第四节,第316页。
② 同上。
③ 《宽厚者路易传》:"所有主教都讨厌路易,特别是被他从奴役中解救出来和来自蛮族的那些人,他给了前者以荣誉,给了后者以高位。"

第三十章 法兰克人的封建法理论与建立君主政体的关系

问,就是这个反驳意见让瓦鲁瓦先生认为,法兰克人只有一个等级;迪波教士接受了瓦鲁瓦先生的看法,却以许多拙劣的证据毁掉了这个看法。无论如何,能够提出这种反驳意见的人绝对不会是迪波教士。因为,既然他认为罗马贵族有三个等级,而国王的客卿是其中的第一等级,那他就不可能再说,较之国王的家臣,国王的客卿这个头衔更是因出身而成为贵族的标志。可是,我必须给予直接回答。家臣之所以是家臣,并非由于他们拥有采地,而是因为他们是家臣,所以才有人把采地赐给他们。读者大概还记得,我在本章头几节中谈到,他们当时并不拥有后来的那一块采地,不过,虽然当时不拥有那一块采地,却拥有另一块采地,因为采地是在他们出生时授予的,而且往往是在全国会议上授予的;此外还因为,获得采地对贵族来说固然是好事,赐予采地对国王来说同样也是好事。这些家族以其效忠国王而名声显赫,以其可以申领采地的特权而与众不同。我在下一章①中将要说明,某些自由民何以由于机遇而被允许享有这种巨大的特权,从而进入贵族行列。贡特朗及其侄子希尔德贝当政时期的情况并非如此,在查理曼当政时期情况倒是确实如此。但是,自由民尽管从查理曼时代开始就可以拥有采地,但从上面引述的泰冈的记述来看,被释农奴是被绝对排除在外的。迪波先生想要以土耳其为例告诉我们,古老的法兰西贵族是什么样的②,他会对我们说,宽厚者路易和秃头查理在位时,我们法兰西人对于把荣耀和高位给予出身卑微者烦言多多,而

---

① 本书第三十一章第二十四节。
② 《法兰西君主国在高卢的建立》,第三卷,第六章,第 302 页。

土耳其人对此类现象却丝毫没有抱怨吗？其实，查理曼时期无人抱怨，因为这位君主始终把旧家族与新家族区分开来，而宽厚者路易与秃头查理却并不这样做。

不要忘记，我们都应谢谢迪波教士，因为他撰写了好几部佳作。评判迪波先生的依据应该是那几部佳作，而不是刚才我们所讨论的那部书。他在那部书中出了一些大错，因为他眼里只有布兰维利耶伯爵，却没有书的主题。我对他的所有评论令我想到这样一个问题：连他这样一位大人物都会犯错误，我是不是应该更加小心翼翼才是呢？

第三十一章　法兰克人的封建法理论与其君主制巨变的关系

第一节　官职和采地的变化

起初,伯爵被派往各自辖区的任期仅一年,不久之后,他们就花钱购买,以求继续任职。早在克洛维斯的孙子在位期间就有这样一例。一位名叫佩欧尼乌斯的人是奥克赛城的伯爵,他派儿子姆莫洛斯去给贡特朗送钱,以求继续任职;这个儿子却花钱为自己买官,取其父而代之①。国王此时已经开始腐化他们自己的恩赐地了。

依据王国的法律,此时的采地虽然是可以转让的,却并非可以随意和专断地授予或剥夺,此事通常是全国会议的主要议题之一。我们有理由认为,无论在伯爵的任职或采地的授予上,当时都已经出现了腐化现象;花钱就可以继续领有采地,花钱就可以继续领有伯爵辖地。

我将会在本章后面②指出,君主的某些恩赐地仅在一定时间

---

① 参阅图尔的格雷瓜尔,《法兰克史》,第四章,第四十二节。
② 本书本章第七节。

内有效,而另外一些恩赐地却具有永久性。国王有一次因为想要收回以前给予的恩赐地而激起全国的普遍不满,不久就引发了法国历史上第一次著名的革命,布伦豪特①之死便是这场革命第一阶段中令人震惊的一个场景。

布伦豪特既是王后,又是这位国王的女儿,那位国王的姐妹,还是另一位国王的母亲,她的建树无愧于一个罗马市政官员或行省总督,因而至今依然闻名遐迩;她生而极富才干,善于处理国务,长期因才干和品德为人所敬重,突然之间,她却为一个在全国缺乏权威的国王②所害,长时间遭受残忍的刑讯煎熬,受尽屈辱③。若非由于某种特殊的原因失去了全国人民的爱戴,她的这种遭遇乍一看实在是不可思议。克罗泰尔指责她害死了十位国王④,可是其中两位却是克罗泰尔自己害死的⑤,还有几位国王之死应该归咎于命运或另一位王后的罪恶;一个曾经让弗雷戴贡德王后⑥安然地在床上死去,甚至反对惩罚这位王后的滔天罪行⑦的国家,对于布伦豪特的罪行,看来是无动于衷的。

布伦豪特被放置在一匹骆驼上到全军去巡游,这当然表明她

---

① 布伦豪特(Brunehault,534—613),一位西哥特人西班牙国王的女儿,566年成为奥斯特拉西亚王后,在其子希尔德贝年幼时期曾任摄政。后被政敌残忍地绑在马尾上活活拖死。——译者
② 这位国王便是克罗泰尔二世、西尔佩里克的儿子、达戈贝尔的父亲。
③ 弗雷德加里乌斯,《编年史》,第四十二章。
④ 同上。
⑤ 即奥斯特拉里亚的国王戴奥德贝和戴奥德里克。——译者
⑥ 弗雷戴贡德王后,见第三十章第十二节译注。——译者
⑦ 参阅图尔的格雷瓜尔,《法兰克史》,第八章,第三十一节。

已经失去了全军的爱戴。据弗雷德加里乌斯的记述，布伦豪特的宠臣普洛泰尔①，夺取领主们的地产用以充实国库，恣意羞辱贵族，致使人人因担心失去职务而惶惶不可终日②。全军起而反对普洛泰尔，把他杀死在营帐中。全国人民对布伦豪特的憎恶日益加剧，究其原因，或许是她试图为普洛泰尔复仇③，或许是她想要继续普洛泰尔的行径④。

克罗泰尔野心勃勃地想要独揽国政，心中充满了可怕的复仇念头，他明白，布伦豪特的儿子们如果占了上风，他就必死无疑。于是，他违心地参与了一桩密谋。或是因为他的笨拙，或是由于形势所迫，他终于成了布伦豪特的控诉人，把这位王后描绘成一个令人胆战心惊的人物。

密谋反对布伦豪特的核心人物瓦讷歇尔是勃艮第的宫相，他要求克罗泰尔作出承诺，让他终身担任此职，绝不逼他离职⑤。这样一来，这位宫相就与法国领主们以往的状况不同了，宫相的权力就开始独立于国王的权力了。

布伦豪特令人沮丧的摄政激怒了全国。当法律依然有效时，

---

① 普洛泰尔（Protaire），时任宫相。——译者
② 弗雷德加里乌斯，《编年史》，第三十七章关于605年的记述："他极不公正地对待权贵，为国库过度敛财，试图让国库装满他们自己的财产，以至于无人能够保住好不容易得到的位置。"
③ 弗雷德加里乌斯，《编年史》，第三十七章关于607年的记述。
④ 弗雷德加里乌斯，《编年史》，第四十一章关于613年的记述："包括主教和家臣在内的勃艮第的大人物们都害怕布伦豪特，对她恨之入骨，于是就共同商议对策。"
⑤ 同上书，第四十二章关于613年的记述："克罗泰尔发誓，只要他活着，绝不赶他下台。"

谁也不能因为采地被收回而心怀不满,因为法律并未规定可以永久拥有采地;可是,当人们借助贪婪、恶劣的行径和腐化的行为获得采地时,他们又抱怨他们的某些东西通过不正当途径被剥夺了,正如当初获得这些东西时往往也是通过这种不正当途径。收回恩赐地的目的如果是公众的福祉,大概谁也不会说什么;可是,表面的秩序遮掩不住腐败;有人要求掌管国库的权力,为的却是恣意挥霍国库的财产;恩赐地不再是对服务的酬报或是对服务的期望。布伦豪特试图用腐败的风气去纠正由来已久的腐败现象。她之所以反复无常并不是因为她是一个意志薄弱的人;家臣和高官们感到自己已经穷途末路,于是就把她干掉了。

对于当时发生的种种事件,我们所掌握的资料少而又少,编年史的作者们对于当时历史的了解相当可怜,大体上仅仅相当于今天的乡民对当今历史的了解。不过,克罗泰尔为我们留下了一份为革除流弊而在巴黎公会议上颁布的律令①,这律令表明,克罗泰尔把引发革命的那些民怨压制下去了②。他在这份律令中一方面对于先王们的赏赐予以认可③,另一方面下令归还家臣们所有被剥夺的东西④。

这并非这位国王在公会议上所作的唯一让步,他还试图修正

---

① 这份律令是在布伦豪特死后不久的 615 年颁布的。参见《敕令汇编》,巴鲁兹版,第 21 页。
② "但愿神明能够制止这些违背理性秩序的行为,我遵循基督的教导颁布本谕令,用以防止此类事情再次发生。"《敕令汇编》,巴鲁兹版,前言,第 16 条。
③ 《敕令汇编》,巴鲁兹版,前言,第 16 条。
④ 同上书,第 17 条。

以往反对僧侣特权的那些措施①;他削弱了宫廷对于主教选举的影响②。他还对税收制度进行了改革,取消了一切新设的税种③,并规定,凡是在贡特朗、西格贝尔④、西尔佩里克死后所设立的路桥税,一律停止征收⑤;也就是说,弗雷戴贡德和布伦豪特摄政时代的各种规定全都被他废除了。他下令禁止他自己的畜群进入私人森林⑥。下面我们将会看到,他所推行的改革更为广泛,而且涉及公民事务。

第二节 民事管理有什么改革

我们至此已经看到,对于他们主人的选择和行为,国民们显露出了急躁和轻率,他们出面调解主人之间的纠纷,迫使他们彼此保持和睦关系。可是,国民们正在做的却是我们以前未曾见到过的,他们审视当前的形势,冷静地审查法律,弥补其不完善之处,制止暴力,规范权力。

弗雷戴贡德和布伦豪特的摄政具有男子的气概,大胆而蛮横,与其说让国民们感到惊奇,倒不如说让她们有所警觉。弗雷戴贡

---

① "那时和自那时以来在这方面被忽略的事情,今后应永远得到尊重。"
② "主教过世后,主教所在地征得权贵们的同意后,由僧侣和民众通过选举产生继任者,当选者如果堪当重任,则经国王首肯后任命;继承人若由宫廷选任,应是人品和信仰均符合任命的要求。"《敕令汇编》,巴鲁兹版,前言,第 1 条。
③ "凡任意新增的税赋,一律取消。"《敕令汇编》,巴鲁兹版,前言,第 8 条。
④ 西格贝尔(Sigebert,535—575),克罗泰尔之子,奥斯特拉里亚国王。——译者
⑤ 《敕令汇编》,巴鲁兹版,前言,第 9 条。
⑥ 同上书,第 21 条。

德以恶治恶,以投毒和谋杀为投毒和谋杀开脱,她的行事作风使她所主使的谋杀行为更多的是私人行为,而不是公共权力的应用。弗雷戴贡德干的坏事更多,而布伦豪特则更让人害怕。在这种危机状况下,国民们不仅仅满足于建立封建统治秩序①,同时还要求保障民事管理,因为,民事管理比封建秩序更糟。况且,民事管理积弊已久,因而可以认为,与其说是法律流弊使然,莫如说是习俗流弊使然,所以,民事管理的腐败更具危险性。

我们在图尔的格雷瓜尔的《法兰克史》以及另外一些著作中看到,一方面是凶狠和野蛮的民族,另一方面是同样凶狠和野蛮的君王。这些君王个个都嗜杀成性,凶残而不公正,因为整个民族都是这样。如果说,基督教有时似乎让他们变得稍稍温和些,那只是因为基督教对于罪人毫不留情的缘故。教会用圣人的圣迹和奇事来防御和自卫。国王们绝不亵渎神圣,因为他们害怕因此而受到惩罚。不过,除此之外,或是出于盛怒或是出于冷静的思考,他们犯下了各种各样的罪恶,因为这些罪恶和不公不会立即遭到神明的惩罚。如我前面所说,法兰克人遭受着嗜杀成性的国王们的祸害,因为他们自己同样嗜杀成性;国王们的不公和劫掠并不让他们震惊,因为他们自己的劫掠和不公丝毫不亚于国王。法律是有的,可是国王们却以训谕②这种文书让法律变得毫无效力,这类文书与当年罗马皇帝的敕复相似,若不是国王们沿袭了这种习惯,那就是

---

① 指采地的管理等等。——译者
② 训谕是国王下达给法官的命令,其内容是要求或许可法官做某些违反法律的事情。

他们自己的本性所致。图尔的格雷瓜尔的著作告诉我们,他们杀人时不动声色,被告人被处死之前连申辩的机会也没有。他们发布训谕,强行撮合非法婚姻①,转移遗产,剥夺亲属的权利,逼迫修女出嫁。事实上,他们不但从未制定任何法律,反而停止执行既有法律。

克罗泰尔的敕令革除所有流弊,任何人再也不会不经审讯而定罪②,亲属一律有权依法继承遗产③,任何强迫女子、寡妇和修女结婚的训谕均属无效,所有得到训谕并遵照办理的人都要受到严厉的惩罚④。这道敕令的第 13 条和以下两条可惜因年久而缺失,否则,我们对于训谕的内容大概会有更加准确的了解。第 13 条只留下了头几个字,说是训谕必须得到遵守,这里所说的训谕显然不是指刚才被同一项法律废止的那些内容。我们知道,这位君主还颁布过另一项律令⑤,内容与其敕令相关,对训谕的弊端逐一加以修正。

这项律令没有标明颁布日期,也没有标明在何地颁布,所以,巴鲁兹就把它归在克罗泰尔一世名下;其实,这项律令是克罗泰尔二世颁布的,我这样说的理由有三点:

---

① 参见图尔的格雷瓜尔,《法兰克史》,第四章,第 227 页。史书和条例中充斥着这种事例。为纠正流弊,克罗泰尔二世曾于 615 年发布敕令,从中可以看到流弊的严重程度。见《敕令汇编》,巴鲁兹版,第一卷,第 22 页。
② 《敕令汇编》,巴鲁兹版:克罗泰尔 595 年敕令,第 22 条。
③ 同上书,第 16 条。
④ 同上书,第 18 条。
⑤ 《敕令汇编》,巴鲁兹版第一卷,第 7 页。

1) 这项律令规定,国王将保留其父王和祖父[①]给予教会的豁免权[②]。克罗泰尔一世的祖父希尔代里克在世时,法兰西国尚未建立,况且他不是基督教徒,他能给予教会什么豁免权呢?然而,这项律令如果出自克罗泰尔二世,那么他的祖父就是克罗泰尔一世。克罗泰尔一世把儿子克拉姆纳以及儿媳和孙子一并烧死,为了替自己赎罪,他给了教会很多赏赐。

2) 这项律令试图纠正的弊病,在克罗泰尔一世死后依然如故,在柔弱的贡特朗、凶残的西尔佩里克、令人憎恶的弗雷戴贡德和布伦豪特相继摄政期间,甚至达到了登峰造极的地步。国民们怎么能够容忍曾被庄严地禁绝的弊病死灰复燃,而不振臂高呼加以反对呢?西尔佩里克二世[③]再度实行往昔的暴政时,国民们曾逼迫他下令,规定应像过去那样[④],在审案中以法律和习惯法为依据;为什么此时国民们就不这样做了呢?

3) 最后,此项为修正弊病而制定的律令不可能与克罗泰尔一世有关,因为,在他治理下的王国,并无这方面的民怨,他的声望和权威也极高,尤其是在人们所说的颁布这项律令的时期;与此相反,此项律令与克罗泰尔二世执政时期发生的种种事件倒是非常吻合,这些事件后来在王国的政治生活中引发了一场革命。应该用历史去阐明法律,用法律去澄清历史。

---

① 克罗泰尔一世的父亲是克洛维斯,祖父是希尔代里克。——译者
② 我在本书第三十章中谈及,这种豁免权是司法权的转让,其中包括禁止国王的法官在采地内执行任何使命,其作用相当于建立或转让采地。
③ 西尔佩里克二世从 670 年开始执政。
④ 参阅《圣莱热传》。

第三节　宫相的职权

前面说过,克罗泰尔二世曾经承诺,让瓦讷歇尔终身担任宫相,绝不撤换。革命带来了另一个后果。在此之前,宫相是国王的官员,在此之后,宫相变成了国家的官员,宫相过去由国王遴选,现在由民众遴选。革命之前,普洛泰尔由戴奥德里克任命为宫相①,朗德里克由弗雷戴贡德任命为宫相②,此后,民众掌握了宫相的遴选权③。

所以,我们不应像有些作者那样,把后来的宫相与布伦豪特在世时的宫相混作一谈,把国王的宫相与国家的宫相相提并论。我们知道,依据勃艮第法的规定,勃艮第宫相绝非国家最高职位之一④,在法兰克最初几位国王在位时期,宫相也不是最显赫的官职⑤。

克罗泰尔对那些拥有职位和采地的人实行安抚;瓦讷歇尔死后,克罗泰尔在特鲁瓦召集领主们征询意见,由谁接替瓦讷歇尔担任宫相,与会者大声呼喊,表示谁也不选,恳请克罗泰尔为他们做

---

① 弗雷德加里乌斯,《编年史》,第二十七章关于605年:"依据布伦豪特的建议和戴奥德里克的命令。"
② 伐鲁瓦(Valois),《法兰克诸王行迹》,第三十四章。
③ 弗雷德加里乌斯,《编年史》,第四十五章关于626年,无名氏著该书续编第一百零一章关于695年,第一百零五章关于715年,艾穆安,《法兰克人史》,第四章第十五节,爱因哈特,《查理曼传》,第四十八章。伐鲁瓦,《法兰克诸王行迹》,第四十五章。
④ 参见《勃艮第法》前言以及该法的第二补编中的第十三篇。
⑤ 参阅图尔的格雷瓜尔,《法兰克史》,第九章,第三十六节。

主，指定一位新宫相①。

达戈贝尔像他的父王一样召集全国的显贵，国民们对他寄予全部信任，没有为他选定宫相。达戈贝尔感到自由在手，军事胜利又使他无所忧虑，于是就重新拾起布伦豪特的计划。可是，此举很不成功，奥斯特拉西亚的家臣们拱手把胜利让给斯拉夫人后②，便打道回府，致使奥斯特拉西亚的边境省份落入蛮族之手。

他向奥斯特拉西亚人提出，将奥斯特拉西亚连同一件宝物让给他的儿子西格贝尔，把王国政府和宫相职务交给科隆主教库尼贝尔和阿达吉兹公爵。弗雷德加里乌斯并未在他的书中记述当时所订协议的细节，不过，国王发布律令对所有条件都表示肯定，奥斯特拉西亚于是立即摆脱了危险③。

达戈贝尔临终之时把妻子南特希尔德和儿子克洛维斯托付给艾加④。纽斯特利亚和勃艮第的家臣们把年轻的王子克洛维斯选为国王⑤，艾加与南特希尔德亚执掌宫廷⑥，他们把达戈贝尔攫取

---

① 弗雷德加里乌斯，《编年史》，第五十四章关于626年："克罗泰尔于那年在特鲁瓦召集勃艮第的权贵和家臣聚会，鉴于瓦讷歇尔已经过世，他希望了解与会者是否愿意立即遴选一位新宫相，可是，与会者异口同声一致表示不愿选举新宫相，并恳请国王替他们做主。"

② 同上书，第五十四章关于630年："威尼特人战胜了法兰克人，并非因为斯克拉丰人骁勇善战，而是因为奥斯特拉西亚人缺乏勇气，他们觉得，达戈贝尔既恨他们，又对他们滥施搜刮。"

③ 同上书，第七十五章关于632年："众所周知，后来奥斯特拉西亚人坚定并有效地击退了威尼特人对法兰克王国边境的侵扰。"

④ 艾加（Æga），640年开始担任奥斯特拉西亚的宫相。——译者

⑤ 弗雷德加里乌斯，《编年史》，第七十四章关于638年。

⑥ 同上。

第三十一章　法兰克人的封建法理论与其君主制巨变的关系　　263

的地产全部归还原主①,就像奥斯特拉西亚已经听不到民怨一样,纽斯特利亚和勃艮第的民怨也因此而得以平息。

艾加死后,王太后南特希尔德要勃艮第的领主们选举佛罗卡图斯为宫相②。佛罗卡图斯致函勃艮第王国的各位主教和重要领主,向他们承诺,在他们的有生之年绝不损害他们的荣宠和官爵③;他还发誓绝不食言。《王室的宫相》一书的作者④认为,宫相执掌国务由此肇始⑤。

弗雷德加里乌斯是勃艮第人,这位作者对于前面提及的革命时期的宫相记述比较详细,而对于奥斯特拉西亚和纽斯特利亚的宫相的记述则较少。不过,出于同样的原因,在勃艮第订立的协议,也在纽斯特利亚和奥斯特拉西亚订立了。

国民们觉得,把大权交给他们所选的宫相,比交给国王更可靠,因为,他们可以要求宫相按照他们的意思行事,而国王的权力却是世袭的。

第四节　国家在宫相问题上的特性

一个国家已经有了国王,却还要遴选一个人行使国王的权力,

---

① 弗雷德加里乌斯,《编年史》,第八十章关于639年。
② 同上书,第八十九章关于641年。
③ 同上书,第八十九章关于641年:"佛罗卡图斯在一封信中向勃艮第的权贵和主教们发誓,终身不会侵害他们的地位和财产。"
④ 据传,此书为弗雷德加里乌斯所著。——译者
⑤ "此后在伟大的国王达戈贝尔之子、戴奥德里克之父克洛维斯掌政时期,日趋衰微的法兰克王国开始由宫相执政国务大权。"见《王室的宫相》。

这种政体令人觉得不可思议。不过，撇开当时的具体情况不说，我觉得，法兰克人的这种想法可以追溯到很久之前。

法兰克人是日耳曼人的后裔，塔西佗曾说，法兰克人在血统高贵者中遴选国王，在品德高尚者中遴选首领①。墨洛温王朝的国王和宫相便是如此，国王是世袭的，宫相是选任的。

毫无疑问，凡是在国民会议上向所有愿意追随他的人自荐为首领，表示愿意率领大家去完成某项事业的人，大多数兼具国王的威望和宫相的能力。他们高贵的血统使他们具有王气，他们的品德令众多拥戴者把他们当作首领追随，使他们拥有宫相的权力。我们最初的几位国王以国王之尊成为法院和会议之首，征得这些会议的同意而制定法律；他们又以公爵或首领之尊进行征战，指挥军队。

想要认识最初法兰克人在这方面的才干，只需看看阿波加斯特②的作为即可，此人是个法兰克人，曾被瓦伦梯尼安授予指挥权③。他把皇帝禁闭在宫中，不许任何人与皇帝谈论任何民事和军事。阿波加斯特当时所做的这些事，就是后来那几个丕平所做的那些事。

第五节　宫相如何取得军队的指挥权

军队由国王指挥的时候，国民们根本没有想到要遴选一个首

---

① 塔西佗，《日耳曼尼亚志》，第七卷，第一章："贵族出国王，品德出首领。"

② 阿波加斯特（Arbogaste，340—394），出身于法兰克人的罗马将军，曾与日耳曼人作战。——译者

③ 参阅图尔的格雷瓜尔，《法兰克史》，苏尔皮西乌斯·亚力山德尔（Sulpicius Alexander）的记述。

第三十一章　法兰克人的封建法理论与其君主制巨变的关系　　265

领。克洛维斯和他的四个儿子率领着法兰西人从胜利走向胜利。戴奥德贝的儿子蒂博[①]幼年即位，孱弱多病，开了国王留守宫廷的先河[②]。他拒不出征意大利去讨伐纳尔塞斯，法兰克人于是遴选了两位首领，率领他们前往意大利，此事深深刺痛了蒂博[③]。克罗泰尔一世的四个儿子中，贡特朗最疏于指挥军队[④]，其他国王也都仿效他；为了交出指挥权而又不至于带来危险，他们就把军队的指挥权交给若干位首领或公爵[⑤]。

这就导致弊端丛生，军纪废弛，抗命不从，军队反倒成了本国的灾害，尚未接敌就已经满载劫掠所获。图尔的格雷瓜尔对此有生动的描述[⑥]：贡特朗说："父辈所获我们都没有保住，我们怎么可能获胜呢？国家已经今非昔比了……[⑦]"真是不可思议，这个国家竟然从克洛维斯的孙子开始，就走上了衰微之路！

于是，人们自然而然地就想到让公爵成为独一无二的领导人，

[①] 戴奥德贝(Theodebert,?—548)，奥斯特拉西亚国王，蒂博(Thibault)，戴奥德贝之子，十三岁继承其父王位，二十岁死亡，其国即被克罗泰尔一世兼并。——译者

[②] 公元552年。

[③] 图尔的格雷瓜尔，《法兰克史》，第四章，第九节："尽管国王很不高兴，路特利斯(Leutheris)和布蒂里努斯(Butilinus)还是与法兰克人联手参战。"又见阿加西亚斯《查士丁尼执政史》第一章。

[④] 贡多瓦尔德自称是克罗泰尔之子，要求分得王国的一部分。贡特朗竟然不予讨伐。

[⑤] 这些指挥官的人数有时甚至多达二十人。参见图尔的格雷瓜尔，《法兰克史》，第五章第二十八节，第八章第十八节，第十章第三节。勃艮第的达戈贝尔没有设置宫相，他采取了同样的政策，派遣十位公爵和多位不隶属公爵的伯爵去与加斯科涅人作战。参见弗雷德加里乌斯，《编年史》，第七十八章关于636年的记述。

[⑥] 图尔的格雷瓜尔，《法兰克史》，第八章，第三十节，第十章第三节。

[⑦] 同上。

让这位公爵把许许多多忘掉了自己义务的领主和家臣统统管起来;让这位公爵重整军纪,率领只会内乱的民众御敌卫国。这样一来,权力就交到了宫相手中。

宫相的首要任务是替王族理财,此外还要协同其他官员对采地实行政治管理①,到了后来,采地的管理事务变成由宫相独自处理了。宫相还处理军务和指挥军队,这两项职务自然与另外两项职务相关。那时候,召集军队比指挥军队更难,谁能比掌握着赏罚大权的那个人更有权威呢?对于这个独立而好战的民族来说,只能邀约而不能强制,欲使权贵们对于因主人死亡而空出的采地怀有期盼,就要不断地给予奖励,让他们担心厚此薄彼;所以,总管宫廷事务的那个人当然应该是军队的统帅。

第六节　墨洛温王朝王权衰微的第二阶段

布伦豪特被处死以后,宫相就在国王手下掌管国务;战事虽然由宫相执掌,国王却依然是军队的统帅,宫相和国民们在国王的统率下对敌作战。然而,丕平在与戴奥德里克及其宫相作战中取得的胜利②,使王权彻底旁落③,铁锤查理击败西尔佩里克及其宫相

---

① 参阅《勃艮第法》,第二补编,第十三篇;图尔的格雷瓜尔,《法兰克史》,第九章,第三十六节。
② 参见《麦斯年鉴》中的687年和688年。
③ 同上书的695年:"给国王留下名义上的权力,自己行使治理全国的权力。"

第三十一章　法兰克人的封建法理论与其君主制巨变的关系

兰弗鲁瓦①之役则进一步巩固了这个结果。奥斯特拉西亚两度战胜纽斯特利亚和勃艮第，奥斯特拉西亚的宫相职位就像专属丕平家族，丕平家的宫相高踞其他宫相之上，丕平家族高踞其他家族之上。胜利者担心某个有声望的人为煽动骚乱而扣留国王，于是把国王软禁在宫中，这与关押在监狱中无异②。国王每年一次在民众面前露面，并在这个场合颁布谕令③，不过，这些谕令其实是宫相的意思；国王还向使者们作答，不过，其实这也是宫相对使者们的回答。这就是历史学家所说的宫相擅权时期，那时的国王屈从于宫相④。

国民对于丕平的拥戴达于极致，竟然把他尚未成年的孙子⑤选为宫相⑥，这位宫相被置于一位名叫达戈贝尔的国王之上，于是乎，一个幽灵之上又有了一个幽灵。

第七节　宫相治下的高官和采地

宫相们无意让官职和采地重新变为可转让的和可撤换的，他们只是依靠在这方面给予贵族的保护，才得以维持自己的统治。

---

① 参见《麦斯年鉴》中的 719 年。
② 《麦斯年鉴》中的 719 年："他让出王座，交出王权。"
③ 《桑里斯纪年》："为的是让国王鹦鹉学舌般地宣布别人为他准备好的答词。"
④ 《麦斯年鉴》中的 691 年："丕平的权力在那一年已经超过戴奥德里克。"《弗尔德和劳里善年鉴》："法兰克公爵丕平占据王位长达二十七年，国王都听命于他。"
⑤ 此人名叫戴奥多尔德（Théodoald），当时的国王是达戈贝尔二世。——译者
⑥ 弗雷德加里乌斯，《编年史》的无名氏《续编》关于 714 年第五十四节："在国王达戈贝亚德推荐下，他的儿子被指定为宫相。"

因此,不但高官依旧终身任职,而且这个习惯日益得到认可。

可是,我对于采地有一些特殊的想法。我不怀疑,大多数采地从那时开始已经变为世袭了。

在安德里条约[①]中,贡特朗及其侄子希尔德贝作出承诺,维持先王们给予家臣和教会的赏赐,并允许王后、公主和国王的遗孀以遗嘱方式,永久支配她们得自国库的财物[②]。

马尔库尔弗编写《法规》时适值宫相当政[③]。鉴于《法规》是当时日常活动的真实写照,所以它可以证明,一部分采地在墨洛温王朝后期已经变为世袭了。属地不可剥夺是相当近代的观念,那时候的人远没有这种观念,理论上如此,实践中亦然。

在这方面我将很快提出一些事实作为证据。如果我能证明,在某段时间中,军队既不再享有赏赐,也没有任何维持费用,那就应该认为,原有的赏赐已经被剥夺。此时便是铁锤查理执政时期,他建立了一些采地,但这些采地与早期的采地迥然有异。

当国王开始给予永久性赏赐时,这些赏赐或是因为政府的腐败所致,或是因为国王不得不遵照法规不断地给予赏赐,起初国王当然宁可给予永久性的采地,也不愿意建立永久性的伯爵区,道理很清楚:拿出一些土地是桩小事,而放弃对重要职位的掌控,不啻是丢掉权力。

---

① 见于图尔的格雷瓜尔,《法兰克史》,第九章。又见克罗泰尔二世615年敕令,第16条。

② "如果她们愿意保有从国库获得的土地、商品或堡垒,或赠予任何人,他们对这些财产的这种处分应永远予以维持。"

③ 参阅《法规》,第一章,第14条,该条也适用于直接永久给予的财物以及起初作为赏赐给予,后来变为永久给予的财物:"正式由他拥有,或者由我们的国库拥有。"又见《法规》,第一章,第17条。

第八节　自由地何以变成采地

在马尔库尔弗的《法规》中可以看到自由地如何变为采地①。土地所有者把土地给予国王,国王把土地作为仅有使用权的赠予或赏赐返还给献地者,献地者把自己的继承人呈报国王。

为了揭示改变自由地性质的原因,必须如同探索深渊那样去探索古老的贵族特权。自从 11 世纪以来,贵族沾满了尘埃、鲜血和汗水。

拥有采地的人好处甚多。他们因受到伤害而获得的和解金多于自由民。马尔库尔弗的《法规》表明,国王的附庸享有一种特权,那就是杀死他的人需要支付赔偿金六百苏。这是萨利克法②和里普埃尔法③所确定的一种特权。这两种法律规定,对国王的附庸之死应付的赔偿金为六百苏,而对于一个自由民、法兰克人、蛮族人或受萨利克法管束的普通人的赔偿金仅为二百苏,对于一个罗马人的赔偿金则只有一百苏④。

这并非国王的附庸所享有的唯一特权。我们知道,一个被传讯受审的人,若是不出庭或不服从法官的命令,就将被传讯到国王面前⑤,他如果坚持不到案,就将被宣布为不受法律保护,任何人

---

① 《法规》,第一章,第 13 条。
② 《萨利克法》,第四十四章。又见第四十六篇§3、4 和第七十四篇。
③ 《里普埃尔法》,第十一篇。
④ 参见《里普埃尔法》,第七篇;《萨利克法》,第四十四篇§1、4。
⑤ 《萨利克法》,第五十九篇和第七十四篇。

都不能收留他,甚至连给他面包也不被允许①;此人若是普通百姓,他的财产就将被没收②,可是,此人若是国王的附庸,他的财产就不会被没收③。普通百姓如果拒不到案,就被视为认罪,国王的附庸若拒不到案,则不会被视为认罪。普通百姓犯的哪怕只是小罪,也要对之采用沸水取证法④,对于国王的附庸则仅在有凶杀嫌疑时才采用沸水取证法⑤。此外,国王的附庸不被强迫立誓指控另一个国王附庸⑥。特权不断增加,卡罗曼⑦的一道敕令又给予国王的附庸另一项荣宠,即不能强迫他们亲自立誓,而只能由他们的附庸替他们代言立誓⑧。此外,享有这些荣宠的人如果拒不从军,所受处罚是在拒不从军期间不得饮酒,不得吃肉。自由民若是拒不跟随伯爵出战⑨,就要被罚六十苏⑩,在支付罚金之前还要作为奴隶服役。

由此不难想见,不是国王附庸的法兰克人,尤其是罗马人,都会想方设法要成为国王的附庸;为了不失去自己的属地,他们就想出了这样一种高招:把土地交给国王,然后作为国王赏赐的采地把

---

① 《萨利克法》,第五十九篇和第七十四篇:"在国王的领地以外"。
② 同上书,第五十九篇§1。
③ 同上书,第七十六篇§1。
④ 同上书,第五十六篇和第五十九篇。
⑤ 同上书,第七十六篇§1。
⑥ 同上书,第七十六篇§2。
⑦ 卡罗曼(Carloman,879—884),法国国王结巴路易之子,882年继位为法国国王。——译者
⑧ 883年韦尔农宫敕令,第4条和第11条。
⑨ 查理曼812年第二道敕令,第1、3条。
⑩ Heribarnnum,即未能服从法兰克军队召唤而课以的沉重的罚款。

这份土地收回来,并向国王指定自己的继承人。这种做法一直延续,尤其是在卡罗林王朝的混乱时期,那时人人都希望有一个保护人,都希望与其他领主携手联合①,并进入封建君主制,因为此时已经没有政治君主制了。

一些条例表明②,这种做法一直持续到加佩王朝,或是先交出自由地,然后再依据同一条例收回,或是先宣布为自由地,再承认其为采地。此类采地被称作收回的采地。

但这并不意味着拥有采地的人都像家长一样兢兢业业地管理采地;尽管自由民渴望拥有采地,但他们对待这种地产的态度,就像我们今天处理仅拥有使用权的地产一样。这就促使最谨慎和最小心的君主查理曼,制定了一系列条规③,用以制止有人降低采地地位以确保自己的产业。这只能证明,查理曼时代大部分赏赐地的性质依然是终生拥有,所以人们对自由地的关心甚于赏赐地;不过,成为国王的附庸胜过当一个自由民的想法,并不因此而有所改变。尽管有种种理由处理采地中的某一部分,但是谁也不愿意失去名号和地位。

我还知道,查理曼在一道敕令中抱怨说④,有些地方的一些人把采地作为产业给予他人,然后又作为产业买回。但是,我不认

---

① 在迪康热《晚期拉丁语和希腊语词汇》的"自由地"词条下,朗贝尔·安德尔(Lambert d'Andres)说:"财产转移到继承人名下并无多大风险。"

② 参阅迪康热在"自由地"词条下引述的条例,以及加朗(Galland)在《论自由地》第14页及以下多页中的论述。

③ 802年第二道敕令,第10条,803年第七道敕令,第3条,年份不明的第一道敕令第49条,806年敕令第7条。

④ 806年第五道敕令,第8条。

为，人们喜爱产业甚于喜爱仅有使用权的土地，我只是想说，如果有机会把自由地变成可以传之后代的采地，如同法规所规定的那样，那是非常有利可图的一桩事。

第九节　教会地产何以变成采地

　　国库的财产除了由国王用作奖励，吸引法兰克人从事新的征战，从而增加新的国库财产之外，不应该有其他用途。如我在前面所说，这是民族精神，不过，国王的赐予却是另一回事。克洛维斯的孙子西尔佩里克[①]在一次讲话中抱怨说，他的地产几乎全都给了教会。他说："国库空虚了，我的财富都转到教会去了[②]。执掌大权的只有主教们，他们位高权重，我则无权无势。"

　　这样一来，不敢攻击领主的宫相就把矛头对准教会，大肆劫掠；丕平借口进入纽斯特利亚的理由之一[③]，便是他受教会之请，前来制止国王即宫相剥夺教会所有地产的行径。

　　与纽斯特利亚和勃艮第相比，奥斯特拉西亚的宫相即丕平家族，对教会的态度相当温和。这一点在编年史中看得十分清楚[④]，僧侣们对于丕平家族成员的虔诚和慷慨赠予赞不绝口。其实，丕

[①]　图尔的格雷瓜尔，《法兰克史》，第六章，第四十六节。

[②]　由于这个缘故，他撤销了有利于教会的遗嘱，连他父亲给予教会的赠与也取消了。贡特朗把这些赠予归还给教会，而且还给了新的赠与。见图尔的格雷瓜尔，《法兰克史》，第七章，第七节。

[③]　《麦斯年鉴》，687年："我受神甫们和上帝的仆人们之请，他们的财产被不公正地剥夺，因而常来找我。"

[④]　同上书，687年。

平家人曾经就是教会的重要领袖人物。正如西尔佩里克对主教们所说①："一只乌鸦不会啄掉另一只乌鸦的眼睛。"

丕平拿下了纽斯特利亚和勃艮第,但是,由于他以教会受到迫害为借口,摧毁了宫相和国王的势力,所以,他如果对教会进行劫掠,就必然有悖于他所标榜的目的,而且使国民们有被他戏弄之感。不过,征服了两个王国,摧毁了敌对势力,这就使他有足够的手段让他的军官们感到满意。

丕平通过保护神职人员成为一国之主,他的儿子铁锤查理却只能靠压迫神职人员方能自保。这位君主看到,国王和国家的部分地产已经被作为终生地产或产业给予贵族,神职人员则从穷人和富人手中获得了部分自由地,他于是对神职人员实行剥夺,鉴于第一次分地时形成的采地已经不复存在,他就重新建立采地②。他夺取教会的地产乃至教堂,据为己有或分给军队将领,从而消除了一种有别于其他弊病的弊病,一种因极端严重反而易于治愈的弊病。

第十节　僧侣的财富

在先后三个王朝统治时期,全国的财富大概不止一次全都给了僧侣,否则他们不至于那么富有。不过,如果说国王、贵族和民

---

① 图尔的格雷瓜尔,《法兰克史》,第五章,第十九节。
② 《桑里斯纪年》:"查理剥夺大多数僧侣的田产所有权,并入国库,然后分给军人。"

众有办法把所有财富全都给予僧侣，他们同样有办法剥夺僧侣的全部财产。宗教虔诚在墨洛温王朝推动了教堂的建立，在尚武精神的作用下，教堂落到了军人手中，军人又把教堂分给了他们的子弟。有多少土地来自僧侣们的收入啊！加洛林王朝的国王们出手大方，大量分发赏赐。诺曼人到来之后，大肆劫掠，迫害神甫和教士尤为起劲，到处寻找修道院，搜索宗教场所，因为，他们把偶像被毁以及查理曼的所有暴行，都归咎于教会人士，迫使他们先后逃往北方的正是查理曼的暴行。纵然时隔四五十年，这种仇恨也无法忘记。在这种情况下，僧侣们损失的财产何其多啊！几乎没有多少僧侣要求偿还他们的财产。所以，大量建筑教堂和捐献土地，只得等到加佩王朝时期依靠人们的宗教虔诚来完成了。世俗民众如果都很诚实，当时广为传播并且获得信任的见解，早就把他们的财产全部剥夺了。但是，教会人士固然怀有野心，世俗人士也不乏野心，即将咽气的人虽然愿意捐献给教会，继承者却要重新拿回来。领主与主教、士绅与教士纷争不断；教会人士肯定是受到了强大的压力，否则他们就不会被迫寻求某些领主的保护，这些领主对于他们的保护只不过是一时而已，接着便施加压迫。

  在加佩王朝统治期间，政治比较贤明，神职人员的财产因而有所增长。加尔文派出现之后，把教堂里的金银全都拿来铸成金币银币。神职人员连命都保不住，怎么能确保财产无虞呢。当他们热衷于教义争论时，档案已经被人烧毁了。贵族已经破产，再向他们索要他们已经不再拥有或者以种种方式抵押掉的东西，还有什么用处呢？神职人员总是先取得后返还，直到现在还在继续取得。

第三十一章　法兰克人的封建法理论与其君主制巨变的关系

第十一节　铁锤查理时代的欧洲状况

对神职人员横加盘剥的铁锤查理处境相当不错,军人们对他既惧怕又爱戴,他为军人们尽力做事,为发动对撒拉逊人的战争寻找借口①。尽管教会对他恨之入骨,他却完全用不着教会。倒是教皇不能没有他,于是向他伸出双手。格里高利三世向他派出使团②一事,应该说是无人不晓。这两位大权在握的人物携手联合,因为他们谁也离不开谁。教皇需要法兰克人的支持去对付伦巴第人和希腊人③,铁锤查理也需要教皇的支持,因为他想羞辱希腊人,为难伦巴第人,让自己在国内更受尊敬,使他所拥有的头衔以及他和他的孩子们可能获得的头衔具有分量④。所以,他不能让自己的谋划落空。

奥尔良主教圣厄谢见到的一个神示的异象让君主们大为震惊。关于此事,我不得不引用在兰斯聚会的主教们写给日耳曼人路易⑤的一封信⑥,当时他已经进入秃头查理的领土;这封信让我

---

① 参阅《麦斯年鉴》。

② 《麦斯年鉴》中的741年:"名叫格里高利的教皇征得罗马权贵们的同意后,给他写了一封信,信中说,罗马人民摆脱了皇帝的权威,决定寻求他的保护和他永不枯竭的仁慈。"弗雷德加里乌斯,《编年史》:"协议一旦确定,他就退出帝党。"

③ 这里的希腊人是指拜占庭人。——译者

④ 在当时的一些著作中可以看到教皇的权威留在法国人精神中的印象。尽管国王丕平已经由美茵茨大主教加冕,但是,他把教皇斯德望二世给他敷油祝圣,视为对他一切权力的肯定。

⑤ 日耳曼人路易(Louis II le Germanique,805—876),查理曼的孙子,日耳曼尼亚国王(843—876在位)。——译者

⑥ 《敕令汇编》,巴鲁兹版,第二卷,第7条,第109页。

们清楚地看到当时的形势以及人们的精神状态。主教们在信中写道①:"圣厄谢升到天堂,见到了正在地狱底层备受煎熬的铁锤查理,惩罚铁锤查理的命令是由应当参加耶稣基督的最后晚餐的那几位圣徒下达的。铁锤查理之所以提前受此惩罚,原因在于他劫掠教堂的地产,因而必须为所有曾为教堂捐资的人顶罪。国王丕平为此召开了一次基督教公会议,下令将能够收回的所有神职人员的地产归还给他们;可是,由于他与阿基坦公爵韦弗尔发生争执而只能收回一部分,他于是颁发文书,以不确定占有的方式补足其余部分②,并规定,世俗百姓得自教会的地产应向教会缴纳什一税,此外,每所房屋还应向教会缴纳十二锊。查理曼未曾将教会地产赠人,而且在颁发敕令时作出承诺,他和他的继任者永远不得将教会地产赠人,他们所说的一切都以文字记录在案,他们当中的几位还亲耳听到查理曼向两位国王的父亲宽厚者路易谈及此事。"

主教们所说的国王丕平的规章,是在莱普迪纳③的公会议上制定的④。教会从中获得的好处是,曾经获得教会地产的人只能以不确定的方式持有这份地产,教会还可对之收取什一税,并可向每所曾属于教会的房屋收费十二锊。不过,这些办法治标不治本,

---

① 《敕令汇编》,巴鲁兹版,第二卷,第 101 页,858 年发自吉耶兹的信。

② 屈亚斯在他的《论采地》第一章脚注中写道"不确定占有即为给予申请人的仅有使用权的财物"。我在国王丕平颁发于他即位后第三年的一件文书中发现,他并非颁发此类文书的第一人,此文书提到了宫相埃布罗安(Ebroin)颁发的一件此类文书,而且此后有人继续颁发。参见本笃会神甫《法兰西史学家》第五卷第 6 条中展示的国王丕平的文书。

③ 莱普迪纳(Leptines),加洛林王朝位于埃诺地区的一座王宫。——译者

④ 公元 743 年。参见《敕令汇编》,巴鲁兹版,第五卷,第 3 条。

第三十一章　法兰克人的封建法理论与其君主制巨变的关系　277

弊端依然如故。

这种做法招致反对,丕平不得不为此另发一道敕令①,要求拥有这些教会地产的人除缴纳什一税和房屋费外,还得维修属于主教区和修道院的房舍,否则就将失去他们所拥有的这些教会地产。查理曼对于丕平的这些规章再次给予肯定②。主教们在同一封信中说,查理曼作出许诺,他和他的继承者们不会再把教会地产分给军人,这个说法与查理曼于803年在艾克斯拉沙佩勒颁布的敕令精神一致,这道敕令旨在安抚教会,让他们不必为此惊恐万状,不过,已经分出去的地产维持现状③。主教们又说,宽厚者路易仿效查理曼的做法,不把教会地产分给士兵;这个说法不错。

然而积弊已深,以至于在宽厚者路易的儿子们执政时,世俗百姓不经主教同意就自作主张,或是把神甫请进教堂,或是把他们赶出去④。继承人们把教堂分而占之⑤,而当教堂遭到亵渎时,主教们束手无策,只能把圣物撤出教堂⑥。

---

① 756年麦斯敕令,第4条。
② 参见查理曼的803年的沃姆斯敕令,此敕令对于以不确定方式持有地产的契约作了规定,见《敕令汇编》,巴鲁兹版,第441页。又见749年法兰克福敕令,第24条,其中对房屋的整修作了规定,见《敕令汇编》,巴鲁兹版,第267页。又见800年敕令,见《敕令汇编》,巴鲁兹版,第330页。
③ 上注和意大利国王丕平的敕令已经表明此事。丕平在这道敕令中说,国王将把修道院作为采地授予申请采地的人。这道敕令附加在《伦巴第法》第三卷第一篇§30中,在《萨利克法》也可以找到这道敕令,见丕平法令集以及埃卡尔(Echard)《法兰克人的萨利克法和里普埃尔法》第195页,第二十四篇,第4条。
④ 参见罗泰尔一世的法规,载《伦巴第法》,第三卷,第一篇§43。
⑤ 《伦巴第法》,第三卷,第一篇§44。
⑥ 同上。

贡比涅敕令①规定，在修道院所有者的同意和陪同下，国王的特派员可以与主教一起巡视所有修道院②。此项规定具有普遍性，可见弊病已经比比皆是。

原因不在于没有关于收回教会地产的法律。教皇指斥主教们对于收回修道院漫不经心，主教们于是写信给秃头查理③说，他们对于教皇的责难毫不在意，因为他们在这件事情上没有过失；他们提醒教皇，莫要忘记国民会议多次作出的承诺、决定和形成的规章。他们果然列举了九次国民会议所作的此类决定和规章。

争论持续进行。诺曼人来了，他们让所有人的意见归于一致。

第十二节　什一税的设立

丕平制定的规章与其说实实在在地减轻了教会的负担，毋宁说仅仅给教会带来了减轻负担的希望。犹如铁锤查理看到公共地产都在教会手中一样，查理曼看到教会地产都在军人手中。让军人退还他们已经得到的东西是不可能的，就其性质而言，这种做法原本就行不通，而当时的实际情况更不允许这样做。另一方面，不应由于缺少神职人员、教堂和教会而让基督教走向灭亡④。

---

① 秃头查理在位第二十八年即公元856年颁布的敕令。见《敕令汇编》，巴鲁兹版，第203页。

② "征询该地拥有者的意见并征得同意。"

③ 秃头查理在位第十六年即公元856年在马恩河上的波讷耶举行的基督教公会议上。见《敕令汇编》，巴鲁兹版，856年，第78页。

④ 在铁锤查理在位时的内战中，兰斯的教会地产被交给了世俗百姓，让神职人员自谋生路。见《圣雷米传》，第一卷，第279页关于叙里乌斯（Surius）的记述。

第三十一章　法兰克人的封建法理论与其君主制巨变的关系

查理曼于是决定设立什一税①。这是一种新的财产,对于教会来说,它的好处在于它主要是交给教会的,所以以后如被他人强行占有就比较容易识别。

有人试图把什一税的设立说成是更早的事,可是,他们为此而提出的权威性依据却似乎恰恰为他们的主张作了反证。克罗泰尔的法规②只是说,对教会的财产不征收某些什一税③。所以对于教会来说,那时根本谈不上征收什一税,而是千方百计免缴什一税。585年举行的第二届马贡公会议④下令缴纳什一税,此次公会议宣称,古代也曾有过什一税,这个说法不错,但它又说,此时已经不再缴纳了。

在查理曼之前,有人翻开过《圣经》,有人宣扬过《圣经·利未记》所记述的捐献和供献,谁能对此有所怀疑呢?我想说的是,查理曼之前曾经有人主张征收什一税,但是实际上并未设立什一税。

我曾说过,国王丕平在位时期制定的规章,让那些将教会地产作为采地占有的人缴纳什一税,并负责教堂的修缮。用一项公正性无可争辩的法律迫使权贵们以身作则,这实在不是一件易事。

---

①　《伦巴第法》,第三卷,第三篇§1、2。
②　这就是我在前节一再谈及的那项法规,见于《敕令汇编》,巴鲁兹版,第一卷,第2条,第9页。
③　"土地和牧场税以及猪的什一税,我们让给教会,这样,国库的官员和什一税的征收员就不会侵犯教会的财产了。"巴鲁兹版《敕令汇编》第336页所载800年查理曼的敕令解释得非常清楚,什么是克罗泰尔向教会免征的什一税,那就是放养在森林中育肥的猪应该缴纳的那一份什一税。查理曼要求法官以身作则,与其他人一样缴纳什一税。可见这是一种领主税或者说经济税。
④　雅克·西蒙,《旧日高卢的公会议》,第一卷,五号圣典。

查理曼的所为尚不止这些，我们从维利斯敕令①看到，他还强令自己的产业缴纳什一税，这确实是了不起的典范。

可是，下层百姓不可能因为典范在前而放弃自己的利益。法兰克福公会议②向民众提出了一个更加咄咄逼人的理由，要求人们缴纳什一税。为此而颁发的一道敕令说，在上一次大饥荒中有人拾到了一些空瘪的麦穗，是魔鬼把麦粒吃掉了，有人还听见魔鬼大声斥责不缴什一税的人③。当政者于是下令，所有占有教会地产的人都应缴纳什一税，于是乎，所有的人奉命缴纳什一税。

查理曼的这个计划起初未获成功，因为负担太重④。在犹太人那里，缴纳什一税是他们建立共和国计划的一个组成部分，但是在我们这里，缴纳什一税是一项独立负担，与建立君主国无涉。在伦巴第法的附加条文⑤上可以看到，把征收什一税纳入民法的企图遇到了困难，从公会议的各项法规来看，把征收什一税纳入教会法的企图同样困难重重。

人民终于同意缴纳什一税，但以可以赎回为条件。宽厚者路易⑥和他的儿子罗泰尔皇帝都不允许赎回⑦。

---

① 《维利斯敕令》第6条，载《敕令汇编》，巴鲁兹版，第332页。
② 在查理曼执政期间于749年举行。
③ "据我们的亲身经历，发生大饥荒那年，到处颗粒无收，都被魔鬼吃光了。有人还说听见责骂声。"《敕令汇编》，巴鲁兹版，第267页，第23条。
④ 参见宽厚者路易的829年敕令，见《敕令汇编》，巴鲁兹版，第663页。这道敕令是针对为逃避什一税而放弃种地的那些人的。又见此敕令第5条："关于九一税和什一税，这是父王和我本人在饬令中多次提及事……"
⑤ 例如罗泰尔所附加的条文，见《伦巴第法》，第三卷，第三篇§6。
⑥ 829年敕令第7条，见《敕令汇编》，巴鲁兹版，第一卷，第663页。
⑦ 《伦巴第法》，第三卷，第三篇§8。

第三十一章　法兰克人的封建法理论与其君主制巨变的关系

查理曼关于设立什一税的法律完全出于需要,宗教与此有关,迷信与此毫不相干。

查理曼把什一税分作四份,此事广为人知①,一份用于修建教堂,一份用于接济穷人,一份用于主教,一份用于其他神职人员。此举说明,查理曼希望替教会找回失去的稳定而持久的状态。

他的遗嘱表明②,他想最终治愈祖父铁锤查理造成的弊病。他把自己的动产分成三份,把其中二份再分成二十一份,分别给予他的帝国的二十一个首府,由每个首府与从属于该首府的主教分享。他把余下的那一份分成四份,一份给他的儿子和孙子,一份加到前面所说的两份中去,其余两份用于慈善事业。他似乎把他给予教会的巨大恩赐视为一种政治性的分配,而不只是一种宗教行为。

第十三节　主教和修道院院长的选举

教堂变穷了,国王便把主教和其他享有国王恩赐的神职人员的选任交由他们自己去办③。君主们选任神职人员的麻烦减少了,争夺职位的人也不大求助于国王的权威了。这样一来,教会被剥夺的地产得到了某种程度的补偿。

---

① 《伦巴第法》,第三卷,第三篇§4。
② 这是爱因哈特(Eginhard)报道的一份追加遗嘱,与戈尔达斯特(Goldaste)的《皇家法规》和巴鲁兹版的《敕令汇编》所载遗嘱不同。
③ 见查理曼803年敕令第2条,《敕令汇编》,巴鲁兹版,第379页;又见宽厚者路易的834年敕令,载戈尔达斯特,《皇家法规》,第一卷。

宽厚者路易把选举教皇的权利交给罗马人民①,这是时代的普遍精神使然。他对罗马教皇的做法与他对其他人的做法并无差异。

第十四节　铁锤查理的采地

我无法断定,铁锤查理把教会地产给人时,究竟是作为终生采地抑或永久采地。我所知道的是,在查理曼时代②和罗泰尔一世时代③,曾有此类地产转入继承人手中,并由他们瓜分。

我发现,此类地产中第一部分作为自由地赠人,另一部分作为采地赠人④。

我说过,自由地的业主也要承担徭役,与采地拥有者一样。这也许正是铁锤查理既赠人自由地,也赠人采地的原因之一。

第十五节　续前题

应当指出,鉴于采地变成了教会地产,而教会地产又变成了采

---

① 此说见于著名的圣典"朕路易",但此件显然是伪造的。载《敕令汇编》,巴鲁兹版,第591页关于817年。
② 查理曼801年敕令,载《敕令汇编》,巴鲁兹版,第一卷,第360页。
③ 见《伦巴第法》,第三卷,第一篇§44所附《罗泰尔法规》。
④ 见前注提及的罗泰尔法规以及秃头查理846年敕令第二十章"于埃佩尔奈"。载《敕令汇编》,巴鲁兹版,第二卷,第31页;秃头查理853年在苏瓦松主教会议上颁布的敕令第三章和第五章,载《敕令汇编》,巴鲁兹版,第二卷,第54页;秃头查理854年敕令"于阿提尼"第十章,载《敕令汇编》,巴鲁兹版,第二卷,第70页。又见查理曼年份不明第一道敕令第49条和第56条,载《敕令汇编》,巴鲁兹版,第一卷,第519页。

第三十一章　法兰克人的封建法理论与其君主制巨变的关系　283

地,所以采地和教会地产的性质是你中有我,我中有你。教会地产享有采地的某些特权,采地也享有教会地产的某些特权。这就是产生于那时的教会的荣誉性权利[①]。由于这种权利始终附属于领主所拥有的高级裁判权[②],尤其是今天人们所说的采地,所以,在确立这些权利时,在世袭采地上行使的司法权也同时确立了。

第十六节　王权与宫相的权力在加洛林王朝合而为一

　　为了照顾论述对象的顺序,我打乱了时间的顺序,尚未讲到加洛林王朝在丕平国王在位期间发生的这一重要的王朝更迭事件,就已经说到了查理曼。其实,两个王朝的兴替与普通事件不大相同,其引人瞩目的程度今天甚于当时。

　　当时的国王徒有虚名,并无实权,王位是世袭的,而宫相则是选任的。在墨洛温王朝末期,尽管宫相可以把他们属意的人扶上国王宝座,但是,他们从未在王族以外物色继位者;规定王位专属某个家族的古老的法律,也不曾从法兰克人的心中抹去。国王是谁,国人几乎全然不知,可是,王权的存在却任人皆知。铁锤查理的儿子丕平觉得,把王权和宫相的权力合而为一大有好处,不过,二者合而为一产生了一个后果,即新的王权是否世袭成了一个始

　　[①]　参见《敕令集》,第四章,第44条;866年皮斯特谕令第8条和第9条,其中所说的领主享有的荣誉性特权至今依然保留着。
　　[②]　所谓高级司法权,是指领主所享有的判处极刑的权力,以及审理不涉及王权的民事和刑事案件的权力。——译者

终不确定的问题；但对于丕平来说，这已经足够了，除了王权之外，他又获得了原来由宫相执掌的那些权力。两种权力在合并的过程中有所折中，过去宫相是选任的，国王是世袭的，而到了加洛林王朝初期，国王既是世袭的，也是选任的，之所以说他是选任的，是因为国王由人民选举产生，之所以说他是世袭的，是因为人民始终从同一个王族中选出新国王[①]。

勒库安特神甫[②]置所有文献[③]于不顾，一口咬定教皇未曾批准这一变化[④]，他这样说的理由之一是，教皇如果予以批准，那就等于做了一件不公正的事。一位历史学家竟然以应然来判断已然，实在令人赞叹！若用这种方法进行推理，那就没有历史可言了。

不管怎样，可以肯定的是，自从丕平公爵获胜后，他的家族就取得了治国大权，墨洛温王族则已经失去治国大权。丕平公爵的孙子加冕为王，充其量只不过是多了一次过场，少了一个尸位而已。除了国王的饰物，他并无其他收获，国家也并未因此而有任何变动。

我这样说为的是确定革命发生的时刻，免得有人弄错，把革命的后果当作革命本身。

---

① 参阅查理曼的遗嘱以及有关宽厚者路易在吉耶兹召集的三级会议上将国土分给儿子的记述。见戈尔达斯特，《皇家法规》："一个人民愿意选出的人，让他继承其父的王位。"

② 勒库安特(Le Cointe, 1611—1681)，法国外交家和历史学家。——译者

③ 无名氏，《高卢和法兰西史学家文集》，关于752年的记述；《桑都伦西纪年》关于754年的记述。

④ 丕平死后编造的故事完全违背教皇撒迦利亚的公正和圣洁。见《法国教会年鉴》，第二卷，第319页。

第三十一章　法兰克人的封建法理论与其君主制巨变的关系　285

于格·加佩在加佩王朝肇始之初加冕为王时,发生了一个更大的变化,国家由各自为政转入了某种治理状态;而当初丕平登上王位时,前后的治理没有任何变化。

丕平登上王位时仅仅变换了一个称呼,于格·加佩戴上王冠时情况大不相同,大采地与国王的尊号相结合,结束了各自为政的状态。

丕平加冕为王时,实现了国王的尊号与最高官职的结合,于格·加佩加冕为王时,完成了国王的尊号与最大采地的结合。

第十七节　加洛林王朝国王选举中的特殊情况

我们在丕平的祝圣书[①]中看到,查理和卡罗曼[②]也曾被涂抹圣油和祝圣,法兰西的领主们永远不得选举另一个家族的人为国王,否则将要受到禁止参加圣事和革出教门的处罚[③]。

从查理曼和宽厚者路易的遗嘱来看,法兰克人是从国王的儿子中遴选嗣位者的。这与上面所引规定正相符合。当帝国从查理曼家族转入另一个家族时,以往受到限制和附有条件的选举权,不再附有条件,也不再受到限制了;原有的制度被置之度外了。

丕平自觉行将就木之时,把领主、神职人员和世俗官员召到圣

---

① 本笃会神甫,《法兰西历史学家》,第五卷,第 9 页。
② 此处的查理即后来的查理曼,卡罗曼是他英年早逝的弟弟。——译者
③ 本笃会神甫,《法兰西历史学家》,第五卷,第 10 页:"他们永远不从另一个家族选出国王。"

德尼①,把王国分给他的两个儿子查理和卡罗曼。此次集会的有关文书如今已无处寻觅,但是,如巴鲁兹先生所说②,当时的情形记录在卡尼西乌斯③编辑的那位作者的《古代文献集》以及《麦斯年鉴》中。我在其中发现两个相互矛盾的说法,一说丕平在征得权贵们的同意后把王国分给两个儿子,另一说他是凭借父亲的权威做的这件事。这证明了我在前面所说的,也就是说,人民的权力仅限于从王族中选出继位者,准确地说,人民拥有的权利不是选举某人或某人,而是不选举某人或某人。加洛林王朝的历史文献证明,这种选举权的确曾经存在。查理曼将王国分给他的三个儿子的敕令就是其中之一。在这道敕令中,查理曼将王国分割后说④:"三兄弟中若有一人有了男嗣,人民如果愿意选他继承王位,叔伯们必须同意。"

宽厚者路易为分割王国于837年在艾克斯拉沙佩勒召集会议,在此次会议的文件中也出现了同样的规定;在这次会议上,他把王国分给他的三个儿子丕平、路易和查理;此前二十年,当罗泰尔、丕平和路易⑤瓜分帝国时,也有同样的规定。我们还可以参考结巴路易在贡比涅加冕时的誓词:"我,路易⑥,承上帝仁慈和人民选举,即位为王,我承诺……"公元890年在巴伦西亚举行的

---

① 公元768年。
② 《敕令汇编》,巴鲁兹版,第一卷,第188页。
③ 卡尼西乌斯,《古史选》,第二卷。
④ 806年第一道敕令第5条,载《敕令汇编》,巴鲁兹版,第439页。
⑤ 《敕令汇编》,巴鲁兹版,第574页,第14条:"执政王族中的某人死亡时,其合法儿子们不得分割权力,应由人民达成一致,选出先王属意的一人继位为王,他们的叔伯和堂兄弟应以兄弟或儿子待之。"
⑥ 同上书,第72页;877年敕令。

公会议①,选举巴松②之子路易为阿尔勒国王,此次会议的文件也证实了我的说法。选举他的主要理由便是他具有皇族血统③,胖子查理④给予他以国王尊位,皇帝阿尔努⑤曾依据自己的王权并在使臣们的协助下将威权授予他。如同其他被瓜分或隶属于查理曼帝国的王国一样,阿尔勒王国的王位也是既选举又世袭。

第十八节 查理曼

查理曼试图将贵族的权力限制在一定范围之内,并阻止他们挤压教会人士和自由民。由于他成功地进行调和,使各个等级处于相互平衡状态,而自己的主宰地位也因此而得到巩固。他凭借自己的才干将所有力量合为一股,率领贵族一次次连续征战,使得贵族们只能全身心地执行他的计划,没有时间另行谋划。领袖的伟大成就了帝国的稳定,作为君主他是伟大的,作为一个人则更是如此。他的儿子们是他的首要臣属,是他行使权力的工具,为听命于他提供了榜样。他不但制定了令人称赞的法规,而且使之得到切实的执行。他的才干影响及于全国各地。他所制定的法律体现出一种面面俱到的高瞻远瞩的精神,一种带动一切的力量。逃避

---

① 参见迪蒙(Dumont),《外交文献》,第一卷,第 36 条。
② 巴松(Bason),米兰公爵,秃头查理的堂兄。——译者
③ 母系。
④ 胖子查理(Louis le Gras,约 839—888),日耳曼人路易之子,884 年即法兰西王位。——译者
⑤ 阿尔努(Arnould),卡罗曼的私生子,888 年就任日耳曼尼亚国王,896 年加冕为皇帝。——译者

责任的借口被消除了，疏于职守的现象被纠正了，弊端被杜绝或得到预防①。他懂得惩罚，更懂得宽宥。他胸怀宏图大略，却从一点一滴做起；他完成伟业之从容，制服困难之迅捷，堪称游刃有余，无人能望其项背。他不断地巡视幅员辽阔的帝国，伸手解决所到之处的问题；哪里有事他就在哪里处置。从来没有一位君主能像他那样直面危险，从来没有一位君主比他更能躲避危险。他笑对一切险恶，特别是几乎所有伟大的征服者都会遇到的那些险恶，也就是阴谋。这位神奇的君主非常宽厚，性格温和，举止简朴，喜欢与他的朝臣们打成一片。也许他过于沉湎女色，可是，一位始终亲自处理国务，在艰险和繁忙中度过一生的君主，应该得到更多的原谅。他花钱有严格的规矩，精明、细心、节俭地经营他的庄园，一家之主可以从他的法律中学到治家之道②。在他的《敕令集》中可以看到，他的财富来源纯净圣洁。我只想说一句，他下令出售他的庄园出产的鸡蛋和菜园中用不着的蔬菜③；伦巴第人的所有财富、劫遍天下的匈奴人的巨额财宝，他统统分发给了他的人民。

第十九节　续前题

查理曼及其最初几位继承人，担心被他们安置在远处的人会

---

① 参见查理曼811年敕令，第486页，第1、2、3、4、5、6、7、8条；又见812年第一道敕令，第490页，第1条；同年敕令，第494页第9、11条；等等。

② 参见800年维利斯敕令；又见813年第二道敕令，第6、19条；《敕令集》，第五章，第303条。

③ 维利斯敕令，第39条。这道敕令是谨慎、善于行政和管理的杰作，请阅读其全文。

起义造反，他们觉得，还是教会人士比较听话，于是在日耳曼大量设置主教区①，并配置大型采地。从一些条令看，为这些采地规定特权的条款，与租借契约中通常包含的条款并无区别②，尽管今天有人认为日耳曼的高级神职人员被赋予了至高无上的权力。且不论究竟如何，反正这是他们为对付萨克森人而采取的一些办法。家臣们因懒散和漫不经心而不可能做的事，查理曼及其最初几位继承人希望，主教们能以热忱和积极主动的关注去做，何况，主教这种附庸不但不会利用臣服的人民来反对君主，反而需要君主的支持来对付人民。

第二十节　宽厚者路易③

奥古斯都在埃及时，下令打开亚历山大的坟墓。有人问他是否想要打开托勒密诸王的坟墓，他回答说，他想看的是国王，而不是死人。与此同理，在加洛林王朝的历史上，我们想要探寻的是丕平和查理曼，我们想看的是国王，而不是死人。

有这样一位君主，他是自己感情的玩物，为自己的品德所欺骗；他从来不知道自己的力量和弱点，不懂得如何令人畏惧，也不知道如何博取爱戴；他内心的邪恶不多，性格上的毛病却难以尽述。继查理曼之后执掌着帝国权柄的就是这样一位国王。

---

①　见789年敕令，载《敕令汇编》，巴鲁兹版，第245页，关于不来梅主教区的设立。
②　例如，禁止国王的法官进入采地索取安保费以及其他税赋。我在前一章中已经多有谈及。
③　宽厚者的含义是温和、宽容，这位君主还有一个外号叫作虔诚者。——译者

在普天下的人为他父亲的驾崩而痛哭的时候,在人们因无法找到查理而陷于惊愕的时候,在他加紧步伐去继承查理曼的帝位的时候,他却派遣亲信前去逮捕那些为他姐妹们的出轨行为推波助澜的人。于是发生了血腥的悲剧[1]。这是未经深思熟虑的不慎之举。尚未进入王宫,他就开始惩治家族中的罪行,尚未坐稳王位就让人离心离德。

他的侄子,意大利国王贝尔纳前来恳求他的宽容仁慈,他竟然下令挖掉他的这个侄子的眼睛,几天之后贝尔纳就一命呜呼,他的仇敌于是越来越多。他出于不放心,让他的几个兄弟削发为僧,仇敌于是又多了一批。这两件事使他备受谴责[2]。谁都不会不指责他违背了自己的誓言和他加冕之日向他的父亲所作的庄严承诺[3]。

伊曼迦德皇后为宽厚者路易生了三个孩子,他在她死后续娶茹蒂特,再得一子。不久之后,他把年迈丈夫的殷勤和老国王的种种弱点搅在一起,弄得家族一团糟,终于因此而葬送了王国。

分给儿子们的土地,他一变再变,尽管每一次分地都由他自己的誓词、儿子们的誓词和领主们的誓词先后予以肯定。他这样做无异于拿臣属们的忠诚做赌注,让他们对服从产生疑惑、顾虑和含混;那时堡垒还极为少见,王权的首要屏障就是臣民对国王的忠诚,宽厚者路易的这些做法,在这种时候不啻是搅浑君主的各

---

[1] 参见杜申,《文集》,第二卷,第 295 页;无名氏著《宽厚者路易传》。
[2] 参见杜申,《文集》中关于他被贬的文书,第二卷,第 333 页。
[3] 他的父亲要求他善待兄弟姐妹和侄子:"待以无限的仁慈"(泰冈语)。见杜申,《文集》,第二卷,第 276 页。

种权利。

皇帝的儿子们为了维持分得的领土,求助于教会人士,为此而给予他们前所未闻的权利。这是些似是而非的权利,有人要求教会人士作出担保,支持他们想要做的某事。阿戈巴尔[①]告诉宽厚者路易说,他曾让罗泰尔前往罗马,争取被宣布为皇帝;罗泰尔为征询天意,戒斋并祈祷三天之后,把土地分给了自己的几个儿子。一位原本迷信的君主又受到了迷信的袭击,他还能做什么呢?君主先是被投入囹圄,后来又公开忏悔认罪[②],谁都能感受到,至高无上的权威因这两次事件而受到的打击有多大。他的儿子们想要贬抑国王,结果却贬抑了王权。

人们起初很难理解,一个既具有不少优秀品德,不乏智慧,又真诚地热爱善良的君主,况且还是查理曼的儿子,他的仇敌何以既多又凶[③],与他势若不共戴天,迫不及待地要对他实行攻击,蛮横地羞辱他,坚决把他消灭,这一切究竟为什么呢?若不是他的那些儿子按照一项计划行事,在某些事情上达成一致,他的仇敌早就把他两次置于死地了,从根子上说,与他的那些仇敌相比,他的儿子们毕竟还算是好人。

---

① 参见他的信件。

② 宽厚者路易于829年被儿子罗泰尔监禁,被逼削发为僧,被另两个儿子丕平和路易解救出来;但是,三个儿子接着便联手于833年把他撵下王位,并让他当众忏悔认罪。——译者

③ 参见他的退位文书,见于杜申,《文集》,第三卷,第331页。又见泰冈(Tégan),《宽厚者路易传》:"他种下的仇恨数不胜数,致使人们甚至不愿意见到他还活着。"见杜申,《文集》,第二卷,第307页。

第二十一节　续前题

查理曼赋予国家的实力在宽厚者路易当政时依然相当强大，国家得以维持其威势，为外国人所敬重。君主秉性柔弱，国民却个个骁勇尚武；从外面看来实力并无稍减，国王的威望在国内却日益减退。

铁锤查理、丕平和查理曼先后执掌国政。铁锤查理满足了武士们的贪婪，丕平和查理曼满足了教会的贪婪，而宽厚者路易则惹恼了武士和教会。

在法兰西政制中，国王、贵族和僧侣共同执掌全部国家权力。铁锤查理、丕平和查理曼时而用利益拉拢贵族钳制教会，时而又用利益拉拢教会钳制贵族，而通常则总是与这两股势力保持良好的关系。可是，宽厚者路易把这两股势力都撇在一边。他的一些法规在主教们看来过于严格，因而深感不满，他们觉得，国王比他们自己所想的走得更远。有些法律本身相当不错，可就是不合时宜。主教们当时惯于出征，与撒拉逊人和撒克逊人作战，与修道院精神相去甚远①。另一方面，他完全失去了对贵族的信任，于是提拔了一批毫无背景的人②。他剥夺贵族的职位，把他们逐出宫廷，招来

---

① "当时的主教和教士开始舍弃金腰带、剑带以及挂在腰带上镶满宝石的宝刀，华丽的服饰，华贵的饰物压着脚踵的马刺。可是，人类的敌人不能容忍这种虔诚，煽动各个修会的神职人员起而反对，并与之作战。"见无名氏著《宽厚者路易传》，载于杜申，《文集》，第二卷，第 298 页。

② 泰冈说，查理曼时期极少见到的事，在路易当政时极为常见。

外国人取而代之①。他与贵族和僧侣这两个集团分道扬镳,结果却是被他们所抛弃。

第二十二节 续前题

不过,这位国王削弱王国的最甚之举,还是他把庄园分赠殆尽②。在这个问题上,我们应该听一听尼塔尔是怎么说的。尼塔尔是查理曼的外孙子,站在宽厚者路易一边,奉秃头查理之命编撰史书。

他写道:"有一段时间,一个名叫阿德拉尔的人在精神上牢牢控制了皇帝,致使皇帝事事对他言听计从;在这位宠臣的怂恿下,皇帝把国库财产分给了所有想要的人③,共和国就此被毁④。"可见正如我在前面所说⑤,他在整个帝国范围内所做的事,与他在阿基坦所做的事一模一样。查理曼做了一些补救,但是此后就再也无人补救了。

秃头查理就任宫相时,国国力已经消耗殆尽,在这种状况下,仅凭施展一下权威,已经不可能恢复国家的元气了。

---

① 为了控制贵族,他任命一个名叫贝纳尔(Bernard)的人当内廷总管,从而使贵族大失所望。

② 他把他的祖父、父亲和他本人所拥有的庄园,作为永久产业分送给忠于他的臣属,这种做法持续很久。见泰冈,《宽厚者路易传》。

③ "他就这样被人说服,把自由地和公共财产分给个人使用。"见尼塔尔(Nitard),《历史》,第四章末尾。

④ "他把共和国毁掉了。"见尼塔尔,《历史》,第四章末尾。

⑤ 参见本书第三十章第十三节。

秃头查理执掌国政时，国库空空如也，于是，谁想要获得荣宠谁就得掏钱①，谁想要获得安全保障同样也得掏钱；诺曼人本来难逃厄运，可是他们掏了钱，于是就被放跑了②。安克马尔向结巴路易提出的第一项建议就是召开会议，为解决王室的开支而搞钱。

第二十三节　续前题

教会曾经为宽厚者路易的儿子们提供保护，现在有理由为此而后悔。前面说到，宽厚者路易从未颁布训谕把教会地产交给非教会人士③；可是不久之后，在意大利的罗泰尔和在阿基坦的丕平④都放弃了查理曼的策略，重新拾起铁锤查理的策略。教会为对付皇帝的这两个儿子而求助皇帝本人，可是，他们所求助的权威早已被他们自己削弱了。阿基坦方面显示了某种程度的收敛，意大利方面则不予理会。

内战困扰了宽厚者路易一生，而且引发了他死后的那些内战。罗泰尔、路易和查理三兄弟各显神通，拉拢权贵，让他们成为自己的心腹。他们颁布训谕，把教会的地产给予那些愿意追随他们的人，为了笼络贵族而把教会交给贵族。

---

① 安克马尔（Hincmar）致结巴路易的信一。
② 参阅安戈尔斯（Angers），《圣德尼修道院纪年》片段，载杜申，《文集》，第二卷，第 401 页。
③ 参阅主教们在 845 年的蒂永维尔宫主教会议的发言第 4 条。
④ 丕平（Pépin，803—838），即阿基坦国王丕平一世（817—838 在位），宽厚者路易之子。请注意与前面提及的另两位丕平区别。——译者

第三十一章 法兰克人的封建法理论与其君主制巨变的关系　　295

　　敕令表明①，这些君主不得不向没完没了的要求让步，把本不愿意给的东西也给了出去。此事表明，教会觉得贵族对他们的压迫甚于国王。还有一点，对教会财产的攻击似乎以秃头查理最为激烈②，或许是因为教士们曾为了自己的利益而把他的父亲赶下王位，或许是因为他最胆小。不管究竟如何，反正在《敕令集》中可以看到③，教会与贵族之间争吵不断，教会要求得到地产，贵族不是拒绝就是躲避，或是推托延宕，迟迟不予归还。国王则夹在两者之间。

　　当时的状况着实是一派凄楚可悲的景象。宽厚者路易把他庄园中的大量地产捐助给教会，他的儿子们却把教会的地产分发给非教会人士。往往是一边在修建新修道院，另一边却在搜刮旧修道院。神职人员始终处于不稳定状态；此时被剥夺，彼时重新得到。可是，王权却日趋衰微。

　　秃头查理当政末期以及此后，神职人员与非教会人士不再因返还教会的地产问题而争吵。主教们在呈送秃头查理的陈情书中

---

①　参阅845年蒂永维尔主教会议文件第3条和第4条，此件对于当时的形势有很清晰的描述。又见同年在韦尔农宫举行的主教会议文件第12条，以及同年举行的博韦主教会议文件第3、4、6条；846年埃佩尔奈宫敕令第20条，858年主教们在兰斯大会上致日耳曼人路易的信第8条。

②　参见846年埃佩尔奈宫敕令。贵族怂恿国王与主教们作对，国王便把主教们逐出大会。国王和贵族找出几种主教会议的法规后向教会宣布，这是他们应该遵守的唯一法规，把教会置于不可能反对的境地。参见此敕令的第21、22条。又见858年与会的主教们致日耳曼人路易的信第8条；864年皮斯特敕令第5条。

③　参见864年蒂永维尔敕令。又见847年美茵兹会议敕令第4条，在此次会议上，教会人士只要求重新得到宽厚者路易在位时所享有的财产。又见851年美茵兹敕令第6、7条，这道敕令维持贵族和教会的原有财产；856年博纳伊敕令，此件其实是主教们呈送国王的一份陈情书，内容是关于制定许多法规之后，弊病依然不能消除的情况。最后还可参见858年主教们在兰斯聚会时致日耳曼人路易的信函第8条。

依然唏嘘叹息,这在 856 年敕令和主教们 858 年致日耳曼人路易的信函①中都可以看到。他们一再建言,一再要求兑现失信的承诺,这表明他们没有任何希望获得这些东西。

对于教会和国家遭受到的损失,当时所能做的仅限于一般性的补救②。国王们作出承诺,不从家臣手中争夺自由民,不再以训谕将教会地产给予他人③,神职人员和贵族因而好像在利益方面达成了一致。

前面提到,结束这项争执的原因,很大程度上是诺曼人异乎寻常的劫掠。

国王的威望江河日下,由于前面已经说过和将要说到的原因,他们觉得除了投靠教会之外,已经无计可施。教会削弱了国王的地位,国王也损害了教会。

秃头查理及其继承者号召教会人士支持国家,使之免遭覆灭④;他们利用民众对教会的尊重来维持他们自己应得的尊重⑤;

---

① 第 8 条。
② 参阅 851 年敕令第 6、7 条。
③ 秃头查理在 853 年的苏瓦松主教会议上向教会承诺,不再以训谕将教会财产给人。见 853 年敕令第 2 条,《敕令汇编》,巴鲁兹版,第二卷,第 56 页。
④ 参阅尼塔尔,《历史》,第四章。其中谈到,罗泰尔逃跑后,国王路易和查理征询主教们的意见,是否应该把罗泰尔丢下的国土拿过来并分掉。实际上,主教们比家臣更加抱团,他们议定,用一项决议确保两位国王的权力,并让所有其他领主都照此办理。
⑤ 参阅秃头查理 859 年埃佩尔奈宫敕令第 3 条:"我让维尼隆(Venilon)当上了桑斯大主教,而他则为我加冕。所以,其他任何人都不能把我赶下王座。除非经由主教们听证和审判;主教们曾以他们的职责为我加冕;他们被称为上帝的宝座,上帝就落座在这个宝座上,并从宝座上发布他的判决。我准备接受他们父亲般的训斥和惩罚,而且现在已经这样做了。"

他们千方百计借助教会法的权威,来提高他们所制定的法律的权威[①];他们把公民法和教会法的刑罚一并使用[②];为了抗衡伯爵的权势,他们给予每个主教以国王外省特派员的身份[③];然而,所有这一切努力统统都是徒劳之举,毫无效果。教会想要补救他们所做的坏事,根本就不可能;一桩奇怪的灾难终于把王冠打翻在地,下面我就要讲到此事。

第二十四节　自由民被许可拥有采地

前面说到,自由民在他们的伯爵率领下出征,附庸们则在他们的领主率领下出征。国家的各个等级因此而彼此处于平衡状态。家臣虽然自己领有附庸,但他们依然可能受到伯爵的节制,因为伯爵是王国中所有自由民的首领。

起初[④],这些自由民不得通过托付自己土地的途径获得采地,后来就可以了。我认为,这个变化发生在贡特朗执政和查理曼执政之间的一段时间中。我觉得,将一份条约和两次分地加以对比,就可证实我的看法。其一是贡特朗、希尔德贝以及布伦豪特王太

[①] 参阅秃头查理卡里西亚哥主教会议857年敕令,载《敕令汇编》,巴鲁兹版,第二卷,第88页,第2、3、4、7条。

[②] 参阅863年皮斯特主教会议文件第4条,卡罗曼和路易二世883年韦尔农宫敕令第4、5条。

[③] 秃头查理当政时876年在蓬永主教会议上的敕令第12条。载《敕令汇编》,巴鲁兹版。

[④] 参见我在本书第三十章最后一节末尾的论述。

后三方签订的安德里条约①,其二是查理曼给他的三个儿子分地的有关文书,其三是宽厚者路易给他的几个儿子分地②的有关文书。这三件文书中关于附庸的一些规定大体相同。鉴于这些文书所要解决的问题极为相似,情况也相同,所以,无论就其精神或文字而言,这三件文书几乎没有差别。

可是,在自由民问题上,这三件文书差异极大。安德里条约对于自由民可以通过托付自己土地获得采地一事,只字未提。在查理曼和宽厚者路易的分地文书中却有专门条款,允许自由民通过托付自己土地的途径获得采地。这就说明,安德里条约之后出现了新的做法,自由民有了获得这种特权的可能。

这个变化应该是在铁锤查理当政时期发生的,他把教会的地产分给士兵,一部分作为采地,一部分作为自由地,这是封建法的一个巨大变化,在某种意义上甚至可以说是一种革命。看来事情大概是这样的:已经拥有采地的贵族觉得,以自由地的名义获得新的赏赐地对自己更为有利,而自由民则更乐于以采地名义接受赏赐地。

第二十五节　加洛林王朝积弱的主要原因,自由地的变化

查理曼在前一节我所说的分地③文书中规定,在他百年之后,

---

① 587年,见图尔的格雷瓜尔《法兰克史》第九章。
② 参阅下节以及该节中的脚注,我将该节中详谈这两次分地。
③ 806年查理、丕平和路易的分地文书,戈尔达斯特,《皇家法规》中有记述,载,《敕令汇编》,巴鲁兹版,第一卷,第439页。

第三十一章　法兰克人的封建法理论与其君主制巨变的关系　299

各位国王的臣属所接受的赏赐地,应该在各自国王的王国中,而不是在另一位国王的王国中①;反之,原来所拥有的自由地无论在哪个王国中,均可予以保留。查理曼还规定,任何自由民在他的领主死后,都可以在三个王国中任选一个王国通过托付自己土地的途径获得采地,从未附属于任何领主的人也可以这样做②。宽厚者路易于817年为他的儿子们分地时,也有同样的规定③。

可是,尽管自由民通过托付自己土地的途径获得采地,伯爵的民团兵力却并未因此而削弱。自由民始终需要为其自由地缴纳赋税,并按四个份地出一人的标准为采地准备好服役人员,否则他就应找一个人替他为采地服役。查理曼的法规④以及意大利国王丕平的法规⑤表明,在这件事情上出现了一些弊病,后来得到了纠正;这两种法规可以彼此印证。

历史学家说得很对,冯特奈战役⑥导致国家覆亡。不过,我还

---

① 第9条,《敕令汇编》,巴鲁兹版,第443页。这项规定符合《安德里条约》的精神。参见图尔的格雷瓜尔,《法兰克史》,第九章。
② 第10条,《安德里条约》对此丝毫未曾提及。
③ 《敕令汇编》,巴鲁兹版,第一卷,第174页。"没有领主的自由民可以从三兄弟(即三位国王——译者)中任选一人"。又见这位皇帝颁布于837年的分地文书第6页,载《敕令汇编》,巴鲁兹版,第686页。
④ 同上书,第486页;811年敕令第7、8条;《敕令汇编》,巴鲁兹版,第一卷,第490页;812年敕令第1条。"有四个份地的自由民或是作为他人的赏赐地拥有四个份地的自由民,应该做好准备亲自前往或与其领主一道前往。"参见807年敕令,载《敕令汇编》,巴鲁兹版,第一卷,第458页。
⑤ 793年敕令,附录在《伦巴第法》,第三章,第九篇§9。
⑥ 冯特奈战役发生在841年6月25日,日耳曼人路易和秃头查理联手攻击他们的兄弟罗泰尔。随后就有了著名的两方斯特拉斯堡誓言和后来的三方凡尔登条约,将帝国一分为三。——译者

想对黯然失色的这一天说几句。

冯特奈战役之后不久,罗泰尔、路易和查理三兄弟缔结了一项条约①,我发现,这项条约中包含有改变整个法国政治状况的一些条款。

查理在向人民宣告②此项条约中涉及人民的部分条款时说,每个自由民都可以任意选择自己的领主,国王或其他领主都可以③。在此之前,自由民可以通过托付自己土地的途径获得采地,但是,他的自由地始终处于国王的直接管辖之下,也就是说,始终处于伯爵的管辖之下。他之所以隶属于他通过托付自己的土地而获得采地的那位领主,只是因为他从那位领主那里得到了采地。自从有了这项条约之后,任何自由民都可以把自己的自由地交由国王或他选定的另一位领主管辖。这里涉及的不是为获得采地赏赐而将自己的土地托付出去的人,而是将自己的土地变换为采地的人,从某种意义上说,这些人已经摆脱了公民法的管辖,处于国王或他们自己选定的领主的支配之下。

所以,1) 以往以伯爵管辖下的自由民的身份直接隶属于国王的那些人,不知不觉间就彼此成为附庸,因为,每个自由民都可以依照自己的意愿,选择国王或其他领主为自己的领主。

2) 若将拥有永久所有权的土地更换为采地,新的采地就不再

---

① 缔结于847年,奥贝尔·勒密尔(Aubert le Mire)的《恩赏录》对此有所记述。又见《敕令汇编》,巴鲁兹版,第二卷,第42页"美茵兹大会"。

② 拉丁文为 Adnuncaitio。

③ "我国自由民可以接受他所选定的任何人为领主,可以是我,也可以是我的臣属。"查理,《文告》,第2条。

第三十一章　法兰克人的封建法理论与其君主制巨变的关系　301

仅仅具有终生拥有的性质了。正如我们所看到，不久之后的一项具有普遍性的法律规定，采地可以由儿子继承。这是缔结条约的三方之一秃头查理制定的法律①。

我在前面已经说过，自三兄弟缔结条约后，王国内的所有人都可依照自己的意愿任意选择领主，可以是国王，也可以是其他领主，这种自由为此后颁布的一些文件所确认。

在查理曼时代，附庸如果接受了领主的赠予，哪怕只值一苏，这个附庸就再也不得舍弃这位领主②。不过，到了秃头查理在位时，附庸可以不受阻碍地按照自己的利益或意愿任意行事，这位君主对于这一点刻意予以强调，让人觉得，与其说他在劝导人们享用此项自由，不如说他在强制大家享用此项自由③。在查理曼时代，赏赐地的属人性质大于属物性质，后来则变为属物性质大于属人性质。

第二十六节　采地的变化

采地的变化不比自由地小。丕平在位时颁布的贡比涅敕令④

---

①　877 年敕令，第五十三篇，第 9、10 条。"于吉耶兹。涉及我的附庸时，也应这样处理。"这道敕令与同年同地颁布的另一道敕令第 3 条相关。

②　813 年艾克斯拉沙佩勒敕令第 16 条。"接受领主的一苏赠予后便不可离他而去。"又见丕平 783 年敕令，第 5 条。

③　参阅 856 年卡里西亚哥敕令第 10、13 条。载《敕令汇编》，巴鲁兹版，第二卷，第 83 页。国王、教会领主和非教会领主在这份文件中达成如下一致："你们的附庸中如果有人不愿意继续隶属于现在的领主，而希望另择领主，他可以去找他所看中的领主，原领主应该平心静气地让他离去，……但愿他能平平安安地得到上帝愿意给他的东西，从新领主那里得到他希望得到的东西。"

④　757 敕令第 6 条，见《敕令汇编》，巴鲁兹版，第 181 页。

表明，从国王手中获得赏赐地的人，要把其中的一部分转分给不同的附庸，但是，转分的这部分赏赐地并不脱离整个赏赐地，国王如果下令收回赏赐地，转分出去的那部分也一并被收回。家臣亡故后，附庸随之失去其转分的采地，于是就有了新的赏赐地拥有者，他同样要发展隶属于他的附庸的附庸。所以，转分出去的采地完全不属于采地，转分出去的采地的拥有者则在人身上属于他的领主。一方面，附庸的附庸回归国王，因为他并非永远隶属于他的领主；另一方面，从采地上转分出去的那部分采地也要回归国王，因为它本身也是采地，并非采地的附属物。

在采地可以转让的时代，附庸的附庸就处于这种状态中，到采地变成终生所有时，附庸的附庸依然处于这种状态中。到了采地可以继承，转分的采地也可以继承时，情况就发生了变化。直接属于国王的采地变成了间接属于国王，从某种意义上可以说，国王的权力后退了一步乃至两步，甚至更多。

我们在《采地概要》[①]中看到，国王的附庸虽然可以将采地分给他人，亦即使之成为国王的采地的采地，不过，这些拥有采地的采地的附庸的附庸，也就是小小附庸，不能再将采地分给他人。因此，凡是被他们分出去的采地始终是可以收回的。此外，这种转让地不能与采地一样传给儿子，因为这种转让被认为不符合采地法。

若将米兰的两位元老院成员编写《采地概要》时附庸的附庸的处境，与丕平在位时附庸的附庸的处境相比，那就不难发现，就保

---

① 《采地概要》，第一章，第一节。

第三十一章　法兰克人的封建法理论与其君主制巨变的关系　　303

留其初始性质的时间而言,采地的采地比采地长①。

可是,在这两位元老院成员编写的这部手册中,有许多具有普遍性的例外,可以不遵守规则,这些例外之多几乎把规则本身抵消了。一个从小附庸手中获得采地的人如果跟随他出征罗马,此人就可获得附庸的所有权利;同样,此人如果出钱向小附庸换取采地,那么小附庸在归还这笔钱之前,既不能收回这份采地,也不能阻止出钱者把采地传给儿子②。最终,米兰元老院不再遵守这项规则③。

第二十七节　采地的另一变化

在查理曼执政时期④,不论发生什么战争,只要国王征召,臣民不管有什么理由,都不能不应召参战,否则将受到严厉惩处;伯爵如果擅自允许某人免征,同样将受到严厉惩罚。可是,三兄弟缔结的条约⑤对此作了一项限制,从而可以说把贵族从国王手中拉了出来⑥,除了保卫战以外,他们不再必须跟随国王出征或为国王

---

① 至少在意大利和日耳曼尼亚是这样。
② 《采地概要》,第一章,第一节。
③ 同上。
④ 802年敕令第7条,载《敕令汇编》,巴鲁兹版,第365页。
⑤ 美因兹847年敕令,载《敕令汇编》,巴鲁兹版,第42页。
⑥ 美因兹847年敕令第5条,载《敕令汇编》,巴鲁兹版,第44页:"兹谕令如下:无论在何王国,人人均可选择随其领主出征御敌,或留下照管个人事务;除非因王国遭到入侵而处于全国动员状态,任何人的出缺均将导致形势恶化,因此,全国人民必须同心协力抵御外敌。"

做别的事情。这项条约与五年以前的另一项协议①有关,这就是秃头查理和日耳曼国王路易两兄弟签署的协议,根据这项协议,他们两兄弟如果兵戎相见,他们的附庸无须跟随他们出战。两兄弟都发誓遵守此协议,而且还让各自的军队就此宣誓。

冯特奈战役的阵亡者多达十万人,幸存的贵族不由得想到,国王之间因分地而引发的私人战争,最终将把贵族推向灭绝的边缘②;国王们的野心和贪婪将会让贵族把鲜血流尽。于是制定了这项法律,规定除了抵御外来入侵者的卫国战争之外,不得再强迫贵族跟随国王出征。此项规定沿用了好几百年③。

第二十八节　重要官职和采地的变化

一切都好像染上了一种奇特的病症,一时间全都腐败了。前面已经说过,好多采地已经被永久转让,不过这只是个别现象,总体上看,采地始终保持着其特有的性质。国王虽然失去了一些采地,但有另一些采地予以替代。我还说过,国王从未转让过终生任职的重要官职④。

但是,秃头查理制定了一项普遍性法规,对重要官职和采地都

---

① 《斯特拉斯堡誓言》,载《敕令汇编》,巴鲁兹版,第二卷,第39页。
② 此项条约的缔结者确是贵族。参见尼塔尔,《历史》,第四章。
③ 参见罗马皇帝居伊的法律,此法与另一些相关法律都被附加在《萨利克法》和《伦巴第法》中;见埃卡尔,《法兰克人的萨利克法和里普埃尔法》,第六篇,第39页。
④ 有人说,图卢兹伯爵这个职位被铁锤查理送出去了,后来一代代传到最后一位伯爵雷蒙(Ryamond)。事实虽然确实如此,但是,这是某些具体情况使然,使得人们可以从前一任伯爵职位拥有者的儿子中遴选图卢兹伯爵。

产生了影响。收集在《敕令集》中的这项法规规定,伯爵职位应传给伯爵的儿子,采地也应依据这项法规的精神处理①。

不久之后,这项法规的适用范围有了扩大,重要官职和采地都可传至远亲。结果便是大多数直属国王的领主变成了间接隶属于国王。以往在国王的审判会议中负责审案的伯爵,以往率领自由民出征作战的伯爵,都变成了国王与自由民之间的中介,国王的权力又后退了一步。

不但如此,从敕令看,伯爵们有了附属于伯爵职位的赏赐地和属于他们的附庸②。伯爵职位变成世袭以后,伯爵的附庸就不再是国王的直接附庸,附属于伯爵职位的赏赐地也不再是国王的赏赐地了。伯爵的权力增大了,因为,他们属下的附庸已经使他们的地位有所变化,从而可以获得其他附庸。

加洛林王朝末期积弱的情况不难从加佩王朝初期的状况看出,那时由于采地的采地大量增加,大领主们个个陷于绝望境地。

王国当时有一种习俗,兄长如果分地给弟弟,弟弟就要向兄长表示臣服③。这样一来,称霸一方的领主虽然仍然领有这些土地,但是这些土地的性质却变成了采地的采地。勃艮第公爵菲利普二世、内维尔、布洛涅、圣保罗、当皮耶尔等地的伯爵以及其他领主纷

---

① 参见秃头查理在卡里卡西亚哥颁布的 877 年敕令,第五十三篇第 9、10 条。这道敕令与同年同地颁布的另一道敕令第 3 条彼此相关。
② 812 年敕令三第 7 条,815 年敕令关于西班牙人的第 6 条;《敕令集》,第五章第 288 条,869 年敕令第 2 条,877 年敕令第 13 条。见《敕令汇编》,巴鲁兹版。
③ 弗里辛根的奥托(Othon de Frissingue)就是这样。见《腓特烈的战功》,第二章,第二十九节。

纷宣布,从此以后,采地无论是否被分割,都永远属于同一领主,领主与附庸之间不得有中间领主①。这项谕令并未普遍得到遵行,因为正如我已经说过的那样,那时的谕令不可能在各地普遍有效,在这类事情上往往倒是习惯法能够发挥作用。

第二十九节　秃头查理当政后采地的性质

前面说过,秃头查理下令,重要官职或采地的拥有者过世以后,官职和采地都可以传给儿子。这项法令所产生的弊端如何滋生蔓延,其适用范围如何延伸扩大,都很难梳理清楚。我在《采地概要》②中看到,康拉德二世皇帝③执政初期,在他所统治的那些地方,采地不能传给孙子,只能传给前领主的儿子④,也就是说,由现领主在前领主的若干儿子中挑选一人继承领地。

我在本章第十七节中作过解释,在加洛林王朝,王位何以在某种程度上是世袭的,在某种程度上又是选任的。说它是世袭的,因为嗣王始终出于这个王族,继任的国王始终是先王的儿子;说它是选任的,因为谁可以继承王位,要由人民从这些儿子中挑选。各种事物总是彼此越靠越近,一项政治法总是与另一项政

---

① 参见菲利普二世 1219 年谕令,载于《法国古代法律新集》。
② 《采地概要》,第一章,第一篇。
③ 康拉德(Conrad,990—1039),日耳曼皇帝(1024—1039)。——译者
④ "因此,有关此事的规定是,采地传给领主看中的那个儿子。"见《采地概要》,第一章,第一篇。

第三十一章　法兰克人的封建法理论与其君主制巨变的关系

治法密切相关,所以,处理王位继承的精神就被应用到采地的继承上来①。于是,采地从此可以依据继承权和选举权传给儿子,每个采地如同王位一样,既是遴选的,又是世袭的。

这种选任领主的权利,在《采地概要》的作者②在世的年代,换句话说,在腓特烈一世皇帝在位时,是不存在的③。

第三十节　续前题

《采地概要》写道④,康拉德皇帝前往罗马时,侍奉皇帝的家臣们请他颁布一项法令,让可以传给儿子的采地同样可以传给孙子,兄弟死而无嗣者可以继承死者原本属于同一父亲的采地。皇帝予以允准。

不要忘记,此书的两位作者生活在腓特烈一世皇帝在位时期⑤;该书又写道:"古代法学家一贯主张,采地的旁系传承以同父同母的兄弟为限;到了现代,依据新法的规定,旁系传承已经扩大到七等亲,原本仅限于直系传承的现在已经没有限制⑥。"

作了这许多假设之后,只要读一读法国史就可明白,终生采地制度在法国的确立比德国早。康拉德二世皇帝于1024年开始其

---

① 至少在意大利和日耳曼尼亚是这样。
② 杰拉杜斯·尼日尔(Geradus Niger)、奥贝杜斯·德·奥托(Aubertus de Orto)。
③ "事情就这样定下来了,大家都可继承。"见《采地概要》,第一章,第一篇。
④ 《采地概要》,第一章,第一篇。
⑤ 屈亚斯对此作了有力的论证。
⑥ 《采地概要》,第一章,第一篇。

统治时，德国在这方面依然相当于秃头查理时期的法国，而秃头查理早在877年就已经过世。可是，法国的变化极大，天真汉查理①就已经无法与非王族争夺他对帝国无可争辩的权力了。最后到了于格·加佩②，执政的王室竟然被剥夺了所有的王家庄园，以至于连王座都难以支撑了。

秃头查理秉性懦弱，致使法兰西国家也虚弱不堪。不过，他的兄弟日耳曼人路易以及其他几位王位继承人性格比较刚强，国家的实力因而得以保持较久。

我想说什么呢？或许由于日耳曼尼亚民族秉性冷漠，甚至可以说精神凝滞，所以在抗拒事物的发展走向方面，他们强于法兰西民族，这里所说的事物发展走向，指的是采地因其自然趋势而逐渐为家族所永久占有。

我还想说，经历了诺曼人和撒拉逊人所发动的那种战争的蹂躏，法兰西王国几乎被彻底摧毁，但是日耳曼尼亚王国并非如此。日耳曼尼亚可供劫掠的财富和城市较少，可供巡游的海岸也较少，却有较多的沼泽需要跋涉，较多的森林需要穿越。君主们没有看到自己的国家随时都会倾覆，所以不太需要附庸，换句话说，他们不怎么依赖附庸。有迹象表明，日耳曼皇帝若不是被迫前往罗马接受加冕，并且在意大利不断征战，他们采地的初始性质原本是可以保持得更久的。

---

① 天真汉查理(Charles le Simple,879—929)，法国国王(893—922在位)。——译者

② 于格·加佩(Hugues Capet)，法国加佩王朝的第一位国王(987—996在位)。——译者

第三十一节　帝国何以摆脱了查理曼王室

秃头查理所属的支系受到排斥，帝位此前已经传给属于日耳曼人路易支系的私生子①，而由于法兰克尼亚公爵康拉德的当选，帝位又于912年传到了一个外族人手中。统治着法国的那个支系想要争夺乡村已经相当吃力，更谈不上争夺整个帝国了。天真汉查理与继承康拉德帝位的亨利一世皇帝缔结了一个协议，即波恩条约②。两位君主登上了停泊在莱茵河中间的一条船，盟誓永结友好。他们巧妙地使用了一种两全其美的办法，查理自称西法兰西国王，亨利则自称东法兰西国王；这样一来，查理与之缔约的就是日耳曼尼亚国王，而不是皇帝。

第三十二节　法兰西王冠何以传到于格·加佩家族

采地世袭制的确立和采地的采地的普遍出现，促使封建政府③逐渐形成。过去国王拥有不计其数的附庸，如今剩下的寥寥无几，其他附庸则隶属于这几个附庸。国王的直接管辖权丧失殆尽，仅剩的些许权力在行使过程中还要经过他人权力的层层关

---

① 阿努尔（Arnoul）和他的儿子。
② 926年。奥贝尔·勒密尔在《虔诚捐赠法典》第二十七章中提及此条约。
③ 所谓封建政府，是指由采地行使政治和公民管理权，即在某种程度上不受国家或国王管理。——译者

口,其中有些人的权力相当强大,以至于国王的旨意尚未传到执行者那里,就已经半途中止或半途而废。附庸的实力之大,大到不再听命于国王,不但如此,他们还利用自己的附庸抗拒王命。国王失去自己的庄园之后,只剩下兰斯和拉昂等城市,所以,他们不得不听任附庸们摆布。树枝伸得太远,树顶就干枯了。没有庄园的国王就像今天的帝国①,王冠于是就落入势力最大的附庸手中。

诺曼人侵入法兰西王国,他们划着筏子,摇着小船,从河口溯流而上,恣意蹂躏两岸沿河地区。奥尔良和巴黎这两座城市挡住了这些匪徒②,他们无法沿着塞纳-马恩省河和卢瓦尔河继续前进。控制着这两座城市的是于格·加佩,他手中握有王国残存领土的钥匙;能够捍卫王冠的唯有他一人,王冠于是就授给了他。后来把帝国交到固守边界抵御土耳其人入侵的那个家族手中,也是出于同一原因。

帝国脱离了查理曼家族,那时采地世袭制虽已确立,但仅仅是王室的一种让步而已。法兰西人实行采地世袭制早于日耳曼人③,所以,在这个被视为大采地的帝国中。皇帝经由选举产生。与此相反,法兰西摆脱查理曼家族时,采地已经实行名实相符的世袭制,所以,王冠犹如一个大采地,也是世袭的。

此外,如果把这次巨变前后发生的所有变化都说成发生于此

---

① 指日耳曼帝国。——译者
② 参见877年秃头查理的敕令"于卡里西亚哥"中关于当时巴黎、圣德尼和卢瓦尔河上堡垒的重要性的记述。
③ 参阅本书本章第三十节。

时,那就是大错特错。其实一共只不过两件大事:一是改朝换代,一是王冠与采地紧紧相连。

第三十三节 采地永久化的若干后果

随着采地永久化,法兰西人确立了长子继承权。墨洛温王朝不知长子继承权为何物①,王位由兄弟们共分,自由地同样由兄弟们共分,采地或是可转让的,或仅为终生享用,并非可继承的对象,所以不能分割。

到了加洛林王朝,宽厚者路易自己拥有皇帝尊号,并把这个尊号授予他的长子罗泰尔,皇帝这个尊号使他产生了一个念头,那就是让长子拥有某种高于弟弟们的优越地位。两位国王②每年都带着礼物去朝见皇帝,然后带回皇帝更多的回赠;他们必须与皇帝商讨双方共同的事务。罗泰尔因此而有了一些非分的想法,但结果很不理想。阿戈巴尔替罗泰尔写信给皇帝③,皇帝决定把帝位传给罗泰尔;阿戈巴尔在信中表示支持皇帝本人的如下安排:首先要征询上帝的旨意,为此必须戒斋三天,举行圣祭,做祷告并散发施舍;其次要让国民立誓绝不违背誓言;最后还要让罗泰尔前往罗马,征得教皇的首肯。在阿戈巴尔看来,重要的是所有这一切,而不是长子权。他说,皇帝分了一些地给长子以外的儿子们,但给予

---

① 参阅《萨利克法》和《里普埃尔法》中的有关"自由地"的章节。
② 参阅817年敕令。该敕令含有关于宽厚者路易为其儿子们首次分地的记述。
③ 参阅有关此事的两封信,其中一封题为"瓜分帝国"。

长子特殊的优惠;既然说他给了长子特殊的优惠,那就等于说,这些特殊优惠本来也是可以给予长子以外的其余儿子的。

采地变成世袭之后,在采地继承中也就确立了长子权,基于同一原因,王位继承中也确立了长子权。规定兄弟均分的古法不再有效;采地既然必须承担义务,采地的拥有者就应该有能力履行义务。长子权确立之后,在依法进行推理时,封建法就胜过政治法和公民法一筹。

采地由占有者的儿子继承之后,领主就失去了处分采地的权力,为弥补这一损失,领主们设立了一种被称之为补偿税的税种,法兰西习惯法对此有所提及,这种税起初由直系缴纳,久而久之,变成为仅由旁系缴纳。

不久之后,采地可以作为一种世袭家产向非本族的人转让。于是就普遍出现了一种采地财产购买税①,起初税率具有随意性,后来当该税得到普遍认可后,每个地区都将税率固定下来。

每当继承人发生变动时都要缴纳补偿税,起初甚至按直系缴纳②。依照普遍习惯,税额定为一年的收入。对于附庸来说,这个税额显得过高和不合适,在一定程度上对采地也有负面影响。附庸行臣服礼时,让领主同意只收取若干钱币作为补偿③;由于货币变换,领主收取的这些钱币往往变得微不足道,所以,补偿税如今几乎等

---

① 采地财产出售税(Droits de lods et ventes),在收买领主所拥有的采地范围内的财产者应向领主缴纳的税,通常为售价的五分之一。——译者

② 参见菲利普二世 1209 年关于采地的谕令。

③ 在法规汇集中可以找到很多此类协议,例如旺多姆敕令、普瓦图的圣西普里安修道院敕令。加朗在他的《论自由地》中收有这些档案的摘要。

第三十一章　法兰克人的封建法理论与其君主制巨变的关系　　313

于零；与此同时，采地财产购买税依旧普遍存在。该税既不牵涉附庸，也与领主无关，仅仅偶尔发生而已，既无法预计也不能期待，所以，对此没有制定任何规定，继续以售价的一个固定比例缴纳。

当采地只能拥有一生时，拥有者不能为了永久拥有而把采地分给他人，使之变为采地上的采地；一个人如果对某物仅仅享有使用权，却要处分此物的所有权，岂非咄咄怪事。可是，当采地变为永久拥有之后，这种做法就得到允许了①，这种做法就是通常所说的摆弄采地；当然，习惯法为此作了若干限制性的规定②。

因采地的永久化而设立补偿税之后，当男嗣出缺时，女儿也可以继承采地。因为，领主如把采地给予女儿，他收取补偿税的机会就大大增加，因为丈夫应该像妻子一样缴纳补偿税③。这种规定不适用于国王，因为国王不是任何人的下属，对于国王来说，补偿税根本不存在。

图卢兹伯爵威廉五世的女儿没有继承伯爵领地。后来，阿里耶诺尔④在阿基坦继承了领地，马蒂尔德⑤在诺曼底继承了领地；女儿的继承权那时已经牢固确立，因而当小路易⑥与阿里耶诺尔

---

① 不过，不能将采地缩小，也就是说，不得部分地取消采地。
② 习惯法规定了可以分出去的采地的比例。
③ 因此之故，领主往往逼迫寡妇再嫁。
④ 阿里耶诺尔(Aliénor，1122—1204)，阿基坦公爵之女，英国王后，1137年改嫁法国国王路易七世，1152年被休。——译者
⑤ 马蒂尔德(Mathilde,？—1083)，史称马蒂尔德王后，诺曼底女公爵，1054年与尚未登基的威廉五世结婚，后成为英国王后。——译者
⑥ 小路易(Louis le Jeune，1120—1180)，即路易七世，法国国王(1137—1180在位)。——译者

解除婚约后把吉耶纳地区赠予她时,没有遇到任何阻碍。阿里耶诺尔和马蒂尔德分别继承领地,是发生在威廉五世的女儿未继承领地之后不久的事,由此推测,允许女儿继承采地的普遍性法律,大概在图卢兹伯爵领地实施较晚,而在王国的其他省份则实施较早①。

欧洲各国的政制与这些国家创立时采地的实际状况大体一致。无论在法兰西或日耳曼帝国,妇女都不能继承大统,因为,这两个国家建立时妇女不能继承采地。但是,在那些采地永久化之后建立的国家里,妇女就可以继承采地,诸如征服诺曼底后创立的那些国家和战胜摩尔人之后建立的那些国家,以及位于日耳曼尼亚的边界以外、近代因基督教的建立而在某种意义上获得新生的国家。

在采地可以收回的时期,采地通常被授予能为采地缴纳税赋的人,所以,采地的拥有者不可能是未成年人。但是,在采地永久化之后,领主往往在继承人成年之前把采地始终控制在手中,这样做或是出于增加收益的考虑,或是为了让未成年继承人能在习武氛围中长大成人②。这就是我们的习惯法所称的幼年贵族监护权,它所依据的原则不是一般监护权的原则,两者截然不同。

当采地仅能拥有一生时,人们通过托付自己土地的途径获得

---

① 大多数大家族都有各自的继承法。参见托玛希耶尔,《贝里古今地方性习惯法》中有关贝里家族的叙述。

② 从巴鲁兹版《敕令汇编》所载887年卡里西亚哥敕令第3条看到,国王们为了替采地的幼年继承人保管采地而派人代为管理采地,领主们也照此办理。这就是我们所说的幼年贵族监护权。

第三十一章 法兰克人的封建法理论与其君主制巨变的关系

采地,采地的交接仪式要在令牌前举行,采地的所有权就此得到确认,就像如今行附庸臣服礼一样。我们不曾见过伯爵和国王的特使在外省接受臣服礼,保存在敕令中的这些官员的委任状表明,他们不负有此项使命。他们有时让当地的所有臣民立誓效忠[1],但是,这种誓言与后来建立的臣服礼上的誓言性质很不相同,臣服礼中的效忠誓言是与臣服相关的一个行为,有时在臣服礼之前举行,有时在臣服礼之后举行,但并非适用于所有的臣服礼,也不像臣服礼那样庄严,因而与臣服礼大不相同[2]。

对于忠诚可疑的附庸,伯爵和国王的特使有时还要求他们作出一种被称为坚定不移[3]的保证,不过,这种保证不是臣服礼,因为,国王与国王有时也相互给予这种保证[4]。

叙热院长[5]谈到过达戈贝尔的一把交椅,据古代传说,法兰西国王习惯于坐在这把交椅上接受领主的臣服礼[6],可见他在这里使用的是他那个时代的思想和语言。

---

[1] 802年敕令二中存有这种规定。还可参见854年敕令第13条及其他各条。

[2] 参阅迪康热,《晚期拉丁语和希腊语词汇》,第1163页中的词条"臣服"以及474页中的词条"效忠"。这两个词条援引了许多古代臣服礼的有关规定,从中可以看出两者的区别,此外还有大量权威性的文献可资参考。在臣服礼上,附庸立誓时将自己的手放在领主的手中,而在效忠立誓时,立誓人的手按在《福音书》上面。臣服礼上要双膝跪地,效忠立誓时站立即可。唯有领主有资格接受臣服,而效忠立誓则可由领主的官员接受。参见李特尔顿(Litleton),《效忠与臣服》,第九十一、九十二节。

[3] 秃头查理860年敕令"从科布伦茨回銮"第3条,见《敕令汇编》,巴鲁兹版,第145页。

[4] 同上。

[5] 叙热(Suger,1081—1151),圣德尼修道院院长,圣德尼大教堂的创建者,曾任法国国王胖子路易的大臣。——译者

[6] 叙热,《修道院管理回忆录》。

当采地可以继承时,起初仅仅偶尔有之的对附庸的正式承认,变成了一种规范化的仪礼,不但要大张旗鼓,而且还有许多程序,这是因为,对附庸的正式承认对于领主和附庸双方来讲,意味着在以后的世世代代中牢记彼此的义务。

我认为,臣服礼肇始于国王丕平时代,我曾说过,那时有不少赏赐地被赋予永久性质。不过,我是小心翼翼地这样说的,而且还以一种假设为前提,那就是古代法兰西年鉴的作者们都不是愚昧无知的人。他们在谈及巴伐利亚公爵塔西庸向丕平国王[①]效忠的仪式时,说是依据他们见到的当时的人们所遵循的习俗举行的[②]。

第三十四节　续前题

在采地可以撤销或仅仅给予一生的时候,采地与政治法的关系甚微,所以那时的公民法极少提及与采地有关的法律。但是,当采地变成世袭,而且可以赠予、出售、转让之后,采地就既适用政治法,也适用公民法。作为应该履行军事义务的主体,采地适用政治法;作为一种商业财产,采地适用公民法。公民法有关采地的条款由此产生。

采地既然变成世袭,有关继承顺序的法律就应该与采地的永

[①]　《法兰克人史》,第十七章;757年。
[②]　"塔西庸以附庸身份来行效忠礼,时而高举双手,时而把手按在圣物上,发了许多誓言向丕平表忠心。"看起来,好像既有臣服礼,又有效忠誓言。参见本节关于臣服与效忠的脚注。

久化相适应。因此,尽管罗马法和萨利克法另有规定①,但法国法律中的这条规则,即遗产不上传就此确立②。必须有人为采地承担义务,可是,若是让祖父或叔公继承采地,他们肯定不是领主的好附庸。所以,正如布蒂利耶所说③,这项规定起初仅用于采地。

采地变成世袭之后,领主就得对采地是否履行其义务进行监管,于是要求未来将要继承采地的女儿④,有时是儿子,未经他们同意不得结婚。这样一来,贵族的婚约就变成了一种封建条款和民事条款。在当着领主的面写就的这种文书中,包含有关于将来继承的条款,以使继承人将来承担起采地的义务。所以,如布瓦耶⑤和奥弗里乌斯⑥所说⑦,最初只有贵族享有借助婚约处分未来遗产的自由。

只有在采地永久化之后,才能在采地方面行使家族财产赎回权,这是无须赘述的。财产赎回权是建立在古代亲属权基础上的一种权利,这是我们法国的一个奥秘,我没有时间详加论述。

意大利,意大利⑧……关于采地,我的论述止于大多数作者开始论述的那个时代。

---

① 《萨利克法》中关于自由地的条款。
② 屈亚斯,《论采地》,第五十九篇。
③ 布蒂利耶,《乡村大全》,第447页:第一章,第七十四篇。
④ 圣路易于1246年颁布谕令规定,为遵守安茹和曼恩地区的习惯法,取得采地未来女继承人的租赁权者,必须向领主作出保证,不经领主同意,女继承人不得结婚。
⑤ 布瓦耶(Boyer,? —1553),大学教授,曾任波尔多高等法院院长。——译者
⑥ 奥弗里乌斯(Aufrius),15世纪图卢兹大学教授。——译者
⑦ 判决155第8号,判决204第38号。图卢兹高等法院判例453号。
⑧ 《埃涅阿斯纪》,第三卷,第523行。("意大利,意大利!"这是埃涅阿斯历经磨难后远远望见港口时发出的感叹,孟德斯鸠借用维吉尔的诗句表达他终于完成本章时如释重负的欢快心情。——译者)

附录

有关《论法的精神》的资料

I. 拉布莱德堡档案中的手稿和资料摘录[①]

A. 从《论法的精神》最终改定的手稿中被删除的段落[②]。

第一章第二节——[动物（若要寻找自然权利，尤其应该到动

---

① 拉布莱德堡(Château de la Brède)位于波尔多远郊，是孟德斯鸠在故乡的住所。《论法的精神》的大部分书稿是在这里完成的。从 18 世纪下半叶开始，孟德斯鸠的家人和研究者在拉布莱德堡中发现了孟德斯鸠的许多遗稿，其中包括比较完整的笔记性著作《随想录》(Pensées)、《随笔》(Spicilège)，以及读书笔记《地理》(Geographica)等，其中有不少与《论法的精神》有关的资料。著名学者、波尔多大学法律系教授亨利·巴克豪森(Henri Barckhausen)受托对这些手稿进行整理和编辑，于 1899 年至 1901 年间出版了《〈随想录〉和孟德斯鸠的未版著作断篇》(Pensées et fragments inédits de Montesquieu)。1904 年，巴克豪森出版了他本人的研究成果《〈论法的精神〉与拉布莱德堡档案》(L'esprit des lois et les archives de La Brède)一书。此书对有关《论法的精神》的遗稿作了两种处理，一部分被引用在此书的正文中，一部分被置于此书的附录中。——译者

② 这一部分是从巴克豪森所著《〈论法的精神〉与拉布莱德堡档案》的正文中摘录的有关资料。摘录者为法国伽里玛出版社 1951 年版的《孟德斯鸠全集》第二卷的注释者罗杰·凯鲁瓦(Roger Caillois)。——译者

物中去寻找)不与同类争斗,因为,它们感到彼此是平等的,因而没有相互攻击的愿望①。]

第一章第三节——[万民权确立在彼此相识的民族之间,这种权利应该扩大到因意外或机遇而为我们所结识的民族中去,这条规则时常受到一些文明民族的践踏。]

第三章第四节——如果不具备[宽和]这种美德,所有贵族都会首先倒下。看看意大利的那些共和国,如今一个个萎靡不振;人们似乎并不知道它们的存在。其实,它们的存在全靠它们的毁灭可能带来的嫉妒。

第三章第九节——可是,马基雅维里之所以把维护尊荣的那些原则告诉君主们,那是因为他的狂热。其实,那些原则仅仅对专制政体是必不可少的,对君主政体来说,那些原则是无用的、危险的,甚至是根本无法实施的。原因在于马基雅维里对性质和区别的理解尚嫌不足,这一点与他的超人才华不大相称。

第三章第十节——[君主政体中的大臣们确实应该比较能干。所以,他们更加能干,也更加忙碌,而且更加习惯于忙碌。为了摆脱过多的事务,他们确实往往试图推翻法律。培养出了这些人才的政体,就像那种鸟一样,长出的羽毛最终杀死了它自己。]

第五章第十八节——[重赏带给我们的愿望是好好享受它,而

---

① 方括号内均为孟德斯鸠本人在原稿上划掉的文字,下同。——译者

不是完成赏赐者要做的事。]

第六章第九节——[欧洲有两个相邻的王国,其中一个变得更加自由,刑罚突然放宽了许多,另一个王国中的专制独裁变本加厉,刑罚也随之更趋严苛。]

第六章第十五节——[当我找到机会揭示公民法与政治法的关系时,我很高兴。我不知道是否有人先于我揭示了这种关系。]

第七章第十七节——[我甚至要说,女人不愿治国比不治国更危险,更令人担忧。她们千方百计地把本不应该由她们拥有的权力吸引过来;她们促使君主对治国感到厌烦,让君主萎靡不振,腐蚀君主的心,销蚀他的精神,击垮他的灵魂。这就是祸害之所在。]

第八章第六节——[如果出现下列情况,君主国就不可救药了:君主事必躬亲,或者大臣们以君主的名义统揽一切;君主津津有味地关注细枝末节;在他自己无法采取行动的事情上不让他人采取行动,不让他人审察他自己无法审察的事情;他以为,与其按照既定程序办事,不如更改程序更能彰显他的权威;他剥夺各种职位应有的职能,把这些职能专断地给予其他职位;他过于珍爱他的法院和大臣,而对御前会议却不够重视;总之,他钟情于奇思怪想胜过热爱自己的意志。]

第八章第八节——[别把此类变化视为空想!我们的万民法

不是刚刚发生了彻头彻尾的变化吗？德意志不是为过去没有见过的新型战争而惊诧不已吗①？]

第八章第十四节——[如今在一个大共和国里，代行两位斯巴达国王职能的那个官职已被取消。官员们不再需要借助美德反对国王和维持共和，他们不再需要借助美德为反对国王而取悦人民。我们于是看到，各种弊病层出不穷，因为他们的体制既不是为这种变化而设置的，也没有为这种变化做好准备。]

第九章第六节——[人们终于让这个国家的军队习惯于接纳立法机构的代表，这位代表以保障军队的供给或其他理由为借口，虽然并不指挥军队，却领导军队。这是一种温和的手段，军人们看到有一个人高踞军队之上，可是他们也看到，此人处于从属地位，军队本身也处于从属地位。]

第十二章第五节——[在德意志，有些卑贱的小民因踩着圣像十字架跳舞而被处以极刑。这种刑罚恰恰就是造成这种罪行的原因。在这种行为不受惩罚的地方，谁会想到去犯这种罪？一个女孩牢牢地记得，踩着圣像十字架跳舞是一种绝望的行为，当她自己也陷于绝望时，就躲进屋里，踩着圣像十字架跳舞。]

第十二章第二十二节——世界上两件对君主最没有用处的东西削弱了君主政体下的自由，其一是君主有时派出审理个别案件

---

① 1741—1742 年间的西里西亚战争。

的特派员；其二是下令将他认为应该服刑的人投入监狱的信札。

君主下令囚禁犯人的信札对于君主政体也是格格不入的。不过在某些国家中，此类信札是古老的陋习之一，尽管如此，即使不愿意彻底予以废除，至少也应该设法加以规范。

为此，应该抛弃陋习，不能仅凭某个大臣的一份报告，不经御前会议讨论就发出信札。信札中应该写明发出此信札的理由，并允许被囚禁者向御前会议呈递要求讨论这些理由的申辩书，然后由另一位大臣提出一份报告，据此作出决定，应该发出还是取消这道信札。

信札的有效期应该仅为一年，一年之后应该提出新报告，发出新信札。尽管有必要在某些情况下采取惯常的措施，但是，这种情况出现的几率非常低，因而，与其违背政体的精神，不制定刚才谈到的相关法规，远不如在一旦出现这种情况时违犯这些法规。君主受到冒犯时，把冒犯者放逐到君主看不到的地方乃至逐出首都，都比其他惩罚更加符合政体精神和君主的尊严。

罗马皇帝们想要把审判权控制在自己手中，于是就把这种信札变成了一种习惯，令人欣慰的是，这种习惯随着他们过世而消失了。安条克的约翰写道[1]，格拉提安把他签了名的空白信札[2]交给各种各样的人，尤其是他的仆人。这些人凭着这些空白信札胡作非为，随心所欲地侵占他们想要侵占的财产[3]；有人在世时就被继

---

[1] 见于他所撰写的《亚当以来的历史》片段，转引自君士坦丁·波菲洛格尼图斯，《美德与邪恶》。
[2] 参见我在《论法的精神》第六章第五节中所述。
[3] 既然他们连皇帝的敕令也敢抱怨。

承人剥夺了财产,有的丈夫被夺走了妻子,有的父亲被抢走了子女。

第十二章第二十三节——[想方设法了解他人的家庭秘密,并为此使用密探,贤明的君主从未做过此事。]

第十三章第七节——[在荷兰,对一切生活用品征收的税率几乎相当于物品价值的三分之一。这个非常善于权衡得失的国家,看来唯有在这件事上愿意欺骗自己。]

第二十一章第六节——[这里我所说的只是商船。不过,对于战船来说,后果的差异就更大。因其船型而只能顺风航行的那些战船,既不能为抢风航行而任意打横,也不能为躲避敌船而调头转向。请想象一下这样两条战船,一条只能单侧行进,另一条则可以全方位进行攻击。海战要靠无数灵巧的动作方能取得胜利。]

第二十四章第一节——所罗门修建神殿时,选用最适合用于神圣建筑的材料。剩余的材料用在非宗教建筑上了;这些建筑呈现在我们眼前,我们注目凝视。

第二十四章第九节——僧侣们发的愿并非全都符合伦理道德,只有与发愿者有关的那些才符合伦理道德。我喜欢谦逊地发号施令的人甚于一丝不苟地服从命令的人;我喜欢服从命令时不损害他人的人甚于盲目服从的人;我喜欢拒绝一切非法获利的人甚于放弃自己财产的人;我喜欢对所有人信守诺言的人甚于根本不作承诺的人;等等。

第二十五章第十一节——[政体即使是温和的,困难也并不因此而较小。我希望这类国家中的臣民不那么看重古老的宗教,我甚至设想这类国家中的权贵根本不信教。可是,这些权贵中的某些人假如具有某种自由精神而且信教,那么,他们肯定不能容忍自己的信仰被剥夺,因为他们肯定会这样想:君主既然可以剥夺他们的信仰,当然更可以剥夺他们的生命和财产。]

第二十五章第十五节——(此外,宣扬宗教的人其实是自己被自己欺骗了。劝人皈依宗教的愿望令这些宣扬宗教的人以为,他们成功地劝人皈依宗教了。其实,那些人之所以看起来已经皈依宗教,是因为他们来不及真正皈依罢了。西藏王写于多年之前的下面这封信非常清晰地表明了这一点:《西藏王致函罗马教廷传信部……》……"如果此事不能成功,请你们派遣几位比这几位更加聪慧的人来,以便将我的臣民变成基督教徒。因为,我是基督教徒,我的五十个妻子也是基督教徒。如果我告诉你们,我已经不施舍,不苦行,而且已经吃肉,你们也许不相信。再见。")

B.《论法的精神》手稿中标明章节的文字[①]

1) 同罪不同罚[②]。第六章第十四节。——西班牙宗教裁判所

---

① 这些见于《论法的精神》初稿但不见于定稿的段落,被巴克豪森列为他的《〈论法的精神〉与拉布莱德堡档案》一书的附录。由于最终没有进入定稿,所以,这些段落中出现的某章某节字样不一定就是出版后的《论法的精神》的某章某节。——译者

② 请对照《论法的精神》,第二十六章,第十二节。——译者

有一大弊病：两个被控犯有同一罪行的人，拒不认罪的那一个被判死刑，认罪的那一个则免于一死。这种做法源于僧侣的一种观念，他们认为，拒不认罪就是拒不忏悔，所以应该严加惩处，认罪则表明有忏悔之心，因而可以获救。

2) 刑罚与固有思想方法的关系。《论法的精神》第六章第十五节。——立法者确定的某种刑罚如果与固有的思想方法相抵触，那就说明，他想得更多的是产生普遍性的震慑效果，而不是为执法而采取措施。人人都想方设法规避此项刑罚。如今我们对此感受颇深，有人为了支撑一项匪夷所思的体制[①]，竟然规定了一些滑稽可笑的刑罚。

3) 监狱。《论法的精神》第六章第十六节。——很显然，监狱的严酷程度取决于司法的迅捷程度。在一些采用温和政体的国家里，法庭对士绅的惩罚不是将他投入监狱，而是让他的名声受到损害，向他派去一个看守人，用语言的锁链把他捆住。

日本和另一些国家根本没有监狱[②]，因为那里执行刑罚非常迅捷。

罗马人起初也不建造监狱，这种做法产生了不少弊病，例如有人滥用私刑，债务人被羁押在债权人的家中，由此而产生了无数残暴行径。

---

① 此处指约翰·劳的金融体制。
② 见《创建东印度公司历次航行记》，第二卷，第一部分，第88页。

4）爱尔兰的屈从①。《论法的精神》第十章第九节。——英格兰征服了爱尔兰,英格兰嫉妒爱尔兰的地理位置、优良的港口和丰富的自然资源,把一些国与国之间的法律强加给爱尔兰,致使爱尔兰似乎只是某个主人的仓库,它的繁荣也好像朝不保夕。

可是,英格兰虽然以万民法压制爱尔兰,却给了它一个优良的政治体制和文职政府。国家是奴隶,公民却享有自由。

5）重振荒芜地区的办法②。《论法的精神》第十四章第八节。——一个地区若因居民懒散而田园荒芜,唯一使之重振的办法就是查明所有无地家庭,把地主在一定时间内不打算开垦的荒地分给无地者。因为,尽管保住自己财产的所有权是每个人的一件大事,可是,准许分地的法律却是为了让人人有所获,而不是让人人有所失。

这项法律持续实施的结果,是人人心甘情愿地勉强度日,不久之后这种情况就变得无法忍受了。

在那些因欺压而导致人丁稀少、田园荒芜的地方,这项法律或许依然能产生良好的效果。

6）过多的私人奴隶给共和政体造成的麻烦③。《论法的精神》第十五章第十五节。——汉诺曾想仅凭他的私人奴隶推翻迦太基

---

① 请对照《论法的精神》,第十九章,第二十七节。——译者
② 同上书,第二十三章,第二十八节。——译者
③ 同上书,第十五章,第一节。——译者

共和国。

为预防这种危险,奴隶主的权力应受法律限制;官员应介于奴隶主及其奴隶之间,以使奴隶稍具公民精神。否则,鉴于主人的家就仿佛是奴隶们的祖国,这个国家中就会有许多小国,从而会产生一些过于强大的公民。

7) 法律与健康的关系[①]。《论法的精神》第二十四章第二十五节。——这些宗教(伊斯兰教和印度教)要求人们不停地沐浴,所以男女老少乃至家禽家畜整日泡在水中;他们到了缺水地区就容易生一些危险的病或是发高烧,很难治愈。印度人、波斯人和乌尔吉[②]人就是这样。

这方面的过度迷信会带来一些不良后果,需要通过政府的有效治理加以遏制。

马尔代夫是由无数很小很小的岛屿组成的一个群岛,其中最大的岛屿马累的周边长度也只有两三法里。出于迷信的缘故,其他岛屿的居民都愿意死后埋葬在马累,只是这个岛屿的卫生状况极差。与许多其他国家一样,在这个国家里,王宫的空气之恶劣堪称整个帝国之最。

8) 因其本身而不公正的法庭。《论法的精神》第二十五章第十二节。——为反对宗教而制定的刑法,屡屡践踏自然法,这让人

---

① 请对照《论法的精神》,第二十四章,第二十六节。——译者
② 乌尔吉(Urgel),加泰罗尼亚的一个小城。——译者

十分吃惊。

查理曼为对付萨克森人建立了勒麦克法院,谁也不知道这所法院的规矩,因为,有关人员被要求立誓严守秘密。这所法院先将被告处死,然后才进行审讯。

这所法院所惩罚的是一些既具有反抗精神,又有点偶像崇拜的好汉,他们坚决不愿受人统治,也不愿听信他人。法院的审判程序是任何嫌犯都无法接受的,因为嫌犯首先是人,然后才是嫌犯。

查士丁尼为了敛财[①],指控一些人崇敬多位神明,指控另一些人为异端,玩弄男童,糟蹋修女,煽动叛乱,参与绿党,犯下了大逆罪等等。他设置一种叫做宗教裁判官的职务,专门负责查找违背人类本性的罪行和具有非正统宗教情感的人。宗教裁判官将没收来的财产供皇帝享用,宗教裁判官既不需要告发者,也不需要证人,这就是当今宗教裁判所的形象。

欧洲的宗教裁判所建立在相同的原则基础之上。宗教裁判所既不指定证人,也不需要告发者,它把基督教的仁慈与极端的野蛮这两种观点,在形式上和实质上混作一团,令全世界为之震惊。

欧洲的宗教裁判所很像日本的反基督教法庭。在日本,想要免受惩罚,就得供出另一个基督徒。在欧洲也是这样,只有供出同谋才能免受惩处。

君主们身佩利剑绝非无谓之举,而他们将使用利剑的权力交给教会人士,倒是让人感到吃惊。

君主们看到,那些不满足于惩治外在行为的法律,其实是极度

---

① 普洛科比乌斯,《秘史》。

暴虐的工具；君主们为了自保，就把仇恨转嫁给教会人士。

C. 联邦和殖民地[①]

1) 不同的联合方式。——联邦越接近民主政体就越完善，当年亚该亚人、埃托里亚人、底比亚人、拉丁人、窝尔西人和赫尔尼克人的联合体就是这样。向贵族政体靠近的联邦就不那么完善。斯巴达人和雅典人掌权时希腊的联合就是这样。处于君主政体下的联邦最糟糕，原本享有自由的联邦，在胜利者——例如拉丁人、罗马人——的逼迫下不能自主时，就会出现这种情况；由于被征服而从一开始就在被逼迫状态下建立的联邦也是最糟糕的，爱尔兰联邦和英格兰联邦的情况便是如此。

在民主政体下的联合体中，每个国家都可以解除联合，因为每个国家都保持着自己的独立，亚该亚人的联合就是这样。在贵族政体下的联合体中，试图解除联合者将会以破坏联合罪受到指控。只有破坏联合者才会受到追究，因为这是针对整个联合体的罪行。雅典人和斯巴达人掌权时期的整个希腊便是如此。在君主政体下的联合体中，破坏联合就是犯了大逆罪，拉丁人针对罗马人的做法便是如此。拉丁人由于没有保持罗马人至高无上的地位而受到惩罚；因为，罗马人在联合体中犹如君主，所以，鉴于他们所反对的是

[①] 1951年伽里马版《孟德斯鸠全集》第二卷第1542页对本节以及以下各节作了如下说明：在《论法的精神》初稿中，孟德斯鸠已经把某些章节删掉。巴克豪森把这些章节也置于他的《〈论法的精神〉与拉布莱德堡档案》附录中。本节(C)收录的材料装在一个夹子中，夹子上写有如下文字："或许可以撰写一部有关联邦和殖民地体制的书。""这些材料可供撰写另一部书之用，或者以摘录形式放入'思考'。"——译者

统治民族而不是盟友民族,因而他们犯的是大逆罪。

在民主政体下的联合体中,每个成员都保持着自己的主权,所以,为了便于决议的执行,有必要规定所有的决议都应一致通过,恰如联省共和国的规定那样。不过,仅仅依据这种制度的性质来制定法律是不够的,还应让这种体制能够顺利运转,能在这种体制下作出一些积极有效的决议,而这只有在联邦成员不多的条件下才能做到。因此,在拥有许多城市作为成员的亚该亚联合体中,始终按照大多数成员的意见行事,否则就不可能作出任何决议。

在贵族政体的联合体中,一切以贵族领袖属下的大多数人的意见为准;在君主政体的联合体中,一切以统治民族的意见为准。

此类联邦可由以下几种方式组成:由若干政体相同的国家组成,这种联邦最符合自然;由若干政体不同的国家组成,这种联邦最容易产生弊病[①],日耳曼联邦就属于此类;菲利普被近邻同盟指定主政时期的希腊联邦也属于此类。

2) **这些联邦为了生存下去应以什么作为法律的原则。**——联合体的成员如果地位平等,每个成员除了满足联合体的条件之外,没有别的事要做,除非联合体的条件具有破坏联合体的性质。

联合体的成员如果地位不平等,那就应该防止不平等状况日益严重。为此就应保存其武装力量,以使发号施令的那个国家能够加以利用,为前者效力的那个国家得到安全保障。

必须保存自己的武装力量,不能像希腊城市那样不向雅典人

---

① 因为既有君主政体精神,又有共和政体精神。

送交船只而支付金钱；应该像拉丁人那样，在战争中始终追随罗马人，并最终迫使他们把自己纳入他们的共和国。

为了使处于不平等地位的联合体成员城邦得以自保，一定要防止公民因对自己的城邦产生厌恶而投奔势力强大的城邦。至少应该颁布法律规定，倘若不留下后代，就不准离开自己的城邦前去联合体的首府定居。此项法律十分必要，即使对于首府来说也不无好处，所以，罗马人就与其盟友拉丁人共同制定了此项法律。

有人问，是否应该通过改变习俗和风尚促使彼此接近，妥帖的做法应该是这样的：联邦如果意味着自由，那就应该保持原有的习俗和风尚，藉以保护自由；不过，联邦倘若变成了奴役，那就应该放弃原有的习俗和风尚，转而采用统治民族的习俗和风尚，这些习俗和风尚比较接近自由或帝国。罗马人的盟友就是这样做的；这些盟友过去眼看着罗马人主宰全世界，不禁羡慕罗马人的法律，进而把自己也变成了罗马人。

3) 宗主国与殖民地的联邦。——一个国家如果派遣人员在国外建立殖民地，应该为这些外派人员保留公民权，与此同时，殖民地也应该把公民权赋予宗主国。这样，殖民地就不会成为宗主国的负担，因为殖民地并不受宗主国的统治。反之，殖民地必定有利于宗主国，因为，在殖民地上组成的国家原则上必定会支持宗主国的利益。

4) 何种国家最宜于向外殖民？共和政体最宜于向外殖民。这类国家人口众多，减少一些不易为人察觉。贫穷的公民非常危险，尤其因为他们在民主政体中占有话语权，所以，向外殖民往往可以因贫穷的公民外迁而让国家感到轻松。这些殖民地组成独立国家后，都支持宗主国，宗主国通常并不扩大自己的势力范围和统治新的国家，因而也不会更换政体。

君主政体国家不宜向外殖民，专制政体国家尤其不宜向外殖民。在殖民地上建立的平民政体与向外殖民国家的平民政体始终非常相似，都以固有的观念治理国家。君主国如果向外殖民，无异于在遥远的地方为自己建立一些国家，从而削弱君主国的政体实力。

在一人统治的国家中，人口通常比其他国家少，如果向外殖民，人口就会枯竭。殖民虽然有利于维持征服战争，但是在这种情况下，取得征战胜利的国家会在征战和向外殖民的双重打击下一蹶不振。

我们看到，英国和荷兰在亚洲和美洲建立了一些殖民地，却并不因此而在欧洲变得虚弱，它们所失去的仅仅是多余的东西。我们还看到，西班牙和葡萄牙拆东墙补西墙，实力不但并未增加，反而分割得七零八落，而且把自己的实力投向并不需要的地方。

5）**征服形成的殖民地。**——除了为卸掉人口过多的包袱而向外殖民外，有的向外殖民是为了保住征战的胜利果实或是开辟商埠。无论以何种方式建立此类殖民地，向外殖民的行动都应在不知不觉中进行，以免像那些小动物一样，由于它们的降生而使母兽死亡。

亚历山大在他的征服地建立了一些殖民地，罗马人也做过同样的事。不过，亚历山大的征战和殖民都非常迅捷，而罗马人的征战和殖民却都是慢悠悠地进行。罗马人总是在前一次殖民所造成的损失已经得到弥补之后，才向新殖民地遣送人员。

亚历山大征服亚洲后，不得不建立大量殖民地，进而把希腊扩大到整个亚洲。这是希腊衰败尤其是马其顿王国衰败的首要原因；马其顿王国虽然在某种程度上使希腊陷于奴役状态，自己却突然一蹶不振，没能挡住高卢人的攻击。

为防止出现这种弊病，宗主国不向殖民地派遣人员是一个好办法。亚历山大干得很漂亮，他在建造亚历山大里亚城时，把一批犹太人遣送过去，并且把希腊人享有的特权赋予犹太人。

若是为了保住征战的胜利果实而建立殖民地，那就不能离权力中心太远。亚历山大建立的殖民地，就因离权力中心太远而很快失去控制，既不能保卫宗主国，也无法受到宗主国的保护。罗马人的做法好得多，他们把殖民地放在自己的周边，使之成为自己城市的壁垒，当他们把四周全都征服时，殖民地自然也都在他们的掌控之中。

这种说法似乎与我在"亚历山大"一节中表示的赞同有些矛盾。其实并非如此。因为，突然征服了一个大国之后，亚历山大只能这样做。我就罗马人的殖民地所说的话，与我在《罗马盛衰原因论》中的相关论述有关。我在这里就殖民地所说的话，与我在"贸易"一章中的论述似乎渐行渐远。可是，这里说的是需要保存的殖民地，那里说的是用于进行贸易的殖民地。殖民地有各种不同类型，需要仔细加以区别。

6）处理殖民地与宗主国关系的法律原则。——殖民地的政体应该与宗主国保持一致，这样，在两者之间建立的联盟关系和自然而然形成的友谊，就会胜过在条约基础上建立的联盟和形成的友谊。正因为如此，美洲的各个殖民地都沿用宗主国的政体。

殖民地应该保持宗主国的宗教、习俗和风尚。否则，彼此相爱就会变成彼此仇恨；我们之所以并不怨恨从未与我们站在一起的人，而对曾经与我们站在一起，后来将我们抛弃的那些人恨之入骨，原因就在于此。

共和政体常常受内部纷争或其他弊端的困扰，规定宗主国派遣办事谨慎的人员到殖民地去，或是殖民地派遣此类人员到宗主国去，这样的法律就是明智的法律。因为，两个民族同时沾染同一种毛病的情况比较罕见，所以，头脑健康的人可以被派去医治头脑有病的人，熟悉被派遣国法律的人可以在那里协助重建法律的权威。

明智的法律应该让宗主国和殖民地的人们共同使用庙宇，建立共同的祭祀仪礼，通过联姻密切关系，制定商贸法规。暴君若想同时削弱宗主国和殖民地，他肯定会禁止两者做以上这些事[①]。

殖民地的境况优于宗主国或是宗主国的境况优于殖民地，这种情况常常发生。明智的法律应该防止境况较优方削弱另一方。

西班牙人发现西印度时，全世界都被那里丰富的金银矿藏所吸引，结果产生了许多弊病，至今犹存。当年如果制定法律规定，一个西班牙家庭成员如果不把一个印第安人家庭送到西班牙，一个西班牙人如果不把一个印第安人送到西班牙，就不准到西印度去定居，那样的话，那些弊病就不会发生。

---

① 罗马人对于被他们分而治之的马其顿王国的某些地区就是这样做的。

D. 立法

1) 为防止不良法律的后果为何必须制定更坏的法律。——〔当此类法律在气候、宗教、地理位置或人民的秉性等因素的作用下,不得不遵循某些秩序并勉强遵守某些规则时,它们将会继续保持下去。这些外来的因素对它的性质施加压力,但并不能使之改变。这就像那些凶猛的野兽,野性有时有所收敛,但本性绝不会改变。〕

他们得以维持的最主要方法便是变本加厉,在野蛮和饥渴中发狂,为避免被吞噬而用鲜血遮盖自己。

把专制政体国家作一番比较就可发现,凡是专制政体维护得较好的,必定掌握了使自己变得更加残酷、赋予国家以新的基础的办法,为此不惜精心为其残酷行径乔装打扮,加剧对人性的摧残。

日本帝国和莫卧儿帝国是由同一个民族使用同样的武器建立起来的,它们的原则相同,法律相同,习俗也相同。莫卧儿帝国因其专制主义而日益衰落,但是,各种游记告诉我们,日本却并未如莫卧儿那样逐渐式微。

取得征战胜利的君主成了新土地的主人之后,便依照自己的心愿进行分配,随意予夺。可是,印度斯坦人的脆弱精神毁掉了一切,村庄、农民和土地都由一个贪婪的主人随心所欲地进行处置,而这个主人既没有产业,也没有永享欢乐的保障,却想一夜暴富。印度斯坦于是便变成了天下最大的荒漠。

在日本,天下最残酷、最警觉的法律制止了脆弱精神产生的后果。倘若有人毁坏君主赐予的土地,或是向农民额外收费,法律就把他连同他的家人一并处死①。若不这样处置,所有土地将会在二十年之后变成不毛之地,整个民族都将被毁掉。

　　日本的军事政权就靠这种办法维持,而为了能做到这一点,专制主义必须无所不用其极。

　　为防止不良法律的恶果而必须制定更坏的法律,大致情形就是这样。

　　2) 关于幼年和懂事年龄的法律。——罗马人把开始具有生育能力定为懂事年龄,亦即男子十四岁,女子十二岁。罗马人把这个年龄称作进入青春期的年龄,而我之所以称之为懂事年龄,是因为罗马人在惩罚犯罪时,对达到懂事年龄的人处罚较重,对尚未达到懂事年龄的人处罚较轻;这种规定似乎源自十二铜表法②。十二铜表法规定,偷盗时当场被捉者如果已达到进入青春期的年龄,处以鞭笞并使之沦为奴隶;如果未达到进入青春期的年龄,就依照执法官员的判决仅处以鞭笞。

　　有人可能会问:罗马人既然把懂事年龄定为进入青春期的年龄,那么为什么要惩处未达进入青春期的年龄的罪犯呢?这是因为少年比较容易改邪归正。他们越是不懂事,就越容易得到矫正。既然牲畜的毛病都能得到纠正,少年更不在话下了。公正所要求的一切,就是对少年的惩处应该宽和一些,十二铜表法在这一点上

---

①　见《创建东印度公司历次航行记》,第五卷,第二部分,第428页。
②　执法官员后来取消了此项法律的规定,只对在光天化日下实行偷盗的罪犯在量刑时加重四倍。法沃里努斯在奥卢斯·格利乌斯的《阿提卡之夜》中对罗马人民的宽和精神大加赞扬。见奥卢斯·格利乌斯,《阿提卡之夜》,第一卷,第一章。

做得相当好。

倘若法律没有对未达到青春期年龄的罪犯作出专门规定,我觉得,应该依照公正的原则做两件事:其一,官员对未达到青春期年龄的罪犯的惩罚,应该大体上如同他们的父亲和监护人对他们的处罚一样;其二,唯有在下列情况下可以对未达到青春期年龄的罪犯处以较重的刑罚:罪犯的犯罪方式表明,罪犯是已经会运用理性思考的人,而不是少不更事的未成年人。

在民事方面,罗马法看来也把进入青春期的年龄定为懂事年龄,因为依照规定,未成年人达到这一年龄时,其监护人停止行使职权,改由法律指定的财产管理人为达到青春期年龄的年轻人管理财产。

由此可见,罗马的立法者确定了两个标志性的年龄,其一是懂事年龄即进入青春期的年龄,其二是成年年龄即二十五岁。

并非所有立法者都像罗马人那样确定两个标志性的年龄,许多立法者仅仅确定一个标志性年龄,凡到达这个年龄者,就应通过民事契约处理财产,当然也就不再处于另一个公民的监管之下。

把这个年龄定在几岁,这要靠立法者运用自己的智慧依据实际情况作出决定。我只想说,在决定进入青春期的年龄时,一定要考虑到气候因素,因为在一些国家中青春期来得早,而在另一些国家中青春期来得晚。不但如此,在某些国家中,由于某些习俗的缘故,把公民自由处置人身和财产的年龄提前,风险可能比在其他国家中更大。

公民达到准许自由处置财产的年龄后,此前未成年时所签署的所有文书都理所当然地一律无效,无论以前签署的是什么文书,无论这些文书对他有利或不利，只要是在法律所规定的年龄之前签署的，都不存在进行审查的问题，签署人对所有这些文书都不负法律责任。

可是，一个公民在签署文书时，如果已经达到了法律所规定的有行为能力的年龄，那么，无论他签署过什么文书，他都应负责，这才合乎情理。

由万民法确定其性质的契约均应一丝不苟地履行，诸如出售、交换等等。至于公民法对于这些契约可能设置的约束、扩充和限制，只有在具有重大理由时才应遵照执行。

因契约不公平而受到的损害不应成为撕毁契约的理由。签约双方的目标是相互获得应得的利益，国家所关心的则是每个人都在契约中寻求最佳条件。

除非君主发出恢复原状书加以制止，否则倘若调解协议（亦即个人之间的和平条约）不但不能息事宁人，反而除了促使争执愈演愈烈外没有其他效果，那就是一大弊病。总而言之，应该最大限度地限制这种否认已签契约的特殊审判①。通过契约所表明的如果仅仅只是个人的一时意愿，那就似乎应该使之成为永远不变的意愿；倘若想要毁约，唯一途径就是设法证明这是一份假合同。法学家的任何高招都应拒绝接受，公民法的主要注意力应该放在确定万民法文书的格式，确保其真实可靠性上。

我认为，法律绝对不应准许任何人否认亲自签署的文书，无论作假或是采用暴力，都是犯罪。

---

① 不能让争执没完没了。

我还认为，此类恢复原状的行为会使公民渐渐习惯于食言。一个原本守信的人，在他的诉讼人身份使他变得失信之前，即使把全世界的黄金都给他，他也不会言而无信。成为诉讼人之后，恢复原状书一旦握在手中，他就会否认以前的所有承诺。

某些政治法有时为给君主提供方便而将成年年龄提前。法国国王查理五世就是这样，为了预防通常会在国王未成年时发生的内战，他下令规定成年年龄为十五岁。

3）收养。——无节制的收养在任何国家里都不是好事，因为，不能让人养成这样的思维习惯，以为可以在不受累于婚姻麻烦的条件下成为人父，也不能剥夺社会从人皆有之的血脉永续的愿望中获得的好处。

专制政体下没有任何贵族概念，所以收养没有任何意义。在共和政体下，收养是一件好事。没有子嗣的人可以通过收养而拥有一个继承人，由此人继承分给每个公民的土地。就此而言，这就不是为了个人而收养，而是为了共和国而收养。在君主政体下，收养也可以成为一件好事，因为家族因此而不至于灭绝，姓氏因此而得以延续，国家的各个等级因此而得以保持。不过，无论在何种政体下，收养都应该受到严格的限制。

首先，有生育能力者不得收养。西塞罗告诉我们[①]，这是罗马人的做法，每当涉及收养时，罗马人都请大祭司决定。

第二，在多子女者享有特权的某些国家里，不应因收养而扩大

---

① 《论家宅》。

特权。这也是罗马人的做法①。

第三,在一个以公民人数为其政体基础的共和国里,不应让一个家庭的父亲收养另一个家庭的父亲,因为,这无异于为了某种特殊需要而莫名其妙地减少了一个共和国公民②。正因为如此,此类收养在罗马唯有经人民法律准许方可实行③,皇帝拥有人民的全部权力后,这个权力就转归皇帝执掌,没有皇帝的御函就不得收养。尽管这种做法在君主政体下没有任何道理。

4)所有权和占有。——既然财产分配是在社会中进行的,就应该尽可能少受怀疑,人人都应毫无困难地保存自己的财产,而且有众所周知的明显标志加以维护。最明显的标志莫过于占有。唯有长期占有能够表明所有权,从而使一切相反的证据哑口无言并失于无效,这就叫做时效占有。在各国的民法中,有专门条款规定获得这种所有权所需的时间。我认为,这一时间的长短一方面应取决于国家的大小④,因为,国家大,财富就可能多,事务就可能比较复杂,公民离自己的财产也可能比较远;另一方面也取决于机遇和当事人是否经常不在当地。很显然,财产不多而又近在眼前的人,肯定严加守护,对于这种人来说,仅需较少时间就可预防他人通过占有而被剥夺所有权。

由此可见,占有问题确实存在于所有权中,而且可能通过占有

---

① 就此颁布了一项元老院发令,塔西佗在《编年史》第一卷第十五章中谈及此事。
② 参见格拉维纳,《民法的起源和演进》,第八十五条,第2段。
③ 胞族大会。参阅《论家宅》。
④ 对于罗马人来说,在外省所需时间就比在意大利长。

剥夺所有权。所以,这是一个重大问题,必须尽可能使之清晰;鉴于表明占有的最清晰的标志就是占有本身,所以占有应该借助占有本身来予以证明。因此之故,各国人民都依据理性作出规定,为获得所有权所需的时间长,为获得占有所需的时间短。在我们法国,占有某物三十年就获得所有权,占有某物一年零一天则获得占有权①。占有权是一种物权,由此可发展为更为重要的另一种权利即所有权,因而相当重要。鉴于有必要分清公民的各种权利,所以不应混淆对占有权的申请和对所有权的申请,对这两种申请应该分别作出不同决定。

5) 口头承诺形成的义务。——义务有两种,一种是依据民法的规定而形成的义务即契约,另一种是仅依据自然即口头承诺而形成的义务。

因契约而承担义务,意味着受民法的约束;因口头承诺而承担义务,意味着仅受自己约束。

对下层民众来说,以契约约束他们较之以口头承诺约束更符合自然本性。哪怕是蝇头小利,对他们的压力也比任何口头承诺所形成的压力大。所以,应该用契约来约束他们,而不应该让他们为自己锻造锁链。

贵族受口头承诺的约束,因为他们会作出口头承诺,会因他们

---

① 我觉得,我们的一年零一天的时限可能源自古代对不动产的禁令:无论哪一方,其正式表述为:该财产在一年的大部分时间中,无论握在双方的哪一方手中,均不得采用暴力。参阅《学说汇纂》,第四卷。表述方式变为:无论该财产握在双方的哪一方手中。

的独立性而作出口头承诺,会因他们的尊荣而接受口头承诺。

对于君主而言,必须信守诺言有一个特殊理由:他们的书面承诺由于不受任何公民权力的约束,因而与口头承诺相差无几。所以,食言而肥的君主可以轻描淡写地声言,他不想再照约定办事了,然而,他的承诺却是他与大家保持的唯一联系。我还认为,他的失信说明他是个小人,从中可以看出,他随时机而变,并不完全属于自己[①]。

6) **誓言。**——有几位哲学家试图贬低誓言,便说誓言不是一种新的约束。我却认为,如果没有神明,誓言就是一种新的约束,因为,如果认为誓言是一种新的约束是错误的,那么,认为承诺是一种约束也是错误的;因为,承诺之所以能成为一种约束,就在于接受承诺的人对承诺者的信任有多大,承诺者的可信度有多高。

为自己的承诺提供抵押是理所当然的,因为,谁都需要赢得他人对自己的信任,而誓言就是这种抵押。所以,常常可以听到这样的话:"我若不能兑现对你的承诺,我愿意失去我所交给你的抵押;我若不能兑现对你的承诺,我愿意我的朋友因此而受到惩罚,让他被迫赔偿我给你造成的损失;我若不能兑现对你的承诺,就让我大祸临头,受到神明的报复。"不过,我可能既不相信也不惧怕神明的报复,这完全可能。但是,只要我惧怕人就足够了,他们可以给我

[①] 我认为,越是无法受外部标志约束的人(例如那些不识字的人),越是信守诺言,这是因为他们更需要诚信的缘故。我们注意到,对于霍屯督人来说,与一个商业公司为邻是一件好事。

以双倍的惩罚。因为,我对你们进行了双重欺骗,既没有把承诺的东西给你们,又没有把你们认为应该有的抵押给你们。

7) **担保**。——雅典的法律规定,拿自己作担保顶多只能一年[①]。这项法律很合理。我只能对我所担保的人的现有支付能力承担责任,这是合乎情理的。倘若为他未来的支付能力承担责任,那就是把自己的财产当作儿戏。我可以宣布,债权人的事务目前没有麻烦,因为这是我所能知道的事,可是,我不知道接下来将会发生什么事。

8) **修正法律**。——善于纠正弊病是件大事,若说有什么困难,那就是知道弊病在哪里。人们通常都对弊病何在心知肚明,感触极深,所以希望用快刀斩乱麻的手段清除缓慢形成的积弊。在修正法律的行动中,人们依仗的是理性,根本不考虑是否谨慎。国库已经在不知不觉中被掏空,人们想要让它赶快充实起来。时间已经做了坏事,人们不想再请时间来做好事。

9) [**人证与书面证明**]。——不难设想,两个人在商谈协议时肯定设法让协议尽可能固定不变,并使之以可靠的方式为他人所知。为达到此目的,最可靠的方法莫过于采用书面形式,书面协议不仅可以把每一句话固定下来,而且可以随时展示。从设法让协

---

① 担保期为一年。载德摩斯梯尼,《反阿帕图里奥斯》。——这与抵押无关。参见莫西乌斯(Meursius)的著作第二章第三十二节。

议为他人所知这一点可以推断,协议签订人肯定采用了最宜于为他人所知的方式,公共文书任何时候都可以为人所知,私人文书可以在需要时为人所知。

由蛮人、猎人、牧人变成征服者的民族大多没有文字,为了让他人知道他们的协议,他们使用某些标志或某些可以替代标志的事实。据说,鞑靼人歃血缔约;土耳其的初民缔约时手沾墨水,如同印鉴一样盖在纸上。

有文字民族的法律规定以书面形式缔约,这种规定可以理解为:"既然缔约,就应设法以最固定和最可靠的方法使之为他人所知。"

刑事行为不同于民事行为。公民们尽一切可能让有关契约的协议为他人所知,却尽一切可能遮盖罪行和就罪行达成的协议。所以,想要得到犯罪的书面证据十分困难,而且应该想到,罪犯会千方百计隐匿书面证据。因此,还得求助于证人。

［博科里斯①法因其非常合理而为我们所知。此法规定,当一个举债而不曾书写借据的人被债权人讨债时,必须发誓说当初并未拿到这笔钱。怎能不因此而提起诉讼呢……］

E. 人口与商贸

1)［过去人口毁灭较少］。——在亚历山大和迦太基人以及罗马人的征服战争之前,各个民族相互了解很少,所有民族可以说都是彼此分隔的,走出自己地界的民族很少,每个民族或若干小民族可以不出自己的地界而成长壮大。人不像后来那样坏,一个民

---

① 博科里斯(Bocchoris),埃及第二十四王朝的法老。——译者

族也不是可供另一个民族掠夺的物件。但是,自从各民族可以方便地彼此往来之后,相互毁灭就屡见不鲜了。

各民族互不了解时,地球上的人口比较多,因为,大规模的人口毁灭比较少,大帝国的数量也比较少。

2) [宗教引发的民族毁灭]。——由宗教和宗教引发的内外战争所造成的人口毁灭,是我们近代的一个祸害,古代政治家不曾提及这种祸害。

戴克里先执政时期,埃及的八万科普特人因基督教而惨遭杀戮。查士丁尼执政时期,二十万人因狄奥斯科尔异端[1]而惨遭杀戮。幸免于难的人逃进荒漠出家为僧,穆斯林到来后把他们杀绝。整个民族就这样因一个又一个宗教的缘故而彻底毁灭。

伊比利亚民族……[2]

……

哥特人摧毁了鲁西塔尼亚的原住民[3]。

3) 基督教狂热和伊斯兰教狂热的破坏性有多大。——唯有蘸着血和泪的笔才能写出这种狂热造成的悲惨恶果。

4) 人口转移。——人口转移可能带来许多麻烦[4];保护这许

---

[1]　马克里德(Macride),《教长史》。——参见我的摘录。
[2]　见阿姆洛·德·拉·乌赛。——参见我的摘录。
[3]　德·拉·克莱德(de la Clède),《葡萄牙史》。
[4]　最大的障碍是一个地区无人居住的唯一原因在于该地区根本无法居住。

多人直到他们定居下来,并能够自己保护自己,是极其困难的一件事,所以,除非有特别重大的原因,否则就不要贸然行动。

推动人口转移的人通常出于如下考虑:将易受敌人袭击的边境变成无人区,向国内某个无人居住的地区移民。无人居住区的空气往往不大好,需要了解清楚,这个地区之所以是无人区,究竟是因为根本无法居住还是仅仅因为无人居住。

为了制止土耳其人经常攻击亚美尼亚①,阿巴斯把亚美尼亚的居民迁往他处。他把两万个家庭迁到吉兰,结果因空气恶劣而几乎全部死亡。他又把整个焦勒法城的居民迁到伊斯法罕城郊,指望这个移民区能从事丝绸贸易。第一次移民收效甚微,第二次移民大获成功。第二次移民之所以在新的居住地获得了良好的发展,原因在于他们简朴的习俗、良好的信念、节俭的作风和健壮的体魄以及他们的宗教。阿巴斯这位君主为这些移民提供了预付资金。

各个时代迁居君士坦丁堡的移民持续不断②,我们看到,由于各种疾病、频繁爆发的黑死病以及政府的苛政,这个城市的居民接连不断地死于非命③。千万别向此类地区移民,这一点十分重要。

5) **国家粮仓**。——一个人口众多、领土狭窄的共和国,往往是一座可能受到围攻的城市,此类共和国无疑应该拥有国家粮仓,这是应该受到关注的一件大事。共和国在这方面处于被迫状态,

---

① 参见杜纳弗,《利凡得游记》,第 278 页。
② 同上书,第 252 页。
③ 我在《论法的精神》第七章"首都"一节中谈及此事。

因而对国家粮仓更应倍加关注。可是,大国完全不需要国家粮仓。倘若以与生俱来的漫不经心去设立和管理经营这种公共设施,那就比什么都更危险。小麦是一种极易霉烂的物品,纵然小心翼翼也不一定能保管好。设立国家粮仓的人当然要为粮食的安全负责。可是,倘若管理者的态度比漫不经心还糟糕,会是什么后果呢?倘若出事之后,人民开始怀疑他们本应爱戴的那些人,后果又会是什么呢?

有人赞扬中国的国家粮仓,然而,当我们了解底细之后就明白了,原来那只是一种漂亮的理论,实际却糟得无以复加,饥馑就在那些粮仓周围肆虐。

在君主政体下,人民的生计应该由人民自己解决,绝对不应让他们觉得自己的性命朝不保夕,这是一条法则。这并不妨碍执政者把使农民和工匠的生计与地主的生计紧密相连作为自己的主要目标。

我曾说过,谨慎的施政者很少能经由大家都看得到或想得到的途径达到目的。大自然和政治的大部分良好效应都产生于悄无声息之中,就连那些感受到这些效应的人,也未必就能为这些效应作证。不要对耕种土地泼冷水,应该知道你匮乏的是什么,过剩的是什么。当你一旦需要什么就拥有什么时,你还会关心在何处能得到满足吗?夜间关注民众之所需,日间摆出一副优哉游哉的样子。若能让民众有所积贮,你就无须为他们进行贮备。但愿所有的粮仓都是国家粮仓。

续前题。——假如发生饥荒,而你的人民又很穷,那就是大祸临头了。因为,对于家无隔夜之粮的老百姓来说,吃不上饭之日,就是饥荒开始之时。对于小康之家来说,纵然缺粮,也不意味着饥荒已经到来,你还有数月时间对百姓施救。

发生饥荒时,救命就是最高法令。你的所有承诺都应搁在一边,因为此时唯有不让你的百姓饿死,你才有可能兑现其他承诺。千万不要吝惜,要放手赈济。别以为你会与百姓一同毁灭,除非你以为,朱庇特从奥林匹斯山上为我们降雨后,会为失去雨水而后悔莫及。

6) 船商(第一节)。——战争或以联合的武装力量进行,或以分散的武装力量进行①。陆战宜以联合武装力量进行,海战宜以分散武装力量进行。因为,与陆战相比,在海战中避开强敌和给强敌制造麻烦都比较容易。所以,海上强国使得海上弱国产生一种幻觉,以为有一种战争既能给强国制造麻烦,又能让弱国以战养战,因为,强国经营着大规模的海上贸易,在国外拥有大量财富,因而极易受到分散之敌的算计。

有些小国有时因无法在陆上立足而逃到海上。塞克斯图斯·庞培为对付海上之敌和西班牙人而与奥古斯都结盟……

依据万民法,商品因船只条件而异,商品因船只自由而自由,敌方船只上绝无自由的商品。原因在于船东之间的战争始终是国家之间的战争,永远是一国的海军攻击或防御另一国的海军。

罗马人没有中立国概念,只知道事实上的中立国。对他们来

---

① 参见 1713 年乌特勒支商约,载《不列颠商报》。

说，外邦就意味着敌对。法学家庞波尼乌斯说："那些未与我们缔结任何联盟条约的人并非我们的敌人，可是，他们一旦落入我们手中，就将成为奴隶；属于他们的东西一旦落到我们手中，就将属于我们。"

在我们这里就不是这样。凡是与我们没有缔结任何联盟条约的人所拥有的东西，一概不会落到我们手中。只要他们的船只不向我们的敌方运送走私货物，即用于对付我们的物资，他们的船只就是自由的。

我们的万民法没有明确规定什么是走私货物，所以，走私货物的清单随条约而增减，原因在于各种作战方式都会发生变化。

倘若船只的性质由商品决定，那就会带来一些难以名状的困难，因为，不让他人知道船只属于哪国极为困难，而不让他人知道商品属于谁则非常容易。

7）船商（第二节）。——一段时间以来，欧洲把海盗行径置于一些法律的保护之下。我不想在此讨论这是不是战争法的一个分支，一个武装起来的国家在反对另一个国家时，是否可以通过武装一国公民袭击另一国公民，从而对私人财富实行攻击。我只想说，一个具有商业精神的国家绝不会把船商拖进战争，在全球贸易中处于领头羊地位的欧洲，应该在万民法中确立一项法规，制止这种做法。

我的理由是，这是一种无谓的有害做法，采用这种做法的人会因此而摧毁自己的商业。商品运到一个港口，可是，那里并不需要这种商品。于是，商品价格在此地一落千丈，而在另一地却过于昂贵,虽然那里并不缺少消费需求。这种做法弊太多,利太少,货物变质、丢失、损毁乃至滞销。总之,船运业成了不公正和欺骗的受害者。

看来,允许所谓的船商存在的国家都不得不制订约束自己的法律。其中有一个国家宣称,君主的臣民所拥有的船只落入敌手二十四小时后,谁将其夺回就归谁所有。这是什么法律! 竟然剥夺臣民应该享有的国家保护其不受船商侵害的权利。

1741年俄国与瑞典开战,但泽议会宣布,该港不接受来自交战双方的任何货物,更不允许在该港出售这些货物。这一决定非常符合万民法的精神。因为,既然中立国不得帮助交战的任何一方,当然也不能帮助其船商。

8) **良好的贸易法**。——法国与荷兰最近签订的贸易条约[①]中,有不少非常合理的条款。依照这些规定,商品除应依据估价缴纳税金外,还应另外支付所报货值的六分之一,包税代理人如果对商品的估价不满,允许他们扣留商品。

三级会议的商品经检查、铅封并发送至法国口岸后,不再接受其他检查,直至运送到目的地。

最后,应该为包税人规定发送货物的期限。本国臣民和外国人均应受到人道待遇,这样才合乎情理。

9) [**罗马人的高利贷**]。——我实在为可怜的阿里奥巴赞[②]伤

---

① 见于1739年12月21日条约第7条。
② 阿里奥巴赞(Ariobarzane),此处指卡巴多奇亚(今属土耳其)国王阿里奥巴赞三世(前52—前42在位)。——译者

心。堂堂一位国王竟然被罗马的债主在王冠上面扣一顶绿帽,这是一幅多么匪夷所思的景象!

布鲁图要求西塞罗逼迫这位国王还债,西塞罗回答说[1]:"我该做的已经做了,多少有些结果。可是,庞培的商人们已经开始对他施加压力,有消息说,庞培将要到这里来向帕提亚人开战。这位国王的所有贡金还抵不上每月应向庞培支付的利息。庞培一向宽容大度,对此并不在意,他不索还本金,以拿到利息为满足。这位国王不偿还,也无法偿还其他债务,因为他既没有海关,也没有国库……他有两三个相当富有的朋友,可是,他们与你我一样守着钱财不撒手。我曾写信给他,要他满足布鲁图的要求,我恣恿他,控告他。德若拉图斯[2]就同一话题也给他写了信。他回答说他两手空空,我相信他说的是实话。没有哪个国家像他的王国那般残破,没有哪个国王像他那般穷困。不过,我把一些行政长官的职务交给了布鲁图的人。"

F. 法律的制定

1) **本章主旨。**——[本章内容极其广泛,我只能陈述若干实例……]

我们不应将此视为法学论著,其实这只不过是一种学习法学的方法。我所探寻的不是法律的肉体,而是法律的灵魂。

2) **从属于另一种民法的民法。**——依据雅典的法律,除非父

---

[1] 致阿蒂库斯的一封函,第六卷。
[2] 德若拉图斯(Dejoratus,卒于前42),罗马的一位地方长官。——译者

亲神经错乱,否则儿子不能反抗父亲的任何行为[1]。这是一项法律造成的后果,那项法律赋予父亲处死儿子或放弃父子关系的权利[2]。子女们为保护自己而可以对神经错乱的父亲采取反抗行为,这是合乎自然的法律。可是,在我们法国,父亲只有管理子女的权力,子女们不需要对神经错乱者采取特殊行动,因为,父亲倘若神经错乱,官员就会如同管理其他神经错乱的公民一样,前来进行干预。

3) **违背立法者精神的法律。**——人们认为,为保护国家的森林,应该设立专门的法院处理有关森林的案件。这些专门法院不应妨碍普通司法机构;它们尽管可以进行巡视,并有自己的组织机构,但是,如果出现特殊过失而非一般性违法的特殊情况时,它们不应妨碍普通司法机构的工作。可是,一些无知的司法人员和贪婪的法官遇到这类情况时,往往把普通司法机构撇在一边。但是,由于它们收取的司法诉讼费用远远高于普通法院,所以,一些当事人宁可吃亏,也不愿向当地森林法院提起诉讼。这样一来,为保护森林而采取的措施,反而成了破坏森林的一个主要原因。

道路也有这个问题。路况良好与否至关重要,所以,人们认为应该设立一个专门管理路况的法院。有关法令赋予专门法院的管理权仅仅涉及主要道路,而主要道路的管理则是当地法官无法干

---

[1] 佛尔图那提亚努斯·库里优斯,《修辞术》,第一卷。
[2] 这是梭伦制定的一项法律。——参见塞克斯图斯·恩皮里库斯(Sextus Empiricus),《皮罗的描述》,第三卷第二十四章;Hermog., De Ivennt, 第一卷,第一章。

预的。一些无知的司法人员和贪婪的法官却曲解法令的精神，致使对某段道路进行养护时，必须取得该段道路所在的司法管辖区法官的同意。由此而产生的结果是，王国境内的所有道路因以下两个原因而损毁。第一，道路法官虽然看到路况已经不好，却泄气地认为无法修补。其实他们可以不花钱就把毁损的道路修好，因为起初只是一点点塌方，由于没有及时采取措施才变得不可收拾。况且，要花大钱才请得动这些特殊法官，人们觉得，花一块钱就能办好的事，却要花一千块钱去请这些法官干预，这太不值得了。何况眼前只有一点小毛病，出大事还早着呢。所以，所有联结大路的道路都得不到很好的养护。道路不仅没有得到良好的管理，而且根本就不可能得到管理，后果着实令人痛心。在有些司法管理区里，成百上千条道路都变得坑坑洼洼，紧邻大道的教区也无法经由小路走上大道。议会见事不妙，便设法补救，可是，由于需要修补的道路比比皆是，所以不得不让百姓出徭役。这样一来，立法者以贤明和有序的精神策划的一件事，其后果却因滥权而与无序状态产生的后果一样。

应该始终注意事务的性质。每当涉及管理的细节和需要特别关注的事情时，一定要倍加小心，不让道路法官从中作梗。

4）必须透彻了解人的本性。——[立法者固然应该了解自己的国家，他们更应该了解人的本性。]我依然借助实例来进行阐述。

法律允许在一个法庭受到不公正审理的公民求助于更高一级的法庭。不过，理性告诉我们，只应允许在最开始时，至多是在最初几天进行此事，因为，在这段时间内，一个人对于法官的不公正体会最深。

第一个法官审结后,案件向第二位法官提起上诉,第二位法官宣判后,不应再向第三位法官上诉,否则就会产生重大弊病。因为,人的本性不喜欢顺从别人的想法,面对那些被视为智力不如自己的人时,自然而然地就会倾向于改变他们的决定。法庭的层次越多,法官就越发专注于彼此改变判决,而不是替公民讨回公道。

[此外,对那些无理上诉的人,也就是并未受到不公正审理却大叫冤屈的人,应该处以重罚。

国家制度假如规定设立三个等级的司法机构,公民就不可能越过当地法官这一级,在这种情况下,应该在下面三种做法中选择一种:允许诉讼双方越过中间一级法官;规定后果较小的案件可以提起上诉,由第二级法官结案;在那些领主拥有裁判权的国家里,准许领主付费越过中间一级法官,就像法国贵族所做的那样。]

5)[法律的率直]。——[一些国家的法律宣称,全体臣民都信奉主流宗教,这种做法有些过分。宣称所有臣民信奉同一宗教,等于宣布不在这一宗教仪规中死去的人再度沦入异端。可是,由他人宣布某人再度沦入异端,显然并不能证实此人确实再度沦入异端。他根本就没有进来过,怎么能说他后来离去呢?]

法律不应无端滥施无效的残暴,这是不言自明的道理。我们在米龙·德·普里耶纳(Miron de Priène)著作的片段[①]中读到,法律规定,在斯巴达人施加于奴隶的种种可鄙行径中,没能让肥胖

---

① 阿特纳奥斯,《哲人宴享》,第十四卷。

的奴隶变瘦的主人要处以罚金。可是,胖的奴隶并不比瘦的奴隶更可怕啊。

一项法律如果显得怪异,看不出它对立法者有什么好处(既不是税收法,也不是暴戾的法律),此时就应想到,立法者这样做必定有他的道理。狄奥菲特(Diophyte)法禁止来自雅典的人在比雷埃夫斯(Pirée)港过夜;成吉思汗的法律禁止莫卧儿人在雷击时靠近河流。前者旨在防止雅典人成为雅典的暴君①,后者旨在防止莫卧儿人溺毙,因为当地经常发生雷击②。

6) 神圣法。——准许任何人杀死罪犯的法律令人不寒而栗,这种法律非常危险。罗马的神圣法就是这样,此法把罪犯交由神明处置③,人人都可以是神的裁决的执行者。

只有事关救国时才可以接受神圣法,因为,国家的存亡是诸神的首要关注。不过,神明亲自干预时应该有所选择,苏拉、恺撒、安托尼乌斯、奥古斯都和莱比杜斯等人把确立自己的权力叫作救国,此时神明不应亲自干预;西塞罗在卡蒂里纳逃跑,他的同伙受到惩罚时号召救国,此时神明应该亲自干预。

当国家实行法治,法律普遍有效时,为了救国就应遵守法律。可是,当国家即将分崩离析时,就可以用神圣法来救国,因为,神圣法能够使即将死亡的法律重新获得力量。

---

① 参见苏伊达斯,In Diophyto。
② 参见佩蒂·德·拉克鲁瓦,《成吉思汗传》。
③ 参见《十二铜表法》以及努玛所制定的法律。

十二铜表法准许杀死欺诈顾客的店主①,罗马的制度准许杀死暴君,对此不必惊奇,暴君就跟欺诈顾客的店主一样②。

……

我不怀疑罗马人的法律准许在类似的情况下杀人,例如,丈夫当场捉住与人通奸的妻子,父亲吃惊地发现有人勾引自己的女儿,一个公民猛然扑向暴君,等等。难道不是正因为如此,布鲁图举刀砍向恺撒时才会大声叫喊:"西塞罗③"吗?企图杀死康茂德的那个人才会大声叫嚷:"看明白了,这就是元老院给你派来的"吗?

7) [法律的发展]。——[读者在本书中看到,法律与无数的事物有着无数的关系。研究法学就是发现这些关系。法律遵循这些关系,这些关系不断变化,法律也要不断地进行修改。我觉得,提供一个实例是结束本书的最好方式。

我选择了罗马法,并从中选择与继承有关的条款。我们将会看到,依靠不懈的坚持和机遇才使这些法律得以通过。对于想要研究法学的人来说,我就此所作的论述可以用来当作一种学习方法。]

8) 立法者的重大目标。——法律有时会对检举违法者的人给予奖励。这种做法只应在必需的重要场合采用。鼓励公民牟取不义之财是一大弊病,社会必将为此招致巨大损失。比方说,看守

---

① 原文为 Eum infero Jove mactare。

② 努玛的神圣法如果没有与要求公民以血还血的法律一并被鲍尔希安法击垮,就必定会在民事状态中产生许多危险的后果,幸好民事管理把它们全部废除了。

③ 见《反菲利普》,第二篇。

海关的应该是海关官员,用得着让社会过问此事吗?海关非得让社会腐败才能心安理得吗?法律非得动用它的所有功能才能发挥作用吗?法律在……情况下该做些什么呢?

G. 法律史

1) 罗马人的法学思想。——起初生活于平民政体之下的罗马人,有理由把法律条文制定得无懈可击,以防官员钻空子。因此而采用的一些办法,不是为了让法律迁就案件,而是让案件迁就法律。罗马人改变政体之后,法学思想也随之改变。本应严格依法审理的案件,裁判官却依据衡平原则进行审理。依法不能直接诉讼的案件,裁判官却以有效诉讼[①]的名义提起诉讼。

常有这样的情况:依据法律不能上诉,官员却允许上诉,这就容易使直接诉讼和有效诉讼混淆不清,依法律诉讼和依公正诉讼混淆不清。法律捆住你的手脚时,裁判官却让你随意行动。这就使得法官们更能展示其才能,看他如何始终兼顾以公正为由和以法律为由。

由于司法人员分属若干流派,因而常常出现彼此相悖的判决。注释家于是出来打圆场,为双方进行调和。拿注释家与搞烦琐哲学的人相比,不知道究竟孰优孰劣;搞烦琐哲学的人至多只是调节人们其实并没有的想法,而那些注释家却把人们确实有的思想彻底颠覆。

---

① 依据民法不能起诉而依据公正原则确应提起的诉讼,裁判官可以提起有效诉讼。

［法律的普遍性缺陷恰如法官的个别不公正裁决一样，同样会对社会造成损害。］

制约民法的东西太多，所以，民法中有一些缺陷不一定是坏事，某些不完善之处甚至还是必要的。

2）罗马人如何判罪。——罗马人莫名其妙地把各种罪的概念搅混，部分原因源自皇帝的暴戾。不过，我觉得应该从更远的源头来进行探究。我们说过，在罗马①，每当发生一件罪行时，人民就专门任命一位检察官，授权对罪行进行追查。从罗马604年开始，设立了一种所谓的长久案件，也就是说，针对某些罪行制定了一些法律，规定了相关的刑罚和审案方式，给予人民选出的监察官以一般授权，负责追查为法律所指明并且发生在当年的罪行。第一个案件是犯有贪渎行为的行省总督和官员②。苏拉提出了一个针对杀人犯的案件。最终通过各项法律一共确定了八个案件，任命八位裁判官负责追查。

为人民制定相关法律的那些人，在提议一项惩治某种罪行的法律，并推荐负责追查的官员时，把与此项法律的惩治对象可能有关的所有罪行，全部适用同一项法律。苏拉就是这样，他在制定惩治大逆罪的法律时，把不行使自己的职责，不捍卫其职务特权的官员，都算作大逆罪罪犯。罪与罚的这种混乱现象使司法乱成一团，不公正现象随之加剧。因为，由于针对大逆罪的惩罚更加严厉，侦

---

① 参见《论法的精神》，第二章，第十二节。
② 有人称之为必须追回的贪污赃款。

查更加严密,因而不但涉及主罪,也涉及次罪。这种司法行为实在可悲,它不断地鼓励暴政,为自由设置最大的障碍。

　　自从罗马确立法院的权力后,就有了大逆罪。法律规定,凡以行动或语言冒犯护民官者,均处以死刑。这样做的用意在于使护民官这个职务,越是不受尊重,越要让人尊重。后来护民官依仗自身的力量赢得了尊敬,有关因言论获罪的法律就不再有效,可是,奥古斯都再次肯定此项法律。塔西佗说[①]:"在奥古斯都之前,只惩罚行动,不惩罚言论。"提比略在大逆罪之外另设亵渎罪。由于奥古斯都被授予神的尊荣,人们于是想到,针对皇帝的罪行应该称作亵渎罪。提比略从惩罚诋毁奥古斯都的人开始,因为,只有对现行政体不满的人才斥责此前的政体,这样一来,提比略就摆脱了他的政敌。不久之后就出现了这种后果,因为,在反对他的言论中也可以找到亵渎言论,在针对他的某些看似不当的行为中也有亵渎成分。由于不当行为全凭当权者认定,所以,暴君就可以随心所欲地选定迫害对象。

　　我们看到,一些元老院成员躲在他们想要控告的那个人的屋檐下,听他发表演说。我们看到,提比略把德鲁苏斯一生的……年头中所说的话,一股脑儿提交给元老院。罗马沉浸在郁闷和缄默之中,世界首都的一切都蒙上了一片黑色。

　　3)[蛮族法律的质朴]。——蛮族的法律虽有某些蛮气,却也不乏质朴。里普埃尔法规定,一个姑娘如果不经父母同意而想嫁

---

　　① 塔西佗,《编年史》,第一卷:"行为受罚,言论不受罚。"

给一个奴隶为妻①,国王或伯爵就给她一个纺锤和一把利剑,她若拿起利剑并杀死奴隶,她就将获得自由;如果她拿起纺锤,她就将与丈夫一样成为奴隶。

4)[法律程序]。——这些蛮族的法律有许多形式。不认字的民族以外部标识替代文书。凡是与被表示的事物关系最明显,最能引起联想,让人一看就知道表示什么的标识,就是最佳标识。里普埃尔法规定,在款项交付过程中②,收款人前去交接现场时要有证人和若干小孩陪同,并且打他们几个耳光,或是揪他们的耳朵,以使他们对于交接款项一事牢记不忘。萨利克法对转让财产③和脱离亲属关系的手续作了规定,从中我们高兴地看到了先辈们令人开心的简朴。效忠仪式所遵循的也是同一精神。

大多数民族的法律把坦白承认视为被告人对社会欠下的债务,因而对于表示忏悔和悔恨的人,不给予任何从轻处置的待遇。不过,萨利克法对坦白和认罪的被告人有不同的处置,对坦白者的处置往往比对拒不认罪者轻一些④。萨利克法认为,对于不在城市里居住的人群来说,零零散散的几所房屋算不得是一个村庄,要

---

① 《里普埃尔法》,第五十八章,第18条。
② 《里普埃尔法》,第60条。
③ 此人邀请若干人立誓,证明此人在天下地上除了他所转让的东西外,再也不拥有任何财产。接着,他走进屋内,用手拾起四个角落的灰尘。然后,他站在门槛上,目光对着屋内,用左手把灰尘从背后扔向他最亲近的亲属。最后,他手持一根木桩从栅栏上跳过去。
④ 《萨利克法》,第十篇§1—4,第四十三篇§1,第六十八篇;《里普埃尔法》,第五十一篇§1。

找证人提供证据相当困难。许多日耳曼法的渊源即在于此。

杀人后将尸体丢入水井或河流,或是用树枝和其他东西遮盖,蛮族法对此类行径的处置格外严厉[①]。巴伐利亚的法律对此作出如下解释:"因为这种行径剥夺了死者接受殡葬仪礼的权利[②]。"塔西佗基于这种想法指责日耳曼人将胆小鬼溺毙,他说,日耳曼人把怯懦视为最严重的罪行,给予最严厉的惩罚。日耳曼人关于丧葬的法律是与其他法律有关系的。唯有奴隶的主人和自由民的父母才有权掩埋死者[③],因为,应该为死者复仇的是他们,所以他们应该知道死者遗体的状况,若由外人来掩埋,就可能对他们隐瞒实情,从而成为犯罪嫌疑人。一些宗教法后来改变了这些政治法。

5)法兰克贵族。迪波教士的想法。——贵族不就是长久享有的尊贵吗?在一个穷兵黩武的国家里,尊贵始终与荣耀相连,所以贵族容易代代相传;在一个已经建立税务机构的商业国家里,尊贵与不停地变动的财富相联,所以贵族不容易代代相传。在此类国家里,纵然把永久性采地依附在大家族身上也是徒劳,采地很快就转到别人手中,从而失去其尊贵。

……

我若有时间与迪波教士周旋,我就会让大家看到,他所说的一切都可归结为名称和等级这样一个词的诠释问题,大家还将看到,

[①] 《萨利克法》,第四十四篇§2、5。《里普埃尔法》,第十五篇。《巴伐利亚法》,第十八卷,第二篇§1。

[②] 《巴伐利亚法》,第十八卷,第二篇§1。

[③] 同上书,第六篇§2。

迪波教士仅仅证明，在每个源自日耳曼的民族中，都有贵族和普通自由民的区别，这种区别在每个民族中并非完全相同，法兰克以及其他民族中贵族与平民的区别，以往与今天也并不完全相同。除非人的本性变了，否则，在漫长的九百年中，世界上总会有某个民族的公民法有了或多或少的变化。

……

据《圣帕特洛克罗斯传》记述，圣帕特洛克罗斯兄弟二人并不是与众不同的贵族，他们是自由民①。迪波教士说："这没有关系，帕特洛克罗斯是罗马人，他的姓氏就是证明。"②他习惯于对尚无结论的问题进行推测，这次他故伎重演，再次重申他的说法：罗马人有三个等级，而法兰克只有一个等级。可是，此事相当奇怪。如果帕特洛克罗斯确是法兰克人，历史学家们就不会说他并非因贵族身份，而仅仅由于自由民的身份而享有尊贵。他们既然能够这样说，被提及的那个人肯定属于被征服民族。图尔的格雷瓜尔试图澄清帕特洛克罗斯的先辈所属的等级；倘若罗马人不曾生活在法兰克人的统治之下，格雷瓜尔就不会有这种念头。

迪波教士自己提出证明说，其他蛮族中也有贵族。可是，如果萨利安法兰克人和里普埃尔法兰克人没有贵族，那就太奇怪了，为什么会有这种区别，有必要把原因讲清楚。

我没有时间谈论可以用来驳斥迪波教士的那些颇有分量的文字。墨洛温王朝的文献虽然提到了某位高贵、杰出、百里挑一的法

---

① 他们的确没有高贵的贵族身份，但是他们是自由民出身。
② 《法兰西君主国在高卢的建立》，第三卷，第三十四章，第316页。

兰克人,但这一点也难为不了他,他只消搬出御前会议成员这个头衔就可以对付过去了:"那些人是他的御前会议的成员!"

6)贵族法院。——领地法官审案。说一说博马努瓦生活的年代是什么样的①。在一些地方,案件由领地法官审理,在另一些地方则由采地的家臣审理。在领地法官负责审案的地区,领地法官邀请地方贤达共同参与,由这些人共同裁决;借助这种做法,即使有人提起上诉,领地法官也可免受斥责。在由采地的家臣负责审案的地区,领地法官无须参与审案,除非本人也是采地领主的家臣,在这种情况下,他与其他采地领主的家臣具有同样的身份。

2)领地法官审案似乎是一种新习惯,因为,据博马努瓦说,在克莱蒙伯爵区里,没有一个领地是由领地法官审案的,所有案件都由领主的家臣负责审理。

3)两者审案是有区别的。如果是领地法官负责审案,遇有因对他的判决不满而上诉时,领地法官不以决斗支持自己的判决,而是交由上一级领主的法庭处理;如果是采地的家臣负责审案,也就是说由贵族②……

从博马努瓦的《博维西斯习惯法》第13页(我的摘要第5页)来看,即使在那些由采地派员负责审案的地方,也始终有一位领地法官。领地法官绝不能将案件送交贵族处理,否则他们的负担太

---

① 博马努瓦,《博维西斯习惯法》,第一章,第11页,1690年版。

② 正如你们所看到,由采地指派的人负责审案时,往往会与决斗发生联系。由领地法官负责审案时,极少甚至根本不会与决斗发生关系,除非证人受到指责。

重,例如,知道如何审理的案件就不应送交贵族。

领地法官审案这种做法很快就得到推广。领地法官需要做的只是不再召集贵族,遇到棘手案件时,就像过去遇到一般案件时加以处理就可以了。

请参阅我对博马努瓦《博维西斯习惯法》所做的摘要第 5 页和第 6 页。领主本人不审理案件,但国王例外,他审理自己,也审理他人。当克莱蒙伯爵提起诉讼时,他不是法官,而是当事人,如果他想要就审判不公提起上诉,他必须向他的领主上诉(参见此事)。作为国王的儿子,他完全不必为动产案件进行决斗,只有涉及谋杀或背叛案件时,他才不得不进行决斗。国王审理自己,也审理他人……

正因为领主不得被迫进行决斗,所以才不参与审案。

同上,第 6 页。领地法官对案件的领导:他如何培训人员。

同上(摘要第 6 页和第 7 页),看看在受到牵连时如何做:向领主及领主会议起诉,如果判决不公,则向领主的上级起诉。

领主如果与其家臣发生争执,领地法官绝不能让领主的家臣仲裁①,因为,他们的职责是相互审理和审理民众,而不是审理事关领主的利益与荣耀的案件。不过还是应该有所区分。如果是一般性案件,领地法官就不应让领主的家臣审理(也就是说可能触犯这些人的利益),而应让领主及领主会议审理。判决如果对原告构成伤害,原告可以向伯爵及伯爵会议上诉,要求改判。然而,案件如果虽然牵扯到领主,但仅与个人相关(例如领主想要取得某项遗

---

① 博马努瓦,《博维西斯习惯法》,第一章,第 12 页,1690 年版。

产的所有权,或是对某项犯罪行为索取罚金),领地法官可以把案件送交家臣处理,因为,让领主按照惯例接受处理是理所当然的。

II.《随想录》中用于《论法的精神》的材料

184(1433)[1]。一篇序言的片段。——当我可以全面把握我要论述的主题时,我所追寻的一切便一股脑儿向我涌来,我眼看着自己的这部著作萌生、成长和完成。

(185—434)。——未能用在《论法的精神》中的材料。

185(1874)。——法是伟大的朱庇特的理性[2]。

186(1860)。——献词[3]。——您的父王治理着若干王权受到限制的王国和若干听命于他的国家,当我们看到他以同样的宽和对待这些国家时,我们觉得,在后一类国家中,他所追求的也就是法律所追求的,而在前一类国家中,法律已经事先把他所追求的确立好了。

---

[1] 《随想录》是孟德斯鸠的一部笔记,写作时间长达数十年。笔记分条,每条均有编号。巴克豪森于1899年整理出版《随想录》时,为了方便读者和研究者,将手稿中的原有顺序打乱,改为按内容归类,并重新编号。《随想录》中的每一条因此就有了两个编号。此处括号外的数字是手稿中的原有编号,括号内的数字则是巴克豪森版本的编号。以下各条均同此,不再另作说明。——译者

[2] 西塞罗,《法律》。

[3] 我曾打算把此文献给威尔士王子。

187（1861）。——序言。——我们想得很少的是：我们关注对事物的正确观念，可是，这种关注却比不上另一种关注，那就是拥有一定程度的闲适和高高兴兴地忘掉自己。

188（1723）。——倘若要我对我的著作将会如何作一番预测，我想赞同它的人大概多于阅读它的人。因为，阅读这种书可能带来愉悦，但绝不可能是一种消遣。

189（1862）。——应该大量阅读，应该极少利用读过的书。

190（1707）。——倘若炫耀我大概读了多少书，读者的精神受伤害的程度，就会超过他们的心智受我的研究启示的程度。

191（1863）。——我向格老秀斯先生和普芬道夫先生[①]致敬。感谢他们撰写了本应由我在这部著作中撰写的一大部分，况且，他们在写作中所表现出的才华，是我永远无法企及的。

如果有人并未感觉到我所说的这一点，那就是我的过错。

新的不一定就是大胆的。

我相信，好的东西是大多数，最好的东西是极少数。

192（1866）。——我的精神态势是绝不回头重弹人所共知的

[①] 此处指格老秀斯的名著《战争与和平法》和普芬道夫的名著《自然法和万民法》。——译者

老调。不过,最大胆的话一再重复并不至于伤人,但最无恶意的话却可能伤及小心眼的人,因为从来没人说过这些话。

  193(1865)。——这部书不是为任何一个国家写的,任何国家都不应怨恨它。它是为所有的人写的。从未听说过有人因一部伦理论著而受到伤害。我们知道,中国的几位皇帝焚毁了郑重其事地被禁的哲学和礼仪著作,可是这些著作后来更加郑重其事地重新确立了其地位,因为国家需要它们甚于任何个人。

  194(1873)。——当我们看到,某个国家虽然拥有繁荣因素,却并不繁荣,自然条件虽然富饶,饥馑却到处肆虐,气候条件本应造就勇气,人的气质却是既怯懦又傲慢,当地的宗教本应带来福祉,展现在眼前的却是邪恶;此时我们就不难察觉,人们远离了立法者的目标。困难在于弄清楚,何时、如何以及从何处着手才能回归立法者的目标。

  国务活动家们在心智开启的世纪中,获得了恰如其分地把事情办好的才能。每个人都可以为开启心智而添砖加瓦,却无须因此而自诩为改革家。

  我的眼前只有我的那些原则,它们引导着我,而我并不支使它们。

  所有统治者用心良好,我是全世界这样想的第一人。我知道,某个国家治理得不好,而且想要把它治理得好些相当困难。总之,我所看到的多于我所评判的;我对一切进行评述,但什么也不批评。

195（1870）。——我对大臣们给予高度评价，不是因人，而是因事，人始终是渺小的，事始终是重大的。

196（1855）。——普鲁塔克发现，古代哲学不是别的，就是治国的学问。他说，如果从七位贤哲中除去一位，余下的六位所全力以赴的，无非就是政治和道德。希腊人虽然后来专注于思辨学，但是可以清楚地看到，最为他们看重的是实用哲学，最崇拜的是城市的立法者和管理者。

197（1926）。——希腊政治。——研究百艺固然有益于生活在社会里的人，其实，这种研究从属于组成和调节社会这门大学问。

198（1940）。——希腊人和罗马人对于政治知识和道德知识的歆羡，堪称是一种崇拜。如今，我们只重视物理科学，只投身于物理科学，而政治上的善与恶对于我们而言，与其说是认识的对象，莫如说是一种情感。

所以，既然没有出生在一个我所需要的世纪里，我就拿定主意成为圣皮埃尔教士那派的一员，这位好人写了许多有关当今政治的著作。我还让自己心里明白，七八百年之后，我的思想将会对某个民族非常有用；在我所剩不多的余生中，我要好好利用我的谦逊，让它为我所用。

199（1871）。——当今人们十分看重物理科学，以至于对伦理道德十分冷漠。自希腊人和罗马人以来，道德上的善与恶，与其说是认识对象，莫如说是一种情感。

古人重视科学，保护百艺。可是，他们对于在治国之道方面有建树的人也极为敬重，几乎达到了崇拜的程度。

200（1864）。——这部著作对于年轻王子的教育不会没有好处，它肯定胜过那些空泛的说教，诸如好好治国，做一个好君主，为臣民造福，等等。这就像怂恿一个对欧几里得原理毫无概念的人去破解几何难题一样。

201（1868）。——这部著作是我一生思考的结晶，尽管付出了巨大的心血，抱着最善良的愿望，一心一意有益于公众，但是，我将回收的也许只有伤心，将给予我回报的也许是无知和妒忌之手。

在我所见到过的所有政体中，我对任何一种都没有偏好，其中包括我有幸生活于其中，因而最为我所喜爱的那一种。

我刚刚读完一部法学著作，立即就把它视为在没有哲学的条件下，理性试图永驻之乡。

202（1920）。——我把一生中的二十年用来撰写这部著作，然而，我为此事所花费的时间是远远不够的。

203（1872）。——我以二十年时间一刻不停地撰写这部书著作，我不知道自己是否大胆，是否冒失，是否因主题的伟大而承受重压，是否因主题的崇高而得到支持。

204（1706）。——假如我忽略了人生是短暂的这个首要问题,那么,苦苦思索了二十年又有何用呢？我甚至没有时间对已经完成的著作做一些删节。

205（1705）。——序言。——我不断地……让风吹走,徒劳地对永远不会出版的文稿进行润色。

206（1805）。——我曾有意把这部著作的某些部分写得更宽泛更深入,可是我变得无能为力了。阅读损毁了我的双眼,仅剩的视力就像我的双眼将要永远闭上那天的晨曦。

我几乎触到了我应该开始和结束的那个时刻,这是揭开一切和遮挡一切的时刻,这是苦涩与欢乐交集的时刻,这是连我的软弱也将失去的时刻。

我为什么还要埋头于一些毫无用处的著作？我在追求不朽,而不朽就在我自己身上。我的灵魂啊,变得博大一些吧！快步走向不朽吧！回归伟大的存在吧！……

在我所处的那种可悲的状态下,我不可能对这部著作进行最后的加工,倘若不曾想到一个人应该有益于他人,直到最后一口气……,我早就把这部著作付之一炬了。

不朽的上帝啊！人类是最无愧于您的作品,爱人类就是爱您；在我行将就木之时,我把此爱奉献给您。

207（1786）。——关于宗教那一章：

令人敬畏的国王们统治着自己的民众,

朱庇特则统治着国王们。

关于维护自由的手段那一章：

　　仿佛他人的自由便是自己被奴役。

关于政治自由那一章：

　　统治与自由这两件互不相容的事情。

关于气候法则那一章，关于民事奴役：

　　不应把普罗格奈变成鸟，把卡德摩斯变成蛇。

关于家庭奴役那一章：

　　火……变成一头野猪。

　　　　……你用锁链把它拴起来吧。

208（1859）。——法律的对象。——柏拉图有一个非常了不起的想法[①]；他认为，制定法律是为了把理性的命令告诉给那些无法直接从理性接受命令的人。

209（1763）。——光荣、荣宠、激励。——依照惯例，仅仅把王冠戴在征服者的遗体头上是不够的，还要把它戴在他的父亲的遗体头上。正因为如此，征战获胜的希腊人不但为自己获得了光荣，也为他的父亲和祖国获得了光荣[②]。

中国也是这样。

210（1773）。——莱库古终于成功地让斯巴达人接受其严酷

[①] 柏拉图，《理想国》，第九卷，第十三节。
[②] 格拉维纳：《民法的起源与演进》，第八篇，第二章。

的法律。贵族受到民众的挤压,而莱库古则争取到了贵族[①]。

211(1755)。——我在摘录克拉吉乌斯[②]时写道:"看来,克拉吉乌斯对深化斯巴达民事治理的贡献,超过他对政治所作的贡献,或许是他缺少纪念碑式的建树,或许是共和国的根基首先是体制,其次是民事治理,然后才是政治。"

212(1919)。——亚里士多德说:"塔林顿人与穷人共享畜力和财产。"

因为这是斯巴达的一个殖民地。

213(1698)。——普鲁塔克《阿拉图斯传》(篇首):"——贵族政体是适宜于多里安人的各个城市的政体,自从西西安城邦偏离了纯正的贵族政体后……"

214(1762)。——元老院成员的数量。——罗慕洛斯把元老院成员定为一百。普里斯库斯增加了一百,布鲁图再增加了一百。——元老院成员众多符合民主原则。

215(1776)——《政治学》第二卷第81页。——犹太人代表:

---

① 请仔细阅读普鲁塔克为莱库古撰写的传记。
② 克拉吉乌斯(Cragius,1549—1602),拉丁文《斯巴达共和国》一书的作者。——译者

七十人的元老院，终身；两万四千名代表向元老院建议，元老院作决定。这与希腊和意大利的做法截然相反，在那里是由元老院建议，人民作决定。另外还有一个特点：任期有限的代表提出建议，任期为终身的代表作出决议。请参见希伯来人共和国。参见与埃及法律相符之处。

216（1914）。——博丹不主张楚格、阿彭策尔[①]等小区的做法，在这两个小区中，在议会讨论重要问题时，每个元老都负有通知两三名拥有表决权的议员的任务，这样一来，知情的议员总数有时就多达四五百名，根本不可能确保讨论秘密进行。

威尼斯和罗马的元老院的人数也很多，但做法却不一样。

这种做法是人民习俗良好的最佳证明。

217（1758）。——任何贵族议会都分成平民和权贵两部分。

218（1923）。——君主。——当他觉得自己受到爱戴时，他就会爱护人民，所以应该设法让他确信人民是爱戴他的。

219（1856）。——法律即使在拥有力量之时，它所拥有的力量也始终比不上它所拥有的荣耀。义务是一种被动和冷漠的东西，荣耀则是一种充满活力的激情，时刻能自行激发，而且始终与其他激情相连。你若告诉臣民，一定要听命于君主，因为宗教和法

---

① 楚格（Zug）、阿彭策尔（Appenzel），瑞士的两个州。——译者

律命令他们这样做,你就会发现,臣民们毫无热情;你若告诉他们应该忠于君主,因为他们曾向君主作过这样的许诺,你就会发现,他们生气勃勃。

220(1845)。——君主政体下的习俗永远不会纯净。贵族的奢华以及他们在美德方面的缺失,是一切腐化的根源。

221(1728)。——法国贵族。——哦,你们将在未来的朝代中承担责任;国王的大臣们,千万不要以嫉妒的眼光注视贵族的荣宠,不要把手伸向他们的财富。

国王的大臣们,在勇气和慷慨方面,贵族只愿意比国王略逊一筹,国王的大臣们,等等。

222(1702)。——为支援君主政体,贵族迈出的每一步都以鲜血为标志……

神圣的权利!因为,被上帝用作自己形象的那一位承认这些权利是神圣的……

取悦他一次或永远伺候他,在这两种幸福中,有人选择了后一种……

有人以为,由于不了解君主政体而失去了它……

我将把这些人从蒙昧中拉出来……

223(1889)。——专制主义。——不应让欧洲的国王们面临亚洲专制主义的危险,具有坚忍不拔的意志是一种小小的福分,在欧洲获得这福分相当不容易，所以，明白事理的人不可能对此心怀嫉妒。

欧洲的国王作为俗人治理他们的国家，他们享有与诸神一样的地位，永远不会变坏。

亚洲的国王作为神明治理他们的国家，他们与俗人一样，不断地面临着不堪一击的危险。

224（1915）。——特里博尼安①居心不良，他在论法这一节（第60条第41页）中让皇帝不受朱利亚法②的约束，但是，他并未让皇帝免受所有法律的约束，此事是有证据的。狄奥说："因为他向元老院请求免受沃科尼乌斯法的约束。"因此，为了证明君主不受法律约束，他便制定了一项证明君主也受约束的法律，否则他就不会要求对君主不适用此项法律③。

225（1720）。——东方的君主所追求的是他独自一人的幸福！他想独自一人掌权，独自一人享福，可是，他却常常既无权也无福，他的欢乐只有片刻，他的烦恼却终日相伴。他是一个不幸的人，由于他要整个宇宙陪他一起度过一生，因此只有他的影子陪他度过一生，他悄无声息地生活在周围万物的包围之中，他掌控一切，却无法说话，他寻求盲目服从，得到的却是可怕的孤寂。

---

① 特里博尼安（Tribonien，卒于546），拜占庭法学家，曾参与《查士丁尼法典》的编纂工作。——译者
② 罗马皇帝奥古斯都制定的以其女儿的名字命名的法律。——译者
③ 见前文提到的第60条第29页。——译者

226（1833）。——苏丹习惯于坐在一块巨大的挂毯后面参加国务会议。这样，他就可以在世界上最需要自由思考的场合，即在国务会议的讨论中，制止臣属们进行思考的自由，对他来说，让他们拥有思考的自由其实是最重要的。

227（1853）。——沙皇治国是为了人类，而不是为了他的帝国。所以，这个帝国如果治理得很好，有人居住，有人耕种，它就不可能存活下去。

228（1898）。——专制主义。——据说，反叛者米利韦伊斯[①]在波斯进展神速，人民从四面八方赶来投奔。

迄今为止，君主们在行使权力时几乎丝毫不加节制，他们恣意戏弄人的本性，所以，上帝准许忍无可忍的人民砸碎过于沉重的枷锁，对此我并不感到吃惊。臣民们的处境实在可悲，他们几乎没有任何正当途径抵御欺压，实质上是他们有理，表面上却总是他们理亏。

且让我们随意挑几个国家在历史上发生骚乱的例子，完全可以打赌，在一千次骚乱中，九百九十九次的原因是君主及其大臣。人民不但天生胆小，而且确实有理由胆小，他们不但想不到冒犯那些手握生杀大权的王公大臣，甚至连抱怨都不敢。

波斯人的一句格言非常让人信服，所以我们常常引用："每当

[①] 米利维伊斯（Mervis，在《论法的精神》第三章第九节中写作 Mirivéis），坎大哈总督，1713年起兵反抗波斯，创建阿富汗国家。——译者

外省发生骚乱时,宫廷永远应该站在人民一边,对付手中握有君主权力的官吏。"

专制权力绝对不应上下授受,专横的命令绝对不应专横地执行,臣属纵然在执行暴君的那些最暴戾的旨意时,也要遵守符合公正的规则,这样做才符合君主的利益。

在专制主义国家中,人们站在人民一边反对省长和总督。在君主政体国家中则恰恰相反。

229(1701)。——在关于埃及的一节中,我曾这样写道:

"埃及国王的生活受制于某种礼仪,他们要依照法律的规定,在白天和夜晚的某个时间做某件事。国王们如果从中感悟到,他们本应主宰一切的旨意,也应受到约束,那就是从中获得了教益;倘若果真如此,那就说明这种制度既对君主有好处,也对人民有好处[①]。"

230(1896)。——丹麦的国王法。——流亡在丹麦的法国人拉博梅尔[②]先生曾对我说,将最高权力赋予丹麦王族的法律颁布后,又颁布了一项被称作国王法的法律。这项法律准许国王修改、解释和废除该国的法律,并任意制定新法律。这项法律荒唐之极,如今令丹麦人为之脸红,因而想方设法把它废除。

我觉得,这项法律与令人生畏的贵族有关,而贵族当时在立法机构中占有大部分席位。现在一切都已安排妥帖,这项法律因而

---

① 看看此话是我说的还是狄奥多罗斯说的。
② 拉博梅尔(La Beaumelle),一位侨居哥本哈根的法国文学教授。——译者

就显得十分可笑。

231（1925）。——在专制主义国家中，所有人都一律平等，因为他们毫无例外地生活在政治奴役中。人与人之间的区别仅仅在于民事奴役中，可是这种区别微不足道。

232（1760）。——共和国的繁荣胜过一人统治的国家的原因：
1）人们的收益比较有安全保障。
2）人们更加热爱公共利益和祖国，因为它们属于我们大家而不属于别人。
3）地位比较平等，因而财富也比较平等。
4）凭借个人才干出人头地的途径较多，凭借卑鄙伎俩飞黄腾达的途径较少。

为建立一个君主政体的国家，需要一个既对贫苦人民有权同时又有特权的富有贵族，也就是要让贵族讲究奢华，喜欢挥霍；要让人民处境悲惨。在共和政体下，人人地位相同，人人参与或能够参与公共财产的分配，人人过着体面的生活，享受国家的财富，并想方设法使之与日俱增。

233（1891）。——与优良的君主政体相比，良好的习俗更适合于优良的共和政体，请看证明：在优良的共和政体下，人们说的是"我们"，而在君主政体下，人们说的是"我"。

234（1854）。——在君主政体下，公共事物被视为他人的事物,在共和政体下,公共事物被视为每个人自己的事物。

235(1893)。——君主政体通常蜕化为一人治国的专制主义;贵族政体通常蜕化为多人治国的专制主义;民主政体通常蜕化为人民专制主义。

236(1917)。——世界上的几乎所有民族都在同一个圈子里打转:最初是野蛮民族,后来征战取得胜利,于是变成文明民族,文明使之变得强大,强大之后便讲究礼仪,礼仪削弱国力,于是被征服,进而重新变成野蛮民族。希腊和罗马就是明证。

237(1908)。——君主与臣民的约定。——格老秀斯曾说[①],反叛时,不能以赔偿为由剥夺臣民享有以往的协议所赋予他们的利益,因为,只要反叛者重新听命于君主,对君主的损害就不复存在。我补充一点:只有在义务不对等的协议中,比如君主给予一切却毫无所获,才可采取这种做法,否则,签约双方中的一方就成了双方承诺的唯一裁决人,这将损害事物的性质。况且,双方作出承诺是为了永远有效,所以,对违约一方的处罚不应造成毁约的结果。

238(1744)。——对若干政体的正确概念。——英国的政制究竟是什么?这是一个混合君主政体,如同斯巴达在设置监察官

---

① 见巴斯纳日(Basnage)编,《学者文集》,第 1688 号,第 7 条。

之前是混合贵族政体①一样，如同罗马在驱逐国王不久之后是混合民主政体②一样。

正如我们所见到的，英国比较接近君主政体。由人民决定和讨论的罗马比较接近民主政体。人民仅有决定权的斯巴达则比较接近贵族政体。

罗马有了独裁官，设置了监察官；罗马还为了将民主政体转向贵族政体而开战。斯巴达则为了将贵族政体转向民主政体而设置监察官。

239（1899）。——军事政府。军事政府的建立方式有两种：其一，由希望永远保持军团状态的军队通过征服战争建立，例如当今的阿尔及尔政府；其二，专制主义政体的政府因弊病加剧，即因腐败而蜕变为军事政府。

在文人政府被推翻而另一个政府尚未建立之际，政府的性质始终具有军事政府性质，苏拉篡夺政权之后直到下台之前，即自三巨头执政直到奥古斯都上台这段时间中，罗马的政府就具有这种性质。这个政府被推翻后，罗马变成一个帝国，帝国破坏本国的城

---

① 设置监察官的目的是为了剥夺国王和元老院的大部分审判权，普鲁塔克转述的幼里庇德斯(Euripide)的名言表明了这一点。监察官选自下层平民。审判和共和国的大部分官员从而发生转移。采用莱库古的政制，国王和人民就在元老院的掌控之中，采用狄奥波普斯(Théopompe)的政制，元老院和国王就在监察官的掌控之中。克利奥墨涅斯(Cléomène)废除元老院和监察官，暴政于是应运而生。

② 罗马在各个时期不一样。当初驱逐国王之后，罗马是混合贵族政体。接着是混合民主政体，官职和荣誉由平民分享。起初，平民的决定要经元老院认可。后来却正好相反，元老院的决定经平民同意后方才有效。

市，为支付军饷而洗劫并摧毁城市。接下来如何筹集军饷呢？就这样……在韦斯巴芗和维特里乌斯①的内战中就是这样干的，纵容士兵洗劫韦罗讷。在三巨头执政期间，对三座城市的洗劫不是得到了默认吗？

240（1768）。——《政治》②第二册：与不同民团有关的不同政体③。

241（1771）。——军事政府。君主应该担任军事政府的将军，如同莫卧儿人那样。

242（1772）。——专制主义军事政府：莫卧儿和鞑靼。贵族军事政府：阿尔及尔。民主军事政府：有吗？

243（1709）。——我说过，为掌控采地拥有者，奥斯曼帝国的专制君主拥有自己的军队；罗马也是这样，为了掌控与之结盟的各个城市的军队，罗马也有自己内部的军队，那就是他的人民。

244（1857）。——技巧确立了自己的地位，并取代了本应引导公民的良知和审慎。法学家们高兴地发现，人们在打官司时，每

---

① 维特里乌斯（Vittelius），罗马皇帝（15—69在位。）——译者
② 孟德斯鸠读书时有做笔记的习惯，不同的内容记入不同的笔记，并分别以《地理》、《政治》冠名。此处指他的读书笔记《政治》。——译者
③ 参阅有关内容。

一步都不得不向他们求助,法官向法学家送来的讼案当事人展示自己的权威时,也并不嫌烦。

245(1836)。——我希望在我们打官司时,沿着诉讼程序一个法庭一个法庭地走下去。向前、迈步、向上、回头、再向更高一级走去,且不说离国王的御前会议有多远,要走多久。整整三十年过去了,案件尚未终结。

246(1741)。——格拉古兄弟执政之前,法官一直是从元老院中挑选的。我始终没有找到将这种特权赋予元老院的法律。有迹象表明,法官一经设置[①],诉讼技巧就开始形成。选用元老院的成员为法官,也是因为他们拥有别人所不拥有的知识。弗拉维乌斯向人民揭示了诉讼的程序,人民由此获知,有人把诉讼技巧当作奥秘,不让人民掌握。应该选用对双方都合适的法官负责审案,双方都愿意选择知识最丰富、对案情最熟悉的人担任法官,其实也就是元老院的成员。这种选用法官的做法一直延续,渐渐变成了一项法律。

247(1823)。——强制诉讼双方延聘律师进行辩护是一种蠢举,因为,倘若律师拥有不辩护的自由,双方当事人岂不更有替自己辩护的自由。

---

① 设立法官职务是很早的事情。哈里卡纳索斯的狄奥尼修斯说过,十人团干预法官审案,引起人民的不满。

248（1824）。——准予延期还款书。只有在共和政体下找不到债务人时，方可发出这种文书。如果把这种文书发给可以找到的债务人，那就应该对其人身实行限制，但不应对财产实行追查。

249（1935）。——只有两种人具有一定的力量，一种是千夫所指的恶棍，一种是万人敬仰的善人。恰如恶棍的力量总是扩张得太大，善人的力量总是难以适可而止。

250（1905）。——刑罚。刑罚的性质。法律的制定。我发现，裁判官的分配有问题，尤其是在苏拉主政时，由于他增加了四种审讯，致使一些与主罪无关的罪行都被归到同一罪名之下，结果便是一些本应获判较轻刑罚的罪行，被判与主罪相同的刑罚。是否应该被判同一刑罚，不是看它是否因某种关系而可以与另一种罪行归为同一类，而是看犯有这些罪行的罪犯是否同样恶劣。所以，定刑的依据往往是司法机构和裁判官的判断，而不是可以加重或减轻刑罚的理由①。

251（1897）。——刑罚的残忍程度。刑罚如果太残忍，使它变得宽和一些的最佳方法就是让它在不知不觉中变，与其采取特殊手段，不如通过普通途径，也就是说，法令前面应该冠有关于可以减刑的说明，此外还应附有可减刑到什么程度的说明，以便让法

---

① 参见《科里尼法》和其他准许刑讯的法律。读了希戈尼乌斯（Sigonius）的《论审讯》第二卷和《法学阶梯》后自然就明白了。

官酌情量刑,并使人们在思想上对免除刑罚有所准备。这一切都取决于以下各种具体情况:国家的精神、犯罪的频率、犯罪的难易程度、各种变化、与政体的关系等。立法者应该在这些问题上展示自己的聪明才智①。

252(1797)。——狄奥多罗斯在《世界文库》第一卷第二节第129页中写道:"阿马西斯②登基为王之后……埃塞俄比亚人……好君主。为了不处死窃贼,他下令割掉窃贼的鼻子,把他们送到一座名叫林诺克卢拉的城市去居住。"

同书第139页:——"博科里斯③死后数百年,萨巴卡④统治埃塞俄比亚。他废除最重的刑罚即死刑,让罪犯从事城市公共工程。他希望改变没有实效的严厉惩罚,使埃及能从中得到巨大好处,于是退居埃塞俄比亚。"

253(1798)。——埃塞俄比亚宽松的刑罚。宽松的刑罚。绞刑或斩首。有时没收财产,并禁止给他们饮料和食物,罪犯于是到处流浪,如同野兽一般。皇帝经常发布赦免令。他很正直。他认为,在他的国家中,刑法恰当和治理得体培育了良好的习俗⑤。

---

① 我把以上这层意思添加在《论法的精神》第六章第十三节中了。
② 阿马西斯(Amasis),埃及国王(前570—前526在位)。——译者
③ 博科里斯(Bocchoris),埃及国王(前720—前715在位)。——译者
④ 萨巴卡(Sabaccon),埃及国王(前716—前701在位)。——译者
⑤ 孟德斯鸠的笔记《地理》,第二卷,第305页,摘自《耶稣会士书简集》。

朝鲜。刑罚宽松①。

请注意,埃塞俄比亚人的习俗一贯良好。

254(1913)。——请看格拉维纳《民法的起源与演进》第58条第24页:"希腊人对伪誓的处罚仅仅是罚款和羞辱。十人团把罪犯推下塔佩亚悬崖。后来减为放逐和流放。"

我认为,鲍尔希安法减轻了十二铜表法规定的刑罚,并且明确禁止判处罗马公民死刑。

255(1912)。——十二铜表法确有关于死刑的规定。这肯定是国王法的残留部分,共和国后来减轻了这种刑罚。放火烧毁一堆小麦者以往要被判处火刑。甚至还有一些迷信的刑罚,例如,人们相信可以让一块土地着魔:"凡是念恶咒或制造毒药,便是杀人犯②。"

256(1761)。——通奸。罗马人的古老习俗对通奸严加惩处。"的确,由于私人受到侵害,公共事务受到了极大的干扰:对他人床榻的玷污使心灵变得如此粗野,致使城邦陷于不和与分裂。"这就是说,他们认为严守贞操对于维持安定关系极大。依据他们的习俗,当场捉奸的丈夫可以杀死妻子,卡图对奥卢斯·格利乌斯的训词第十章第二十二节对此说得很清楚。不过,科里尼法规定,

---

① 孟德斯鸠的笔记《地理》,第二卷,第256页。
② 格拉维纳,《民法的起源与演进》,第三十八篇,第24页,参见我的摘录。

杀死妻子的丈夫将受到惩罚①。

君主国里的人有办法监护妇女的贞操,违规的丈夫将受到惩罚。

257(1858)。——羞辱。斯巴达在琉克特拉战役之后提出了一个问题,是否应该依照法律规定,让逃跑的人戴上羞辱的标记,因为依照法律规定,这些人不能担任任何公职。受羞辱的人不能娶妻,也不能嫁女。路上遇见他们时,想打就打,他若被打,不得还手,还应低头认错。他们应身着碎成一片一片的袍子,胡子只能刮一半。后来阿偈西劳终止了这项法律②。

这种羞辱标记威慑力很大,非常有利于确立价值观和勇气。

258(1890)。——决斗。自杀。柏拉图的法律(《法篇》第十章)主张,对于自杀而死的人,应草草掩埋,不给予任何体面。教会法拒不为这些人提供墓地,同样也不为在决斗中死去的人提供墓地③。这种罪行大多是因骄傲而犯下的,法律以羞辱进行惩罚,是件好事。

259(1818)。——罗马人。利剑可以杀人,法律也可以杀人。罗马的皇帝们在一百五十年中灭绝了所有古老的罗马家族。他们

---

① 格拉维纳,《民法的起源与演进》,第八十六篇,第三章,第46页。
② 普鲁塔克,《阿偈西劳传》,第三十章。
③ 参见《教会法》第二章。

最厉害的暴戾手段之一就是法律。

260（1693）。——灭绝家族的法律。东方的不少地方都作兴对罪犯实行满门抄斩。在那些国家里,妻子儿女都被视为家族的工具和附属品。把他们没收,就像我们这里没收财产一样;他们只不过是父亲或丈夫的财产而已。

261（1850）。——制定民事法律的君主也可以颁布赦免诏书,因为他们可以向臣民示范,杀一儆百是示范,颁布赦免书也是示范。

262（1873）。——亚里士多德谴责斯巴达在财产问题上对妇女的不公平待遇,他还指责莱库古,因为,莱库古既禁止公民出售自己的地产,也不准公民购买他人的地产,只准许通过遗嘱转移地产。

事实如果真是这样①,苦心孤诣地致力于确立平等的莱库古就粗暴地违背了自己的法律,不但如此,在这样一种腐败原则指导下的共和国,居然有这么长的寿命而不腐败;实行这样一种不平等原则,而财产居然能长期保持平等,实在难以想象。

普鲁塔克所说看来更可信,确立不平等原则的是一位监察官。

---

① 我宁可相信普鲁塔克在《阿吉斯和克利奥墨涅斯传》中所说,促使通过这项法律的是一个名叫埃皮塔狄乌斯（Epitadius）的人。亚里士多德这样写是出于攻击莱库古法律体系的需要,所以不能认为他不抱偏见。他需要证明莱库古的法律确实不好。

263（1735）。——让我们考察一下一些大君主国的命运,人们起初震惊于它们的强大,随后则震惊于它们的虚弱。究其原因,在专横或专制政权的高速蜕变过程中,由于原则的残余还在起作用,所以国家尚能有所发展。可是,当自由彻底消失之后,当初越是强大,现在就越是弱小。因为,对善良和伟大的热爱不复存在,在每个行业中,有人规定,我说什么来着?有时甚至是命令,谁也不许再从事这个行业;人们普遍丧失勇气,几乎每个人都感到泄气;贵族没有感情,武夫没有兴趣,也没有热情;市民没有信心;人民没有希望。真是咄咄怪事!一切都在无所事事中空转,每个公民都有一种身份,谁都没有职业;有人只要公民的身体,却不要人民的精神和心灵。一个君主政体到了这种地步,他的虚弱就已经暴露无遗,以至于连他自己都感到吃惊。

264（1740）。——罗马人。西庇阿在结束第二次布匿战争,把和平带给迦太基人时,向他们提出要求,不得雇佣高卢雇佣军,也不得雇佣利古里亚雇佣军[①]。

265（1756）。——"自从发现了各种容忍、痛苦和攻城机械之后,为自卫而修筑堡垒的需求比任何时候更加强烈。"——这就是说,在莱库古时期并无这种需求[②]。

266（1817）。——法与政治管理中治安部分的关系。——在

[①] 阿庇安,《利比亚》,第 30 页。
[②] 我不知道这段文字来自何处。

我们这些平庸的国家中,人们在压榨下艰难度日,从一个国家迁往另一个国家;在那些大国中,民众缺吃少穿,一个个悲惨地死去,因为他们生活在苛政之下。

不但如此,君主们确信自己并未失去任何东西。例子很多,我只举奥古斯都为例。他把十八座或二十座意大利城市的财产分发给他的士兵,因为他无法抱怨意大利。罗马人自以为是整个世界,不相信摧毁城市会对他们造成任何损失,他们想的只有一件事:为给予臣民而剥夺臣民,既不失去这些臣民,也不失去那些臣民。我们今天看得很清楚,当我们摧毁一座我们自己的城市时,无异于为敌人建立一座城市。

267(1879)。——中国。国土性质使中国不宜分成多个国家,除非作为一个采地分成若干部分,但共属于一个整体。如前所说,生存之缺乏保障,生活之艰难,中国为世界之最。所以,无论哪个省份都休想在两年之内不需其他省份的支持。生计所需犹如一根链条,把所有省份拴在一起,共同生活在同一个帝国之中。

我们看到,皇帝的法律禁止国王们截断流向毗邻王国的江河,因为断流会使邻国无法存活。

这个帝国三面被大海、沙漠和高山阻隔,来犯的敌人只能从北方入侵。所以,帝国的重心一直在北方。南方诸省人民在英勇善战方面远逊于北方诸省人民,所以南方很难脱离北方。

268(1889)。——第六节。中国尽管幅员辽阔,它的专制主义有时却不得不有所收敛,原因何在?帝国的疆域起初并不十分辽阔，奢华和财富对君王们的腐蚀因而也不很大，他们所拥有的只是北方那些贫瘠的省份，那里的人不那么娇气，比较能够吃苦耐劳，习俗因而比较淳朴。

整个南方尚处于野蛮状态之中。促使野蛮民族寻求在中国人统治之下生活的原因，是中国的繁荣和幸福（中国历史上鲜见征服战争）。

我们将要说到，中国的气候条件使人天生具有顺从的奴性，所以，尽管中国的条件本应使之建立共和政体，事实上却连共和政体的影子也看不到。

中国的政体是一个混合政体，因其君主的广泛权力而具有许多专制主义因素，因其监察制度和建立在父爱和敬老基础之上的美德而具有一些共和政体因素，因其固定不变的法律和规范有序的法庭，视坚忍不拔和不顾风险说真话的精神为荣耀，而具有一些君主政体因素。这三种因素都不占强势地位，源自气候条件的某些具体原因使中国得以长期存在。如果说，因疆域之大而使中国是一个专制政体国家，那么，它或许就是所有专制政体国家中之最佳。

第二朝代的第八位皇帝镇压了劫掠皇帝属下诸省的南方民族，由此可见，南方此时并未臣服于皇帝[①]。

第三朝代的第十一位皇帝在位时，被扬子江阻隔在南方的一些民族因蹂躏帝国而被镇压。由此可见，南方此时尚未对帝国表示臣服[②]。

[①] 《政治》，第二册。又见杜赫德第126页[此处疑指《中华帝国全志》，但孟德斯鸠未标明何卷。——译者]。

[②] 笔记《政治》，第二册，第131页。

第三朝代的皇帝们治国比较贤明。当时日子难过,皇帝的权威有限,诸侯们要求宽松,帝国的幅员也比较狭小①。疆域扩大肯定削弱了帝国的实力,因为,鞑靼人两次入主中原都是在帝国的疆域扩大以后;鞑靼人建立了中国的第二十朝代和第二十二朝代。在此之前,鞑靼人在可怕的内乱纷争中曾多次进行渗透和入侵,但从未在中原站稳脚跟。

269(1757)。——中国皇帝自损寿命②。

270(1849)。——加洛林王族所建立的这种附属关系,过去也曾在中国建立过,这种政体并未造成什么恶果。这是一种君主政体,而不是专制政体。德意志也是这样。

271(1774)。——《孟子》第四章第二节(见杜赫德神甫主编的《中华帝国全志》第二卷)记述了过去如何惩罚封建诸侯。对于初犯者给予降等处分,再犯者被取消年俸或收回封地,对于第三次触犯者,则派遣军队前去逼他下台。为此常常授权邻国国王去执行此项命令③。

德意志如今依然采用后面这种做法④。

---

① 笔记《政治》,第二册,第133页。
② 参看我的笔记《地理》,第二册,第174页。
③ 参见《孟子·告子章句下》,"一不朝,则贬其爵;再不朝,则削其地,三不朝,则六师移之。"——译者
④ 笔记《地理》,第二册,第212页。

272（1753）。——为什么焚毁中国书籍？因为中国文人捍卫旧政制①。

273（1725）。——君主们在政治中玩的是菲莉娜②游戏。菲莉娜与一群浓妆艳抹的妇人围着桌子做游戏，参加者轮流主持，轮到谁时谁就有权下令，让别人按照她的要求去做事。轮到菲莉娜时，她让大家取水洗脸。洗完脸后，菲莉娜依然光彩照人，其他妇人却都变成了丑陋的黄脸婆。

274（1746）。——用于攻击力量：

"上面已经说到，由于幅员辽阔，这个国家只能实行专制主义。战争扩大了疆土，从而经由这个途径走向专制主义政体。

我们在这里不能忘记专制主义的种种暴行，它一刻不停地把灾难倾倒在君主和臣民头上，像巨龙一般吞噬自己；它首先对君主，然后对国家，最后对所有奴隶施虐；它在所有人的废墟上建立一个人的废墟，又在一个人的废墟上建立所有人的废墟。王座上一片惨白，人人心惊胆战，专制君主时刻准备着杀人和被杀，他把人吓成傻子之后，自己则因淫逸无度也变成傻子。这种状况如果非常吓人，为什么有人偏偏要闭着眼睛去争取这种状态，为什么要费尽心机摆脱最幸福的处境，让自己变得可怜而悲惨呢？"

275（1734）。——征战如果不甚激烈，国家尚可变成君主政

---

① 参见《耶稣会士书简集》；又见笔记《地理》，第二册，第 332 页。
② 菲莉娜（Phryné），古代雅典最富有、最漂亮的高级妓女。——译者

体,因为征服者需要设法用堡垒来维护征服的成果。

正如前面所说,堡垒属于君主政体,因为堡垒与军事政府背道而驰。此外,堡垒还意味着对权贵们的信任,因为,堡垒为权贵们提供了储存实力的巨大空间。堡垒还意味着对人民的信任,因为,君主的担心减少了。

我所说的堡垒,不是会使控制着一座城市的小暴君变得更加残忍的堡垒。他本人就是他属下的总督。小城市的君主和庞大帝国的君主一样,兼专制总督和军事总督于一身。

哥特人的国王维蒂札拆毁了西班牙的所有堡垒。汪达尔人的国王吉里迈尔摧毁了非洲的所有堡垒。这两个国家于是一夜之间就被征服。他们没有削弱被征服民族的力量,却削弱了帝国的力量。

我认为,哥特人和汪达尔人之所以会出此下策,那是因为他们来自一个不知道堡垒为何物的地方,他们把在征战中见到的堡垒视为抵抗他们征服的设施,而不是他们可以用来抗击外敌的手段。

276(1902)。——征服。征服必然消耗征服者的能量。在我看来,征服者就像是后宫里的一个精力旺盛的年轻人,每天都抛弃旧欢,征服新欢,直到有一天,所有女子对他都毫无用处。

277(1731)。——有人称颂亚历山大在征服印度时所体现的过人才华,我倒更愿意称颂他的作为。他把印度与波斯和希腊拴在一起;他追踪谋杀大流士的凶手直到大夏乃至印度;他从征服印度北面的国家入手,后来又返回印度;他沿着江河顺流而下,不在途中停留;他想到了把他征服的此地与彼地连成一片。

尽人皆知,依据先后几位托勒密的计划,亚历山大促使巴比伦和波斯腹地发展贸易的计划是在红海上执行的。

278(1708)。——罗马人。考察一下头戴草编王冠时的罗马人和头戴黄金王冠时的罗马人,我们就会发现,最有激励作用的奖赏,恰恰是那些最不值钱的东西[①],这就是全部历史所积累的经验。

279(1740)。——罗马人的佳作。倘若有人对于大规模的征战是否会带来巨大的灾难抱有怀疑,读一读罗马人的历史就明白了。

罗马人把世界从最兴盛的状态中拖出来,他们摧毁了种种最伟大的成就之后,组建了一个无法支撑自己的国家;他们扑灭了普世的自由,接着又荼毒他们自己的自由;他们既是篡夺者,又是被掠夺者,既是暴君,又是奴隶,总之,他们削弱了全世界。

280(1790)。——斯特拉波说,克里特人的体制大部分已经不复存在。绝大部分事务则如同其他行省一样,按照罗马法管理[②]。

罗马人为了确立他们自己的体制,几乎摧毁了全球所有民族的体制。我对此非常不以为然。

281(1729)。——军队。被征服民族被军队镇压下去后,恐

[①] 这是未能用在"征服"一节中的文字。
[②] 斯特拉波,《地理志》,第十卷,第四章,第741页。

怖不再来自征服民族，而是来自军队。下面是为保持军队的忠诚而可以采用的几种手段：

将军队化整为零，分成若干部分，借用塔西佗的话说，分散后的军队既不能相互提供实力支持，也不会彼此传染流弊①。

经验表明，无所事事的士兵容易闹事。塔西佗说："布列塔尼军团因频繁出征而对他们的敌人恨得咬牙切齿，但并不恨他们的长官②。"

军队如果在征战中发了财，就会形同一盘散沙，或者不再服从命令。当兵是一种吃苦的职业，与奢华和财富水火不容。亚历山大远征印度前夕，下令焚毁士兵的所有行李。纳迪尔沙③也是印度的征服者，他却命令下属带着所有黄金去征服印度。这种做法相当大胆。

罗马皇帝为维持士兵的忠诚，扣留他们的部分军饷作为押金④，士兵被遣散时方才将这笔押金返还给他们。我不觉得这种做法有多大效果。他们心里明白，只要闹事反叛，他们就能成为这笔钱的主人。

不给军队发饷非常危险。士兵们先是举行兵变，然后找理由为兵变开脱，这就更糟，谁也不敢惩罚他们。

如果各不相同的法律、习俗和风尚并不妨碍心怀不满的士兵

---

① 塔西佗，《编年史》，第一卷，第九章。
② 同上。
③ 纳迪尔沙（Nadir-Chah, 1688—1747），又名塔马斯-库里汗（Thamas-Kouli-Kan），1729年攻下伊斯法罕后成为波斯国王，进而策划征服印度。——译者
④ 普芬道夫，《通史》。

跳槽,从一支部队转往另一支部队,那样的话,兵变就会少得多。士兵如果不能自行离队,心怀不满的人就只得留在队伍中,不是把仇恨埋在心底,就是让仇恨爆发出来①。

282(1737)。——我在《居鲁士的教育》②中读到,居鲁士将来自特洛伊的战车弃而不用,因为,一个驾车的战士需要配备……个人和……匹马。我读到这里时就思绪联翩,如果当初没有使用这种战车,就不会有荷马的史诗。荷马史诗记述的全都是这些英雄在战车上的壮举和言谈。他们的英雄行为使他们有别于军队中的芸芸众生。对于一部优秀的史诗来说,重要的是主要人物是否优秀,盔甲是否优良其实是无关紧要的。

与此同理,对骑士制度也应作如是论。

283(1809)。——韦伊③战役的战利品全都交给了财务官,这就引起了士兵的普遍不满,对于福里乌斯④的品德,他们既钦佩得五体投地,却也怨恨得咬牙切齿⑤。

这是因为,在韦伊被围期间开始向士兵发放一种军饷。

为了激励多生育子女的愿望,分给每个自由民七阿庞⑥的韦

---

① 这段文字从"攻击力量"一章中删去。
② 《居鲁士的教育》(Cyropédie),色诺芬的著作。——译者
③ 韦伊(Veies),罗马北边的城市,被围十年后失守。——译者
④ 福里乌斯·卡米鲁斯(Furius Camillus)罗马将军,独裁者;公元前396年攻克韦伊。——译者
⑤ 《狄特-李维摘录》,第48页,第五章,第二十二至二十三节(第二册,第43页)。
⑥ 阿庞(arpent),古代土地计量单位,约合20—50公亩。——译者

伊土地①。

284（1703）。——罗马人。罗马帝国时期发生了变化，官员被分成文官和武将两类，此事引起了我的思考。对于共和政体来说，将官职分成文武两类是危险的；应该让武将附属于文官，应该让人感到自己是公民而不是士兵，是官员而不是军官，是执政官和元老院议员而不是将军。不过，这些身份在君主政体下应该分开，让军队成为一个单独的机构，这对于君主和臣民都是必需的，因为臣民需要文官，而君主则需要把防务交给武将负责。

285（1906）。——政治自由。迪波教士在《法兰西君主国在高卢的建立》第一卷第四章（第一版第 59 页）中写道，他不知道在君士坦丁之前，任何一个皇帝都不曾把官职区分为文职和武职两类，他甚至怀疑，是否曾有一个国王这样做过。

很显然，他不曾读过色诺芬著作中苏格拉底关于波斯王国的论述。苏格拉底谈到了波斯的各个省份由两类官员治理的情况，并指出了不这样做所带来的麻烦。

他肯定也不曾读过狄奥多罗斯关于埃及王国的论述，埃及的祭司担任文职官员，民团则是一个单独的机构。

迪波教士接着写道，意大利东哥特人王国的国王西奥多里克，也采用这种两类官职分离制；在此之前，卡西奥多卢斯在他的著作《杂纂》第八题第三号中，已经谈及此事。迪波教士还说，从普洛科

---

① 《狄特-李维摘录》，第 66 页，第五章，第三十节（第二册，第 45 页）。

比乌斯的著作的某些段落中获知,东哥特人的王国依然实行这种制度。不过他说,克洛维斯及其继承者们在高卢废除了这种做法。

他还说,他在自己的那部著作的续篇中将会谈到,在克洛维斯等君主在位时间,公爵和其他军事官员们参与纯属民事的各种事务,其中主要是财政;墨洛温王朝的诸王根本不知道这种把同一地区的最高权力分成两类的做法,所以,他们因循本民族的固有做法是很自然的事。

这就是说,他不知道塔西佗在《日耳曼尼亚志》中关于不同职能的说法。塔西佗指出,日耳曼国王拥有民事权,公爵拥有军事权。这也正是法兰西王国初期的关键之所在。在墨洛温王朝和加洛林王朝,法官和财政官员由贵族和僧侣担任,第三等级什么也不是;公爵、伯爵等掌管司法。不过应当看到,当时的欧洲实行贵族政治。

迪波教士认为,两种权力的分离始于路易十二在位期间。但是,把两种权力开始分离的时间说成是贵族由于无知而将大部分民事权力交给第三等级的时候,岂不更好吗?他说,权力分离始于路易十二及其继承者,他们颁布了多道敕令,禁止在某个地区握有军权的人插手司法事务。迪波教士所说的这一切毫无根据,其实自从君士坦丁实行改制之后,罗马帝国只有两个等级,一个是长袍等级,另一个是佩剑等级,两者相互排斥,穿袍者不得佩剑,佩剑者不得穿袍。阿维图斯①皇帝起初只是个禁军头领,后来掌控了整个民团,接着就如西多尼乌斯所说,把法庭搬进了兵营。从前的区

---

① 阿维图斯(Avitus),东罗马皇帝(455—456 在位)。——译者

分存在于官职，如今的区分存在于等级。

286（1852）。——元老院法令。元老院变成一种法院之后，就几乎拥有制定民事法律的权力，所以，元老院法令数量极多。

287（1749）。——我之所以这样说，是因为我非常明白，一旦涉及管人的事务，谁都会感到十分棘手。

我与官吏对话，就像两个有教养的人对话一样。倘若不得不置法律于不顾，那就至少应该设法尽早回归法律。倘若不得不做那些因其性质而不可能好的事情，那就至少应该尽可能做得好些。

288（1712）。——独裁官。在他面前，法律噤声，君主低头。幸好他只是短时间被选用，他的权力仅限于他被选用的那个项目，否则他就成了暴君。

独裁官。——重症需用猛药治。独裁官是天上下凡前来纾解困境的神仙。

289（1809）。——杀死暴君者有权要求获得他想要的奖赏，但奥林匹克大奖除外[①]。整个希腊民族颁发的这种奖赏非常好，由整个民族负责向城市的复仇者颁奖非常好。

290（1819）。——大逆罪。司法官鲍卢斯说，"任何人拒收镌

---

① 西塞罗，《修辞学》，第二卷，第四十九章。293（1806）。

有元首肖像且非伪造的钱币,均应受到科里尼法的惩处"。正如阿米亚努斯-马西利纳斯①所说,这是因为,新当选的君主即位后,立即就要以他的名义铸造货币。

君士坦丁法规定,拒绝使用他的货币者处以火刑,或许因为在他看来,此罪与大逆罪有某种相似之处。

291(1842)。——一个被俘的法国军官说,总有一天他要用威尼斯人的血来洗他的手。就因为这句话,威尼斯人不但把他绞死,还用刀割他的脚,血洗刑场。绞刑固然残忍,这种做法却更加残忍。

这种狂妄而不谨慎的话可以被指控为针对君主的大逆罪,但不能被视为针对一个民族的大逆罪,因为,一个人不可能灭绝一个民族。何况,这句话所表达的意思无非是:既然已经与威尼斯人开战,那就应该把仗打到底,对于法国人来说,这是天经地义的事。

292(1806)。——魔法不再被人相信之后就变成了巫术,而在我们这里,巫术是人民的一种神奇之术。是因为有人指控,巫术以及其他所有类似的行为才成为罪行。人民因此而获罪则全是官员的行为所致。他们说:"魔法肯定还存在,否则,立法者不会以我所信任的智慧制定惩罚魔法的法律。魔法行为肯定已经发生了,否则法官不会在判决中作出这种决定,而他们对判决的关注,恰恰是人的本性所能给予的最大关注。"

---

① 阿米亚努斯-马西利纳斯(Ammien-Marcellin),罗马晚期历史学家。——译者

293（1806）。——上诉有利于自由。初审刑事法官和初审民事法官担心自己的判决被改判，这是好事。

294（1851）。——异议。在罗马元老院里，肆无忌惮地进行干预或表示异议，并非不受惩罚："当它实际上并非针对公共事务时，他们就强制回避该项事务，或是在某日接受处罚。"恺撒在《内战记》中写道："对保民官作出了最严厉的裁决。"

波兰法律的弊端之一就是不惩罚肆无忌惮的异议者。

295（1910）。——贡品。贡品越丰盛，正直的人越要逃避征收贡品的责任；贡品越丰盛，正直的人在贡品上做手脚的顾虑越少。

你说，那些得了好处的臣民将会更加起劲地工作。是这样。你这是舍近求远①。

以为增加贡品就能增强实力，这无异于一位中国人所说的（参见杜赫德《中华帝国全志》第二卷第 503 页关于告密者的记述），以为把一张兽皮使劲撑就能撑大，结果却是把它撑破。

296（1901）。——捐官者。一些实际上成了冗员的捐官者声称，法国尽管新近兼并了多个省份，如今的税收与弗朗索瓦一世在位时相比却并无增加②。此说如果当真，那就表明存在着大量奴隶。但是，他们这样说并非为了证实此事，而是为了制造这种说法。

---

① 准备置于恺撒的《内战记》篇首。

② 参阅此事。

可怜的作家啊,国王因老天爷发怒而能做的事,最可悲的也无非就是这样。

297(1793)。——德意志人民是好人民。马基雅维里告诉我们,在他生活的年代,每当各个城市征税时,每人都把自己的收入中应纳税的部分投进一个口袋。官员信任人民,人民从未辜负这种信任,上述那种做法继续存在就是一个明证。我还听说,这种做法如今还能在但泽见到①。

298(1846)。——笔记《地理》第二册。有人说,省督更换为总督后,一些省份变穷了。这些省督与我们的省督一样,只想着发财,根本不把人民的疾苦放在心上。他们把自己掌管的省份当作自己的产业来经营,结果是人口锐减。总督无所畏惧。他们的官位是靠送礼和加紧搜刮得来的,他们要兑现先前的承诺,要供养他们的老板②。

这些总督与我们的总督非常相像。

299(1848)。——笔记《地理》第一册。有人把西印度西班牙政府的种种弊病归咎于总督更换太勤,通常每隔三年、五年或七年更换一次③。不过,总督的任期若是再长些,那就非常危险。因

---

① 好好看看此事,注意此事如今可在何处见到。
② 参阅沙尔丹,《波斯游记》,第 150 页。
③ 第 371 页。弗雷齐埃(Frézier)。
[弗雷齐埃(Frézier),《智利南部沿岸海上旅行记》(*Relation d'un voyage de la Mer du Sud aux côtes du Chili*)的作者。——译者]

此,有必要制定一些巧妙的法律,防止因更换总督而带来的弊病。

300(1878)。——用于第十三章第十八节:"包税人能给予国家的支持。"在君主政体下,普通人因其财富、行为以及地位带来的偏见等多种原因享有信用,君主如同普通人一样也享有信用。

君主如果没有不配享有公共信用的行为,那他就享有公共信用,只要他意识到这一点,并且不指望包税人会给予他信用就行。

与一个或几个普通人相比,国家拥有的财富巨大无比,所以,当普通人和君主的信用彼此相关时,普通人的信用就显得微不足道。君主如果享有信用,他应该让普通人分享,他如果不享有信用,就会使享有信用的普通人失去信用。

包税人不可能为君主获取信用,除非让君主从事不正当的交易。唯有包税人取自君主金库的金钱才有享有信用,普通人如果保存这些金钱,这些金钱也同样享有信用。

我见到过一些大领主,他们往往需要一个仆役的信用,其实他只不过储存了五十埃居而已。君主若是把包税人视为自己的财源,那么,他就会像那些大领主一样。

301(1877)。——用于第十三章第二十一节:"危险的做法。"君主若是从包税人那里捞得好处,并允许他们从臣民身上把好处捞回来,那就等于在每个包税人的门口安放了一个敌人,这个敌人以眼泪为自己打气,似乎越穷胆子越大。

阿米亚努斯·马西利纳斯在《罗马史》第三十一卷第三章中写道,禁军头领答应补足高卢的人头税后,尤利安就说,他宁可丢掉性命也不能容忍这种做法。因为他明白,这种供应给外省造成的困难是无法补救的(伊利里亚就因这些困难而毁于一旦);当供应清单递到他面前时,他拿过来就扔在地上。记述此事的阿米亚努斯·马西利纳斯在《罗马史》第十六卷第五章中写道,这位君主进入高卢时,每人缴纳 25 埃居人头税,当他撤出高卢后,各种税赋加在一起只需缴纳 7 埃居。凡是熟悉当时罗马财政状况的人都清楚,钱是万万丢不得的。其实减少的不是税金,而是征税的费用;这两个规定中的前一个为后一个的良好效果作了铺垫。

302 (1882)。——关于气候的各章。看一看亚历山大抵达印度时,印度的各个共和国处于什么状况。读一下狄奥多罗斯在《世界文库》第二卷第 296 页中记述的印度法律,这些法律与今天我们所知道的印度状况有许多联系,诸如种姓的区别、社会地位的不同、奴隶制度的温和、君主的土地所有权等等。还可以读一下该书第二卷第三十九章第 246 页。作者说那里从来没有饥馑,其实情况已经发生变化。因此,书中并未提及大米。这就让我们看得很清楚,我发表了认为印度政体并非相当温和的见解后,《教会新闻》对我进行的反驳是一种十分不明智的书刊检查。

303 (1796)。——某些气候条件下的法律特点。在不同时期中统治埃及的两位埃塞俄比亚国王废除了死刑。他们大概也在自己的国家里作了同样的规定。这两位君主以各种人道和正义的措施治国。在如今能够读到的有关埃塞俄比亚的记述中可以看到,与当时其他任何一个非洲国家相比,埃塞俄比亚的政体更温和,治理更得当。

304（1730）。——气候。中国人和莫卧儿人的征战活动①。所有区别就在于，鞑靼人建立莫卧儿帝国是在接受了伊斯兰教之后，而日本被征服则是在此之前。

对此需要做一些解释。

这两个帝国是在鞑靼人入侵之后建立的②。征服者成为土地的主人，君主或将军把土地作为一种采地进行赏赐。这些土地的不可继承性似乎合情合理，因为土地是分给军队的，而官兵都由君主选定，所以，职位既然不是世袭的，对于职位的奖赏当然更不应该是世袭的。这是所有征服军的想法，也是我们法兰克人以及征服了罗马的所有哥特人的想法。但是过了不久就有人觉得，非世袭的土地所有权不牢靠，不久之后就会被荒废。自由精神催生了财产精神，我们的采地于是就变成世袭的财产。这种做法在亚洲行不通，因为亚洲缺少自由精神。采地只能具有终身性质，甚至依然可以由朝令夕改的君主随时赐予或剥夺。这种朝不保夕的精神摧毁了印度斯坦的村庄、农民和土地，把印度斯坦变成了世界最大的荒漠。

倘若不是气候与宗教不同，同样的事情也早已发生在日本③。

---

① 我在论文夹子中放进了为证明此事所必需的所有权威性材料。
② 关于鞑靼人一词的注释在文后。
③ 日本被鞑靼人征服一事不应怀疑。日本的政体和机构与莫卧儿相同，都是鞑靼人建立的。日本人与莫卧儿人一样，都来自鞑靼。大郎完全听命于鞑靼人的大喇嘛。驱鬼或驱病巫者在日本很普遍，与鞑靼的情况相似。成吉思汗把人扔进沸水锅里，这种刑罚在日本也很普遍。鞑靼人和日本人的戒律相同，他们都不大信教，对于戒律也都不大在意。鞑靼人从来不争论宗教教义，日本人也是如此。基督教传入之前，日本人享有绝对的宗教信仰自由。鞑靼人也是如此，他们基于良心原则保护所有宗教。不管中国的史书如何记述，我们今天所见到的一切证明，中国人绝对不可能征服日本。何况，中国人与日本人之间没有任何从属关系。

305（1916）。——在关于埃及的一节中，我放进了下面这几句话：

"奴隶为保命而拥有法律。他们的法律规定，杀死奴隶的人，哪怕是奴隶的主人，也要被处死。他们不是公民，但他们是人①。"

306（1833）。——针对奴隶的罗马元老院苏拉法令。罗马大多数奴隶的忠诚、品德和勇敢的行为，来自极端严厉的法律。我们看到，奴隶应主人的要求杀死主人，然后自杀。即使他们不自杀，法律也会把他们处死②。

307（1782）。——被释奴。大批过去并不穷的人如今成了穷人。这是基督教造成的巨大变革。

308（1909）。——妇女与宦官。我们注意到，在中国，君主沉湎于妇人的害处较小，离不开宦官的害处较大③。皇帝一旦把自己交给宦官，宦官立即以皇帝的主子自居。政体的弊病和苛政逼得人民揭竿而起。皇帝纵然想要补救也为时已晚，因为圣旨已经无法传出皇宫。于是内战爆发，反对宦官的一方如果取得胜利，混在宦官之中的皇帝随着宦官一起完蛋。

可是，皇帝如果被妇人控制，后果就不那么严重。妇人们的利益各不相同，宦官挑唆她们互不信任，使她们无法团结一心，反而

---

① 看看这究竟是我的想法还是狄奥多罗斯的想法。
② 参见这些法律。
③ 参见杜赫德神甫的《中华帝国全志》所载明朝一位文人唐敬川（Tang King Tchuen）的文章。

会互相残杀。妇人的打算不周密,她们的谋划不那么深远,但比宦官更加胆大。总之,君主因品德缺失而造成的祸害大于君主因谋略缺失而造成的祸害,这种情况相当少见①。

在杜赫德的《中华帝国全志》中,明朝文人唐荆的一篇文章对此有很好的见解:

"君主若是依仗宦官,就会把宫廷中品德高尚、才华出众和积极肯干的人视为外人,这些人于是便抽身而退。君主会睁开眼睛寻找宫廷外面的官员给予支持吗?这些官员也不知道怎么办,因为君主已经成了人质。宫外官员的举动如果不成功,就会有一个野心家设法把皇帝与宦官搅成一团,煽动人民把这些家伙一网打尽。"

沉湎于女色的害处较小,因为,只要君主认识到自己的这个毛病,便不难改正。可是,如果因过分信任而把自己托付给宦官,他就无法回头,只有死路一条了。

从桓帝、灵帝②到献帝,宦官为所欲为地主宰着中华帝国,搅得天怒人怨。

309(1789)。——第一个罗马休妻者的理由是妻子不能生育,第二个休妻者的理由是妻子没带遮脸的头巾或是带了遮脸的头巾(我不清楚究竟是带还是没带),第三位休妻者的理由是妻子参加了葬礼活动。

你们瞧,从这三起休妻事件中看到的习俗何等纯真③。

---

① 不应将此节说成普遍规律,应该仅仅局限于中国。
② 原文是 l'Empreur Hoen-Ling,大概孟德斯鸠误将桓灵二帝当作一个皇帝所致。——译者
③ 普鲁塔克,《摘要》,第 251 页。

310（1788）。——气候。在君士坦丁·波菲洛戈尼图斯搜集整理的大马士格的尼古拉著作片段中读到，很久以前东方就有这种习惯，仅凭小小一点怀疑，就把外省总督送上断头台。他们的政体要求这种严厉的做法，气候则毁灭了这种政体。

311（1816）。——首都的体量。一个大而无当的城市在共和政体下是有害的，那里的风气始终是腐败的。倘若让一百万人聚集到一处，那就只能设法让他们有饭吃，不被谋杀，除此以外，再也没有精力进行其他管理了。应该让人到有工作可做的地方去，别让他们到骄奢成风的地方去。

专制国家的首都必然日益庞大。专制主义对外省不断施压，加重它们的负担，迫使人群涌向首都，从某种意义上说，首都是逃避总督苛政的唯一避难所。君主是一颗很特别的星，它为身边带来温暖，却把远处烧成一堆灰。不幸的是，大量人群集中到首都来，结果却统统死于战乱、疾病和饥馑。

在这种状况下，所有原则及其所有后果无一不是毁灭性的。

外省的人群被吸引到首都来，首都却垮掉了，这种情景最为可悲。君士坦丁堡就是这样①。传染病得不到防治，许多人染病而死。大量移民过来也无济于事，这个城市大不起来。

在君主政体下，首都的人口增长有两种方式：其一是外省的财富把居民吸引到首都来（某些靠海的国家就是如此），其二是外省因贫穷而将居民驱赶到首都来（在这种情况下，如果不盯紧外省，

---

① 马德里也是这样。在那里，分娩也不是一件令人高兴的事。参见我的"感想"。

一切同样都将毁掉①)。

　　君主政体国家拥有种种法规,因而不会为首都所累。恰恰相反,首都还能为国家增光添彩。为恢复平衡而让居民返回外省,君主可以采取许多措施,其中无须深思熟虑就能想到的措施就有这些:一边减轻外省的商品税,一边加重首都的商品税;让讼案在外省法庭结案,不让这些讼案没完没了地上诉到首都的法庭或国王的御前会议来;让在外省有职业和有头衔的人统统返回自己的岗位,不管他们属于哪一类人。君主还应想到,随着离开外省的人数增多,会有更多的人想要离开,因为留在外省的人会越来越不开心。

　　那不勒斯城里有五万人什么也不干。这些穷汉把外省搞穷了,因为他们不在外省;这些穷汉把首都搞穷了,因为他们在首都。

　　一些表面上相当繁荣的国家其实很虚弱,原因就是人口分布不适当。一方面,城市里挤满了毫无用处的人,另一方面,农村却找不到不可或缺的人。这就是繁荣本身所造成的恶果!

　　312(1742)。——未能用于"土地性质"一节的文字:

　　"在欧洲和亚洲,有一些为大自然所迫而成为野蛮的民族,例如拉普兰人和西伯利亚人。他们居住的地区实在太寒冷,连树木也难以生长。这些野蛮民族并不居住在森林里,而是分散在地球上最贫瘠的土地上,没有遮拦也没有防御。这是一些很小的部族,他们本来应该是自由的,可是现在他们受制于毗邻的民族,这些毗邻民族的君主不是用军队,而是通过强迫他们纳贡把他们制服了。"

---

① 参见我的"随想录"第一册的第223页中关于亚洲城市何以人口密集的论述。

313（1743）。——阿米亚努斯·马西利纳斯认为，食人族居住在离莫斯科公国不远的地方，他说，附近地区的居民出于对食人族的恐惧和厌恶，纷纷避而远之，因此，荒漠从这个地区一直延伸到塞里斯①。这很可能就是大鞑靼地区人口稀少的原因，那里的人口至今依然稀少。我觉得，以狩猎为生的民族似乎更容易成为食人族②。

314（1716）。——土地的性质。有三种地区：小麦地区，穷；葡萄地区：人多且穷；畜牧地区：人不多且富。

注：气候温和地区的优势来自那里比较发达的畜牧业，那里的大牲畜较多，而大牲畜就是财源，比小牲畜值钱。

315（1839）。——土地所有权，万物之母。中国之所以治理良好，而且不像其他亚洲国家那样日渐消亡，那是因为中国确立了土地所有权。土耳其、波斯、莫卧儿和日本都没有做到这一点，至少没有完全做到。中国之所以能够做到这一点，原因在于若不确立土地所有权，百姓就会造反；而在其他那些国家，充其量只是难以察觉的缓慢消亡而已。

316（1847）。——德意志农民的奴隶制表明，这是一场不种地民族的征服战争。

---

① 塞里斯（Sères），欧洲古人对中国的称呼，意为丝绸之国。——译者
② 这段文字未能写进"土地的性质"一节。

317 (1722)。——把这个想法加在 207 页。在下德意志、波西米亚……农民都是农奴,他们操另一种语言。

318 (1903)。——普遍精神。养成普遍精神主要靠一个国家的首都,法国人的普遍精神就是巴黎养成的。倘若没有巴黎,诺曼底、皮卡第、阿图瓦就像德意志一样,都具有德意志的普遍精神;倘若没有巴黎,勃艮第、弗朗什-孔泰就像瑞士一样,具有瑞士的普遍精神;倘若没有巴黎,吉耶纳、贝阿恩、朗格多克就像西班牙一样,具有西班牙的普遍精神。

319 (1911)。——立法者。莱库古做了他能做的一切,为的是使他的公民更加尚武;柏拉图和托马斯·莫尔做了他们能做的一切,为的是使他们的公民更加诚实;梭伦做了他所能做的一切,为的是使他的公民更加平等;犹太立法者做了他们能做的一切,为的是使他们的公民对宗教更加虔诚;迦太基立法者做了他们能做的一切,为的是使他们的公民更加富有;罗马立法者做了他们能做的一切,为的是使他们的公民更加伟大崇高。

320 (1827)。——这些法律可能还有一个渊源,应该知道它在何处。如果不知道一项法律是为哪个国家制定的,是在什么情况下制定的,那如何去实施这项法律呢?大多数学习法律的人就像是沿着尼罗河往前走的人,随着尼罗河一起溢出河床,却不知道它的源头在何处。

321 (1775)。——中国人和日本人。——在习俗方面没有多少相似之处；都很机智；风尚则大异其趣。中国人平和、谦逊、通情达理、虚情假意、悭吝贪婪；日本人是武夫，好惹是非、放荡、疑心重、野心大、胸怀大志。日本人和中国人都信奉佛教，佛经很晚才经由朝鲜传入日本。——肯普弗①。

日本人很可能是从鞑靼过来的。

322（1717）。——习俗和风尚。君士坦丁·波菲洛戈尼图斯下令把美女藏匿起来，不让蛮族人见到。此举足以改变一个民族的习俗和风尚。

323（1724）。——就像希腊人那样，中国立法者也把音乐纳入风化之中；不过，他们并没有相互模仿。

324（1785）。——鞑靼人在丝毫不改变中国原有政制的同时，强迫中国人改变服饰②。

这样做的目的是掩盖人数的差异。

325（1787）。——在莫卧儿，每个人，父亲的职业；女子不结婚，因为，在另一个被她们视为不高贵的职业群里，她们找不到对象。

不但如此，人们由于贫困而无法请老师，只能在家里接受父亲的教育③。

---

① 肯普弗（Kaempfer），《日本帝国史》，第一卷，第 91 页。
② 杜赫德，《中华帝国全志》，第二卷，第 89 页。
③ 笔记《地理》，第二册，第 296 页。

326（1907）。——习俗。听说西班牙的法律规定，在加的斯走私的白银要被没收，这项法律对此是这样解释的："没收物品的三分之一将奖给为人不齿的告发者。"法律中的这句话是对公众的正直善良最有力的证明。看来，法律对自己感到难堪，为不得不惩罚败坏习俗的行为而感到愤怒。

放逐法推翻了瓦雷烈法、森普洛尼乌斯法和鲍尔希安法的规定，突然之间剥夺了罗马人民的安全权利，罗马人民为了捍卫这种权利，曾经向官吏进行了持续不断的斗争，所以说，放逐法对于习俗是致命的摧残。放逐法放手让残暴之徒恣意施虐，悬赏奖励把被放逐者的头颅送来或是前来告发被放逐者藏身之处的人。

327（1921）。——习俗败坏。习俗败坏之时，善良的人们便在惊愕中过活。不妨这样说，他们在世界上从此便成了举目无亲的孤独者，一切人际关系都让他们恼火，因为他们既找不到一个可以保护他们的人，也找不到一个他们愿意保护的人，没有可以与之交游的朋友，没有可以成为妻子的妇人，也没有可以视若子女的儿童。

328（1732）。——最费脑筋的时刻便是用于读书的时刻，因为在读书时，脑筋不是追随自己的思路，而是往往不自觉地被他人的思想牵着鼻子走。可是，我们一生都在读那些为孩子而想象出来的书。即使在那些理应以其自然效果防止我们脆弱的事物中，我们也很脆弱，所以说，我们怎能不脆弱呢？

329（1736）。——我上述的说法有一个证明，那就是：某些民族因建立了一种专门法庭而变得无知,这些民族在政治方面犯了最大的错误,而且不可能不犯。当被统治者沦于无知时,统治者应该时时刻刻汲取特殊启示,以免同样沦于无知。统治者是国家的主体,而不是卡里古拉所自诩的拥有智慧的牧人,驱赶着没有智慧的羊群。

在观察本民族的大多数人时,我们看到,他们虽然知识不足,却机智有余;目光虽然短浅,但却竭尽全力试图超越,这就让人由衷地充满敬佩之情。

330(1867)。——有这样一些民族,大自然似乎为他们做了一切,而他们却拒不接受。大自然把他们置于其他民族之上,而他们却把自己置于其他民族之下。从来没有见到过这许多有意志的人和这么少有智能的人。可是,心灵引领意志,意志反过来引领心灵,所以首先应该强化意志。

331(1936)。——古代的优越性何以被其他优越性抵消;尚武精神何以在军队中得以留存,而在政府中却全然消失;尚武精神何以丝毫不曾窒息商业精神;聪明的大臣何以保住了君主政体的精神,并且避而不去触犯它,甚至不让它日趋衰微;这些大臣何以把君主政体的精神视为国家的神圣宝物、国家的力量之所在、国家的灵魂,有了它,一切都能拥有生命,没了它,一切都可能归于沉沦;在国家的治理方面,何以最多几乎始终是最少,最少几乎始终是最多;君主政体下的聪明人何以总是在看到能够做的事之前就看到了应该做的事;君主政体下的繁荣日盛一日的原因是什么,繁荣得以永久延续的原因是什么……但我是……

332（1924）。——在外邦和远方事务中，执行机构的大臣们可能只把自己想做的事公之于众，而且带有自己偏好的色彩。雅典不是这样，雅典人民在一定程度上保有执行权，演说家们始终了解事情的原委；可是，情况并不因此而较好。此处的演说家是被骗的傻子，彼处的演说家是骗人的骗子。

这样的人民不会因当前的弊病已经治愈而平静下来，他们需要各种各样的药物，需要小心谨慎地去对付他们可能惧怕的人[1]。

333（1892）。——人在生气时感到难以支持自己的身体，就像不得不把别人的身体抱起来那样困难。

334（1904）。——礼规。不知道为什么我不曾谈论礼规。礼规是用以摒弃蔑视自己的身份、义务和品德的行为规范。无论是习俗不良的民族抑或是习俗优良的民族，他们的礼规同样都是非常严格的。对于前者来说，严格的礼规用来制止邪恶，是无罪，对于后者来说，礼规用来防止有人对礼规产生怀疑，是无罪的证明。

礼规是唯一获得许可的虚伪，是邪恶对美德的一种轻微的敬意。人不想让别人对自己的好评高于实际，只希望别人对自己的恶评低于实际。礼规不会欺骗任何人，礼规所证实的与其说是每个人的良心，莫如说是普遍的良心。

---

[1] 注：我没有把这些文字放进《论法的精神》有关英国的章节中。

一位与崇高的拉罗什富科①先生相去甚远的人曾这样感慨道:"某先生想要把他的帽子放在我太太的床上时,对我不吝谀词,而当他想与我太太睡觉时,却对我少有奉承。我不明白这是为什么。"大家对此确实颇为不解。不过,一个民族不管如何放荡不羁,礼规总还是有的,礼规的严厉有时甚至超出了遏制放荡所要求的程度。

335(1778)。——我想扬帆大洋,可是我不得不贴着海岸而行。

336(1694)。——归根结底一切都是交换(论商业的那一章)。想要对此有所感受,必须设想一个国家与另一个国家做生意。甲国输出葡萄酒,输入小麦。货币有什么用? 在各种各样的不同交易中,货币是小麦和葡萄酒的公度。倘若这个国家输出的葡萄酒少,而输入的小麦多,那是因为货币在其中起作用,使该国输入的小麦与输出葡萄酒等值,也就是说,使交易双方准确地达到互不吃亏的节点,即甲国输入的小麦已经相当于它所输出的葡萄酒。甲国如果继续输入小麦,货币就不再具有这种功能。白银此时不再是价值标志物,而是货物。总之,在始终以白银作为计算单位的交易中,白银不应再被视为价值标志物,而是一种商品。结果便是:造成他国破产潦倒的那个国家,自己同样也以潦倒告终;它损害了共同繁荣,同时也就损害了本国的繁荣。道理很清楚。一个潦倒的国家不能与其他国家进行交换,其他国家也不能与这个

---

① 拉罗什富科(La Rochefoucault,1613—1680),法国伦理作家。——译者

国家进行交易。之所以没有很好地感受到这一点，原因在于没有感受到直接贸易损失所带来的弊病。所有国家都处于一根链条之中，同损共荣。

我在这里不是夸夸其谈，我说的是这样一条真理：有天下的繁荣，就有我们国家的繁荣。正如马尔库斯·安东尼所说："对蜂群无益的东西，对单只蜜蜂也肯定无益。"

337（1800）。——商业。对于一个从事手工艺的国家而言，其他国家也从事手工艺是件好事。原本没有制造业的国家开始建立制造业，对于拥有制造业的国家并不构成严重的警告。没有制造业的国家很少购进制造业产品，可是如果它们开始建立制造业，很快就会购进它们无力仿制的那些产品，那些产品很快就会成为它们的需求。

匈牙利人很穷，他们根本没有制造业，一个匈牙利人一辈子只买三四件衣服，这些衣服价格非常低廉，好像是专为省钱而制作的。匈牙利人如果找到致富之道，或是有人把致富之道告诉他们，要不了多久，在匈牙利就能看到全世界的商品。

338（1799）。——商业。征战能在各地建立相同的习俗，却难以把优良的习俗带到各地。

大量被罗马人征服的民族丢失了源于他们各自普遍精神的特征，转而采用罗马人的习俗。这是罗马人征服全世界所带来的弊病之一。西班牙人征服美洲后，把这个地区的各民族都变成了西班牙人。

由商业传播到各地的习俗，不同于大规模征战强制人们接受的习俗，两者的区别很大。

339（1883）。——第二十章。关于商业。禁止某些商品。当一个国家基于某种特殊原因，需要禁止某些商品时，征收重税通常要比禁止好些，这样做不至于引起敌意，招致报复的可能性也较小些，而国家基本上能照样达到目的。国家依据具体情况提高或降低税率，还可以方便地回到原点。何况，国家可以从税收中得到收益。

如果认为禁止出口某种商品比较合适，那就不一样了。这种做法与一般人的看法相去甚远，而且违背商业的自然目标，在总体上与国家的繁荣背道而驰。所以，除非在其中起决定作用的理由极端重要，而且完全禁止比征收商品税更有效，否则就不应采取这种做法。此事容不得模棱两可，没有折中余地。

英国的法律就是这样，羊毛、马匹和未经阉割的公羊等等，都不许出口①……

340（1884）。——商业。与其在别处经商，不如在荷兰，这对法国来说是合情合理的。荷兰与法国之间的一般性联系就是商业，它与英国的联系则具有特殊性，例如省督联盟②、英国所拥有的国库资金等。况且，能在某些情况下组建一支海军，符合法国的

---

① 需要复查一下，这些商品是否确实不许出口，有人对我说，公羊和马匹并未列入被禁清单。

② 指17世纪下半叶英国与荷兰的联盟关系。威廉三世既是荷兰省督，也是英国国王。——译者

利益。法国为此所需的一切很快就能得到,因为荷兰是法国的总仓库。荷兰拥有足够的白银,运到荷兰的任何商品很快就有买主。法国不用费力就能在荷兰买到所需的一切,不必远到挪威等地去寻找。此外,法国总是能在荷兰宣战前两年开战。

341(1885)。——在商业方面没有人比巴黎人更傻。这些一夜之间暴富的生意人,觉得继续发财毫无困难。他们甚至把他们致富的原因归结为自己的机灵。他们蠢蠢欲动,想借助沿海城市的商人做生意。这些商人向巴黎人提出庞大的计划,自己投入极少,却能赚取丰厚的佣金。他们的投入即使全部赔光,也依然能拿到六倍或七倍于此的佣金,且不说他们手中还握有大量资金。

巴黎的那家保险公司(1750年)连常识都不具备,依我看,这家公司肯定要失败。

1)一些海港的许多商人联手经营保险业,他们都是内行,而且相互提携。他们什么都知道,投保的船只是好是坏,船员能力如何,船长是否经验丰富,是不是外行,是不是冒失鬼,装卸工是否可疑,名声是好是坏,会不会走私,航程是长还是短,季节是否合适;他们对所有这一切都了如指掌,因为人人都四处打听。巴黎人却一无所知,为获取以上各种信息,公司只得大量支付用于通信和其他联络的费用,但这样一来,公司收取的保险费就分文不剩了。

2)另外,准备三百万资金是个蠢举,根本不需要资金,金库里肯定有钱,因为收取保险费在先,支付亏损和海损在后。

3)有可能出现这种情况:有利可图的保险业务在港口做,有风险的保险业务在巴黎做。商人通过自己的信息系统得知,某桩生意有风险，于是找到消息不灵通的公司做这笔生意。保险公司虽然不在港口投放资金，但是，承保人协会可以以信用担保，因为它相信，所有的承保人不可能同时全都失信，它于是很放心，就像金库里有许多钱一样。金库里的钱其实并不能让人放心，因为，谁能知道这个金库究竟怎样？

342（1894）。——商业。我听说，英国人以低廉的价格经莫斯科公国从波斯腹地和戈姆卢姆①购得波斯丝绸。这些丝绸经由天使之路，从冰上用雪橇运送过来，比绕道好望角便宜得多，何况产丝的省份距波斯腹地较远，丝绸的价格因而较高，而吉兰省和马赞达兰省靠近里海。所以，到波斯的路程大体上相当于到莫斯科公国的路程。

在最近英国与西班牙的战争中，丝绸禁止从西班牙输出，有人于是想到从波斯购进丝绸也许更方便，英国人声称，如果对丝绸取消征税，丝绸加工商或许能以不高于本国生丝的价格买到丝绸；之所以如此，是因为本国的生丝货源不足，所以，生丝价格大体稳定在外国丝绸的价位上②。

343（1886）。——我听说，在我们的一些美洲岛屿上，如今用马和驴耕地多于从前。至少在海地是这样，那里的一些土地经得起深耕。驴比马吃得少，干得多。

---

① 戈姆卢姆（Gomroum），波斯湾港口。——译者
② 1750年11月8日写于巴黎。

黑人天生懒惰，黑人中的自由民什么也不干，大多数靠农奴养活，或是靠施舍过日子，否则就贫困潦倒。马匹用来把食糖运送到港口去。

人们都希望战争结束之后日子能好一些。可是，和平的日子刚过了一年，商品价格就开始下跌，因为人们既然可以自由经商，所以谁也不着急购物。

344（1801）。——商业。亚里士多德曾说，哪里有农夫，哪里就有船夫[1]，此话如今不再正确。有了发达的商业，也就是发达的制造业，才能有航海业。像斯巴达人那样从陆战突然转向海战，如今已经不再可能了。

还有，古人说，凡是溺毙在海里的人，他们的灵魂也死了，因为水能把火淹灭。这种说法加重了人们对航海的厌恶。有人遇到海难时拔剑自刎[2]。

345（1803）。——商业。荷兰的港口和波罗的海的大多数港口都是浅水港，船只不得不驶入河流和浅滩，所以这些船只都是平底……宽底；英国和法国都有良港，所以那里建造的都是尖底船，吃水较深，与荷兰船和俄国船相比，大约是70比30。

346（1804）。——商业。与古代的商业相比，如今商业的一

---

[1] 亚里士多德，《政治学》，第六卷，第六章。
[2] 我觉得此事应该发生在佩特罗尼乌斯[Pétrone，罗马作家。——译者]身上。

大优势是快速的海上航行。我们改进了航海术,就像古人当年改进他们的航海术一样。经过大量考察,我们对海上航路有了更多的了解。古人无法经由海路运输容易腐败和难以保存的商品。

347(1713)。——沙皇彼得一世开凿了一条运河,沟通了顿河和伏尔加河,从而把黑海和里海联结起来。不过,最好还是把各个民族联结起来,而不是把荒漠与荒漠连成一片。

348(1887)。——商业史。据我们所知,航海业当时仅限于地中海和黑海,大洋上无法航行,罗盘尚未把全世界连成一片。

君士坦丁堡或士麦那的商人历时两个月的海上航行,赢得全世界的一片赞叹,诗人们纷纷作诗赞颂。所以,古代史有许多缺失,许多霸主和国王都已被人遗忘,这不值得惊奇。

那时的情况与现在不同,如今所有的民族都彼此相连,因而,从一个民族的历史就能了解其他民族的历史。

每个大民族几乎总是把自己看作唯一的民族。中国人认为,他们的帝国就是世界;罗马人认为自己是世界的君主;在征服者眼里,人迹罕至的非洲大陆、美洲大陆就是整个地球。

哲学家总是给试图有所发现的人泼冷水,他们说,五大洲中只有两个洲可以居住,居住在其中一洲的人不可能到达另一洲。

然而,在旅行家面前,所有的障碍都纷纷退缩了。

走近酷热地区时,往往会想到躲避火一样的太阳;离极地越来越近时,就会想到躲避严寒。常常有这样一种高山,一侧是炎热地区,另一侧是严寒地区。

在人们以为只有陆路的地区，大海提供了许多通道；在人们以为只有大海的地区，却发现了广阔的大陆。

陨星是认识的源泉之一，有人以为，有些星星只是为了吓人才出现在天空，其实这些星星的出现是为了指引方向。

349（1714）。——幸亏有了亚历山大的征战，西方才得以了解东方；幸亏有了迦太基人和罗马人的战争，才让西方人对自己有所了解。汉尼拔翻过比利牛斯山和阿尔卑斯山并穿越高卢一事令人震惊，标志着此次征战是前无古人的壮举。其实，高卢人早在汉尼拔之前就曾经翻越过阿尔卑斯山，可是，我们从此事中所看到的却依然是当时交通的艰难，因为，高卢人翻过阿尔卑斯山之后，就不再与山那边的人往来。

荷马在他的史诗中讲述了奥德赛在航海中所经历的种种艰险：瑟西、莱斯特鲁贡、库克罗普、希伦、赫里波狄斯、斯库拉①等传播到世界各地的神话人物，都是航海家编造的故事，他们经营着节俭性贸易，企图用这些故事吓唬其他民族，不让他们追随其榜样也从事此类贸易。

350（1745）。——有一件事很奇怪。从前有人曾绕非洲航行，可是，此次航行被人忘得一干二净，以至于在生活在埃及的地

---

① 瑟西（Circés）、莱斯特鲁贡（Lestrigones）、库克罗普（Clyclopes）、塞壬（Sirènes）、查里波狄斯（Charybde），荷马史诗提及的希腊神话人物，斯库拉（Scylla），荷马史诗提及的一个海妖。——译者

理学家托勒密①时代,人们对于大洋的了解极少,仅限于从红海附近到普拉苏姆海角这部分。到了亚里安时期,人们对于大洋的了解又退了一步②,以为拉普图姆就是大洋的边缘③。希罗多德笔下的非洲仅仅由一个地峡与大陆相连④,即今天我们所说的苏伊士地峡⑤。

他知道,从埃及出发进入红海,经过大洋和地中海可以回到埃及。希罗多德知道(我说),而生活在亚历山大里亚的地理学家托勒密却不知道。可以肯定的一点是:在希腊诸王时期,大家都认为在某个时期之后,非洲大海就不再可以航行了。在众多的作者中,优巴⑥是唯一提出怀疑的人,他认为,可以从非洲东海岸航行到西海岸⑦。此外,我们还看到,埃及的希腊人只在印度航行,只经由陆路经营非洲贸易。

每当有人说古人知道某事时,应该弄清楚他指的是哪个古代民族。波斯人知道的,希腊人并不知道。希腊人某时曾经知道的事,后来却一无所知。文字把一个民族的发现带给大家,印刷术则把知识固定下来。古人以巨人的步伐前进,同样以巨人的步伐后

---

① 《论法的精神》第四章第七节和第八章第四节:非洲。
② 《厄立特里亚海航行记》。作者生活在罗马皇帝哈德良时期。
③ 普拉苏姆(Prassum)和拉普图姆(Laptum)都是东非沿岸的海角,分别位于南纬7度和6度。——译者
④ 希罗多德,《波斯战争》,第四章,第四十二节。
⑤ 参见托勒密生活的年代和地方。参见亚里安,《厄立特里亚航海记》。
⑥ 优巴(Juba),此处指优巴二世,公元前25年当过一年毛里塔尼亚国王,撰写过若干历史著作。——译者
⑦ 即到塞奈。
[塞奈(Cerné),西撒哈拉沿岸的一个海角。——译者]

退。古人写在沙上,我们写在铅上。

于埃先生①在他的《商业史》中提到的一些事,我觉得很难证实。他说,以土买人规定,任何人在红海上航行时不得多于一条船②。他还说,从亚历山大里亚出发的一支舰队曾抵达红海。此事恐怕不实。这条船确实从亚历山大里亚出发,不过抵达的不是红海,而是科普托斯③。他把亚里安作为可信赖的作家加以引述,这位亚里安在《厄立特里亚海航行记》中说到了红海,也说到了印度贸易,还说曾有一位航行家是大胆地离开海岸航行的第一人。

351(1759)。——泽兰省④何以让自己的船只遍布大海,西班牙人在欧洲的欺诈何以让荷兰人背井离乡去远方寻找活路。结果是荷兰人摧毁了西班牙人的商业。

352(1888)。——我见到过欧洲商人每年运往士麦那的商品货单,我高兴地看到,这些商人用四百包纸包食糖,只用三十包纸写字。

353(1690)。——公营银行和商业公司。我能否如《那不勒斯世俗史》的作者贾诺纳那样,撰写一部阿尔及尔王国世俗史?这部历史将会很短,读者不会感到厌烦。这部历史将是平铺直叙的,

---

① 于埃(Huet),16世纪法国的一位主教,撰有《古人商业和航海史》。——译者
② 参见此事。
③ 科普托斯(Coptos),埃及古城,今称吉夫特。——译者
④ 泽兰省(Zéland),荷兰的一个省份。——译者

在这个朝代的统治时期,棒击事件比另一个朝代多出了数万,不同朝代的区别仅在于此。必须让后代牢记的只有一件事实。

奥斯曼帝国派驻阿尔及尔的统治者穆罕默德·盖里是个年轻人,他有一个基督徒奴隶,常常与他谈论财产和某些欧洲国家的商业。此事让他颇为震惊,作为一个大国的绝对主人,他居然身无分文,这令他十分恼怒。他的首席大臣曾耸耸肩膀对他说,与他的前任相比,他不算穷,也不可能更富,他一气之下绞死了这位大臣。他又选任了一位首席大臣,这位新的首席大臣在国务会议上对他说:

"我的前任既不懂他自己的事务,也不懂您的事务;您让我接替他的位置。我整整考虑了两夜,想要制订一项能让您的政绩永载史册的计划。我觉得应该在阿尔及尔开设一家银行,把全国所有的钱财都揽入国库。最大的困难在于让商人们把钱存入银行。这些商人都是无赖,总怕别人欺侮他们;这些人都是不良臣民,为了不让您得到他们所拥有的东西而无所不用其极,在没有见到您在大街上流浪之前,他们绝不会给您二十杜卡托①。什么事情都有办法对付。我会让人在某个夜里绑架他们,用铁链将他们捆起来,每天打他们一百棍,直到他们说出钱藏在何处。我们交给他们一张有六位民团资格最老的官员签字的纸条。我相信,我们给予欧洲银行的是一个令人恼火的失败,会让它吃不消,因为,组成欧洲银行的商人们始终蔑视政府,而且就像土耳其的近卫军士兵一样既没有勇气,又蛮不讲理。我们的人却一个个十分机灵。这个计划如果成功,我还有另一个计划,肯定能让阿尔及利亚民族更有

---

① 杜卡托(ducat),威尼斯金币名。——译者

光彩。那就是开设一家印度公司。您的夫人们将会满身珠光宝气,您家中将会黄金遍地。穆罕默德,万能真主的仆人,愿他成为您的助手。"

他坐下来,一位老臣站起来,把双手放在胸前,弯下腰,低下头,用低沉的声音说道:

"老爷,您的大臣为您制订的计划,我绝不赞同。民团若是知道您有钱,明天就会把您掐死。"

说完之后,老臣便坐下。穆罕默德·盖里宣布散会。

354(1739)。——人民政体下的公共信贷。掌权的人通常爱惜公款,因为他们更爱惜自己的钱。他们较少激情,较少奇思怪想,所以需求较少。

在一人掌权的政体下,一次不慎重的行动,一个瞬间即逝的好处或者一个不当建议,就可能把公共信贷毁掉。

在人民政体下,有人因眼看共和国就要垮台而绝望,于是就像船沉之前那样,纷纷登上救生艇逃命;此时公共信贷就彻底毁掉了。

355(1738)。——罗马人最初把羊当作货币[①]。可是,穆斯林帝国创建后,法律破坏了当地的商业,宗教和国家体制使商业无法继续存在。

穆罕默德的法律把借贷和高利贷混为一谈,在阿拉伯国家中,

---

① 拉丁文 peculium(小钱)和 peculatus(贪污公款)就是从羊(pecus)这个字派生出来的。

这是一项好法律，就像在这些国家中实施的犹太法一样。阿拉伯人不大使用货币，他们的支付手段是牲畜，就像鞑靼人一样。

356（1719）。——从奖牌的铸造可知，银币的衰落始于尤利安时期。铜币的衰落则始于卡拉卡拉时期①。

然而，狄奥在他的《美德与邪恶摘录》第七十七章第 309 页中写道，卡拉卡拉铸造的货币是包了一层银的铅，镀了一层金的铜。奖牌表明，包银钱币确有其事，镀金铜币是误传。

357（1750）。——法国的法律规定，利息不得超过本金②。这是埃及立法者博科里斯针对契约制定的一项法律③，富有人情味。

358（1808）。——大民族中的妇女不能共有。波斯国王卡瓦德制定妇女共有的法律④，引起全国人民的愤怒，结果他被赶下王座⑤。

359（1766）。——兄弟姐妹和父亲儿子为何对乱伦如此恐惧，不就因为神话中的堤厄斯忒斯、俄狄浦斯和马卡雷乌斯⑥糟蹋

---

① 参见萨沃。
　[萨沃（Louis Savot）法国学者，他的《古代徽章》一书出版于 1627 年。——译者］
② 请看在何种情况下不得超过。
③ 狄奥多罗斯，《世界文库》，第一卷，第二部分，第三章。
④ 我觉得，可能受到摩尼教的影响。——参见此事。
⑤ 普洛科比乌斯，《秘史》，第 243 页。
⑥ 堤厄斯忒斯（Thyeste）、俄狄浦斯（Oedipe）、马卡雷乌斯（Maccharée），希腊神话人物。——译者

了他们的姐妹,致使大家都感到恶心吗[1]?

柏拉图排斥共和国的诗人显然就是打自己的耳光。

360(1791)。——普鲁塔克在《狄翁传》中写道,迪奥尼修[2]同时娶了两个妻子,一位是洛克里斯人,一位是叙拉古人。洛克里斯夫人为他生了三个孩子,叙拉古夫人为他生了二男二女四个孩子。叙拉古夫人的儿子娶自己的姐妹为妻。

由此可见,娶两个妻子和兄弟姐妹通婚的不只是雅典人。

361(1895)。——十人团。佐纳拉斯说:"十人团凭借其权威将一些内容添加到这些记录法律的表上,这些内容没有获得一致同意,却引起很大争议。"

所以,平民与贵族禁止通婚,在作者看来,佐纳拉斯在这方面相当无知,于是引用了塔西佗的一句话:"这是《十二铜表法》对于公平立法的终结。"

注:佐纳拉斯也许握有证据,只是现已不存而已,何况,塔西佗的这段话与佐纳拉斯所说的并不矛盾。

362(1840)。——塔西佗在《日耳曼尼亚志》第二十章中写道:"姐妹的儿子受其舅舅的宠爱,与受其父亲的宠爱是一样的。"

这说明这个民族没有腐化。早期罗马人把堂表兄弟视为亲兄

---

[1] 柏拉图,《法篇》,第 40 页,作者的第 841 页,摘录第 177 页。
[2] 狄奥尼修(Denys),此处指叙拉古僭主狄奥尼修二世。——译者

弟,这是因为孩子们居住在同一屋檐下,而且可以结婚。由于腐化,利益日渐具有个人性质,致使家庭成员之间的情感日益淡化。

塔西佗接着写道:"有人把这种关系看得更加神圣。但是,每个人都把自己的儿子立为继承人或后继者,而且不立遗嘱。"

贫困而无奢华的地方亲情更浓,亲眷之间的关系更密切,君主政体下则不然,那里的人只顾自己,只求自己生活安逸。

363(1792)。——中国的基本原则是敬爱父亲,法律鼓励多生子女。所以,杜赫德神甫在《中华帝国全志》第二卷第119页中写道:"父亲若不能嫁女娶儿媳,就会脸面扫地。没有子女的人有负其身为人子的责任。"可是,法律却允许出卖或丢弃孩子,由于道德和法律管得过宽,所以不得不用此类做法来加以修正。

364(1942)。——上帝之所以赐予特殊恩惠,让族长越来越多,是游牧生活所引起的想法所致,我这样说是不是太大胆了?地球向所有的人开放,孩子数量增多时,就给他们一部分牲畜,于是家庭人口随之增多,但不至于让家庭负担过重。一个家庭就像一个小国家,人口增多使全家更加安全。出于对以色列人的爱护,上帝把他的赏赐放在一样东西上面,而以色列人相信或是觉得,那个东西就是他们的幸福;我们能这样说吗?上帝肯定向我们展示了更为宏大的意愿和更加宏伟的安排。可是,即使在我们以人间的思维方式观察事物的地方,是否也可以领悟到上帝的智慧呢?当年在以色列人看来,多子多孙是上帝特殊恩宠的标志,如今则仅仅被视为一般性的恩赐。在以色列人看来,上帝赐予特殊恩宠的对象，与他们的安全观念息息相关。如今上帝不再将特殊恩宠赐予常常与我们的傲慢观念息息相关的事物。

我觉得，这种特殊恩惠也应该赐予被选定与其他民族分隔的民族。这个民族一旦被选定，就应依靠自己的力量存续下去，有朝一日如果被分散到各地，就应该永远提供重要的证据。

365（1817）。——物种繁衍。埃利亚诺斯[①]援引底比斯人的一项法律，"遗弃婴儿或将之抛弃在荒野的公民，处以死刑。"一个人如果穷得养不活自己的孩子，他应该在孩子呱呱落地时就送交官府，官员则应找人抚养，抚养人将来就是孩子的主人。

苏格兰曾制定过这样的法律。

366（1747）。——居民数量。法兰西王国可以不费力气地容纳五千万人[②]。

我们需要多少，土地就提供多少，永远是这样。我们应该依据靠近城市的那些地方的富庶程度作出判断，对其他地区可以寄予多大希望。牲畜的数量随着人对牲畜的照料程度而增加。

非洲的小麦不属于非洲人，北欧人民的小麦也不属于北欧人，他们的小麦属于愿意以手工业产品与他们换取小麦的人。

法国的工人越多，蛮人般的农夫也随之越多。一个农夫将要

[①] 埃利亚诺斯（Elien），公元2、3世纪以希腊文写作的意大利作家，著有《动物本性史》、《丰富多彩的历史》等。——译者

[②] 实际只有1400万。

养活十个工人。

大海中有取之不竭的鱼,缺少的只是渔民、船队和商人。

有朝一日森林被伐光,那就打开地球,那里有大量燃料。

学者和旅行家的许多发现都毫无用处,因为在目前条件下,一般工业已经可以满足人们所需!

学者们所发现的东西对我们无用,只有当地球上出现了伟大的民族时,这些东西才会变得有用。

你们为什么派人到新大陆去为取皮而杀牛?你们为什么让大量可以用于灌溉的水白白流入大海?你们为什么让可以注入大海的水留在土地上?

牲畜各有自己的不同利害,若在一起就会相互伤害。人是唯一生来就应结群生活的物种,他们在共享中毫无损失。

生活在一个巨大的社会中,而不是生活在一个大国中,对我有说不尽的好处。

人口稀少的国家不见得比其他国家少挨饿,有时候饥饿给它们造成的恶果更大,因为,一则它们不能借助商业迅捷地获得外部支持,二则贫困妨碍他们享用这种支持。

367(1748)。——居民数量。罗慕洛斯和莱库古把一定数量的土地给予每个家长,据我的推测,大概是五阿庞①。

1古里如果相当于3000几何步,1平方古里就等于9000000平方几何步。若以1几何步为500尺,1拉特的长和宽各为7尺,则

---

① 我将核对这个数字。

共有 6428572 平方拉特,若除以 512,则每平方古里等于 12556 阿庞,每户分得 5 阿庞,则每平方古里土地可养活 2511 户。

若将加泰罗尼亚变成正方形,每边长 24 古里(一古里等于 3000 几何步),则共有 576 平方古里。依据罗马人和希腊人的计划,每户拥有土地 5 阿庞,就可容纳 2511 户的 976 倍,即 1446336 户,也就是说,多于当时整个西班牙的户数。

在这个数字之上,还可以加上以手工业为生的人口;在一个治理良好的国家里,这些人计入第三等级,或算作奴隶,或算作自由民。

荒废的土地都属于教会,教会因拥有土地所有权而使土地荒废。由于教会拥有土地所有权,因而不准他人耕种,也只有不准他人耕种,才能表明教会拥有土地的所有权。

可是在这种情况下,有必要应用柏拉图的规则,即任何人不得继承另一家族的财产,一个农民倘若从另一家族获得遗产,就应转让给最近的亲属。5 阿庞土地足以养活主人一家,更多的土地将会让主人忙不过来,使土地得不到必要的良好耕作。

罗马法不如柏拉图的法律聪明,罗马法准许(或容忍)公民借用他人姓名获得公民的遗产,以此逃避法律。可是。此项法律如果得到严格执行,不曾被人钻空子,罗马也就不至于沦于腐化[①]。

368(1812)。——居民数量。土地越是遭到蹂躏,帝国疆域

---

① 文中的阿庞指我们法国的计量单位茹纳尔。
[茹纳尔(journal),法国古代土地计量单位,相当于一人一天能耕作的面积。——译者]

就越大,正如我在别处说过的那样,帝国越大,疆土越是荒芜。

369(1752)。——被瓦林斯接纳进入罗马帝国的哥特人,蹂躏了色拉斯、马其顿和塞萨利等地,这是一个广大的地区,众多的犁曾在这里翻耕土地,收获之丰裕难以尽述。如今这个地区被糟蹋得不成样子,只剩下几个孤零零的堡垒,再也无法供人居住。

恰如作者所记,土耳其也是这样。

370(1841)。——终身士兵蹂躏了北欧、德意志和西班牙,致使那里人口大量减少。

印度以其特殊的商贸使西班牙人口减少,荷兰、英国和法国的人口增加。

371(1813)。——各民族之间的大规模交往传播了而且每天正在传播着毁灭性的疾病。

372(1700)。——我听说过菲莉娜游戏。在菲莉娜参加的一个盛宴上,宾客们玩这种游戏。每个参加者轮流主持,让大家按照他的要求做。菲莉娜发现在场的妇人们都浓妆艳抹,于是叫人端来一盘水,拿起一块面巾洗脸。这些妇人一个个丑相毕露,满脸皱纹。菲莉娜依然花容月貌,光彩照人。这就是宗教和迷信。

373(1715)。——我们已经说过,政体原则腐败之时,宗教原则也会随之腐败。宗教原则倘若是虔诚,那就是苍天所做的最大好事,宗教原则若是迷信,那就是大地所做的最大坏事。

374（1844）。——宗教。属于农夫种姓的人扎耳朵或结婚时，如果不打算向神明供献两节黄金手指，就应该砍下自己的两节手指敬献给偶像①。

很奇怪，偏偏让最需要手指的人砍掉手指，或许因为源于这么一种想法：把最珍贵的东西献给神明才显得虔诚。

375（1779）。——无论何种宗教的法律都因其性质而不容改变，所以，聪明的立法者不应推翻宗教法律，而是设法避开宗教法律。

376（1834）。——巴贝拉克②先生在他所辑录的《古人论述》第35条（关于耶稣诞生前848年前后③）中写道：

"来自希腊的洛克里斯人和来自意大利的西西里人的条约。洛克里斯人来到了西西里人占有的位于意大利一角的奇里乞亚海岬。他们与西西里人盟誓，只要他们在这块土地上，只要他们的脑袋依然长在肩膀上，他们就共同享用这块土地。洛克里斯人把一抔黄土放进鞋子里，把蒜头放进衣服底下的肩头上。"

我们从中看到，那时候采用这种方法逃避立誓的事件不计其数，无知产生迷信，迷信在令人过度敬畏神明的同时，却也让人戏耍神明。

---

① 《耶稣会士书简集》，第六辑，第132页。
② 巴贝拉克（Barbeyrac，1674—1744），法国法学家。——译者
③ 见我的摘录笔记第192页。

迷信是表面文章之母、宗教心灵之敌。

在一个类似的无知时代，克洛维斯的儿子们（我相信）想要背弃在圣人遗骸盒前立下的誓言，便偷偷地把圣人的遗骸从盒子中取走①。

377（1843）。在一些没有祭坛的神庙里，就连小偷也不敢抓。抱头鼠窜的敌人如果逃进一座神庙，或是抱住一座神像，他们就保住了性命。可是，那些迷信的人，……

对于战败者免遭杀戮而言，设置此类避难所相当合理。

378（1699）。——我们可以把上帝看成一位统治着许多民族的君主，所有民族都向他进贡，每个民族都有自己的语言。

379（1777）。——我承认，当我这样谈论君士坦丁时，我确实有些担心，怕被人列为奥罗西乌斯②所反对的那些人之一，那些人指控基督教丢失了罗马帝国；我还怕有人指责我仅仅以我们的死敌索西穆斯为例。可是我觉得，君士坦丁的行动并未引起争议，索西穆斯和君士坦丁的颂扬者虽然从不同的角度观察事物，但看法却相当一致。神甫们说，君士坦丁非常热爱基督教，这正是索西穆斯指控君士坦丁放弃异教时所说的话。神甫们说君士坦丁非常尊重主教，这与索西穆斯说他的身边始终围着一群主教异曲同工。

---

① 见我的笔记《政治—历史》，第192页和第193页。
② 奥罗西乌斯（Orose），公元5世纪的基督教史学家。——译者

真相被赞颂和讥讽掩盖了,应该还它以本来面目。

如同奥古斯都曾经有过一个计划那样,君士坦丁也制订了一个新计划。

380(1711)。——下面这些文字未能写入"宗教":

"尤利安费力不讨好。缕缕光明已经在世界显现。哲学已经确立,当初他若推翻了基督教,就能建立第三宗教,而不是重新确立异教。"

381(1783)。——希腊的教会分立。教皇们已经投向西罗马帝国的君主一边,教皇和君主由此各得其所。这就造成了希腊的教会分立,希腊人则因教皇不是自己人而把教皇视为危险势力。这样一来,分属两个教会的国家就彼此仇恨。

查理曼把教皇当作抵御希腊的屏障。

382(1784)。——福凯斯①与僧侣们相处不好,于是确立了教皇至高无上的地位。

教皇以其权威对抗主教的专横跋扈,让人松了一口气。由于据称的侵入和真实的侵入,教会的分立不断发生。

383(1751)。——教会得到的财富导致不时显现的光明终于

---

① 参见《拜占庭史》。
[福凯斯(Phocas),拜占庭皇帝(602—610在位)。——译者]

熄灭,这一点无须怀疑。一个团体如果拥有过多的财富,必然会变得无知,因为它会想方设法掩盖自己徒有虚名的事实。

384(1812)。——宗教。——僧侣和神职人员被许可①以某种方式与女人姘居②。

气候的力量。

大自然消除桎梏……

385(1765)。——查士丁尼。犹太人的逾越节如果与基督教的复活节落在同一天,犹太人就不许在法律规定的日子里过节③。

认为自己的宗教比别人的宗教高出一头的思想,源自人间的观念,徒然引起他人的极度反感。

386(1875)。——法兰西应该支持天主教,天主教对于其他所有天主教国家都不合适,对法兰西却没有任何坏处。它因此而对其他天主教国家拥有一种优越感。它如果变成新教国家,一切就将随之变成新教。

387(1811)。——你们其实是在凭借新的遁词并利用不幸来博得敬意④。

---

① 在西属西印度。
② 弗雷齐埃,见我的笔记《地理》,第 376 页。
③ 普洛科比乌斯,《秘史》,第 148 页。
④ 坎蒂利安。

388（1764）。——上帝为自己保留了直接管理权，摩西只得将他的法律和宗教都包容在同一部法典中。

穆罕默德也只能照此办理。

389（1825）。——应该看到，公民法不同于宗教法。从信奉一种宗教到改宗另一种宗教相当困难，因为仅仅以方便为理由，远远不足以痛下决心这样做并克服巨大的障碍。然而，事关公民法时就不一样了，谁都可以方便地选择生活在另一种公民法的约束之下，因为，方便就是充足的理由。所以，意大利人、伦巴第人，接着便是德意志人和法兰西人，都先后采用罗马的公民法。

390（1814）。——由万民法调节的各种事物的性质。凡由万民法调节的事物，就其性质而言，都只能由暴力或终止暴力即签订条约调节。

极端的胡作非为也可以调节这些事物。但是，全世界和各个国家，都需要保存自己，每个国家如同每个公民，都不应被置于死地，所以，治理良好的国家必不能以胡作非为来进行调节。因此，往水井和泉水中投毒、当廷谋杀君主，总之，所有既非依仗暴力又非依据协议的行为，都违背万民法的性质。

有战争就必然有防卫。所以，万民法规定，开战之前必须先行宣战。唯其如此，使者的安全才有保障，而使者正是万民法在战时的执行人。

有了协约，战争方能结束，签订协约需要使者。使者便是双方的使节。

往昔的使节是临时派往某些国家的人员。邮驿和货币兑换发明之后,各国人民交往增多,彼此的认识日益加深,从而激发了进一步相互了解的愿望。由此出现了常驻各国的使节。

这些使节都是间谍,不过是朋友之间的间谍。在相距遥远的朋友之间,通过使节来实现交友之道的种种要求(相互抱怨、彼此提醒、互相安慰,互起疑心、分手)。

为要求停战而扣留人质的君主如今已经极为少见。在罗马时代,这是一种常用手段,原因是罗马人认为,获胜方有权约束战败方,今人已经没有这种观念。

依据万民法,战争以签订条约告终。大国君主如果无端违背万民法的此项规定,那就不啻是告诉大家,他们并不十分强大,需要加强和担心的事还很多。他们如果严格遵守此项规定,大家就觉得他们十分强大,别人无法为难他们。

391(1900)。——从第二十六章第二十四节"从秩序看法律"中删去的文字,等等。

"倘若有一个国家对自己毫不关心,不制定政治法来保护自己的独立,以免被人瓜分,并因此而殃及他国的安全,那么毫无疑问,此事不应通过政治法,而是通过万民法加以解决。万民法规定,每个国家都应尽其所能保护自己,不允许一国因疏于防务而殃及他国。"

392(1770)。——我将要论述政治法与公民法的关系,据我所知,此前尚无一人做过此事。

393（1754）。——我并不是说变化随之而来,也没有说,在破坏民事管理之前,要首先破坏政治管理。我只是说,出现这种情况是很自然的,在拥有优秀的立法者的国家中,情况就是如此。

394（1918）。——科林吉乌斯摘录第 53 页：马丁与布加鲁斯的争执：皇帝拥有财产还是拥有帝国。

腓特烈认为他是古罗马皇帝的继承者,犹如迪波教士认为克洛维斯是古罗马皇帝的继承者。

395（1835）。——总督。他们如何把大路修好？他们可以快速下达命令,而过去他们的命令传递速度极慢。过去在执行中混淆了快速与……

公共工程如果确实应该高速完成,计划就不可能考虑得非常周全。

396（1821）。——1735 年谕令第 76 条取消了抵触条款,这样做非常正确。这些条款所给予的是一种非常宝贵的自由,立文书人去世之前随时可以改变意愿,尤其在遗嘱中,遗嘱与馈赠不同,馈赠文书可以说是赠与人和受赠人签署的协定。

谕令对于新法令第 37 条的规定非常好。此项法令规定,不得再使用相互遗嘱。过去一方没有向另一方宣布废除遗嘱时,尽管有第二遗嘱,相互遗嘱依然继续有效。现在的规定很正确。

397（1822）。——诺曼底习惯法的规定不错。如果遗嘱立好后不到三个月立遗嘱人就去世,此遗嘱应属无效。不过,这个期限还应缩短,立遗嘱人如果并非卧床不起,那就更应缩短。此举有时会引起误解。

398(1795)。——法律有主次之分,每个国家的法律都有等级。如同每个人一样,人民的观念和总体思想方法也有一种序列,有起始,有中间,有结尾。

这类话题无边无际,除非我为它设置一个范围。我以罗马继承法的渊源和产生为例,此例在这里可用作方法。

我写书不是为了教授法律,而是为了传授法律的教学法。所以,我只评述法律的精神,而不评述法律。

如果我已经阐明了罗马继承法理论,就可以运用同一方法探明大多数国家的法律是如何产生的。

以下想法是合情合理的:法学家们在确定财产的所有权时,立足于当时该国政制中的具体状况,罗马人制定继承法的依据是政治法,此前罗马人曾依据政治法均分土地。

399(1795)。——了解往事有何用处。应该了解往事,不是为了改变新的事物,而是为了利用好新的事物。

每个世纪的普遍舆论都有些偏激,这是不变的规律。这是因为,舆论之所以变成普遍,就是因为它们曾经产生过强大的影响。为了让这些舆论回归理性,就得对各个世纪中的每个世纪的主导舆论作一番审视,一方面应充分利用这些舆论所激发的火星,所引发的有利于福祉的行动,一方面应阻止这些舆论散布有利于邪恶的偏见,这样做就能使这些舆论大有用处。

我沿着前几章的思路写到了眼前这一章。在这一章中,我叙述了法国的法律史,就像我在前面讲述罗马法的历史那样。我希望有人为每个国家撰写出优秀的法律史著作。要想深刻了解现在,必须深刻了解过去,必须在每个时代的精神中理解每一项法律。没有人播种巨龙的牙齿,让人从地底下钻出来,然后把法律交给他们。

400 (1937)。——我通过阅读蛮族的法典,探寻法律的摇篮时期。

401 (1938)。——米开朗琪罗第一次看到万神庙时说,他要把它放在空中。我想用自己的方式仿效这位巨人。这些沉睡在地下的法律,我要把它们展示在众人眼前。

402 (1881)。——阿莫里克人①。我相信,阿杜安②神甫在贺拉斯的颂诗中发现了雅各宾僧人③时,肯定很高兴。迪波神甫首次看到阿莫里克人的共和国将要在世界上发挥的作用时,高兴的程度绝对不亚于阿杜安神甫。

403 (1939)。——那些只会打仗却不会书写的民族,遇有需

---

① 阿莫里克人(Amoriques),7世纪前居住在今布列塔尼地区的部族。——译者
② 阿杜安(Hardouin,1646—1729),声称古代杰作都是僧侣的伪作。——译者
③ 雅各布宾僧人即多明我会修士,并非法国大革命时的雅各宾党人。——译者

要民事文书时,只能用一些图形替代。我们正是在这些图形中看到了初始法律和后续法律的区别。这就是墨洛温王朝各项法律的起源!从加洛林诸王的敕令能得到一些启示,不过这是个枯竭的源头,我们能够从中看到的只是一些有关圣职和帝国的规定,而且令人生厌地一再重复,这些规定充其量只能让我们对当时政府的经济状况有所了解,对于当时的公民法却提供不了多少信息,更何况,国王们把这些规定束之高阁,并没有付诸实施。终于到了尽头,整个司法机构似乎全都垮掉,统统倒下了。汹涌的大河流入地下,消失得无影无踪。且让我们等待片刻,大河将会重新出现,寻找它的人将会再次见到河水。

它把人们曾经寻找的水波再度奉献给人们,可是人们如今却已经不再寻找水波①。

404(1826)。——我把各国法律的不同特点记述如下:

"萨利克法圆满地达到了目标,把各种案情作了精确的区分。小偷如果偷了第一胎或第二胎生的猪,罚款3苏,如果偷了第三胎生的猪,则罚款15苏②。"

依照萨利克法的规定,罚款不一定以被偷物品的价格为准。例如,偷了三只或三只以上绵羊,罚款1400锊,偷了四十只或四十只以上绵羊,则罚款2500锊。由于萨利克法规定,被偷的物品一定要归还给失主,所以罚金仅仅是对过失的惩罚。萨利克法认为,

---

① 此处指皇帝尼禄。
② 《萨利克法》,第二篇§1、2。

过失大小不取决于被偷物品的大小和数量,也就是说,不取决于被偷者的财富多寡。

萨利克法十分重视具体情节。偷窃树上的一只雀鹰,罚款 3 苏,偷窃关在笼子里并加锁的雀鹰,罚款 45 苏①。萨利克法一方面考虑到房舍的安全,另一方面认为,栖息在树上的雀鹰似乎已经重新获得其天生的自由。

里普埃尔法的特点是与罗马法比较接近,而与萨利克法则稍微远些②。里普埃尔法的罚金通常轻于萨利克法。

纵火者除赔偿损失并支付诉讼费用外,还需支付罚金 600 苏。被告如果否认犯罪,不但需要立誓,还得提供七十二位证人。罪犯如果是奴隶,除赔偿损失并支付诉讼费用外,他只需支付罚金 36 苏。他若否认犯罪,他的主人需要与六位证人一起立誓。

此法的特点之一是奴隶支付的罚金少于自由民。不过,这样做的理由是:确定罚金数额的依据不是支付能力,而是事物的性质。因为,奴隶的主人需要为他的奴隶支付的罚金,如果超过他的支付能力,他就会因此而破产,而这是人们不愿意见到的。

---

① 《萨利克法》,第二篇§1、3。

② 比如,《萨利克法》规定。1 苏等于 40 锝,按《里普埃尔法》规定,1 苏等于 12 锝。第三十六章规定:依照古代的习俗,也就是说,根据罗马人的习惯,1 阿司等于 12 盎司。

如果有人对国王表现出不忠,《里普埃尔法》在没收财产方面(第六十九章第 80 页),看来与罗马法是一致的。第七十八章规定,立假誓的小偷被处绞刑,不处任何没收。这种规定符合罗马法。罗马法规定,只有大逆罪才可处以没收财产。(见同一摘录中的第 80 页和第 81 页)

此事表明,迪波教士的体系是错误的。萨利安人并不像他所说的那样友好对待罗马人和里普埃尔人。

不过,有一点差距很大,那就是证人的数量。自由民与奴隶为否认偷窃行为而立誓时,所需证人数量不同。如果依据罚金金额来确定证人人数,那就很可笑,因为无论奴隶或自由民,他们在需要得到证明这一点上并无差别。不过,之所以证人人数有别,原因在于奴隶被认为少有亲朋。

里普埃尔法第十九章完全符合马尔库尔弗的法规。这就令人想到,此项法律至少也像萨利克法那样被普遍接受,甚至超过萨利克法。关于决斗的规定就是明证。

勃艮第法以其公正和不偏不倚令人称道。现在我来说说他们有关待人接物的规定。

我们知道,殷勤待客在日耳曼人中蔚然成风。塔西佗说:"原来的主人又把客人引见给另一个主人接待。"勃艮第人创建王国后,必须解决因履行这个义务而带来的弊病。法律规定,村中某人接待公干人员的花销,一律由全体村民分摊;法律甚至规定,对于因私路过的客人也同样应该给予热情接待,拒不接待者处罚金3苏;勃艮第人若不但不接待客人,而且把罗马人的房舍指给客人看,除了处以3苏罚金之外,还要赔偿给相关的罗马人3苏。法律规定,若是糟蹋主人房舍的客人,应按被损物品价值的九倍给予赔偿。勃艮第人的法典从头到尾充满人情①。

我要指出的是,前面所引的法律与塔西佗就日耳曼人所说的

---

① "勃艮第法律非常明智,它旨在为国家把被征战破坏的团结重新找回来。
即使在父母不同意或不知情的情况下,罗马姑娘也可以与勃艮第人结婚,父母不得更改其决定。允许勃艮第人与罗马人通婚,但是,勃艮第人不得迎娶未经其父同意的罗马女子。"(《勃艮第法》,第十二篇§5)

话相互吻合。"原来的主人又把客人引见给另一个主人接待。"这说明塔西佗非常熟悉这些习俗。

勃艮第法中规定遗嘱和馈赠书的格式的第四十三章，全都来自罗马法。日耳曼人过去既无遗嘱也没有馈赠书，所以在设置遗嘱和馈赠书时就借用了罗马法的相关规定。勃艮第人选用此项法律更是出于自愿，因为这样有助于与被征服人民的精神达成妥协。

勃艮第法的附加条款对偷窃一条狗或一只雀鹰作出了规定（第十章和第十一章），此项与众不同的规定凸显了这些人民的淳朴（摘录第 122 页和第 123 页）。

西哥特人的法律挺不错，它规定把妓女送给穷人做奴隶。下贱的职业只能以卑劣的地位加以惩罚①。

丈夫去世之后，遗孀把修女的服装穿在外面，里面系着几条布带，以此表示她并未脱掉世俗服装。法律规定，这个妇人因此而不得脱掉修女服装，也不得违反修道院有关节欲的规矩。因为君主说，看人就看他的外衣②。此项法律的理由与法律本身一样合乎道理，裁决的依据应该是本人的意愿。

阿拉曼人的法律对于重罪和轻罪的处罚，无论是罚金或是付给公众的赔偿金，都与萨利克法相同。他们不使用体罚，一切依照早期日耳曼精神办理。

此项阿拉曼法非常合乎人情③，它规定，一个阿拉曼自由民姑

---

① 第三卷，第四篇§17。
② 《西哥特法》，第三卷，第五篇§4。
③ 《阿拉曼法》，第18条。

娘嫁给一个教会的奴隶后，如果觉得奴隶生活难以忍受，她就可以自行离去。但是，如果她在三年之内没有提出这种要求，她和她的子女就成为奴隶。这些民族认为，自由与婚姻都是与生俱来的权利。自然的束缚大于意志的束缚，意志的束缚只有通过意志才能变成自然的束缚。这项应在三年之内提出的要求，与我们规定的应在五年之内提出放弃修道意愿的要求有些相似。不过，我们的要求是以遭受暴力为假设前提，并且要求提供遭受暴力的证据。阿拉曼法不同，它确立在脆弱性的基础之上，不要求提供证据。一位自由民妇人在三年之中饱受奴役之苦，心甘情愿看着自己的精神日渐萎靡，找不到能让自己的感情变得慷慨大度的时机，所以她不配继续当一个自由民。

阿拉曼人的法律处处都很温和，比西哥特法温和得多。这些北欧民族倘若移居到南欧，说不定就需要比较严厉的法律。

总之，所有这些法律都透出一股温和的气息。比如，因疏忽而没有执行公爵或百人长命令的人，得到的处罚只不过12苏、6苏或3苏①。

阿拉曼法与里普埃尔法相同，接受反证②。

对于在能够骑马之年反叛其父的公爵之子，阿拉曼法的处置也很温和。对于这些民族来说，骑马是从政所需的最重要能力。

阿拉曼法允许进行决斗。一个自由民向公爵或国王指控另一个自由民有罪，但只说此人确实有罪，却提不出证据，在这种情况

---

① 《阿拉曼法》，第28条。
② 同上书，第24条，第30条。

下，被指控者可以要求以决斗证明自己的清白。我觉得，有关决斗的规定在这部法律中已经变得比较宽和了。无论如何，阿拉曼法如同里普埃尔法一样允许进行决斗，不过，它禁止滥用有关决斗的规定。因此，涉及后果不严重的罪行时，不能进行决斗。

阿拉曼法的第五十二章中的有关规定让人觉得，该法把娶他人的未婚妻视为非常恶劣的行径。在这一点上，该法与西哥特法完全一致。

阿拉曼法对休妻的规定很宽松，丈夫支付赔偿金40苏就可以了事。

阿拉曼法对于导致家庭数量减少的过失比较重视。一个自由民如果被杀，但留下了孩子，赔偿金是160苏，如果没有留下孩子……作这种规定的理由是减少了一个家庭。所以，该法还郑重地禁止将奴隶转移到外邦。由于大批日耳曼人离国出走，立法者希望通过这种规定防止有人继续出走。

我在摘录的第197页上谈到了巴伐利亚法的性质，请注意我对该法第七章第15条所标记的星号。

巴伐利亚法中有两项非常奇特的规定，这说明该法曾经过修正，在第十四章第八节竟然援引了《圣经·旧约全书》。

萨克森法也接受反证。

这些蛮族法律不利于订婚人，把已经订婚的少女强行许给他人[①]。

[①] 《萨克森法》，第9条。

萨克森法也许可决斗取证①。

在这里,对一个被出卖的妇人的赔偿不比一个被出卖的男子高②,无论是贵族男子还是贵族女子,都是 600 苏。

盎格鲁法大概也曾经修改,因为该法有关于遗嘱和馈赠书的规定。自由民可以将其遗产给予他所愿意给予的人③。这与日耳曼法恰好相反,恰如我们在塔西佗的著作中所读到的:"没有遗嘱……等等。"

我们看到,弗里兹法已经开始以锂作为罚金的计算单位④。弗里兹人居住在河流沿岸,与大国往来方便,如同当今居住在这个地区的民族⑤一样,商业相当发达。

我觉得,与其他民族的法律规定以苏为单位相比,以锂为单位不见得就能带来更多的金钱。所以,我的提醒并无实际效用。

此项法律让我们看到,由国王属下的公爵统治的弗里兹人是什么样的。

萨克森法多么有助于我们对萨克森人的了解!

贩卖自由民到国外者⑥,……

---

① 《萨克森法》,第 15 条和我的摘要第 218 页。
② 《盎格鲁法》,第一章,第一节;第十章,第三节。不错,这些只是针对尚未生育以及已经有过生育而放弃再次生育的妇女而言。
③ 《弗里兹法》,第十三章。
④ 同上书,第十五章。
⑤ 不过,还应关注一下这种以锂为单位的赔偿金与其他民族以苏为单位的赔偿金之间的比例关系。
⑥ 《弗里兹法》,第 21 条。

405（1927）。——先后三个王朝的王位都传给男性继承，没有任何限制、条件和对条件的解释。第三个王朝的王位始终由长子继承。

406（1718）。——我已经写到第二十九章了。若非再次向神明祭献，并修建了一个神庙，把它奉献给厌烦和耐心，我是不会动笔的。

407（1718）。——圣皮埃尔教士说："应该选一些好人"；这就如同征兵时所说的："要身高五尺六寸的汉子"一样。

408（1876）。——用于"法律的制定"①。圣皮埃尔教士是一位亘古未见的大好人，每逢遇到麻烦时，他总是说，需要召集十个大好人才行，此外他就不知道再说什么。这就像一个参谋在挑选士兵时说："得有五尺八寸高才行。"法律应该首先考虑如何培育出好人，然后才考虑挑选好人。不应该一开始就想挑选这种人，这种人少得很，用不着白费劲。

409（1931）。——我们在西班牙的宗教裁判所里看到的所有法律，主教们都已经拿来了。不过，他们对这些法律的利用不如当初预想的多。僧侣们到来了，并且紧紧抓住民众的虔诚，虔诚的民众向他们涌去，认为他们比主教们更是天主教徒。他们渐渐变成

---

① 未能用在《论法的精神》中的资料续篇。

了宗教裁判所的法官,甚至连主教也得听他们摆布。

滥用权力的人最终被滥用权力的人所害,这是他们的必然结局。不公正会由一个人传给另一个人,所以,聪明人永远宽以待人、公正处事。

410(1934)。——一项法律如果看起来有些奇怪,但又看不出立法者用意何在(只要此项法律既不是税法也不是暴戾的法律,就不难想见立法者的意图),那就应该相信,其实它肯定有充分的理由,不像我们所看到的那样荒谬。成吉思汗的法律禁止莫卧儿人在打雷时靠近有水的地方,这是因为莫卧儿人的居住地是个多雷地区,这条法律的目的就是防止他们溺死在水中[①]。

411(1922)。——新法。新法表明统治者的关心之所在。可是,实施旧法却更能证明这一点。不过,我并不想指责罗马人在司法方面实现的巨大变革,他们改变了政制,所以,他们的公民法就得因政治法的改变而改变。

412(1860)。——应该知道一种弊病在什么条件下会变成法律,一种修正措施在什么条件下会变成弊病。

413(1767)。——政府就像是一串数字,去掉一个数字或是添加一个数字,都会改变全值。不过,由于我们知道每个数字的

[①] 参见佩蒂·德·拉克鲁瓦,《成吉思汗传》。

值,所以不会受骗上当。

政治则不同,谁也不知道变化之后是什么结果①。

414(1769)。——公民法的一个细微变动往往导致政制变化。变动看起来很小,后果却巨大无比。比如,由于人口普查结果出现变化,国家的权力从一部分人手中转移到另一部分人手中。一辆四轮车可以用三个轮子乃至两个轮子前进,但必须调整轮子的位置。中国人也是这样,当他们允许外国人进入该国时,他们的民法也要作出相应的调整。

415(1780)。——取消某项与生俱来的自由时,应该让人获得足以抵消此项损失的明显利益。

某种好东西若有瑕疵,比较审慎的做法通常是去其瑕疵而不是舍弃此物。

416(1727)。——塔西佗给我们留下了一部佳作《日耳曼尼亚志》,从中可以看到他对我们的习俗的描绘,他对我们的法律的讲述……真希望有人给我们留下一部《哥特志》,因为,哥特人是原始民族,我们所能见到的对他们的描述,都是他们各族相混或是与被征服民族相混之后的状况。

417(1691)。——有一点很值得注意,哥特人在意大利败于

---

① 笔记《政治》,第二卷,第19页。

罗马人，是因为武器不如人，他们在高卢被法兰西歼灭，同样由于武器不如人。法兰西人有一种特殊武器，那就是斧子，他们灵巧地把斧子掷向敌方，摧毁敌人的所有防卫武器。他们还有一种能得心应手地使用的短投枪，叫做"昂科纳"①。

418（1733）。——法兰西人之所以对其他民族拥有优势，主要原因在于，罗马垮台之后欧洲没有一个国家能保持坚实的状态，并得到包括宗教在内的各方面的帮助。高卢人不能生活在亚里安暴政之下，意大利不能忍受罗马教廷的压迫。除此之外，他们的武器和他们的灵巧使他们对付哥特骑兵时拥有优势，在前一部著作中已经多次谈到这一点。

419（1941）。——有人说，查理曼的妻子虽多，但并非同时拥有。我们也应该找出一种方法，藉以证明达戈贝尔的三位王后和其余女人也是有先有后，达戈贝尔对宗教的虔诚绝不亚于查理曼②。我绝不攻击查理曼，因为我不知道对那些因遵守本国法律而触犯宗教法的人，教会会给予什么样的宽恕。

我在这里作一个推测。弗雷德加里乌斯说③，宫相瓦讷歇尔死后，其子戈丹娶后母为妻，国王大怒，斥责他违犯教会法。可是我觉得，这位国王对教会法不至于热爱到要为此而派军队去讨伐

---

① 阿加西亚斯，《查士丁尼执政史》，第一卷。
② 弗雷德加里乌斯，《编年史》关于628年的记述。
③ 关于公元626年。

戈丹的程度。国王下令让他立誓，以表忠心。戈丹的行为显然是政治谋杀，他的乱伦婚姻伤害了国王的某种特权。我在《论法的精神》有关"土地性质"（据我的记忆）或者是有关"采地"的章节中，谈论法兰克国王有多位妻子时曾提及此事。

420（1697）。——查理曼。我禁不住要对一块银牌表示遗憾，这块银牌比他宫中的其他银牌更重（查理曼在遗嘱中这样说），做工更精，上面刻有以三个圆球表示的世界。

感谢上帝，查理曼让人把许多东西刻在青铜器上，此后由于舍不得再做此事，这些东西就变成了秘密。许多民族迁移之后，各个民族所处的位置，各个城市的地理位置，一一显示在这些青铜器上面。原来的一些猜想，将会得到证实或否定。

421（1721）。——查理曼于公元788至789年击败匈奴人。查理曼于公元777年摧毁伦巴第人。他确认其父对罗马教会的捐赠。伦巴第王国存续二百年。

422（1829）。——当我们想到这三位君主：丕平、铁锤查理和查理曼！在他们执政时代，我们战无不胜的民族不再有敌人。可是，在他们之后，罗马帝国曾经发生过的事在我国重演：当年的罗马在马略、苏拉、庞培、恺撒先后执政之后，也不再有征服的对象。不但如此，当年亚历山大之后发生在希腊的事也在我国重演：法兰克人在内战中自相残杀。

423（1832）。——诺曼人蹂躏了整个王国之后，因民众的灾难而形成的无序状态,使民众的不幸无以复加。于格·加佩于是被选为王。

424(1695)。——于格·加佩。他的名字湮没在同样被人遗忘的岁月里,湮没在黑夜、沉默、黑暗和遗忘中。

425(1696)。——于格·加佩。把我们所知的传说纳入从未中断的家谱之中,这是不知道如何恭维自己。于格·加佩不是加洛林家族的人,他是他自己家族的人。这种荣耀刚刚显现出来,他,他的父亲和他的祖父就立即显现在荣耀之中。采地永久化刚刚有助于凸现家族的荣耀,家族荣耀就立即随着采地出现。家族的荣耀有一大好处,那就是它在发展过程中始终强大,而且它只有一个渊源,那就是黑夜、黑暗和遗忘所主宰的那个时代的深渊。

426(1828)。——伦巴第法禁止携带施过魔法的武器。作出这项规定的时间大体上是在法兰克人的盔甲重量增加之后。有些武器可能削铁如泥,致使有人觉得这种锋利源于魔法。这种想法孕育了难以计数的故事,阿里奥斯托[①]和其他诗人留给后代的作品就是以此类故事为题材的,如今到了热兵器时代,读起来尤为可笑,因为当年的游侠骑士都已经渺无踪影了。

427(1830)。——阿戈巴尔在一封致宽厚者路易的信函中大

---

① 阿里奥斯托(Arioste,1474—1533),意大利诗人。——译者

发牢骚,对于由圣洁的主教们所编撰的法兰西公会议宗教法,由于教皇并未参与编撰,因而被视为多余和无用一事,深感不满。罗马宗教法专家们对于这部宗教法甚至不置一词。

428(1928)。——迪图莱先生①说得对,贵族法院确是小路易创立的,为的是审理他的领地上的各种事务,与贵族们的尊号有关的事务以及其他重大事务。

设立这个法院的宗旨不是改变领主司法机构的判决,而是纠正渎职和不公正现象。

正因为如此,领主本人往往被传讯受审,他们因此而又可能被国王处以罚款。不过,圣路易废除民事案件中的决斗取证法之后,开始出现因民事判决而提起的上诉。此时若再有领主本人被传讯,那就是罕见的例外。

429(1929)。——我觉得,在刑事诉讼中,处置情况不明的案件时使用的是立誓,处置难以判断的案件时使用的是决斗,处置案情清晰的案件时使用的是战争。在民事诉讼中,处置不会产生任何后果的案件时使用的是立誓,处置其他案件时使用的是取证,处置证据不被承认的案件和上诉案件时使用的是决斗。

430(1930)。——在空的圣人遗骸盒前立誓。弗雷德加里乌斯续篇摘录第92页。

---

① 迪图莱(Du Tullet,卒于1570年),《法国望族谱》的作者。——译者

那时的人已经不再担心立假誓,但依然担心灾难。

431(1932)。——借助《旧约·诗篇》中的一段话、《旧约·先知》中的一段话、《旧约·福音①》中的一段话作出的上帝或神明的判决。可是,出现在《旧约·先知》和《旧约·诗篇》中的灾难和威胁,比在任何别的书中更多,不幸的人在那里得不到什么安慰。克拉姆纳②和西尔佩里克的儿子墨洛维③就是这样商量的④。

432(1932)。——你说,在我结束职业生涯之前,应该颂扬克洛维斯的征战和查理曼的治理。可是,在冯特奈因战败而求和的那位是谁?

433(1831)。——我还有许多事要说,可是我担心这样做会变成纯粹做学问。我的谈话对象不是读者的记忆,而是读者的良知;与良知的对话短,与记忆的对话长。我愿意告诉人们如何在法律的渊源中观察法律,甚于撰写一部关于法律渊源的著作。

434(2052)。——我在阅读蛮族法时⑤十分震惊地发现,蛮族

---

① 原文中的"福音"一词为复数,估计是指《新约全书》中的"马太福音"、"马可福音"等四篇福音。——译者

② 克拉姆纳(Chramne,约卒于560年),克罗泰尔一世之子。——译者

③ 墨洛维(Mérovée,约卒于458年),萨利安法兰克人的国王,希尔代里克一世的父亲,法国墨洛温王朝即以其名为名。——译者

④ 《图尔的格雷瓜尔著作摘录》第33、34页。

⑤ 我做此摘录是为了用来撰写《论法的精神》的第十八章的末尾一节。

不大关注弑亲罪,对弑亲罪的惩处也不大严厉,以至于这种罪行与其他暴力犯罪几乎没有什么区别。我在卡西奥多卢斯的著作①中读到,西奥多里克在这种情况下要求依据罗马法惩罚弑亲者。随着蛮族日益罗马化,他们对弑亲行为的憎恶也逐渐加大。

我在一定程度上发现了蛮族人民的这种想法的原因,他们保持着自己的所有习俗;我在普洛科比乌斯的著作(《哥特战记》第二卷)中找到了原因(我这样想)。他在此书中谈及赫鲁尔人②时写道,对于身体羸弱或年老体衰者,人们首先应该向其亲属提出把他弄死的请求,然后由一个非亲属把他杀死。事毕之后,他的亲属应把他放在火堆上焚毁。

请看,所有这些与日耳曼人的其他习俗有着多大的关系。人们向亲属提出请求,因为他们有权关注亲属的安全。事关一个人的生死,似乎不应不征得亲属的同意。动手杀人的不是本家人,但得到了本家亲属的同意。否则就会有复仇问题。

---

① 《东哥特史》,第二章,第 14 封信。
② 赫鲁尔人(Hérules),最早居住在北欧的日耳曼人,后来分为东西两支,西厄鲁尔人迁居迁徙到莱茵河畔。——译者

为《论法的精神》辩护[①]

第一部分

我把这篇《辩护》分作三部分。在第一部分中,我就批评者对《论法的精神》的作者所作的一般性指责作出回答。在第二部分中,我就批评者的专题指责作出回答。在第三部分中,我对批评者使用的方法表明我的看法。公众将能因此而明了事情的原委,进而作出判断。

(一)

尽管《论法的精神》是一部纯政治学和纯法学著作,作者还是经常有机会在书中谈及基督教。他在谈论基督教时总是设法让人体会基督教的伟大;虽然他不以劝人信奉基督教为目的,却始终努力让人热爱基督教。

可是,在先后出版的两本期刊上[②],有人恶狠狠地责难作者。

[①] 《论法的精神》出版后遭到论敌的各种攻击,孟德斯鸠遂撰写此文作为回答。此文于1750年2月在日内瓦以小册子形式出版。——译者

[②] 一本出版于1749年10月9日,另一本出版于1749年10月16日。〔此处指法国天主教冉森派的刊物《教会新闻》(*Nouvelles ecclésiasitiques*)。〕——译者

其实,问题仅仅在于弄清楚,作者究竟是不是斯宾诺莎主义者和自然神论者,这两种罪名相互矛盾,但批评者却时而把他说成是前者,时而把他说成是后者。这两种罪名既然互不兼容,他所犯的罪再大也大不过其中之一;不过,两种罪名加在一起,的确能使他更加令人憎恶。

作者在他那部著作的开篇处,就把物质世界和智能灵性区分开来,所以他当然是斯宾诺莎主义者。

他当然是斯宾诺莎主义者,因为他接着在第二段就攻击无神论:"有人说,我们在世界上所看到的一切,都是盲目的必然性造成的,这种说法十分荒谬,试想,还有比声称具有智慧的存在物也产生于盲目的必然性更加荒谬的言论吗[①]?"

他当然是斯宾诺莎主义者,因为他接着又说:"作为宇宙的创造者和保护者,上帝与宇宙有关,上帝创造宇宙时所依据的法,便是他保护宇宙时所依据的法。他依照这些规则行事,因为他了解这些规则。他之所以了解这些规则,是因为这些规则与他的智能和能力有关[②]。"

他当然是斯宾诺莎主义者,因为他还说:"正如我们所见,由物质运动组成而且没有智慧的世界始终存在着[③]。"

他当然是斯宾诺莎主义者,因为他在反驳霍布斯和斯宾诺莎时写道:"先有公正与正义关系,后有一切人为法[④]。"

[①] 见《论法的精神》,第一章,第一节。
[②] 同上。
[③] 同上。
[④] 同上。

他当然是斯宾诺莎主义者,因为他在第一章第二节中写道:"如果不是依照顺序而是依照重要性排列,自然法的第一条便是把造物主的观念灌输给我们,并让我们心向往之①。"

他当然是斯宾诺莎主义者,因为他不遗余力地批驳培尔的如下悖论:与其做一个偶像崇拜者,不如做一个无神论者,这是一个悖论,无神论者将从中得出非常危险的结论。

列举了这许多言之凿凿的说法后,他该作何回应呢?证据的充分程度应该与指控的严重程度成正比,这是大自然对于公正的要求。

第一条异议

"《论法的精神》的作者刚迈出第一步就跌倒了。他说,从最广泛的意义上来说,法是源于事物本性的必然关系。法律是关系!这叫人如何理解?……不过,作者之所以改变人们通常对法所下的定义,并非没有意图。那么,他的目的是什么?请听我说。依据新的体系,在组成蒲柏所说的大整体的所有存在物之间,存在着一种绝对必然的连锁关系,哪怕极其轻微的骚扰,也会给这种连锁关系带来混乱,就连最高存在物也不能幸免。正因为如此,蒲柏才说,事物只能是这个样,而不能是另一个样,现存状态就是良好状态。如此说来,法是源于事物本性的必然关系这种新说法的含义就很清楚了。作者接着又说:就此而言,一切存在物都各有其法。上帝有其法,物质世界有其法,超人智灵有其法,兽类有其法,人类有其法。"

---

① 见《论法的精神》,第一章,第二节。

答辩

　　黑暗之甚莫过于此。这位批评者曾听说,斯宾诺莎认为,一种盲目而必然的原则主宰着宇宙。对于这位批评家来说,无须更多的证据了,只要见到必然这个词,立即就可断定这是斯宾诺莎主义。作者说过,法是一种必然的关系,毋庸置疑,这当然是斯宾诺莎主义,否则怎么会说是必然呢。令人感到奇怪的是,这位批评者之所以认为作者是斯宾诺莎主义者,依据就是他在这一节中的论述。可是,这一节事实上恰恰是在着力批驳那种危险的体系。作者把批驳霍布斯的体系作为自己的目标之一,因为霍布斯的体系是一种可怕的体系。霍布斯把一切美德和邪恶都归咎于人所制定的法律,他试图证明,人一来到世界上就处于战争状态,第一条自然法就是众人与众人的战争,这种体系与斯宾诺莎一样,彻底颠覆了一切宗教和一切道德。有鉴于此,作者首先指出,在人为法出现之前,就存在着公正和正义的法则;作者证明,所有存在物都有法,甚至在他们被创造之前就已经有了可能有的法,上帝自身也有法,这就是他自己制定的法。作者指出,人生而处于战争状态的说法是错误的①,战争状态只是在人类社会建立之后才开始出现。作者就此阐明了一些明晰的原则。可是,尽管作者一再批驳霍布斯的谬误和斯宾诺莎的结论,可是,很少有人认真倾听他的论述,却把他对斯宾诺莎的批驳说成是斯宾诺莎主义。既然要展开争论,就得首先弄清问题之所在,至少应该知道你所攻击的人究竟是朋友还是敌人。

---

① 见《论法的精神》,第一章,第二节。

第二条异议

批评者接着说:"普鲁塔克说,法是一切人和神的主宰。《论法的精神》的作者引用这句话的用意何在,他是以不信教者的身份引用这句话吗?"

答辩

不错,作者确实引用了普鲁塔克的这句话:"法是一切人和神的主宰。"

第三条异议

《论法的精神》的作者说:"创世看似一种随心所欲的行为,其实它意味着一些不变的法则,就像无神论者所主张的不变的宿命论那样[①]。"批评者据此断定,作者接受无神论者的宿命论。

答辩

作者提及无神论者的宿命论之前,就已经把它摧毁了,他是这样说的:"有人说,我们在世界上所看到的一切,都是盲目的必然性造成的,这种说法十分荒谬,试想,还有比声称具有智慧的存在物也产生于盲目的必然性更加荒谬的言论吗[②]?"此外,在受到责难的那个段落中,作者所论述的不止是批评者提到的那些。他没有

---

① 《论法的精神》,第一章,第一节。
② 同上。

谈及原因,也没有对各种原因进行比较;不过,他谈到了结果,对各种结果作了对比。从这一节以及此前一节和此后一节不难看出,作者所讨论的是运动的规律,他认为这些规律是由上帝确立的,都是固定不变的。整个物理世界都证明,作者所说无误。这些规律之所以是固定不变的,是因为上帝让它们固定不变,是因为上帝想要保护世界。他就说了这些,既没有多说,也没有少说。

我还想说的是,批评者始终没有懂得事物的真正意义,只是一味纠缠于言辞。作者说,创世看似一种随心所欲的行为,其实它意味着一些不变的法则,就像无神论者所主张的不变的宿命论那样。可是,批评者并没有正确理解这句话,他觉得,作者的意思似乎是说,创世是一种必然的行为,就像无神论者所主张的不变的宿命论那样,其实作者已经驳斥了宿命论。此外,被用来进行比较的两件事应该彼此相关,所以,对作者上面所说的那句话绝对应该作这样的理解:创世似乎首先应该产生一些可变的运动规律,事实上却也产生了一些不可变的规律,就像无神论者所主张的不变的宿命论那样。批评家又一次仅仅看到言辞,并没有懂得意思。

(二)

由此可见,《论法的精神》中根本就没有斯宾诺莎主义。接下来谈谈另一项指控,看看作者是否真的不了解神启宗教。作者在第一章第一节末尾提到,人作为一种精巧的智慧物,既会陷于无知,也会犯错误;作者就此写道:"这样一种存在物随时随地都可能忘掉其创造者,上帝则借助宗教法规唤起他们对上帝的记忆。"

作者在第二十四章第一节中写道:"所以,我对世界上各种宗教的审视,仅仅着眼于它们能为生活在尘世中的人带来什么福祉,无论它们源自天上还是来自人间。

至于真正的宗教,只需稍有一点公正心就可以发现,我从未试图让宗教利益屈从于政治利益,而是试图让两者彼此结合;然而,要想做到这一点,首先必须认识和了解它们。毫无疑问,要人们相亲相爱的基督教,希望每个民族都有最佳政治法和最佳公民法,因为除了宗教以外,这些法律就是人们能够给予和获得的最大福祉。"

作者在第二十四章第二节中写道:"一个既热爱又畏惧宗教的君主犹如一头狮子,对于抚摸它的手和安抚它的吆喝,驯服而又听话。畏惧而又憎恨宗教的人犹如困兽,拼命撕咬防止它伤害路人的铁链。完全不信教的人犹如可怕的动物,只有当它撕咬和吞噬猎物时才感到自由。"

作者在第二十四章第三节中写道:"伊斯兰教的君主们不断杀人,也不断被杀,基督教则使君主们比较大胆,因而也就不那么残忍。君主依赖臣民,臣民仰仗君主。真是妙极了!彼岸世界的福祉似乎是基督教的唯一追求,可是它却也为今生带来了幸福。"

作者在第二十四章第四节末尾写道:"鉴于基督教和伊斯兰教的特征,我们无须详加审视,就应该皈依前者而唾弃后者。"下面我再接着说。

作者在第二十四章第六节中写道:"培尔先生咒骂了所有宗教之后,又对基督教大加斥伐,他竟然声称,真正的基督教徒倘若组成一个国家,这个国家就不可能生存下去。为什么不可能?那将是一批对于自己的义务了然于胸的公民,他们具有极大的热情去履行自己的义务;他们对于天赋的自卫权利有强烈的感受,越是觉得自己受惠于宗教,就越是觉得自己沐泽于祖国。深深地铭刻在他们心中的基督教教义,具有无比强大的力量,远远胜过君主政体下虚伪的荣宠、共和政体下人类的美德以及专制国家中卑劣的畏惧。

　　这位大名鼎鼎的人物由于不了解自己所信奉的那个宗教的精神,不懂得区分建立基督教所需的神品和基督教本身,不懂得区分《福音书》中的戒律和劝导,因而受到指责,这让人颇感震惊。立法者之所以不制定法律而进行劝导,那是因为他们发现,如果把这些劝导作为法律颁布的话,就会违背法的精神。"

　　作者在第二十四章第十节中写道:"假若我能在一瞬间忘掉自己是基督教徒,我就会把芝诺学派的毁灭列为人类的一大灾难。暂且把神启真理搁置一边,去到万物中寻找,你绝找不到比两位安托尼乌斯更伟大的人物。"

　　作者在第二十四章第十三节中写道:"异教仅仅禁止若干重大罪行,它只管手而不管心,所以,异教徒可能犯下不可补赎的罪行。可是,有一种宗教不可能有不可补赎的罪行。这种宗教抑制一切情欲,对行动与对欲望和思想同样小心翼翼;它不是用几条链子而是用无数细绳把我们拴住;它把人类的公理置于一边,而另立一种公理;它的使命是不断地把我们从悔引导到爱,又从爱引导到悔;它在审判者和罪人之间设置一个中间人,在遵守教规的人和中间人之间设置一个伟大的审判者。然而,尽管它把恐惧和希望给予所有的人,它依然让人充分地意识到,虽然没有一种罪行因其性质是不可补赎的,但整个生命却可能是不可补赎的,不断地以新的罪行和新的补赎去折磨天主的仁慈,那是极端危险的;既然我们欠着上帝的债,而且因从未还清而忧心忡忡,那么,我们就应该担心旧债未还又添新债,千万别把事情做绝,不要一直走到慈父不再宽恕的终点。"

在第二十四章第十九节的末尾,作者列举了各种异教对彼岸世界中的灵魂所产生的种种弊病后写道:"对于一个宗教来说,仅仅确立一种教义还不够,还要加以指导。基督教在我们所说的教义方面就做得非常出色。基督教让我们寄以希望的,是我们所相信的未来状态,而不是我们所感受到的或所了解的当前状态。包括死而复活在内的一切,都将我们引向神灵观念。"

作者在第二十六节末尾又写道:"由此可见,一种宗教如果既有独特的教义又有普遍的信仰,那就几乎永远是合适的。有关宗教信仰的法律不宜过细,比如说,不要只规定某一种苦修方式,而应该提出多种苦修方式。基督教充满良知,节制欲念是神的权力,可是,究竟节制哪一种特定的欲念,则应由政府规定,而且应该是可以更改的。"

作者在第二十五章最后一节写道:"但是,一种从遥远国家传入的宗教,一种与当地的气候、法律、习俗和风尚全然不能适应的宗教,并不会因其神圣而大获成功。"

作者在第二十四章第三节写道:"尽管埃塞俄比亚国土辽阔,气候恶劣,基督教依然成功地阻止了专制主义在那里落地生根。基督教还为非洲腹地送去了欧洲的习俗和法律。就在不远处,伊斯兰教徒把塞纳尔国王的几位王子监禁起来;国王死后,枢密院为扶植继位者登基,派人掐死了被监禁的那几位王子。

这一边,希腊和罗马的首领们不断大肆屠杀,那一边,帖木儿和成吉思汗恣意蹂躏亚洲,毁灭民族和城池。我们只要睁眼看一看那些首领的所作所为,就能知道我们是如何受益于基督教,在治国方面我们享有一定的政治权,在战争中我们享有某种万民法规定的权利,人类的本性对这些权利无论怎样表示感谢都不为过。"我恳请批评者从头到尾阅读这一节。

作者在第二十四章第八节中写道:"一个国家所信奉的宗教,倘若不幸不是上帝赐予的那种宗教,那就始终需要设法让宗教与道德保持一致。因为,宗教——哪怕是伪宗教——是为人正直诚实的最佳保证。"

上述这些段落都言之凿凿,大家从中可以看到,作者不仅信仰基督教,而且热爱基督教。你能对此提供什么反证吗?我再次重申,证据应该与指控相对应,指控倘若并非空穴来风,证据当然也就不应无中生有。可是,批评者在提供证据时,却采用了一种相当怪异的形式,从头到尾半是证据,半是辱骂,而且还以一连串空泛的言辞作为外衣;所以,我还得仔细寻找才行。

第一条异议

作者颂扬斯多葛主义,而斯多葛主义是承认盲目的命运和必然的链接关系的[①]。这就是自然宗教的基本点。

答辩

我姑且把这种不良的推理方式假定为良好的推理方式。作者颂扬了斯多葛派的物理学和形而上学吗?没有,他颂扬了斯多葛派的伦理学。他说,各国人民从斯多葛派的伦理学中得到了好处;

[①] 1749年10月16日出版的第二本小册子第165页。

他就说了这些,再也没有说别的。不对,我错了,就在那一章的第一页,他还说了些别的,他攻击了斯多葛派的宿命论,可见,他在颂扬斯多葛派时并没有颂扬斯多葛派的宿命论。

第二条异议

作者颂扬培尔,称他为伟人[①]。

答辩

我依然暂且假设,这种推理方式一般地说是一种良好的推理方式,不过,至少在我们眼下所讨论的这个问题上,这种推理方式并不好。不错,作者确实称培尔为伟人,但是也对培尔的看法进行了驳斥。既然进行了驳斥,当然就是不同意他的看法。既然驳斥了他的见解,那就意味着称他为伟人并不是因为他的见解。众所周知,培尔是个了不起的才子,可惜他把自己的才能用错了地方,但这并不妨碍他依然是个才子。作者驳斥了他的诡辩,担心他误入歧途。我不喜欢那些颠覆自己国家法律的人,可是,我很难相信恺撒和克伦威尔都是鼠辈小人。我不喜欢征服者,可是,谁也无法让我相信,亚历山大和成吉思汗都是平庸之辈。作者无须多少才智就可知道,培尔不是什么好东西,不过,他好像不愿意恶语相加;这种秉性若非与生俱来,那就是后天教育的结果。我有理由相信,作者如果提笔撰文,即使对那些无所不用其极,试图加害于他的人,也不会出言不逊;那些人竭尽全力丑化他,让不了解他的人觉

---

① 第二种期刊,第165页。

得他面目可憎，让了解他的人对他产生怀疑。

此外我还发现，那些气急败坏的人的严厉指责，只能对那些同样怒不可遏的人产生效果。大多数读者都是秉性温和的人，他们只有在心情平和之时才读书；讲道理的人热爱理性。作者倘若破口大骂培尔，无论培尔说得对或不对，留给读者的印象都只能是这位作者真能骂人。

第三条异议

作者在第一章第一节中对原罪只字未提[①]。这就是第三条批驳的由来。

答辩

我请问每一个知书达理的人，这一章的论述对象是不是神学？作者如果谈论了原罪，有人就会责怪他为什么不谈救赎，如此环环相扣，就会没完没了。

第四条异议

多马先生开篇就谈神的启示，作者却没有这样做。这就是第四条异议的由来。

答辩

不错，多马先生开篇就谈神的启示，作者却没有这样做。

---

① 1749年10月9日出版的那份期刊，第162页。

第五条异议

作者采用了蒲柏在那首诗中所表述的体系。

答辩

在我的书中,从头到尾找不到一句属于蒲柏体系的话。

第六条异议

"作者说,规定人对上帝应尽义务的法是最重要的法,可是,他否认这是第一条法,他声称,第一条自然法是和平,他还说,人与人起初彼此害怕,等等。但愿孩子们知道,第一条法是爱上帝,第二条法是爱亲人。"

答辩

作者的原话是这样的:"如果不是依照顺序而是依照重要性排列,自然法的第一条便是把造物主的观念灌输给我们,并让我们心向往之。自然状态下的人具有认知能力,但知识相当贫乏。人的最初思想显然绝非思辨意识。人首先想到的是保存自己,然后才会去思索自己来自何处。因此,人起初感到的是自己的弱小,因而十分怯懦。如果需要对此提供实证,那么,丛林中的未开化人便是。任何东西都会使他们颤栗,任何响动都会把他们吓跑[①]。"

可见作者说的是,把造物主的观念灌输给我们,并让我们心向

---

① 第一章,第二节。

往之的那个法，就是诸多自然法中的第一条。没有任何规定禁止他从各个角度对人进行审视，更没有任何规定禁止哲学家和研究自然法的作者这样做。所以，他完全可以假设在社会出现之前，某人从云端坠落到地上，只得自己照顾自己，也无法受到任何教育。于是乎，作者就说，对于此人和所有人来说，最重要的第一条自然法，因而也就是最主要的那条自然法，就是把自己托付给造物主。作者同样完全可以进行观察，看看此人获得的第一感受是什么，作用于他的头脑的各种感受的顺序是什么；作者相信，此人在作出反应之前先有某些感觉，而第一个感觉便是恐惧，然后是养活自己之需。作者还说，把造物主的观念灌输给我们，让我们心向往之的那个法，就是诸多自然法中的第一条。批评者说，第一条自然法是爱上帝。作者与批评者原本并无分歧，是辱骂把他们分割开来了。

第七条异议

这条异议源自第一章第一节。作者在该节中说了"这样的人有局限性"之后，接着又说："这样一种存在物随时随地都可能忘掉其创造者，上帝则借助宗教法规唤起他们对上帝的记忆。"有人于是就问，作者说的是哪一种宗教？他说的无疑是自然宗教，可见他只信奉自然宗教。

答辩

我姑且再次假设：这种推理方式是良好的推理方式，作者所谈论的仅只是自然宗教，因而可以肯定，他排斥神启宗教，只信奉自然宗教。我却要说，作者谈论的是神启宗教，而不是自然宗教；因为,倘若他所谈论的竟然是自然宗教,那他就是一个白痴。如果是那样,他就应该这样说:"这样的人轻易地就忘掉了创造者,即忘掉了自然宗教;上帝借助自然宗教的法规唤醒他对上帝的记忆,结果是上帝赋予他以自然宗教,藉以完善他身上的自然宗教。"批评者为了替自己咒骂作者制造理由,就从抽掉作者原话的真实含义着手,把最明晰的含义说成是最荒谬的含义,而且为了花最少力气达到最佳效果,批评者还不惜曲解作者原话的通常含义。

第八条异议

作者谈到人时说①:"这样一种存在物随时随地都可能忘掉其创造者,上帝借助宗教法规唤起他们对上帝的记忆。这样一种存在物随时都可能忘掉自己是谁,哲学家们借助道德规范提醒他们。他们来到世上就要生活在社会中,他们有可能忘掉他人,立法者借助政治法和公民法让他们恪尽自己的义务。"批评者说②,依照作者的这种说法,世界的管理权就是由上帝、哲学家和立法者分掌的了。哲学家在哪里学到了道德之法?立法者在何处发现了为公正地管理社会而必须加以规定的东西?

答辩

对这条异议很容易答辩。如果他们运气很好,就可以从神的启示中学到,也可以从把造物主的观念灌输给我们并让我们心向

---

① 第一章,第一节。
② 1749年10月9日出版的期刊,第162页。

往之的那个法中学到。维吉尔曾说:"恺撒与朱庇特瓜分了帝国",《论法的精神》的作者也说过这种话吗?主宰宇宙的上帝不是给了一些人以更多的智能,而给予另一些人以更多的力量吗?你也许会说,作者说过,上帝愿意让一些人管理另一些人,所以他就不再要求人们服从他,进而放弃对他们的控制,等等。大家看,那些不会讲道理,却善于兴师问罪的人已经沦落到了何等地步。

第九条异议

批评者接着说:"我们注意到,作者认为,上帝既不能治理自由人,也不能治理其他人,因为,既然是自由人,他们当然就要自主活动(我提请读者注意,作者从未使用过'上帝不能'这种表述);作者认为,只有法律可以整治混乱,因为法律能告诉人们应该做什么,但并不命令人们去做。所以,在作者的体系中,上帝创造了人,但既不能制止人间的混乱,也无法整治人间的混乱……真是瞎子一个,不但看不到上帝在做他自己愿意做的事,而且还像那些人一样,不做上帝让他做的事!"

答辩

批评者已经指责作者对原罪不置一词,现在又提及另一件事,那就是作者居然只字不提上帝的恩泽。这位批评者虽然对全书的每章每节都评头品足,说来说去却只有一个意思。与这样的人打交道实在真是可悲,他就像是村子里的那个本堂神甫,天文学家在望远镜里把月亮指给他看,他却只看见教堂的钟楼。

《论法的精神》的作者认为,他首先应该对一般的法和自然法以及万民法作一些论述。这个话题涉及范围极广，可是他只用了两节的篇幅，所以不得不对许多属于这个话题的内容略而不谈，至于那些与这个题目无关的事，略而不谈的就更多了。

第十条异议

作者说，自杀在英国是一种疾病引起的后果，因而不能对自杀行为进行惩罚，犹如对因痴呆而引起的后果不能进行惩罚一样。自然宗教信徒当然不会忘记，英国是自然宗教的摇篮，所以，他要掩饰在英国看到的所有罪恶。

答辩

作者不知道英国是不是自然宗教的摇篮，不过他知道，英国不是他的摇篮。他谈的是发生在英国的一种物理后果，所以他对宗教的想法与英国人不同，这情形犹如一个英国人谈论发生在法国的一种物理后果，他对法国宗教的看法也与法国人不同。《论法的精神》的作者根本不是自然宗教信徒，不过，他倒是很希望批评他的人是自然逻辑信徒。

我相信，批评者手中令人害怕的武器已经被我打落在地，现在我要就他的篇首说上几句，说实话，这部分实在令人不敢恭维，我担心读者会误以为我的评论是对他的挖苦。

他首先写道："教皇的圣谕'唯一圣子'[①]发布后，出版了许多

[①] "唯一圣子"是罗马教皇克莱门特十一世颁布于1713年7月8日的一道圣谕，主要内容是谴责法国天主教冉森派。由于对圣谕的态度截然相反，法国天主教徒分裂为支持派和反对派。法国国王路易十五支持这道圣谕，并于1730年使之成为法国法律。——译者

乌七八糟的作品……《论法的精神》就是其中之一。"可是，把《论法的精神》的出版说成是圣谕"唯一圣子"引起的后果，岂不让人笑掉大牙？圣谕"唯一圣子"绝对没有为《论法的精神》出版提供契机，圣谕"唯一圣子"的发布和《论法的精神》的出版，倒是为批评者作出如此危险的推理提供了机遇。批评者接着写："这部著作，他多次提笔，又多次搁笔……可是，在他把最初的书稿付之一炬的那一刻，他离真理之远，丝毫不亚于他对自己的著作开始感到满意之时。"他知道些什么？他接着写道："作者当初倘若愿意沿着既有的路径走，他本来可以少费许多力气。"他还知道什么？他接着又写道："无需深究就可看出，《论法的精神》是一部以自然宗教体系作为立论基础的著作……我们在信函中驳斥蒲柏那部题为《人论》的诗作时指出，自然宗教属于斯宾诺莎的理论体系。这就足以让基督教徒极度憎恶我们所说的这部新作。"我想回答的是，不但已经足够，甚至太多了。不过，我还是要说，作者的体系不是自然宗教体系，尽管有人告诉他，自然宗教属于斯宾诺莎的体系，但是，作者的体系并非斯宾诺莎体系，因为他的体系不是自然宗教体系。

由此可见，有人在尚未证明有足够的理由感到憎恶之前，就试图让人表示憎恶。

在对我进行批驳的两篇文章中，可以看到如下这两种推理方式。其一，作者是自然宗教信徒，所以，必须用自然宗教的原则来解释他在这里所说的话；换句话说，他在这里所说的话如果是以自然宗教为立论基础的，那他当然是自然宗教信徒。

第二个推理方式是这样的：《论法的精神》的作者既然是自然宗教信徒，他在书中就神启宗教所说的那些好话，目的在于掩饰他是自然宗教信徒这一事实；换句话说，如果他确实试图掩饰自己的真实面目，他当然就是一个自然宗教信徒。

　　在结束第一部分之前，我想对多次批驳我的人提出一项批驳。批评者不遗余力地用自然宗教信徒这个称呼吓人，致使我这个为作者辩护的人，简直就不敢再使用这个称呼了，不过，我还是要鼓起勇气说几句。他的两篇文章所需的解释难道不比我为之辩护的那部著作更多吗？他在议论自然宗教和神启宗教时，总是偏执于一方而置另一方于不顾，这样做对吗？他对只承认自然宗教和既承认自然宗教也承认神启宗教的人从来不作区别，这样做对吗？一看到作者在自然宗教状态中对人进行观察，并对自然宗教的某些原则进行阐释，他就大为恼火，这样做对吗？他把自然宗教与无神论混为一谈，这样做对吗？我难道不曾听说，我们每个人都有一种自然宗教吗？我难道不曾听说，基督教就是臻于至善的自然宗教吗？我难道不曾听说，自然宗教被用来证明神启宗教并反对自然神论吗？我难道不曾听说，自然宗教被用来证明上帝的存在并反对无神论吗？批评者说，斯多葛派是自然宗教信徒，因为他们相信盲目的命运主宰着宇宙，我就告诉批评者，斯多葛派是无神论者①，人们就是用自然宗教来驳斥斯多葛派的。他还说，自然宗教体系属于斯宾诺莎体系②。我对他说，这两种体系是彼此矛盾的，

---

① 参阅1749年10月9日的期刊，第165页："斯多葛派只承认一位上帝，可是，这位上帝只不过是世界的灵魂。他们主张，所有存在物都必然连接在一起，而一切事物都被命中注定的必然性所带动。他们否认灵魂不死，把生活的最高幸福说成是顺应自然。这就是自然宗教体系的根基。"

② 参阅1749年10月9日的期刊，第161页中的第一栏末尾。

用以摧毁斯宾诺莎体系的就是自然宗教。我对他说,把自然宗教与无神论混为一谈,就是把证据与想要证明的事实混为一谈,把对谬误的批驳与谬误本身混为一谈,因而也就等于夺走了用于攻击谬误的强大武器。但愿上帝明鉴,我丝毫不想指责批评者有任何不良企图,也不想利用从他的原则中可以得出的结论;尽管他很不宽容,可是我却愿意以宽容对待他。我想说的仅仅是,他头脑中的形而上学概念是一团乱麻,他根本没有能力把这团乱麻理清;他无法作出正确的判断,因为在所有应该看到的各种事物中,他所看到的始终仅仅只有一种。我说这些话,目的不是责难他,而只是为了驳斥他对我的指责。

第二部分

总体思想

《论法的精神》受到了两项一般性指责,我已经作了有效的辩解。此外还有一些专题性的责难,我也应该进行答辩。不过,为了进一步阐明我已经说过和将要说的话,我想先就被批评者用作指斥我的口实的那些事,作一个说明。

欧洲各国最明事理的人,最有见识和最贤明的人,都认为《论法的精神》是一部有用的著作。他们觉得,这部著作的道德是纯真的,原则是正确的,它所鼓励的是优秀的思想,因而可以用来培养诚实的君子,抵制有害的言论。

另一方面,却有人把它说成是一部危险的著作,把它当成放肆辱骂的对象。我有必要对此作一些解释。

批评者非但没有读懂他所批评的书中的那些段落,甚至连这些段落讨论什么都不明白。他的攻击无的放矢,凭空指责,所以,他的胜利也是空中楼阁。他所批评的是他自己头脑中的那部著作,而不是作者笔下的那部著作。这部著作就摆在他眼前,他怎么会弄不清它的主题和对象呢?有点头脑的人一眼就能看出,这部著作的论述对象是世界各国人民的法、习惯法和各种习俗。书中谈论了人间所能见到的所有制度和机构,作者对这些制度和机构作了区分,审视了其中最适合于所有社会和每一个具体社会的各种制度和机构,探寻了它们的起源,发现了它们的物质和精神原因,对其中具有某种优点和不具有丝毫优点者进行了观察,对于两种有害的做法,他力求分清哪一种害处更大,哪一种害处较小,他研究了哪些做法在某些情况下能产生良好的效果,而在另外一些情况下则会产生不良后果。他认为他的研究是有益的,因为,良知往往就在于善于辨别事物的微小差异。所以说,这部著作论述的范围非常广泛。范围既然如此广泛,当然就必然要对宗教进行论述。人间既然有一种真宗教和不计其数的伪宗教,有一种来自天上的宗教和无数产生于人间的宗教,那就只能把所有伪宗教视为人的创制物,因而,他必须如同审视所有其他人的创制物一样来审视这些伪宗教。至于基督教,他唯一应该做的便是崇敬,因为基督教是神的创制物。他应该论述的绝对不是基督教,因为,基督教的本质决定了它不应是任何审查的对象。因此,当他谈及基督教时,他从未把这种议论纳入这部著作的提纲,他之所以谈论基督教,是为了对基督教表示所有基督教徒都应表示的崇敬和热爱,为了让基督教在对比中战胜其他所有宗教。

　　我所说的这些在这部著作中从头到尾都可看到。不过,作者特地在第二十四章的篇首对此做了阐述,全书论述宗教的共有两章,这是其中的头一章。这一章是这样开篇的:"茫茫黑暗之中,我们能够辨认哪里比较明亮,众多的深渊之中,我们能够辨认哪个深渊比较浅。同样,我们也可以在众多的错误宗教中,寻找那些最符合社会福祉的宗教,那些虽然不能把人引向极乐的来世,却最能帮助人获得今生幸福的宗教。

　　所以,我对世界上各种宗教的审视,仅仅着眼于它们能为生活在尘世中的人带来什么福祉,无论它们源自天上还是来自人间。"

　　作者既然把人间的各种宗教视为人的创制物,就不能不对这些宗教进行论述;因为这些宗教必然会被列入这部著作的提纲。作者并没有去寻找这些宗教,而是这些宗教上门找到了他。至于基督教,书中仅仅偶尔谈及而已,因为,鉴于基督教的本质,这是一种不能改变、折中或修正的宗教,所以作者没有把它纳入全书提纲之中。

　　为了给责难提供充分的空间,并为辱骂敞开大门,批评者作了些什么呢?他把作者说成是阿巴迪先生[①]那样的人,想要写一部论述基督教的专著。他起劲攻击作者,似乎《论法的精神》中论述宗教的那两章是一部基督教神学论著;批评者对作者的指责令人产生错觉,误以为作者在谈论那些非基督教的宗教时,是以基督教的原则和教义作为衡量标准的;依照批评者的判断,作者在那两章

---

　　① 阿巴迪(Abbadie, Jacques, 1658—1727),新教神职人员,南特敕令撤销后流亡他国,他的《基督教真理论》一书 1684 年出版后长期享有盛誉。——译者

中，仿佛以向穆斯林和偶像崇拜者宣扬基督教的教义为己任。每当作者泛泛地提及宗教，每当作者使用宗教这个词时，批评者立即就说："他说的就是基督教。"每当作者将某些国家的宗教习俗加以比较，并说这些宗教习俗比其他习俗更适合这些国家的政治制度时，批评者就说："由此可见，你赞同这些习俗，你放弃基督教。"每当作者谈及某个不信奉基督教的民族，或是提及某个民族的历史开始于耶稣基督降生之前，批评者立即就说："由此可见，你不承认基督教的伦理道德观。"每当作者从政治学的角度观察某种行为时，批评者立即就说："在这里你应该写的是基督教神学的信条。你说你是法学家，我却要让你当神学家，不管你自己是否愿意。你对我们说了不少有关基督教的好话，可是，这是为了掩饰你的真面目而说的，因为我了解你的内心，知道你想些什么。不错，我并未读懂你的书，可是，这并不妨碍我好歹认清你撰写此书的目的，因为我对你的思想了如指掌。你在书中写了些什么，我一点也不知道，可是，对于你在书中没有写的那些东西，我却一清二楚。"

且让我们进入正题。

关于宗教劝导

作者在论述宗教的章节中批驳了培尔的谬误，他是这样说的[①]："培尔先生咒骂了所有宗教之后，又对基督教大加斥伐，他竟然声称，真正的基督教徒倘若组成一个国家，这个国家就不可能生

---

① 第二十四章，第六节。

存下去。为什么不可能？那将是一批对于自己的义务了然于胸的公民，他们具有极大的热情去履行自己的义务；他们对于天赋的自卫权利有强烈的感受，越是觉得自己受惠于宗教，就越是觉得自己沐泽于祖国。深深地铭刻在他们心中的基督教教义，具有无比强大的力量，远远胜过君主政体下虚伪的荣宠、共和政体下人类的美德、专制国家中卑劣的畏惧。

这位大名鼎鼎的人物由于不了解自己所信奉的那个宗教的精神，不懂得区分建立基督教所需的神品和基督教本身，不懂得区分《福音书》中的戒律和劝导，因而受到指责，这让人颇感震惊。立法者之所以不制定法律而进行劝导，那是因为他们发现，如果把这些劝导作为法律颁布的话，就会违背法的精神。"

作者就这样批驳了培尔先生的谬误。为了剥夺作者的这一光荣，批评者是怎么做的呢？他拿与培尔先生毫无相干的下一节做文章："人类的法律是用来指导精神的，所以，法律应该给予人们以戒律而不是劝导。宗教是用来指导心灵的，所以宗教给予人们的劝导应该很多，而戒律则应该很少。"批评者由此断言，作者把《福音书》中的所有戒律都当作劝导。其实，作者也可以说，提出这项批评的人自己也把所有戒律都当作劝导。但是，这不是作者的行事方式。还是回过头来看看事实吧，不过，为此需要把被作者压缩了的那段话说得略微详细些。培尔先生认为，基督教社会是无法生存的，为了证明他的说法有理，他列举了《福音书》对人们的下列要求：被人打耳光时应该奉上另一边脸，应该远离世界，应该隐居荒漠等等。作者指出，培尔所说的戒律，其实仅仅是劝导，他所说的普遍规定，其实仅仅是特殊规定；作者以此捍卫了基督教。结果如何呢？批评者说，作为他的信仰的第一条，他认为《福音书》只有劝导，没有戒律。

关于多偶制

作者的另一些说法也成了指责的合适对象，有关多偶制的论述就再合适不过了。作者就多偶制专门写了一节，表明了他对多偶制的厌恶。请看，作者是这样说的：

多偶制本身(第十六章第四节)[①]

"如果把多偶制得以容忍的那些具体情况撇在一边，仅从总体层面上考察多偶制，那么我们可以说，多偶制对人类毫无用处，也不利于两性，既不利于被蹂躏者一方，也不利于蹂躏者一方。对儿童同样不利，严重的弊端之一是父母对子女的疼爱不同，一个父亲不可能像一个母亲疼爱两个孩子那样去疼爱二十个孩子。一个女子若有多个丈夫，情况就会更加糟糕。因为，只有当父亲相信并愿意认某个或某几个孩子是自己所生，而且其他父亲也不予置疑时，这个或这几个孩子才有可能享受父爱。

多妻将人引向大自然所不许可的那种情爱，因为淫逸的恶行有了一桩就会有第二桩。

不但如此，拥有多个妻子并不能始终遏制再拥有一个妻子的欲念，淫欲与奢华和贪婪一样，获得的财宝愈多，拥有财富的欲念愈强烈。

在查士丁尼时代，多位哲学家因受碍于基督教而退到波斯，投

[①] 应是第六节。——译者

靠霍斯罗沙。据阿加西亚斯说,最令他们感到吃惊的是,那些执意不改通奸恶习的人,居然也被允许拥有多个妻子。"

由此可见,作者明确指出,无论就其性质还是就其本身来说,多偶制都是一桩坏事。按理说,批评应该以这一节为依据,然而,批评者对这一节竟然只字未提。作者还从哲理上做了考察后指出,在哪些国家中,在什么气候条件下,在哪些情况下,多偶制的恶果较轻。他把一些国家与另一些国家作了比较,把某些气候条件与另一些气候条件作了比较,他从中发现,多偶制的恶果在一些国家较重,而在另一些国家中则较轻。究其原因,据某些游记所述,各国的男女人数比例不同,所以,倘若有的国家女多男少,多偶制尽管不是好事,但在这些国家里的危险性显然低于其他国家。作者在这十六章第四节中对此进行了讨论。可是,由于这一节的标题带有"多偶制的法律是个统计问题"字样①,批评者就抓住不放。然而,这一节的标题仅仅与这一节的内容相关,既不能多说,也不能少说。且让我们来看一看。

"在欧洲各地进行的统计表明,男孩的出生率高于女孩。与此相反,关于亚洲和非洲的记述告诉我们,那里的女孩多于男孩。欧洲的一夫一妻制与亚洲和非洲的一夫多妻制,显然都与气候有关。

在亚洲的寒冷气候下,男孩的出生率也像欧洲一样,大大高于女孩。喇嘛们说,这就是他们允许一妻多夫的原因。

不过我相信,由于性别失衡严重而制定法律,实行一妻多夫制或一夫多妻制,这样的国家不会很多。这种现象只能表明,一夫多

---

① 此节的标题实际上是"多偶制的各种情况"。——译者

妻或一妻多夫违背自然的程度,在某些国家里较小,而在另外一些国家里较大。

《游记》告诉我们,在万丹,一个男子有十个妻子。我觉得,此事如果属实,那也只是一夫多妻制的一个特例。

对于上述这些习俗,我只介绍其由来,并不为之辩解。"

回过头来再看看此节的标题"多偶制的法律是个统计问题"。如果我们想要知道在某些气候条件下,在某些国家中,在某些情况下,多偶制的危害是否比在另外一些气候条件下,另外一些国家中,另外一些情况下要轻一些或是重一些,这个标题就没有错;如果我们想要就多偶制到底是好还是坏作出判断,那就完全不是一个统计问题。

就其性质进行探讨时,多偶制不可能是一个统计问题;就其后果进行考虑时,多偶制可以是一个统计问题;当我们审视婚姻的目的时,多偶制绝不可能是一个统计问题,尤其当我们把婚姻当作耶稣基督规定的事项来审视时,多偶制更加不可能是一个统计问题。

我还想说的是,巧合帮了作者一个大忙。他肯定不曾想到,有人竟然把明明白白的一整节忘得干干净净,却把一些模棱两可的意思塞给另一节。他很幸运,因为他用这样的话结束了这一节:"对于上述这些习俗,我只介绍其由来,并不为之辩解。"

作者刚才说过,他不认为在某些国家中可能有这样的气候条件,致使女性大大多于男性,或者男性大大多于女性,因而不得不实行多偶制。他接着说道:"这种现象只能表明,一夫多妻或一妻多夫违背自然的程度,在某些国家里较小,而在另外一些国家里较大①。"批评者抓住"在另外一些国家里较大"这几个字作为依据,

---

① 第十六章,第四节。

硬说作者赞成多偶制。然而,如果我说,宁可发高烧也不愿意患上败血症,那么,这句话的意思究竟是我喜欢发高烧,还是我觉得,患上败血症比发高烧更加糟糕呢?

现在我把一项离奇的批驳逐字录在下面:

"一个女子拥有多个丈夫是一种令人咋舌的怪事,任何情况下都不能允许;可是,作者却不把这种多偶现象与一个男子拥有多个妻子的多偶现象加以区别①。出自一个自然宗教信徒之口的这种说法,无须任何评论。"

我恳请读者注意批评者的推理方式。在他看来,由于作者是一个自然宗教信徒,所以对该讲的事缄口不提;同样是在他看来,由于作者对应该讲的事缄口不提,所以他是一个自然宗教信徒。两种推理过程完全属于同一类型,结论已经存在于前提之中了。通常的做法是针对人们所写的文字进行批评,而我们的批评者在这里所做的,却是就人们所没有写的文字信口雌黄地滥加批评。

上面这些话,都以批评者与我的下列假设为前提:作者对于多偶制中的一妻多夫和一夫多妻不作区别。可是,倘若作者对于这两种不同的情况作了区别,那又该怎么说呢?倘若作者指出,一妻多夫的弊害比一夫多妻更大,那又该怎么说呢?我恳请读者再读一遍第十六章第六节,我已经把它转抄在上面了。批评者对作者大加斥伐,因为作者没有就这一节说什么话;所以对于批评家来说,剩下要做的事便是针对作者不曾保持沉默的那些部分发动攻击。

可是,这里有一件我弄不懂的事情。批评者在他的第二篇文

---

① 1749年10月9日出版的期刊,第164页。

章中写道:"作者在前面对我们说,热带国家的宗教应该允许多偶制,寒冷国家的宗教则不应允许多偶制。"可是,作者从未在任何地方说过这种话。这就是说,作者与批评者之间,并非推理方式的好与坏问题,而是事实究竟如何的问题。鉴于作者从未在任何地方说过,热带国家的宗教应该允许多偶制,寒冷国家的宗教则不应允许多偶制,所以,批评者的批评是否无的放矢,是否严重的无的放矢,请批评者自行判断。作者应该争辩的不止这一处。批评者在第一篇文章的结尾处写道:"第四节以'多偶制是一个统计问题'为标题,这就等于说,在欧洲这种小伙子多于姑娘的地方,男子只能娶一个妻子;而在姑娘多于小伙子的地方,则应该多实行多妻制。"这样一来,每当作者谈及某些习俗,或探讨某些做法的原因时,批评者便说,作者把这些习俗和做法视为准则;更为可悲的是,批评者硬说,作者把这些习俗和做法视为宗教准则。鉴于作者在书中谈到了世界各国的许多习俗和做法,若用批评者那种方法来评论,作者就不止是满纸谎言,简直就是对整个宇宙犯下了十恶不赦的大罪。批评者在第二篇文章的结尾处写道,上帝曾给他打气。那好吧,我的回答是:上帝并没有给他打气。

气候

作者就气候所作的论述,也是值得讨论的一个修辞学问题。可是,任何结果都各有其原因。气候和其他物理原因产生了无数后果。作者如果说了与此相反的话,他就会被人看作是一个傻瓜。整个问题就在于弄清楚,在彼此相距遥远的国家里,在各不相同的气候条件下,是不是存在着各具特征的民族精神。迄今所见到的几乎所有著作,都认为这种区别是存在的。鉴于精神特征对秉性具有很大影响,所以,某些秉性在一个国家中比较常见,而在另一个国家中比较少见,这一点是无须怀疑的,证据之一便是各个地方和各个时代都有许许多多撰文写书的人。这些事情都存在于人间,所以作者在谈论时所使用的是人间的方式。他原本可以再谈谈在学校里争论不休的人间美德和基督教美德等问题,可是,这些都不是论述物理、政治和法学的著作应该讨论的问题。总而言之,气候的物理现象会使人的精神处于不同状态,不同的精神状态则会影响人的行动。难道这就侵害了创造者的绝对控制,损害了救赎者的丰功伟绩吗?

作者致力于探索,为了以最适当和最符合本民族性格的方法领导自己的国家,各国的官吏能做些什么,倘若果真如此,作者做了什么坏事呢?

批评者对宗教的各种地方性做法也使用了同样的推理方法。作者没有说这些做法是好还是坏,他只是说,在某些气候条件下,一些宗教习俗比较容易为人所接受,换句话说,这些宗教习俗比较容易为某些气候条件下的人民所接受,其他气候条件下的人民接受这些宗教习俗则比较困难。完全不必为此提供实例,因为这样的实例实在太多了。

我十分明白,宗教本身独立于任何物理因素,在此国是好宗教,在彼国肯定也是好宗教,一个宗教如果仅仅在一个国家里不好,而不是在所有国家里都不好,那就不能说它不好。不过,我想说的是,由于宗教是由人信奉的,是为了人而信奉的,所以,某种宗教在某些地方比较容易为人全部或部分接受,在某些国家里被接受的程度好些,在另一些国家里被接受的程度差些,在某些场合被接受的程度好些,在另外一些场合被接受的程度差些。凡是与此唱反调的人,肯定是有意违背常识。

作者指出,印度的气候使得印度人的习俗比较温和。可是,批评者反唇相讥说,印度妇女为了替丈夫殉葬而把自己活活烧死。这种批驳简直就不符合哲理。批评者难道不知道,人的精神充满着矛盾吗?他怎么会把彼此相关的东西拆开来,却把彼此毫不相关的东西硬扯在一起呢?请阅读《论法的精神》第十四章第三节中作者关于此事的思索。

宽容

作者对于宽容的全部论述都在第二十五章第九节中:

"我们在这里是政治学家,而不是神学家,即使对于神学家而言,容忍一种宗教与赞成一种宗教,两者也有很大区别。

国家的法律如果允许多种宗教同时并存,就应该强制这几种宗教彼此宽容。"我恳请读者把本节的余下部分读一遍。

对于作者在第二十五章第十节中的下面这几句话,批评者颇不以为然:"有关宗教的政治性法律的基本原则应该是:如果有权自行决定国家是否接受新的宗教,那就应该拒绝接受;如果新的宗教已经在国内站稳脚跟,那就应该对它采取容忍态度。"

批评者的批驳指出,作者在吓唬崇拜偶像的君主们,让他们赶紧关紧国门,莫让基督教传入。确实如此,这是作者悄悄告诉交趾国王的一个秘密。鉴于这个说法招来了许多非议,我打算作出两点回答。第一点,作者在他的书中明白无误地把基督教排除在应予防备的宗教之外。他在第二十四章第一节末尾写道:"毫无疑问,要人们相亲相爱的基督教,希望每个民族都有最佳政治法和最佳公民法,因为除了宗教以外,这些法律就是人们能够给予和获得的最大福祉。"既然基督教在福祉中名列榜首,政治法和公民法紧随其后,一个国家的政治法和公民法就不可能也不应该阻止基督教的传入。

来自天上的宗教和源自人间的宗教,它们得以确立的途径不同,这就是我的第二点回答。读一读教会史,你就会知道基督教的奇迹。它一旦决定进入某个国家,就知道如何为自己打开所有门户,为此可以使用一切工具;上帝有时借助传教士,有时抓住宝座上的皇帝,迫使他在《福音书》面前低头。基督教偷偷摸摸地溜进某些地方去过吗?请稍等,你马上就可看到它以权威的身份为自己申辩了。只要它愿意,它就可以越洋过海,渡江跨湖,翻山越岭,人间的任何障碍都不可能阻挡它去往它想要去的地方。不管你对它如何厌恶,它都能战而胜之;不管你有什么样的风俗和习惯,不管你颁布什么敕令,制定什么法律,它必定能够战胜气候和因气候而制定的法律以及制定这些法律的立法者。上帝遵循我们所不了解的法规延伸或收缩基督教的边界。

批评者说:"你这样做,岂不是告诉东方的君主们,应该把基督教拒之门外吗?"说这种话的人实在是没有脱掉凡俗之气。希律王难道应该是弥赛亚[①]?看来,批评者是把耶稣基督当成一个企图

[①] 希律王(Hérode,前73—前4),犹太王(前40—前4),《圣经·新约全书》多次提及此人;弥赛亚(Messsie)就是基督教的救世主耶稣。——译者

征服邻国的国王,不让别人识破他的做法和意图。让我们有一点自知之明吧,我们用以处理人间事务的方式难道真的那样纯净,可以考虑用来劝说各国人民皈依基督教吗?

独身制

现在该谈谈独身这一条了。作者关于独身制的全部论述都在第二十五章第四节中,他是这样说的:

"我不想在这里议论独身戒律的后果,有人觉得,如果神职人员的队伍太大,而世俗信徒的人数不够多,独身戒律就会产生有害的后果。"

很明显,作者在这所谈及的,只是独身制应该推广到什么程度的问题,恪守独身的人数应该是多少的问题。作者在另一处还说过,这个至善的戒律不可能是为所有人制定的;况且我们都知道,我们所见到的独身戒律仅仅只是一种清规。在《论法的精神》一书中,从来没有谈论过独身制的性质及其优劣程度;无论从哪个角度看,独身制都不应是一部政治法和公民法著作的论述对象。批评者绝不愿意看到他的题目由作者来论述,他始终希望作者只论述作者自己的题目;由于批评者始终是一位神学家,所以即使是在一部法学著作中,他也不愿意作者以法学家的身份进行论述。不过,我们马上就要看到,在独身问题上,作者与神学家的见解一致,也就是说,他承认独身有某些好处。

应该指出,在论述法律与居民人数关系的第二十三章中,作者介绍了各国的政治法和公民法在这方面提出的一个理论。他在考察世界各国的历史后指出,在不同的情况下,这些法律的需要程度不尽相同,不同国家对这些法律的需要程度也不尽相同,相同的国家在不同时期对这些法律的需要程度也不尽相同。在他看来,罗马人是世界上最有智慧的人民,为了弥补人口损失,罗马人对这些法律的需要程度最高;作者准确地收集了罗马人在这方面的相关法律,并且精确地指出,这些法律是在什么情况下制定的,又是在什么情况下废除的。这里丝毫不涉及神学,也根本不需要神学。不过,他觉得应该在这里谈一点神学,于是他写道:"我在这里反对基督教采用的独身制,但愿上帝不要因此而责怪我。可是,另外还有一种因放荡不羁而形成的独身生活,在这种独身生活中,男女以天然情感彼此腐蚀,逃避能让他们活得更好的两性结合,而去追求那种使他们越变越坏的两性结合;对于这种独身,谁能保持缄默而不加以反对呢?

有这样一条自然规律:可以结婚而不结婚的人越多,已经结婚的人就越容易受到腐蚀;结婚的人越少,对婚姻的忠诚也就越少,就像小偷越多偷窃事件也就越多一样[①]。"

由此可见,对于出于宗教原因的独身制,作者并未反对。批评者不应指责作者,因为他所反对的是因放荡而产生的独身现象,他所谴责的是许多骄奢淫逸的富人,他们为了便于寻花问柳而逃避婚姻的枷锁,自己淫逸无度,却把痛苦留给可怜的穷人。所以我再说一遍,批评者不应因此而指责作者。可是,批评者在引用了作者的这些话之后,却这样写道:"在这里可以看到作者的狡诈,他想把基督教所憎恶的这些乱象归咎于基督教。"批评者似乎并非

[①] 第二十三章,第二十一节结尾处。

不愿倾听作者说些什么,我只能说他一点也没有听懂,他把作者谴责放荡行为的那些言论说成是反对基督教了。他当然因此而怒不可遏。

批评者的特殊错误

我们似乎觉得,批评者下定决心不去弄清问题之所在,不去弄懂他所攻击的任何一段文字。在第二十五章第二节中,从头到尾说的都是人们之所以要保护自己的宗教的种种原因,批评者凭借想象把这一节读成了并不存在的另外一节,在他看来,这一节所议论的是迫使人们改宗的原因。第二十五节事实上讨论的是一种被动的状态,批评者想象中的那一节讨论的却是一种主动的行动。他把作者讨论被动状态时说的话,搬去讨论他想象中的主动行动,以这种张冠李戴的手法随心所欲地自说自话。

作者在第二十五章第二节第二段中写道:"我们倾心于偶像崇拜,却不喜欢崇拜偶像的宗教。我们并不十分喜欢神的观念,却醉心于让我们崇拜神明的宗教。这是一种幸福感,它部分地来自我们对自己的满意,因为,我们所选择的是把神从其他宗教的屈辱下解救出来的那种宗教,这说明我们相当具有辨识能力。"作者写下这一段的目的在于对如下现象作出解释:穆斯林和犹太教徒并未如我们一样受到上帝的恩宠,可是为什么他们的信仰也如同从切身体验获知的那样不可战胜呢?批评者却不是这样理解的。他说:"我们认为,是骄傲促使人们从偶像崇拜转变为信仰上帝[①]。"

---

① 第二份期刊,第 166 页。

可是,这一段乃至整个这一节都不涉及改宗问题;一个基督教徒如果在想到荣耀和见到上帝的伟大时感到心满意足,而有人把这种感觉称之为骄傲,那么这倒是一种非常好的骄傲。

婚姻

这里还有一项不同一般的批驳。作者在第二十三章中写了这样两节,一节的题目是"人类和动物的物种繁衍",另一节的题目是"婚姻"。他在头一节中写道:"雌性动物的生殖能力大体上是恒定的。可是,人类的繁衍却受到了无数障碍的干扰,诸如思想方法、性格、感情、奇思异想、任性多变、姿色永驻的欲望、怀孕和家庭人口过多所带来的尴尬等等。"他在另一节中写道:"抚养子女是父亲与生俱来的义务,因此而确立的婚姻宣告谁应该负担这项义务。"

批评者就此写道:"基督教徒把婚姻归因为上帝的创制,上帝给了亚当一位妻子,上帝用不可摧毁的纽带把第一个男人与第一个女人配成一对,以后他们才有孩子需要抚养。可是,凡涉及神的启示,作者一概避而不谈。"作者要回答说,他是基督教徒,但不是笨蛋;他崇敬这些真理,但他不愿意把他所信奉的这些真理搞得乱七八糟。查士丁尼皇帝是基督教徒,为他编辑法律汇编的那个人[①]也是基督教徒。好极了,他们编辑的那些法律文集是学校里

---

① 此人便是特里博尼安(Tribonien,卒于547年),他奉查士丁尼之命收集并整理古罗马的法律和有关法律的决定,经他不懈努力,终于编成了《查士丁尼法典》、《法学阶梯》和《查士丁尼学说汇编》三部重要的法律文集。——译者

教育年轻人的教材,可是,他们为婚姻所作的定义却是:藉以构成个人生活社会的男女结合①。至今没有一个人想到过,应该指责他们不曾提到神的启示。

高利贷

现在该说高利贷问题了。我总说批评者弄不清问题之所在,而且没有读懂他所批评的文字,这让我有些担心,读者也许已经听烦了。关于海上贸易中的高利贷问题,批评者写道:"依作者看来,海上贸易中的高利贷没有一点正当的理由。他就是这么说的。"《论法的精神》这部著作确实有一位令人害怕的诠释者。作者在第二十二章第二十节中对海上贸易中的高利贷进行了论述,他在这一节中说,海上贸易中的高利贷有其正当的理由。请读这段文字:

海上贸易中的高利贷

"海上贸易中的高利贷产生于两个原因。其一是海上风险大,正因为如此,只有高额利润才能诱人冒险放贷;其二,海上贸易可以让借贷人便捷地在短时间里做大生意。对于陆地上的高利贷来说,这两种原因不但都不存在,而且还遭到法律的禁止,较为合理的做法是将利率限制在合理的水平。"

我恳请所有明白事理的读者说一句公道话,作者究竟是认为海上贸易中的高利贷是不公正的,还是仅仅认为,与陆地上的高利

---

① 拉丁文为:Maris et feminoe conjunction, individuam vitoe societatem, continens。

贷相比，海上高利贷对天然公正的损害略小些。批评者只知道绝对的好与坏，不知道还有较好与较坏。倘若有人对他说，黑白混血儿不像黑人那么黑，对于他来说，这就意味着混血儿像雪一样白；倘若有人对他说，混血儿比欧洲人黑，他就以为，此人的意思是混血儿跟煤一样黑。且让我们接着说。

《论法的精神》第二十二章中有四节论述高利贷。在头两节亦即第十九节和刚才提及的第二十节中，作者审视了各国的商贸以及世界上的各种政体与高利贷的关系，这两节的内容仅此而已。接下来的那两节则只是对罗马人的高利贷的种种变化作出解释。可是，批评者突然把作者说成是神学解疑家、教规学家和神学家，究其原因，就是因为批评者本人是神学解疑家、教规学家和神学家，或者是这三者之二，或者是这三者之一，或者也许根本就哪个也不是。作者知道，从有息贷款与基督教的关系的角度来看，有息贷款有许多区别和限制。他知道，在这个问题上，法学家和不少法院与神学解疑家和教规学家的意见并不一致，后者主张对不索取利息的普遍原则设置某种限制，而前者则主张这种限制应该更大些。倘若这些问题都包括在作者的话题之内，尽管实际上并非如此，作者又该如何进行论述呢？有人对此进行了深入的研究，有人甚至一生都致力于这方面的研究，作者想要了解这些，困难确实相当大。可是，批评者用来攻击作者的那四节文字却已经充分证明，作者只是一个历史学家和法学家而已。请读一下第十九节：

"货币是价值的符号。很显然，有人如果需要这种符号，那就应该像租用其他任何物品一样，租用这种符号。可是，这里有一个重大的差异,那就是,其他物品都是既可租用也可购买的,唯独货币不同,它本身就是物品的价格,所以只能租不能买①。

借钱给人而不索取利息当然是善举。不过,大家觉得,这只能是宗教训诫,而不能成为民事法规。

要想让贸易顺利开展,就得为借贷规定一个价格,但是这个价格不能很高。否则,商人如果发现他在贸易中的赢利尚不够支付利息,他就什么生意都不做了。另一方面,如果放贷而不能赚取利息,那就谁也不肯放贷,商人也就什么生意都做不成了。

我说谁也不肯放贷,此话不对。因为,社会的各种事物在发展,高利贷必然要出现,只不过,以往发生过的种种乱象同样也难以避免。

伊斯兰法律混淆了高利贷与有息贷款的区别。在伊斯兰国家里,对借贷的禁止越严,高利贷现象越厉害,这是因为,放贷人要为违法行为所冒的风险取得补偿。

在这些东方国家里,大部分人没有任何保障可言,手里握有一笔钱是实实在在的,一旦借出去就难以保证能收回来,所以,收回贷款的风险越大,高利盘剥现象也就越厉害。"

接下去的是上面已经引用的题为"海上贸易中的高利贷"的那一节,然后是第二十一节"罗马人的契约借贷和高利贷"。作者在第二十一节中写道:

"除了商业借贷之外,还有一种签订民事契约的借贷,由此产生了利息和高利贷。

---

① 这里丝毫不涉及作为商品的黄金和白银。

罗马平民的权力日益增大，官吏们想方设法阿谀奉承，制定让平民最开心的法律。他们削减本金，降低利率，甚至禁止收取利息，取消人身强制措施；每当一位护民官想要捞取民望时，就把废除债务的问题提出来。

此类因法律或公民表决而形成的持续不断的变化，使高利贷在罗马日益盛行。这是因为债权人发现，平民既是债务人，同时也是立法者和法官，所以，他们不再相信契约。作为债务人的平民已然丧失信誉，因而只有支付高额利息才能获得贷款，何况法律并非始终如一，平民的抱怨却持续不断地威胁着债权人。这就使得一切以诚信为本的借贷在罗马几近绝迹，可怕的高利贷虽然时常受到毁灭性的冲击，却总是死而复生，在罗马落地生根。"

"西塞罗告诉我们，在他生活的年代，罗马的利息为百分之三十四，外省的利息高达百分之四十。这种弊病就像是一种打击，原因在于法律过于严苛。为维护善良而制定的法律如果过于严苛，就会引发邪恶；因为，不仅要为借贷付出代价，还得为可能受到法律惩处而付出代价①。"

由此可见，作者对有息贷款的论述仅限于两方面：一是有息贷款与各国商贸的关系，一是有息贷款与罗马公民法的关系。正因为如此，作者在第十九节的第二段中对宗教立法者的规定与政治立法者的规定作了区分。他如果在那节中指名道姓地议论基督教，那么，鉴于还有其他对象需要论述，他就得使用另外一些术语，让基督教规定它所规定的，劝导它所劝导的，这样，他就得与神学

---

① 《论法的精神》第二十二章第二十一节中并无这一段文字。——译者

家一起区分各种不同情况，把基督教的原则为"任何情况下都不能收受利息"这条普通法规所设置的所有限制统统提出来，罗马人只是有时认同这条法规，而穆斯林则始终如一地认同这条法规。作者想要论述的不是这个话题，而是另一个话题，那就是：倘若以普遍且不确定范围、无区别和无限制的方式禁止有息贷款，穆斯林的商业就会完蛋，罗马人的共和国大概也会因此而垮台。由于基督教徒并不生活在这种严苛的限制之中，所以他们的商业未被摧毁，在基督教国家中见不到令人害怕的高利贷，而这种高利贷不但在伊斯兰国家中是非实行不可的，而且过去在罗马人当中也曾实行。

在第二十一节和第二十二节①中，作者对罗马共和国不同时期中有关契约借贷的法律，进行了考察，他的批评者离开神学家的座位，临时当了一次博览群书的学者。不过，我们马上就会看到，这个学者他又当错了，连他要评论的问题究竟是什么也没有搞清楚。请读第二十二节②。

"塔西佗说，《十二铜表法》把年利率定为百分之一。塔西佗显然搞错了，他把另一项法律当成《十二铜表法》了，我在下面将要谈到那项法律。《十二铜表法》如果真的对此作了规定，在债务人和债权人的争议中，怎么没有人引用该法作为解决争议的权威呢？在有息贷款中找不到一丝一毫该法的踪迹。对罗马的历史哪怕略有所知，也不会不明白，在十人团执政时代，绝不可能

---

① 《论法的精神》第二十二章，第二十二节。
② 同上。

制定类似的法律。"作者在相隔不远处又写道:"罗马398年,在护民官杜伊留斯和梅涅尼乌斯推动下通过了一项法令,将年息降低为百分之一。被塔西佗错误地说成《十二铜表法》的就是此项法令。这是罗马人首次为规定利率而制定的法规。"现在让我们来议论一番。

作者说,塔西佗说《十二铜表法》为罗马人规定了利率,这是塔西佗弄错了。作者指出,塔西佗误把大约在《十二铜表法》颁布八十五年后,由护民官杜伊留斯和梅涅尼乌斯制定的一项法令,当作《十二铜表法》,并说此法正是罗马人为确定利率而制定的第一项法规。批评者怎么说呢?他说塔西佗没有错,他说的利率百分之一是月息,而不是年息。可是,我们现在讨论的不是利率问题,而是要弄清楚,《十二铜表法》是否就利息作了某些规定。作者说塔西佗错了,指的是他说在《十二铜表法》中,十人团对如何确定利率作了规定。在这个问题上,批评者说塔西佗没有错,因为他说的是月息百分之一,而不是年息百分之一。由此可见,我说批评者没有弄清楚问题究竟在哪里,的确是有道理的。

不过,还有一个问题,那就是塔西佗提到的那项法规所确定的百分之一利率,到底是如作者所说是年息,还是如批评者所说是月息。批评者既然不懂罗马法,倘若比较审慎的话,就不要与作者讨论有关罗马法的问题,不要否定他自己不但不清楚,甚至不知道如何弄清楚的一个事实。问题在于弄懂塔西佗笔下的这几个字究竟是什么意思:利率十二分之一[①]。其实他只要翻翻书,就可以在卡

[①] 从前《十二铜表法》规定,利息不得超过十二分之一。

尔维努斯或者卡尔所编的字典①中查到,所谓利率十二分之一就是年息百分之一,而不是月息百分之一。他若是愿意请教一下学者,本来也可以从索迈兹②的著作中获得这些知识③。

让百手的居阿司做我思想的证人。

贺拉斯《诗集》III. 4. 69—70

他查找原始资料了吗?他若查找了,完全可以在法律著作中查到讲得很明白的文字④,那样的话,他就不至于把所有的概念都搅混。他就会分清楚,在什么时候和什么情况下,利率十二分之一表示月息百分之一,什么时候和什么情况下,利率十二分之一表示年息百分之一,它就不至于把百分之一中的十二分之一当成百分之一。

罗马人在尚未制定利率的法规时,最常用的办法是债权人从借出去的一百盎司黄铜中取十二盎司作为利息,即年息百分之十

---

① 利息种类是根据一阿司的各种份额来命名的:应该知道,这一点人们明白,一切本金都是要百分之百收回的;而当每月交付本金的百分之一的份额时,利息就是最高的。并且因为按该最高利率,每一百金币一年获得的这种利息是十二金币,十二这个数目令律师们震动,以至于他们将这一阿司称为"付息的"。正如这一阿司不是按月支付而须按年支付来估价,其各种份额同样也须按年利率来区分;这样若每年每一百付一,则为十二分之一息;若付二,则为六分之一息;若付三,则为四分之一息;若付四,则为三分之一息;若付五,则为十二分之五息;若付六,则为二分之一息;若付七,则为十二分之七息;若付八,则为三分之二息;若付九,则为四分之三息;若付十,则为六分之五息;若付十一,则为十二分之十一息;若付十二,则为一阿司。约翰内斯·卡尔维努斯(别名"卡尔"):《词典》,日内瓦,1622年,彼得·巴尔敦书坊,"利息"词条,第960页。

② 索迈兹(Saumaise,1588—1653),法国哲学家和学者,不但精于法学、神学和医学,而且通晓拉丁文、希腊文等多种语言。——译者

③ 《论利息的方式》,荷兰,莱顿:埃尔泽维尔出版社,1639年,第269、270和271页;一盎司息(十二分之一息)究竟从何而来,一盎司息(也可称作十二分之一息),不是按月支付的利息,而是按年付息。每一百盎司本金收取利息一盎司。

④ 《法律论说》47,《军团长官》,《关于监护人的管理和风险》的各页。

二,可是,由于每阿司①等于十二盎司黄铜,而债权人每年对每一百盎司收取一阿司;又由于利息经常按月计算,六个月的利息叫做半息(semis)或半阿司,四个月的利息叫做四分之一息(triens)或三分之一阿司,三个月的利息叫做三分之一息(quadrans)或四分之一阿司,一个月的利息叫作月息(unciaria)或十二分之一阿司。由于对每一百盎司债款每月收取一盎司,所以,这种百分之一的月息或者说百分之十二的年息,被称作百分之一利率。批评者虽然懂得百分之一利率的含义,但在实际应用中却弄得一团糟。

由此可见,这只不过是债权人和债务人之间计算利息的一种方法、公式或规矩,即以年息百分之十二为计算标准,这是当时最常见的利率。假如有人以年息百分之十八的利率放贷,计算方法依然相同,只需将每月的利息增加三分之一即可,这样一来,一百盎司债款的月息就是一盎司半。

罗马人曾经使用的利率计算方法,是为债权人和债务人划分时间,并为支付利息提供方便而确定的,罗马人为利率制定法律时,这种方法依然在使用,但并未被立法者采用。立法者需要制定的是一种公共法规,它不采用月息制,而是规定按年计息。阿司、半阿司以及三分之一和四分之一阿司等计算单位继续使用,但它们不再具有原来的含义。也就是说,十二分之一利率的意思是年息百分之一,三分之一利率的意思是年息百分之三,四分之一利率的意思是年息百分之四,六分之一利率的意思是年息百分之六。假如十二分之一利率的意思是月息百分之一,那么,法律所确定三

---

① 阿司(as),罗马计量单位。——译者

分之一利率、四分之一利率和六分之一利率,也应该分别是月息百分之三、月息百分之四和月息百分之六。倘若果真如此,那就太荒谬了,因为,制定法律的目的本来是压低利率,如果上述年息竟然是月息,法律岂不是远比高利贷者心狠得多。

所以说,批评者把几种事情全都搅混了。不过,我觉得有必要把他的原话录在下面,借此让大家都看到,他讲那些话时虽然底气十足,可是谁也不会因此而相信他的话。他写道①:"塔西佗没有搞错,他说的是月息百分之一,作者却凭借想象声称塔西佗说的是年息。每月按百分之几向债权人支付利息,这是无人不知,无人不晓的事实,一位撰写了两部四开本法律著作的作者竟然会不知道?"

此人知道也好,不知道也罢,都无关紧要。事实是他并非不知道,因为他曾在三处谈到这个问题。可是,他是怎么说的,在什么地方说的②?或许我可以就此向批评者提出挑战,请他猜一猜,因为在我论述这些问题的地方,他大概找不到他所知道的那些术语和说法。

批评者并不是想要知道《论法的精神》的作者究竟是学识渊博还是不学无术,而是想要捍卫他自己的祭坛③。可是,有必要让公众明白,批评者谈到他并不知晓的事时,一副了然于胸的神气,对自己的坚信不疑竟然达到了懒得查一下词典的地步,明明是他自己不懂,却指责别人看不到自己的谬误,所以,对于他在其他问题

---

① 1749年10月9日的期刊,第164页。
② 参阅第二十二章,第二十二节,第三个和最末一个脚注,以及第三个脚注的全文。
③ 拉丁文写作 Pro aris。

上的指责,不值得再去相信。难道我们相信,他那傲气十足的腔调丝毫不会妨碍他错话连篇吗?他的气急败坏不正说明他毫无道理吗?当他用亵渎神明和自然宗教的信徒等罪名骂人时,我们难道不能认为他又错了?我们是否应该多加小心,不要因他活跃的思想和激烈的文风而受他的影响?我们是否应该将他那两篇文章中的辱骂和歪理分开来呢?把歪理剔除之后,那两篇文章是不是什么都剩不下了呢?

在关于罗马人的有息贷款和利息那节中,作者谈到了罗马人历史上最重要的那个问题,那个问题与政治体制有着极其紧密的联系,不知道有多少次,政治体制险些因那个问题而被推翻;作者谈到了罗马人在极度失望状态下制定的法律,谈到了罗马人出于审慎而制定的法律,谈到了作为权宜之计的那些法规,也谈到了那些打算永远实施的法规;在第二十二节结尾处,作者写道:

"罗马398年,在护民官杜伊留斯和梅涅尼乌斯推动下通过了一项法令,将年息降低为百分之一……十年后,利率降了一半,后来干脆完全取消……

如同立法者所制定的其他一切过于极端的法律一样,这项法规也产生了同样的效果,那就是可以找到逃避这项法规的办法。于是不得不另外制定许多法规来加强、修正和缓和它。时而把法规置于一边而顺从习惯,时而遵循法规而不顾习惯,不过在这种情况下,习惯往往压过法规。一个人在向人借钱时,常常遇到法律的阻碍,而这项法律其实是为了帮助债务人而制定的。这样一来,谴责这项法律的人和这项法律想要援助的人,都反对这项法律。裁判官森普洛尼乌斯·阿赛卢斯想要继续严格执法,允许债务人依法行事，结果被债权人杀害，因为人们此时已经不能接受如此严厉的法规了。"

"苏拉当权时，吕西乌斯·瓦莱里乌斯·弗拉库斯①制定一项法律，准许收取百分之三的年息。罗马人所制定的所有相关法律中，这项法律是最公正和最温和的一项，但遭到帕特库鲁斯②的反对。然而，既然这项法律为共和国所需，有利于每一个人，而且成为债权人和债务人之间的一个方便的沟通机制，那就不能说它不公正③。"

"乌尔比安说④，还债越晚，利率越低。这一点为利息是否正当这一问题给出了答案，也就是说，债权人是否可以出卖时间，债务人是否可以购买时间⑤。"

最后这一段仅仅与弗拉库斯制定的法律以及罗马人的政治措施相关，而我们的批评者对此是这样评述的："作者在归纳了他有关高利贷的所有论述后说，债权人出卖时间是许可的。"听了批评者这番话，有人会以为作者首先就神学或教会法作了一番论述，然后加以归纳。事实却清清楚楚，作者所议论的仅仅是罗马人的政治措施、弗拉库斯制定的法律以及帕特库鲁斯的意见；所以说，罗马人的政治措施、弗拉库斯制定的法律以及帕特库鲁斯的意见彼

---

① 吕西乌斯·瓦莱里乌斯·弗拉库斯（Lucius Valerius Flaccus），罗马大法官。——译者
② 帕特库鲁斯（Paterculus），罗马护民官。——译者
③ 《论法的精神》第二十二章第二十二节并无此段。——译者
④ 《法律》，第十二篇，"关于用语的含义"。
⑤ 此段与《论法的精神》中的同一段不尽相同。——译者

此相关,是不能分开的。

我还有许多话要说,不过我更愿意把下面这段话献给那两篇文章:"请你们相信我,亲爱的皮松①们,有的书就像是一幅画,展示给人的是一些空幻的幽灵,就像病人梦中所见到的那样②。"

第三部分

我们在前面两部分中已经看到,这许多尖刻的批评可以归结为:作者没有遵照批评者们的提纲和看法撰写《论法的精神》;如果由批评者们来撰写一部同一题材的著作,肯定会把他们所知道的许多事情写进去。从这许多尖刻的批评中还可看出,他们都是神学家,而作者是法学家;他们觉得自己完全可以当法学家,而作者却觉得不能胜任他们的职业。此外,与其辛辣地攻击作者,莫如掂量一下他们为维护基督教所说的那些话的代价,其实作者也是崇敬和捍卫基督教的。现在我还需要做的事,就是谈谈我的感想。

这种评论方法不好,用这种方法去评论任何一部好书,都会把它糟蹋成与任何一部坏书一样;用这种方法去评论任何一部坏书,都会把它说成与任何一部好书一样。

这种评论方法不好,它不但把毫无关系的事扯进来,还把各个

---

① 皮松(Pison),罗马望族。——译者
② 贺拉斯,《诗艺》,第6行。

学科和每个学科中的各种概念搅得模糊不清。

评论一部属于特定学科的著作时，不应该使用某些可以攻击整个这门学科的理由。

批评一部著作，尤其是一部篇幅较大的著作时，应该设法获得这部著作所涉及的学科的专门知识，好好读几本获得公认的作者的相关著作，否则就无法知道，作者是否偏离了论述这门学科的已被普遍接受的常用方法。

语言和文字就是作者的形象，当一个作者用自己的语言和文字阐述自己的思想时，如果试图离开他用以表述自己思想的外部符号，到别处去寻找他的思想，那是不合情理的，因为，唯有他自己最了解自己的思想。假如他的思想是好的，有人却非要说他的思想是坏的，那就更不应该了。

当你批评一个作者时，当你对他发火时，一定要用事实来证明你给他扣的帽子，而不能用你给他扣的帽子来证明事实。

如果你觉得作者的总体用意很好，那么，当你发现某些段落模棱两可时，与其指责他存心不良，莫如依据他的总体用意作出判断，否则就很容易搞错。

在那些供读者消遣的著作中，读完三四页就可以领略到此书的风格和令人愉悦之处，可是，对于一部论证性的著作来说，你如果没有把握它的整体思想，那就等于什么都没有读懂。

写一部好书很难，评论一部著作却很容易，因为，作者要守住的是所有隘口，批评者却只要突破一个隘口就行了。所以，批评者千万不能出错，他若一再出错，那就不可原谅。

此外，批评可以被认为是批评者在炫耀自己高人一头，批评的后果通常能为人所固有的自傲心态带来一段美妙的时刻。乐此不疲的人永远可以为公正作出贡献，却很难在宽容这一点上有所建树。

在各种类型的文字中，评论文章最难展示天生的善良本性，所以一定要留心，不要以尖刻辛辣的言辞使事情变得更加令人伤心。

当你评论某些重大题目时，单有热情还不够，还要拥有知识。老天爷如果没有把良好的天资赐给我们，那就要用自疑、准确、努力和思考来加以弥补。

在一件自然而然地合乎情理的东西中，找出不讲道理的人所能妄加的所有谬误，这种本领对人类无益。这种人就像四处觅食的乌鸦，见了活物就离得远远的，找到了死尸就一拥而上。

这种批评方式有两大弊病。第一，真假混淆，善恶不分，读者的精神会因此而受到毒害，他们会渐渐习惯于在非常合情合理的东西中寻找谬误，并且由此而非常轻松地过渡到另一个方向，即从必然包含着谬误的东西中寻找合乎情理的东西。读者失去了正确的辨识能力,陷入是非错乱的泥潭。第二,把好书说成有问题的这种批评方式,使读者没有其他办法去对付不良著作,公众因此而无法辨识哪些是好书,哪些是坏书。假如把既不是斯宾诺莎主义者也不是自然神论者的那些人,都说成是,那么,又该把真的是斯宾诺莎主义者或自然神论者的那些人,说成什么呢?

虽然我们应该很容易地想到,那些在大家都感兴趣的问题上撰文攻击我们的人,是出于基督教与人为善的本意;可是,与人为善这种品德的本质不是遮遮掩掩,而是不管我们愿意不愿意,一定要充分展示自己,让大家都看得清清楚楚,到哪里都光芒四射。倘若在那两篇前后相随批驳同一作者的文章中,找不到任何与人为善的踪迹;在所有的段落、语句、单词和术语中,找不到一丝一毫与人为善的影子,那么,那两篇文章的作者是否有充分理由担心,撰写那两篇文章并非出于与人为善之心呢?

我们身上纯洁的人类美德是我们所说的天生的善良本性的体现,如果在那两篇文章中完全找不到这种天生的善良本性的任何迹象,公众就可以据此得出结论,说这两篇文章不是人类美德的体现。

在所有的人看来,行动始终要比动机纯真。相信恶毒咒骂这种行动是一种劣迹,要比说服自己把恶毒咒骂的动机看作善举容易得多。

当一个人处于这样一种状态:他敦促大家敬重宗教,宗教也让大家敬重他,当他在全世界面前攻击一个生活在这世界上的人时,很重要的一点是通过他的行动方式维护他的超群性格。世界很腐败，某些感情在这个腐败的世界上处于被胁迫状态，同时也有一些为某些人所宠爱的感情，不让其他感情表露出来。观察一下世界上的各色人等，最羞于见人的就是自命不凡，这种傲气不敢说出自己的奥秘，而在对待他人的态度上，傲气先是藏而不露，接着便故态复萌。基督教让我们养成了抑制傲气的习惯，人群则让我们养成了掩饰傲气的习惯。我们身上的美德并不多，如果我们放纵自己，不注意自己点点滴滴的言行和举止，我们会变成什么样呢？一些人原本具有受人尊敬的性格，有时也会因激愤而失态，而大家都不敢挑明，这些人于是就以为自己比别人强，尽管其实并非如此。这就是一种大毛病。

我们这些凡夫俗子都很弱小，所以很需要得到别人的照顾。因此，当有人把各种激烈的情绪暴露无遗时，他们希望我们内心作何想法？希望我们因不敢作出判断而不作判断吗？

我们可能已经在争论和交谈中注意到那些听不进别人话的人，由于他们参与争论的目的不是相互帮助，而是把对方打翻在地，所以他们距离真理的远近，不取决于他们的气度大小，而取决于他们性格中怪异和固执的程度。那些天生脾气好或因教育而性格温和的人恰好相反，对他们来说，参与讨论是为了互相帮助，互争高下是为了同一个目标，看法不同为的是最终达成共识；他们的知识越丰富就越能找到真理，这是天生的善良本性对他们的奖赏。

当一个人撰写宗教著作时，对于此类著作的读者的虔诚不能寄予过高的期望，不能说不符合常识的话。因为，为了获得那些虔诚多于知识的读者的信任，他可能失去那些知识多于虔诚的读者的信任。

由于宗教具有很强的自卫的功能，所以，对于宗教来说，捍卫得不好比根本不捍卫带来的损失更大。

倘若有这么一个人，当他失去读者之后，就对享有威望的某人发起攻击，以此作为吸引读者的手段。我们或许会怀疑，他是以把这个牺牲品奉献给宗教为借口，让此人为他的自尊心作出牺牲。

我们谈到的批评方式，是世界上最有可能使民族才能——请允许我斗胆使用这个词——的广延程度受到限制，使民族才能的总量被削减的东西。神学有其边界和表达方式，由于它所传授的是众所周知的真理，所以，必须让大家坚定地忠实于这些真理，防止有人背弃这些真理；这就意味着，才能不应充分扩展，而应让它囿于围墙之中。可是，若是试图把论述人文科学的人放在这个围墙之中，那就是对世界的嘲弄。几何学的原理非常真实，可是，倘若想把这些原理用于与审美情趣有关的东西，那就无异于否认理性本身。令学问窒息最甚的，莫过于企图让所有的病人都喝同一剂药。好为人师必然严重妨碍进取；无论多大的才能，一旦无端地受到无数顾虑的束缚，必然日益萎缩。你不是具有世界上最佳的意愿吗？有人立即会让你对自己产生怀疑。你如果总是提心吊胆，唯恐说错话，那你肯定就再也说不好了，你将不再按照你的思路说话，而是把心思放在用字遣词上面，纵然如此，依然难免因说漏了嘴而被批评者逮个正着。有人把一顶修女帽放在你头顶上，每当你说一句话，他就好像在提醒你说："小心掉下来，你想照你想的说，我们想让你照我们想的说。"你不是想有所发展吗？他就拽住你的袖子。你不是精力旺盛活力无穷吗？他就让你一点一点耗尽。你不是长高了一些吗？有人就会拿起尺子，抬起脑袋对你高喊，让你赶紧下来量一量身高。你不是在事业的大道上奔跑吗？他们就让你时时盯着地面，别让蚂蚁搬来的石子绊倒。无论哪种科学或文学都无法抵挡这种学究气。本世纪出现了许多学院，可是，有人却想让我们回到黑暗时代的学校中去。对于那些才能远远逊于笛卡尔，志向却丝毫不比他小的人来说，笛卡尔确实能为他们带来宽慰。这位伟人一再被指斥为无神论者，可是如今用来攻击无神论的论据，却比不上笛卡尔对无神论的批驳。

此外，只有当批评者愿意把批评说成纯属个人的行为时，我们才可以作如是观。批评供公众阅读的著作是完全可以的，因为，那些想要帮助他人消除蒙昧的人，倘若不愿意消除自己的蒙昧，那岂不让人讥笑。那些提醒我们的人都是我们这些著作的伙伴。作者和批评者如果都在探索真理，他们就有共同的利益，真理既然是所有人的财富，他们就是同一联合体的成员，而不是敌人。

我高高兴兴地放下手中的笔。我本来完全可以继续保持沉默，如果不是因为有好几个人从我的沉默中得出结论，说我已经被他们批驳得哑口无言。

有关《为〈论法的精神〉辩护》的资料[1]

435—437。——我没有写入《为〈论法的精神〉辩护》中的东西。

435（2006）。——思想论著的作者们都应该想到，他们有一天会受到同行的审判。相对于读者而言，作家必然拥有的全部优势，就在于他们对自己所论述的问题，比读者有更多的思考。不过，如果读者也进行了深入的思考，他们就与作者处于同等地位。自尊心应该懂得这样一个秘密：你是在自尊心面前说话。什么？作者凭借自命不凡便能拥有谦逊的读者吗？是否由于他目前拥有优势就肯定以后不会变成弱势呢？一位作者的憨厚恰如年轻人迷人的羞赧，如果说大自然有一种艺术作品，那就是年轻人的这种羞赧。倘若想要让人读我们的书，那就应该首先让人喜欢我们。一个人假如确有才智，那就应该与他人的才智相得益彰，如果他做不到这一点，那他就应该像宝石一样，把黄金切割开来。

"犹如点缀黄金的宝石，熠熠生辉。"

伟大的上帝！我们怎么可能永远有理？别人怎么可能永远不对呢？有头脑的人在作出决定时会瑟瑟发抖，其他人则会以获得

---

[1] 本篇摘自孟德斯鸠的《随想录》。——译者

肯定的喜悦作为补偿。

436（2007）。——夸夸其谈是无人不具的才能，愿意写作的年轻人总是由此迈出第一步，不是老师觉得采用这种风格比较容易，就是学生觉得接受这种风格更容易。请你看看德摩斯梯尼，他不发火的时候很平实，就像几乎永远晴朗的蓝天，偶尔才打几声雷。

437（2008）。——请你关注一下基督教的精神。基督教要求人们不停地羞辱自己，同时绝对禁止羞辱他人，它憎恶自负和虚荣，不让你为自负和虚荣推波助澜，也不让你冒犯虚荣心，理由是当你冒犯他人的虚荣心时，你自己的虚荣心会从中得到某种乐趣，而这是基督教所不允许的。因为，他人的自负受到你的凌辱后，会观察你的意图，然后对你进行反击，让自负经受折磨并非根除自负的可靠手段。受到压制的自负会迸发出力量来进行反击。

自负会不会与自负作对？两个自负的人只会相互撑腰，因为谦逊迫使自负进行自卫。

基督教要求人人做到两件事：一件令人神往，那就是爱别人；一件令人战栗，那就是恨自己。除了我们自己以外，上帝对我们没有别的要求。

对他人的凌辱足以表明，这是一个普遍粗野的民族，有时甚至还能表明，这是一个自由乃至率真的民族。

在这种情况下，基督教的仁慈所受到的伤害比较小，因为，很难确定这个民族何以具有上述这些特征，是由于普遍的习俗呢，还是源自特殊的暴力？不过，在一个公民们被法律紧紧凝聚在一起的民族中，人人觉得相互的友善和尊重已经把自己与他人联结起来，所以，如果有人遭到凌辱，那肯定是此人有罪，致使不得不打破禁忌对他施加凌辱，这样做当然极大地伤害了基督教的仁慈。

所以，希腊人和罗马人使用的言辞更加激烈，对人的伤害却不如我们大。在这些民族中，基督教的仁慈受到的伤害比较小。倘若心灵讲了这些伤人的话，倘若习俗听任这些伤人的话，倘若公众的良心或是个人的良心应该自责……

438（2005）。——我在回答贝尔捷神甫关于雅典的提问时，最后是这样说的：

"这些先生非常喜欢决斗，可是他们的装备却相当简单。"[1]

---

[1] 这段话没有收入《为〈论法的精神〉辩护》。

对《论法的精神》的若干解释[1]

一

有几位人士提出如下异议:在《论法的精神》这部书中,荣宠和畏惧被说成是某些政体的原则,美德则仅仅是若干其他政体的原则。这么说就意味着,基督教的美德就不为大多数政体所需了。

回答如下:作者在该书第三章第五节中的一个脚注中写道:"我在这里说的是政治美德,就其指向公共利益这层意思而言,它是伦理美德。我极少言及个人的伦理美德,根本不谈与'神启真理'有关的美德。"第三章第六节的一个脚注再次提及第五节的这个脚注。在第五章第二节和第三节中,作者为他笔下的美德所下的定义是"爱共和国和爱节俭"。整个第五章都立足于这个原则。一个作者既然在他的著作中为一个词下了定义,或者用我的话来说,一个作者既然给出了一部词典。难道不应该根据他给出的定义来理解他的话吗?

---

[1] 1749年4月《特雷武报》刊登了一封信件,指责孟德斯鸠在《论法的精神》中未将美德视为君主政体的原则,本文第一部分就是对此指责的回答。本文第二部分是对刊登在耶稣会主办的期刊《特雷武报》上的一篇批评文章的回答,该文就一些枝节问题严厉指责《论法的精神》。——译者

如同所有语言中的大多数词一样,美德一词可以从不同的角度来理解,有时可以理解为基督教的美德,有时可以理解为不信教者的美德,通常则理解为基督教的某种美德或是不信教者的某种美德,在一些语言中,有时还可以理解为某种或某些工艺的某种能力。这个词的含义归根结底取决于上下文。作者既然多次为这个词下定义,可见他在这方面做了许多努力。有人之所以还会提出异议,那是由于读得太快。

二

作者在第二章第三节中写道:"在一个贵族政体中,与权力丝毫不沾边的人民如果又少又穷,以至于占统治地位的那些人根本无须压迫他们,那么,这就是最佳的贵族政体了。安提帕特①规定,财产不足两千德拉克马的雅典人不得享有选举权,从而建立了最佳的贵族政体,因为这个财产门槛很低,城邦中略有身份的人都能获得选举权,因贫穷而不能获得选举权的人很少。因此,贵族家庭应该尽可能置身于人民中间。贵族政体越接近民主政体越好,越接近君主政体则越不完善。"

《特雷武报》1749 年 4 月号上的一篇文章,对作者使用的引文也提出了异议。该文写道,查阅作者所引的那本书发现,符合安提帕特所规定的财产门槛的只有九千人,不能获得选举权的人则多达二万二千。由此可见,作者的引文有问题,因为在安提帕特的共和国里,达到财产规定的是少数,没有达到的是多数。

---

① 参阅狄奥多罗斯,《世界文库》,第十八卷,第 601 页,罗多曼版。

回答

提出此项批评的人若能对作者和狄奥多罗斯所说的话读得更加仔细一点就好了。

1) 在安提帕特的共和国里,没有二万二千纳税额不达标的人。狄奥多罗斯所说的二万二千人已经去往色拉斯,并在那里定居;留在安提帕特的共和国中的只有纳税额达标的九千人和不愿前往色拉斯的下层贫民,就是这批人组成了安提帕特的共和国。读者不妨参阅一下迪奥多卢斯的著作。

2) 即使留在雅典的是没有交足税额的二万二千人,所提异议依然不正确。大和小这两个词是相对的。一个国家若有九千君主,显然多得吓人,而同一个国家若仅有二万二千臣民,则显然少得可怜。

向神学院提交的回答和解释[①]

对神学院从它所审查的《论法的精神》中抽取的十七个命题所作的解释

第 一 题

"气候是所有因素中最重要的因素[②]……有的地区在气候作用下,生理因素过于强大,道德几乎没有任何约束力[③]。产生于特定气候条件的宗教,若是与另一个国家的气候条件相差太多,就不可能在那个国家立足,即使被引入那个国家,也会立即被赶出来。从人的角度看,为基督教和伊斯兰教设置分界线的,好像就是气候[④]。"

回答和解释

该题可分为三个部分,每个部分都与不同气候对人类的影响

[①] 1750年8月1日,巴黎大学神学院任命两位专员,负责审查孟德斯鸠的《论法的精神》。孟德斯鸠以妥协的态度同意进行必要的修改。此文是在审查期间孟德斯鸠撰写并提交的回答。——译者
[②] 《论法的精神》,第十九章,第十四节。
[③] 同上书,第十六章,第八节。
[④] 同上书,第二十四章,第二十六节。

有关。

《教会新闻》诸君指责我把所有后果归咎于气候。我在《为〈论法的精神〉辩护》第 102、103、104、105、106、107 页中已经作了回答,并向他们解释我在这个问题上是如何想的。我请大家再读一读这篇《辩护》的第 112、113、114、115 页,我在那里谈了我如何看待基督教的建立。

该题第一部分。——"气候是所有因素中最重要的因素。"

这句话摘自第十九章第十四节,这一章只字未曾提及基督教。我在这一章里探讨了这样一个问题:沙皇彼得一世想要改变民族的习俗和风尚,他应该通过公民法还是习俗来达到这个目的,所谓通过习俗,也就是借助榜样和确立相反的习惯。我认为,在这种情况下不必借助法律,尤其因为他所确立的习惯符合俄国的气候性质。我还说(其实只不过是个含蓄的说法):"气候是所有因素中最重要的因素。"由此不难看出,这里涉及的仅仅是人的事情,人的行动。我们日常所说:"没有比这更加严重的事了",并未把宗教考虑在内,甚至连想都不曾想到宗教。

该题的第二部分。——有的地区在气候作用下,物质因素过于强大,道德几乎没有任何约束力。

看来,如果有人被指控对道德原因的强大一无所知,因而对道德本身也一无所知,那么,《论法的精神》的作者大概就是最后一位。他在以气候为主题的那几章中多次谈及气候,他在这部书中几乎从头到尾都谈及道德原因,因为书中涉及道德原因问题。我们可以说,《论法的精神》是道德对气候的永恒胜利,或者笼统地说,是道德对物质原因的永恒胜利。只要读一下他所说的道德原因对斯巴达人、希腊人和罗马人的精神的巨大作用就明白了。正是因为这个缘故,作者大声指责《教会新闻》。《教会新闻》以这部共有三十一章的著作中的两三章为依据,对作者大加斥伐,似乎他否认道德原因、政治原因和民事原因的影响,尽管这部书事实上几乎从头到尾都在努力确认这种影响。这只是就总体而言,现在再来谈谈该题受到指责的第二点。

作者的论述建立在事实的基础之上,如果想要否定这个论述,就应该把阐明下述观点的那几个章节统统付之一炬:在一些国家里,人们耽于女色和饮酒过量的程度甚于其他国家。此外,作者的论述中有"似乎"一词,它起到了某种缓和的作用。既然说道德几乎没有任何约束力,那就等于说道德毕竟还有某种约束力。作者在第十五章第十节中指出,道德如果得到它自己所确立的某些习惯的支持,例如把妇女幽禁起来,它就能发挥极大的影响。请读《论法的精神》第十六章第八节和第十六章第十节。

该题的第三部分。——"产生于特定气候条件的宗教,若是与另一个国家的气候条件相差太多,就不可能在那个国家立足,即使被引入那个国家,也会立即被赶出来。从人的角度看,为基督教和伊斯兰教设置分界线的,好像就是气候。"

为了了断一切,我在新版中删掉了这段话。

第 二 题

"能够容忍异教的宗教很少会想到向外扩张……一个国家对于已经建立的宗教倘若感到满意,就不应再允许另一种宗教插足进来；这将是一项极好的法律。有关宗教的政治性法律的基本原则应该是：如果有权自行决定国家是否接受新的宗教，那就应该拒绝接受；如果新的宗教已经在国内站稳脚跟，那就应该对它采取容忍态度①。"

回答和解释

我对上文中的"站稳脚跟"做了如下脚注：我在这里所说与基督教无涉，因为正如我在别处所说的，基督教是第一财产。参阅前章第一节以及《为〈论法的精神〉辩护》第二部分。

第 三 题

"各种宗教都有许多地方性法律。莫采苏马坚持认为，西班牙人的宗教适合西班牙，墨西哥的宗教适合他的国家。此话绝非谬说，事实上，立法者纵然不想考虑大自然此前已经确立的东西，那也是办不到的②。"

回答和解释

我除了想说莫采苏马说的是错话，而不是无稽之谈之外，我从未试图再说什么。不过，为了了断一切，我删掉了这段话。

---

① 《论法的精神》，第二十五章，第十节。
② 同上书，第二十四章，第二十四节。

第 四 题

"应该敬重上帝,但绝不应该为上帝复仇①。"

回答和解释

我把这句话删除了。

第 五 题

"尤利安(我虽然赞扬尤利安,但绝不会成为他背弃宗教行径的同谋)之后,再也没有一个君主能像他那样无愧于做人的统治者了②。"

回答和解释

我把这句话删除了。

第 六 题

"多偶制法律是一个统计问题。不过我相信,由于性别失衡严重而制定法律,实行一妻多夫制或一夫多妻制,这样的国家不会很

---

① 《论法的精神》,第十二章,第四节。
② 同上书,第二十四章,第十节。

多。这种现象只能表明,一夫多妻或一妻多夫违背自然的程度,在某些国家里较小,而在另外一些国家里较大①。"

回答和解释

我更换了标题,删除了"多偶制法律是一个统计问题"这句话。与此相同,我将"比较符合自然"这句话,更换为"离自然稍近些"。

至于有人要我多说几句,藉以表明,我把男人的多妻视为惹人反抗、令人憎恶的放荡行为。我的回答是无须多此一举,因为我已经把事情说清楚了。《教会新闻》的那位先生指责我没有区别男子多妻和女子多夫,我在我的回答第 95、96、97、98 页中指出,他不知道自己在说什么,因为,我在《论法的精神》第十六章第六节"多偶制本身"中已经对两种多偶状况做了区分,而且指出男子多妻比女子多夫更坏。要我多说几句的建议缺乏理由,只能让《教会新闻》那位先生拙劣的推理得逞。再者,我在第十六章第六节中表明了毫不含糊地反对多偶制的态度,对我在这个问题上的想法不应还有任何怀疑。因此,请认真阅读这一节,此外还请认真阅读《为〈论法的精神〉辩护》第 85—102 页"关于多偶制"的那一节。

我再说一点感想。听到《教会新闻》那位先生针对多偶制的叫嚷,仿佛汉尼拔已经来到了大门口,引进多妻制的威胁就在我们眼前。不喜欢争吵和混乱的人是不会涉足此事的。在我们这个世纪和我们的国家中,倘若有人宣称自己是多偶制的捍卫者,众人必定会在一声惊叫之后把他送进精神病院,至少也会把他当作一个十足的傻瓜。

---

① 《论法的精神》,第十六章,第四节。

第 七 题

"以不能生育为由的休妻只适用于一妻制①。"

回答和解释

我在一妻制下面加了一条脚注:"这并不意味着以不能生育为由休妻是被基督教所允许的。"

第 八 题

"宗教设定一些规矩,不是为了好,而是为了最佳,不是为了善,而是为了至善,因而,只有当这些规矩是劝导而不是戒律时方才合适。……基督教劝人独身,当这种劝导成为某一类人必须遵守的法律后,就得每天制定新的法律,迫使这类人遵守独身的法律。立法者不但使自己疲惫不堪,也让社会不胜其烦,等等②。"

回答和解释

我删除了从"基督教劝人独身"到结尾处的所有文字。取消了令人为难的这个例证后,余下部分就不会再令人为难了。这样做是基于以下理由:至善,也就是最佳,不可能人人做到,事事做到。

---

① 《论法的精神》,第十六章,第十五节。
② 同上书,第二十四章,第七节。

有人建议我在说了上面这些话之后,再添上如下几个字:"法律:为所有的人和所有的事制定。"我没有这样做,因为这层意思已经在这一节中说明白了。

第 九 题

"宗教原则对人类的繁衍具有极大的影响,既能起到激励作用,也能起到遏制作用。犹太人、穆斯林、波斯的袄教徒以及中国人,在人口增殖方面受到了宗教的鼓励,而信奉基督教之后的罗马人,却在这方面受到了宗教的遏制。关于节欲的说教无处不在,从未停止,节欲是一种更加完美的品德,因为就其性质而言,应该仅有少数人具有这种品德[①]。"

回答和解释

真不明白,这些话中究竟是什么东西令人不快。如果说是事实,那倒是真的。听一听竭力劝人独身的神甫们是如何说的就可以了。他们是不是这样说的:"这是至善的美德,因为就其性质而言,只有极少数人应该奉行此项美德。"这话说得更对了,因为,既不可能人人独身,也不可能绝大多数人独身。索尔邦神学院不愿禁止与此相仿的另一个说法,那就是第一批命题中的第六题。我把这个题改成"因为只有少数人能奉行此项美德",把原来的"极少数人"改成"少数人";而为了消除一切顾忌,我把原来的"也能起到

[①] 《论法的精神》,第二十三章,第二十一节。

遏制作用",改写成"也能起到延缓作用"。

两年前,辛迪克先生在他寄给作者的一张纸条上写道,有人反驳作者说,永远不必担心有教养、有热情、有品德的神职人员太多。我觉得,这么说有点跑题。毋庸置疑,在神职人员当中,有教养又有热情的神职人员永远不会多。可是,问题是要弄清楚,公民当中的神职人员是否可能太多。一个君王如果使用这种推理方法,他就永远不会对他的军队进行改革。有人永远会对他这样说:"陛下,勇敢、大胆、服从而又严守纪律的士兵永远不会太多。"我还想说的是,《福音书》禁止异端分子结婚的激烈程度,与不准他们禁欲的激烈程度不相上下。

第 十 题

"罗马人的自杀行为是教育的结果,与他们的思想方法和习俗有关。英国人的自杀行为是一种疾病的后果,起因于身体的生理状态,此外别无其他原因。……显然,某些国家的民法制止自杀是有道理的。可是,英国如果不消除精神错乱的后果,就不可能杜绝自杀①。"

"最初几位皇帝时期,罗马的几个大家族不断因判罪而灭门。以自杀来防止因犯罪而被判刑的习惯逐渐形成,因为有人从中发现了巨大好处,那就是可以得到体面的安葬,遗嘱也可得到执行。之所以出现这种情况,原因在于此时罗马没有惩治自杀的法律。

---

① 《论法的精神》,第十四章,第十二节。

不过,当皇帝们不但凶残而且贪得无厌时,就不再把为自己保留财产的手段留给他们想要剪除的那些人,他们宣布,出于对罪行的悔恨而剥夺自己的生命,也是犯罪[①]。"

回答和解释

我在第十四章第十二节中对"自杀"加了一个脚注:"自杀行为违背自然法和神启宗教"。在同章同节中,我把原来的"可能是有道理的",改写为"是有道理的"。

《论法的精神》第二十九章第九节中的一段文字受到审查,作者对此颇有微辞。因为,审查官如果把这段文字与前面的那段文字一并审查,本来不应该有任何问题。请听我说道理。这两段论述的是罗马人中的自杀现象,第一段说的是共和时期的自杀现象,第二段说的是帝政初期的自杀现象。我在文中说,罗马共和时期根本没有对付自杀的法律。所谓罗马没有这样的法律,当然只应该理解为罗马没有这方面的民法,因为自然法不可能是一种地方法律。因此,在紧挨着被审查的那段文字的前一段中,我明明白白地说的是,罗马共和时期没有对付自杀的民法。接下来的那段说的是帝政初期的情况,我说那时没有对付自杀的法律。不错,我没有重复罗马这个词,可是,如果不把这两段文字分割开来,罗马一词是完全没有必要重复的。不过,现在要说的已经不是这些了。为了对指责作出答复,我已经把这句话改写为:"这是因为罗马没

[①] 《论法的精神》,第二十九章,第九节。

有民法……"

同一页第 19 行和第 20 行中原来的文字是"不但凶残而且贪得无厌",现在我把它改成"其贪得无厌丝毫不亚于过去的凶残"。

同一页第 23 行和第 24 行中原来的文字是:"他们确定这是罪行",现在我把它改为:"他们宣布这是罪行"。

同一页第 5 行中的"惩治"一词增加了一个脚注:"参阅第十四章第十二节的脚注。"

我承认,我始终不明白神学院在这几段文字中究竟想要审查什么。因为,捍卫崇拜偶像的罗马人的习俗和风尚,从来就不是基督教的责任,其次,没有任何人禁止我就患有这种病的人发表看法(英国医生证实:英国人的自杀行为是生理疾病和与情绪失控无关的精神错乱的后果),这就如同法国人就跳窗自杀的疯子发表看法一样。

《教会新闻》的那位作者对我进行了批驳,我已经在第 5 页上做了回答。

第十一题

"美德绝不是君主政体的原则。国家的存续并不依赖对祖国的爱、对荣耀的追求、对自我的舍弃、对本身最宝贵利益的牺牲,以及我们仅仅有所耳闻的古人的一切美德。在君主政体中,法律取代了一切美德,人们完全不需要美德,国家免除了对人们具有美德的要求……①"

---

① 《论法的精神》,第三章,第五节。

"荣宠,这是每个人和每个阶层的固有的想法。荣宠取代了我所说的政治美德,并且处处代表着美德。……——因此,在治理良好的君主国里,几乎每个人都是好公民,但是,好人却极为罕见,因为,要做好人,首先得想做好人①。"

回答和解释

我所说的共和政体下的美德,是爱国,亦即爱平等,它不是伦理美德,也不是基督教美德,而是政治美德。我之所以使用美德这个词,是因为我已经对它下了定义。因此,应该采用我的定义。我在《就〈论法的精神〉所做的解释》中对此作了解释,此文是为回复《教会新闻》的那位作者而写,放在《为〈论法的精神〉辩护》后面。我在此文中引用了《论法的精神》中对此作出解释的那些段落。很有必要读一读《就〈论法的精神〉所作的解释》。

1) 共和政体下的这种政治美德,亦即爱国或爱平等,是推动共和政体的动力,犹如荣宠是君主政体的政治动力一样。这两种政治动力之所以不同,那是因为,共和政体中敦促他人执行法律的人,自己也受法律约束,也感受到法律的分量。所以,为了担负起敦促他人执行法律的责任,他必须爱国,爱公民之间的平等,否则,法律就得不到执行。君主政体就不是这样,想要让法律得到执行,只要君主愿意这样做就足够了。这些原则异常丰富,几乎构成了我那部著作的全部内容。有些人起初因没有听到这些原则而提出一些异议,如今他们已经弄明白了,我的这些原则现在已经到处被

---

① 《论法的精神》,第三章,第六节。

认识、了解和接受。不过，为了彻底打消顾忌，我再就《就〈论法的精神〉所做的解释》做如下进一步的解释。

2）本题的第一句话"美德绝非君主政体的原则"来自《论法的精神》第三章第五节的标题。有人认为，共和政体下的政治美德也被排除在君主政体之外；为了打消这种想法，我在本题的第一句话"美德绝非君主政体的原则"后面添加了这样一句话："美德不是君主政体的动力，这是至理名言！"接着我又添了一句："诚然，美德并未被排除在君主政体之外，但它却不是这类政体的动力。"

3）"荣宠，这是每个人和每个阶层的固有的想法。荣宠取代了我所说的美德，并且处处代表着美德。"为了解释上面这句话，我把它改写为："荣宠，这是每个人和每个阶层的固有的想法。荣宠取代了我所说的政治美德，并且处处代表着美德。"

4）"因此，在治理良好的君主国里，几乎每个人都是好公民，但是，好人却极为罕见，因为，要做好人，首先得想做好人。"为了不让上面这段话产生任何歧义，我紧接着添加了一句："而且是为了国家而不是为了自己才爱国。"这句话消除了一切障碍，因为它表明，这里所说的好人不是基督教的好人，而是政治上的好人，他的美德是我所说的政治美德。

刚才已经说过，这里所说的好人并非基督教的好人，而是政治上的好人，他爱法律，爱国家，在对法律和国家的爱的推动下行事。所有国家都讨论和检验过此事，因为，无论天主教国家或新教国家，都需要道德。我已经作了解释，我的书已经被认真地审查了一遍，这一点就不再有任何模棱两可之处了。

有人说，我只要删掉美德这个词就可以了（全书有二百多处需要改动），这不啻是说，我为一个词的含义所作的说明，其实什么也没有说明。我有一些新的想法，不得不寻找一些新词，或者赋予一些旧词以新义；但是，我为我所使用的词给出了定义。

可是，我还是禁不住要大叫一声。神学院对作者大加斥伐，说了"憎恨君主政体"之类的一些重话。神学院本来不应在我的内心看到仇恨，而应该想到可能是我的思想出了差错。只有估计我对基督教的虔诚达到相当程度，才会对这种做法给予谅解，只有估计我的恶劣已经达到相当程度，才会采取这种做法。即使是宗教裁判所，也不至于作出这种估计。任何一位公民从未在自己的国家里受到如此凶狠的侮辱，令我感到欣慰的是，从未有一位公民如我这样不配受到这种侮辱。我还要再说一遍："柏拉图为自己出生在苏格拉底时代而感谢苍天。我也对苍天怀有感激之情，因为它让我出生在如今我生活于其中的政体下，因为苍天要我听命于它让我爱戴的那些人。"全欧洲都在读我的书，所有人都认同这个意见：无法判定我究竟偏爱共和政体还是君主政体。确实，这两种政体都是优良政体，若非心胸狭窄，就不会在两者之间进行选择。可是，神学院轻率地认定我仇视君主政体，那就请它同意，我绝不在这种情况下请它为我进行裁决，我把它的决议视为滥权，我将求助于公众，并为我自己求助于我自己（这并非我的强项）。

第十二题

"荣宠是有其至高无上的规则的，（君主政体下的）教育必须与之相适应。主要规则有如下几条：荣宠准许我们重视财富，但严禁重视我们的生命①。"

回答和解释

这里涉及的绝非权利，而是事实；是什么样，而不是应该什么样。不过，为了防止有人提出异议，我为荣宠一词添了一条脚注："这里说的是事实是如此，而不是应该如此，因为，荣宠是一种先入之见，宗教时而要消灭它，时而要控制它。"

第十三题

"神学院修士们迷上了亚里士多德的哲学，并从这位哲学家那里获得了许多关于有息贷款的学说，他们把有息贷款与高利贷混为一谈，并一律加以谴责②。"

"因此，我们应该把因贸易被毁而产生的一切恶果，全都归咎于神学院修士们的无稽之谈③。"

回答和解释

我声明，我将要在下面说的话，只不过是一位法学家为自己所

---

① 《论法的精神》，第四章，第二节。
② 同上书，第二十一章，第十六节。
[这段文字其实摘自《论法的精神》，第二十一章，第二十节，此处的文字与书中的文字颇有出入。——译者]
③ 同上书，第二十一章，第十六节。
[这段文字其实摘自《论法的精神》，第二十一章，第二十节。——译者]

作的辩护,他熟悉法律,但只读过一星期神学书籍。所以,如果我不具备阐述神启真理所需的准确性,那只能归咎于我在这方面的全然无知。

　　神学院在这里谴责一个事实、一个有目共睹的事实。它肯定听到了传闻,说我曾说过,《福音书》和《圣经》并不谴责高利贷。我肯定不曾说过这样的话,何况我根本无须说这种话。我也不曾说,神学院修士们并未从《圣经》中汲取情感;但我曾说,他们从亚里士多德那里得到了一些解释,利用了亚里士多德的道理,他们的思想和语言都是亚里士多德的思想和语言。我知道,他们并不需要亚里士多德的思想和语言,因为他们有《福音书》,何况,源于基督教仁慈的解释远比能从亚里士多德那里汲取的解释有力得多。总之,在这方面,与其跟随哲学的火炬前进,莫如跟随神学的火炬前进好得多。

　　要回答神学院修士们对高利贷的解释是否来自亚里士多德这个问题,只需读一读亚里士多德的《政治学》第一卷第五章、第八章、第十章、第十一章,《伦理学》第十章,圣托马斯①的第一百二十三号著作"关于高利贷"(第十七节,安特卫普,1612年版)就可以了。在这部著作的第四章中,圣托马斯一再引述亚里士多德,依据他的原则进行阐述。他说,就其性质而言,高利贷是一种邪恶,因为,钱币不可能像果实生产果实那样生产钱币,这是它的性质决定的,使用钱币是转移钱币,而不是像果实那样为人提供食物。所以,高利贷违背钱币的性质和自然使用。所有这些思想都是哲学

----

①　圣托马斯(Saint Thomas),此处指托马斯·阿奎那。——译者

思想,作者在这一节中阐述的正是这些思想①。圣托马斯只是在这一节的结尾处,才借助埃策希尔②和圣安布罗斯③的话证明,高利贷违背教会法。

既然选择了圣托马斯这位如此受人尊敬的神学家,那就不必再提其他人了。有人如果读了亚里士多德和圣托马斯的著作,并且发现这两位的论述几乎完全一致,那就肯定不会由于我曾说神学院修士们关于高利贷的学说来自亚里士多德而再次指责我,因为这只能证明他们的解释。

圣托马斯还为我提供了证明,那就是,神学院修士们如果放弃亚里士多德的原则,只以《福音书》的原则为依据,效果本应更好。圣托马斯在他的这部著作第六章中分析了各种借贷后指出,哪一种是重利盘剥,哪一种不是重利盘剥。下面列举两种。圣托马斯认为,一个放款人如果同意借款人出海闯荡,并且甘愿承担本金风险,他就不应收取利息,他说,这样做是符合教皇圣谕"航海"的。可是,教皇圣谕"航海"如今已经不再施行,所以,神学家们都认为,在如今这种情况下可以收取利息,只是利率应该较低。圣托马斯坚持他的意见,并且以一种哲理作为支持,他说:"时间不能成为认可高利贷的理由,航海风险也不可能改变这种邪恶的性质。"我们今天则认为可以签订这种合同,因为,由于航海风险的存在,这样做并不违背基督教的仁慈精神。

---

① 参阅第九节。
② 埃策希尔(Ezéchiel,前 592—前 570),犹太先知。——译者
③ 圣安布罗斯(Saint Ambroise,340—397),罗马帝国高官,米兰主教。——译者

圣托马斯在同一处指出，如果预期将来付款时小麦的价格将会上涨，那就可以高于市价出售小麦。他说："因为，问题不在于时间，时间是不会产生利息的，问题在于放款人的预期，预期是可以产生利息的。"如今我们认为，这种借贷合同是高利盘剥，道理非常清楚，以超值的价格出售小麦（买主通常是穷人）的人肯定知道，自己是在高于市价出售小麦，但对于将来对方付款时，小麦是否会达到现在的出售价格，他并没有把握。我们的法律为何宣布此类借贷合同为高利贷呢？因为此类合同违背基督教的仁慈原则。

在我刚才提到的那部圣托马斯的著作的第十章中，我们还看到，(依据神学院修士们的原则)商人以高于价值的价格出售商品，就是牟取利息，因为商人是以赊销方式出售商品。作出这种判断的理由是：利息的基础是时间，为此圣托马斯还援引了教会法的同一章。不过，他写道："习俗通常与此相悖，教会知道此事，并予以宽容。"我曾说，鉴于他们的（哲学）原则在政治和民事方面可能产生的后果，神学院修士们不得不在这些原则上略微有所放松。这就是我所能提出的最强有力的理由。

这些解释很快就会变得毫无用处，因为，为了避免引起麻烦，我改写了这段文字："神学院修士们迷上了亚里士多德的哲学，并从这位哲学家那里获得了许多关于有息贷款的说法，其实，有息贷款的渊源在《福音书》里说得很清楚；神学院修士们却不加区别地对任何情况下的有息贷款一律表示谴责。"

遭到谴责的这段文字的第二部分。——"我们应该把因贸易被毁而产生的一切恶果，全都归咎于神学院修士们的无稽之谈。"

回答。——神学院还对另一个事实提出了谴责。这是一个真实的事实,应该予以证实。巴希尔皇帝①颁布了一项法令,禁止在任何情况下收取利息:"在任何交易中绝对不得收取利息。"这项法令见于《市政录》第三卷第四题§27。此项法令被收入《市政录》,放在与其父巴希尔共同执政的利奥②名下,其实此项法律不是利奥所为,而是巴希尔颁布的。此事尽人皆知,下面还将看到。

巴希尔颁布的此项法令,禁止在任何情况下没完没了地收取利息。利奥皇帝颁布了另一项法律,在此项法律中高度赞扬其父所颁布的那项法令,称其美丽而崇高。可是他又说,其父的法令导致所有借贷活动全部停止,从而造成了极大弊病,帝国深受其害,他不得不废除此项崇高的法令,把利率调低为年息百分之四到百分之十二。他还说,人间的事情最好由神灵来管理,但这是不可能的,因为人往往居心叵测,等等。利奥是个立法者,他审视并掂量了各种事物,本想继续施行其父巴希尔的法令,但由于该法所造成的种种弊病而不能如愿,于是下令废除该法。里奥颁布的法律便是利奥新法的八十三项,在罗马法课本中可以找到,我在这里附上该法全文③。利奥准许在任何情况下年利均为百分之四,问题不在于弄明白他这样做对不对,也不在于深究,他若依据《教会法》把可以收取利息和不应收取利息这两种情况加以区分,是否本来可以做得更好些。但是可以肯定的一点就是,他鉴于其父的法令所

---

① 巴希尔,此处指巴希尔一世(Basile Ier,813—886),拜占庭皇帝(867—886在位)。——译者
② 利奥,此处指里奥六世(Leon VI,866—912),拜占庭皇帝(886—912在位)。——译者
③ 本文的法文原著编者删除了此项法律的文本。——译者

造成的弊病而下令废除该法令。我对于利奥所说没有什么可以补充。他所说的是一个事实,我所说的也是一个事实。这是一个始终如一的历史事实,整个东罗马帝国为此不得不制定一个普遍适用的规则。

利奥皇帝在位时期与宽厚者路易在位时期前后相差距不远,没有迹象表明,利奥的法律曾经越出东罗马帝国的疆界。但是,可以肯定的是,神学院修士们的态度非常僵硬,商业几乎到处被毁弃,人民因可怕的高利贷而备感痛苦,原因就如我在《论法的精神》第二十一章第十六节、第二十二章第十九节所说,由于基督徒没有任何公开的办法可以借到钱,不像如今这样允许收取利息(诸如法定租金、实减获利和显现损失的利息),当时施行的是教皇圣谕"航海"以及其他类似的规定,所以,所有借贷全都落入犹太人手中,他们造的孽无人不知。

很显然,我在这里说的只不过是一个历史事实而已,并非无中生有的传言,而是真实的历史事实。

我禁不住还要再说几句。有息贷款的理论在法国得到大家一致认可,谁也不认为收取利息是违背《福音书》的行为,神学家和法院在这方面达成了令人赞叹的默契。既然大家都生活得安定平和,何必非得放弃这种生活呢?

第十四题

"货币是价值的符号。有人如果需要这种符号,那就应该像租用其他任何物品一样,租用这种符号。……借钱给人而不索取利息当然是善举。不过,大家觉得,这只能是宗教训诫,而不能成为民事法规①。"

回答和解释

上面这些话引自《论法的精神》第二十章第十九节的前两段,已经被我全部删去。

第十五题

"耕种土地是人最主要的劳动。气候越是让人逃避此项劳动,宗教和法律就越应激励人从事此项劳动。因此,规定把土地交付给君王,从而使人们的所有权意识消失的印度法律,增大了气候的不良效果,也就是说,加剧了与生俱来的怠惰。"——"僧侣制度在那里产生了同样的弊害。……亚洲的僧侣数量似乎随着炎热的程度而增加,印度酷热,所以僧侣奇多。这种差异在欧洲同样可以见到。……想要战胜气候造成的怠惰,法律就应尽力剥夺不劳而获的手段。可是,欧洲南部各国的法律却恰好相反②。

为推行英国教会改革,亨利八世废止僧侣制度。僧侣本身就是一个好吃懒做的集体③。"

---

① 《论法的精神》,第二十二章,第十九节。
② 同上书,第十四章,第六、七节。
③ 同上书,第二十三章,第二十九节。

回答和解释

我只想说,如同我们在书刊审查报告中所看到的那样,让僧侣们从事体力劳动或许会是让教会感兴趣的一件事。拉特拉普教士和马比荣神甫就此进行过相当激烈的争论。我不知道教会在这场争论中支持哪一方。拉特拉普教士把僧侣中的无序和纪律松懈现象,归咎于体力劳动的停止。圣哲罗姆在他撰写(我记得是他)的《圣帕科米乌传》中说,帕科米乌有一次在幻觉中见到了一位天使,这位天使把祈祷上帝和做手工这两件事交替进行。作者就此写道:"这位圣洁的修道士由此领悟到,这就是上帝要求僧侣们所过的生活。"

至于审查报告引述的康斯坦茨第八届公会议,神学院如果考虑得成熟一些,不但会发现这个报告根本无法付诸实施,而且肯定会看到这个报告对我的侮辱。

第八届公会议谴责威克里夫[①]提出的 45 个命题,这些命题推翻了教会的等级制和教会本身。威克里夫声称,现存的一切创立物,包括教皇、罗马教会和所有神职人员,都来自恶魔撒旦(参见他的第 36、37、38、39、40 命题),他认为,鉴于所有僧侣都处在这个创立物之中,所以他们都该下地狱;他认为僧侣托钵乞讨是一种恶魔行为,所以他鼓吹参与体力劳动:

22)修士因建立私人修会之举而已经犯下罪过。

23)生活在私人修会中的教士不属于基督教。

---

① 威克里夫(Wiclef,1330—1384),英国神学家,欧洲宗教改革先行者。——译者

24）修道士被要求只能靠劳动而不能靠乞讨维持生计。

我们看到，1）上述最后一个命题中的两个组成成分是相互关联的："修道士被要求只能靠劳动维持生计"和"而不能靠乞讨"。可是，我的命题只字未提及乞讨。2）不难看出，这个命题与其他所有命题有关，尤其是第 45 命题：修会是由恶魔创立的，以及第 32 命题：托钵修会的所有僧侣都是异教徒。

由此可见，第八届公会议并未谴责体力劳动，仅仅谴责包括体力劳动在内的威克里夫的异端邪说。事实上，公会议很清楚，体力劳动是所有早期基督徒的实践活动，怎能谴责呢？

上世纪最有才华的作家们说，有一些教皇圣谕是伪造的；这些教皇圣谕被学者们一致认定确系伪造之后，是否有人就威克里夫的第 38 个命题"教会法令是伪经"向他们提出异议？没有，肯定没有。因为我们看到，公会议并未就集子中的所有教皇圣谕的真伪展开讨论，而是仅仅对威克里夫的其他四十四个命题进行了谴责。

让我们检验事实，辨明真伪！有人说，教会无权创立修会，不能替僧侣许愿，教会的创立物违背耶稣基督的意愿。这些说法都遭到了神学院的谴责，神学院做得好。可是，神学院这样做就有越俎代庖之嫌，把手伸进了只应由国家管理的事务中去了，这是一些纯政治事务，教会肯定不应插手。修会虽然是由教会创立的，可是，君主为了国家内外之需可以就修会事宜采取某些措施，例如限制修会的数量以及它们获得财富的能力，谁能对此表示怀疑吗？倘若君主可以这样行事，政治作家们就不应因谈论此类问题而受到审查。作家们在论述此类问题时应该体现出睿智，并且始终尊重被教会认定为有利于灵魂救赎的那些机制，给予这些机制以厚爱,而他们的祈祷、他们循规蹈矩的生活和值得夸耀的善意都无愧于这种厚爱;以上就是人们应该向这些政治作家提出的全部要求。

应该说,《论法的精神》的作者在这个问题上说话很有分寸。不但如此,由于他认为目前以不谈论这些问题为宜,所以,他在议论这些问题时只谈目前的状况,而且是出于正当的防卫,对于不在他的总体规划之中的问题,他一概保持缄默。

此外,为了避免让人不开心,我对前面那句作了改动:"亨利八世把僧侣制度废除了,在他看来,僧侣是一批好吃懒做的人。"

第十六题

"亨利二世的法律规定,女子怀孕时若未向官员报告,婴儿一旦死亡,该女子就应被判处死刑。这种法律同样违背大自然赋予的自卫权利[①]。"

回答和解释

某些罪行在某些时代比在另外一些时代更为常见,堕胎在亨利二世在位时便是如此。堕胎现象当时愈演愈烈,以至于必须通过立法加以制止,而且,此项法律必得引起人们严重关注方可。亨利二世下令,女子怀孕时若未向官员报告,婴儿一旦死亡,该女子就应被判处死刑。此项法律所惩罚的不只是堕胎的女子,也惩罚怀孕时未向官员报告而婴儿夭折的女子。此项法律从此被称为愤

---

① 《论法的精神》,第二十六章,第三节。

怒的法律，促使此项法律如此严厉的原因后来有了变化，严厉的程度在执行过程中也就慢慢有所消减。结果是，每个教区的本堂神甫因疏忽而没有在主日宣道时公布此项法律，他们的上级就会命令他们赶紧公布，高等法院极少判处死刑，因为大家认定，一个大姑娘不会想到去申报自己难以启齿的事，这样做有悖与生俱来的羞耻心。如果不是因为审讯笔录或证人的证词写明，孩子身上作了某种记号，我就不相信曾有姑娘被判死刑，尽管她们未向官员报告自己已经怀孕。

  问题在哪里呢？很显然，神学院对有关堕胎言论的谴责有一个前提，那就是这种言论赞成堕胎或是不赞成对堕胎加以惩处。其实并非如此，或者说，从有关堕胎的言论中无法推导出赞成大姑娘可以堕胎的判断，其实并非如此，甚至可以说根本不涉及此事。有人认为，据我们推测，神学院大概不会同意以下看法：亨利二世的法律即使在维持现状不加修改的情况下也是必不可少的，所以君主不应加以更改，而鉴于众所周知的原因，神学院试图或已经作出这样的决定。何况，赞同一项罪行是一回事，认为刑罚过严或处置方式不当，应该处以这种刑罚而不应处以那种刑罚，则是另一回事，两者迥然有别。我如果说，偷窃不应处以死刑，应该如罗马人那样，处以两倍或四倍的罚款，难道就可以因此而认为我赞成偷窃吗？这些事情不正是属于留给大家讨论的那些普通事情吗？神学院声称，作者的有关说法是对君主的侮辱，这种说法似乎表明，神学院想要把污秽扣在作者头上。君主不但制定法律，也更改法律，他们绝不会制止人们就下列问题进行讨论：一项在某时确属优良的法律，是否应该有所更改，以便对他们更为有利。对法律的这种审视对大家都有益。提出来的理由如果不足为凭,那就放弃,如果很好,那就采用。主张适时更改某项法律,绝不构成对君主的伤害,因为,倘若需要更改,那也是由君主来更改。但是,被列为第十六题的作者的上述说法,如果确如审查报告所说的那样有这许多罪名,那么,君主岂不是就不能制定法律,废除死刑而代以其他刑罚,否则就难逃这些罪名吗?这样一来,君主在行使他的最高权力中的第一项即立法权时,岂不就被捆住手脚了吗?关于这些事情,我就此打住。

第十七题

"迦南人遭受灭顶之灾,原因在于他们是一些未曾联合起来的小共和国,没有共同进行防御①。"

回答和解释

上帝创造奇迹时并不始终使用同一方法。有时他直接干预:"要有光",就有了光。有时他借助他人行事:"我让你兴起,为的是在你身上体现我的强大,以便由整个大地来显示我的名字。"有时他甚至愿意被他人借助行事:"当初如果你打了我五下,等等"。

上帝在整部《圣经》中使用的途径多种多样,我们何以知道,上帝为了把希望之乡给予以色列人而使用了一种特殊的途径呢?我们通过两种办法知道此事,其一是上帝说了此事,其二是上帝做了

---

① 《论法的精神》,第九章,第二节。

此事。不过,摩西在执行他的计划时,若不把双臂高举伸向天空,以色列人也不一定就是胜利者。

我说过,迦南人民并未联合起来。可不是吗!上帝并不希望迦南人民联合起来。

为了随意解释作者的意思,把作者说成既不相信《旧约全书》,也不相信《新约全书》,就必须从他的书中找出一些东西,以便毫不含糊地证明他不相信上帝。可是,人们看到的恰恰相反,在《论法的精神》第一章中就明明白白地写着:"上帝作为宇宙的创造者和保护者行事①。"看来非得把作者说成不相信特殊途径不可,可是,事实却又是恰恰相反,在第三十章第十一节中,作者从《圣人传》转引了许多引语后写道:"凡是上帝计划之内的事情,他肯定已经一一完成,尽管在这些事情上,我们有理由责备这些传记的作者们有时过于轻信,但是,我们依然可以从中得到巨大的启示,看清楚当时的风俗和习惯②。"

有一些奇迹对于基督教并不重要,而且可能并未真的出现过,但这无损于基督教的主体,既然《论法的精神》的作者连这些奇迹都没有摒弃,那就更没有道理说他不承认那些最基本的奇迹,诸如上帝对犹太人民的召唤,兑现向犹太人民作出的承诺,等等。

尽管上帝的名字在整个大地上极受敬仰,他仍然希望他的名字在他为他的人民所选定的那块土地上更加响亮,通过他在安顿他的人民时所采用的方法,能让人看到最有效的保护。可是,不管

---

① 引文与原著略有出入。——译者
② 《论法的精神》,第三十章,第十一节。

他完成的奇迹有多少,终究并非全都是奇迹。在上帝所采用的不寻常的途径上,毕竟并非一切都不寻常。只有当大自然的走向不在他的计划之中时,他才改变大自然的走向。他完成了一些奇迹,但是,他仅在他的睿智对他提出要求时才这样做。

如果有人问我:"以色列人为什么进入杰里科?"我会回答说,因为上帝让城墙坍塌了。不过,如果杰里科四门大开,那我就会回答说,杰里科没有设防。我不会说那是上帝的特殊途径,因为在这件事上并无特殊的意愿。我不会回答说都是上帝做的;因为,人家问我的是一般原因,人家并没有问我次要原因。

这样说来,就得谴责《圣经》本身了。我们在《旧约全书·士师记》第一章中读到:"乔舒亚死后,以色列人求问耶和华说:'我们中间谁当首先上去攻击迦南人,与他们争战?'耶和华说,'犹大当先上去,我已将那地交在他手中。'……犹大又取了迦萨、亚实基伦和以革伦,耶和华与犹大同在,犹大就赶出山地的居民,只是不能赶出平原的居民。因为他们有铁车。等等。"

我们是否因此而可以说:"上帝本想摧毁伽南人,但是,铁车妨碍他这样做?"不!铁车如同伽南人的溃散一样,全都是上帝计划的一部分。上帝使用一支军队,这支军队就像军队一样行动。

事实上,这种书刊审查丝毫无益于基督教。居然把手放在藏经柜上,未免太过分了,且看它如何把手拿下来吧。

答格罗莱对《论法的精神》的意见[①]

先生,你赞同我在书中表达的观点,而且在阅读拙著时边读边做笔记,这令我非常感动。你的这些疑虑表明你是一位极其聪明的人。下面就是我忙中抽空写就的回答。

"关于奴隶制,第十五章第六节,第二十节,第十八章。鞑靼人攻下城池后,滥施杀戮,以血还血,他们认为这样做是符合万民法的。鞑靼人的奴隶制是否也适用万民法,究其根源是否起因于怜悯?"

对于一个用武力解决一切的民族来说,把奴隶制纳入万民法无论如何总比把奴隶处死少一些残忍,不过,这绝对不符合怜悯心。与人性不符的两件事,其中必有一种比另一种更加不符。我在别处已经证明,源自人的本性的万民法,只允许在万不得已时方可杀人。所以,当一个人沦为奴隶后,就没有必要被杀了。

"自由民不能出卖自己,因为,自由对于买主来说是有价的,但对于卖主来说则是白送的。可是,如果债务人把自己出卖给债权人,难道债务人依然是白送吗?"

[①] 格罗莱(Grosley,1718—1785),法国法学家和文学家,读了《论法的精神》之后致函孟德斯鸠,向他表示敬意,并提出若干问题请求解答。——译者

无力还债者出卖自己绝不是一宗好买卖,他把无价之宝当成一钱不值的粪土了。

"第十五章第六节中的奴隶不像是奴隶,倒像是罗马人的顾客,或者是封臣和封臣的封臣。"

我在第五章第六节中所探寻的并不是以往奴隶制的根源,而是可能或应该出现的奴隶制的根源。

"或许本应在第五章第十八节中研究一下,在大型建设工程中使用奴隶,是否比使用短工方便一些。"

使用按日计酬的工人胜过使用奴隶。尽管都说金字塔之类的大工程是奴隶完成的,但是,也有不少大工程并未使用奴隶。

想要对奴隶制作出判断,不能只看奴隶对于每个国家中的一小撮家财万贯而且骄奢淫逸的富人是否有用,奴隶对于他们来说肯定是有用的;应该从另一个角度看待这个问题,假设在每个国家、每个城市、每个村庄进行抽签,抽到白签的十分之一的人成为自由民,抽到十分之九黑签的人成为他人的奴隶,把生死和全部财产统统交给此人。为奴隶制说好话的那些人就将变成最憎恶奴隶制的人,最贫穷的人则将更加憎恶奴隶制。因此,为奴隶制呼号不是为公众福祉呼号,也不是为私人社会呼号,而是为财富和淫逸呼号。

一个人很高兴做另一个人的主人,谁会对此有所怀疑呢?出于某些必需,在政治状态中的事情大概就是这样;但是在民事状态中,这种事情就变得不可容忍了。

我让人感到,我们在政治上是自由的,因为我们彼此不平等。书中的某些段落之所以显得含混不清和模棱两可,那是因为这些段落与将要进一步阐述的那些段落相距较远,同一根链条上的链子往往没有联结在一起。

"第十九章第九节。傲慢是政府危险的动力,懒惰、贫困、百业俱废是随之而来的后果。可是,傲慢不正是罗马政府的主要动力吗?罗马人不正是凭借傲慢、自负、不可一世才让全世界匍匐在他们脚下吗?看来,傲慢助人成就伟业,虚荣令人囿于平庸小事。

第十九章第二十七节。自由的民族傲慢而自负,其他民族比较容易虚荣。"

第十九章第九节与第十九章第二十七节之间存在着矛盾,这些矛盾源于道德成分的不同组合所产生的不同效应。傲慢与宏大的志向和崇高的思想相结合,在罗马人身上产生了某些效应;傲慢与游手好闲和不思上进相结合,在其他民族身上产生了另外一些效应。对此心存疑虑的人其实心里非常明白,且完全能体会这些差异,并把我来不及在这里说的想法说出来。

不同的人有不同的优势,人们会依据不同情况彼此交换这些优势,我们只要对这些优势进行一番观察就行了。

"第十九章第二十二节。不信教的人民不可使用立誓,除非立誓人如同法官和证人一样,与讼案没有任何利害关系。"

关于对第十九章第二十二节的疑惑。有此疑惑的官员是令人尊敬的。不过,利害关系有亲疏之分,这永远是事实。

"在作者的体系中,不同的气候产生不同的后果。我们是否可以就此提出这样的诘问:为什么狮子、老虎、豹子……比熊、野猪……更加凶猛,更加难以驯服?"

关于第二十四章第二节。这是由不同种类动物的特性所决定的。

"设想一下,有那么一天,所有的水磨坊都坏了,而且无法修复。法国能找到这许多人顶替水磨坊的工作吗？只要水磨坊不复存在，从作坊和工厂招走多少人，作坊和工厂就少多少人。从总体上看，机器在简化制造的同时，降低了产品的价格，工厂主则因消费增加而获得补偿；机器的加工对象如果是本国的产品，那就肯定能促使消费量增加。"

水磨坊非常有用，尤其在现阶段。我们无法就此详谈；前面已经说过的那些取决于一个几乎永远正确的原则，那就是：从事手工业的劳动力越多，农业所需的劳动力也越多。我在这里说的是大多数国家的现状，所有这些事情都应该有所区别，有所限制，等等。

"第二十六章第三节。亨利二世所颁布的强制怀孕妇女向官员申报的法律，并不违背与生俱来的自我防卫。这种申报是一种忏悔。忏悔难道违背与生俱来的自我防卫吗？作者认为告诉亲属比较合适，其实，向必须为之保守秘密的官员申报更好。"

至于强制姑娘报告自己怀孕一事，对于姑娘来说，保护名声与保护生命同样符合自然，教育增强了保护名声的意识，减弱了对死亡的恐惧。

"第十四章第十四节。这一节谈到了气候给各国的法律带来的变化。日耳曼和原籍西哥特的妇女享有许多自由，但一旦移居西班牙，她们就被西哥特人牢牢控制。立法者的想象力随着百姓的想象力高涨而高涨。把这种说法与第十六章第九节和第十节中关于在炎热地区必须把妇女幽禁起来的说法相比，就令人感到惊异和不解，因为作者在这两节中说，这些西哥特人害怕妇女，害怕妇女的阴谋、冒失、兴趣、厌烦，以及大大小小的激情，可是，他们却丝毫不怕为妇女撒开缰绳，不再遵循日耳曼人和他们自己的先例，宣布妇女可以继承王位(第十八章第二十二节)。气候难道不应恰恰相反,让妇女远离王座吗?"

关于对第十四章第十四节和第十八章第二十二节的疑虑。这两件都是不容置疑的事实,如果显得彼此矛盾,那是因为他们各有其特殊原因。

"第三十章第五、六、七、八节。把庄园的土地放弃给法兰克人,法兰克人因此而有了土地,高卢人却不会因此而被剥夺。"

第三十章第五、六、七、八节。有可能是这样。但愿公共财产足以组成领地。历史为此提供了证明,只不过曾有过分割。不过,历史资料表明,分割并未涉及全部土地。

先生,以上大概就是你希望我做的进一步阐释。从你的来信看,你在这方面十分内行,不但知识渊博,而且非常聪明。以上回答是我在很短时间中写成的。此外,最好的版本是最近于巴黎阿尔书局(圣雅克街靠近圣塞弗兰喷泉的地方)出版的那个版本,三卷12开本。

先生,我以充满敬意的心情,以能成为听命于你的仆人而感到荣幸。

1750年4月8日

主 题 索 引

（以词头汉语拼音为序）

（罗马数字表示章，阿拉伯数字表示节，《辩护》表示《为〈论法的精神〉辩护》。）

A

阿比西尼亚人（Abyssins）——他们严守斋期的结果证明，宗教不应取消因执行良好纪律而形成的自然防卫，XXVI，7。

阿波加斯特（Arbogaste）——他与瓦伦梯尼安皇帝所做的事为以后法兰西民族宫相提供了良好的榜样，XXV，5。

阿德拉尔（Adelhard）——正是这位宠臣向宽厚者路易建议的分割财产的主张，置宽厚者路易于死地，XXX，22。

阿杜安神甫（Hardouin, le Père）——只有他可以拥有任意处置历史事的专横权力，XXX，12。

阿尔基比亚德（Alcibiade）——是什么使他饮誉世界，V，4。

阿尔及尔（Alger）——该地的妇女九岁即成熟，因而应成为奴隶，XVI，2。该地极度腐化，乃至某些后宫中竟然连一个女子也没有，XVI，6。苛政迫使每个家长都将珍宝埋在地下，XII，2。

阿戈巴尔（Agobard）——他那封有名的致宽厚者路易的信证明，萨利克法并未在勃艮第实施，XXVIII，4。证明贡德鲍的法律长期存在于勃艮第人中，XXVIII，15。似乎证明法兰克人并不使用决斗取证法，但法兰克人实际上却使用决斗取证法，XXVIII，18。

阿耳戈船英雄（Argonautes）——乘船前去夺取金羊毛的五十位希腊勇士，也被称作神话中出生于该地的神米尼阿莱斯，XXI，7。

阿戈斯（Argos）——贝壳放逐法曾在该地实施，XXIX，7。

阿戈斯人（Argiens）——他们的凶残行径遭到希腊的所有其他国家的憎恨，VI，22。

阿吉罗芬格人（Agilolfingues）——

主题索引　557

巴伐利亚人中的阿吉罗芬格人是些什么人,他们的特权,XXX,19。

阿卡迪乌斯(Arcadius)——他因充当法官而给帝国造成的祸害,VI,5。他对犯罪言论的想法,XII,12。他让外祖母的子女继承遗产,XXVII,1。

阿卡迪乌斯和霍诺里乌斯(Arcadius et Honorius)——因弱势而成为暴君,XII,8。他们制定的不公正法律,XII,30。

阿卡迪亚人(Arcades)——他们因喜爱音乐而性情温和,IV,8。

阿拉伯(Arabie)——亚历山大是否想把他的帝国建在阿拉伯?XXI,8。阿拉伯的商业是否有利于罗马人?XXI,16。只有在这个国家及其周围,禁食猪肉的宗教是好宗教,物质原因,25。

阿拉伯人(Arabes)——阿拉伯人在穆罕默德之前的饮料只有水,XIV,10。他们的自由,XVIII,19。他们的财富从何而来,他们的商业,他们不善于打仗,他们如何变成征服者,XXI,16。宗教如何减弱了他们在战争中的暴烈,XXIV,18。他们的习俗因穆罕默德的宗教而变得温和。XXIV,18。四服以内的近亲禁止结婚,制定此法出于自然原因,XXVI,14。

阿拉贡(Aragon)——为何在8世纪制定限制奢侈的法律,VII,5。该地神职人员比在卡斯蒂利亚的收入少,因为他们需要缴纳补偿税。XXV,5。

阿拉里克(Alaric)——下令编纂提奥多西法典,供罗马人用作法律,XXVIII,4。

阿纳斯塔西乌斯(Anastase)——他的宽容发展到了危险的极端,VI,21。

阿拉曼人(Allemands)——为惩治对妇女的各种侮辱,阿拉曼人的法律确定了罚款金额,XIV,14。他们让奴隶始终保持武装,借以提高其勇气,XV,15。他们的法律何时由何人制定,XXVIII,1。他们的法律很简洁,简洁的原因,XXVIII,1。他们的刑法与里普埃尔人的刑法相似,XXVIII,13。参阅里普埃尔人。

阿勒颇的商队(Alep, Caravane d')——运往阿拉伯的大量商品,XXI,16。

阿利巴斯(Arribas)——伊庇鲁斯国王,选错了用以缓和君主政体权力的方法,XI,10。

阿里亚纳(Ariane)——地理位置,塞米拉米斯和居鲁士在那里全军覆灭,亚历山大在那里损失了部分兵力,XXI,8。

阿皮乌斯(Appius)——十大执政官之一,阿皮乌斯谋杀维吉尼亚事件增强了罗马的自由,XII,22。

阿奇利亚法(La loi Acilia)——阿奇利亚法(Loi Acilia)——制定该法

时的情势使该法成为最佳法律之一，VI，14。

阿司（As）——这种货币在罗马所经历的变革，XXII，11。

阿塔薛西斯（Artaxerxès）——为何杀死他的所有孩子，V，14。

阿提卡（Attique）——民主政体为何在那里比在斯巴达建立得早，XVIII，1。

阿提拉（Attila）——他的帝国因太大而不适合君主政体，于是被分拆，VIII，17。他娶女儿为妻符合斯基泰人的法律，XXVI，14。

阿图阿尔帕（Athualpa）——印加人，西班牙人对他的残暴行径，XXVI，22。

安提奥基德海（Mer Antiochide）——被人们如此称呼的是什么海，XXI，9。

爱尔兰（Irlande）——爱尔兰用以建立制造厂的办法应该为所有鼓励工业的民族所效仿，XIV，9。英国对爱尔兰的控制，XIX，27。

爱国（Amour de la patrie）——爱国引发优良习俗，V，2。民主政体下的爱国，V，3。

埃及（Egypte）——埃及是黑死病的主要基地，XIV，11。依仗人的勤劳建造的国家，XVIII，6。埃及何时以及如何变成世界中心，XXI，9。埃及国王的航海计划，XXI，9。什么情况下绕行好望角航行不如经由陆路较为有利，XXI，10。埃及人在印度的贸易为何比不上罗马人，XXI，16。东罗马衰微后埃及人的贸易和财富，XXI，19。只有在埃及其周边，宗教禁食猪肉才是一件好事；此事的物质原因，25。

埃吉加（Egiga）——流传至今的西哥特法典是埃吉加下令让教会人员编制的，XXVIII，1。

埃及人（Egyptiens）——埃及人对付麻风病的办法为犹太人关于该病的法律提供了典范，XIV，11。他们贸易的性质和范围，XXI，6。希腊人当埃及国王时，埃及人对非洲东海岸的了解，XXI，10。为何让一些家族从事圣事，XXV，4。他们受到康比西斯的攻击时所表现的愚不可及的迷信表明，涉及自然法的准则时，不应该用宗教信条解决问题，XXVI，7。为尊敬伊西斯女神而娶姐妹为妻，XXVI，14。为何允许堂表兄弟姐妹结婚，XXVI，14。有人试图将古代观念现代化，埃及人就此对梭伦所说的话，XXX，14。

埃里亚人（Eléens）——作为阿波罗的祭司，埃里亚人享有永久和平，这种宗教机制的睿智，XXIV，16。

埃皮达姆纳人（Epidammiens）——他们为防止商业可能带入的腐化之风而采取的措施，IV，6。

埃彭（Hébon）——兰斯大主教。他对宽厚者路易的忘恩负义；埃彭

主题索引　559

是谁,XXX,25。

爱情(Amour)——北方民族对爱情冷淡而南方民族情欲旺盛的物质原因,XIV,2。各个民族在不同情况下,在爱情上的三种表现各有侧重,22。

埃塞俄比亚(Ethiopie)——基督教使该国没有专制主义,XXIV,3。

埃斯基涅斯(Eschine)——为何被课以罚金,XII,20。

埃斯图尔弗(Aistulphe)——他增补了伦巴第法,XXVIII,1。

安保费(Freda)——何时开始更多应用习惯法而不是法律条文解决安保费,XXVIII,11。

安德列斯群岛(Antilles)——我们在那里的殖民地都很出色,XXI,21。

安尼乌斯·阿塞卢斯(Anius Asellus)——为何他置沃科尼乌斯法于不顾而立女儿为继承人,XXVII,1。

安提帕特(Antipater)——借助其选举权法在雅典组成了最佳贵族政体,II,3。

安条克(Antioche)——尤利安因确定商品价格而在安条克引发了一场可怕的饥荒,XXII,7。

安息日(Sabbat)——犹太人守安息日一事表明,如果涉及自然法的规矩,就完全不必考虑宗教的信条,XXVI,7。

盎格鲁人(Angles)——该民族的赔偿金额度,XXX,19。

奥尔良(Orléans)——在奥尔良,凡遇索债一定会发生司法决斗,XXVIII,19。

奥尔泰子爵(Dorte,le vicomte)——出于荣誉感而拒不服从王命,IV,2。参见"荣誉"条。

奥地利王族(Autriche,la Maison d')——为在匈牙利行动而确定的错误原则,VIII,9。该王族的巨额财富,XXI,21。该王族保有帝国为何如此长久,XXI,32。

奥菲提安元老法令(Sénatus-consulate Orphitien)——准许子女继承母亲的遗产,XXVII。

奥古斯丁(Augustin,Saint)——认为禁止立妇女为继承人的法律不公正,这是他的错误,XXVI,1。

奥古斯都(Auguste)——对消除奢华很小心,建立君主政体,废除共和政体,VII,4。何时以及如何制定惩治通奸的法律,VII,13。把大逆罪写成书面,该法给自由以致命打击,XII,13。这位君主的暴戾法律,XII,15。因惧怕被视为暴君而不能被称作罗慕洛斯,XIX,3。因虽有国王的实力却没有国王的排场而痛苦,XIX,3。过于严酷的法律使罗马人不安;送还一位曾被驱逐的演员,借以改善与罗马人的关系,这个怪异之举的原因,XIX,3。征服阿拉伯,攻下城市,赢得战役,丢失军队,XXI,16。为促使结婚数量增多而采取的措施,XXIII,21。对罗马人发表的漂亮演说,要求废除允许独身的法律,XIII,21。如何以民法对抗不洁的宗教仪礼,XXIV,15。他是准许委托继承的第一人,XXVII,1。

奥古斯都的《条例》(Etablissements de Phlippe Auguste)——和路易九世的《条例》都是法国习惯法的来源,XXVIII,45。

奥克努米斯(Orchomène)——曾是希腊最奢华的城市之一,为何,XXI,7。这座城市还有一个名字是什么,XXVIII,43。

奥克苏斯河(Oxus)——这条河流为何不再流入里海,XXI,6。

奥里姆(Olim)——被称作《奥里姆实录》的是一种什么教规集,XXVIII,39。

《奥里姆实录》(Registre Olim)——什么是《奥里姆实录》? XXVIII,39。

奥兰治亲王(Orange, le prince de)——他被流放,XXIX,16。

奥朗则布(Aureng-Zeb)——以为国家富庶之后就无需济贫院了,他错了,XXIII,29。

奥托(Othons)——起初允许在刑事案件中进行司法决斗,后来允许在民事诉讼中进行司法决斗,XXVIII,18。

B

巴比安法(Loi Papienne)——该法关于婚姻的条款,XXVI,13。该法在何时由谁为何而制定,XXVII,1。

巴比里乌斯(Papirius)——不应将他的罪行与塞克图斯的罪行相提并论,他的罪行对自由有利,XII,21。

巴尔比(Balbi)——他对国王说,威尼斯没有国王,国王听后几乎笑得喘不过气来,XIX,2。

巴伐利亚法(Lois des Bavarois)——一些敕令被加进该法,由此造成的后果,XXVIII,10。

巴伐利亚人(Bavarois)——谁在什么时候为他们制定了法律,XXVIII,1。他们的法律简明扼要,其原因,XXVIII,1。增添了一些敕令在法律中,后果,XXVIII,10。他们的刑法与里普埃尔法大体相同,XXVIII,13;参见"里普埃尔人"。法律允许被告与对方的证人进行决斗,XXVIII,26。

巴拉圭(Paraguay)——耶稣会士在巴拉圭制定的法律富有智慧,IV,6。为何巴拉圭人民很能接受基督教,而其他蛮族人民却完全不是这样,XXV,3。

巴勒斯坦(Palestine)——这是唯一应该禁止食用猪肉的地区,物质原因,XXIV,25。

巴鲁兹(Baluze)——这位作者的错误被证实和修正,XXXI,2。

巴希尔(Basile)——皇帝,他对人的怪异惩罚，VI，16。

巴西（Brésil）——为欧洲提供的巨量黄金，XXI，20。

败坏风化罪（Impureté）——如何惩治此罪，此罪应归入哪一类，XII，4。

柏拉图（Platon）——柏拉图的法律是对斯巴达法律的修正，IV，6。试图创建新体制的人应该以柏拉图为仿效对象，IV，6。他的法律只能存在于小国中，IV，7。他认为音乐对于国家很重要，IV，8。主张处死经商的公民，IV，8。他认为应该将为完成职务而收受礼物的人处死，IV，17。他把职务买卖比作船舶驾驶员职位的买卖，V，19。他的法律剥夺了奴隶的与生俱来的自卫权，其实奴隶应该享有民事自卫权，XV，17。他认为，不从事海上贸易的城市的法律，应该比从事海上贸易的城市少，为什么，XX，18。他关于人口增长的说法，XXIII，17。有人否认上帝的存在，有人认为上帝根本不干预人间事务，有人认为可以通过送礼使上帝喜怒，柏拉图认为这些人同样亵渎神明，XXV，7。制定了针对丧礼的节约法律，XXV，7。他认为，一个人收到坏人的礼物时尚且会红脸，对于亵渎神明的人的供品，神肯定不会高兴，XXV，7。这位哲人与自然法相悖的法律，XXVI，3。他主张在什么情况下惩罚自杀者，XX-IX，9。这位哲人的有害法律，XXIX，16。他的某些法律之所以有害的原因，XXIX，19。

柏拉图的法律（Lois de Platon）——该法是对斯巴达法的修正，IV，6。

柏努瓦·莱维特（Benoît Lévite）——这位可怜的敕令编纂者所做的错事，XXVIII，8。

百人长（Centeniers）——过去是军官，谁、为何建立百人队，XXX，17。他们的职责与伯爵和伯爵区总管的职责一样，XXX，18。他们的管辖区与家臣的管辖区不同，XXX，22。

百人法官团（Centumvirs）——他们在罗马的职能是什么，XI，18。

百人团（Centuries）——是什么，权利从何处来，XI，14。

百艺，工艺（Arts）——英雄时代的希腊人把发明工艺的人提升到最高权力机构，XI，11。虚荣心促使百艺日臻完善，XIX，9。百艺的原因及效果，XXI，6。欧洲国家的居民均需百艺，XXIII，15。

白银含量极少的铜币（Billon）——罗马铸造此类铜币一事说明，罗马人在阿拉伯贸易中并未获利，XXI，16。

棒击（Coups de bâton）——蛮族法如何以棒击作为惩罚，XXVIII，20。

绑架（Rapt）——此项罪行属于什么性质，XII，4。

被剥夺选举权者名录（Cérites, tables des)——他们是罗马人中的最低等级,XXVII,1。

保存(Conservation)——这是所有国家的普遍目标,XI,5。

鲍尔希安法(Loi Porcia)——如何使那些对刑罚作出规定的法律不能执行,VI,15。

暴君(Tyrans)——暴君如何在共和国的废墟上站立起来,VIII,2。希腊人用以惩罚暴君的严厉措施,XII,18。

堡垒(Places fortes)——君主国国境线上需要堡垒,堡垒对于专制主义国家有害,IX,5。

鲍卢斯(Paul)——这位法学家的荒谬推理,XXIX,16。

宝石矿(Mines de pierres précieuses)——在中国为何一旦发现宝石矿就立即关闭,VII,6。

包税(Finance, la)——包税摧毁贸易,XX,13。

包税人(Financier)——普通百姓对于包税人很不了解,很难想象,XXX,13。

包税人(Traitants)——对他们的描述,XI,18。法国人过去如何看待他们,对他们过于信任很危险,XI,18。他们的不公正迫使普布里乌斯·鲁蒂里乌斯离开罗马,XI,18。绝对不能委托他们主持审案,XI,18。让人民有机会作弊的税收使包税人发财,人民破产,国家垮台,XII,8。包税人只能是一种赚钱的职业,一旦这种职业变成荣耀,一切都完了,XIII,20。他们的唯一报酬应该是财富,XI-II,20。

备案(Insinuation)——备案税对人民不利,仅仅有利于包税人,XIII,9。

贝蒂斯河(Bétis)——此河源头的金矿为罗马人生产了多少黄金,XXI,2。

北方(Nord)——北方民族体魄强健、勇敢、直率的物质原因,XIV,2。北方民族对爱情比较冷漠,XIV,2。北方民族抵御罗马人的强权时所显示的机智的物质原因,XIV,3。北方妇女的情感比较平静,XVI,11。北方由于几乎无法居住而始终有人居住,XVIII,3。为何北方必须与南方通商,XXI,3。北方民族的男女的生育期都比意大利人长,XXIII,21。基督教为何在北方比在南方容易被接受,XXVI,5。

被告(Accusés)——在重大的诉讼中被告应该并可以依法选择主审法官,XI,6。需要多少证人和票数方可对被告作出判决,XII,3。在罗马和雅典被告可以在审判前退出,XII,20。宗教裁判所对拒不认罪者判刑,对认罪者免除刑罚,这是一种弊病,XXVI,12。在萨利克法和其他蛮族法律下如何为自己辩护,XXVIII,13。在司法决斗时代,一个被告不能与几个原告决斗,XXVIII,24。在法国,被告不得提请证人,在英国则可以。所以,法国对假证人处以死刑,英国则不。XXIX,11。

贝壳放逐制度(Ostracisme)——采用这种制度的政府相当温和,XXVI,17。我们认为这是一种惩罚,为何被放逐的人反而认为这是一种新的荣誉,XXVI,17。自从把这项制度用来对待没有功劳的人以后,就不再使用这项制度,XXVI,17。这项制度在叙拉古产生了无数弊端,在雅典却效果极佳,XXIX,17。

贝列弗尔庭长(Belièvre, le Président de)——审理德·拉瓦莱特公爵时,他当着路易十三的面说的话,VI,5。

被创造者(Créature)——被创造者之所以应该服从创世主,源自人为法之前的一项法律,I,1。

被判刑者(Condamnés)——罗马没收被判刑者的财产,为何,VI,5。

背叛者(Traîtres)——日耳曼人如何惩罚背叛者,XXX,19。

被释奴(Affranchis)——被释奴太多而造成的麻烦,XV,18。罗马法有关他们的规定显现了智慧:为他们留在共和国政府中的份额,XV,18。伏尔西尼安人因被释奴太多而制定的臭名昭著的法律,XV,18。他们为何几乎始终

主宰着宫廷和权贵,XV,19。

被隐匿的罪行(Crimes cachés)——对那些被隐匿的罪行应该追究,XII,4。

被指责撒谎(Démenti)——被指责撒谎者必须要求决斗,此项规则的来历,XXVIII,20。

本家继承人(Héritiers-siens)——什么是本家继承人,XXVII。在古罗马,本家继承人无论男女均享有继承权,XXVII。

毕达哥拉斯(Pythagore)——是否应该在他的数字中探究一个孩子七个月就出生的原因,XXIX,16。

彼得一世(Pierre Ier)——沙皇。这位君主的不良法律,XII,26。这位君主的明智法律,XIII,6。为改变俄国人的习俗和风尚而采取的不当措施,XIX,14。如何将黑海与里海联结起来,XXI,6。

弊端(Vices)——政治弊端和道德弊端并不是同一件东西,立法者对此必须有清醒的认识,XIX,11。

庇护所(Asile)——忠于法律和君主的臣属的住所,应该是他躲避密探的避难所,XII,23。

比利牛斯山脉(Pyrénées)——比利牛斯山脉中有珍贵的矿藏吗?XXI,2。

避难所(Asiles)——起源,希腊人比其他民族更有理由想到建立避难所,避难所起初是好事,后来被滥用,最终变成坏事,XXV,3。避难

所对何种罪犯开放，XXV，3。摩西所建立的避难所很好，为何，XXV，3。

比尼翁（Bignon）——这位作者的错误，XXX，22。

剥夺公权法（Billsd'attainder）——什么是英国的剥夺公权法，与雅典的贝壳放逐制相比，与罗马对付公民个人的法律相比，XIL，79。

剥夺继承权（Exhérédation）——在君主政体中得到许可，V，9。

剥夺王位继承权（Exclusion de la succession à la couronne）——何时可以剥夺王储的王位继承权，XXVI，23。

勃艮第法（Lois des Bourguignons）——该法很不错，XXVIII，1。该法在法国人中间何时停止使用，XXVIII，9。

勃艮第人（Bourguignons）——他们的法律不准姐妹与其兄弟争夺土地和王位的继承权，XVIII，22。国王为何留长发，XVIII，23。成年年龄定为十五岁，XVIII，26。谁、何时将法律写成文字，XXVIII，1。谁编纂了法律集，XXVIII，1。他们的法律为何失去了特色，XXVIII，1。这些法律相当好，XXVIII，1。他们的法律与萨利克法的主要区别，XXVIII，3。罗马法如何保存在罗马人统治地区以及哥特人地区，但在法兰克人地区已经不复存在，XXVIII，4。长期保存贡德鲍的法律，XXVIII，5。他们的法律如何在法国人中不再施行，XXVIII，9。他们的刑法与里普埃尔法大体相同，XXVIII，13。他们实行司法决斗的时期，XXVIII，18。他们的法律许可被告要求与提供不利于被告的证人决斗，XXVIII，26。他们在高卢东部定居，将日耳曼习俗带到那里，由此在这些地区出现了采地，XXX，6。

勃固（Pégu）——那里如何处理遗产继承事宜，V，14。那里的一位国王听说威尼斯根本没有国王，险些笑得喘不过气来，XIX，2。勃固居民的宗教的主要教义是实践伦理美德，容忍一切宗教，XXIV，8。

伯爵（Comte）——伯爵高于领主，XXVIII，24。在加洛林王朝时期，伯爵的司法管理和他们的官员的司法管理的区别，XXVIII，28。伯爵法庭作出的判决不受国王的特派员审理，XXVIII，28。伯爵把他们估计不会服罪的权贵送交国王审理，XXVIII，28。他们亲自审判和命令他人审判的热情曾经遭到压制，XXVIII，28。墨洛温王朝和加洛林王朝时期伯爵的功能，XXX，13。君主制初期他们与谁、如何一起上战场，XXX，17。何时率领附庸和家臣参战，XXX，17。伯爵在战时的司法，XXX，17。伯爵兼领军事和司法是君主政体的基本原则，本书作者从伯爵的双重权力中发现了领主司法权的根源,XXX,17。为何不率领主教的附庸和教士以及家臣的附庸的附庸参战,XXX,18。伯爵一词的词源,XXX,18。伯爵在自己土地上的权力不比其他领主大,XXX,18。伯爵与公爵的区别,XXX,18。虽然集军事权、民事权和财政权于一身,但审判方式阻碍他们成为专制者,这是一种什么样的审判方式,XXX,18。他们的职能与伯爵区总管和百人长的职能相同,XXX,18。他们审案时需要多少助手,XXX,18。他们的职务任期因其性质而仅为一年,但从克洛维斯时代开始,他们用金钱换来了永久任职权,一个儿子对父亲忘恩负义的实例,XXXI,1。不能免除任何人参战,XXXI,27。他们的职务何时变成世袭并与采地相关联,XXXI,28。

伯爵区(Comtés)——并非与采地同时给予永久领有权,XXXI,8。

伯爵区总管(Gravion)——他的职能与伯爵和百人长相同,XXX,18。

波兰(Pologne)——波兰贵族为何最不完善,II,3。波兰贵族的奢侈程度为何逊于其他国家的贵族,VII,1。波兰贵族的起义比不上希腊贵族的起义有效,VIII,11。这个国家的法律的主要目标,XI,5。对于波兰来说,不从事任何商业也许比从事某种商业更好,XX,23。

波兰人(Polonais)——他们在小麦贸易中的损失,XX,9。

波利比乌斯(Polybe)——他认为国家十分需要音乐,IV,8。

博马努瓦(Beaumanoir)——他的著作告诉我们,征服罗马帝国的蛮族实施野蛮的法律时比较温和,XXVI,15。他生活在什么时代,XXVIII,18。有关司法决斗的法学理论需向他请教,XXVIII,23。他曾为哪些行省工作,XXVIII,38。他的名著是关于法国习惯法的渊源,XXVIII,45。

波斯(Perse)——波斯国王的命令不可收回,III,10。君主如何确保王位,V,14。该国准许任何愿意出国的人出国,XII,30。赋税由国家管理,所以波斯人幸福,XIII,19。在查士丁尼时期,通奸并未因多偶制而消失,XVI,6。波斯妇女甚至无须照管自己的衣着,XVI,14。祆教使波斯兴盛,伊斯兰教使波斯衰微,为何,XXIV,11。唯有波斯是适合祆教的国家,XXIV,25。波斯的国王也是宗教领袖,古兰经限制了国王的宗教权,XXV,8。依照迪波教士的说法,证明亚历山大并未征服波斯很容易,他是应人民的要求前来波斯的,XXX,24。

波斯的政府(Sophie de Perse)——波斯的政府之所以垮台,是因为它没有流过足够的血,III,9。

波斯人（Perses）——波斯帝国是个专制主义国家,古人却认为是君主主义国家,XI,9。波斯人鼓励农耕的优良习惯,XIV,8。他们的国家如何终于变得肥沃和舒适,XVIII,7。波斯的疆域,波斯人懂得如何利用疆域来经商吗？XXI,8。妨碍他们与印度通商的奇怪偏见,XXI,8。为何不利用对埃及的征服进行贸易,XXI,9。波斯人有一些错误却非常有用的教条,XXIV,20。他们为何让一些家族献身宗教事业,XXV,4。依据索罗亚斯德教的教规,波斯人可以与母亲结婚,XXVI,14。

波斯祆教徒（Guèbres）——祆教有利于人口增长,XXIII,21。祆教曾使波斯长期繁荣,因为此教不提倡静思;伊斯兰教摧毁了祆教,XXIV,11。祆教仅适合于波斯,XXIV,26。

波西米亚（Bohême）——那里确立的是什么奴隶制,XV,10。

博学（Erudition）——太博学的人反而被学问难住,XXX,12。

补偿税（Amortissement,droit d'）——用途,法国的繁荣归功于实行补偿税,所以还应增加补偿税,XXV,5。

布兰维利耶侯爵（Boulainvilliers, le marquis de）——他关于采地的主要论点出错了,对他的著作的评价,对他的颂扬,XXX,10。

布列塔尼（Bretagne）——罗昂公爵领地的继承权属于末位男性,该法的理由,XVIII,21。该公爵领地的习惯法源自若弗鲁瓦公爵关于遗产分割的规定,XXVIII,45。

布列塔尼习惯法（Coutumes de Bretagne）——源自该省若弗鲁瓦公爵的法规,XXVIII,45。香槟习惯法由国王蒂博授予,XXVIII,45。蒙福尔习惯法源自西蒙伯爵的法律,45。诺曼底习惯法由拉乌尔公爵授予,XXVIII,45。

部落（Tribus）——罗马的部落是什么,部落把最大的权力交给谁,何时出现部落,XI,14,16。

部落人民会议（Comices par tribus）——起源,什么是罗马的部落人民会议,XI,16。

布鲁图（Brutus）——他以什么权力处死自己的儿子,XI,18。这位执政官审判自己的儿子时,发现他的儿子试图谋害塔克文的那个奴隶起了什么作用,XII,15。

布伦豪特（Brunehault）——对她的颂扬,她的不幸,她不幸的原因需从她滥权处理采地和其他财产中寻找,XXXI,1。她与弗雷戴贡德比较,XXXI,2。她被处死之时正是宫相擅权时期,XXX,6。

不信教者（Païns）——不信教者为何会高筑邪恶祭坛,难道他们喜爱邪恶吗？XXIV,2。

不择手段（Machiavélisme）——使用汇票之后,不择手段的做法才销声匿迹,XXI,20。

不忠(Félonie)——过去为何把上诉视为不忠罪的一种,XXVIII,27。

C

财宝(Trésors)——在君主政体下,只有君主可以拥有财宝,XX,10。我们既然将财宝奉献给上帝,这就证明我们珍视财宝,而上帝却要求我们鄙视财宝,XXV,7。在墨洛温王朝时期,国王的财宝被认为是国家之必需,XXX,4。

采地(Fiefs)——君主国应该拥有采地,采地应该享有拥有采地的贵族同样的特权,V,9。采地是我们的法律众多、我们的法庭审判有许多变化的根源之一,VI,1。采地起初并非世袭,XVIII,22。采地与萨利克土地根本不同,XVIII,22。采地出现在萨利克法之后,XVIII,22。不是萨利克法开创了采地,而是采地的建立限制了萨利克法的某些条款,XVIII,22。何时开始建立采地制度,XVIII,22。直接监护何时与间接监管有了区别,XVIII,27。封建政体有助于人口增殖,XXIII,24。不准女儿继承采地也许是有道理的,XXVI,6。如果让女儿可以继承采地,就要引入一些做法,而这些做法是萨利克法和里普埃尔法所无法实施的,XXVIII,9。因采地增多而大量增加的法国的封建从属关系,而不是政治从属关系,XXVIII,9。"采地是采地,司法是司法",这条规则的来源,XXVIII,27。采地的来源,采地法理论,采地历史变革的原因,XXX,XXXI。日耳曼人没有别的,只有战马、武器和饭食,但是他们有附庸,XXX,3。法兰克人进入高卢时就建立了采地制度,是这样吗?XXX,5。罗马人与蛮族分地一事表明,罗马人并未全都沦为奴隶,所以不应从这种所谓的普遍奴隶制中去寻找采地的根源,XXX,7。采地的根源与苦役奴隶制的根源一样,这个根源是什么,XXX,11。教会凭借什么迷信获得了采地,XXX,11。采地根本不是来自罗马人的军事利益,XXX,12。采地的特权经常被授予自由民拥有的土地,XXX,13。不同时代对这种财产的不同称呼,XXX,16。最初是可变更的,证据,XXX,16。安保费只能归于采地领主,就连国王也不能拥有,因此,司法权也只能属于采地领主 XXX,20。拥有采地的人同时拥有司法权,XXX,20。在原始合同缺失的情况下,哪里可以找到司法权原属采地的证据? XXX,20。采地原来只能给予近臣和贵族,XXX,25。采地尽管可以变更,却不能任意给予或取消,如何给予,从布伦豪特女王在位时开始终生拥有,XXI,1。墨洛温王朝末期采地就开始世袭,XXXI,7。不应把铁锤查理所创建的采地与此前就已经存在的采地相混淆,XXXI,7。过去拥有采地的人不大因采地降级而为难,为何,8。采地原本原则上仅用于对服务的奖励,敬神也是用处之一,XXXI,9。教会财产如何变成采地,XXXI,9。被铁锤查理作为教会财产赐予的采地,是终生还是永久？XXXI,14。德意志教会人士拥有大型采地的缘由,XXXI,19。何时人人都可拥有采地,XXXI,24。何时采地成为自由地,XXXI,25。采地何时、如何不再属于国王,XXXI,26。采地拥有者何时、如何被免除参战义务,XXXI,27。采地何时开始变成绝对世袭,XXXI,28。何时开始分采地,XXXI,28。从加洛林王朝开始,采地和王位一样兼具选举和世袭性质,谁继承,谁选举？XXXI,29。有关采地的著作的作者们生活在什么时代？XXXI,30。康拉德皇帝最早规定,采地传给孙子或兄弟,此项规定越来越宽,后来变成可以传至任何直系后代和旁系第七代,XXXI,30。为何采地制度长期保存在德国,而不是法国,XXXI,30。采地的世袭制消灭了政治政府,创立了封建政府,使王位传到

于格·加佩家族手中,XXXI,32。长子继承权、赎买权、土地转移税和土地买卖,都源自采地的永久拥有制,XXXI,33。有关采地的民法的起源,XXXI,34。

采地财产购买税(Lods et ventes)——此税从何而来,XXXI,33。

财产转让(Cession de biens)——不能在专制政体中实行,在宽和政体中有好处,V,15。罗马共和时期若建立这种制度,肯定大有好处,V,15。

采地的采地(Arrière-fiefs)——是如何形成的,XXXI,26。此类采地的建立促使加洛林王朝的王权转入加佩王朝手中,XXXI,32。

财富(Richesses)——过多的财富会使拥有者变得不公正,V,5。一个国家中的财富如何得以平均分配,VII,1。在优秀的希腊共和国中,财富和贫穷同样是负担,VII,3。财富在某地的良好效应,XIII,2。财富究竟是什么,XX,23。财富的原因和结果,XXI,6。上帝让我们蔑视财富,所以,不要向上帝祭奉珍宝,以免让他看出我们重视财富。XXV,7。

财产共有(Communauté de biens)——财产共有在各种政体下或多或少都有好处,VII,15。

财富(Biens)——财产有多少种类,财产种类是法律众多的根源,也是法庭判决多样化的根源,VI,1。

在君主政体中,子女不均分财产并无弊病,V,9。

财政(Finances)——我们国家财政混乱的原因,XIII,16,17。

查理二世(Charles II)——英国国王。这位国王的名言,VI,16。

查理二世(Charles II)——即秃头查理。他不准主教们反对他的法律,也不准他们以拥有制定教规的权力为借口不重视他的法律,XXVIII,9。他发现国库空虚,于是竭力使之充实,甚至为了国库而放跑原本可以消灭的诺曼人,XXXI,22。他使重要官职和采地以及伯爵区成为世袭,此项变革如何削弱王国,XXXI,28。在他之后的加洛林王朝时期,王位、重要官职和采地兼具选举和世袭两种性质,XXXI,29。

查理九世(Charles IX)——他在位期间的法国人口为2000万,XXII,24。他将成年年龄定为十四岁,达维拉把他这样做的理由说错了,XXIX,16。

查理七世(Charles VII)——他是将法国习惯法写成文字的第一位国王,他是如何做的,XXVIII,45。他的法律由于拟得不好而无用,XXIX,16。

查理十二(Charles XII)——瑞典国王。他的征服计划太狂妄,垮台的原因,他与亚历山大相比,X,13。

查理四世(Charles IV)——即美男子查理。他颁布了一项有关诉讼费用的敕令,XXVIII,35。

查理五世(Charles-Quint)——他的伟大,他的命运,XXI,21。

查理曼(Charlemagne)——对于君主国来说,他的帝国实在太大,于是被分,VIII,17。他如何对待萨克森人,X,3。他是第一位给萨克森人以法律的人,我们将他的法律保存至今,XXVIII,1。误传的他所颁布的敕令,XXVIII,8。由他引进法国的是什么教规集,XXVIII,9。他之后的那些君主不再使用文字,忘掉了罗马法、蛮族法和敕令集,代之以习惯法,XXVIII,11。他恢复司法决斗,XXVIII,18。他把决斗从刑事扩展到民事,XXVIII,18。他如何解决几个儿子之间的争执,XXVIII,18。他要求使用棍棒进行决斗,XXVIII,20。他对萨利克法进行了一项改革,为何,XXVIII,21。他是伟大人物之一,XXIX,18。他的收入仅仅来自庄园,证据,XXX,13。他答应主教们的请求,允许他们不再亲自带领附庸参战,主教们却对此抱怨,XXX,17。他在位时期存在的领主司法,XXX,22。他是历史上最警觉和最专注的君主,XXXI,8。教会什一税全靠他才确立,XXXI,12。分割教会什一税的原因,XXXI,12。对这位君主的颂扬,他的光辉一生,他的习惯,他的智慧,他的善良,他的伟大,他的眼光远大,执行计划时的睿智,XXXI,18。在德意志建立许多主教区的政治考虑是什么,19。他的王朝没有后续君主,XXXI,20。他为民族所确立的实力延续到宽厚者路易时代,这个路易在国内丢失了权威,对外权威却依然强大,XXXI,21。帝国如何走出他的家族,XXXI,31。

查士丁尼(Justinien)——他因越俎代庖充当法官而给帝国造成的祸害,VI,5。为何他在拉克西安建立的法庭让拉克西安人难以容忍,XIX,2。他对人口增长的重大打击,XXIII,21。他把只准男性继承而排斥女性的做法称作野蛮是否有理?XXVI,6。他允许丈夫领回因犯通奸罪而被投入监狱的妻子,他这样做时考虑的是宗教还是民风,XXVI,9。君士坦丁有一项法律,允许丈夫外出多时且渺无音讯的妻子重新结婚,查士丁尼废除这项法律是否由于对婚姻的不可解除性过于看重,XXVI,9。他允许因入教而离婚,这样做远离公民法的原则,XXVI,9。他关于遗嘱的错误想法,XXVII,1。他规定母亲可以继承子女的遗产,这种规定违背以往的所有法律,XXVII,1。他彻底否定以往的继承法,他自以为摒弃被他称作障碍的东西是顺应自然,其实完全错了,XXVII,1。他的法典颁布的年月,XXVIII,42。他的法典如何传入法国,该法典在法国各省获得的权威,XXVIII,42。他的《法学阶梯》何时被重新发现,结果如何,为法庭带来的变化,XXVIII,42。这位君王无用法律,XXIX,16。他所编纂的法律文集未经精心挑选,XXIX,17。参见《新法集》。

查士丁尼的《新法集》(Nouvelles de Justinien)——该法不够明晰,XXIX,16。

查士丁尼法典(Code de Justinien)——该法典如何在施行书面法的各省取代提奥多西法典,XXVIII,12。该法典的颁布日期,42。该法典并非经选择产生,XXIX,17。

长久问题(Questions perpétuelles)——什么是长久问题,这类问题为罗马带来的变化,VII,11;XI,18。

常识(Bon sens)——一个人的常识基本上就是才能不出众,V,3。

偿债(Amortissement)——国家如果负债,建立偿债基金很重要,XXII,18。

臣民(Sujets)——在君主政体下,臣民都倾向于爱戴其君主,XII,23。

陈情书(Remontrances)——在专制政体下不可能有陈情书,III,10。

陈情书在君主政体下的用途，XXV，13。

惩罚（Punitions）——在共和政体下应该如何慎用刑罚，刑罚过多和过严相当危险，为何，XII，18。

成年（Majorité）——在热带和专制政体下，成年年龄应该比其他地方提前，V，15。日耳曼人和他们的国王几岁成年？XVIII，26。日耳曼人取得成年资格要靠武器，XVIII，26；XVIII，28。哥特人成年靠品德，XVIII，28。里普埃尔法规定十五岁成年，XVIII，28。法兰克人的成年年龄曾经发生变化，XVIII，28。

成文法国家（Droit écrit, pays de）——从皮斯特敕令开始，书面法国家就与使用习惯法的法国有了区分，XXVIII，4。为何习惯法在这些国家没能胜过罗马法，XXVIII，12。罗马法在这些国家尝试过的变革，XXVIII，12。

成吉思汗（Gengiskan）——他若是基督徒，就不会那样凶残，XXIV，3。他既然赞成伊斯兰教的教义，为何极端鄙视清真寺，XXV，3。他用马蹄践踏古兰经，XXV，3。他认为去麦加朝圣极端荒谬，XXV，3。

成吉思汗的鞑靼人宗教（Religion des Tartares de Gengiskan）——该宗教的奇特教义证明，宗教若反对民法所许可的事情，那就非常危险，XXIV，14。

城市（Villes）——城市的联合需求如今不如过去紧迫，IX，1。城市里的节日比乡村多，XXIV，23。

城市联合（Associations des villes）——过去比现在更需要，为何，IX，1。

诚信审理（Actions de bonne foi）——审判官为何把诚信审理引入罗马，诚信审理为何在法国获得认可，VI，4。

敕复（Rescrits）——君主的敕复是一种不良立法行为，为何，XXIX，17。

敕令（Capitulaires）——可怜的敕令编纂者柏努瓦·莱维特是否把西哥特人的一项法律变成敕令了？XXVIII，8。我们所谓的敕令，XXVIII，9。为何到了加佩王朝就不谈及敕令了，XXVIII，9。敕令有多少种类；敕令总汇由于加入了不少蛮族的法律而不被重视，XXVIII，9。如何用习惯法取代敕令，XXVII，12。敕令为何会被人遗忘，XXVIII，19。

敕令集（Ordonnances）——圣路易时代的男爵们只服从他们参与制定的敕令集，XXVIII，29。

崇拜（Culte）——对神的崇拜方式与崇拜的排场不是一回事，XXV，7。

宠臣（Courtisans）——他们的逼真画像，III，5。君主政体下他们的礼节是什么，他们的情趣微妙的原因，IV，2。他们与平民的主要区别，XII，27。

抽签（Sort）——抽签选举法符合民主政体的性质，这种选举法有毛病，梭伦如何在雅典纠正这种毛病，II，2。在贵族政体下绝对不应使用抽签选举法，II，3。

丑行（Ignominie）——丑行在斯巴达是重大邪恶，无法避免的人只能自杀，XXIX，9。

出国（Sortie du royaume）——专制主义国家的每一位公民都应获得出国的许可，XII，30。

出汗（Transpiration）——在热带地区，出汗使水成为非常有用的东西，XIV，10。

出国的自由（Liberté de sortir du royaume）——专制国家应该给予所有臣民以出国的自由，XII，30。

出生（Naissance）——户籍册是证实出生的最佳手段，XXVIII，44。

出征遗嘱（Testament in procinctus）——什么是出征遗嘱，不应与军人遗嘱相混，XXVII。

创世（Création）——创世受不变的法律约束，I，1。本书作者就此所说的话表明他是无神论者吗？《辩护》第一部分第一节，第13条异议。

创议权（Faculté de statuer）——什么是创议权，在自由国家中创议权应该委托给谁，XI，6。

传唤（Citation en justice）——在罗马，不能在公民家中传唤；在法国，只能在公民家中传唤；这两种相反的做法出于同一精神，XX-IX，10。

传唤（Assignation）——在罗马，不能在家中传唤，在法国，只能在家中传唤；做法不同，精神相同，XX-IX，10。

传教士（Missionnaires）——他们对中国政体看法错误的原因，VIII，21。他们的争吵让他们的传教对象对他们所传播的宗教感到厌恶，因为既然这种宗教连对他们自己也不合适，XXV，15。

船难法（Naufrage, droit de）——制定这项不合理的法律的时期，该法给贸易带来的害处，XXI，17。

穿袍贵族（Robe, gens de）——他们在法国属于什么等级，他们的身份和职能，穿袍贵族与佩剑贵族的比较，XX，22。

传讯（Appel en jugement）——在罗马，不能在公民家中传唤，在法国，只能在公民家中传唤，这两种相反的做法出于同一精神，XX-IX，10。

船只（Navires）——为何船只的载重量过去以小麦的重量为计算单位，如今则以酒桶为计算单位，XXI，4。体量不同和形状不同的船只，航速就不同，物理原因，XXI，6。为何我们的船只可以在各种风向下航行，而古人的船只几乎只能顺风行驶,XXI,6。如何测量船只的载重能力,XXI,6。是否可以认为水手之间根本没有公民义务? XXVI,25。

词典(Dictionnaire)——除了本书作者的著作,不应到别处去寻找他的词典,《辩护》,"说明"第一节。

篡权者(Usurpateurs)——在联邦共和国中,任何人都不可能篡权成功,XI,1。

存在物(Etres)——一切存在物都有其法,I,1。

错觉(Illusion)——在税收问题上错觉是有用的,如何保持错觉,XIII,7,8。

措施(Mesures)——有必要在全国各省范围内统一这些措施吗? XXIX,18。

D

大臣(Ministres)——某些君主以其手段控制大臣很容易,II,5。君主国的大臣比专制国的大臣更容易不了解自己管辖的事务,III,10。君主国的大臣不应充当法官,事物的性质要求这样做,VI,6。他们不应参与审理财物案件,VI,6。君主国的大臣数量应该较少,VI,6。当他们试图将君主政体转化为专制政体时,他们是大逆罪的罪魁祸首,VIII,7。何时应该开战,X,2。为主子出坏主意的大臣应该受到追究和惩罚,XI,6。攻击大臣能算作大逆罪吗? XII,8。笨拙的大臣们的形象、行为和毛病;他们总是把君主描绘得咄咄逼人,因而损害了君主的威望,XII,25。他们的懒散在亚洲对人民有利,欧洲大臣们心地狭窄,这是赋税发生变化的原因,XIII,15。被一些人发疯似的视为伟大人物的大臣是哪些人,XIII,15。尊敬和景仰是对大臣的褒奖,XIII,20。英国的大臣为何比起他国家的大臣更加诚实,XIX,27。

大城市(Métropoles)——大城市之间应该如何通商,大城市应该如何与殖民地通商,XXI,21。

鞑靼汗(Kan des Tartares)——他们如何被宣布为王,他们战败后变成什么,XVIII,19。

鞑靼人(Tartares)——他们与中国人的相处为大国征服者提供了范例,X,15。他们为何被把自己的名字刻在箭上,XII,24。他们几乎不对过往商品征税,XIII,2。被他们蹂躏的地区至今尚未复原,XVIII,3。鞑靼人是蛮人,不是未开化人,XVIII,11。他们的奴役,XVIII,19。他们本应自由,但如今仍在政治奴役之下,这种怪状的原因,XVIII,19。他们的万民法如何,他们的习俗非常文雅,可是他们的万民法为何如此凶残,XVIII,20。他们的遗产继承者是男系中排位最末者，为什么有这种制度，XVIII，21。他们对亚洲的蹂躏，他们如何摧毁亚洲的贸易，XXII，4。成吉思汗的鞑靼人的毛病在于：他们的宗教禁止本应许可的事，他们的民法许可他们的宗教本应禁止的事，XXIV，14。他们为何没有庙宇，他们在宗教上为何如此宽容，XXV，3。为何他们可以娶女儿为妻，但不能娶母亲为妻，XXVI，14。

达戈贝尔(Dagobert)——为何被迫为其子而放弃奥斯特拉西亚，XXXI，3。他的交椅，XXXI，33。

大流士(Darius)——他虽然发现了海路，但并未给商业带来任何好处，XXI，8。

大米(Riz)——出产大米地区的人口比其他地区多，XXIII，14。

大逆罪(Crime de lèse-majesté)——在共和政体中由谁以及如何惩处大逆罪，VI，5。惩处大逆罪时应有的谨慎，XII，7。大逆罪定性如果过于宽泛，政体就会滑向专制主义，XII，8。乱定大逆罪是一种凶残的行径。罗马皇帝以大逆罪为借口施行的暴政，XII，8。好皇帝不会把并非直接针对皇帝的罪行当作大逆罪惩治，XII，9。乌尔比安人所说的名副其实的大逆罪，XII，9。思想绝对不应被视为大逆罪，XII，11。不谨慎的言论与此相同，XII，12。何时在什么政体下，著作可被视为大逆罪，XII，13。大逆罪中的诽谤罪，XII，16。在共和政体下如果过度惩治大逆罪，那就很危险，XII，18。

达维拉(Davila)——这位本书作者就查理九世年龄问题提出的歪理，XXIX，16。

大夏人(Bactriens)——亚历山大废除了这个野蛮民族的一种习俗，X，5。

戴奥德里克(Théodoric)——奥斯特拉西亚国王。下令制定了里普埃尔法、巴伐利亚法、阿拉曼法和图林根法，XXVIII，1。

单纯亵渎(Sacrlèges simples)——唯有此罪是以宗教为攻击目标的，XII，4。应该对此罪处以何种惩罚？XII，4。世俗法律如果承担起惩罚此罪的责任，迷信就可能走向可怕的极端，XII，4。

丹麦人(Danois)——灵魂不死说给他们带来的可悲后果，XXIV，19。

但泽(Dantzick)——这个城市从与波兰进行的小麦贸易中获得的利润，XX，9。

道德(Morale)——道德的法则时刻阻止人们忘却自己，I，1。道德的规则应该是所有伪宗教的规则，XXIV，8。人们对宗教的信赖程度与道德的纯洁程度成正比，XXV，2。在道德方面，我们在思辨上喜欢任何具有严肃性的东西，XXV，4。

道德上的不宽容性(Intolérance morale)——教导这个信条的宗教使许多人信仰该宗教,XXV,2。

道教(Tao)——道教从灵魂不死的教条中得出的可怕结论,XXIV,19。

道路(Chemins)——绝对不能用私人资金修路而不给予补偿,XXVI,15。在博马努瓦生活的时代,由获益者出资修路,XXVI,15。

岛屿(Iles)——岛民不比大陆居民更向往自由,XIII,5。

锊(Denier)——这种货币在罗马的历次变革,XXII,2。

德笃利安元老院法令(Tertullien, Sénatus-cosulte)——该法令规定在何种情况下给予母亲以继承子女遗产的权利,XXVII。

德方丹(Défontaine)——司法决斗的起源要从他的著作中去寻找,XXVIII,23。对他的一段至今被误读的文章的解释,XXVIII,31。他曾为哪些省份服务,XXVIII,38。他的杰作是法国习惯法的源泉之一,XXVIII,45。

德洛斯(Délos)——该岛的贸易,贸易的来源,该岛的兴盛和衰落,XXI,12。

德米特里乌斯(Démétrius de Phalère)——他在检点雅典居民人数时发现,希腊抗击波斯和雅典人沦为奴隶时,人口没有变化,III,3。

德意志(Allemagne)——联邦共和国,因而在欧洲被视为具有永久性,IX,1。德意志联邦比荷兰联邦和瑞士联邦更加不完善,IX,2。为何这个共和国虽有基本体制的缺陷,却能存续,IX,2。它的地理位置在路易十四在位中期有助于法国的相对辉煌,IX,9。其国会中一种做法的弊病,XI,6。在那里确立的是什么奴隶制,X,10。其矿藏因非富矿而有用,XXI,22。教会人士在德意志拥有采地的渊源,XXXI,19。为何该地的采地保存其初始性质比法国更久,XXXI,30。帝国因保留古代采地的性质而依旧实行选举,XXXI,32。

等级(Classes)——在平民政体的国家中,处理好区分人民的等级非常重要,II,2。罗马有六个等级,前五个与后一个的区别,有人利用这种区别逃避沃科尼乌斯法,XXVII,1。

等级(Rangs)——我们的等级是有用的,印度人因宗教而设立的等级是有害的,XXVI,22。古法兰克人的等级差异是什么,XXVIII,4。

等级会议(Etats)——法国的头两个王朝经常召开等级会议,由谁组成,目的是什么,XXVIII,9。

狄奥多西(Théodose)——罗马帝国皇帝。他对犯罪言论的想法,XII,12。他许可外甥继承外祖父的遗产，XXVII。

狄奥菲勒（Théophile）——皇帝。他为何不愿也不应让其妻经商，IV，8。

狄奥尼修（Denys）——这个暴君的不公正，XII，2。

底比斯人（Thébains）——他们利用可怕的资源来软化年轻人的风气，IV，8。

蒂博（Thibault）——确立香槟习惯法的就是这位国王，XXVIII，45。

迪波教士（Dubos, M. L'abbé）——他关于法兰克人在高卢立足的错误说法，错误的原因，XXVIII，3。他的著作《法国君主制在高卢的建立》好像是针对贵族的谋反而写，XXX，10。他胡乱解释词的含义，并想象一些事实来支持他的错误理论，XXX，12。他为建立自己的理论而任意对待敕令和法律史，XXX，12。他从"税"字中找到了他想要的东西，从中得出让他高兴的结论，XXX，14。为何他那部著作的总体思想虽然不好，却能吸引不少人，这部著作为何这样厚，XXX，23。整部书说的都是一个错误的理论，对该理论的驳斥，XXX，24。他关于法国贵族起源的说法是错误的，是对最初家族的侮辱，也是对相继统治法国的三个王族的侮辱，XXX，25。他对希尔德贝敕令的错误诠释，XXX，25。对此书和他的其他著作的颂扬，XXX，25。

地产（Fonds de terre）——谁可以拥有地产，XX，23。禁止出售地产并将出售所得带往国外的法律不是好法律，XXII，15。

提尔（Tyr）——该地贸易的性质，XX，4。该地依仗暴力和欺压进行贸易，XX，5。它在大洋沿岸建立的殖民地和居民点，XXI，6，它是所有贸易国家的竞争对手，XXI，9。

提尔人（Tyriens）——古人航海记述的不完善为提尔人带来的商业利益，XXI，6。他们的商业的性质和规模，XXI，6。

帝国（Empire）——帝国始终与圣事有关，XXIII，21。

笛卡尔（Descartes）——笛卡尔与《论法的精神》的本书作者一样被指控为无神论者，其实他为反对无神论提供了最强大的武器，《辩护》第三部分。

迪康热（Du Cange）——这位本书作者的错误，XXX，22。

地球（Terre）——是人的勤劳使地球更适宜于人居住，XVIII，7。地球上各处的人口密度因土地的出产而异，XXIII，14。

狄特-李维（Tite-Live）——这位历史学家的谬误，VI，15。

订婚（Fiançailles）——罗马人何时可以订婚，XXIII，21。

多马（Domat）——多马的著作开篇确实与《论法的精神》开篇不同，《辩护》第一部分第二节第 4 条异议。

动产(Mobilier)——归全世界共有,XX,23。

东方(Orient)——宦官似乎是东方必不可少的弊病,XV,19。气候要求男子绝对控制妇女,这也许就是平民政体在东方难以建立的原因之一,XVI,9。东方道德原则,XVI,10。在东方,管理家庭内务的人不是妇女,而是阉人,XVI,14。东方不存在非婚生子女,XXIII,5。

东方的法律(Lois, Orient)——东方的法律不变的物质原因,XIV,5。

东方人(Orientaux)——东方人的一种刑罚的荒谬,XII,14。东方人的宗教、习俗、风尚和法律不变的物质原因,XIV,4。除了穆斯林,所有东方人都认为所有宗教都不一样,XXV,15。

东哥特人(Ostrogoths)——东哥特女子可以继承王位,可以亲自执政,XVIII,22。西奥多里克废除东哥特人的司法决斗,XXVIII,18。本书作者曾许诺要撰写一部关于东哥特王国的专著,XXVIII,18。

动员费用(Ban)——君主制初期为动员兵员而支付费用的情况,XXX,17。

独裁者(Dictateurs)——他们何时有用,他们的权力,他们如何行使权力,他们的权力伸展到何人头上,持续时间和效果如何,II,3;XI,16。独裁者与威尼斯的国家监察官比较,II,3。

督军(Vicaires)——在君主政体初期,督军是伯爵属下的军官,XXX,17。

独身(Célibat)——恺撒和奥古斯都如何在罗马摧毁独身制,XXIII,21。罗马法如何禁止独身,基督教让独身制复活,XXIII,21。反对独身的罗马法何时和如何受到激励,XXIII,21。本书作者丝毫也不谴责宗教所接受的独身,但抨击因放荡而形成的独身,XXI-II,21。当劝导变成戒律时,需要多少法律才能让某些人守独身,XXIV,7。为何对于那些看来最不合适独身的民族,独身反而很快乐,那只是在过分普遍的情况下才会出现,XXIV,7。本书作者以什么精神论述这个问题,他谴责那些以放荡为原则的人有错吗,他是否因此而把混乱归咎于宗教呢?《辩护》中的"独身"条。

盾(Florins)——荷兰货币,本书作者以盾为例解释什么是汇兑,XXII,10。

盾牌(Bouclier)——日耳曼人把在战斗中丢失盾牌视为奇耻大辱,指责某人丢失盾牌是对他的极大侮辱,为何后来变得不那么严重,XXVIII,21。

多偶制(Polygamie)——亚洲君主家庭中多偶制的弊病,V,14。如果宗教不反对,多偶制可能出现在热带国家中,原因,XVI,2。撇开宗教原因,多偶制不应存在于气候温和的国家中,XVI,2。禁止多偶制的法律与欧洲气候因素关系较大,与亚洲的气候因素关系较小,XVI,2。多偶制出现的原因不是富足,贫穷条件下同样会出现多偶制,XVI,3。多偶制本身不是奢侈,但它是诱发奢侈的一个因素,XVI,3。多偶制的不同情况,XVI,4。有些国家的妇女有多个丈夫,原因,XVI,4。这与气候有关,XVI,4。男女比例是否会失衡到不得不许可多妻或多夫的程度? XVI,4。本书作者就此发表的看法并非为多偶制辩护,而是对多偶制作出解释,XVI,4。从多偶制本身看多偶制,XVI,6。多偶制对于人类、男女两性和他们的子女都不利,XVI,6。多偶制无论发展到何等地步,觊觎他人之妻的欲望始终难以克制,XVI,6。多偶制导向一种大自然不许可的爱情,XVI,6。在准许多偶制的国家里,多妻者应该设法使自己的各位妻子平等相处,XVI,7。在实行多妻制的国家里,妻子们应该与男子隔离,XVI,8。在第一王朝时期,日耳曼人只允许贵族和国王多妻,XVIII,24。在实行多偶制的国家里,很少见到私生子,XXII,6。如果实行多偶制,王位可能传给姐妹的儿子,而将国王的儿子排除,XXVI,6。在实行多偶制的国家里,当一个禁止多偶制的宗教传入时应该遵守的规则,XXVI,10。《教会新闻》在多偶制问题上指责本书作者时的不可取或拙劣的做法,《辩护》中的"多偶制"条。

堕胎(Avortement)——妇女争取到了堕胎权,为的是不给野蛮政权添丁,XXIII,2。

E

俄国(Russie)——俄国为何提高收税,XIII,12。凡在另一国担任国王者,均被小心地剥夺继承俄国王位的权利,XXVI,23。

俄国、莫斯科公国(Moscovie)——皇帝也致力于摧毁专制主义,V,14。沙皇任意选定他所中意的人为皇位继承者,V,14。罪与罚不相当的结果是谋杀案件大增,VI,17。由于该国长期处于黑暗之中,路易十四时期的法国因而显得特别伟大,IX,9。彼得一世制定的好法律,XIII,6。该国的法律与贸易和汇兑操作相悖,所以走不出专制主义,XXII,14。

俄国人(Moscovites)——他们可笑的自由观念,XI,2。他们对痛苦感觉迟钝,其物质原因,XIV,2。俄国人出售自己为何如此方便,

XV,6。习俗和风尚为何如此容易改变,XIX,14,15。

阿谀奉承(Adulation)——在君主政体下,荣宠如何允许阿谀奉承,IV,2。

恩赐地(Honneurs)——过去以此称呼采地,XXX,16。

恩泽(Grâce, la)——《论法的精神》的作者是否被迫谈论上帝的恩泽?《辩护》第一部分第 11 条异议。

耳光(Soufflet)——为何依然把耳光视为非用血洗不可的侮辱,XXVIII,20。

儿子(Fils)——儿子为何不能娶母亲为妻,XXVI,14。为何在父亲的遗嘱中儿子不能被隐约提及,而女儿则可以,XXVII,1。

F

法(Loi)——法这个词贯穿全书,这部著作就是为此而写,所以书中从各个方面对法进行论述,从各种关系出发对法进行论述。此处依据法的各个主要侧面分成多个类别,这些类别都按照字母顺序排列如下。阿奇利亚法(Loi Acilia),贡德鲍法(Loi de Gondebaud),瓦伦梯尼安法(Loi de Valentinien),十二铜表法(Loi des Douze tables),同态报复法(Loi du talion),加比尼乌斯法(Loi Gabinienne),欧皮阿法(Loi Oppienne),巴比安法(Loi Papienne),鲍尔希安法(Loi Porcia),萨利克法(Loi Salique),瓦雷烈法(Loi Valérienne),沃科尼乌斯法(Loi Voconienne)。按类别区分的法:土地法,蛮族法(Lois barbares),公民法,法国公民法,关于采地的民法,关于教会人士的民法,关于气候的法,商业法,关于密谋的法,科里尼法(Lois Cornéliennes),刑法,英国的法律,克里特法,希腊的法律,伦理法,教育法,莱库古法(Lois de Lycurgue),摩西法(Lois de Moïse),潘恩先生的法(Lois de M. Penn),柏拉图的法(Lois de Platon),巴伐利亚法(Lois des Bavarois),勃艮第法(Lois des Boufguignons),伦巴第法(Lois des Lombards),专制主义法,萨克森法(Lois des Saxons),西哥特法(Lois des Wisigoths),此外还有许多法:关于平等的法,关于奴隶制的法,西班牙法,封建法,法国的法,关于人道的法,日本的法,尤利安法(Loi Julienne),关于自由的法,关于婚姻的法,关于习俗的法,关于君主政体的法,关于货币的法,自然法,东方的法,政治法,人为法,共和国法,宗教法,里普埃尔法(Lois Ripuaires),罗马法(Lois romaines),神圣法,节俭法,反奢侈法,防自杀法,土壤法。

法、法则(Lois)——定义,I,1。所有存在物均有与其性质相符的法,这就证明,唯物主义者所想象的必然性是何等荒谬,I,1。法源自初元理性,I,1。创造宇宙的法就是保护宇宙的法,I,1。有些约束智能存在物的法是永恒的,是哪些,I,1。要求个人服从社会的法早于人为法,I,1。物质世界遵循法则甚于智能世界,为何,I,1。制约各族人民关系的法就是万民法,制约统治者与被统治者关系的法就是政治法,制约所有公民的法就是公民法,I,3。法与法的关系,I,3。法与防御力的关系,IX。法与攻击力的关系,X。各种制约人的法：1)自然法,2)宗教法,3)教会法,4)万民法,5)一般政治法,6)特殊政治法,7)征服法,8)民法,9)家庭法。法与所规定的各种事物之间应有的关系,可以从这些不同类别的法中找到,XXVI。智能存在物并不始终遵守他们的法,XXVI,14。拯救人民是最高的法。此项准则引出的结果,XXVI,23。《教会新闻》诸君以为从本书作者对法所作的定义中找到了他是斯宾诺莎主义者的证据,这说明他们愚不可及,因为,本书作者对法所作的定义以及此后的论述恰恰是对斯宾诺莎主义的毁灭性打击,《辩护》第一部分第一节。

法比亚人(Fabiens)——很难相信,法比亚人被韦伊人消灭后,整个部落只有一个孩子幸免于难,XXIII,21。

罚金(Fredum)——此词如何在蛮族法中形成,XXX,14。什么是罚金；它是确立领主权的真正原因,何种情况要求罚金；谁设立了罚金,XXX,20。罚金的金额取决于付费者的被保护程度,XXX,20。加洛林王朝时期对罚金的称呼,XXX,20。只能归于领采地主,就连国王也不能收取,因此,领地司法也仅由领主管辖,XXX,20。

法兰克人(Francs)——渊源,走出日耳曼尼亚之前的土地使用权和所有权,XVIII,22。法兰克人生活在日耳曼尼亚时的财富和遗产继承顺序,征服高卢后出现的风俗变化及其原因,XVIII,22。依据萨利克法,所有儿子拥有同等的王位继承权,XVIII,22。他们的国王为何留长发,XVIII,23。为何国王多妻,而臣属仅有一妻,XVIII,24。国王的成年年龄,曾有变更,为何,XVIII,26。他们的国王为何嗜血成性,XVIII,29。他们的公民大会,XVIII,30。征服高卢之前,法兰克人在日耳曼尼亚没有国王,XVIII,30。征服高卢前后,小事让权贵们商量,大事让全民商量,XVIII,30。走出故土日耳曼尼亚之前,没能草拟萨利克法,XXVIII,1。法兰克人有两个部族,一是里普埃尔人,一是萨利安人,克洛维斯将他们统一后,仍然保持各自的习俗,XXVIII,1。走出日耳曼尼亚之后重新征服该地,XXVIII,1。萨利克法给予法兰克人高于罗马人的特权,两者的区别,XXVIII,3。罗马法何以在法兰克人控制下的地区消失,却保留在哥特人、勃艮第人和西哥特人地区,XXVIII,4。法兰克人实行决斗取证,XXVIII,18。他们占领了整个高卢,试图把高卢变成采地,这是事实吗?XXX,5。在高卢占据了西哥特人和勃艮第人不曾占据的地区,带去了日耳曼人的习俗,由此在这些地区出现了采地,XXX,6。法兰克人在君主制初期根本不纳税;只有罗马人为他们拥有的土地纳税,证实此事的史实和著作,XXX,12。罗马人和高卢人在法国君主政体下的税赋负担如何,XXX,13。迪波教士认为,法兰克人不曾以征服者的身份进入高卢,而是应人民的召唤去到那里的,他的论据滑稽可笑,被历史事实所否定,XXX,24。

法兰西,法国(France)——罪与罚不甚匹配,VI,16。法国可以允许奢华吗? VII,6。该王国疆土很好,首都地理位置很好,IX,6。法国在路易十四中期达到相对鼎盛,IX,9。最初几位国王在位期间,刑法不完善到何种地步,XII,3。判处被告需要几票,XII,4。对饮料征税不妥,XIII,7。那里的人不大了解有等级会议地区的政体的优点,XIII,12。贵族经商对该国没有好处,XX,22。该国何以持续辉煌,XX,22。官员的财富和褒奖是什么,XX,22。法国与英国和荷兰一起从事欧洲的航海业和贸易,XXI,21。少女在婚姻上的自由比不上英国,XXIII,8。查理九世在位时法国的人口总数,XXIII,24。法国的现行政制对人口不利,XXIII,24。我们先辈的宗教如何遏制战争狂暴,XXIV,16。补偿金和补偿税为法国带来了繁荣,XXV,5。墨洛温王朝用什么法律治国,XXVIII,4。从皮斯特敕令开始,法国就分成习惯法地区和书面法地区两类,XXVIII,4。采地变为世袭后数量大增,结果使得法国与其说是以政治从属关系治国,莫如说是以封建从属关系治国,XXVIII,9。法国过去分为王权辖区和非王权辖区两类地区,XXVIII,29。罗马法如何被引入法国,罗马法在法国的权威性,XXVIII,42。过去用两种方式审理案子,XXVIII,42。小老百姓以前全是农奴,解放农奴是法国习惯法的来源之一,XX-

VIII,45。罗马法中关于替代继承的规定大多被法国人接受,尽管罗马人的替代继承与引入此法的原因不一样,XXIX,8。作伪证在法国处以死刑,在英国则不是这样,为何两国的法律不同,XXIX,11。对窝赃和偷窃处以同样刑罚,这不公正;尽管在希腊和罗马这样做是公正的,XXIX,12。墨洛温王朝的国王们的财富变化的原因,XXX,5。这些国王把王国分给儿子们,这是苦役奴隶制和采地的起源之一,XXX,11。在克罗泰尔治理下,国家如何自行改革民事管理,XXXI,2。加洛林王朝的王位是选举产生的,XXXI,17。法国为何被诺曼人和撒拉逊人而不是被阿拉曼人蹂躏,XXXI,30。女性为何没有继承法国王位,却继承了好几个欧洲国家的王位,XXXI,33。

法官(Juges)——在各种政体下,法官这个职务应该交给谁,VI,5。在罗马,由于政体原则腐败,在任何团体中都找不到公正的人当法官,VIII,12;XI,18。在自由国家中,法官应出自哪个团体,XI,6。在自由国家中,法官应该与被告地位相当,XI,6。在自由国家中,法官不应有权监禁任何一个有能力对自己人身负责的公民;例外,XI,6。在加佩王朝初期,法官与不听从他们命令的人决斗,XX-

VIII,19。以命令诉讼双方决斗来结束已经提起的控告,XXVIII,20。何时开始改变君主国的惯例,由一人单独审案,XXVIII,42。过去除了侦讯以外,没有其他办法可以了解事实真相,如何以其他办法取代这种很不可靠的方法,XXVIII,44。法官与助理法官和司法助理其实都是对同样的人的不同称呼,XXX,18。

法官助理(Lieutenant)——取代以往不许咨询的仲裁官,XXVIII,42。

法国的法律(Lois, France)——法国古老的法律完全符合君主政体的精神,VI,10。法国的法律在法国丝毫不妨碍习俗,可能对品德有所妨碍,XIX,5—8。法国的法律何时开始屈服于习惯法的权威,XXVIII,12。

法国法学(Jurisprudence française)——在加佩王朝初期,法国法学主要是诉讼程序,XXVIII,19。司法决斗的法学理论是什么,XXVIII,23。在圣路易时代,法国法学因法庭的性质不同而发生变化,XXVIII,29。在不使用文字时代,如何牢记法学理论,XXVIII,34。圣路易如何统一全国的法学理论,XXVIII,39。法学成为一种技艺后,领主不再召集家臣讨论审案问题,XXVIII,42。本书作者为何没有讨论法国法学不易为人所察觉的变化细节,XXVIII,45。

法国公民法(Lois civiles des Français)——起源与沿革,XXVIII。

法国贵族(Noblesse française)——迪波教士关于法国贵族起源的说法是错误的,而且侮辱了法国最早的家族的血缘以及曾经统治法国的最早三个王朝,XXX,25。这位作者似乎想说,法国贵族起源于国王的近臣,XXX,25。法国贵族何时开始拒不跟随国王参与各种战争,XXXI,27。

法国国王(Rois de France)——国王是本国司法的源头,XXVIII,17。宫廷作出的判决和国王的派出人员在领主法庭作出的判决,不能被指责为不公,XXVIII,17。在圣路易时代,没有男爵们的认同,国王不能颁布通行全国的谕令,XXVIII,29。墨洛温王朝诸王历史的萌芽,XXX,4。过去法国国王习惯于将国土分给自己的儿子们,这是苦役奴隶制和采地的起源之一,XXX,11。以往国王的收入仅仅是自己领地上役使奴隶的出产以及某些路桥费,证据,XXX,13。君主制初期,国王们仅在领地上向奴隶收税,这些税收叫作 census 或 cens,XXX,15。君主制初期的国王们的勇气,XXX,17。君主制初期国王有什么权,XXX,18。国王不能向法兰克人的土地征税,所以采地的司法权不属于法兰克人,XXX,20。墨洛温王朝的国王们相当凶狠,他们不制定法律,而且把已有的法律弃而不用,XXXI,2。在君主制初期,他们以什么身份主持法庭和制定法律的议会,他们以什么身份指挥军队,XXXI,4。墨洛温王朝诸王何时丧失权力,XXXI,6。宫相何时和为何将国王禁锢在王宫中,XXXI,6。加洛林王朝的国王兼具选举和世袭双重性质,XXXI,16。他们对采地的直接权力,他们何时以及如何丧失了对采地的直接权力,XXXI,26。

法国国王的选举(Election à la couronne de France)——在加洛林王朝时期,选举权属于王国的权贵,他们如何使用此权利,XXXI,17。

法国人(Français)——法国人为何总是被赶出意大利,X,11。对法国人的描述,法国人的习俗绝不应受法律制约,否则就会妨碍美德,IX,7;XIX,5。让法国人具有学究气好吗?XIX,5。法国人的优良航海法,XXVI,25。萨利克法、里普埃尔法、勃艮第法和西哥特法何以在法国不再使用,XXVIII,3。墨洛温王朝的国王和民众同样凶残,XXX,2。

法国王位(Couronne de France)——依据萨利克法,王位只能由男性继承,XXVIII,22。王冠是否因圆形而赋予国王以某些权力？XX-IX,16。采地变为永久后确立了长子权,此后王位的长子继承权方才确立,XXXI,33。为何女性在另外好几个国家拥有王位继承权,而在法国却没有,XXXI,33。

法国习惯法（Coutumes de France）——查理曼之后的几位国王在位时,由于不识字而忘却了蛮族法、罗马法和敕令,代之以习惯法,XXVIII,11。习惯法为何在意大利各省没能胜过罗马法,11。墨洛温王朝和加洛林王朝就有习惯法,习惯法与蛮族法不同,证据,XXVIII,12。法律何时开始屈从于习惯法,XXVIII,12。将所有习惯法合成一部法律是一种考虑不周的想法,XXVIII,37。习惯法的渊源,各种来源,何时、如何从各个领地的习惯法变成各省的习惯法,何时、如何写成书面并实行改革,XXVIII,45。法国习惯法包含有许多罗马法的成分,XXVIII,45。

罚金（Amendes）——过去每当领主的原判在上诉中被改动时,他就得支付罚金六十锂,这种荒谬的做法被废除,XXVIII,32。为制止不断上诉,以诉讼费用取代罚金,XXVIII,35。

《法兰西君主国条例》（Etablissements de la Monarchie française）——参见"迪波"条。

法兰克人的国王（Rois des Francs）——他们为何留长发,XVIII,23。为何有多位妻子,XVIII,24。他们何时成年,XVIII,26。他们嗜血成性的原因,XVIII,29。

伐鲁瓦先生（Valois, M. de）——这位作者在论述法兰克人贵族时的错误,XXX,25。

法律的整齐划一（Uniformité des lois）——大人物有时沾染上了喜欢整齐划一的风气,小人物则不可避免地沾染这种风气,XXIX,18。

法律监护机构（Dépôt des lois）——为君主政体所必需,应该委托给谁？II,4。

《法学阶梯》（Digeste）——这部著作何时被发现,它为法庭带来的变化,XXVIII,42。

法庭（Tribunaux）——在君主政体下必须诉诸法庭的事务,VI,1。法庭应由较多人员组成,为何,VI,6。御前会议与普通法庭的矛盾基于什么原因,VI,6。在自由国家中,尽管法庭不固定,判决却应该固定,XI,6。

反上帝罪（Crimes contre Dieu）——只有这种罪可以保留复仇权,XII,4。

反奢侈法（Lois somptuaires）——在民主政体下,该法应该如何,VII,2。在贵族政体下,该法应该如何,VII,3。君主政体不需要此类法律,VII,5。君主政体下该法在何种情况下有用,VII,5。罗马人有什么样的反奢侈法,VII,14。

放牧(Pâturages)——放牧多的地区人口就少,XXII,14。

放弃王位(Renonciation à la couronne)——依据公民法要求重新继承王位是荒谬的,XXVI,16。提出这种要求的人以及与这个要求有关的王族后裔,没有理由愤愤不平,因为国家本来就可以借助法律把他们排除在继承者行列之外,XXVI,23。

诽谤者(Calomniateurs)——君主亲自担任法官时诽谤者的恶劣作用,VI,5。为何向官员控告不如直接向国王控告,XII,24。

菲德拉(Phèdre)——拉辛对菲德拉的赞颂,她体现了名副其实的人性,XXVI,4。

非公开亵渎(Sacrlège caché)——不应受到追究,XII,4。

非婚生子女(Adultérins)——这类子女在中国和其他东方国家并不存在,为什么,XXIII,5。

腓力二世(Philippe II)——西班牙国王。他的财富是他破产和潦倒的原因,XXI,22。腓力二世悬赏谋杀奥兰治亲王,此举极为荒谬,XXIX,16。

腓力二世(Philippe II)——人称奥古斯都。他的《条例》是法国习惯法的来源之一,XXVIII,45。

菲利普五世(Phlippe V)——人称美男子。他给予查士丁尼的法律以何种权威？XXVIII,42。

菲利普六世(Philippe VI)——即伐鲁瓦的菲利普。他下令废除在上诉法官判决不公时传讯领主的规定,改为传讯领主法官,XXVIII,33。

菲洛(Philon)——对于这位作家有关雅典人和斯巴达人的婚姻论述的解释,V,5。

腓尼基人(Phéniciens)——他们的贸易的性质和范围,XXI,6。他们成功地完成了绕非洲的航行,XXI,10。托勒密认为此次航行不可信,XXI,10。

沸水(Eau bouillante)——见"沸水取证法"条。

沸水取证法(Preuves par l'eau bouillante)——萨利克法采用沸水取证法,该法为缓和这种取证法的残忍程度而采取的措施,XXVIII,16。如何用沸水取证,XXVIII,17。在什么情况下使用沸水取证法,XXVIII,17。

肥沃(fertilité)——肥沃的土地往往使这些地区变成荒漠,使人变得软弱,XVIII,3。

非洲(Afrique)——那里的女孩出生率高于男孩,因而得以实行多妻制,XVI,4。为何现在和将来在非洲经商都能获大利,XXI,2。环绕非洲航行,XXI,10。非洲海岸描述,XXI,10。好望角被发现之前如何经营非洲贸易，XXI，10。罗马人在这方面的知识，XXI，10。腓尼基人和欧多克索斯的绕非洲航行被托勒密视为无稽之谈，这是这位地理学家令人吃惊的错误，XXI，10。古人相当熟悉非洲内陆，但不了解非洲海岸，我们熟悉非洲海岸，却不熟悉非洲内陆，XXI，10。非洲西海岸描述，XXI，10。黑人有一种价值标志物，但没有任何货币，XXII，8。非洲基督徒的习俗与非基督教徒的习俗之比较，XXIV，3。

分财产（Partage des biens）——分财产只能适用政治法和公民法，XXVI，6。

分地（Patage des terres）——何时以及如何分地，为公平而应该采取的措施，V，5。罗慕洛斯的分地实例是罗马法关于遗产继承的所有条文的缘起，XXVIII，1。高卢征服战争时蛮族和罗马人之间的分地实例表明，罗马人并未全都沦为奴隶，所以，农奴和采地的起源不应从所谓的罗马人普遍沦为奴隶这种说法中去寻找，XXX，7。

分级制度（Cens）——为何在民主政体中需要确立分级制度，以便维护公民之间的道德平等，V，5。

封建法（Lois féodales）——把继承权仅仅给予男性，而把女性排除在外，或许有些道理，XXVI，6。法国何时开始用封建法而不用政治法治理，XXVIII，9。封建法何时确立，XXVIII，9。从封建法与君主政体的关系出发的封建法理论，XXX。效果，与一棵古老的橡树相比，XXX，1。其根源，XXX，2。

疯狂（Folie）——有些疯狂行为可以用理智的方法加以处理，XXVIII，25。

冯特奈战役（Fontenay, Bataille de）——此战役促使君主政体垮台，XXXI，25。

风尚（Manières）——与气候、宗教和法律一起主宰人民，民族的普遍精神由此而生，XIX，4。风尚主宰中国人，XIX，4。风尚随着人民的亲和度的变化而变化，XIX，12。习俗与风尚的区别，XIX，8。专制政体国家的风尚永不会变，为何，XIX，12。法律何以能够改变一个国家的风尚，XIX，27。法律依仗风尚的实例，XIX，27。

佛（Foë）——中国人称佛为菩萨。佛教的理论和法律与气候性质结合，为印度造成了数不清的灾难，XXIV，11。立法者所确定的佛教关于灵魂不死的教义，为中国人带来了可悲的后果，19。

佛罗伦萨（Florence）——这个城市何以失去自由，VI，5。该城从事何种贸易，XX，4。

否定性证言（Preuves négatives）——萨利克法不接受否定性证言，但其他蛮族法接受否定性证言，XXVIII，13。什么是否定性证言，XXVIII，13。否定性证言给法律带来的麻烦因决斗而得到弥补，XXVIII，14。萨利克法在这方面的例外，XXVIII，14。另一个例外，XXVIII，16。我们的先祖使用否定性证言的一些弊病，XXVIII，18。否定性证言如何引发司法决斗，XXVIII，18。教会法庭从不接受否定性证言，XXVIII，18。

赋(Tributum)——此词在蛮族法中的含义，XXX，14。

服从(Obéissqnce)——政体宽和的国家中应有的服从与专制政体下的服从的区别，III，10。荣宠为君主政体下对君主应有的服从设置了一些限制，IV，2。

复仇(Vengeance)——日耳曼人规定，已经取得赔偿金的人如果再复仇，就要受到惩处，XXX，9。

附带诉讼(Incidents)——无论刑事或民事的附带诉讼，都通过司法决斗解决，XXVIII，18。

腐化，腐败(Corruption)——有多少种腐败，VIII。民主政体下有多少根源，是哪些，VIII，2。恶劣的后果，VIII，11。

《附录》(Authentique)——"今天不拘大小如何"篇被误解，XXVI，9。"今天如何"篇与公民法原则背道而驰，XXVI，9。

弗朗索瓦一世(François Ier)——他在不经意间做了一件聪明事，拒不参与对美洲的征服，XXI，22。

弗雷戴贡德(Frédégonde)——为何她寿终正寝，而布伦豪特却死于非命，XXXI，1。她与布伦豪特比较，XXXI，2。

弗里兹人(Frisons)——他们的法律何时由谁制定，XXVIII，1。他们的法律简明扼要，原因，XXVIII，1。他们的刑法与里普埃尔人的刑法出于同样的考虑，XXVIII，13。他们的和解金数额，XXVIII，20。

妇女(Femmes)——她们的性格，她们对风尚的影响。她们都喜怒无常，不拘小节、嫉妒、轻佻、诡计多端，她们的小聪明善于博得男人欢心。这些毛病如果在专制政体下任其自由发展，就不会有一个丈夫和家长能安心过日子，就会遍地鲜血。VII，9；XVI，9。某些气候使她们极度淫乱，如果不把她们幽禁起来，就会酿成大乱。此类气候下她们的可怕性格，XVI，10。这种性格与法国妇女的性格相反，XVI，11。在某些气候下，她们对攻击根本不反抗，XVI，12。她们的奢华使婚姻代价昂贵，为公民们所厌恶，XXIII，21。一个罗马人觉得与她们一起很难幸福地生活，如果没有她们也能存活，那就不如把她们撇开，XXIII，21。只有对于家庭内部生活有用时，她们的婚姻关系才是稳定的，XVIII，13，24。在东方，她们只有在不与男子接触、没有娱乐和远离事务时，才能尽到她们的义务，XVI，10。只有与社会隔离时，她们的习俗才能纯净，XVI，10。当她们很少与男子共同生活时，她们都比较谦和，就像在英国那样，XIX，27。她们太软弱，所以难以骄傲，如果民族的普遍精神不能让她们骄傲起来，她们就只有虚荣，VII，9；XIX，9。她们因软弱而不能在家庭中起主导作用，但是却能因软弱而统治国家，VII，17。某些国家允许太监结婚，这是鄙视女性的一个明证，XV，19。在某些关于个人才能的事情上，她们的判断很清晰，我们与她们的联系在一定程度上就是出于这个原因，当然也还有出于感官愉悦和爱与被爱的原因，XXVIII，22。与她们的风流交往产生闲逸，使她们在被腐蚀之前先腐蚀别人，把价值给予一钱不值的东西，把重要的东西变成毫无价值，把可笑的准则变成唯一的行动指南，VII，8。她们想取悦于人和被人取悦的念头，使得两性相互溺爱，以致失去各自的主要特征，XIX，12。她们虽然败坏风气，却培植了情趣，XIX，8。与妇女的交往增进了礼貌，礼貌增进了法国人的活力，否则法国人可能在各方面都缺乏活力，XIX，

6。与妇女的交往使男子风度翩翩，从而阻止男子放荡不羁，XIX，27。被男子独霸的女子数量越多，男子就越发想要拥有更多女子，最后终于感到这种违背天性的爱情索然无味，君士坦丁堡和阿尔及尔提供的实例，XVI，6。她们激励出两种嫉妒，其一是习俗上的嫉妒，另一是感情上的嫉妒，XVI，13。妇女的放荡对人口增加有害，XXIII，2。妇女以什么样的比例关系影响人口，XXIII，7。妇女结婚年龄过大妨碍人口增殖，XXIII，21。在成熟早的国家中，妇女的美丽和理智无法同步，所以多妻制就能乘虚而入，XVI，2。在温和与寒冷的国家中，妇女兼具美丽和理智，所以多妻制难以实行，XVI，2。贞操是妇女的天性，所以她们努力自卫，一旦失去贞操，就会造成巨大的道德和民事弊病，XVI，12；XXVI，8。长期的自卫造成了妇女的简朴作风，这便是寒冷国家不实行多妻制的第二个原因，XVI，2。她们对宗教和政体的影响。她们应该拥有的参加教堂公众集会的自由，对基督教的传播构成妨碍，XIX，18。聪明的君王如能让妇女的虚荣心和感情得到满足，就能在很短时间中改变整个民族的习俗，俄国的实例，XIX，14。妇女的自由必然与君主国的精神相符，XIX，15。

妇女如果不知矜持,就会获得自由精神,从而增加她们的快乐和激情,人人借此发财,她们于是就怂恿以奢华和虚荣治国,Ⅶ,9。立法者在制定有关妇女风尚的法规时应有的观点,ⅩⅩⅥ,9。妇女的奢华和由此引起的不轨现象有利于君主,奥古斯都和提比略加以利用后,以君主政体取代了共和政体,Ⅶ,4,13。妇女的放荡被暴君用作迫害权贵的借口,提比略的实例,Ⅶ,13。罗马诸帝仅仅致力于惩治罪恶,而没有致力于纯化妇女的风尚,Ⅶ,13。这些毛病有时甚至对国家有利,ⅩⅨ,5。取悦妇女的欲望建立了时髦产业,并不断促使新行业产生,ⅩⅨ,8。妇女生育能力的强弱是君主政体奢华程度的标志,以中国为例,Ⅶ,6。台湾岛为对付妇女生育能力而制定的奇特法律,ⅩⅩⅢ,16。妇女的不良行为给共和政体带来了致命的后果,Ⅶ,8。伊斯兰教许可的多妻制使君主始终与其臣属分离,使他忘却了自己是人,而不是无所不能的人。这与基督教国家的情形恰恰相反,ⅩⅩⅣ,3。有关妇女的现有法律和应该制定的法律。为使妇女不影响习俗和风尚,应让她们与男子隔离,中国的实例,ⅩⅨ,13。妇女不应参加为贞操所不容的宗教仪式。使这些仪式与贞操相容的办法,ⅩⅩⅣ,15。法律永远不应剥夺她们保护天然贞操的权力。亨利八世的法律提供的实例,该法规定,凡是国王想娶的女子,若与他人有过不良交往而不向国王说清,就要被判刑。亨利二世的法律对此也有规定,怀孕的女子如果不向官员报告,就要被处以死刑,ⅩⅩⅥ,3。公开有关通奸的公告,有利于控制妇女,Ⅴ,7。实行专制主义的国家必然会奴役妇女,ⅩⅨ,15。在专制国家中妇女的自由是灾难,ⅩⅥ,9;ⅩⅨ,12。共和政体不应将妇女置于奴役之下,ⅩⅥ,9。以虚荣心攻击妇女是一个控制她们的好办法,ⅩⅩⅢ,21。在共和政体下,不能让她们在奢华、财富和财富期望方面超过他人,在君主政体下则恰好相反,ⅩⅩⅦ,1。罗马早期法律为妇女的奢华开了口子,后来设法堵住,不让她们拥有遗产继承权,ⅩⅩⅦ,1。早期罗马法允许妇女继承遗产的法律和不准她们继承遗产的法律,ⅩⅩⅦ,1。法律可以在不违背自然的前提下,剥夺妇女的遗产继承权,ⅩⅩⅦ,1。在什么情况下,巴比安法采取了与沃科尼乌斯法相反的措施,让妇女可以成为丈夫或外族人的遗赠接受人,ⅩⅩⅦ,1。罗马法如何制止妇女诱使丈夫多给馈赠,ⅩⅨ,25。这项法律对于人口增殖的促进作用，XXIII,21。日耳曼妇女和萨利安妇女的继承权，XXVIII,22。无须用彩礼诱惑，妇女就对婚姻很向往，15。妇女向往婚姻的原因，XXIII,10。在不同政体下，妇女的嫁妆和彩礼应该如何，VII,15。希腊在这方面做得很好。情况和规定如何，VII,9。罗马妇女要为自己的行为向家庭法院负责，VII,10。丈夫对待妻子的态度取决于政体精神，XXVI,14。在罗马和日耳曼，妇女处于永久监护之下，VII,12。为了激励自己所建立的君主政体的精神，同时也为了促进人口增长，奥古斯都规定解除对有三四个子女的妇女的监护，XXII,21。萨利克法将妇女置于永久监护之下，XVIIII,22。妇女的婚姻如何听从父亲的意见，应视情况不同而定，XXIII,7,8。让妇女七岁就挑选丈夫是违背自然的做法，XXVI,3。禁止其丈夫长期在外而且渺无音讯的妇女再婚是不公正的，是违背公共利益和个人利益的，XXVI,9。妇女对父亲的尊敬是制止母亲嫁给儿子的原因之一，妇女过早成熟则是另一个原因，XXVI,14。妇女婚后到丈夫家生活，XXIII,4。允许她们的亲生子女控告她们通奸是违背自然的,4。在没有后宫的国家中，让奴隶监视妇女的法律是荒谬的，XXVI,19。过去的法律规定，丈夫不得领回被控犯通奸罪的妻子，查士丁尼修改了此项法律，XXVI,9。强迫妇女控告丈夫违背自然法，XXVI,4。在允许休妻的国家里，妇女应该同样可以休夫；证据，XXXVI,3。印度妇女为何在丈夫死后自焚，XXIV,21。某些国家的法律或宗教将同一丈夫的合法妻子分成若干等级，XXIII,5。一人若有多位妻子，应该对她们一视同仁。摩西法、伊斯兰教和马尔代夫的有关规定，XVI,7。在实行多妻制的国家里，妇女应与男子隔开，XVI,8。在实行多妻制国家里，当新的宗教禁止多妻制时，她们的公民身份应该得到保障，XXVI,10。中国的男子只有一位正妻，妾生子女都被视为正妻的子女，XXIII,5。在亚洲寒冷地区，为何一个女子可以有多位丈夫，XVI,4。依据蛮族法的规定，只有当无人为妇女充当职业决斗人时，才能对妇女使用热铁验证法，XXVIII,17。在找到职业决斗人并获得丈夫的同意之前，妇女不能提出决斗挑战，但是，别人可以向她们提出决斗挑战而没有这些麻烦，XXVIII,25。

夫妻（Epoux）——馈赠只能在结婚之前，XIX,25。夫妻之间可以通过遗嘱相互继承的东西，XXIII,21。西哥特人夫妻之间可以相互馈赠的东西,何时馈赠? XIX,25。

父亲(Pères)——儿子犯罪,父亲应该连坐吗? VI,20。父亲失宠,妻子和子女跟着倒霉,这是极端的专制主义 XII,30。养育子女是父亲的天职,确立婚姻关系就是为了找到承担这个天职的人,XXII,2。子女结婚一定要征得父亲同意,这样做对吗? XXIII,7。父亲强迫女儿休夫是违背天性的举动,尤其对于曾经同意这门婚事的父亲而言,XXVI,3。在何种情况下自然法允许要求子女赡养父亲,XXVI,5。自然法是否要求父亲教给子女一门谋生的职业? XXVI,5。自然法要求父亲养育子女,但并未规定要立他们为遗产继承人,XXVI,6。父亲为何不能娶女儿为妻,XXVI,14。父亲可以出卖子女,罗马人因此而拥有无限的立遗嘱权,XXVII,1。父亲出于天性,为了孩子而逃避沃科尼乌斯法,宁可被归入第六等级,XXVII,1。

父权(Puissance paternelle)——父权在民主政体下作用很大,罗马为何废除父权,V,7。父权应有多大范围,V,7。

父权(Pouvoir paternel)——父权并非一人治国的缘起,XI,4。

夫权(Drtoit des maris)——在罗马,丈夫有哪些权利,XXIII,21。

复审(Assises)——要求复审的人败诉,XXVIII,28。

福音书(Evangile)——只有在此书中可以找到有息贷款的根源,而不是在修道院教士们的梦想中,XXI,20。本书作者是否把福音书的训诫视为一般性的规劝?《辩护》中"关于宗教劝导"节。

服务(Service)——在君主制初期,附庸们承担着双重服务的义务,本书作者就是在这种义务中找到了领主司法权的起源,XXX,18。

附庸(Vassaux)——他们的义务就是作战和审判,XXVIII,27。他们在审判中为何有时与国王的法庭乃至上级领主的法庭有所不同,XXVIII,29。有关国王的附庸的规章是法国习惯法的来源之一,XXVIII,45。日耳曼没有采地,却有附庸,这是为什么,XXX,3。在历史文献中对附庸的各种称呼,XXXI,16。附庸的起源,XXXI,16。君主国初期,附庸不被算作自由人,XXX,17。附庸过去率领着他们自己的附庸参战,XXXI,17。附庸分成三类,谁率领他们参战,XXXI,17。国王的附庸由伯爵管束,XXXI,17。在君主政体初期,附庸承担着双重义务,本书作者正是在双重义务中发现了领主司法的起源,XXX,18。主教和教士的附庸为何由伯爵率领参战,XXX,18。国王的附庸的特权几乎使所有自由地全都变成了采

主题索引 591

地,这是些什么特权,XXXI,8。原来直属国王的附庸何时开始变成国王的间接附庸,XXXI,28。

附庸的附庸(Arrière-vassaux)——他们因拥有采地而需服兵役,XXX,17。

附庸的附庸制度(Arrière-vasselage)——起初的状况,如何发展到我们所见到的状况,XXI,26。

附庸制(Vasselage)——附庸制度的起源,XXX,3。

官职买卖(Venalité des charges)——官职买卖有好处吗? V,19。

G

感觉(Sens)——当我们的可感知的思想与宗教思想结合时,感觉对信奉宗教的影响很大,XXV。

感情(Passions)——与知识相比,父亲更容易把感情传给子女,共和政体可以从这一规律中获得教益,IV,5。越是不放纵自己的特殊感情,就越能接受大家的普遍感情,这就是僧侣热爱他们的修会的原因,V,2。

感谢(Reconnaissance)——在人为法出现之前的法律中,感谢就已被列为美德之一,I,1。

告发者(Délateurs)——威尼斯的告发者如何送交告发信,V,8。罗马何以出现告发者这种败类,我们在这方面聪明的做法,VI,8。参阅"控告人"、"被告"、"控告"等条目。

高级军官(Offices généraux)——在君主国中,高级军官为何不直接统辖任何民团,专制政体国家中为何没有高级军官的职衔,V,16。

高利贷(Usure)——高利贷在专制政体国家中被视为理所当然的事,V,15。高利贷的理论依据不能从福音书而应从神学院修士们的梦呓中去寻找,XXI,20。美洲发现后利率为何下降一半,XXII,6。高利贷与正当的利息不应混作一谈,在不准有息借贷的国家里必然会出现高利贷,XXII,19。高利贷在海上贸易中为何比在陆地上还要高,XXII,20。是什么让高利贷出现在罗马,并被认为是理所当然的事,XXII,21。罗马共和时期的不同利率,高利贷造成的祸害,XXII,21。罗马的共和政体倾覆后,用什么准则约束高利贷,XXII,22。本书作者从感情出发对这个问题的辩解,《辩护》中的"高利贷"条。从学理出发对这个问题的辩解,《辩护》中的"高利贷"条。罗马人在这方面的习惯做法,《辩护》中的"高利贷"条。

高卢(Gaules)——图密善为何要把高卢的葡萄统统拔掉,尤利安为何又重新种植,XI,15。罗马人进入之前,高卢有许多小部族,居民也很多,XXIII,18。高卢被日耳曼人征服，法国人源于日耳曼人，XXX，2，5，6。

高卢人（Gaulois）——商业败坏民风，XX，2。高卢人在法兰克王国缴纳哪些税，XXX，13。在法兰克人统治下的高卢自由民在伯爵的率领下参战，XXX，17。

革命（Révolutions）——革命需要做许多工作，还要有良好的民风，而且必须有优良的法律才能支撑，V，7。君主政体下的革命少而困难，专制政体下的革命多而频繁，V，11。革命不一定必然伴以战争，V，11。有时革命能使法律重新有效，XI，13。

革出教门（Excommunication）——教皇为制止罗马法发展而使用这个权力，XXVIII，42。

各国的相互防卫力量（Force défensive des Etats, relativement les uns aux autres）——应按什么比例保持防卫力量，IX，6。

格拉古·提比留（Gracchus Tiberius）——他对元老院的致命打击，XI，18。

格拉维纳（Gravina）——他如何定义公民国家，I，3。

格利摩（Grimoald）——他为伦巴第法添加了新法，XXVIII，1。

格里永（Crillon）——他的胆魄使他想出办法既保护了荣誉，又听从了亨利三世不正确的命令，IV，2。

哥伦布（Colomb, Christophe）——发现美洲，XXI，21。弗朗索瓦一世拒绝他的请求是对还是错，XXI，22。

个人力量（Forces particulières des hommes）——如何聚集个人力量，I，3。

个人利益（Bien particulier）——个人利益应该让位于公共利益的说法缺乏逻辑上的理由，XXVI，15。

哥特人（Goths）——他们征服西班牙的事例表明，武装的奴隶在君主国中并非相当危险，XV，14。尚武精神是成年的标志，XVIII，26。罗马法如何保留在哥特人和勃艮第人统治下的地区，却消失在法兰克人地区，XXVIII，4。哥特人从未接受萨利克法，XXVIII，4。雷赛逊德斯废除了不准与罗马人通婚的禁令，为何，XXVIII，7。哥特人在高卢南部受撒拉逊人迫害，退缩到西班牙，此举对他们的法律的影响，XXVIII，7。

哥特人的政体（Gouvernemnt gothique）——起源、缺陷；是我们所知的一些优秀政体的渊源，XI，8。

根特人（Gantais）——因指控佛兰德伯爵渎职不当而受到惩罚，XXVIII，28。

耕作奴役（Glèbe, Servitude de la）——耕作奴役大多因何产生，XIII，3。耕作奴役不是进入高卢的法兰克人建立的，XXX，5。耕作奴役在勃艮第人到来之前已经建立，本书作者就此得出的结论，XXX，10。

贡德鲍（Gondebaud）——这位勃艮第国王的不公正法律，XXVI，4。他是勃艮第人的法律收集者之一，XXVIII，1。他的法律的特征，其目的，为谁而制定，XXVIII，4。他的法律在勃艮第人中间存在了很长时间，XXVIII，5。对于试图玩弄誓言的人，他取消其立誓权，这是一项有名的规定，XXVIII，15。他所陈述的以立誓取代决斗的理由，XXVIII，17。这位君主的法律允许被告向原告的证人挑战决斗，XXVIII，26。

贡德鲍法（Loi de Gondebaud）——分类法的特点和对象是什么，XXVIII，4。

公法（Droit public）——论述公法的作者都陷入严重谬误之中，原因，X，3。

公共财产（Public, bien）——公共财产应该高于私人财产的说法是一种谬说，XXVI，15。

共和政体、共和国（République）——共和政体有多少种类，II，2。共和政体如何变为君主政体乃至专制政体，II，3。在共和政体下，任何公民都不得拥有超越一般的权力，II，3。此项规律的例外情况，II，3。官员的任期应该是多长，II，3。共和政体的原则是什么，III，3。当美德不再主宰共和政体时，情况将是如何，III，3。共和政体下的个人罪行比君主政体下的个人罪行更具公众性，III，5。野心在共和政体下是有害的，III，7。共和政体下的民风为何比君主政体下更纯净，IV，2。教育在共和政体下的重要性有多大，IV，5。应该如何聪明地治理共和政体，使之幸福，V，3。共和政体下的褒奖只应是荣耀，V，18。在共和政体下是否应该强制公民担任公职，V，19。在共和政体下，文武官职应该合并，V，19。官职买卖在共和政体下有害，V，19。共和政体需要监察官，V，19。一定要有司法手续，VI，2。在共和政体下，应该遵循精确的法律文本，VI，3。在共和政体下，判决应该如何组成，VI，4。在共和政体下，大逆罪的审判权应该托付给谁，应该如何遏制人民在审判中的贪婪心，VI，5。与君主政体相比，共和政体对仁慈的需求较小，VI，21。共和政体因奢侈而倾覆，VII，4。公众节欲在共和政体下是必需的，VII，8。在共和政体下，妇女的风尚为何比较端庄，VII，9。在共和政体下，嫁妆应该比较简单，VII，15。与君主政体相比，在共和政体下，夫妻的财产共有不那么有用，VII，15。在共和政体下，妇女因出嫁而获得的财产是有害的，VII，15。对于共和政体来说，绝对宁静和绝对安全并非好事,VI-II,6。共和政体与众不同的特征,VIII,16。共和政体如何确保安全,IX,1。共和政体内部有一种无法医治的弊病,迟早会把它摧毁,IX,1。共和政体的精神,IX,3。共和政体何时以及如何进行征服战争,X,6。共和政体对被征服人民应该如何行动,X,8。人们通常以为在共和政体下自由最多,XI,2。在小型共和政体中,立法的杰作是什么,XI,11。一个共和国不能统治被征服的省份,否则必然会出现专制主义的统治,为何,XI,19。在共和政体下,过度惩罚大逆罪会带来危险,XII,18。自由何以会在共和政体下被取消,XII,19。在共和政体下,法律有利于公民的自由,XII,20。在共和政体下,对付债务人的法律应该什么样,XII,21。在共和政体下,所有公民都应拥有出国的自由吗?XII,30。共和政体对于沦于苦役奴隶的人民可以征收什么税,XIII,5。在共和政体下,可以增加税收,XIII,13。共和国的收入始终被置于有效管理之下,XIII,19。在共和政体下,包税人这个职业不应获得荣誉,XIII,20。在共和政体下,女奴的贞操应该得到保护,不受主人侵犯,XV,12。大量奴隶对于共和政体构成威胁,XV,13。武装奴隶对共和政体比对君主政体更危险,XV,14。共和政体应该制定的有关解放奴隶的法规,XV,18。在共和政体下,不应对妇女实行严格控制,XVI,9。共和政体较多建立在贫瘠的土地上,较少建立在肥沃的土地上,XVIII,1。有些地方不可能建立共和政体,XIX,2。共和政体与基督教能够非常融洽地相处,XIX,18。对于共和政体来说,节俭性贸易比奢侈性贸易更加合适,XX,5。可以在共和国里设立自由港,XX,11。共和国应该如何清偿债务,XXII,18。私生子在共和国中比在君主国中更令人厌恶,XXIII,6。在有些共和国中,让婚姻由官员做主是好事,XXIII,7。在共和政体下,出于虚荣的奢侈和出于迷信的奢侈同样受到压制,XXV,7。宗教裁判在共和政体下只能培养出一批坏人,XXVI,11。在共和政体下,应该采取措施,使妇女不能因奢侈、财富和拥有财富的可能而出人头地,XXVIII,1。在某些共和国中,如若不参与起义,可能受到惩罚,XXIX,3。

公开控告(Accusation publique)——何为公开控告。为防止滥用公开控告而应在人民国家中采取的措施,XII,20。针对通奸的公开控告为何和何时在罗马不再出现,VII,11。

公共建筑（Edifices publiques）——如不给予补偿，公共建筑不应用私人资金建造，XXVI，15。

公共利益（Bien public）——只有涉及公民自由时，公共利益才可优先于个人利益，涉及财产所有权时则不应如此，XXVI，15。

攻击力（Force offensive）——应由谁调节国家的攻击力，X，1。

公爵（Ducs）——公爵与伯爵的区别是什么，他们的职能，XXX，18。日耳曼人从何处找到公爵，他们的特权，XXX，19。法国的早期君主不是以国王身份而是以公爵身份指挥军队，XXXI，4。

公开卖淫（Prostitution publique）——公开卖淫对人口增殖没有多少帮助，为何，XXIII，2。

公民（Citoyen）——迅速拥有非常权力的公民就会变成君主或暴君，II，3。公民何时可以在共和国中拥有非常权力而没有危险，II，3。公民不可能在专制国家中拥有非常权力，IV，3。公民应否拒绝公职？V，19。在天然自卫时应如何行动，X，2。在何种情况下不论出身如何均应接受贵族审讯，XI，6。在何种情况下在法律上不自由而在事实上却自由，XII，1。对公民安全的最大攻击，XII，2。不能为变成奴隶而出卖自由，XV，2。公民有权要求国家保证生存、食物、合适的衣着、无害于健康的生活方式，国家为履行这些义务而可以采取的手段，XXIII，29。仅仅不骚扰国家尚不足以符合法律的要求，还应不骚扰任何公民，XXV，9。

公民的安宁（Tranquilité des citoyens）——破坏公民的安宁的罪行应该得到什么惩罚，XII，4。

公民的安全（Sureté du citoyen）——对公民的安全构成最大威胁的是什么，XII，2。破坏公民安全者应该受到的处置，XII，4。

公民法，民法（Lois civiles）——一个国家的公民法很难适用于另一个国家，I，3。公民法应该适合制定该法的民族，与其政体原则和性质、物质和气候条件、习俗、喜好以及居民的宗教信仰相符，III，1；V，1，8。本书作者为何不把公民法与政治法分开来，I，3。哪些公民法来自政体原则和性质，II，1。在君主政体下公民法应该由谁监护，II，4。贵族和君王的御前会议不宜监护公民法，II，4。公民法应该既与政体原则也与政体性质相适应，II，5。公民法应该弥补政体性质可能造成的弊端，V，10。不同政体下公民法应有的不同简洁程度，VI，1。在何种政体下，在何种情况下，审判应该严格依照公民法的条文进行，VI，3。公民法如果过于严厉就会失去效力，日本的实例，VI，13。公民法在何种情况下给人以信心，VI，17。公民法可以规范对他人应尽的义务，但难以规范对自己应做些什么，VII，10。公民法既明晰又盲目，何时、应由谁减轻其僵硬程度，XI，6。为把最不公正的公民法说成公正而使用的借口，是这个民族堕落的明证，XII，18。公民法应随每个民族与异族沟通的程度而异，XVI，10。不从事耕作民族的公民法，XVIII，13。不使用货币民族的公民法，XVIII，15。鞑靼人有关遗产的民法，XVIII，21。被我们叫做萨利克法的公民法来自日耳曼人的何种公民法？XVIII，22。从公民法与形成一个民族的普遍精神、习俗和风尚的原则之间的关系来看公民法，XIX。为了有一部上佳的法律，精神上必须有充分准备，XIX，2。公民法与气候、习俗等等共同对人形成制约，民族普遍精神即由此而生，XIX，4。公民法的效应与习俗的效应区别何在，XIX，12。什么是公民法，XIX，14。绝不应借助公民法改变一个民族的习俗和风尚，XIX，12。法律与习俗的区别，XIX，16。习俗根本不是由法律确立起来的，XIX，16。公民法应该如何与习俗和风尚相匹配，XIX，21。公民法怎样才能有助于一个民族的习俗、风尚和性格的建立，XIX，27。公民法与人口多寡的关系，XXIII。把无关紧要视为必需，把必需视为无关紧要的公民法，XXIV，14。公民法有时不得不为维护习俗而对抗宗教，XXIV，15。公民法所规范的事物顺序，公民法与这种顺序应有的关系，XXVI，1。公民法绝对不应与自然法相悖，实例，XXVI，3。唯有公民法可以规范财产的继承和分割，XXVI，6。在纯选举制的君主政体下，在什么情况下应该将王位传于子女或其他人，唯有公民法与政治法可以决定，XXVI，6。公民法与政治法一起处理非婚生子的问题，XXVI，6。公民法的对象，XXVI，9。何时应遵循公民法所许可而不遵循宗教所禁止，XXVI，10。公民法取决于习俗和风尚的实例，XXVI，14。公民法被禁仅仅偶尔发生，XXVI，14。人为公民法牺牲了财产的公有性，由此而产生的后果，XXVI，15。公民法是所有权的守护神，XXVI，15。凡涉及王位继承时，无论援引哪个国家的公民法都是荒谬的 XXVI，16。应该审视一下，表面相互矛盾的那些民法是否同属一个类别，XXVI，18。公民法根本不应约束纯属家庭法制约的事务，XXVI，19。公民法不应管束适用万民法的事务，XXVI，20。在公民法约束下是自由的，XXVI，20。公民法的权力和威望不是同一回事，XXVI，24。公民法有一个专门类别，那就是治安管理，XXVI，24。不应将违反治安管理与仅仅违反规章混为一谈，XXVI，24。如果只能强制诚实的人逃避法律，法律达到其部分目的并非不可能，XXVII，1。制定法律的方式，XXIX。看似远离立法者观点的公民法实际上往往与之相符，XXIX，3。在立法者看来不妥的公民法，XXIX，4。自相矛盾的公民法举例，XXIX，5。表面相似的公民法其实效果不同，出发点也并不一定相同，XXIX，6。必须好好制定公民法的理由，XXIX，7。一些看似矛盾的公民法有时出于同一精神，XXIX，10。不同的公民法如何进行对比，XXIX，11。看似相同的公民法有时并不相同，XXIX，12。公民法不应离开其制定的目标，XXIX，13。公民法从属于政治法，XXIX，13。公民法不应脱离其制定时的具体情况，XXIX，14。自行纠正有时是好事，XXIX，1，15。允许为自己辩护的民法需要采取的谨慎措施，XXIX，15。民法的文风和内容应该如何，XXIX，16。法律的推测胜过人的推测，XXIX，16。绝对不应制定无效的民法，以法西迪安法为例，XXIX，16。如同罗马皇帝那样以皇帝的敕复作为法律是一种不良立法行为，为何，XXIX，17。在一个国家中，公民法是否应该统一，XXIX，18。公民法始终体现着立法者的感情和偏见，XXIX，19。

公民法、民法（Droit civil）——什么是公民法，I，3。不从事土地耕作的民族受万民法约束多，受公民法约束少，XVIII，12，26。不从事土地耕作的民族的公民法，XVIII，12。公民法制约国家和个人，XXI，21。变通自然法原则就可应用公民法原则审判的例子，XXVI，5。用公民法原则处理的事务绝不能用教会法原则处理，极少用宗教法原则处理，也不能用政治法原则处理，XXVI，8，15，16。当事务因其性质而应依据具体规定处理时，不能依据一般规定处理，XXVI，25。

公民国家（État civil）——什么是公民国家，I，3。

供品（Sacrifices）——据波菲利所说，最早用于祭神的供品是什么，XXV，4。

工人（Ouvriers）——应该设法增加而不是减少工人数量，XXIII，15。工人留给子女的财产比以土地出产为生的人留给子女的财产多，XXIII，29。

公司（Compagnies de négociants）——公司几乎永远不适用于君主政体，对共和政体也不是始终合适，XX，10。公司的用途，对象，XX，

10。公司曾使黄金和白银贬值，XXI,22。

公诉方(Partie publique)——实施蛮族法时不可能出现公诉方,公诉方何时确立,XXVIII,36。

公诉方代理人(Avoués de la partie publique)——不应与如今的公方混淆,公诉方代理人的作用,XXVIII,36,他们消失于何时,XXVII,36。

贡特朗(Gontran)——他何以收养希尔德贝,XVIII,28。

宫廷(Cours des princes)——各个时代有多少宫廷腐化了,III,5。

宫廷的仪表(Air de cour)——君主政体宫廷中的仪表,IV,2。

供献(Offrandes)——雅典人的一个信条认为,少量供献比用一条牛作祭献更敬重神明,这种说法的物质原因,XXIV,24。不应许可任何近乎奢侈的供献,XXV,7。

宫相(Maires du palais)——宫相的权力和常设性从克罗泰尔在位时期开始确立,XXXI,1。宫相从国王的管家变成王国的管家,国王选任宫相,国家选任宫相。他们的重要性就这样一步一步增长,XXXI,3。他们的权力增长和国王的权力削减的原因,需要到日耳曼人的习俗中去寻找,XXXI,4。宫相如何终于掌握军队,XXXI,5。宫相最煊赫的时期,XXXI,6。宫廷中的高级官职不可更换性对宫相有利,这是他们争取到的,XXXI,7。丕平登上王位后,宫相和国王就难以分清,XXXI,16。

公职(Emplois publics)——可否允许公民拒不接受公职? V,19。

公众淫乱(Incontinence publique)——是奢华之风盛行的后果,VIII,13。

姑表兄弟姐妹(Cousins germains)——为何他们之间不许通婚,XXVI,14。过去和现在他们都彼此认同兄弟姐妹,XXVI,14。罗马何时允许他们通婚,为何,XXVI,14。什么民族把他们之间的婚姻视若乱伦,14。

古代共和国(Républiques anciennes)——侵蚀古代共和国的主要弊病,XI,6。被罗马人征服之前世界上的各个古代共和国图景,当时除了波斯以外,世界上为人们所知的国家都是共和国,XI,8。

古代犹太人(Juifs，anciens)——维护他们之间平等的法律,V,5。他们的法律以什么为目标,XI,5。他们关于麻风病的法律来自埃及人的实践,XIV,11。他们关于麻风病的法律本应用来作为我们预防天花传播的范例,XIV,11。犹太人凶残的性格迫使摩西有时不得不在法律中远离自然法,XV,17。拥有多个妻子的人如何与他们相处,XVI,7。他们的贸易范围

主题索引 599

和延续时间,XXI,6。他们的宗教鼓励人口增长,XXIII,21。他们为何把避难所设在城市里,而不设在帐篷或庙宇中,XXV,3。他们为何把一些家庭奉献给神明,XXV,4。不在安息日抵御敌人,这是犹太人的愚蠢之处,XXVI,7。

孤儿(Orphelins)——治理良好的国家如何照管孤儿,XXIII,29。

古兰经(Alcoran)——该经书为专制国家确立了专横,XII,29。成吉思汗用马蹄踩踏古兰经,XXV,3。

古罗马(Rome ancienne)——没有将参加人民会议的公民人数固定下来,这是古罗马倾覆的主要原因之一,II,2。古罗马历次变革简述,II,2。为何平民担当重要职务如此困难,II,2。秘密投票是罗马垮台的重大原因之一,II,2。罗马的政治机制的巧妙,II,2。古罗马人如何制止贵族对平民的侵犯,II,3。罗马专制者的效用,II,3。苏拉之后为何不能保持自由,III,3。国家开支的来源,V,3。由谁执行监察,V,7。十人团所确立的可悲法律,V,8。当罗马向贵族政体倾斜时,它所采取的明智措施,V,8。设立监察官是十分值得赞叹的措施,V,8。帝政时期的文官为何与武官各自分离,V,19。法律对审判有多大影响力,IV,3。法律如何制止可能会误导人民审判的贪婪之心,VI,5。出现在古罗马的奢侈过度的实例,VII,2。机构如何随着政体改变而改变,VII,11。妇女处于终身监护之下,这种做法后来被废除,为何,VII,12。对迦太基的恐惧增强了罗马的实力,VIII,5。罗马腐化之后,想要找一个有正直法官的团体而无法找到,VIII,12。当罗马尚有品德时,平民非常大度,把贵族提升到与他们同等的地位,VI-II,12。联合使古罗马有能力攻击全世界,同时使蛮族有能力抵御古罗马,IX,1。汉尼拔当年如果拿下罗马,迦太基共和国就完了,X,6。罗马政体的目标是什么,XI,6。可以控告官员,这种做法的好处,XI,6。这个共和国的政体变换的原因,XI,6。截至马略执政时,这个共和国为何始终没有受制于它自己的军队,XI,6。这个国家的政体的历次变革及其原因,XI,12。王政时期的罗马政体属于什么性质,XI,12。在最后两位国王掌政时期,政体形式发生了什么变化,XI,12。驱逐国王之后,罗马并未采用它理所当然应该采用的政体,XI,13。人民借助什么确立自己的自由,设立各种官员的时间和动机,XI,14。人民如何集会,人民会议的召集时间,XI,14。罗马共和国为何在鼎盛时期突然丧失自由,XI,15。悲惨的景象令人民大为震惊,于是爆发革命,XI,16。平民滥用自己的权力,致使罗马险些坠入毁灭深渊,它的政治机制使它免遭灭顶之灾,XI,16。该共和国的执行权,XI,17。对给予这个共和国以活力的热情所作的描述,对各种职务所作的描述,这些职务如何由不同的实体分别担任,XI,17。先后领有司法权的各个实体和法院的详细情况,这些变化带来的弊病,XI,18。包税人为罗马造成的弊病,XI,18。在罗马发展的不同时期,如何治理各个行省,XI,19。罗马如何征税,XI,19。被征服的行省的力量为何只能起到削弱罗马的作用,XI,19。王政时期罗马的刑法不完善到什么地步,XII,2。判处一个被告需要几票同意,XII,3。共和时期所谓的特权指什么,XII,19。如何惩罚诬告者,防止诬告者腐蚀法官的措施,XII,20。被告可以在判决前退隐,XII,20。针对债务人的残酷法律使罗马共和国多次陷入危险境地,XII,21。某些罪行促成了罗马的自由,并加强了罗马的自由,XII,21。委托包税人替政府征税是罗马的一大弊端,XIII,19。包税人这种职业得到荣誉,共和国也就完蛋了,XIII,20。父亲处死子女的权力被剥夺后,如何惩罚儿童,XV,17。罗马把奴隶视若牲畜,XV,17。有关奴隶和被释奴的各种法律反映了罗马在这方面的尴尬,XV,18。罗马关于被释奴的法律相当不错,XV,18。整整520年中,无人敢于行使法律给予的休妻权,果真如此吗?XVI,16。何时开始有人侵吞公款,法律对此施加的刑罚表明,法律随民风而变,XIX,23。习俗改变,法律也随之改变,XIX,24。礼节时兴之日,正是自由退出之时,XIX,27。金银数量增加和货币数量减少的各个时期,金银的增始终与货币的减相随,XXII,12。共和政体垮台后,依据什么准则规范有息借贷,XXII,22。针对私生子的法律大概过于严厉了,XXIII,6。罗马衰弱的原因,与其说是战争,莫如说是公民的不和以及三位执政官和各种禁令,XXIII,21。允许丈夫把妻子借给别人,XXVI,18。谁制定了分地的法律,XXVII,1。过去罗马人为何只能在人民会议上立遗嘱,XXVII,1。公民拥有的立遗嘱权并未明确规范,这是好事和坏事的缘由,XXVII,1。人民为何不停地要求制定土地法,XXVII,1。骑士的殷勤献媚之风为何没有吹进罗马,XXVIII,22。不能为执行司法传唤而进入任何公民的住所;在法国,司法传唤只能在公民住所中进行;这两种法律截然相反,其精神却是相同的,XXIX,

10。窝赃者与盗窃者同罪,这在罗马是正确的,在法国却是不正确的 XXIX,12。罗马如何惩罚偷窃罪,有关此事的法律与其他民法毫无关系,XXIX,13。医生因失职或无能而受到流放乃至死刑处罚,XXIX,14。可以杀死拒捕的盗窃者,对此项后果严重的法规所作的修正,XXIX,15。参阅"罗马法"和"罗马人"等条。

古罗马贵族(Patriciens)——他们的特权如何影响罗马的安宁,他们的特权在王政时期是必要的,在共和时期是无用的,XI,13。他们在什么人民大会上权力最大,XI,14。是什么原因使他们隶属于平民,XI,16。

古人(Anciens)——他们的教育在那些方面优于我们的教育,IV,4。他们为何对君主政体认识不清,XI,8。他们的商业,XXI,6。

古物爱好者(Antiquaires)——本书作者自比古物爱好者,只看了一眼金字塔就匆匆回国,XXVIII,45。

官吏(Magistrats)——在民主政体下,应该由谁任命官吏,II,2。雅典如何选举官吏,任命前后均应对他们进行考察,II,2。在共和政体下,他们的能力与任期应该是什么关系,II,3。在民主政体下,公民对他们的依附应该达到什么程度,V,7。官吏不应接受任何礼物,V,17。在君主政体下他们应该拥有不容分享的审判权,VI,6。官吏与大臣的区别,谁应该不让大臣享有审判权,VI,6。官吏不适合指挥军队,荷兰是个例外,VI,6。官吏对诬告者的震慑力大于君主,XII,24。对他们唯一的报酬是尊敬和敬仰,XIII,20。他们在法国获得的财富和奖赏,XX,22。婚姻应该取得他们的同意吗? XXIII,7。

官品(Dignité)——在君主政体下应该如何谨慎对待官品,VIII,7。

关系(Rapport)——法是源自事物性质的关系,I,1。上帝与宇宙的关系,I,1。上帝的智慧和能力与他的法的关系,I,1。公正关系存在于确立公正的原始法之前,I,1。

关于采地的民法(Lois civiles sur les fiefs)——起源,XXXI,33。

关于共和政体的法律(Lois, République)——在民主政体下确定选举权的法律是基本法,II,2。哪些法律源自共和政体,首先是源自民主? II,2。在民主政体下首先应该为谁制定法律,II,2。哪些法律源自贵族政体,II,3。在贵族政体中,谁立法,谁执法,II,3。法律在共和政体下应该保持何种准确性,III,3。在民政政体中能够保持平等的法律典范,V,3。贵族政体中的法律应该能强制贵族给人民以公正,V,8。在共和政体下,法律对待债务人的凶残,XII,21。

关于婚姻的法律(Lois, mariage)——有些国家中的合法妻子分为若干等级,XXIII,5。在婚姻问题上,何时应遵循婚姻法而不是宗教法,XXVI,13。亲属之间的婚姻,何时由民法调节,何时由自然法调节,XXVI,14。不能也不应允许乱伦的婚姻,什么是乱伦的婚姻,XXVI,14。在各个国家中允许或不允许结婚,需视是否违背自然法而定,XXVI,14。

关于货币的法律(Lois, monnaie)——这些法律与货币使用的关系,XI-II。

关于教会人士的法律(Lois, clergé)——应对财富设置的限制,XXV,5。

关于君主政体的法律(Lois, monarchie)——这种法律应能制止君主的暴戾举措;某个公民突然获得重大权力,而法律对此未曾预见,法律因而对他的举措没有任何效力,II,3。君主政体的基础是国家的基本法,II,4。哪些是源自君主政体的法,II,4。在君主国政体下应该有一个监护法律的机构,这个机构是什么,II,4。法律在君主政体下取代品德,III,5。法律与荣宠相结合能在君主政体下产生美德的效果,III,6。在君主政体下,荣宠给予法律以生命,III,8。这些法律如何与君主政体的原则相匹配,V,9。应该强制公民接受官职吗?V,19。君主不可能犯法而没有危险,VI,5。在君主政体下,法律的实施是君主的安全和幸福的保障,XII,23。法律应该施加威胁,而君主则应该予以鼓励,XII,25。

关于贸易的法律(Lois, commerce)——从法律与贸易的性质和区别看法律与贸易的关系,XX。规定没收商品的法律,XX,14。确保贸易安全的法律,XX,15。从贸易在世界上的变化看法律与贸易的关系,XXI。印度的贸易法,XXI,21。欧洲的基本贸易法,XXI,21。

关于密谋的法律(Lois, conspiration)——关于揭发密谋的法律应该注意的问题,XII,17。

关于奴隶制的法(Lois, esclavage)——关于民事奴隶制的法律与气候有何关系,XV。这些法在奴隶制问题上应该做些什么,XV,11。家庭奴隶制与气候有何关系,XVI。政治奴隶制与气候性质有何关系,XVII。

关于气候的法律(Lois, climat)——这些法律与气候性质的关系,XIV。应该激励人们耕种土地,为何,XIV,6。关于与气候引起的疾病有关的法律,XIV,11。这些法律对人民的信任因气候而异,XIV,15。关于民事奴隶的法律怎么会与气候性质相关,XV。

关于平等的法(Lois, égalité)——这是一种怪异的法,当该法引入平等时,平等就显得令人憎恶,V,5。

关于土壤的法律(Lois, terrain)——与土壤性质的关系,XVIII。为人民的安全而制定的此类法律在山区比在其他地方少见,XVIII,2。此类法律在岛屿上比在大陆易于实施,XVIII,5。应根据人民获得生计的手段而对此类法律进行增补,XVIII,8。

关于习俗的法律(Lois, moeurs)——关于贞操的法律属于自然法范畴,无论在什么国家,这些法律都应如同保护女自由民的体面一样保护女奴的体面,XV,12。这些法律的简明程度取决于人民的习俗优劣,XIX,23。如何追随习俗,XIX,24。有时不得不为保护习俗而与宗教作对,XXIV,15。

关于自杀的法律(Lois, suicide)——反对自杀的法律,XIV,12。

关于自由的法律(Lois, liberté)——在与政制的关系中形成的关于政治自由的法律,XI。在公民的关系中组形成自由的法律,XII。公民的自由如何形成,XII,2。关于自由的悖论,XII,2。为了所有人的自由而剥夺某一公民的自由时,法律应有的真实性,XII,19。在共和政体下吊销公民自由的法律,XII,19。在专制国家中可能带来些许自由的法律,XII,29。关于自由的法律没有为从事贸易的公民带来自由,XV,2。法律可以做到如此地步,以至于从事最艰苦工作的人也感到幸福和自由,XV,8。

关于宗教的法律(Lois, religion)——宗教法律的主要效果是什么,I,1。哪些法律主要是为了完善基督教而制定的,XXIII,21。有关宗教的法律与各国既有宗教的关系,XXIV。基督教希望拥有尽可能优秀的民法,XXIV,1。不仅希望好,而且希望以至善作为追求目标的宗教,不应指望法律,而应进行劝告,但不是训诫,XXIV,7。无论哪种宗教,有关宗教的法律都应该与伦理道德相吻合,XXIV,8。宗教的力量作用于法律,XXIV,14。宗教所禁止的事情,民法却许可,这就非常危险,反之亦然,XXIV,14。倘若某个民族的宗教只有奖励而没有处罚,那就不应压迫这个民族,XXIV,14。如何修正伪宗教,XXIV,15。宗教法何以会有民法的效应,XXIV,18。法律与各国建立宗教的关系,与其对外事务的关系,XXV。宗教中应有节俭的法律,XXV,7。容许多种宗教的国家应该如何引导其法律,XXV,9,10。何时应遵循公民法所许可而不遵循宗教所禁止,XXVI,10。在婚姻问题上,何时应该遵守公民法而不是遵守宗教法？XXVI,13。

官位（Offices）——宫相全力促使官位不可剥夺,为何,XXXI,7。高官的官位何时开始变成世袭,XXXI,28。

官职（Magistratures）——在雅典,官职赋予谁,如何赋予,II,2。梭伦如何让不称职的人当不上官,却又不妨碍选举,II,2。在罗马,没有孩子的人比有孩子的人容易当官,XXIII,21。

光荣（Gloire）——君王的光荣是他们的骄傲,光荣不应成为任何战争的由头,X,2。

光荣或荣耀（Gloire 或 magnanimité）——专制政体下的君主和臣属都没有光荣或荣耀,V,12。

棍棒（Bâton）——在一段时间中,棍棒是决斗中唯一许可的武器,后来可以选用棍棒或刀剑,再后来则视决斗者的身份确定使用何种武器,XXVIII,20。为何至今依然被视为侮辱人的工具,XXVIII,20。

诡计（Brigues）——平民国家中需要诡计,II,2。在元老院和贵族团体中是危险的,在人民中一点也不危险,II,2。罗马元老院防备诡计的才智,VI,14。

贵族（Noblesse）——在君主政体中当然应该是中间权力的持有者,II,4。在君主政体中,贵族的一些弊病妨碍它成为法律的监护者,II,4。贵族的职业就是作战,荣宠促使它参战,荣宠促使它退出战争,IV,2。荣宠是贵族的父亲和儿子,V,9。在君主政体下,贵族应该得到支持,V,9。在君主政体下,唯有贵族应该得到采地,贵族的特权不应转交给平民,V,9。贵族分割赢得的财富时出现差别的原因,VI,1。贵族永远倾向于保卫王位,实例,VIII,9。在自由国家中,贵族应该单独组成一个团体参与立法,而且应该世袭,贵族的立法权应该如何加以限制,XI,6。荣耀和荣宠是他们应得的褒奖,XIII,20。在君主政体下应该允许贵族经商吗？XX,21,能用金钱换取贵族头衔是好事吗？XX,22。长袍贵族与佩剑贵族的比较,XX,22。贵族何时开始脱离乃至鄙视法官职务,XXVIII,42。

贵族政体（Aristocratie）——什么是贵族政体,II,2。不能如民主政体那样实行选举,II,2。应采用无记名投票,由此产生了那些法律,II,2。最高权力由谁执掌,II,3。执政者被人憎恶,有多少名位令人痛苦。贵族被幽禁在元老院中如何与民主相遇,贵族如何分为三个等级,每个等级的权势。人民在征服中发挥若干影响是有好处的。最佳的贵族政体可能是什么样的,哪一种最不完善,II,3。贵族政体的原则是什么,II,4。这种政体的缺陷,II,4。贵族的哪些罪行得到了惩罚,哪些没有得到惩罚,II,4。这种政体的灵魂是什么,II,4。法律如何与这种政体的原则相联系,V,8。发生动乱的主要根源,V,8。向人民分发财产是好事,V,8。对国家收入应做的事,V,8。应由谁收税,V,8。法律应迫使贵族给人民以公正,V,8。贵族不应太富也不应太穷,防止这两个极端的手段,V,8。贵族不应有争议,V,8。应制止奢华,VII,3。贵族由哪些居民组成,VII,3。这种政体的原则如何腐化:1)贵族的权力一旦变成专断,2)贵族一旦变成世袭,3)法律让贵族感受到的欢快一旦多于危险和劳累,4)当国家外部安全时,VIII,5。这种国家因其性质而不是自由国家,XI,4。为何讥讽作品受到严厉惩处,XII,13。这是与专制政体最相似的政体,后果,1。

贵族政体下的元老院(Sénat, dans une aristocratie)——何时必须要有元老院,II,3。

贵族政体下的元老院成员(Sénateurs, dans une aristocratie)——绝对不应任命新的成员以补空缺,II,3。

果阿(Goa)——该地居民性格中可怕的卑劣,XVI,11。

国家(Etat)——国家如何建立,如何存续,I,3。幅员多大的国家便于保存实力? IX,6。国家越大,越容易被征服,IX,6。国家的生命与人的生命相比,战争权来自这种比较,X,2。每个国家除了保存自己这个普遍目标之外,还各有一个其他目标,XI,5。国家变化有多少种方式,XI,13。国家何时最繁荣,XI,13。国家的财富取决于个人财富,国家应在这方面采取的做法,XIII,7。国家应保证每个公民的生存、饮食、得体的衣着、无害于健康的生活,XXIII,29。一个大国如变成另一个国家的属国,它就会衰弱,而且会使那个国家被削弱,这个原则对于王位继承的后果,XXVI,23。

国家的防卫力量(Force défensive d'un Etat)——防卫力量不如攻击力量的实例,IX,8。

国家的实力(Force des Etats)——国家的实力是相对的,IX,9。

国家的总实力(Force générale d'un Etat)——应该掌控在谁手中,I,3。

国家的相对实力(Grandeur relative des Etats)——不能为了保住国家的相对显赫而将已经衰微的邻邦置于死地,IX,10。

国家的真实实力(Grandeur reélles des Etats)——不能为了提高国家的真实显赫而削弱相对显赫,IX,9。

国家债务(Dettes de l'Etat)——国家债务由四类人偿还,哪一类人最不应该宽免,XXII,18。

主题索引　607

国家监察官（Inquisiteurs d'Etat）——他们在威尼斯的用处，II，3。这个官职的任期，他们如何行使职权，对何种罪行行使职权，II，3。为何威尼斯有国家监察官，XI，6。取代这种专制官职的办法，XI，6。

国家收入（Revenus publics）——贵族政体应该如何使用国家收入，V，8。国家收入与自由的关系，国家收入由什么组成，应该如何确定国家收入，XIII，1。

国家收入的管理（Régie des revenus de l'Etat）——这样做相对于包税的好处，一些大国的实例，XX，13。

国库财产（Biens fiscaux）——过去把采地称作国库财产，XXX，16。

国民会议（Assemblée de la nation）——法兰克人的国民会议，XVIII，30。墨洛温王朝和加洛林王朝经常举行国民会议，国民会议由哪些人组成，目的是什么，XXVIII，9。

国王（Rois）——国王不应对其臣属下达任何有违荣宠的命令，IV，2。即使在最自由的国家中，国王的人身也应该是神圣的，XI，6。与其国王富有而国家贫穷，不如国王贫穷而国家富庶，XXI，22。王位不应依据任何民族的公民法传递，而只应依据政治法决定其归属，XXVI，16。

国王的包税和收入（Fermes et revenus du roi）——包税最好能管理起来，否则就会损害国王，使人民痛苦和贫穷，只对包税人有利，使他们不断发财，XIII，29。

国王的忏悔师（Confesseurs des rois）——他们应该听取的明智劝告，X，2。

国王的忠臣（Antrustions）——此词的词源，XXX，16。马尔库尔弗时期把今天的附庸称作国王的家臣，XXX，16。法律把他们与法兰克人区分开，XXX，16。他们究竟是什么人，本书作者好像认为法国贵族主要起源于这些人，XXX，25。采地过去主要是给予他们的，XXX，25。

国王管辖（Juridiction royale）——国王管辖如何迫使教会管辖和领主管辖缩小其范围，这一变化带来的好处，XXVIII，41。

国王监察官（Procureur du roi）——这类官员的用处，VI，8。雅克二世在马略卡设立了国王监察官，XXVIII，36。

国王任命神职人员的特权（Régale）——国王的这一特权之所以延伸至新近征服的国家中，是因为王冠是圆形的？XXIX，16。

国王特派员（Envoyés du roi, Missi dominisi）——何时、为何停止向外省派遣国王特派员，XXVIII，9。不能就伯爵的判决向这些特派员上诉，两种判决的区别，XXVIII，28。国王特派员将他们估计不会认罪服判的权贵送交国王,XXVIII,28。特派员消失的时代,36。

《国王条例》(Etablissements-le-roi)——什么是圣路易时代的《国王条例》,XXVIII,29。这是一部十分珍贵的法律著作,为何它的缺陷,它的形式,XXVIII,38。

国务官员(Cosmes)——克里特的行政官员,设立这种官职的弊病,XI,6。

国债(Dettes publiques)——国家向私人举债是有害的,有哪些坏处,XXII,17。如何在不损害国家和私人利益的前提下还清国债,XXII,18。

苛捐杂税(Maltôte)——这是一种技巧,只有当人们生活舒适时才会出现,XXX,12。淳朴的人民想不到使用这种技巧,XXX,13。

H

哈林顿(Harrington)——他在自由问题上的错误原因,XI,6。对这位英国作家的评价,XXIX,19。

海港(Ports de mer)——海港尽管男子稀少,人口却并不少,此事的物质和精神原因,XXIII,13。

海关(Douanes)——实行承包的海关摧毁商业自由和商业本身,XX,13。加的斯的海关使得西班牙国王在一个贫困的国度里变成一位富有的私人,XXI,22。

海军(Marine)——英国海军为何强于其他国家的海军,XIX,27。罗马人在海军方面的天才,XXI,4。

汉尼拔(Annibal)——迦太基人向罗马人控告汉尼拔一事证明,民主政体摒弃美德时,国家就离毁灭不远了,III,3。迦太基人拒不向意大利派兵支援他的真实原因,X,6。他若拿下罗马,就会因过于强大而使迦太基遭殃,X,6。

汉诺(Hannon)——希望不向意大利派遣援军支援汉尼拔的真实意图,X,6。他的游历;他在非洲海岸的发现,XXI,11。他的游记是珍贵的古代文献,可信吗? XXI,11。

航海(Navigation)——大航海的效应,XX,6。古人不完善的航海术如何有利于提尔人的贸易,XXI,6。古人的航行速度为何比不上今人,XXI,6。古人如何改善航海技术,XXI,9。航海并未促使欧洲人口增长,XXIII,25。袄教徒禁止在内河航行,XXIV,26。

好客(Hospitalité)——经商不允许好客,XX,2。日耳曼人好客到什么程度,XCX,2。

好人(Hommes de bien)——什么是好人,君主国里好人极少,III,6。

好人(Bien, gens de)——一个国家的大多数大人物倘若全是坏蛋,他们的下属想当好人也难,III,5。君主政体中好人不多,如何才能做好人，III，7。

好事（Bien）——做好事要比把事做好容易一千倍，XXVIII，41。

好望角（Cap de Bonne-Espérance）——什么情况下经由埃及前往印度比经由好望角合适，XXI，9。好望角的发现是绕非洲航行的关键，是什么阻碍这个发现，XXI，10。葡萄牙人发现了好望角，XXI，21。

和解（Fred）——此词在瑞典语中的含义，XXX，20。参见"安保费"条。

和解（Réconciliation）——在一个国家中如果有许多仇恨的由头，宗教应该为和解提供多种手段，XXIV，17。

和解金（Compositions）——何时开始以习惯法而不是以法律条文处理和解金，XXVIII，11。蛮族法依据人的不同身份确定各类罪行的和解金额，XXVIII，3，20。和解金额的大小是身份和地位的唯一标志，XXVIII，4；XXX，19。本书作者对以下情况作了详述：日耳曼人的和解金性质，从日耳曼尼亚走出来的各族人民的和解金性质，他们征服罗马帝国，把我们引向领主司法的源头，XXX，19。和解金属于谁，为何在蛮族中要将应由罪犯负担的和解金交给受害人或受害人的亲属，XXX，19。蛮族法的编纂者认为应该确定补偿金的数额，并精确仔细地完成了此事，XXX，19。这些法规促使日耳曼人脱离纯自然状态，XXX，19。和解金依据受伤害的性质确定，XXX，19。和解金是受伤害者依据伤害程度要求补偿的一种权利，XXX，19。用什么形式支付和解金，XXX，19。在日耳曼人中，受害者有权决定是否接受和解金，如果被迫接受，就可以保留复仇的权利，XXX，19。在蛮族法典中可以找到有关过失伤害的规定，XXX，19。向国王的附庸支付的和解金大于向自由民支付的和解金，XXXI，8。

赫克勒斯（Hercule）——他的事迹表明，在他生活的年代，希腊仍然是蛮荒之地，XXIV，18。

荷兰（Hollande）——荷兰是一个联邦共和国，因而在欧洲被视为永恒的共和国，IX，1。荷兰的联邦制比德意志更完善，表现在哪些方面，IX，2。荷兰联邦与吕基亚联邦比较，IX，3。荷兰的人民代表应该做什么，XI，6。荷兰为何没有被它自己的军队制服，XI，6。宽和政体为何对荷兰比对其他地方更合适，XVIII，6。荷兰的商业如何，XX，4。它的商业依仗暴力和欺诈，XX，5。荷兰做的是亏本生意，却对它非常有利，XX，6。为何那里的船只不如他处好，XXI，6。荷兰凌驾于法国和英国之上，经营着全欧洲的贸易，XXI，21。控制汇率的是荷兰，XXII，10。

荷兰人（Hollandais）——荷兰人从对日贸易和对印度某些王国的贸易特权中取得的利润，XX，9。在葡萄牙人的习惯做法上做生意，XXI，21。荷兰人的贸易使西班牙人的商品有了价格，XXI，22。

荷马（Homère）——荷马时代最富庶的希腊城市是哪几个，XXI，7。荷马之前希腊人的商业，XXI，7。

和平（Paix）——尚未组成为社会的人的第一条自然法就是和平，I，2。和平是贸易的天然效应，XX，2。

和尚（Bonzes）——由于他们无益于公共福祉，所以中国关闭了许多寺庙，VII，6。

和谐（Harmonie）——统一国家的宗教法和民事法必须和谐，XXIV，14。

黑海（Pont-Euxin）——塞琉古曾计划将黑海与里海联结起来，但没有成功，后来彼得一世实现了这一计划，XXI，6。

黑人（Nègres）——路易十三允许殖民地的黑人成为奴隶的特殊原因，XV，4。我们有权让他们成为奴隶的极佳理由，XV，5。摩尔人如何通商，XXII，1。非洲沿岸使用的货币，XXII，8。

黑死病（Peste）——黑死病主要发生在埃及，为防止黑死病传入欧洲而采取的措施，XIV，11。土耳其人为何不注意防止黑死病，XIV，11。

恒河（Gange）——印度人认为，死在恒河边上的人能成为圣人，这是一种有害的说法，XXXIV，14。

亨利二世（Henri II）——他规定怀孕少女必须向官员报告的法律违背自然法，XXVI，3。

亨利三世（Henri III）——他的不幸遭遇有力地证明，君王不可侮辱其臣属，XII，28。

亨利八世（Henri VIII）——英国国王。他的死可能是因为颁布了一项过于严厉地惩处大逆罪的法令，XII，10。他利用专员把他讨厌的贵族全都杀了，XII，22。他在英国摧毁修道院和济贫院。从而确立了勤劳和商业精神，XXI-II，29。他制定另一项禁止证人和被告对质的法律，这有违自然法，XXVI，3。他制定法律，要求所有与某男子有过越轨行为的女子，在与该男子结婚之前必须向国王申报，这是一项违背自然的法律，XXVI，3。

红海（Mer Rouge）——埃及人把红海上的贸易丢给所有有自己港口的小部族，XXI，9。

后宫（Sérail）——什么是后宫，V，14。后宫是逸乐的场所，奴隶制是其原则，但是就连奴隶制的精神也会受到后宫的冲击，XVI，10。

户籍登记册（Registres publics）——户籍登记册承袭的是什么，其用处何在，XXVIII，44。

户口册（Cens）——在共和政体下如

何建立户口册,以便在公民之间维持道德平等,V,5。凡是登记在户口册上的人一律降为奴隶,为何有的公民不登记,XXVII,1。

黄金(Or)——黄金数量越多,价值越低,XXI,22。西班牙禁止将黄金用于奢侈品的法律很荒谬,XXI,22。黄金和白银数量多寡的原因,XXII,4。在什么意义上可以说,黄金多了好,在什么意义上可以说,黄金少了好,XXII,5。关于黄金少于白银的论述,XXII,9。

黄金海岸(Or, Côte d')——迦太基人当年如果深入到黄金海岸,他们在那里经营的商业就可能超过今天的规模,XXI,11。

黄铜(Cuivre)——黄铜与白银的不同比价,XXII,5,12。

谎言(Mensonges)——在日本,在官员面前撒谎的人被处死,此项法律好吗? VI,13。

宦官(Eunuques)——东方人为何让他们当官,为何允许他们结婚,他们如何结婚,XV,19。宦官似乎是东方不可或缺的坏东西,XV,19。宦官在东方负责管理王家内务,XXI,4。

回忆程序(Procésdure par record)——什么是回忆程序,XXVIII,34。

婚礼馈赠(Donations à cause de noces)——各族人民因习俗不同而对此作了不同的限制,XIX,25。

婚姻(Mariage)——为何有些民族规定女继承人必须嫁给血缘最近的亲属,V,5。在雅典,允许娶同父异母的姐妹为妻,但不得与同母异父的姐妹结婚,该项法令的精神 V,5。斯巴达人可以与同母异父的姐妹结婚,但不得与同父异母的姐妹结婚,V,5。在亚历山大里亚,既可与同父异母也可与同母异父的姐妹结婚,V,5。桑尼特人如何处理婚姻,VII,16。被征服者和征服者通婚的好处,X,14。不从事土地耕作的民族的婚姻是不牢不可破的,有的人有多个妻子,有的人一个妻子也没有,男子有时还可以以所有女子为妻,XVIII,13,24。婚姻之所以必需,是因为孩子需要找一个父亲提供食物和抚养,XXIII,2。子女的婚姻听命于父亲对吗? XXIII,7。斯巴达人的婚姻是否仅由官吏定夺,XXIII,7。在君主政体已经确立的国家里,子女在婚姻方面的自由比其他地方受到更多的限制,XXIII,8。那里的女子比男子更向往婚姻,为何,XXIII,9。决定婚姻的主要因素,XXIII,10。罗马法有关婚姻的规定细节,XXIII,11。罗马禁止高龄老人为生子而结婚,XXIII,11。罗马禁止社会地位过于悬殊的人通婚,何时开始放松此项规定,我们在这方面的自由来自何处,XXIII,

11。婚姻数量越少，通奸数量就越多，XXIII，11。让女子七岁就选婿违背人性，XXVI，3。禁止丈夫长期外出而且音讯全无的女子再婚，既违背个人利益，也违背公共利益，XXVI，9。查士丁尼在这个问题上的看法不正确，XXVI，9。夫妻双双同意进修道院是离婚的原因吗？XXVI，9。在婚姻问题上，何时应遵照宗教法行事，何时应遵照公民法行事，XXVI，13。亲属之间的婚姻，何时应依据自然法处理，何时应依据民法处理，XXVI，14。母子结婚为何比父女结婚更让人恶心，XXVI，14。宗教观念使某些民族的婚姻有乱伦之嫌，XXVI，14。禁止父母与子女以及兄弟姐妹结婚的法律有助于发现自然法在什么程度上禁止这种婚姻，XXVI，14。各民族的民法根据是否符合自然法来确定允许和禁止某些婚姻，XXVI，14。有些民族允许姑表兄弟姐妹结婚，有些民族不允许，为何，XXVI，14。是否应该禁止穿修女服饰但并未出家的女子结婚，XXIX，16。是否一提到婚姻，就应该说到神的启示？《辩护》中的"婚姻"条。

汇兑（change）——汇兑使货币散播到各地，XXII，6。构成汇兑的要素。定义，变化，变化的原因，如何把一国的财富吸收到另一国，其各种地位和各种后果，XXII，10。对于君主们施加于货币称谓的权威是个阻碍，XXII，13。如何妨碍专制政体国家，XXII，14。参阅"汇票"条。

汇票（Lettres de change）——汇票是谁在何时创设的，XXI，20。汇票使我们得以消灭不择手段的做法，今天得以享受的宽和政体，XXI，20。汇票使贸易摆脱了不良法律的羁绊，进入诚信的宽阔胸怀，XXI，20。

霍布斯（Hobbes）——他对人初始感情的错误论断，I，2。《论法的精神》的作者用来批驳霍布斯和斯宾诺莎理论的论述，被《教会新闻》的编者们视为他的无神论的证据，《辩护》第一部分，第1条异议。

豁免（Immunité）——最初把教会人士在他们的属地上获得的司法权叫作豁免权，XXX，21。

霍诺里乌斯（Honorius）——他对言论罪的看法，XII，12。这位君王的坏法律，XXIX，16。参见"阿卡迪乌斯"条。

火取证法（Preuves par le feu）——如何以火取证，经受不了以火取证的人都是怯懦之辈，在一个尚武的民族中，他们应该受到惩罚，XXVIII，17。

霍廷西乌斯（Hortensius）——他向加图借妻，XXVI，18。

火刑（Auto-da-fé）——什么是火刑，这种残酷的刑罚不公正和可笑到什么程度，XXV，13。

J

假币制造者（Monnayeurs，faux）——将制造假币列为大逆罪的法律是不良法律，XXII，8。

家臣（Leudes）——家臣就是如今被我们称作附庸的人，早年历史学家称他们为家臣，他们的起源，XXX，16。过去这个词似乎仅指国王的附庸，XXX，16。他们由谁率领参战，他们率领谁参战，XXX，17。他们的附庸的附庸为何不由伯爵率领参战，XXX，18。他们在自己的领地上就是伯爵，参见"附庸"条。

家事法（Lois domestiques）——适用家事法的事务绝对不应以公民法来处置，XXVI，19。

家庭奴役（Sevitude domestique）——本书作者所说家庭奴役是什么意思，XVI，1。家庭奴役与多妻制无关，XVI，11。

价值（Valeur）——钱币与其所表示的物品的价值 XXII，2。钱币的价值有两种，一种是实在价值，另一种是相对价值，确定其相对价值的办法，XXII，10。一个人在英国值多少钱，XXIII，18。

继承（Hérédité）——如果想在民主政体下维护平等，一人就不能同时拥有两份世袭权，V，5。

继承人（Héritiers）——在英国的某些地区、在鞑靼和罗昂公爵区，只有非长子享有继承权，XVIII，21。罗马只有两类继承人，其一是本家亲属，其二是男系亲属。女系亲属因而被排除在继承之外，XXVII。罗马人认为死而无嗣是一种耻辱，为何，XXIX，8。

嫉妒（Jalousie）——嫉妒有两种，一种出于激情，另一出于习俗或法律，其性质，其后果，XVI，13。

基督教徒（Chrétiens）——不管培尔怎样说，由真正的基督教徒组成的国家可以很好地生存，XXIX，6。他们关于灵魂不死的教义，XXIV，21。

基督教（Christianisme）——基督教把我们带回沙特恩时代，XV，7。基督教为何保存在欧洲，而在亚洲则被摧毁，XVI，2。将其精神赋予法学，XXII，21。基督教为哲学早已引入帝国的独身制正名，XXII，21。基督教对人口增殖不利，XXII，21。铭刻在心中的基督教原则，其效应大于君主政体下的荣宠、共和政体下的美德、专制政体下的畏惧，XXIV，6。基督教的美丽画卷，XXIV，13。为社会出色地引领灵魂不死和肉体复活的教义，XXIV，19。从人的角度看，气候似乎限制了它的发展，

XXIV,26。有关信仰实践的法规充满良知,可随气候而变,XXIV,26。征服罗马帝国的蛮族信奉基督教为何如此容易,XXV,3。基督教在让人抛弃信仰时所表现的坚定性,是日本人憎恶基督教的原因,XXV,14。基督教改变了男子为女子保持风化而制定的法规,XXVI,9。基督教对法国早期国王的凶残精神所产生的影响,XXXI,2。基督教是自然宗教的完善结果,因而可以在不亵渎基督教的前提下以自然宗教的原则解释某些事物,《辩护》第一部分第11条异议。

基督宗教(Religion chrétienne)——基督教在多大程度上让我们幸福,X,3。基督教几乎永远不可能在中国立足,XIX,18。基督教很难与专制主义相容,但与君主政体和共和政体很容易相容,XIX,18;XXIV,3。基督教将欧洲与世界其他地区分开,拒不弥补它对人口增长造成的损失,XXIII,25。基督教的目的是追求人的永久幸福,所以它希望能有最佳的政治法和公民法,XXIV,1。基督教比其他所有宗教的优越之处,包括今生在内,XXIV,3。基督教不但关注彼岸幸福,也关注今生的幸福,事实证明,XXIV,3。基督教为何没有不可解释的罪行,基督教的美丽图景,XXIV,13。——

《论法的精神》是一部纯政治学和纯法学著作,所以本书作者并不以让人信仰基督教为目标,他仅仅希望让人热爱基督教,《辩护》第一部分第一节。孟德斯鸠信仰并热爱基督教的证据,《辩护》第一部分第二节,上帝希望建立基督教的地方从未有过阻碍,《辩护》中的"宽容"和"基督教"条。

季风(Moussons)——发现季风适值远洋航海事业发达之时,XXI,9。

继父(Beau-père)——为何不得与其继女结婚,XXVI,14。

饥馑(Famines)——中国经常发生饥馑,为何饥馑引发中国的革命,VIII,21。

继母(Belle-mère)——为何不能与其继子结婚,XXVI,14。

几内亚(Guinée)——该国妇女何以极度放荡,XVI,10。

继女(Belle-fille)——为何不能与其继父结婚,XXVI,14。

济贫署署长(Hôpital, le Chancelier de l')——他所犯的错误,XXIX,16。

济贫院(Hôpitaux)——济贫院仅在特殊情况下才是必需的。救急比永久性的济贫院更有用。济贫院带来的不良后果举例,XXIII,29。

机器(Machines)——以简化劳动为目的机器并非始终有用,XXIII,15。

祭司(Prêtres)——他们在蛮族人民

中的权威通常来自何处,XVIII,31。没有祭司的民族通常是蛮族,XXV,4。祭司的缘起,为何人们习惯于尊敬他们,XXV,4。祭司为何变成了一个独立的人群,XXV,4。在什么情况下祭司过多很危险,XXV,4。有些宗教不仅消除了他们的公务累赘,而且消除了他们的家庭累赘,XXV,4。

讥笑(Raillerie)——君主切忌讥笑,XII,28。

极刑(Supplices)——各种政体下的立法者在这方面应该采取的行动,VI,9。极刑的增多意味着革命已经临近,VI,9。何时发明车裂刑,该刑罚并未产生预想的效果,为何,VI,12。对于谋杀犯和盗窃犯不应使用同样的刑罚,VI,16。什么是极刑,什么罪行应该处以极刑,XII,4。极刑不可能重建民风,也不可能制止普遍的弊病,XIX,17。

机制(Institutions)——想要建立新机制的人应该遵守的规则,IV,6。奇特的机制有时很好,IV,7。

继子(Beau-fils)——为何不能娶继母为妻,XXVI,14。

加比尼乌斯法(Loi Gabinienne)——什么是加比尼乌斯法,XXII,22。

假币制造者(Faux monnayeurs)——他们犯的是大逆罪吗?XII,8。

家臣(Fidèles)——最早的历史学家把我们现在称作附庸的人叫作家臣,XXX,16,参见"附庸"条。

加尔文(Calvin)——他为何取消他的宗教中的等级,XXIV,5。

加尔文主义(Calvinisme)——加尔文主义似乎与耶稣所说而不是与圣徒所为更加吻合,XXIV,5。

加尔文主义者(Calvinistes)——他们大大削减了教会人士的财产,XXXI,10。

价格(Prix)——在财富的价值符号发生变化的条件下,物品的价格如何确定,XXII,7。

加洛林王族(Carlovingiens)——他们登上王座是水到渠成,绝不是革命,XXXI,16。与加佩王族登上王座相比,XXXI,16。他们的王位兼具选举和世袭性质,证据,XXXI,17。溃亡的原因,XXXI,20。积弱的主要原因,XXXI,25。因失去所有领地而丢失王冠,XXXI,30。王位如何转移到加佩王族手中,XXXI,32。

加拿大(Canada)——该国居民把战俘烧死,或是把他们认做本族人,视情况而定,XXIII,17。

迦南人(Cananéens)——他们为何如此轻易被摧毁,IX,2。

加佩王族(Capétiens)——他们如何登上王座,与加洛林王族相比,XXXI,16。法兰西的王冠如何传到加佩王族,XXI,32。

迦太基(Carthage)——道德沦丧导致其毁灭,III,3。该共和国腐化的各个阶段，VIII，14。该共和国拒不驰援汉尼拔的真正原因，X，6。汉尼拔若攻下罗马，迦太基就完了，X，6。迦太基把审判权托付给了谁，XI，18。其商业性质，XX，4。商业，在非洲沿岸的发现，XX，12。为防止罗马人从事海上贸易而采取的措施，XX，12。迦太基的覆亡使马赛增光，XX，12。

迦太基人（Cathaginois）——在他们本国更易被征服，为何，IX，8。他们的禁酒法令源于气候，XIV，10。绕非洲航行失败，XXI，10。历史表明他们热衷于商业，XXI，11。他们知道使用罗盘吗？XXI，11。他们为罗马人设置的商业界限如何控制撒丁人和科西嘉人的附属地位，XXI，21。

迦太基人的诚信（Foi punique）——究竟是迦太基人诚信还是罗马人诚信，唯有胜利能够确定，XXI，11。

家庭（Famille）——应该如何管理每一个家庭，IV，1。规定同一性别承继家庭的法律对人类的繁衍作出了很大贡献，XXIII，4。

家事法院（Tribunal domestique）——罗马的家事法院由什么人组成，它管辖的是什么事、什么人，它可以处以什么刑罚，VII，10。家事法庭何时、为何被废除，VII，11。

家庭奴隶制（Esclavage domestique）——本书作者所说的家庭奴隶制，XVI，1。

加图（Carton）——他把妻子借给霍廷西乌斯，XXVI，18。

加图（Caton）——大加图。他为罗马接受沃科尼乌斯法和巴比安法而竭尽全力，为何，XXVII，1。

夹心硬币（Médailles fourrées）——什么是夹心硬币，XXII，13。

家长（Père de famille）——为什么不可以允许儿子立遗嘱，XXVII，1。

家族财产赎回（Retrait lignager）——这种制度对于贵族政体是有害的，V，8。在君主政体下，把这种权利赋予贵族是有用的，V，9。这种制度何时开始应用在采地上，XXXI，34。

监察（Censure）——谁在斯巴达执行监察，V，7。谁在罗马执行监察，V，7。在罗马，监察的力度大小取决于腐化程度，VIII，16。监察何时完全消失，VIII，16。习俗败坏使罗马的监察被摧毁，XXII，21。

监察官（Censeurs）——监察官任命罗马的新元老院成员，这种做法的好处，II，3。监察官在民主政体中的功能，V，7。罗马设置监察官的明智，V，8。何种政体需要监察官，V，19。他们的权力，这种权力在罗马如何使用，XI，17。在罗马，他们始终紧盯婚姻，为的是增加婚姻，XXIII，21。

检察官（Ephores）——取代这种暴戾官员的办法，XI，6。斯巴达设置此类官员的弊病,XI,6。

坚定不移的保证(Firmitas)——在封建事务上,这种保证是什么,XXXI,33。

监护(Tutelle)——在法国,监护何时开始与照看有了区别,XVIII,27。随着习俗变化,罗马法关于此事的理论也出现了变化,XIX,24。一个民族的习俗应该让立法者把母亲看得比任何近亲更重,或者把近亲看得比母亲更重,XXVIII,25。

监护人(Tuteurs)——他们有权替他们的未成年被监护人作出决定,接受或拒绝司法决斗,XXVIII,25。

间接监管(Bailli 或 garde)——何时开始与直接监管相区分,XVIII,27。

讲究情趣(Délicatesse du goût)——宠臣们讲究情趣的缘由,IV,2。

将人民分成等级(Division du peuple en classes)——在平民政体中将人民分成等级非常重要,II,2。

奖赏(Récompenses)——奖赏过于频繁说明这个国家正在走下坡路,V,18。专制君主给予臣属的奖赏只能是金钱,君主政体国家的奖赏是荣宠,荣宠可以带来财富,共和政体的奖赏仅仅是荣誉而已,V,18。宗教如不许诺可在彼岸世界得到奖励,就不能笼络人心,XXV,17。

骄傲、傲慢(Orgueil)——骄傲是我们的礼节的正常来源,IV,2。宠臣之所以傲慢的原因,傲慢的程度,IV,2。傲慢对民族有害,XIX,9。傲慢始终与严肃和懒惰相伴,XIX,9。骄傲如与其他道德品质相结合,可能会有好处,罗马人就是一例,XIX,9。

教规集(Canons)——各种集子,各种集子所收集的内容,在法国使用的集子,XXVIII,9。主教编纂教规的权力是他们用来逃避敕令的借口,XXVIII,9。

教皇(Papes)——为了阻止因罗马法深得民心而影响教会法的声誉,教皇以革出教门进行威胁,XXVIII,42。教皇的圣谕其实就是他们的敕复,而敕复是一种不良立法行为,为何,XXIX,17。宽厚者路易为何让罗马人民选举教皇,XXXI,13。

教皇的权力(Pontificat)——此权应该由谁执掌,XXV,8。

教皇的选举(Election des papes)——皇帝为何把选举教皇的权利交给罗马人民,XXXI,13。

教皇亚历山大六世的分界线(Ligne de démarcation du Pape Alexandre VI)——XXI,21。

教皇圣谕(Décrétales)——教会法收入了许多教皇圣谕,XXVIII,9。为何不采取罗马法的形式,而采取别的形式,XXVIII,40。其实大多是教皇的敕复,敕复都是不良的立法方式,为什么,XXIX,17。

教会(Eglise)——教会过去获得的采地是何种迷信所致,XXX,11。教会何时开始拥有自己的地方司法权,如何获得,XXX,21。教会财产如何变成采地,XXXI,9。

教会的荣誉性权利(Droits honorifiques dans les églises)——起源,XXXI,15。

教会法(Droit canonique)——应由公民法调节的事务绝不应援引宗教法原则予以处理,XXVI,8。教会法与民事法相配合,废除家臣审案制度,XXVIII,42。

教会管辖(Juridiction ecclésiastique)——君主国需要教会管辖,II,4。教会管辖权的确立得益于君士坦丁的至善观念,XXIII,21。他在世俗管辖方面采取的措施,XXVIII,40。世俗管辖的高潮与低潮,XXVIII,41。

教会期刊(Gazetier ecclésiastique)——见"教会新闻"条。

教会人士(Ecclésiasitiques)——他们支持以立誓作否定性证言的态度极其强硬,理由仅仅是教会这样做,由此造成大量伪誓的出现,以致司法决斗日益增多,他们却视而不见,XXVIII,18。他们对世俗司法采取的措施,XXVIII,40。他们致富的手段,XXVIII,41。向新郎出售新婚头三夜同房权,他们为何要为自己保住这三夜同房权,而不是其他,XXVIII,41。规定只能在世俗民众中选择领地法官的法律,来源于教会人士过去享有的特权,XXVIII,43。让他们像英国犬那样决斗到死的那项法律,XXIX,4。他们破坏了王朝初期税赋的作用,XXX,12。他们向庄园中的农奴征税,此类税被称作 Census 或 cens,XXX,15。布伦豪特和弗雷戴贡德制造的麻烦,只能通过给予教会人士以特权方能解决,XXXI,1。他们在德国所拥有的采地的来源,XXXI,19。参见"神职人员"、"法国国王"、"领主"等条目。

教会什一税(Dîmes ecclésiastiques)——丕平为此奠定基础,但正式确立不早于查理曼时代,XXXI,12。人民以什么为条件同意缴纳什一税,XXXI,12。

《教会新闻》(Nouvelles ecclésiastiques)——该刊试图抹黑《论法的精神》作者的指责都是卑鄙的诽谤,早在意料之中,但本书作者并未加以驳斥,《辩护》中多处。

《教会新闻》的那位先生(Nouvelliste ecclésiastique)——他从未懂得事物的意义。《辩护》第一部分第一节。他为向本书作者泼污水而使用的特殊手法,《辩护》第一部分第十一节。这位作者可笑和荒谬的判断和推论,《辩护》第一部分

第一节,第 10 条异议。本书作者虽然没有多大宽容心,对他的宽容却并不少,《辩护》第一部分第一节,第 10 条异议。《论法的精神》在整个欧洲受到赞许,这位作者为何偏偏要反对这部著作,他又是如何行事的呢,《辩护》第二部分。他的信誉很不好,《辩护》中的"宽容"条。他在多偶制问题上向本书作者发难时的笨拙或不良用心,《辩护》第二部分。他要求本书作者在一部有关法学的著作中只谈神学,《辩护》中的"独身制"条。这位作者的拙劣而可恶的指责,《辩护》中的"特殊错误"条。对他的天才和著作所做的正确评价,《辩护》中的"有息借贷"条。他对《论法的精神》的批评充满无知和情绪,既没有认真研究,也没有深入思考,文中显现的是上流社会不允许的冲动,这种学究气将会损害乃至毁灭所有科学,《辩护》第三部分。

交际花,妓女(Courtisanes)——在威尼斯只有她们活得幸福,VII,3。科林特是妓女的修道院,XXI,7。依据自然法,她们的孩子应该赡养贫困潦倒的父亲吗?XXVI,5。

教堂(Eglises)——虔诚促成教堂的修建;军事精神使教堂转入武夫手中,XXXI,10。世俗人员占据了教堂,主教们无法求助于禁止占据教堂的法律,那时主教们依然握有的权力,所有这些东西的来源,XXXI,11。

教士(Abbés)——过去曾率领其附庸参战,XXX,17。他们的附庸为何不在伯爵率领下参战,XXX,18。

教养(Civilité)——什么是教养,与礼貌有何不同,中国人事事讲究教养,在斯巴达见不到教养,为何有此差别,XIX,16。

教义(Dogmes)——教义的有害或有益不取决于教义是否真理,而取决于正确利用或滥用教义,XXIV,19。确定教义远远不够,还要加以指导才是,XXIV,19。

教育(Education)——教育法应与政体原则相符,IV。在君主政体下,学校不是主要教育场所,IV,2。君主政体下的教育三项原则,IV,2。君主政体的教育内容是什么,IV,2。在君主政体下,教育应与荣宠规则相符,IV,2。专制政体下的教育应该如何,IV,3。古人与今人教育效果的区别,IV,4。我们接受三种教育,这些教育使我们无所适从的原因,IV,4。共和政体的教育应该如何,IV,5。教育的好坏在多大程度上依仗父亲,IV,5。希腊人如何着力在教育中灌输美德,IV,6。亚里士多德穆斯如何提升库麦青年的教育,借以鼓励他们的勇气,X,12。波斯人的教育准则不正确,但很有用,XXIV,20。

教育法（Lois de l'éducation）——应与政体原则相一致，IV。

狡诈（Ruse）——君主政体下的荣宠何以允许狡诈，IV，2。

借贷（Prêts）——关于合同借贷，XXII，21。

揭发者（Dénonciateurs）——参见"控告人""被告""控告""告发人"等条目。

结婚时获得的财物（Gains nuptiaux）——不同政体下的妇女应该获得什么结婚财物，VII，15。

节俭（Frugalité）——在一个没有美德的民主政体中，被当作贪婪的是节俭，而不是占有的欲望，III，3。在民主政体下应该普遍节俭，节俭带来的美好效果，III，3。在民主政体下，节俭只应主宰家庭，不应主宰国家，III，3。如何激励对节俭的热爱，V，4。节俭在君主政体下不可能蔚然成风，V，4。民主政体十分需要节俭，如何保持节俭，V，6。

节俭性商业（Commerce d'économie）——什么是节俭性商业，在什么政体下最合适、最成功，XX，4。从事此类商业的民族，XX，5。节俭性商业往往产生于暴力和压榨，XX，5。有时不仅不赚，而且还得赔，只有这样才能赚，XX，6。节俭性商业有时受到何种阻碍，XX，8。银行对此类贸易很合适，XX，10。可以在从事此类贸易的国家建立自由港，XX，11。

解放农奴（Affranchissement des serfs）——是法国习惯法的渊源之一，XXVIII，45。

解放奴隶（Affranchissements）——各种政体在这方面应该遵循的规则，XV，18。

解放农奴条例（Chartres d'affranchisse-ment）——领主给予农奴的条例，是法国习惯法的渊源之一，XXVIII，45。

杰龙（Gélon）——他与查理曼缔结的良好和约，X，5。

姐妹（Soeur）——有些国家由于多妻制的原因，王位传给国王的姐妹的儿子，而国王自己的儿子却被排除在继位者行列以外，XXVI，6。姐妹为何不能嫁给兄弟，XXVI，14。哪些民族允许兄弟姐妹结婚，为何，XXVI，14。

杰尼库卢姆小丘（Mont Janicule）——罗马人民为何退守这座小丘，后果如何，XII，21。

节日（Fêtes）——节日的数量应该与人们的实际需要成正比，不应根据炫耀辉煌的意愿确定节日，XXIV，3。

解释法律（Interprétation des lois）——在什么政体下由法官解释法律，在什么政体下不许解释法律，VI，3。

近代罗马（Rome moderne）——除了劳动者以外的所有罗马人都很惬

意,XXIII,29。"神职人员应该为国家的开支作出供献",这句格言与国王为收税而说的话如出一辙,但违背福音书的精神,XXV,5。

金和银的相对丰富与匮乏,真实的丰富与匮乏(Abondance et rareté de l'or et de l'argent relatives, abondance et rareté réelles)——XXII,9。

近邻同盟(Amphictyon)——该同盟制定了一项自相矛盾的法律,XXIX,5。

金钱,钱币、白银(Argent)——金钱的恶劣效应,IV,6。在小共和国中可以禁止,在大共和国中有必要禁止,IV,7。在何种情况下拥有少量白银有好处,在什么情况下拥有大量白银有好处,XXII,5。与黄金相比,白银相对稀少,XXII,9。审视钱币的不同角度,是什么决定其相对价值,一个国家何时可以认为钱币丰裕,XX,10。借贷产生利息是正当的,XXII,19。参阅"货币"条。

金钱处罚(Peines péniculaires)——金钱处罚被认为比其他刑罚好,VI,18。罚金可以伴之以羞辱,借以加重处罚,VI,18。

金羊毛(Toison d'or)——金羊毛神话的起源,XXI,7。

金银稀少(Rareté de l'or et de l'argent)——这个术语可以有多少种含义?与汇兑相关时,金银稀少是什么意思,其后果是什么,XXII,9。

精神懒惰(Paresse de l'âme)——精神懒惰的原因与后果,XXIV,14。

金属(Métal)——金属最适合铸造货币,XXII,2。

京都(Mécao)——日本的一座圣城,尽管战争激烈,该城的商业始终兴盛,XXIV,16。

静修(Contemplation)——对于社会来说,宗教让人过静修生活并非好事,XXIV,11。

鲸鱼(Baleine)——捕鲸从来入不敷出,但对荷兰人有好处,XX,6。

景象(Spectacles)——罗马的惨状使人民感到震惊,因而发生了革命,XI,15。

竞争(Emulation)——在专制政体下竞争是可悲的,IV,3。

酒(Vin)——穆罕默德出于气候原因禁酒,酒对于哪些国家是合适的,XIV,10。

就渎职而提起上诉(Défaute de droit)——什么是就渎职而提起上诉,XXVIII,27。何时、如何以及向谁提出司法决斗的挑战,XXVIII,28。

《旧约·申命记》(Deutéronome)——许多民族都不能接受《申命记》中的一条法律,XII,17。

旧有习俗(Coutumes anciennes)——旧有习俗对于保持良好民风的作用,V,7。

拒不到案（Contumace）——君主制初期如何惩治这种行为，XXXI，8。

居鲁士（Cyrus）——为保住征服成果而采取的错误措施，X，12。

具有魔力的武器（Armes enchantées）——有此类武器的说法从何而来，XXVIII，22。

具体情况（Circonstances）——法律公正与否以及好或坏，都与具体情况有关，XXIX，6。

决斗（Duels）——答应进行决斗的人必须遵守诺言，这条规矩的由来，XXVIII，20。废除决斗比废除极刑容易，XXVIII，24。参见"司法决斗"条。

决斗取证法（Preuves par le combat）——哪些法律接受决斗取证，XXVIII，14—18。决斗取证的起源，XXVIII，14。有关决斗取证的特别法律，XXVIII，14。法兰克人采用决斗取证法，证据，XXVIII，18。这种取证法如何得到推广，XXVIII，18。参见"司法决斗"条。

决斗挑战（Gages de bataille）——一旦接受挑战，除非领主同意，否则不能求和，XXVIII，24，25。

绝对节欲（Continence absolue）——这种品德只能由很少数人实践，XXIII，21。参见"独身"条。

军队（Troupes）——军队增多是损害欧洲各国的一种弊病，XIII，17。无论平时或战时，拥有一支随时可以投入战斗的军队是否有利，XIII，17。希腊人和罗马人为何不重视海军，XXI，13。

军队（Armées）——为防止军队在执法机构手中成为扼杀公众自由的工具，军队应由哪些人组成，军队的人数和生存应靠谁，和平时期应驻扎在何处，应由谁指挥，XI，6。君主政体初期，军队由三种人组成，如何分组，XXX，17。墨洛温王朝初期的军队由谁指挥，指挥官的军衔，如何召集军队，XXX，17；XXXI，4。由若干民团组成，XXX，7。

军人（Militaires）——法国军人的财产和报酬，XX，22。

军人遗嘱（Testament militaire）——为何、何时、由谁立军人遗嘱，XXVII。

军事利益（Bénéfices militaires）——采地并非起源于罗马人关于军事利益的规定，XXX，12。铁锤查理时代已经不存在军事利益，由此可见，此时的庄园并非不可转让，XXXI，7。

军事权（Puissance militaire）——军事权应该归于文职官员，这是君主政体的一个基本原则，XXX，18。

军事政府（Gouvernement militaire）——建立军事政府的皇帝发觉，这种政府对臣下和他们自己都不好，于是设法使之变得宽和，VI，15。

君士坦丁（Constantin）——他对政体所作的改变，VI,15。他的至善理念造就了我们的教会司法，XXIII,21。他废除了几乎所有禁止独身的法律，VI,15。索西穆斯把君士坦丁奉教的原因归结为什么，XXIV,13。他仅规定城市居民周日不工作，XXIV,23。这位君主对主教们的可笑的尊重，XXIX,16。

君士坦提乌斯（Constanee）——这位皇帝的好法律，XII,24。

军事职务（Emplois militaires）——应该强迫公民接受比现任职务低的军事职务吗？——对同一个公民来说，此类军事职务与文职是否相容？V,19。

君主（Prince）——君主应该如何治理君主国，君主的旨意应该有什么规则，II,4。君主的旨意是君主政体中权力的唯一来源，II,4。有一些君主很有品德，III,5。在君主政体的变动中，君主的安全取决于中间团体忠于法律的程度，V,11。君主的真正权力是什么，IX,6。什么样的名声对于君主最有用，X,2。有些君主之所以成为暴君，只是因为他们太懦弱，XII,8。君主根本不应阻止有人向他们谈论失宠的臣属，XII,30。欧洲大多数君主用来毁灭自己的方法，就连最放荡的败家子也难以想象，XIII,17。君主应该始终有节余，若把全部收入花得干干净净，那就是毁灭自己，XIII,18。在试图对自己的国家进行巨大改革时应该遵守的规则，XIX,14。君主绝对不应经商，XX,19。应该以什么比例确定货币价值，XXII,10。君主必须信仰、热爱或惧怕宗教，XXIV,2。与邻国君主相比，君主并不自由，XXVI,20。被迫签订的条约与自愿签订的条约具有同等束缚力，XXVI,20。在他所统治的国家出生很重要，他不应同时统治其他国家也很重要，XXVI,23。

君主（Monarque）——他应该如何统治，他的旨意应该以什么为规则，II,4；III,2。什么东西可以阻止君主走向专制主义，II,4。荣宠使他的权力受到限制，III,10。他的权力实际上与专制君主无异，III,10。他比专制君主幸福，V,12。只应以荣宠奖励臣属，荣宠可以带来财富，V,18。君主应该禁止他的大臣拥有审判权，并将审判权交给法官，V,18。君主本人如果违法，那就等于煽动叛乱反对他自己，V,18。仁慈对他有多大的用处，VI,21。为了管好国家，他应该避免什么，VIII,6。改变他所拥有的权力的性质，使之变得无限大，并因此而摧毁安全，这就犯了反对他自己的大逆罪，VIII,7。他的权力有哪些，如何保护这些权力，IX，6。一个真正自由的国家需要一个君主，XI，6。在自由国家中，他如何参与立法，XI，6。古人为了使政体变得宽和，只想出了一些似是而非的办法，XI，9，10。君主的真实职能是什么，XI，11。与他所任命的审理臣民的专员相比，君主的公正精神更强，XII，22。好君主的幸福，想要成为这样的君主，只要让法律保持其威力即可，XII，23。发生公共灾难时，从没有人责怪君主，而是怨恨那些纠缠着他的腐化分子，XII，23。他应如何使用自己的权力，XII，25。君主应该鼓励，法律应该威吓，XII，25。君主应该平易近人，XII，25。对于君主应该如何与其臣民和谐相处的描述，XII，27。他应该向臣民表示的尊重，XII，28。

君主政体（Monarchie）——哪些是出自君主政体的法律，II，4。君主政体的法律以及它们的性质，II，4。君主政体的基本准则是什么，II，4。领事司法权和教会司法权对于君主政体是必要的，II，4。中间团体的权力对于君主政体的组成是必要的，II，4。这种政体内部应该有一个看管法律的中间机构，应该托付给谁，II，4。君主政体的原则是什么，III，2，7。君主政体无需多少正直便可维持，III，3。美德不是君主政体的原则，III，5。君主政体如何存续，III，5。那里的公罪比其他地方更具有私罪性质，III，5。用什么取代美德，III，6。野心很有用，为何，III，7。错觉在那里有用，应该有错觉，III，7。君主政体下的习俗为何永远比不上共和政体那样纯净，IV，2。那里的习俗应该具有某种坦率，IV，2。那里的人在什么意义上赞扬说真话，IV，2。礼节在那里非常重要，IV，2。荣宠在那里是一切思想方法和一切行为的指导，IV，2。那里的各种法律都规定服从君主，荣宠为这些规定设置了限制，IV，2。那里的教育应该符合荣宠的规矩，IV，2。那里的法律如何与政体相关，V，9。税赋不应让人民觉得过于沉重，V，9。公务是否应该迅捷执行，V，10。君主政体相对于共和政体的优越性，V，10。君主政体相对于专制主义的优越性，V，11。这种政体的最佳之处，V，11。君主是否安全，取决于国家中的各个等级在动乱中是否清廉或腐败，V，11。君主政体与专制政体相比，V，11。君主掌握的权力比赋予官员的权力大，V，16。可以让公民担任官职吗，V，19。那里的军事职务不应由文职官员兼任，V，19。官职买卖在君主政体下是有利的，V，19。君主政体不需要监察官，V，19。法律必须不断增多，

VI,1。判决增多和出现变化的原因,VI,1。审判程序是必需的,VI,2。审判如何进行,VI,4。审判权应该交由法官,即使是大臣也不应领有审判权,VI,6。那里比别处更需要仁慈,VI,21。不需要节制奢侈的法律,这些法律在什么情况下是有效的,VII,4。君主政体以贫困告终,VII,4。为何妇女在君主政体下不大约束自己,VII,9。君主政体不以良好的习俗为原则,VII,13。嫁妆应该丰富,VII,15。夫妻共有财产在君主政体下是合适的,VII,15。结婚时获得财产对于君主政体下的妇女没有用处,VII,15。是什么使君主政体光荣而安全,VIII,5。君主政体原则被破坏的原因:1)剥夺某些团体的权力,取消城市的特权,2)君主事必躬亲,3)君主专横地剥夺部分人的自然职能,把它给予另一部分人,4)君主喜好胡思乱想甚于其旨意,5)君主把一切归于自己,6)君主觉得他的权力和臣民对他的爱戴没有给他提供足够的保护,7)人人可以蒙受耻辱和荣耀,8)君主将公正变为严厉,9)愚蠢的人以为他们的一切都是君主的赐予,而与祖国无关,10)君主的权力变得无限大,从而使安全受到影响,VIII,6,7。君主政体的原则腐化的危险,VIII,8。君主政体在单独一个城市组成的国家里很难存续,VI-II,16。这种政体与众不同的特征,VIII,17。君主国如果疆域太大,保存这种政体唯一但可悲的方法,VIII,17。君主政体的精神,IX,2。君主政体如何保障自己的安全,IX,5。何时应该进行征服战争,如何与被征服人民以及原有庄园中的人民相处,一个从事征服的君主国的美丽图景,X,9。为保住另一个被征服地区而应采取的措施,X,10。对一个被征服的大国应有的举措,X,15。君主政体的主要目标,XI,5。我们所知的各个君主政体的简史,XI,7。为何古人对这种政体没有清晰的认识,XI,8。据我们所知,第一个君主政体的规划是蛮族在战胜罗马帝国之后制定的,XI,8。希腊人在英雄时代所说的君主政体,XI,11。希腊人英雄时代的君主政体与当今的君主政体相比,XI,11。罗马的君主政体属于什么性质,XI,12。在被征服人民中,君主政体带来的宽和比共和政体更多,XI,19。不应严厉惩罚讽刺文字,这些东西在君主政体下有用处,XII,13。在揭发密谋的法律中应该保留的措施,XII,17。在君主政体下,什么东西会对自由进行攻击,XII,22。君主政体下不应有密探,XII,23。这种国家应该如何管理,XII,25。君主政体下人民的幸福是什么，XII，25。君主政体下的至善是什么，XII，25。君主政体下的君主应该与人民亲近，XII，26。君主政体下的全体臣民都应享有出国的自由，XII，30。可以向沦为苦役奴隶的人征收的税，XIII，5。君主政体下可以增税，XIII，13。那里的什么税最符合自然，XIII，13。包税人这种职业如果很荣耀，一切就都完了，XIII，20。那里完全不需要奴隶，XV，1。如果有了奴隶，女奴的贞操应该得到保护，使之不受主人侵害，XV，12。大量奴隶对君主政体构成危险，XV，13。武装奴隶对于君主政体的危险小于共和政体，XV，14。在土地肥沃的地区建立君主政体比其他地区更容易，XVIII，1。在平原地区建立君主政体，XVIII，2。君主政体与妇女自由存在着天然的联系，XIX，15。君主政体与基督教的融合非常方便，XIX，18。君主政体对奢华性贸易的适应能力比对节俭性贸易的适应能力强，XX，4。银行的资金在君主政体下不很安全，私人的巨额财富也不安全，XX，10。在君主政体国家中绝不应建立自由港，XX，11。允许贵族经商对君主并无好处，XX，21。如何清偿债务，XXII，18。君主政体下的私生子不像共和政体下那样被人憎恶，XXIII，6。两种谬说曾使君主政体解体，如今仍然在危害着君主政体，这两种谬说是什么，XXIII，11。君主政体与基督教相处比与新教相处更加融洽，XXIV，5。君主政体中的神权应该与王权分开，XXV，8。在君主政体下，宗教裁判所除了培养一批告密者和叛徒以外，什么别的也干不了，XXVI，11。王位的继承顺序在君主政体下应该是固定不变的，XXVI，16。应该借助妇女能够给予的财富和她们有可能继承的财产鼓励结婚，XXVII，1。对于参加造反的人应该予以惩处，XXIX，3。

K

卡蒂斯贾（Cadhisja）——穆罕默德的妻子，XVI，2。

卡尔西冬的费勒亚斯（Phaléas de Chalcédoine）——他想确立自由，结果却使自由变得面目可憎，V，5。

卡尔穆克人（Calmouks）——大鞑靼民族。他们把容忍一切宗教当作一件有关良心的事，XXV，15。

卡拉卡拉（Caracalla）——他的敕复未被收入罗马法，XXIX，17。

卡里卡特（Calicut）——科罗曼德海岸王国，XXI，21。那里把所有宗教都是好宗教作为国家的训条，XXV，15。

卡隆达斯(Charondas)——是他首先发现了惩治伪证的办法,XII,3。

卡墨埃斯(Camoens)——他的诗作之美,XX,21。

卡帕多西亚人(Cappadociens)——他们以为在君主国比在共和国更加自由,XI,2。

卡斯蒂利亚(Castille)——那里的神职人员侵犯一切,因为没有确立赔偿和补偿权,XXV,5。

卡维里乌斯·鲁加(Carvilius Ruga)——他是第一个敢于休妻的罗马人,是这样吗? XVI,16。

卡希提里德岛(Cassitérides)——被人们如此称呼的是些什么岛,XXI,11。

卡西乌斯(Cassius)——他的儿子为何不因密谋其父而获罪,XXII,18。

凯雷亚(Chéreas)——他的例子说明,君主绝对不可羞辱臣属,XII,28。

恺撒(César)——他为苏拉所制定的法律增加条文,VI,15。他与亚历山大比较,X,14。他因虽有国王的权力却没有国王的排场而不快,XIX,3。他借助一项聪明的法律,把代表货币的东西变成货币本身,XXII,2。他通过什么法律让婚姻数量增加,XXII,21。禁止在家中储藏多于六十小银币的法律是一项正确的好法律,约翰·劳的同样法律则是一项不正确的坏法律,XXIX,6。他描述日耳曼人习俗的著作多达数卷,其中有蛮族法典,XXX,2。

开小差者(Déserteurs)——死刑并未减少开小差的人数,可以取代的办法,VI,12。

康比斯(Cambyse)——他如何利用埃及人的迷信。XXVI,7。

康拉德(Conrad)——皇帝。颁布下列命令的第一人:采地应依据继承顺序传给孙子或兄弟,此项法令逐渐扩展,直系继承延伸至无限,旁系继承延伸至七服,XXXI,30。

康茂德(Commode)——他的敕复不应该是罗马法的组成部分,XXIX,17。

康斯坦丁·杜卡斯(Constantin Ducas)——骗子。对他罪行的奇特惩罚,VI,16。

拷问或刑讯(Question或 torture)——应该废除刑讯,为此提供证明的实例,VI,17。刑讯在专制政体国家中可能存在,VI,17。法国由于进行刑讯,所以作伪证者被处以极刑,英国不进行刑讯,所以作伪证者不被处以极刑,XXIX,11。

科尔基斯(Colchide)——该地为何过去富足并经商,如今为何穷且荒凉,XXI,5。

克莱蒙伯爵(Clermont, le comte de)——为何让其父在他的司法管理区中执行圣路易的《法规》,

而他的附庸却并不执行,XXVIII,29。

克劳狄(Claude)——皇帝。他事事都要充当法官,有时还大肆掠夺,VI,5。他是赋予母亲以继承子女财产权的第一人,XXVII,1。

克雷姆狄乌斯·科尔都斯(Crémutius Cordus)——不公正地以大逆罪被判刑,XII,13。

科里尼法(Loi Cornélienne)——该法的制定者,凶残程度,原因,VI,15。

克里特(Crète)——斯巴达的法律源自该地的法律,IV,6。其法律由于睿智而能长期抵制罗马人的意图,IV,6。斯巴达人从克里特法中吸取了关于偷窃的规定,XXIX,13。

克里特的法律(Lois de Crète)——克里特的法律是斯巴达法律的范本,IV,6。

克里特人(Crétois)——他们用以成功地维持政体原则的特殊手段:对祖国之爱,VIII,11。为防止人口过度增长而采取的可耻手段,XXIII,17。他们惩治偷窃的法律对斯巴达非常适合,对罗马人却毫无用处,XXIX,13。

克里斯多夫·哥伦布(Christophe Colomb)——见"哥伦布"。

科林特(Corinthe)——良好的地理位置,它的贸易、财富;宗教败坏了习俗,XXI,7。它的衰落使马赛更光彩,XXI,7。

克洛多米尔(Clodomir)——他的孩子为何在成年前被掐死,XVIII,27。

克罗泰尔(Clotaire)——为何掐死其侄子,XVIII,27。确立百人长职位,为何,XXX,17。为何迫害布伦豪特,XXXI,1。宫相在他在位期间变为终身职务,并且势力大增,XXXI,1。为弥补布伦豪特和弗雷戴贡德的过失,只能让采地变成终生拥有,并归还神职人员曾被剥夺的特权,XXXI,1。为何不给他配置宫相,XXXI,3。教会人士为证明什一税的悠久,对他的体制作错误的诠释,XXXI,12。

克洛维斯(Clovis)——他何以变得如此强大和凶残,XVIII,29。他和他的后继者为何对自己家族如此凶残,XVIII,29。他撮合法兰克人的两个部族:萨利安人和里普埃尔人,并让各自保存其习俗,XXVIII,1。迪波教士为证明克洛维斯并未以征服者身份进入高卢而提供的所有证据都十分可笑,并为历史所否定,XXX,24。是否如迪波教士所说,克洛维斯曾担任行省总督,XXX,24。伯爵职位原本任期一年,后来变成终生任职,在克洛维斯在位期间开始买卖,一个儿子对其父在这方面忘恩负义的实例,XXX,1。

克伦威尔(Cromwell)——他的成功

阻碍民主在英国确立,III,3。

科普尔(Coples)——萨克森人把我们父辈称作伯爵的人称作科普尔,XXX,18。

科学(Science)——科学在专制政体中是个危险的东西,IV,3。

控告(Accusations)——依据政体性质,提出控告的权力应该托付给谁,VI,8;XII,15。追究有关巫术和异端的控告应该极其谨慎。对此类控告的追究应该慎重,否则就会既荒谬又凶残,证据。应该如何不偏信基于公众仇恨的此类控告,XII,5。天然的公正对证据与对控告的要求程度相同。《辩护》第一部分1,2。

控告人(Accusateurs)——为防止公民受诽谤的伤害而应采取的措施,雅典和罗马的实例,XII,20。他们如果不再在官吏面前而在君主面前提出控告,这便是诽谤的证据。这条规律的例外情况,XII,24。何时不得不为接受被告挑战的证人进行决斗,XXVIII,26。

孔子(Confucius)——他的宗教不认同灵魂不死,并由此引出一些对社会极有好处的结论,XXIV,19。

库拉河(Kur)——这是波斯唯一可通航的河流,XXIV,26。

库麦(Cumes)——亚里士多德穆斯为保存该城的暴政而采取的错误措施,X,12。该城有多少刑法不够完善? XII,2。

库西老爷(Coucy, le sire de)——它对英国的实力的估量,IX,8。

苦行(Pénitences)——把苦行强加于他人或自己时,应该从常识中汲取的规则,XXIV,12。

苦行僧(Derviches)——印度为何有那么多苦行僧,7。

苦役农奴(Serfs de la glèbe)——征服高卢时蛮族与罗马人分地一事表明,罗马人并未全都沦为奴隶,所以,苦役农奴的起源根本不应从这个所谓的普遍奴隶化中去寻找,XXX,7。参见"苦役奴隶"条。

苦役奴隶制(Esclavage de la glèbe)——在实行苦役奴隶制的国家里如何缴税? 这种新奴隶制的根源是什么,XIII,3。

苦役奴役制(Sevitude de la galère)——有人说,征服罗马帝国的蛮族制定了一个实行苦役奴役制的法规,相信这种说法的原因;其实这个法规根本不存在,苦役奴役制当然并非源自这个法规,应该到何处去寻找其起源,XXX,11。

矿(Mines)——由自由人开矿比使用奴隶开矿赢利更高,XV,8。西班牙的矿确如亚里士多德所说的那么多吗? XXI,4。金银矿数量过多时,就会使开矿者变穷,证据,XXI,22。

宽和(Modération)——人们谈到罗马人最喜爱宽和的刑罚时,指的是什么时代，VI，15。宽和是一种罕见的美德，XXVIII，41。立法者主要应由这种美德推动，XXIX，1。

宽和国家（Etat modéré）——宽和国家中的刑罚应该如何，VI，8。

宽和政体（Gouvernement modéré）——组成这种政体相当困难，V，14。在宽和政体下，最自然的税就是商品税，XIII，14。宽和政体适合于以勤劳开发的地区，XVIII，6。参见"军事政府"（Gouvernement militaire）条。——建立军事政府的皇帝发觉，这种政府对臣下和他们自己都不好，于是设法使之变得宽和，VI，15。参见"君主国"、"共和国"等条。

宽容（Tolérance）——本书作者是以政治学家的身份而不是以神学家的身份谈论宽容的，XXV，9。即使是神学家，他们也对宽容一种宗教和赞成一种宗教加以区分，XXV，9。宽容如果伴以伦理美德，就形成为最随和的性格，XXIV，8。一个国家如果许可多种宗教并存，这些宗教就应相互宽容，XXV，9。应该对已经立足的宗教予以宽容，同时应该阻止引入其他宗教，不过其中不包括基督教，因为基督教是第一好宗教，XXV，10。本书作者就宗教所说的这番话是不是对交趾支那国王的警告，让他对基督教关上大门？《辩护》第二部分中的"宽容"条。

昆提乌斯·金基纳都斯（Quintius Cincinnatus）——不管护民官的反对，他在罗马终于招募了一支军队，此事表明罗马人对宗教何等笃信，VIII，13。

L

拉达曼图斯（Radammante）——他处理案件为何极其迅速，XIX，22。

拉丁人（Latins）——罗马人把什么人叫作拉丁人，XXII，22。

腊古札（Raguse）——这个共和国中的官吏任职年限，II，3。

拉克西安人（Larzins）——查士丁尼建立的法庭为何让他们觉得难以忍受，XIX，2。

喇嘛（Lamas）——他们如何为允许一个女子可以有多个丈夫的法律辩解，XVI，4。

拉瓦莱特公爵（Valette, duc de la）——被路易十三亲自判刑，VI，5。

拉乌尔（Raoul）——诺曼底公爵。他确定了该省的习惯法，XXVIII，45。

拉希（Rachis）——他为伦巴第法增添了新法，XXVIII，1。

拉辛（Racine）——这位诗人对菲德拉的赞颂，XXVI，4。

莱比杜斯（Lepidus）——这位三大执

政官之一所做的蠢事是他那时的罗马人所做蠢事的明证，XII，18。

莱库古(Lycurgue)——他与佩恩先生相比，IV，6。显现在他所制定的法律中的矛盾，恰恰是他的天才的证明，IV，6。他的法律仅适用于小国，IV，7。他为何主张只能从老人中选用元老院成员，V，7。他将法律、风俗和习惯混为一谈，XIX，16。他为何下令让小孩学习偷窃，XXIX，13。

莱库古法(Lois de Lycurgue)——该法的表面矛盾证明了这位天才的伟大，IV，6。该法仅适用于小国，IV，7。

来山得(Lysandre)——他让雅典人认识到，惩罚必须宽和，VI，12。

懒惰(Paresse)——一个民族的懒惰来自骄傲，XIX，9。对于专横政权让人民忍受的种种不幸，懒惰是一种补偿，XIII，2。

浪子(Prodigues)——浪子为何不能立遗嘱，XXVII，1。

劳(Law)——因他的无知而险些酿成的极度混乱，II，4。他的体制使白银跌价，XXII，6。他的体制的危险性，XXII，10。他为之辩护的不准贮藏一定数量钱币的法律是不公正和有害的。恺撒的同样法律是正确而明智的，XXIX，6。

劳的体制(Système de Law)——使白银的价格下降，XXII，6，几乎把法国搞垮，XXII，10。恺撒时代的一项既好又公正的法律，被他变成了既坏又不公正的法律，XXIX，6。

劳动(Travail)——可以借助优良法律让人们进行艰苦劳动，并使之获得幸福，XV，8。因出产而需要大量劳动的地方，人口往往比其他地方密集，XXIII，14。劳动是管理良好的国家纾解贫困的一种手段，XXIII，29。

老君、老子(Laockuim, Lao Tsé)——他的学说让人过分沉溺于静思的生活，XXIV，2。

老实人(Honnêtes hommes)——枢机主教黎塞留把老实人排除在君主国的行政官员之外，III，5。在君主国里，老实人是什么意思，IV，2。

勒库安特神甫(Cointe le Père Le)——这位历史学家支持撒迦利亚教皇的说法如果能够成立，历史就被毁了，XXXI，16。

雷塞逊德斯(Récessuinde)——他的法律准许子女控告犯通奸罪的母亲，这是违背人的自然本性的法律，XXVI，4。他是西哥特法的改革者之一，XXVIII，1。他禁止使用罗马法，XXVIII，7。他废除罗马人和哥特人通婚的禁令，为何，XXVIII，7。他试图废除司法决斗而徒劳无功，XXVIII，18。

冷水取证法(Preuves par l'eau froide)——罗泰尔废除了这种取

证法,XXVIII,18。

立法机构(Corps législatifs)——在自由国家中,立法机构应由谁召集、保护、解散,会期应多长,XI,6。

立法权(Puissance législative)——立法权应该由谁执掌,XI,6。立法权如何使执行权宽和,XI,6。立法权任何时候都不能成为原告,XI,6。在罗马,立法权该由谁执掌,XI,16。

立法院(Législateurs, corps)——立法院可以长期不开会吗?XI,6。应该天天开会吗?XI,6。应该拥有自行集会的权力吗?XI,6。立法院对执行机构应该拥有什么权力,XI,6。

立法者(Législateurs)——最伟大的立法者主要因什么而伟大,II,2。立法者应使法律与政体原则吻合,V。他们应该着重想到什么,VI,9。他们任职过久带来的弊病,VI,12。如何把因刑罚过于严酷而造成的民族精神矫正过来,VI,13。如何合理使用罚金和体刑,VI,18。与我们这些国家相比,热带国家尤其是印度的立法者更需要智慧,XIV,3。蹩脚的立法者促使气候的负面效应更加有害,优秀的立法者懂得如何克服气候的不良影响,XIV,5。他们应该遵循的好规则,XV,16。当他们破坏有关两性的自然法则时,就会与气候的性质背道而驰,XVI,12。当他们与政体精神相符时,就能符合民族精神,XIX,5。立法者不应不知道道德弊病和政治弊病之间的区别,XIX,11。他们应该为专制政体国家制定的法规,XIX,12。某些立法者何以混淆治人的各种原则,XIX,16。立法者应该以梭伦为榜样,XIX,21。在人口增长问题上,他们应该修正对气候的看法,XXIII,16。不得不制定与天然情感相悖的法律,XXVII,1。为何应该制定与偏见和普遍做法相抵触的法律,XXVIII,38。他们应该具有什么精神,XXIX,1。他们的法律永远体现他们的感情和偏见,XXIX,19。他们从何处学到必须以公正治理社会这个道理,《辩护》第一部分第二节,第8条异议。

礼规(Bienséance)——不遵守礼规的人在社会上不能做任何好事,为何,IV,2。

里海(Mer Caspienne)——古人为何固执地认为里海是大洋的一部分,XXI,9。

离婚(Divorce)——离婚与休婚的区别,XVI,15。马尔代夫和墨西哥的法律告诉我们如何离婚,XVI,15。离婚在政治上的好处大,在民事上的好处小,XVI,15。罗马和雅典关于离婚的法律和做法,XVI,16。只有双方或一方同意离婚，离婚方符合自然本性，XXVI，3。由于宗教许愿而离婚，是远离民事法精神的行为，XXVI，9。

礼节（Politesse）——礼节本身是什么，君主政体下的礼节源自什么，IV，2。礼节对于施礼和被施礼的人都有积极作用，IV，2。礼节对君主政体相当重要，礼节的源头就在君主政体，IV，2；XIX，9。礼节对法国有用，它的源头在哪里，XIX，6。礼节是什么，与教养有何不同，XIX，16。英国人不大讲礼节，礼节进入罗马时，自由已经离开罗马，XIX，28。就我们与蛮族人民的区别而言，习俗方面的礼节甚于风尚方面的礼节，XIX，28。礼节产生于绝对权力，XIX，28。

利率（Rentes）——利率为何在发现美洲后下降，XXII，6。

里普埃尔法（Lois ripuaires）——该法定十五岁为成年，XVIII，26。墨洛温王朝的国王们删去了该法中与基督教不符的规定，留下了该法的基本内容，XXVIII，1。教会人员没有插手该法的制定，该法没有关于肉刑的规定，XXVIII，1。该法为何在法国人当中停止实施，XXVIII，9。该法允许提供否定性证言，什么是否定性证言，XXVIII，13。

里普埃尔法兰克人（Francs Ripiaires）——他们的法律亦步亦趋追随萨利克法，XVIII，22。他们来自日耳曼尼亚，XVIII，22。他们和其他蛮族的法律与萨利克法有何不同，XXVIII，13。

里普埃尔人（Ripuaires）——他们的成年年龄由法律规定，XVIII，26。克洛维斯掌政时，里普埃尔人与萨利安人联合，并保持了他们的习俗，XXVIII，1。谁在何时将他们的习俗写成文字，XXVIII，1。他们的法律相当简洁，简洁的原因，XXVIII，1。法国人何时停止使用里普埃尔人的法律，XXVII-II，9。里普埃尔人的法律只要求提供否定性证言，XXVIII，13。除了萨利克法外，其他蛮族法律都接受司法决斗，XXVIII，14。里普埃尔法何时准许使用热铁取证，XXVIII，17。参见"里普埃尔法兰克人"。

历史（Histoire）——法国的历史纪念物多如牛毛，XXX，11。墨洛温王朝最初几位国王的历史萌芽，XXX，4。

历史学家（Historiens）——自由国家和非自由国家的历史学家们违背历史真实，XIX，27。可以通过人们将会做的事来推测以前可能做过的事吗？XXI，16。法国历史学家陷入其中的一个谬误的由来，XXX，11。

礼物（Présents）——在专制政体下，有求于人时不得不送礼，V，17。送礼在君主政体和共和政体下是不光彩的事,V,17。官员不能接受任何礼物,V,17。以为给神送礼就可以消灾,这是对神的不敬,XXV,7。

理性(Raison)——存在着一个初始理性,它是所有法律的源泉,I,1。本书作者对极致理性的看法,XI,6。理性对于人类从未产生很大的效应,XIX,27。抵制理性其实就是理性的胜利,XXVIII,38。

利益(Bénéfices)——法律规定,两个利益主张者之一死亡后,另一个主张者可获得这份利益,结果引起教会人士就像英国犬那样相互攻击,XXIX,4。

礼仪(Rites)——什么是中国的礼仪,XIX,17。

利息(Intérêts)——国家在何种情况下可以降低利息,国家可以从中获得的好处,XXII,18。贷出的金钱获得利息是正当的。利息过高会摧毁商业,利息过低不被允许,有息借贷会应运而生,XXII,18。海上利息为何高于陆地利息,XXII,20。合同规定的利息,XXII,21。参见"有息借贷"条。

理想货币(Monnaie idéale)——什么是理想货币,XXII,3。

联邦共和国(Républiques fédératives)——什么是联邦共和国,这种实体不可能被摧毁,为何,VIII,16。联邦共和国应该由什么组成,IX,3。由共和国和君主国组成的联邦共和国很难存活,原因和证据,IX,3。组成为联邦共和国的国家不应相互征服,X,6。

联合(Union)——在贵族政体下,贵族必须联合,V,8。

两位安托尼乌斯(Antonins)——他们把神启真理束之高阁,(斯多葛主义)就是自然中最伟大的目标,XXIV,10。

两性(Sexes)——两项相互吸引是自然法则之一,I,2。男女的成熟和衰老速度取决于气候,这个速度与多偶制紧密有关,XVI,2。

临终圣事(Sacrements)——过去不能为没有把自己的部分财产赠与教会的人做临终圣事,XXVIII,41。

领地法官(Baillis)——何时开始可以就他们的判决提起上诉,何时不再这样做,XXVIII,22。他们如何判决,XXVIII,42。他们的司法权何时以及如何扩展,XXVIII,42。起初他们只审问,不判决,但宣布仲裁官的判决,他们何时开始单独审判,XXVIII,42。这种官职的产生和拥有审判权并不是法律规定的结果,XXVIII,43。有人认为,这种官职是1287年敕令设立的,其实该敕令对此只字未提,而是只说他们应在世俗人员中产生,证据,XXVIII,43。

灵魂(Ame)——对于市民社会来说,相信灵魂不死或会死,既可能

主题索引　635

有益，也可能有害，视各个教派从其原则得出的不同结论而异，XXIV,19。关于灵魂不死的教义分为三种，XXIV,19。

灵魂不死（Immortalité de l'âme）——这个信条对社会有用与否，需视如何从中获得后果而定，XXIV,19。这个信条分为三种，XXIV,21。

灵魂转世说（Métempsycose）——这个教条是有利抑或有害，取决于如何引导，XXIV,21。这个教条对印度有利，物质原因，XXIV,24。

领事（Consuls）——贸易需要这种法官，XX,18。

另一位国王的领地（In truste）——此词的含义，比尼翁和迪康热先生的误解，XXX,22。

领有永久产业权者的所得（Acquisitions des gens de mainmorte）——不限制永久产业权的主张愚不可及，XXV,5。

领主（Seigneurs）——领主隶属于伯爵，XXVIII,24。领主在家臣即附庸的协助下担任自己领地的法官，XXVIII,27。除非废除效忠臣服的约束，否则领主不能就其家臣的案件提起上诉，XXVIII,27。当领主在自己的领地法庭上向其家臣提起诉讼时，他应该如何行事，XXVIII,27。领主为预防有人提起审判不公的上诉而可以采取的措施，XXVIII,27。过去人们不得不压制领主们审案和派人审案的热情，XXVIII,28。在何种情况下可以在领主的法庭上与领主打官司，XXVIII,27。圣路易希望人们可以在领主法庭上对审判不公表示不服，XXVIII,29。如果想要把案件从领主法庭撤出，就可能面临案件被错判的危险，XXVIII,29。在圣路易时代，领主只有遵从国王谕令的义务，此类国王谕令必须是领主们亲自加封或副署，或者是经他们同意的谕令，XXVIII,29。过去领主们被迫必须支持对他们自己的判决提起的上诉，何时废除了这项规定，XXVIII,32。过去所有诉讼费用都由领主负担，那时没有关于诉讼费用的裁决，XXVIII,35。领主何时开始不再为审案而召集家臣，XXVIII,42。禁止领主主持法庭或主持审判的并非某项法律，而是逐渐形成的惯例，XXVIII,43。他们过去享有而现在不再享有的权利，并非作为篡夺的权力被废除，而是由于疏忽或情势而丢失，XXVIII,43。领主们为释放奴隶而作出的规定，是法国习惯法的一部分，XXVIII,45。君主制初期，领主在自己的领地上向农奴征收名为 census 和 cens 的税，XXX,15。领主的权力不是来自他篡夺来的税，据说这种税是从罗马带过来的,XX,15。领主与附庸其实是一回事,此词的词源,XXX,16。领主在自己的土地上拥有的司法权与伯爵在自己的伯爵区内拥有的司法权是一样的,XXX,18。领主司法权的确切来源,XXX,20。领主的司法权绝对不是通过篡夺而获得的,证据,XXX,20。

领主法庭(Justice seigneuriale)——领主法庭在君主政体下是必要的,II,4。由哪些人组成,如何称呼此类法庭作出的判决,XXVIII,27。在加洛林王朝时期,领主法庭的法官不论品质如何,都对他们管辖范围内的所审案件作出最终判决,他们管辖范围是什么,XXVIII,28。领主法庭不归国王特派员管辖。在圣路易时代,为何它们的法学原则不尽相同,XXVIII,29。本书作者认为,领主法庭起源于君主政体初期附庸的双重服务,XXX,18。为了手拉手引导我们了解领主法庭的起源,本书作者详细叙述了日耳曼人的领主法庭和为征服罗马帝国而走出日耳曼尼亚的各族的领主法庭,XXX,18。我们的先祖所说的领主法庭,XXX,20。法国领主庭的世袭原则来自何处,XXX,20。领主法庭不是起源于国王和领主的解放农奴,也不是起源于领主篡夺王权,证据,XXX,20。

教会从何时开始控制领主法庭,XXX,21。领主法庭的建立始于加洛林王朝后期,XXX,22。在原始转让合同缺失的情况下,从何处获得证据,说明领主法庭最初属于采地,XXX,22。

领主权(Droits seigneuriaux)——过去存在而后来不复存在的那些领主权,并非被作为篡夺而废除,而是因疏忽或形势而消失,XXVIII,43。领主权并非通过侵占来自人们所说的罗马人总体管理的虚幻的税收,XXX,15。

领主拥有永久产业权的地产(Mainmortables)——自由地何以变成了领主拥有永久产业权的地产,XXX,11。

流通票据(Papiers circulants)——流通票据有多少种类,哪些是国家应该允许流通的票据,XXII,17。

娄维吉尔德(Leuvigilde)——他修改了西哥特法,XXVIII,1。

路德(Luther)——他为何在教会内部保留等级制度,XXIV,5。他似乎更符合圣徒所做,而不是耶稣所言,XXIV,5。

卢卡(Lucques)——该地的官员任期多长? II,3。

卢瓦索(Loyseau)——这位作者对领主司法渊源所作的错误论述,XXX,20。

路易九世(Louis IX, Saint)——又

称圣路易。在他掌政时期,一笔超过12镑的债务就可由讼案双方以司法决斗解决,XXVIII,19。司法决斗的法学理论需从他的《条例》中去寻找,XXVIII,23。他是废除司法决斗的第一人,XXVIII,29。他掌政时期的法学状况和变化,XXVIII,29。他试图使《条例》成为全国性的法律,XXVIII,37。他的《条例》何以被人遗忘,XXVIII,37。他出发前往突尼斯的日期的证明,以《条例》为名的法典有很多虚假,XXVIII,37。他在法学改革中所表现的机智和灵巧,XXVIII,38。他为何要让人翻译罗马法,这份译文依然停留在手抄本阶段,在编制《条例》时充分利用了这份译文,XXVIII,38。圣路易何以想要制定一部全国通用的法学原则,XXVIII,39。他的《条例》和他在位时法学工作者的著作在很大程度上构成了法国习惯法的渊源,XXVIII,45。

路易六世(Louis VI)——又称胖子路易。改革了以前法官与不服从其命令的人决斗的做法,XXVIII,19。

路易七世(Louis VII)——禁止为不超过5苏的案件进行决斗,XXVIII,19。

路易十三(Louis XIII)——这位君王想要作为法官参与对德·拉瓦莱特公爵的审讯,被贝列弗尔院长当面奚落,VI,5。他决定让殖民地的黑人成为奴隶的奇特理由,XV,4。

路易十四(Louis XIV)——有人说他试图建立欧洲统一王国,这种说法没有依据,这种计划也不可能成功,除非毁灭整个欧洲,毁灭他自己的家族和旧臣,IX,7。在他掌政中期,法国达到鼎盛,IX,9。他敦促结婚的敕令不足以促使人口增长,XXIII,27。

路易一世(Louis Ier)——又称宽厚者路易。他在位期间所做的最大好事,X,3。阿戈巴尔给他的那封著名的信证明,萨利克法没有在勃艮第确立,XXVIII,4。他将司法决斗从刑事案件扩大到民事案件,XXVIII,18。他允许在决斗中选用棍棒或武器,XXVIII,20。他受到主教们和被他从奴役中解救的人侮辱,XXX,25。他为何赋予罗马人民以选举教皇的权利,XXXI,13。对这位君王的描述,他丧失民心的原因,XXXI,20。他的政府与铁锤查理、丕平和查理曼政府的比较,XXXI,21。他主要由于分封庄园而导致丢失王国和权力,XXXI,22。他死后发生骚乱的原因,XXXI,23。

吕底亚人(Lydiens)——居鲁士没有按照真正的政治准则对待他们,X,12。他们最早发现铸造钱币的方法,XXII,2。

吕基亚(Lycie)——这是一个优秀联邦共和国的典范,与荷兰相比,IX,3。

乱伦(Inceste)——各族人民程度不同地憎恶此罪的原因是什么,XXVI,14。

伦巴第法(Lois des Lombards)——对该法的修改其实是补充而不是修正,XXVIII,1。添进了一些敕令,后果,XXVIII,10。

伦巴第人(Lombards)——伦巴第人有一项保护女奴贞操的法律,适用于各种政体,XV,12。他们的法律何时、为何书写成文字,XXVIII,1。他们的法律为何失去了特点,XXVIII,1。他们的法律为何有增添而无修正,为何有这些增添,XXVIII,1。罗马法如何保存在他们的国土上,XXVIII,6。许多敕令添加在伦巴第法中,其后果如何,XXVIII,10。他们的刑法与里普埃尔法出于同样的考虑,XXVIII,13。依据伦巴第法,立誓以后就不必再受决斗之累,XXVIII,14。他们把司法决斗带到意大利,XXVIII,18。他们对各种羞辱规定了各种和解金,XXVIII,20。他们的法律禁止决斗者身带有魔力的草,XXVIII,22。他们的愚蠢法律,XXIX,19。为何他们把从日耳曼带到意大利的和解金数额提高,XXX,19。他们的法律总是比较讲道理,XXX,19。

论法的精神(Esprit des lois)——什么是法的精神,I,3。本书在哪些章节中探讨法的精神,I,3。本书的性质不要求本书作者致力于让人信奉基督教,不过本书作者努力让人喜爱基督教,《辩护》第一部分第一节第1条异议。圣谕"唯一圣子"是不是促成本书写作的偶然原因?《辩护》第一部分第十一节第10条异议。本书获得全欧洲的赞同,本书的目的是什么,内容是什么。教会的期刊为何狠批本书,为此提出了什么理由,《辩护》第二部分。

伦理道德法(Lois de la morale)——与实在法相比,伦理道德法得到遵守的程度较低,I,1。其主要效果是什么,I,1。

罗昂公爵区(Rohan,duché de)——平民的遗产由男性亲属中的排位最末者继承,该法的理由,XVIII,21。

罗得岛(Rhodes)——保障贸易安全的法律有些过分,XX,17。该岛曾是希腊贸易最兴盛的城市之一,XXI,7。

罗得岛人(Rhodiens)——他们的法律以什么为对象,XI,5;XX,17。他们的法律规定,船只遇到风暴时,船和船上的货物统统属于留在船上的人,XXVI,25。

罗得侯爵(Rhodes, le marquis de)——他对比利牛斯山中矿藏

主题索引　639

的梦想,XXI,11。
罗里孔(Roricon)——这位法兰克历史学家是个牧人,XXX,6。
罗慕洛斯(Romulus)——奥古斯都因担心被人说成暴君而不敢以罗慕洛斯为名,XIX,3。他的关于保护儿童的法律,XXIII,22。他的分地措施是罗马法中所有关于遗产继承的规定的来源,XXVIII,1。他关于分地的规定被塞尔维乌斯·图里乌斯重新采用,XVIII,1。
罗马的人民(Peuple de Rome)——最初五位国王当政时罗马人民的权力,XI,12。他们如何确立自己的自由,XI,14。权力过大是产生高利贷的原因,XXII,21。参见"罗马"和"罗马人"条。
罗马帝国(Empire romain)——征服罗马的是日耳曼尼亚的各民族,应在这些民族的习俗中寻找封建制度的根源,XXX,2。
罗马法(Droit romain)——为何以教会法形式取代罗马法的司法形式,XXVIII,40。罗马法的再度崛起及其后果,在法庭上带来的变化,XXVIII,42。罗马法如何传入法国,各省赋予罗马法的权威,XXVIII,42。圣路易下令翻译罗马法,并在他的《条例》中大量引用,XXVIII,42。罗马法开始在学校中教授后,领主们放弃了召集家臣审案的做法,XXVIII,42。法国习惯法中有许多罗马法的条款,XXVIII,45。参见"罗马法"、"罗马"、"罗马人"等条目。
罗马法(Lois romaines)——历史与沿革,VI,15。以妇女保持节俭为目标的罗马法,VII,14。由于罗马法对待奴隶十分强硬,致使奴隶令人害怕,XV,16。罗马法的美丽和人道,XXI,17。如何规避该法中关于有息借贷的规定,XXII,21。罗马法为防止姘居而采取的措施,XXIII,6。促进人口增长,XXIII,21。关于弃婴,XXII,22。罗马法有关遗产继承的规定的历史和沿革,XXVII。罗马法关于遗嘱的规定,立遗嘱者将门第出售给继承人,XXVII,1。早期罗马法对妇女的财产没有很多限制,所以奢侈成风。后来如何设法加以补救,XXVII,1。罗马法如何在法兰克人的庄园中消失,如何保存在哥特人和勃艮第人的庄园中,XXVIII,4。在墨洛温王朝时期,教会人士使用罗马法,而其他法兰克人则使用萨利克法,为何,XXVIII,4。罗马法何以保存在伦巴第人的庄园中,XXVIII,6。何以在西班牙不复存在,XXVIII,7。尽管西哥特法予以禁止,罗马法依然存在于高卢南部,XXVIII,7。罗马法在成文法地区顶住了习惯法,而在其他省份,罗马法则挤掉了蛮族法,为何,XXVIII,11。罗马法在成文法地区经历的变革,XXVIII,12。在成文法地区罗马法如何与无知作斗争,无知使属人法和属地法在各地先后消失,XXVIII,12。罗马法为何被人遗忘,XXVIII,19。圣路易为何要派人翻译罗马法,XXVIII,38。关于替代继承的规定出于什么目的,XXIX,8。何时开始以及如何惩罚自杀,XXIX,9。罗马法关于偷窃的规定与其他民法毫无联系,XXIX,13。对玩忽职守的医生处以流放或死刑,XXIX,14。东罗马帝国的法律让君王如同雄辩家那样说话,XXIX,16。阅读罗马法的人应有的谨慎,XXIX,17。

罗马法学(Jurisprudence romaine)——在圣路易时代,法国使用的罗马法学,是共和时代的法学还是帝制时代的法学,XXVIII,38。

罗马法学家(Juriconsultes romains)——他们在奴隶制起源问题上错了,XV,2。

罗马贵族(Patriciens)——当他们开始形成时,领主不再召集家臣审案,XXVIII,42。生活在圣路易时代的罗马贵族的著作是法国习惯法的来源之一,XXVIII,45。

罗马公民(Citoyen romain)——他们凭借什么特权不受外省政府的暴戾统治,XI,19。他们本应登记在纳税登记册上,为何有的公民并未登记? XXVII,1。

罗马国王(Rois de Rome)——罗马国王由选举产生,XI,12。最早五位国王的权力有多大,XI,12。他们在审案中有什么职责,XI,18。

罗马皇帝(Empreurs romains)——最坏的罗马皇帝就是最喜欢滥发奖赏的皇帝,V,18。皇帝亲自当法官造成的恶果,VI,5。他们依据犯人的地位判刑,VI,15。当他们变得既贪婪又凶残时,方才惩罚自杀行为,XXIX,9。他们的敕复是一种不良立法方式,XXIX,17。

罗马立法者(Législateurs romains)——共和制度被毁后,他们依据什么准则制定关于有息借贷的法规,XXII,22。

罗马骑士(Chevaliers romains)——当他们脱离其自然职能而变成法官和财政官之后,共和国就完了,XI,18。

罗马人(Romains)——为何在审判中引入固定的审理方式,VI,4。罗马人长期以节俭和贫困为荣,VIII,13。关于立誓的法律将他们与哪种宗教联系起来,奇特的实例,VIII,13。罗马人为何比其他地方的居民易于战胜,IX,8。他们在征战中的野性,X,3。他们的法律不允许处死未达婚龄的女子,提比略如何调和这项规定与他的凶残之间的矛盾,XII,14。他们惩处密谋时的宽和,XII,18。

罗马人的灵魂堕落时代，XII，18。他们采取什么措施剥夺公民的自由，XII，19。他们为何可以免除所有税赋，XIII，12。北方民族得以持续抵御罗马人所依仗的聪明才智的物质原因，XIV，3。早期罗马人没有麻风病，XIV，11。罗马人不会相互无辜厮杀，他们在这点上与英国人的区别，XIV，12。他们对奴隶的管理不好，XV，12。随着民风败坏，罗马人的奴隶越来越可怕，罗马人于是采取更严苛的法律对付奴隶；这些法律的详情，XV，16。米特拉达梯利用对精神的掌控指责罗马人的司法审理方式，XIX，2。早期罗马人不愿意有国王，因为他们对国王的权力心怀恐惧；帝政时代他们不愿意有国王，因为他们受不了国王的排场，XIX，3。与废除所有法律相比，驱逐一个伶人让罗马人民更加强烈地感到暴政的存在，XIX，3。他们对帝政时期的暴政所持的奇特观念，XIX，3。治理罗马人的是政府的规矩和古老的习俗，XIX，4。他们的骄傲由于同其他品德相结合，所以有用，XIX，8。有关婚前相互馈赠的法律出于什么考虑，XIX，25。罗马人的船只航行速度为何高于印度人的船只，XXI，6。他们与印度的贸易范围不大，但比我们与印度的贸易方便，XXI，10。罗马人对非洲的了解，XXI，10。他们从何处的矿藏获得金银，XXI，11。他们与迦太基人的贸易条约，XXI，11。米特拉达梯将罗马人置于危险境地，有关此事的描述，XXI，12。为了遮盖自己的征服者面貌，他们大肆破坏，这种做法的后果，XXI，12。他们在航海方面的才能，XXI，13。他们的政体的政治机制，他们的万民法和公民法都与贸易精神相悖，XXI，14。他们如何成功地把许多被征服民族撮合成一个帝国，XXI，15。他们极不愿意与蛮族通商，XXI，15。他们没有商贸精神，XXI，15。他们与阿拉伯和印度的贸易，XXI，16。他们的贸易为何比埃及国王的贸易可观，XXI，16。罗马人的国内贸易，XXI，16。罗马人的法律既美好又人道，XXI，17。他们在东方被削弱后，贸易变成了什么样，XXI，19。他们最早的货币是什么样，这种货币的弊病，XXII，2。他们对货币所作的改革是他们智慧的火花，无法模仿，XXII，11。他们唯有在选择行善或作恶的时机方面，显得比其他人高明得多，XXII，12。他们的货币在各位皇帝执政时期所经历的变化，XXII，13。共和时期的利率，如何逃避有关有息借贷的法律，贷款带来的祸害，XXII，21。罗马人出现之前的各族人民的状况，XXIII，18。

罗马人灭掉了所有国家,使全世界人口减少,XXIII,19。罗马人不得不制定法律鼓励生育,这些法律的细节,XXIII,20。罗马人对年长者的尊敬,XXIII,21。关于弃婴的法律和做法,XXIII,22。罗马帝国衰微时的图景,XXIII,23。他们若是基督徒,就不至于犯下被众人谴责的劫掠和屠杀罪行,XXIV,3。他们关于离婚的不公正法律,XXVI,3。基督教出现后,罗马人关于妇女风尚的规定和法律都发生变化,XXVI,9。他们的法律禁止某些婚姻,甚至废除某些婚姻,XXVI,13。他们用同一个词指称兄弟和姑表兄弟,XXVI,14。事关王位继承权时,他们的公民法并不比任何其他民族的公民法更可行,XXVI,16。关于继承权的法律的起源和沿革,XXVII。他们立遗嘱的手续比其他民族复杂,XXVII,1。他们使用什么方法抑制妇女的奢侈,XXVII,1。这些手续如何帮助他们逃避法律,XXVII,1。萨利克法对与罗马人和法兰克人的赔偿金额有别,XXVIII,3。居住在西哥特的罗马人受提奥多西法管束,XXVIII,3。雷塞逊德斯废除了不准罗马人与哥特人通婚的禁令,为何,XXVIII,7。罗马人在诉讼时为何没有公诉方,XXVIII,36。为何罗马人把死而无嗣视为丢脸,XXIX,8。他们为何要创设替代继承制,XXIX,8。蛮族征服高卢时,罗马人并未全部沦为奴隶,因此不应从这个所谓的奴役中去探索采地的起源,XXX,5。这种说法的由来,XXX,11。罗马人在高卢对征服者的反抗,是苦役奴隶制和采地的主要源头,XXX,11。在法国君主制初期,只有罗马人纳税,XXX,12。在法兰西君主国中,罗马人缴纳什么税赋,XXX,13。过去在君主国中被称作税赋(cens,census)的东西根本不是来自罗马人的治理,领主权也根本不是来自这种虚幻的税赋,证据,XXX,15。在法兰克人统治下的罗马自由人,在伯爵的率领下参战,XXX,17。罗马人关于有息贷款的做法,《辩护》中的"有息借贷"条。参阅"罗马法"、"罗马"等条。

罗马人民(Peuple romain)——塞尔维乌斯·图里乌斯如何将罗马人民分成等级,II,2。共和时期罗马人民如何分成等级,如何联合,XI,24。

罗马行省(Provinces romaines)——这些行省如何治理,XI,19。包税人把这些行省搞得一塌糊涂,XI,19。

罗马行省的总督(Gouverneurs des provinces romaines)——他们的权力,他们的不公正,XI,19。

罗马元老院(Sénat de Rome)——它的决定具有法律效力的时间持续了多久，II，1。罗马元老院认为，不宽和就没有效果，VI，14。元老院在最初五位国王在位时的权力，XI，12。国王被驱逐后，元老院的职能和权威有多大，XI，17。元老院对于人民的勃勃野心卑劣地予以恭维，XI，18。罗马元老院何时可悲地失去了它的权威，XI，18。

罗马元老院成员(Sénateurs romains)——新的成员由谁任命，II，3。有孩子的成员相对于没有孩子的成员的优越性，XXIII，21。他们可以缔结什么样的婚姻，XXIII，21。

罗马执政官(Consuls romains)——他们的权力被谁肢解，为何被肢解，XI，14。他们的权力和职能，他们在审案中的权限，XI，18。有孩子的人比没有孩子的人优越，XXII，21。

罗马诸皇帝(Césars)——鼓励诽谤的法律不是他们颁布的，XII，16。

罗盘(Boussole)——发明罗盘之前只能在沿海航行，XXI，6。使用罗盘后发现了好望角，XXI，10。迦太基人使用罗盘吗？XXI，11。罗盘带来的诸多发现，XXI，21。

罗塔利(Rotaris)——伦巴第国王。他通过法律宣布，麻风病人在民事上被视为已经死亡，XIV，11。他为伦巴第法增添了新的内容，XXVIII，1。

罗泰尔(Lothaire)——废除了双臂交叉取证法和冷水取证法，XXVIII，18。

聋人(Sourd)——聋人为何不可立遗嘱，XXVII，1。

M

马尔代夫(Maldives)——这些岛屿上的优良习俗，XII，30。那里的男子可以娶三个妻子，三个妻子应该完全平等，XVI，7。女儿十岁、十一岁就出嫁，XVI，10。可以把被休的妻子重新娶回来，这项法律没有道理，XVI，15。四服以内的亲属不得结婚，这项规定来自大自然，XXVI，14。

马尔库尔弗(Marculfe)——他所提出的一项法案认定剥夺女儿继承父亲的遗产权的习惯是亵渎神圣，对吗？XXVI，66。他把我们称为附庸的人叫作国王的忠臣，XX，16。

马尔库斯·安东尼(Marc Antonin)——他所倡议的关于婚姻的元老院法令，XXIV，13。

麻风病(Lèpre)——麻风病传播到了哪些国家，XIV，11。

麻风病人(Lépreux)——依据伦巴第法，麻风病人应该有尊严地死去，XIV，11。

马基雅维里(Machiavel)——他主张在共和国中由人民审理大逆罪,这个主张的缺陷,VI,5。他的大部分错误的根源,XXIX,19。

马卡萨尔(Macassar)——马卡萨尔人从灵魂不死的教义中得出的可悲结论,VXXIV,19。

马克西米努斯(Maximin)——他的凶残,VI,15。

马库塔(Macute)——非洲人使用的这种货币是什么,XXII,8。

马拉巴尔(Malabar)——该地允许女子有多个丈夫的原因,XVI,5。

马来人(Malais)——马来亚的弑亲罪犯为何如此狂躁,XXIV,17。

马略(Marius)——他给予共和政体以致命一击,XI,18。

马其顿的腓力(Philippe de Macédoine)——他被阿司特击伤,XII,24。他如何利用希腊的一项法律,该法正确但不够谨慎,XXIX,5。

马赛(Marseilles)——这个共和国为何从未经历由弱到强的过程,VIII,5。该共和国的征服目标是什么,XI,5。在马赛经营的是什么贸易,XX,4。这个城市之所以离不开贸易,是因为贸易是它的一切品德的源泉,XX,5。它的商业和财富是迦太基的对手,XXI,11。马赛为何始终忠于罗马,XXI,11。科林特为马赛增光,XXI,11。

麦加(Mecque, la)——成吉思汗认为,去麦加朝圣很荒谬,XXIV,16。

麦加朝圣(Pélerinage de la Mecque)——成吉思汗认为麦加朝圣是荒唐之举,为何,XXV,3。

卖淫(Prostitution)——曾经出入风月场所的父亲贫困潦倒之后,自然法是否要求他的子女赡养他,XXVI,5。

曼努埃尔·科穆宁(Manuel Comnène)——在他掌政时期,以巫术为借口制造的冤情,XII,5。

蛮族法(Lois barbares)——蛮族法应该为征服者所仿效,X,4。萨利克法、里普埃尔法、巴伐利亚法、阿拉曼法、图林根法、弗里兹法、萨克森法、西哥特法、勃艮第法和伦巴第法是谁在何时制定的,前六种法非常简洁,简洁的原因,另外四种法为何不那么简洁,XXVIII,1。这些法并非专为哪片土地制定的法,而是全都针对个人,为何,XXVIII,2。如何用这些法取代习惯法,XXVIII,12。这些法与萨利克法有何区别,XXVIII,13。惩治犯罪的那些法只适合于淳朴和有廉耻心的民族,XXVIII,13。除了萨利克法,所有其余的法都允许司法取证,XXVIII,14。在这些法中有许多不解之谜,XXVIII,20。这些法对犯罪的惩罚都是处以罚金,而且没有公诉方,XXVIII,36。为何所有这些法都提到畜群,XXX,6。这些法为何都用拉丁文写就,为何给予拉丁文的词语以原本没有的含义,为何为这些词语确定了新的含义,XXX,14。为何要确定和解金的数额,确定得非常精确和聪明,XXX,19。

曼利乌斯(Manlius)——他为实现其宏图大志而使用的方法,XII,21。

蛮族(Barbares)——蛮人与未开化人的区别,XVIII,2。罗马人不愿与蛮族通商,XXI,15。他们为何对自己的宗教不热心,XXV,2。

蛮族法典(Code des lois barbares)——这些法典几乎全部涉及畜群,为何,6。

盲人(Aveugles)——罗马法不准盲人为自己辩护的歪理,XXIV,16。

煤(Charbon de terre)——产煤国家比其他国家人口多,XXIII,14。

美德、品德(Vertu)——本书作者心目中此词的含义,III,第五个脚注;IV,5。美德为平民政体所必需,它是平民政体的原则,III,3。美德对于君主政体的必要性小于共和政体,III,3。著名的事例证明,英国和罗马不可能没有美德而建立民主政体,III,3。罗马人丧失了美德,因而也就失去了自由,III,3。希腊立法者知道,用以支撑国家的唯一力量就是美德,III,3。共和政体缺失美德的后果,III,3。迦太基人因丢弃美德而导致亡国,III,3。人民对于美德的需求在民主政体下甚于在贵族政体下,III,4。在贵族政体下,美德对于支持执政的贵族是必需的,III,4。美德绝对不是君主政体的原则,III,5。古人英雄般的美德不为我们所知,它在君主政体下没有用处,III,5。美德在君主政体下可以见到,但并不是这种政体的动力,III,5。在君主政体下,用什么东西取代美德?III,6。专制政体根本不需要美德,III,8。君主政体下常见的是哪些美德,IV,2。自爱是君主政体下常见美德的基础,IV,2。在君主政体下,美德仅仅是荣宠所要求的那些品德,IV,2。没有任何一种美德是奴隶所固有的,因而也不为君主的臣属所固有,IV,3。美德是多数古代政体的原则,IV,4。在一个政治国家中,美德是什么,V,2。贵族政体下的美德是什么,V,8。共和国公民的美德是什么,V,18。人民品德高尚,刑罚就不必很多,罗马法提供的实例,VI,11。妇女失去美德就失去一切,VII,8。在共和政体下,失去平等精神就失去美德,或者因极端平等精神而丧失美德,VIII,2。美德只与正确理解的平等共存,VIII,3。本书作者曾说君主政体无需美德,他就此所作的回答,《辩护》中对《论法的精神》的若干解释。

梅蒂乌斯·苏菲蒂乌斯(Metius Suffe-tius)——他被判处的刑罚,VI,15。

美洲(Amérique)——西班牙人以宗教为幌子在美洲犯罪,XV,4。美洲因土地肥沃而得以养活许多蛮族,XVIII,9。美洲的发现,在那里如何经商,XXI,21。美洲的发现使世界其余三部分连成一体,美洲提供了商业资源,XXI,21。西班牙因从美洲获得的财富而变穷,XXI,22。美洲的发现促进了欧洲的商业和航运业,XXII,5。美洲的发现为何使利率降低一半,XXII,6。美洲的发现为商品价格带来了什么变化,XXII,8。那里的妇女为逃避西班牙人对儿童的凶残行径而堕胎,XXIII,11。那里的未开化人一旦信奉我们的宗教,就对他们自己的宗教毫无兴趣,对我们的宗教十分狂热,为什么,XXV,6。

美洲人(Américains)——西班牙人让美洲人沦为奴隶的值得称道的理由,XV,3、4。从他们的关于灵魂不死的教义中得出的可悲结论,XXIV,19。

孟德斯鸠(Montesquieu)——《论法的精神》出版前二十年,他撰写了一部小册子,其内容全都溶进《论法的精神》了,XXI,22。只要是真理,谁说的都不要紧,是孟德斯鸠也罢,是古代著名学家也罢,XX-VIII,4。他曾许诺要撰写一部关于穴居人王国的著作,XXX,12。他既不是自然神论者,也不是无神论者的证据,《辩护》第一部分第一节。他承认神启宗教,相信和热爱基督教,《辩护》第二部分第一节。即使对于那些试图给他以极大伤害的人,他也不喜欢辱骂,《辩护》第一部分第十一节,第12条异议。他被迫删去了许多主题范围之内的东西,恩赐并非他的主题范围之内的东西,他谈到恩赐了吗?《辩护》第一部分第二节,第9条异议。他对《教会新闻》编者们的宽容,《辩护》第一部分第二节,第10条异议。他是否把福音书的戒律视为规劝,《辩护》"宗教规劝"条目。他为何要向《教会新闻》作答辩,《辩护》第三部分。

蒙福尔(Monfort)——该伯爵区的习惯法来自西蒙伯爵的法律,XXVIII,45。

盟国(Allié)——罗马所说的盟国,XXII,22。

孟加拉湾(Bengale, golfe de)——如何发现,XXI,9。

蒙吕克(Monluc, Jean de)——审理实录《奥里姆》的作者,XXVIII,29。

蒙庞西耶公爵夫人(Montpensier, la duchesse)——亨利三世令她蒙受的羞辱证明,君主永远不应侮辱

主题索引 647

其臣民,XII,28。

米利维伊斯(Mirivéis)——III,9。

米尼阿莱斯(Miniares)——这是人们对阿耳戈船英雄和奥克米努斯城的称呼,XXI,7。

密谋(Conspirations)——立法者为揭发密谋而应在法律中采取的措施,XII,17。

米诺斯(Minos)——米诺斯的法律仅仅适用于小国,IV,7。

密探(Espions)——对他们的描述,君主国不应有密探,XII,23。

米特拉达梯(Mithridate)——他被视作亚洲的解放者,XI,20。他在演说中借助对精神的控制,指责罗马人的司法手续,XIX,2。他的辉煌和力量的来源,他的垮台,XXI,12。

迷信(Superstition)——迷信可能导致的极端可怕的情况,XII,4。迷信的力量和后果,XII,18。迷信是蛮族的祭司们权利的源泉之一,XVIII,31。凡是把迷信活动视为信仰虔诚的宗教,肯定允许混乱、放荡和仇恨,XXIV,14,22。迷信是一种亵渎,所以由迷信引起的奢侈应该受到遏制,XXV,7。

迷信活动(Pratiques superstitieuses)——一个宗教若把搞迷信活动当作信徒的主要优点,那就必然会引起混乱、放荡和仇恨,XXVI,14,22。

迷信的奢华(Luxe de la superstition)——应该加以制止,XXV,7。

面包师(Boulangers)——将有欺诈行为的面包师用木桩处死,这种惩罚过于残酷,XXVI,24。

庙宇(Temples)——庙宇的财产属于它们的宗教,XXV,3。庙宇的由来,XXV,3。没有住所的人民根本不会修建庙宇,XXV,3。没有庙宇的人民对宗教很不热心,XXV,3。

民法典(Code civil)——土地分割使民法典内容增加,由此可见,在土地未曾分割的民族中,民法典很薄,XVIII,13。

民风保护官和法律保护官(Gardiens des moeurs, gardiens des lois)——在雅典,V,7。

民团(Milice)——君主政体初期共有三类民团,XXX,17。

民事补偿(Restitutions)——试图利用公民法有关民事补偿的规定对付放弃王位的意图,这是非常不妥的,XXVI,16。

民事管辖(Juridiction civile)——民事管辖和军事管辖应该一致,这是君主政体的一条基本准则,本书作者在这种双重管辖中发现了领主司法的起源,XXX,18。

民事奴隶(Esclavage civil)——什么是民事奴隶,民事奴隶对主人和奴隶都有害,哪些国家最容忍此类奴隶制,XV,1。

民事死亡(Mort civile)——伦巴第

人鉴于麻风病而对民事死亡有过规定,XIV,11。

民事和刑事行为(Actions tant civiles que criminelles)——过去以司法决斗解决民事行为和刑事行为,XXVIII,19。

民事自由(Liberté civile)——罗马公民自由产生的年代,XII,21。

民选官员(Amimones)——尼多斯的民选官员,他们的独立性带来的弊病,XI,6。

民主(Démocratie)——那些法律来自民主的本质,民主的本质是什么。哪些是基本的民主法律。人民在民主政体中的境况。——人民应该任命官员和元老院。——民主政体的延续和繁荣靠什么。——人民的选举不应与贵族政体一样。人民的选举应该公开,元老院的选举应该秘密,何为两者有别。民主政体为贵族团体独霸时,贵族何以可以在其中杂处,II,2。民主政体的原则是美德,III,3。这种美德是什么,IV,5。民主政体为何没能引入英国,III,3。在苏拉之后的希腊,民主政体为何没能复活,III,3。希腊政治家对民主原则的看法远比现代派正确,III,3。美德为民主政体所独有。美德是该政体下的教育的主要目标。启发儿童热爱美德的方法,IV,5。公民心中应该被什么感情主宰,V,3。如何确立平等,V,4。如何确定税收,借以保持道德平等,V,5。法律应如何维持简朴之风,V,6。什么情况下财产可以不平等而不至于带来麻烦,V,6。促进该政体原则的办法,V,7。向人民分发财产是有害的,V,8。奢华有害,VII,2。原则败坏的原因,VIII,2。应该引入并保持的正确的平等点,VIII,3。罗马人提供的证据,VIII,12。民主国家可以征服他国吗?如何利用已经到手的征服成果,X,6。民主政体比君主政体严苛,这项原则的后果,X,7。人们通常认为这是最自由的政体,XI,2。就其本质性质而言,民主政体并非自由国家,XI,4。民主政体为何不制止讽刺性著作,XII,13。民主政体根本不需要奴隶,XV,1。民主政体依据不同情况修改关于非婚生子女的法律,XXIII,6。

民主政体下的元老院(Sénat, dans une démocratie)——民主政体需要元老院,II,1。元老院是否应该由人民任命,II,1。元老院应该实行秘密投票,II,1。元老院应该拥有什么立法权,II,1。元老院的成员应该具有什么品德,V,7。

民主政体下的元老院成员(Sénateurs, dans une démocratie)——他们应该终身任职抑或有一定的任期,V,7。他们只能在年长者中选任,为何,V,7。

民族(Peuples)——不从事农耕的民族与其说受万民法约束,不如说受公民法约束,XVIII,12。他们的政体,他们的习俗,XVIII,13。他们的饰物不来自工艺,而是来自自然,所以,法兰克国王留长发,XVIII,23。他们的贫穷有两个原因,产生后果不同,XX,4。

民族、国家(Nations)——各国在战时和平时应该如何相互对待,I,3。每个国家都有万民法,即使是最凶恶的国家也不例外,I,3。自由民族可能有一个解放者,被压迫民族只能有一个压迫者,XIX,27。与个人相比,什么法律制约各个民族,XXI,21。

民族的普遍精神(Esprit général d'une nation)——这种精神是什么,XIX,4。如何注意不使这种精神改变。XIX,5。

命定(Prédestination)——伊斯兰教的命定论对社会有害,XXIV,11。宗奉命定论的宗教需要得到严厉的民法和严格执法的支持,伊斯兰教的命定论的根源和后果,XXIV,14。宣扬命定论的宗教对教徒很有吸引力,XXV,2。

命令(Ordres)——既不能反驳也不能规避专制君主的命令,III,10。

名誉(Point d'onneur)——在加佩王朝初期,名誉主宰着一切,XXVIII,19。名誉的由来,XXVIII,20。何时形成各种有损名誉的手段,XXVIII,20。

谬误(Erreur)——后果最严重的谬误,XXX,14。

摩尔人(Maures)——他们如何与黑人进行交易,XXII,1。

莫采苏马(Montésuma)——他说西班牙人的宗教适合于西班牙人,墨西哥的宗教适合于墨西哥人,此话毫无谬误之处,XXIV,24。

魔法(Enchantements)——有人认为,过去有人在决斗中使用魔法,这种偏见来自何处,XXVIII,22。骑士文学中谈到的那些人的来历,XXVIII,22。

磨坊(Moulins)——当初如果不曾发明磨坊,也许很好,XXIII,15。

莫里西乌斯(Maurice)——皇帝。他宽大过头,VI,21。在他掌政时期,以巫术为借口造成的冤案,XII,5。

摩洛哥(Maroc)——每逢王位出缺,这个国家就要发生造成破坏的内战,原因是什么,V,14。

摩洛哥国王(Roi du Maroc)——后宫有各种各样的女子,XVI,6。

莫洛斯人(Molosses)——他们在选用促使君主权力变得宽和的手段时出错了,XI,10。

墨洛温王朝(Mérovingiens)——这个王朝的王冠落地并不是一场革命,XXXI,16。

没收(Confiscations)——在专制政体中,没收十分有用和正确,在政体宽和的国家中,没收十分有害和不正确,V,15,参见"犹太人"条。

没收商品(Confiscations des marchandises)——英国人在这方面的优良法律,XX,14。

没收外侨遗产(Aubaine)——建立这种不合理法律的时期,该法对贸易的危害,XXI,7。

墨特卢斯·努米底库斯(Metellus Numidicus)——他把妇女视为必不可少的麻烦,XXIII,21。

摩西法(Lois de Moïse)——该法关于避难所的高明之处,XXV,3。

莫卧儿人(Mogol)——他们如何确保王位,V,14。陈情书若不附礼物,就不会被接受,V,17。如何惩治走私,XIII,1。

摩西(Moïse)——为制止天花传播,本应以摩西对付麻风病的法律为仿效对象,XIV,11。犹太人的性格常常迫使摩西在他的法律中放松自然法的要求,XV,17。他规定任何一个希伯来人充当奴隶不得超过六年,此项法律相当明智,为何,XV,18。他要求多妻的犹太男子如何对待他们的妻子,XVI,7。可以用来克服他的法律所带来的种种困难的训诫,XIX,21。他关于避难所法律的高明之处,XXV,3。他为何允许姑表兄弟姐妹结婚,XXVI,14。

墨西哥(Mexique)——不能领回已经被休的妻子,否则就会被处死,

此项法律比马尔代夫人的法律较有道理,XVI,15。西班牙人的宗教适合他们自己,但不适合墨西哥人,这种说法绝对不荒谬,XXIV,24。

墨西哥人(Mexicains)——征服他们的西班牙人应该把财产归还给他们,西班牙人带给他们的不幸,X,4。

谋杀(Meurtres)——日耳曼人对过失杀人的惩处,XXX,20。

穆罕默德(Mahomet)——他禁止饮酒的法律是因气候而设的法律,XIV,10。他的妻子不足八岁就与他同床,XVI,2。他希望他的四个妻子完全平等相处,XVI,7。他如何使阿拉伯人成为征服者,XXI,16。他混淆有息借贷和高利贷,由此而在实施他的法律的国家中造成的弊病,XXII,19。他关于投机的学说,他的宗教激励投机,这对于社会来说都是灾难性的,XXIV,11。他的命定论的来源和效应,XXIV,14。他借助宗教制止了阿拉伯人的不公正和羞辱,XXIV,17。如果他生活在任何一个其他国家里,他就不会制定让人如此频繁地洗手的戒律,XXIV,26。宗教裁判使他的宗教与基督教毫无二致,XXV,13。

穆基乌斯·斯凯沃拉(Mucius Scévola)——他为恢复良好民风而惩处叛国者,XI,18。

姆莫洛斯（Mummolos）——他滥用了其父对他的信任,此事表明,原本任期一年的伯爵由于有了钱,就变成永久任职了,XXXI,1。

母亲（Mères）——子女控告母亲犯通奸罪是违背天性的,XXVI,4。母亲为何不可嫁给儿子,XXVI,14。在古罗马,母亲不能继承儿子的遗产,儿子也不能继承母亲的遗产,此项规定何时以及为何被废除,XXVII。

牧人（Pasteurs）——游牧民族的习俗和法律,XVIII,13。

穆斯林（Mahométans）——他们如此容易地在征服中取得胜利,原因在于皇帝向人民征税太狠,XI-II,16。他们主宰着自己的身份为奴隶的妻子的生命乃至品德和荣耀,XV,12。他们因宗教原则而心生嫉妒,XVI,13。他们的合法妻子分成若干等级,XXIII,5。他们的宗教有助于人口增长,XXI-II,21。他们为何喜欢静思,XX-IV,11。促使他们鄙视印度人的奇特原因,XXIV,22。促使他们对宗教执着的原因,XXV,2。成吉思汗为何赞成他们的宗教,却极端鄙视清真寺,XXV,3。在宗教问题上,他们是东方人中唯一不宽容的人,XXV,15。

母系亲属（Cognats）——什么是母系亲属,他们为何没有继承权,XXVII,1。

N

纳波奈兹（Narbonnaise）——尽管各种法律予以禁止,司法决斗在该地依然得以维持,XXVIII,18。

纳尔塞斯（Narsès）——宦官。他的实例说明,君主永远不应侮辱臣下,XII,28。

纳切兹人（Natchès）——迷信迫使居住在路易斯安那的这个部落的人民违背自己的习俗中的主要部分。他们虽然没有货币,却都是奴隶,XVIII,18。

纳税条件（Subsides）——在贵族政体下,纳税条件不应因人的社会地位而异,V,8。

纳税土地（Terre censuelle）——什么是纳税土地,XXX,15。

奈伊人（Naïre）——居住在马拉巴尔的奈伊人是什么人,XVI,5。

南部高卢（Gaule méridionale）——尽管西哥特法禁止罗马法,罗马法依然在该地区实施,XXVIII,7。

男爵（Barons）——这是过去对贵族丈夫的称谓,XXVIII,25。

南方（Midi）——南方各族人民情欲强而体力差的物质原因,XIV,2。某些南方民族的性格矛盾,XIV,3。南方国家中男女不平等,这一事实对于妇女享有自由的影响,XVI,2。南方为何必须与北方进行贸易,XXI,3。基督教为何能够在南方而不是在北方保持对新教的优势,XXIV,5。

男系亲属(Agnats)——罗马人中的男系亲属指哪些人,他们的继承权,XXVII,1。

内战(Guerre civile)——内战之后不一定就会发生革命,V,11。蛮族征服高卢之后的蹂躏是苦役奴隶制和采地制度的根源,XXX,11。

尼多斯(Gnide)——该地政府的弊端,XI,6。

尼禄(Néron)——他为何不愿担任法官职务,VI,5。这位皇帝的有效和机智的法律,XIII,7。他在位的鼎盛时期,他试图废除包税人,XIII,19。他如何逃避制定有关被释奴的法律,XV,18。

匿名信(Lettres anonymes)——匿名信令人憎恶,只有涉及拯救君主时才应该予以注意,XII,24。何时可以写匿名信,XII,24。

尼塔尔(Nitard)——这位历史学家将他亲眼所见的宽厚者路易在位时期的状况告诉我们,XXXI,22。

诺曼底(Normandie)——该地区的习惯法是由拉乌尔公爵确立的,XXVIII,45。

诺曼人(Normands)——诺曼人的蹂躏及其野蛮,文字因此而消失,法律也因此而消失,不得不以习惯法取代,XXVIII,11。诺曼人为何迫害教会人士和僧侣,XXXI,10。诺曼人终结了教会人士为其世俗财产而与国王及人民发生的争执,XXXI,11,23。秃头查理本来能够消灭诺曼人,但出于金钱的考虑而听之任之,XXXI,22。他们大肆蹂躏的为何是法兰西而不是德意志,XXXI,30。诺曼人的骚扰使法国的王冠落到于格·加佩手中,因为唯有他能保卫王冠,XXXI,32。

农民(Paysans)——他们生活得舒适时,政体对他们无关紧要,XVI-II,1。

农奴(Serfs)——后来只有农奴在司法决斗中使用棍棒,XXVIII,20。农奴可以与谁进行决斗,何时决斗?XXVIII,25。农奴解放是法国习惯法的渊源之一,XXVIII,45。到了加佩王朝初期,农奴已经非常普遍,历史学家在这方面的错误,XXX,11。在君主制初期,被称作census和cens的税并不向农奴征收,XXX,15。仅由国王的文书解放的农奴不能得到完全自由,XXX,15。

农业的(Agraire)——见"农业法"(Loi agraire)。

农业(Agriculture)——在共和政体下农业应否被视为奴役行业?VI,8。希腊人禁止从事农业,IV,8。农业在中国是荣耀的职业,XIV,8。

奴隶(Esclaves)——不应为控告主人而解放奴隶,XII,15。奴隶在控告中应占有什么分量，XII，15。生而为奴是荒谬的，XV，2。奴隶数量巨大对各种政体的危险性大小不一，武装的奴隶造成不同程度的威胁，XV，14。法律和主人的宽和是让他们好好干的好办法，XV，16。约束主人与奴隶关系的规则，XV，17。罗马人把奴隶当作牲畜看待，XV，17。他们因自卫而杀人时，如将他们以杀害长者罪惩处，那是违背自然法的，XXVI，3。除了帝王的后宫，不应把监管公共、家庭或私人复仇的公民法交由奴隶处理，否则就很荒谬，XXVI，19。参见"奴隶制""奴役"等条目。

奴隶战争（Esclaves, guerre des）——包税人挑起的此类战争的主要原因，XI，18。

奴隶制、奴役（Esclavage）——为何奴隶制在南方比在北方普遍，XIV，2。罗马法学家在奴隶制起源问题上弄错了，证据，XV，2。奴隶制与自然法和公民法背道而驰，XV，2。奴隶制源自战争权吗？XV，2。奴隶制是否源自一个民族对另一个民族的鄙视，这种鄙视源于各自不同的习俗；西班牙人为奴役美洲人而提出的令人赞赏的理由，XV，3。我们奴役黑人的出色理由，XV，5。奴隶制的真正起源，XV，6。某些国家中非常温和的奴隶制的起源，XV，6。奴隶制违背自然，但有些国家的奴隶制建立在自然原因的基础上，XV，7。奴隶制对我们无用，XV，8。想让我们实行奴隶制的人不正确，眼光短浅，XV，9。有多少种奴隶制，真实的和个人的，两者的区别，两者的定义，XV，10。法律应为奴隶制做些什么，XV，11。奴隶制的弊病，XV，12。奴隶制是被奴役民族的习惯法之一，XIX，27。参见"奴隶"、"奴役"等条目。

奴隶兵（Mammelouks）——他们的实例表明，在专制政体下，奴隶数量众多不一定有大危险，XV，13。

努玛（Numa）——他制定了节俭祭祀的法律，XXV，7。他关于分地的法律被塞尔维乌斯·图里乌斯重新确认，XXVII，1。

努米底亚（Numidie）——国王的兄弟可继承王位，国王的儿子被排除在继承者行列以外，XXVI，6。

奴役（Sevitude）——政治学家们犯了一个错误，他们说奴役源自征服者对被征服的臣民所拥有的权力，其实征服者并没有这种权力，X，3。征服者可以将被征服者沦为奴隶的独一无二的情况，X，3。奴役应该随着产生奴役的原因一起消失，X，3。对于奴役来说，人头税是最自然的税收，XIII，14。奴役有多少种类，XV，10。奴役妇女符合专制政体的权力特征，

XVI,9。为何在亚洲盛行奴役,而欧洲则盛行自由,XVII,6。奴役对于南方人民是很自然的事,XXI,3。参见"奴隶制"条。

女儿、少女(Filles)——在法兰克人中,女儿何时被认为可以继承遗产,这个变化的后果,XVIII,22。依据萨利克法,女儿继承土地的权利一般不被剥夺,XVIII,22。在英国,她们在婚姻方面的自由比他处得到更多的宽容,XXIII,8。少女比较向往婚姻,为何,XXIII,9。少女与少男的数量之比影响人口增殖,XXIII,12。出于气候原因,中国的父亲出卖女儿,XXIII,15。强迫她们公开自己的越轨行为不符合自然法,XXVI,3。让她们七岁就择夫违背自然法,XXVI,3。剥夺她们继承采地的权利或许有些道理,XXVI,6。她们为何不能与父亲结婚,XXVI,14。在父亲的遗嘱中为何可以隐约提及女儿,但不能对儿子这样做,XXVII,1。在法国女儿为何不能继承王位,而在其他许多欧洲国家则可以,XXXI,33。在圣路易时期,未经领主同意,女儿不得继承领地,XXXI,34。

女沙皇安娜(Czarine Anne)——她以惩治大逆罪为名所做的不公之事,XII,12。

女王和王太后(Reines régnantes et douairières)——在贡特朗和希尔德贝在位时期,她们被准许以遗嘱方式永久支配她们得自国库的财物,XXXI,7。

女优(Comédiennes)——罗马自由民不得娶女演员为妻,XXIII,21。

O

欧里克(Euric)——西哥特人的法律和习惯法是他制定的,XXVIII,1,4。

欧皮阿法(Loi Oppienne)——加图为何为接受该法而努力,该法的目的是什么,XXVII,1。

偶像崇拜(Idolâtrie)——我们很容易崇拜偶像,但并不喜欢偶像崇拜,XXV,2。本书作者是否说,人因傲慢而脱离了偶像崇拜,《辩护》第二部分"批评者的特殊错误"。

欧洲(Europe)——欧洲由习俗治理,所以想把专制主义引入欧洲就是反人类罪,VIII,7。为何欧洲的大多数国家都比较宽和,XI,6。为何那里的财政惩罚比亚洲严厉,XIII,11。为何欧洲君王的敕令尚未下达,人民就愁眉不展,恰好与亚洲相反,XIII,15。赋税之所以重是因为大臣们目光短浅,XVIII,15。平时保持与战时同等数量的军队,使君王和百姓双双受害,XIII,17。君主主义在欧洲的各种气候中大量发展,原因是热,XIV,7。欧洲人采取了预防黑死病的聪明措施,XIV,11。气候不允许欧洲实行多妻制,XVI,2。欧洲的男性出生率高于女性,所以不应实行多妻制,这也是欧洲人口较其他地方少的原因,XXI-II,12。欧洲与亚洲的气候比较,两者区别的物质原因,对比的结果对于各国的习俗和政体的影响,本书作者在这方面的推理为历史所证实,XVIII,3。欧洲不如美洲肥沃,XVIII,9。欧洲为何比从前商业化,XXI,4。商业与东罗马一起毁灭,XXI,17。商业如何穿透野蛮而兴起,XXI,20。东印度和西印度的发现与欧洲状况的关系,XXI,21。欧洲商业的基本法,XXI,21。发现美洲以来欧洲的实力和商业,21。欧洲从巴西获得数量惊人的黄金,XXI,22。人口数量的历次巨变,XXIII,24。航海事业的进步丝毫不曾促使人口增长,XXIII,25。目前停留在需要法律促使人口增长的阶段,XXIII,26。基督教兴起后的习俗与此前的习俗对比,XXIV,3。比较难以维持独身制的欧洲南方保留了独身制,而比较容易维持独身制的欧洲北方却废弃了独身制,这一奇特现象的原因,XXXV,4。

欧洲人(Européens)——他们的宗教在一些国家中难以推广的原因,XXV,15。

P

帕坦(Patane)——帕坦的妇女极度淫乱,XVI,5。

帕提亚人(Parthes)——他们的国王长成于罗马,为人和善,却让帕提亚人觉得难以忍受,这种怪象的原因,XIX,2。他们与罗马人的战争为贸易带来的巨变,XXI,16。

帕夏(Bachas)——帕夏为何始终身处险境,而小民却安全无虞,III,9。帕夏为何能实行极权统治,V,16。帕夏以棒打申辩者结束诉讼,VI,2。土耳其的帕夏还不如拥有优良刑罚的国家中的普通人自由,在此类国家中,罪犯被判绞刑后应于翌日执行,XII,2。

排他性特权(Privilèges exclusifs)——贸易中的排他性特权应该极为罕见,XX,10。

判决(Jugements)——罗马人如何宣判,VI,3。英国人如何宣判,VI,3。不同政体下判决的形成方式,VI,4。君主宣判是滥权的原因之一,VI,5。在自由国家中,判决应是一件精确而细致的文书,专横的判决造成的麻烦,XI,6。罗马所使用的各种判决的细节,XI,18。什么是就判决不公提出上诉,XXVIII,27。审判中如果持正反两种意见的人数相等,可以作出或有利于被告、债务人或是辩护人的决定,XXVIII,27。君主政体初期,判决采用什么形式？XXX,18。在君主制初期,绝不能仅由一人宣判,XXX,18。

判例(Arrêts)——在君主政体下,判例应该收集起来,判例数量增多和种类繁多的原因,VI,1。由于上诉案件的出现而形成的案例通用规则,XXVIII,32。何时开始将判例编成集子,XXIII,33。

庞培(Pompée)——他的士兵从叙利亚带来了一种类似麻风病的疾病,不过并未产生严重后果,XIV,11。

佩恩先生的法律(Lois de M. Penn)——与莱库古法相比,IV,6。

佩奥尼乌斯(Péonius)——他对父亲的无情无义说明伯爵的任期是一年,伯爵们利用金钱把任期变成终身,XXXI,1。

佩达尔人(Pédaliens)——佩达尔人没有教士,他们是蛮人,XXV,4。

佩里西亚人(Périciens)——这是被克里特人征服的民族,他们被迫从事被视为奴役性职业的农耕,IV,8。

赔偿(Indemnité)——个人的地产若被占用建造公共设施或修路,就应该得到赔偿,XXVI,15。

赔偿权(Indemnité, droit d')——用处。法国之所以兴盛,部分得益于赔偿权,所以还应增大此权,XXV,5。

佩带武器(Port d'armes)——不应将佩带武器当作重罪惩治,XXVI,24。

培尔(Bayle)——这位作者的悖论,XXIV,2,6。称他为伟人是犯罪吗？非得说他是坏人吗？《辩护》,第一部分第11条异议。

佩内斯特人(Pénestes)——被塞萨利人役使的佩内斯特人被迫从事被视为奴役性职业的农耕,IV,8。

批发商(Négociants)——在什么政体下他们能有更多作为,XX,4。他们若能成为贵族,并非坏事,XX,22。

批发商公司(Compagnie de négociants)——此类公司永远不适合于一人单独执政的国家,在其他政体国家中也很不合适,XX,10。

批评(Critique)——主张批评的人应该遵守的规则,尤其是教会的刊物,《辩护》第三部分。

丕平(Pépin)——在他的指导下制定了弗里兹法,XXVIII,1。这位君王的根本大法,他下令:凡是没有法律的地方,一律执行习惯法,但不能让习惯法超越法律,XXVIII,12。对他的基本大法的解释,XXVIII,12。在他执政时期,习惯法的力度比不上法律,但人们偏爱习惯法,最后习惯法终于占了上风,XXVIII,12。他的家族如何变得强大，整个民族出奇地忠于这个家族，XXXI,6。他保护教会人士，因此而成为整个王国的主人，XXXI,10。他为使教会人士重新掌握财富而采取的措施，XXXI,11。他同时让人为他的两个儿子涂油和祈祷，让人强迫领主们不选其他王朝的人，XXXI,17。他让他的两个儿子将王国一分为二，XXXI,17。效忠礼在他掌政时期是否已经建立，XXXI,33。

皮斯特（Pistes）——见"皮斯特敕令"条。

皮斯特敕令（Edits de Pistes）——何年由谁颁布，从中找到了在他仍然统治的省份中保留罗马法的理由，在其他省份则不再使用罗马法，XXVIII,4。

姘居，纳妾（Concubinage）——姘居和纳妾对于人口增殖的作用很小，为何，XXIII,2。政体不同以及是否许可多妻制和离婚，对姘居现象的消减有或大或小的作用，XXIII,6。罗马人只在风气败坏时才让姘居现象有机可乘，XXIII,6。

贫穷（Pauvreté）——贫穷促使君主政体垮台，VII,4。一个根本不缴税赋的国家很穷，此事是否能够证明，为了让一个民族变得勤奋，就应该让他们缴纳重税，XIII,2。一个国家的贫穷造成的悲惨景象，XIII,2。国家之所以贫穷可能有两个原因，两个原因的不同后果，XX,3。有人说，贫穷有利于人口增殖，这是胡说，XXIII,2。贫穷不是因为没有财产，而是由于不劳动，XXIII,29。个人陷于贫穷的常见原因，纾解贫穷和消除贫穷的办法：1)设立济贫院或给予资助，这种方法只能是权宜之计，正如造成贫穷的原因在一定时期中也不可能具有永久性；2)禁止僧侣的殷勤招待，禁止为懒惰的人设立避难所，XXIII,29。

平等（Egalité）——平等应是民主政体下公民的主要感情，平等所产生的效应，V,3。在共和政体下如何激励人们对平等的热爱，V,4。在君主政体和专制政体下，无人向往平等，V,4。在民主政体中如何确立平等，V,5。有些法律为确立平等反而使平等变得令人憎恶，V,5。在民主政体下不应试图确立严格的平等，V,5。在民主政体下，何时可以为了民主而将平等废弃，V,5。在贵族政体下，应该在各个统治家族之间确立并保持平等，取得成功的手段，V,8。在民主政体下应该为平等保持何种界限，VIII,2。平等是什么，人一旦结成社会，平等就不复存在，VIII,3。

平衡（Equilibre）——什么使欧洲列强之间保持平衡，XIII,17。

主题索引　657

平民（Plébéiens）——在罗马，要让平民担任重要职务相当困难，为什么，尽管平民有权要求在城市中担任重要职务，为什么却从未有平民在雅典担任重要职务，II，2。他们何以变得比罗马的贵族更强大，XI，16。他们在罗马的权力在哪些方面受到制约，XI，17。罗马的王政时期和共和时期的平民权力和职能，XI，17。他们对元老院权力的篡夺，XI，18。参见"罗马人民"条。

平民法（Plébiscistes）——什么是平民法，其缘起是什么，平民法在什么会议上制定，XI，16。

平原（Plaines）——君主政体建立在平原上比建立在别处好，XVIII，1，2。

蒲柏（Pope）——本书作者对与蒲柏的理论未置一词，《辩护》第一部分第二节，第5条异议。

普劳狄乌斯（Plautius）——他的罪行强化了罗马的自由；不应把他的罪行与巴比里乌斯的罪行混为一谈，XII，21。

普洛科比乌斯（Procope）——这位帝国的篡权者所犯的错误，V，9。

普洛泰尔（Protaire）——布伦豪特的宠臣。他在采地问题上滥用权力，致使贵族迁怒于布伦豪特，终于使她垮台，XXXI，1。

普鲁塔克（Plutarque）——他说，法是一切人和神的主宰，I，1。他认为音乐对于一个国家十分重要，IV，8。他所说的底比斯人的可怕特点，IV，8。《教会新闻》指责本书作者引证了普鲁塔克的话，不错，本书作者的确这样做了，《辩护》第一部分第一节，第2条异议。

葡萄（Vignes）——图密善为何在高卢毁掉葡萄，普洛布斯和尤利安为何重新栽植葡萄，XXI，15。

葡萄牙（Portugal）——葡萄牙教会人士的权力在多大程度上有利于人民，II，4。因血缘关系而有权继承该国王位的人都被拒之门外，XXVI，23。

葡萄牙人（Portugais）——他们发现了好望角，XXI，21。他们在印度如何经商，XXI，21。他们的征服和发现，他们与西班牙人的争端由谁来仲裁，XXI，21。他们在巴西发现的金矿使他们变得贫穷，而且还使西班牙人变得贫穷，XXI，22。葡萄牙人的优良航海法，XXVI，25。

葡萄牙人与西班牙人的官司（Procès entre les Portugais et les Espagnols）——这桩官司发生在何时，谁审理，XXI，21。

葡萄园（Vignobles）——种植葡萄和小麦的地区为何人口较其他地区多得多，XXIII，14。

普通百姓会议（Communes）——在墨洛温王朝和加洛林王朝，根本谈不上普通百姓会议，XXVIII，9。

普通替代继承（Substitution vulgaire）——什么是普通替代继承，XIX,24。何时采用普通替代继承,XXIX,8。

Q

祈祷（Prière）——每天如果多次反复祈祷,就会冥思过多,XXIV,11。

乞丐（Mandiants）——他们为何有许多孩子,在富庶或迷信的国家里,乞丐为何越来越多,XXIII,11。

气候（Climat）——气候促使性格和感情形成,物质原因,XVI。印度人矛盾性格的物质原因,XIV,3。优秀的立法者懂得如何抵消气候的消极影响,XIV,5。法律应该考虑气候引起的疾病,XIV,11。英国的气候效应,这种效应部分促成了该国的习俗和法律,XIV,13。这些奇特效应中的一些细节,XIV,14。气候促使妇女早熟或晚熟,所以,妇女被奴役或拥有自由与气候有关,XVI,2。有些地方的物质因素太强,精神因素几乎不起任何作用,XVI,8,10。气候因素的不良效应能达到何种程度,实例,XVI,8,10。气候如何影响妇女性格,XVI,11。气候影响男子的勇气和自由,实证,XVII,2。气候与大自然主宰未开化人,XIX,4。气候与宗教、法律和习俗等共同主宰人,民族的普遍精神由此产生,XIX,4。气候使一个民族喜欢交流,喜欢变化,并形成该民族的情趣,XIX,8。气候应能改变立法者对人口问题的看法,XXIII,16。气候对人们的娱乐的数量和质量影响极大,物质原因,XXIV,23。气候促使地方法律考虑宗教与气候以及产品的关系,XXIV,23。从人的角度看,气候对基督教和伊斯兰教的传播形成了某些障碍,XXIV,26。本书作者只能这样论述,否则可能被认为是个傻子,《辩护》中的"气候"条。

骑士比武（Tournois）——骑士比武对于殷勤献媚风气具有重要作用,XXVIII,22。

骑士精神（Chevalerie）——文学作品中骑士精神令人钦羡的缘由,XXVIII,22。

骑士文学（Romans de chevalerie）——骑士文学的起源,XXVIII,22。

起义（Insurrection）——什么是起义,克里特人从起义中得到了什么。波兰人从起义中获得的好处比克里特人少得多,VIII,11。

起义（Séditions）——起义被法律确认的特殊实例,VIII,11。波兰的实例说明,这种法律在单独一个民族中不可能有效地确立,VIII,11。在联邦共和国中,起义很容易被平息,IX,1。有些政府需要惩罚那些不参加起义的人,XX-

IX,3。

钱币、货币(Monnaie)——如同几何学的符号,货币是文明民族所在的国家使用的一种可靠的符号,XVIII,15。不知货币为何物的那些民族的公民法,XVIII,16。货币是几乎所有民法的源泉之一,因为源于狡诈的不公正现象大多来自货币,XVIII,16。钱币摧毁自由,XVIII,17。使用货币的理由,什么情况下货币是必需的,XXII,1。货币的性质和形式应该怎样,XXII,2。吕底亚人最早掌握铸造钱币的技术,XXII,2。雅典和罗马最早的钱币什么样,有何毛病,XXII,2。从国家的繁荣来看,货币与它所代表的东西之间应该维持何种关系,XXII,2。英国人的所有财产都代表白银,XXII,2。日耳曼人的货币是牲畜、物件或商品,这些东西也就变成了货币,XXII,2。货币是物品的标志物,也是货币本身的标志物,XXII,2。货币有多少种类,XXII,3。开化民族的货币呈增长趋势,蛮族的货币呈减少趋势,XXII,4。货币数量少可能是好事,XXII,5。有息贷款的利息因钱币的质量而下降,XXII,6。在货币变动的条件下,物品的价格如何确定,XXII,7。非洲人有一种并非货币的价值符号,XXII,8。一个国家的币值上升或下降都很

危险,计算表明的证据,XXII,10。罗马人在布匿战争期间更换货币,这是一种策略,我们不应仿效,XXII,11。罗马依据金银的普及程度升降币值,XXII,12。罗马帝政时代货币贬值的时期与进展,XXII,13。汇兑迫使货币只能贬值到一定程度,XXII,13。

虔诚(Piété)——具有这个美德的人常常谈论虔诚,因为他们热爱宗教,XXV,1。

迁徙(Transmigrassion)——各族人民迁徙的原因及其后果,XVIII,3。

强奸(Viol)——此罪属于什么性质,XII,4。

怯懦(Poltronnerie)——一个尚武民族的成员身上的这种毛病,意味着他还有其他毛病,所以,司法决斗不乏基于经验的理由,XXVIII,17。

怯懦者(Poltrons)——日耳曼人如何惩罚怯懦者,XXX,19。

秦达逊德斯(Chaindasuinde)——西哥特法的改革者之一,XXVIII,3。禁止罗马法,XXVIII,7。徒然试图废除私法决斗,XXVII,18。

勤劳(Industrie)——鼓励勤劳的办法,XIV,9。勤劳来自一个民族的虚荣心,XIX,9。

勤劳造就的国家(Pays formés par l'industrie des hommes)——自由在这些国家里非常合适,XVIII,6。

侵吞公款(Péculat)——此罪在专制政体下屡见不鲜,V,15。罗马对

此罪的惩罚表明,法律随习俗而变,XIX,23。

情趣(Goût)——一个民族朝三暮四的性格造就其情趣,XIX,8。情趣产生于虚荣心,XIX,9。

清真寺(Mosquées)——成吉思汗赞成伊斯兰教的所有教条,可是他为何如此鄙夷清真寺,XXV,3。

劝导(Conseils)——福音书中的劝诫如果是法律,那就违背宗教法的精神,XXIV,6。

权贵(Grands)——他们在专制国家中的地位,III,9。在君主国中应该如何惩罚他们,VI,21。

权贵(Nobles)——在贵族政体下,权贵是嫉妒的对象,II,3。在民主政体下,权贵人数众多时应该采取的管理措施,II,3。在贵族政体下,权贵很容易镇压平民,但很难约束他们自己,III,4。在民主政体下,权贵应该与人民平等相处,V,8。在贵族政体下,权贵之间应该平等V,8。在贵族政体下,他们既不应太穷,也不应太富,防止极端的办法,V,8。他们不应彼此产生纠纷,V,8。法国以往如何惩罚权贵,VI,10。在威尼斯,他们唯一的依附是什么,VII,5。在自由国家中,他们在三种权力中应该占有什么地位,XI,6。在自由国家中,他们应该由具有同样身份的人审理,XI,6。什么情况下,他们可以担当各阶层人民的法官,XI,6。

权利(Droit)——制约人的各类权利细节,法与事物秩序的关系应在这种细节中寻找,XXVI,1。

权力(Puissance)——一个国家中有多少种权力,国家的福祉要求这些权力由谁来执掌,XI,6。在自由国家中,三种权力,即立法权、执行权和司法权应该相互制衡,XI,6。

权力(Pouvoir)——如何制止滥用权力,XI,4。

权力(Pouvoirs)——每个国家中都有三种权力,XI,6。三种权力在英国是如何分配的,XI,6。三种权力不能集中在一个人或一个机构的手中,这一点非常重要,分权的良好效果,XI,6。三种权力应该托付给谁,XI,6。罗马如何分权,XI,14,17,18。罗马统治下的行省如何分权,XI,19。

权力问题(Questions de droit)——此类案件在罗马由谁审理,XI,18。

R

热爱祖国(Patrie, amour de la)——这就是本书作者所说的美德,它究竟是什么,什么政体最值得热爱,IV,5,爱国的效应,V,2。

热那亚(Gênes)——人民如何参与该共和国的治理,II,3。纠正该共和国的政治法和民事法中对科西加岛有害的敕令，X，8。

热铁取证（Epreuve par le fer）——里普埃尔人何时使用这种取证法，XXVIII，17。

人（Hommes）——人的幸福与兽类的幸福相比较，I，1。人作为物质存在物受制于不变的法则，作为智能存在物破坏一切法则，为何，如何不断提醒人遵守法则，I，1。人在纯自然状态中是什么，I，2。人出于什么原因组成社会，I，2。社会状态对人的特征的改变，I，3。组成社会后的人群与个人的关系，与不同民族的关系，I，3。人在专制政体下的悲惨状态，III，8，10。共同生活的人越多，人的虚荣心越强，VII，1。滥用权力的倾向难以抑制，XI，4。人最感兴趣的知识是什么，XII，2。人的性格和情感因气候而异，物质原因，XIV，2。物质原因越让人懒惰，道德原因就越应让人远离懒惰，XIV，5。人生而平等，所以奴隶制是违背自然的，XV，7。人的劳动成果的美丽和用处，XVIII，6。人的数量与获取生活资料方法的关系，XVIII，10。人受什么治理，治理人的东西形成普遍精神，这些东西是什么，XIX，4。人口增长受多种元素干扰，诸如情欲、奢华和虚幻的念头等，XXIII，1。一个人在英国值多少钱。在某些地方，一个人一钱不值，XXIII，17。人

容易畏惧和希望。人若一个一个看都很虚伪，但总体上却都很诚实。所以或多或少信奉宗教，XXV，2。在宗教方面，人喜欢需要付出努力的事情，在道德上喜欢严肃的事情，XXV，4。把独立奉献给政治法，把自然共有的财富奉献给公民法，其结果，XXVI，15。具备高度美德容易，具有高度智慧难，XXVIII，41。人随时可能忘却造物主，上帝通过宗教法时时加以提醒，这种说法是自然宗教派的言论吗？《辩护》第一部分的十一节，第8条异议。

仁慈（Clémence）——被希腊皇帝夸大的最需要仁慈的政体是哪个？VI，21。

人的行动（Actions des hommes）——君主政体中是什么使人的行动得到重视，IV，2。古人伟大行动的原因，IV，4。

人间法（Lois humaines）——其主要优点在于其新，XXVI，2。

人间法庭（Tribunaux humains）——不能运用管辖彼岸世界的准则处理人间事务，XXVI，11。

人间司法（Justice humaine）——与人只有一个约定，XXVI，12。

人口（Population）——人口多寡与土地耕作和百艺有直接关系，XVIII，10。小国比大国有利于人口增长，XXIII，24。奥古斯都掌政时采取的促进人口增长的措施，

XXVIIII,1。参见"人口增长"条。

人口减少（Dépopulation）——如何对人口减少进行补救，XXIII,29。

人口增长（Multiplication）——开始形成的民族的人口增长远远高于已经形成的民族，XXIII,10。

人民（Peuple）——人民掌握最高权力时应如何行使，II,2。人民掌握最高权力时，他们自己应做什么，高官们应做什么，II,2。人民掌握最高权力时应该任命高官和元老院，II,2。人民应如何分别选任文武官员，II,2。人民掌握最高权力时该由谁来引导他们，II,2。人民在某些事务中的无能，II,2。在人民掌政的国家中，正确划分等级有什么重要性，II,2。选举应该公开，II,2。民主政体中的人民应该制订自己的法律，II,2。人民在贵族政体中的状态，II,3。在贵族政体下，人民在政府中拥有某些影响是好事，II,3。在君主政体下，人民很难做到本书作者所说的那样品德高尚，为何，III,5。在专制政体下，人民如何才能免受大臣的欺凌，III,9。人民在专制政体下靠什么保障安全，III,9。君主的凶残有时能让人民稍微松一口气，III,9。君主政体下为何有人鄙视人民的坦诚，IV,2。人民一旦认准某些信条，就会长期坚持，V,2。人民可以在共和政体下充当审理大逆罪的法官吗？VI,5。

在大逆罪的审理中，人民可能受到贪婪的引导，法律应该加以制止，VI,5。人民腐败的原因，VI-II,4。在自由国家中，人民不应拥有立法权，立法权应该交给谁，XI,6。人民热爱英明的君主，XII,23。人民的税赋负担可以达到什么程度，XIII,7。人民在纳税时喜欢获得某种假象，如何保持这种假象，XIII,7。人民在野蛮的政体下比在腐败的政体下幸福，XXVI,16。拯救人民是第一条法律，XXVI,23。

人民保民官（Tribun du peuple）——贵族政体需要人民保民官，V,8。人民保民官的设立拯救了罗马共和国，V,10。设立人民保民官的机会，XII,12。

人民会议（Assemblée du peuple）——在民主政体中，拥有投票权的公民人数应该确定，II,2。人民会议因不谨慎而引起灾难的著名实例，II,2。为何罗马人不能在人民会议以外的其他场所立遗嘱，XXVII,1。

人头（Personnes）——应该以什么比例征收人头税，XIII,7。

人头税（Taxes sur les personnes）——应该依照什么比例征收，XVIII,7。

人身拘押（Contrainte par corps）——民事事务中不应使用人身拘禁，贸易事务中可以使用，XX,15。

人为法（Lois positives）——人为法

不是公正与不公正的可靠规则，I，1。人为法仅建立在因相互认识而联合起来的人之间，I，1。人为法的起源，I，3。在君主政体下，人为法的力量小于荣宠，IV，2。

日本（Japon）——日本的法律太严，所以没有效力，VI，13。严苛的法律举例，XII，14。走私在日本为何是死罪，XIII，11。日本因其法律而是个暴戾的国家，XIX，4。日本给予荷兰和中国的贸易特权给它造成的损失，XX，9。进出口都很大的国家可以从贸易中获得巨大利益，日本提供了这样的实例，XX，23。日本男子虽然可以娶多个妻子，但只有一位妻子的子女被视为正统子女，XXIII，5。日本的女性出生率高于男性，所以人口可能比欧洲多，XXIII，12。日本人口众多的物质原因，XXIII，13。日本法律之所以严厉，而且执法也非常严格，是因为日本的宗教没有教条，也不为人们昭示未来，XXIV，14。日本始终存在着内部贸易，战争无法摧垮，XXIV，16。为何外来宗教在日本如此容易立足，XXV，2。在迫害基督教期间，日本人激烈反对的与其说是刑罚的酷烈，莫如说是行刑的时间太长，XXV，12。日本人用微火慢慢烧死基督徒，这与宗教裁判所以火刑处死犹太人异曲同工，XXV，13。基督教在日本遭到极度憎恶的原因，是人们凶残的禀性和君主所要求的绝对服从，XXV，14。日本人从不讨论宗教，除了基督教，那里的其他宗教都没有什么不同，XXV，14。

日本的法律（Lois, Japon）——日本的法律为何如此严厉，XIV，15。日本的法律使日本成为暴戾的国家，XIX，4。日本的法律惩治微不足道的不服从行为，致使基督教为人所憎恶，XXV，14。

日本人（Japonais）——日本人的奇特和凶恶的性格。应该为他们制定什么样的法律，VI，13。日本人凶残的实例，VI，13。他们的酷刑让人和大自然发抖，XII，14。他们的性格凶残是法律严酷的原因，XIV，15。日本人从灵魂不死学说中得出的可悲结论，XXIV，19。他们的先祖是鞑靼人。日本人为何在宗教方面相当宽容，XXV，3。

日耳曼帝国（Empire d'Allemagne）——为何脱离查理曼家族之后就变成单纯的选举制，XXXI，17。如何脱离，XXXI，31。因保留古采地而保留选举制，XXXI，32。

日耳曼法（Lois, Germains）——这些法的各种特点，XXVIII，1。

日耳曼贵族（Adalingues）——依据安格尔法，他们可获得最高额的赔偿金，XXX，19。

日耳曼尼亚（Germanie）——日耳曼

尼亚是法兰克人、里普埃尔人和萨克森人的摇篮,XVIII,22。罗马人到来之前,那里有许多小部族和居民,XXIII,18。日耳曼人出走之后,日耳曼尼亚被法兰克人征服,XXVIII,1。

日耳曼人(Germains)——法兰克人缘起于日耳曼人,VI,18。日耳曼人只知道课罚金,不知道其他刑罚,VI,18。他们的妇女处于永久监护之下,VII,12。他们的法律在有关侮辱男子和妇女方面的规定特别简单,简单的原因在于气候,XIV,14。改变气候,也就改变法律和习俗,XIV,14。他们有什么奴隶,XV,10。他们的公民法就是我们萨利克法的起源,XVII,22。他们的房舍和房舍的土地是什么,XVIII,22。他们的遗产只属于男性,XVIII,22。怪异的继承顺序,怪异的理由和原因,XVIII,22。他们对待亲属的亲疏区分相当怪异,XVIII,22。日耳曼人如何惩罚弑亲罪,XVIII,22。蛮族中唯有日耳曼人只娶一房妻子,不过权贵可以多妻,XVIII,24。日耳曼人若不带武器就不做任何公事和私事,XVIII,26。日耳曼人及其国王何时被视为成年,XVIII,26。成年才能登上王位,这种制度的缺陷促使人民改变了这种制度,由此产生了直接监护和间接监护,XVIII,27。日耳曼人的收养要借助武器进行,XVIII,28。他们非常自由,为何,XVIII,30。瓦卢斯的法庭为何让他们觉得受不了,XIX,2。他们如何殷勤待客,XX,2。他们如何惩罚罪恶,XVIII,22。他们的货币变成了牲畜、商品或物品,这些物件都是他们的货币,XXII,2。日耳曼人绝不遗弃儿童,XXIII,22。他们的仇恨虽然是世仇,但并非永不可解,教会人士在和解方面起到很大促进作用,XXIV,17。他们的国王的不同性格,XXVIII,1。日耳曼人分裂为若干民族,但领土共有,虽然混居,但各有其法律,XXVIII,2。他们在征服之前就有属人法精神,此后依然保持此精神,XXVIII,2。他们的习俗何时写成书面,变成法典,XXVIII,11。对他们的习俗的简述,热铁取证、沸水取证以及决斗等,均可在他们的习俗中找到根源,XXVIII,17。他们结束内战的方法就是司法决斗的起源,XXVIII,17。他们对付侮辱的准则,XXVIII,20。在战斗中丢失盾牌是日耳曼人的奇耻大辱,XXVIII,21。征服罗马帝国的民族来自他们之中;封建法的渊源应从他们的习俗中去寻找,XXX,2。附庸制度的渊源应该到他们的饮食方式、财产的变化、他们的君主带领军队作战的方式中去寻找,XXX,

3。他们有附庸,但没有农奴,或者说,采地就是战马、武器和饭食,XXX,3。他们过着游牧生活,所以他们的法律几乎都与牲畜有关,XXX,6。如果不熟悉日耳曼人的法律和习俗,根本不可能深入了解我们的政治法,XXX,19。他们在塔西佗时代几乎依然停留在自然状态,是什么让他们脱离自然状态,XXX,19。他们很穷,可是为何有那么多种罚金呢,XXX,19。日耳曼人主张保护罪犯,不被受害人的复仇行为所伤害,借以维持公正,XXX,20。如何惩治过失杀人犯,XXX,20。宫相的来由以及他们的国王弱小的原因,应从日耳曼人的习俗中去寻找,XXXI,4。

日耳曼人的国王(Rois des Germains)——日耳曼人成年之前不能够当国王,导致这个做法改变的弊端,XVIII,27。国王与首领不同,宫相与国王的区别也可以在这种不同中找到,XXXI,4。

日耳曼人的一个支系:苏约内人(Suions, natiion germanaine)——他们为何生活在一人统治之下,VII,4。

荣宠、荣誉(Honneur)——什么是荣宠,荣宠在君主政体下取代美德,III,6。荣宠主要存在于君主国中,III,7。荣宠在君主政体中所产生的可喜效应,III,7。荣宠虽然虚假,在君主政体下产生的效应却是真实的,III,7。荣宠完全不是专制政体的原则,III,8。荣宠虽然变化无常,但也有不能脱离的固定规则,IV,2。专制政体对荣宠全然无知,不知用何词表述,III,8。荣宠在专制政体下很危险,III,9。荣宠对君主的权力形成某种制约,III,10。荣誉的原则不是在学校里而是在社会上学到的,IV,2。在君主国里,是荣宠确定行为的品质,IV,2。在君主国里,荣宠指导一切行为和思想方法,IV,2。荣宠阻止格里永和奥尔泰服从君主的不正确命令,IV,2。荣宠引导贵族走上战场,引导贵族离开战场,IV,2。荣宠的主要规则是哪些,IV,2。有关荣宠的法律在君主国里比人为法更加强而有力,IV,2。荣宠的怪异之处,V,19。荣宠在君主国里发挥监察的作用,参见"名誉"条。荣宠曾被用来指称采地,XXX,16。

日内瓦(Genève)——该共和国的优良商业法,XX,16。

荣誉学校(Ecole de l'honneur)——在君主政体国家中何处有此类学校,IV,2。

肉体纯净(Pureté corporelle)——讲究肉体纯净的民族都尊重祭司,XXV,4。

肉身复活(Résurrection des corps)——这个信条被错误应用后,会带来一些不良后果,XXIV,19。

若弗鲁瓦(Geoffroy)——布列塔尼公爵。他的法规是该省习惯法的起源,XXVIII,45。

弱小(Faiblesse)——弱小是人在自然状态下的第一感受,I,2。应防止利用邻国的弱小而将它压垮,IX,10。弱小在斯巴达是最严重的罪行之一,XXIX,9。

瑞典(Suède)——瑞典为何制定反奢侈法,VII,5。

瑞士(Suisse)——瑞士虽然不征税,但他们付给大自然的数额比土耳其人付给苏丹的数额还大,XIII,12。

瑞士联盟(Suisses, ligues)——瑞士联盟由一批联邦共和国组成,所以在欧洲被视为永久的联盟,IX,2。联盟中的共和国比德意志共和国更完善,IX,2。

S

萨巴卡(Sabbacon)——他是一位牧人国王,XXIV,4。

撒迦利亚(Zacharie)——勒库安特神甫认为,撒迦利亚教皇并未为加洛林王朝夺得王位有所帮助,应该相信他的话吗? XXI,16。

撒克森人(Saxons)——他们原本是日耳曼人,XVIII,22。他们最早从哪里得到法律,XXVIII,1。他们的法律严酷的原因,XXVIII,1。他们的刑法与里普埃尔人的刑法主旨相同,XXVIII,13。

萨克森法(Lois des Saxons)——该法严厉的原因,XXVIII,1。

撒拉逊人(Sarrasims)——撒拉逊人被丕平和铁锤查理驱赶,XXVIII,4。撒拉逊人为何被召唤到高卢南部,他们在那里对法律所作的巨大改革,XXVIII,7。他们为何大肆蹂躏法国而不蹂躏德国,XXXI,30。

萨利安人(Saliens)——克洛维斯在位时,萨利安人与里普埃尔人联合,保存了自己的习俗,XXVIII,1。

萨利克(Salique)——此词的词源。对我们称之为萨利克法所作的解释。XVIII,22。参见"萨利克法"和"萨利克土地"等条。

萨利克法(Loi salique)——我们所说的萨利克法的起源及其解释,XVIII,22。该法关于遗产的规定,XVIII,22。萨利克法从未对性别有所偏好,也不规定姓氏应传之永远,该法只是一种经济法,此说取自该法条文的证据,XVIII,22。该法有关继承顺序的规定,并未将女儿不加区别地排除在萨利克土地继承权之外,XVIII,22。该法借助里普埃尔法和萨克森法进行解释,XVIII,22。该法规定王位只能由男性继承,XVIII,22。正是依据该法的规定,所有兄弟均有资格继承王位,

XVIII,22。该法只有在法兰克人走出他们的故土日耳曼尼亚之后,才有可能制定,XXVIII,1。墨洛温王朝的国王们删去了该法中与基督教不相符的规定,基本内容并未因此而改动,XXVIII,1。如同其他蛮族法一样,教会人士对萨利克法没有插手,该法没有采用体刑,XXVIII,1。该法与西哥特法和勃艮第法的主要区别,XXVIII,3,13。萨利克法惩治罪行的罚金最高数额。对罗马人和法兰克人的罚金数额作出了令人不快的区别,XXVIII,3。该法为何在法兰克人地区获得了普遍的巨大威望,而罗马法却在该地区日渐衰落,XXVIII,4。勃艮第没有实施萨利克法,XXVIII,4。哥特人定居地从未采用萨利克法,XXVIII,4。萨利克法在法兰西人中何时停止使用,XXVIII,9。在萨利克法中添加了许多敕令,XXVIII,10。该法或仅是属人法,或仅是属地法,或兼具两种性质,均视具体情况而定,这种变化就是我们的普通法的起源,XXVIII,12。萨利克法不采用否定性证言,XXVIII,13。与上述所说不同的例外情况,XXVIII,14,16。萨利克法不采用司法决斗,XXVIII,14。萨利克法采用沸水取证法,但采取若干措施减轻这种取证法的残酷程度,XXVIII,16。萨利克法为何被人遗忘,XXVIII,19。萨利克法对丢失盾牌的人处以多少补偿金,查理曼对此所做的改革,XXVIII,21。萨利克法把我们所说的附庸称为"矢忠于国王的人",XXX,16。

萨利克土地(Terre salique)——日耳曼人的萨利克土地究竟是什么,XVIII,22。萨利土地不是采地,XVIII,22。

塞尔维乌斯·图里乌斯(Servius Tullius)——他把罗马人民分成等级,此举的后果,II,2。他如何登上皇位,他为罗马政体带来的变化,XI,12。他为罗马制订了良好的税收制度,XI,19。他重新实施罗慕洛斯和努玛关于分地的法律,并就此制定了新法,XXVII,1。他下令规定,没有在户籍册上登录的人将成为奴隶,该法被保存下来,为何还有公民没有登录在户籍册上? XXVII,1。

塞克斯提留乌斯·鲁富斯(Sextilius Rufus)——他是一笔委托遗产的受益人,但没有把遗产交还给继承人,因此受到西塞罗的指斥,XXVII,1。

塞克斯图斯(Sextus)——他的罪行有利于自由,XII,21。

塞克斯图斯·柏提库斯(Sextus Pedeucus)——他因没有在一项遗产委托上做手脚而出名,XXVII,1。

塞琉古(Séleucus Nicanor)——他的

连结里海和黑海的计划本来应该成功吗？XXI,6。

塞琉希德海（Mer Séleucide）——被人们如此称呼的是什么海，XXI,9。

塞米拉米斯（Sémiramis）——他的巨额财富从何而来，XXI,6。

塞纳尔（Sennar）——该地针对伊斯兰教的不公正而且凶残的做法，XXIV,3。

塞奈（Cerné）——汉诺在非洲西海岸航行途中逗留过的岛屿，XXI,11。

塞维鲁斯·亚历山大（Alexendre Sévère）——皇帝。他不愿在他在位期间确定间接大逆罪，XII,9。

三大执政官（Triumvirs）——他们巧妙地用诡辩遮掩自己的凶残，XII,18。他们成功的原因在于虽有国王的权威，却没有国王的排场，XIX,3。

三月五日先生（Cinq-Mars）——对他判刑的不公正借口，XII,8。

色诺芬（Xénophon）——他认为百艺损害人的身体，IV,8。他感到有必要设置我们那种商业法官，XX,18。他在谈论雅典时，听起来似乎是在谈论英国，XXI,7。

僧侣（Moines）——他们由于所处地方难以忍受而离不开他们的修会，V,2。他们禀性冷酷的原因，VI,9。如果鱼类正如他们所说是有利于生殖的话，某些僧侣的生活习惯就显得可笑，XXIII,13。他们是一群懒散的人，在英国带动了其他人的懒惰，于是被亨利八世驱赶，XXIII,29。组成宗教裁判所的就是这些僧侣，XXVI,11。他们引进宗教裁判所中的不公正准则，XXVI,12。在对犹太人的审判中，他们只是抄袭了过去主教们对付西哥特人的法律而已，XXVIII,1。过去的僧侣出于仁慈而赎买战俘，XXX,11。由于丕平给予教会以若干自由，僧侣不断夸奖丕平对基督教的虔诚，XXXI,9。

山区（Montagnes）——自由在山区保存得比其他地区好，XVIII,2。

赏赐（Bénéfices）——这是过去对采地和所有凭借用益权获得的财产的称呼，XXX,16。为获得赏赐而实行托付指的就是这种财产，XXX,22。

上帝、神、造物主（Dieu）——上帝与宇宙的关系，I,2。他的行为的动因，I,2。让我们对造物主心向往之的法则是第一重要的法则，但并非在自然法的排序上位列第一的法律，I,2。人为法应该设法让人敬重他，而不应该让人仇恨他，XII,4。人的种种理性都从属于他的意志，XVI,2。认为他并不存在，认为他并不干预人间的事务，或者认为祭献就能使他趋于宁静，这些都是亵渎他的想法，XXV,7。他要我们鄙视财富，因此我们不能向他供献宝物，否则就表明我们珍视宝物，XXV，7。他不可能视亵渎神明者的奉献为幸事，XXV，7。在他想要建立基督教的任何地方，他都不会遇到阻挡，《辩护》中的"宽容"条。

伤害贞操罪（Crime contre la pureté）——应如何惩罚，XII，4。

商品（Denrées）——能够确定商品的价格吗？XII，8；XXII，7。

商品（Marchandises）——对商品征税最合适和最低廉，XIII，7。如果不是出于报复，即使在战争期间也不应该没收商品；英国人在这方面的良好政策，西班牙人在这方面的恶劣政策，XX，14。是否能够确定商品税的额度，XXII，7。在财富标志物发生变化的情况下，如何确定商品税额度，XXII，8。

商品税（Taxes sur les marchandises）——商品税是最合理、最轻的税，XIII，7。对商品价格征税是危险的举动，XXII，7。

上圻（Tonquin）——那里的所有官职都被宦官包揽，XV，19。由于气候的原因，那里的父亲出卖女儿，丢弃婴儿，XXIII，16。

商人（Marchands）——在专制政体下，商人有私人保镖是好事，XIII，11。商人在宽和政体下的功能和用处，XIII，14。包税人不应因自己的困难而妨碍商人，XX，13。罗马人把从事商业者列为居民中的最下层，XXI，14。

商人的自由（Liberté du commerçant）——商人的自由在自由国家中很受限制，在专权国家中很广泛，XX，12。

上诉（Appel）——我们的先辈并不实行我们今天所说的上诉，用以替代上诉的程序，XXVIII，27。过去为何把上诉视为叛逆，XXVIII，27。为了不被看成叛逆而不能没有的谨慎，XXVIII，7。以往必须在离开宣判场所前提起上诉，XXVIII，31。过去对各种上诉规定的各种规则，XXVIII，31。当平民被准许向领主法庭提起上诉时，XXVIII，31。当领主和邑督不再在上诉案件中被传唤时，XXVIII，32。"法庭宣布上诉无效，法庭宣布上诉和上诉所指控的原判无效。"高等法院中这种上诉宣判方式的由来，XXVIII，33。上诉导致对诉讼费用作出判决，XXVIII，35。君主国中以往不能由一位法官单独审案，由于上诉极为方便，一位法官不能单独审案的惯例遂被废除，XXVIII，42。查理七世为何未能把上诉期定为短期，为何这个期限长达三十年，XXIX，16。

商业，贸易（Commerce）——一个品德高尚的民族应该从事商业，以免因外邦人经常光顾而受到腐蚀，IV，6。希腊人视商业为羞耻，认为公民不应从商，IV，8。商业激励从商者的美德，在民主政体中如何维持商业精神,V,6。在贵族政体中应该禁止贵族从商,V,8。君主政体应该鼓励商业,但是,贵族从商不符合该政体的精神,只要商人希望变成贵族即可,V,9;XX,21。在专制政体中商业必然很受限制,V,15。首都人口太多是否会削弱商业？VII,1。原因,英国的商业经济和商业精神,XIX,27;XX,8。商业促使习俗软化和腐败,XX,1。在受商业主宰的国家里,包括人的行动和品德在内的一切都可交易。商业消除偷盗,但维持利益观念,XX,2。商业在民族间维持和平,但在个人之间不维持团结,XX,2。商业的性质应该得到规范,甚至可以借助政府的法规自行规范,XX,4。商业有两种,即奢华商业和节俭商业,各自最适合哪一类性质的政体,XX,4。节俭性商业促使人民具有品德,以马赛为例,XX,5。节俭性商业建立了一些由受迫害的逃亡者组成的国家,XX,5。有些时候,某些商业根本不赢利,但却有益,XX,6。商业利益应该高于政治利益,XX,7。贬低节俭性商业国家的有效手段,利用这类手段好吗？XX,8。如果没有重大理由,不应将任何国家排除在贸易之外,更不应该只与一国通商,XX,9。建立银行只有利于节俭性商业,XX,10。

君主国不宜建立公司,自由国家往往也不宜,XX,10。在自由国家中开辟自由港与商业利益无碍,但在君主国家中则恰恰相反,XX,11。不应混淆贸易自由和商人自由,在自由国家中,商人的自由度很低,在绝对权力的国家中,商人的自由度很高,XX,12。商业的目标是什么,XX,12。海关如果出租,就会摧毁商业自由,XX,13。没收敌方商品并主动或被动与之断绝贸易往来,是不是好事？XX,14。在与商业有关的案件中采取人身限制措施是好的,XX,15。确立商业安全的法律,XX,16,17。商业法官,XX,18。在已经建立商业的城市中,应该法律多,法官少,XX,18。君主绝不应从商,XX,19。葡萄牙人和卡斯蒂利亚人在东印度的贸易因他们的君主涉足而被摧毁,XX,20。什么都不缺的国家在贸易中有利可图,贸易对于什么都匮乏的国家来说太昂贵,XX,23。有能力同时大量经营进出口的国家在贸易中有利可图,XX,23。商业使多余的物品成为有用,使有用的物品成为必需,XX,23。从世界上的商业历次变革看商业,XXI,1。尽管屡遭变故,商业性质在印度等某些国家中非常固定,为何,XXI,1。印度为何只以白银进行贸易,XXI,6。非洲的贸易为何始终有利可图,XXI,2。南北各民族之间的贸易保持平衡的物质原因,XXI,3。古今贸易的差异,XXI,4。逃避迫害,寻找自由,这是古今贸易之所以有别的主要原因,XXI,5。原因与后果,XXI,6。古人的贸易,XXI,6。过去印度在何处如何经商,XXI,6。过去亚洲在何处如何经商,XXI,6。提尔人的贸易性质和幅度,XXI,6。提尔人的商业因古代航海不发达而获得多少好处,XXI,6。犹太人从商的时间和幅度,XXI,6。埃及人的商业性质和幅度,XXI,6。腓尼基人的商业性质和幅度,XXI,6。亚历山大之前和之后的希腊商业的性质和幅度,XXI,7。雅典的商业原本不应受到如此大的限制,XXI,7。科林特的商业,XXI,7。荷马之前和之后的希腊商业,XXI,7。亚历山大的征战为商业带来的变革,XXI,8。过去和现在阻碍波斯人与印度通商的怪异成见,XXI,8。亚历山大计划开展的贸易,XXI,8。亚历山大之后的希腊诸王的贸易,XXI,9。亚历山大之后在何处、如何与印度进行贸易,XXI,9。希腊人和罗马人的印度贸易幅度不大,但比当今的贸易方便,XXI,9。迦太基的商业,XXI,10。罗马人的政制、政治、民法和万民法与商业相悖,XXI,14。罗马人与阿拉伯和印度的贸易,

XXI,16。亚历山大之死引起的贸易变革,XXI,16。罗马人的国内贸易,XXI,16。西罗马覆亡后的欧洲贸易,XXI,17。西哥特人与贸易相悖的法律,XXI,17。西哥特人的另一项促进贸易的法律,XX,18。商业如何冲破野蛮出现在欧洲,XXI,20。野蛮时代的商业之所以凋敝并带来恶果,原因是亚里士多德的哲学和神学院修士们的梦想,XXI,20。东罗马被削弱后的商业,XXI,20。汇票使商业摆脱恶劣法律的控制,恢复商人的诚信,XXI,20。东印度和西印度如何经商,XXI,21。欧洲的贸易基本法,XXI,21。本书作者建议的印度贸易计划,XXI,23。什么情况下贸易以以货易货方式进行,XXII,1。各国共同经商时,如何按照处境不同确定比例,XXII,1。应该在贸易中排斥理想货币,XXII,3。贸易因白银不断增多、陆地和海洋的发现而增长,XXII,8。贸易为何不能在俄罗斯繁荣,XXII,14。在商业成为支柱的国家中,节日的数量应与需要成正比,XXIV,23。

商业采购(achat, commerce d')——XXII,1。

商业自由(Liberté du commerce)——商业自由在自由国家中很受限制,在专权国家中很广泛,为何,XX,12。

主题索引 673

少男（Garçons）——男孩对婚姻的向往不如少女，为何，XXIII，9。少男与少女的人数之比对人口增殖的影响极大，XXIII，12。

奢侈、奢华（Luxe）——奢华存在于本国内部或与他国的关系中，VI-II。奢华并非始终由虚荣引起，奢华有时确有实际需要，XIX，27。奢华的原因：1）同一个国家中财富不平均，VII，1。2）精神受到地位不平等的刺激，VII，1。3）虚荣心，XIX，9。4）城市大居民多，致使居民彼此陌生，VII，1。5）土地产出过多，超过农夫和匠人食物之必需，于是就出现了华而不实的物品，并以生活必需品的出口换取这些奢华的物品，VII，6。荒淫君王和腐化生活，VII，7。7）妇女的风尚和情欲，VII，4。因国家的政制缘故，法律无法将她们约束在朴实的生活中，VII，8。8）妇女结婚时所获的财产过多，VII，15。9）公众风尚不良，VII，14。10）实行多偶制，XVI，3。11）商业带来的利润，VII，2。12）不事耕作的人连奢侈是什么都不知道，XVIII，17。奢侈的比例：同一国家的公民的奢侈程度可借助财富不均程度计算，VII，1。城市之间可借助居民人数多寡计算，VII，1。各国之间可借助复合因素计算，其一为公民财富的不均程度，其二为国与国之间的贫富差别，

VII，1。奢侈的等级，VII，1。奢侈带来的好处：1）奢侈促进商业，并成为商业的基础，XX，4。2）奢侈支持工业和劳动，VII，4。3）奢侈促进工艺完善，XXI，6。4）奢侈促使金钱从富人手中流到穷人手中，VII，4。5）相对奢侈使国家致富，日本的实例，XX，23。6）土地产出不足以养活全体居民时，奢侈是有用的，英国的实例，VII，6。7）君主政体必须奢侈，奢侈能保护这种政体，奢侈应有的等级，VII，1。奥古斯特和提比略认为，如果想以君主政体取代共和政体，就不要废止奢侈之风，而应顺水推舟，VII，4。8）用奢侈补偿臣属对君主的服务，VII，4。奢侈带来的祸害：1）搅乱社会地位，VII，1。2）需求与满足需求的手段之间不再保持平衡，VII，1。3）窒息对公共财富的热爱，代之以个人利益；以淫逸取代美德；罗马的实例，VII，2。4）奢侈与宽和精神背道而驰，VII，3。5）败坏民风，VII，4。6）纵容腐败和邪恶，VII，4。7）造成结婚费用巨大的后果，补救办法，XXV，1。8）可能促使出口过多生活必需品以换取可有可无的商品，VII，5。9）相对奢华会使一个贫困的国家更加贫困，波兰的实例，XX，23。10）土地如果难以养活全体居民，奢侈就是祸害，应以中国为戒，VII，6。11）

奢侈彻底摧毁共和政体，VII，4。
奢侈彻底摧毁民主政体，VII，2。
奢侈彻底摧毁贵族政体，VII，3。
即使在君主政体下，有时也有必要制止奢侈，阿拉贡、瑞典和中国的实例，VII，5，6。不同国家中反奢侈法的实施和效果，VII，3。

奢侈性贸易（Commerce de luxe）——什么是奢侈性贸易，在什么政体下最合适、最成功？XX，4。此类贸易根本无需银行，XX，10。此类贸易不应拥有特权，XX，11。

社会地位（Conditions）——法兰克人的社会地位因什么而不同，XXVIII，4。

绅贵（Gentilshommes）——英国因废除济贫院而把绅贵从游手好闲中解救出来，XXIII，29。他们如何参与司法决斗，XXVIII，20。他们如何对付平民，XXVIII，24。他们以战争结束争端，他们的战斗则往往以司法决斗告终，XXVIII，45。

赦免书（Lettres de grâce）——赦免书在君主政体下的用途，VI，16。

身份区别（Distinctions）——我们确立的身份区别是有用的，印度人的宗教所确立的身份区别是有害的，XXIV，22。

神甫（Pères de l'Eglises）——他们虔诚地反对尤利安法的热情被误解了，XXIII，21。

审理方式（Actions judiciaires）——审理方式为何被引入罗马和希腊，VI，4。

审判（Juger）——在我们先辈的习俗中，审判与决斗是同一回事，XXVIII，27。

审判权（Juger, puissance de）——在自由国家中，审判权应该谨慎地交给人民，VI，5；XI，18。或者交给选自人民的一些临时官员，XI，6。政体原则腐败时，交给谁都无关紧要，VIII，12。专制君主可以把审判权保留在自己手中，VI，5。君主国的君王不应把审判权保留在自己手中，VI，5。在君主政体中，审判权只应交给专任官吏，VI，6。审判权不应交给大臣的理由，VI，6。掌握立法权和行政权的人如果掌握审判权，那就毫无自由可言，XI，6。如何使判决趋于缓和，XI，6。审判权何时可以与立法权联合使用，XI，6。

神启宗教（Religion révélée）——本书作者承认一种神启宗教，证据，《辩护》第一部分第二节。

神圣法（Lois sacrées）——该法为罗马平民争得的好处，XI，18。

关于简朴的法律（Lois, sobriété）——与人民的简朴有关的法律，XIV，10。在有关酗酒的法律中，人们应该遵守的规定，XIV，10。

神性（Spiritualité）——我们并不相信神的观念，但却非常相信让我们敬神的宗教，XXV，2。

神学（Théologie）——法学著作应该

论述的是神学还是法学,《辩护》第二部分中的"独身制"条。

神学家(Théologiens)——他们给贸易制造的麻烦,XXI,20。

神学院修士(Scolastiques)——他们的梦想带来了一切不幸,并且毁灭了贸易,XXI,20。

神谕(Oracles)——普鲁塔克把找不到神谕归咎于什么?XXIII,19。

神职人员(Clergé)——应以何种观点看待神职人员在法国的司法管理。他们的权力在君主政体下是合适的,在共和政体下是危险的,II,4。他们的权力制止君王走上专制道路,II,4。墨洛温王朝时期神职人员的权威,XVIII,31。英国神职人员的公民身份为何比别处更加显著,他们的习俗为何更加规矩,为何他们撰写许多佳作,用以证明神的启示和上帝;为何宁可容忍他们的弊病,而不愿让他们成为改革者,XIX,27。他们的特权使一个国家人口剧减,无法补救,XXIII,28。宗教是他们用来为自己发财致富而损害人民的借口,由此形成的穷困是人民依附宗教的一个原因,XXV,2。他们何以会成为一个分离的团体;他们如何确立自己的特权,XXV,4。在什么情况下他们的团体太大就有危险,XXV,4。法律应该对他们的财产施加的限制,XXV,5。为防止他们攫取,不应禁止他们攫取,而应让他们对攫取失去兴趣,这就是达到目的的手段,XXV,5。他们的老庄园应该是神圣和不可转让的,但新庄园应该脱离他们的掌控,XXV,5。为国家负担费用的准则在罗马被视为征收特别税的准则,这与圣经的精神不符,XXV,5。重新制定西哥特法时引进了其他蛮族法从来没有的肉刑,但并未触及其他蛮族法,XXVIII,1。从西班牙的西哥特法引申出所有有关宗教裁判所的法律,XXVIII,1。在墨洛温王朝时期为何对神职人员使用罗马法,而对其他臣民则使用萨利克法,XXVIII,4。在墨洛温王朝和加洛林王朝时期,神职人员的财产受什么法律约束,XXVIII,9。他们愿意受教皇谕令约束,不愿受国王谕令约束,为何,XXVIII,9。他们支持以立誓作否定性证言的态度极其强硬,理由仅仅是教会这样做,由此造成大量伪誓的出现,致使司法决斗日益增多,他们视而不见,XXVIII,18。查理曼之所以规定在决斗中只能使用棍棒,也许是出于对神职人员让步的考虑,XXVIII,20。他们宽和的实例,XXVIII,41。他们的各种致富手段,XXVIII,41。多次把王国的所有财产交给他们,财富的变革,原因,XXXI,10。反击被诅咒的国王们对教会财产的揭发，XXXI,11。诺曼人制止他们为教会财产而掀起的动乱，XXXI,11。他们为让人民缴纳什一税而在法兰克福聚会，在上一次饥荒中，魔鬼因人民没有缴纳什一税而吞噬麦穗，XXXI,12。宽厚者路易去世是神职人员挑起的骚乱造成的后果，XXXI,23。秃头查理在位期间，神职人员无法弥补他们在几位先王期间酿成的祸害，XXXI,23。

省督（Proconsuls）——他们在外省所做的不公正的事，XI,19。

圣厄谢（Eucher,Saint）——在天堂感到舒适，他看到铁锤查理因生前剥夺了教会的地产而在地狱受苦，XXXI,11。

《圣经·利未记》（Lévitique）——我们保留了该篇中关于保存教会人士的财产的规定，但不包括限制这类财产的规定，XXV,5。

胜利（Victoire）——胜利的目的是什么，I,3。基督教阻止人们滥用胜利，XXIV,3。

圣路易的《法规》（Code des Etablissements de Saint-Louis）——促使领地司法中聚集领主进行审判的习俗被撤销，XXVIII,42。

圣路易的《条例》（Etablissements de Saint Louis）——该《条例》为司法带来的革命性变革，XXVIII,29。为何一些法庭采用，而另一些法庭不予采用，XXVIII,29。《条例》是秘密审案程序的起源，XXVIII,34。《条例》何以被遗忘，XXVIII,37。对于以此命名的法典应作何想法，XXVIII,37。《条例》在高等法院未获肯定，XXVIII,37。此法典的全名是《关于条例》，而不是《条例》，XXVIII,37。这部法典是什么，是谁以及如何制定的，从何而来，XXVIII,38。

圣乔治银行（Banque de Saint Georges）——该银行在政府中对热那亚人民产生的影响，是该国繁荣的原因，II,3。

生命（Vie）——荣宠禁止人们珍视生命，IV,2。

来世（Vie future）——为了国家的福祉，凡是不为来世作出许诺的宗教，都应代之以严厉的法律和对法律的严格执行，XXIV,14。宣扬来世的宗教能从宣扬中得到良好的效果，不宣扬来世的宗教只能得到不好的后果，XXIV,19。

圣人传（Vie des Saints）——圣人传虽然不能证实奇迹确有其事，但能为苦役奴隶制和采地的起源提供最确切的解释，XXX,11。圣人传中的谎言能够让我们了解当时的法律和习俗，因为这些圣人都与当时的法律和习俗有关，XXX,21。

圣山（Mont sacré）——罗马人民为何退据此山，XII,21。

圣事（Communion）——生前拒不向

教会交出部分财产者,临死不得做圣事,XXVIII,41。

圣职(Sacerdoce)——帝国与圣职始终有某种关系,XXIII,21。

甥侄(Neveux)——印度人把甥侄看作叔伯舅舅的儿子,XIV,15。

生育能力(Fécondité)——兽类的生育能力比人类稳定,为何,XXIII,1。

社会(Société)——人为何希望生活在社会中,I,2。没有政府,社会就难以存活,I,3。社会是人的集合体,但并非就是人,所以,征服者虽然有权摧毁一个社会,但无权杀死组成社会的人,X,3。即使在专制政体下,社会也需要一些固定的东西,那就是宗教,XXVI,2。

赦免(Grâce)——在波斯,被国王定罪的人不能要求赦免,III,10。赦免权是君主最高权力的最好的属性,所以君主不能当法官,VI,5。

赦免书(Grâce, lettres de)是宽和政体的一种重要手段,VI,16。

士兵(Soldats)——罗马的士兵虽然过独身生活,却享有已婚者的权利,XXIII,21。

十二铜表法(Loi des Douze tables)——十二铜表法为何规定一些过于严厉的刑罚,VI,15。什么情况下允许同态报复,VI,19。十二铜表法改变罗马法官的明智决定,XI,18。十二铜表法不包含任何关于有息借贷的条款,XXII,22。十二铜表法规定将遗产留给谁 XXVII,1。为何允许公民为自己选定自认为合适的遗产继承人,而置防止家产转移到另一家族的措施于不顾,XXVII,1。该法是否确实允许债权人将无力还债的债务人切割成一块块? XXIX,2。该法将小偷区分为明目张胆和非明目张胆两种,这种规定与其他罗马民事法毫无关系,这种规定从何而来,XXIX,13。关于可以杀死被发现时进行反抗的小偷的规定,何以获得批准,XXIX,15。十二铜表法是法律精准的典范,XXIX,16。

使节(Ambassadeurs)——使节不受派驻地的法律和君主的节制,如何惩罚他们的过失,XXI,26。

弑父罪(Parricides)——亨利一世掌政时,如何惩罚弑父罪,XXVIII,36。

食利者(Rentiers)——依靠向国家和个人放债为生的食利者,是对于国家和个人最无用的一批人,对待他们是否应该最无情,XXII,18。

时髦(Modes)——对于一个国家的贸易是有用的,XIX,8。时髦的根源在于虚荣,XIX,9。

弑亲(Homicide)——日耳曼人如何惩罚弑亲罪,XVIII,22。

弑亲者(Homicides)——应该为他们设置避难所吗? XXV,3。

诗人(Poètes)——十人团在罗马宣

布处死诗人,VI,15。英国诗人的性格,XIX,27。

十人团(Décemvirs)——他们为何以极刑惩罚小册子和诗歌本书作者,VI,15。他们的起源,他们的笨拙,他们在政府中的不公正是他们倒台的原因,XI,15。十二铜表法中多处表明,他们曾试图破坏民主精神,XII,21。

施舍(Aumônes)——街头施舍并不能履行国家对穷人的职责,国家的职责是什么,XXIII,29。

事实问题(Questions de fait)——此类案件在罗马由谁审理,XI,18。

事实审讯法官(Juges de question)——什么是事实审讯法官,他们由谁任命,XI,18。

世袭贵族政体(Aristocraatie héréditaire)——这种政体的弊病,VIII,5。

实行选举制的君主政体(Monarchie élective)——这种政体应该得到一个贵族团体的支持,XI,13。王位应该传给国王的儿子或是传给其他人,此事应由政治法和公民法来决定,XXVI,6。加洛林王朝时期的法国就是一个实行选举制的君主政体,XXXI,17。

誓言(Serment)——誓言在多大程度上对一个民族构成约束,VII,13。何种情况下需要求助于誓言,XIX,22。誓言被神职人员当作借口,用来在封建事务上向法庭起诉,XXVIII,40。

十字军(Croisade)——十字军将麻风病带到我们这里,如何防止传染给广大老百姓,XIV,11。教会以麻风病为借口,把各种事和各种人送上他们的法庭,XXVIII,40。

事实上的平等(Egalité réelle)——是民主政体的灵魂,很难确立,如何补救,V,5。

食鱼族(Ichthyophages)——亚历山大是否把他们全都征服了?XXI,8。

首都(Capitale)——大国的首都在北方比在南方好,XVII,8。

收回的采地(Fief de reprise)——即我们的祖先所说的重获采地,XXXI,8。

兽类(Bêtes)——制约它们的是运动的普遍规律还是个别动因?它们与上帝有什么关系,它们如何保存个体和种群,它们的法则是什么,它们始终遵守吗?与我们相比,它们的优势和弱势是什么I,1。

狩猎(Chasse)——狩猎对风尚的影响,IV,8。

收养(Adoption)——收养在贵族政体下有害,V,8。日耳曼人通过接受武器收养义子,XVIII,28。

手艺(Métier)——父亲倘若没有给子女传授赖以为生的手艺,当他贫困潦倒时,自然法是否强制子女赡养他?XXVI,5。

手艺人,工匠(Artisans)——在良好的民主政体下，他们不应拥有市民权，IV，8。

叔伯舅舅（Oncles）——印度人把甥侄看作叔伯舅舅的儿子，因而出现了堂姑表兄弟姐妹之间的婚姻，XIV，15。

枢机主教黎塞留（Richelieu, le cardinal de）——他为何将可怜的老实人排除在担任公职的人员之外，III，5。他热爱专制政体的证据，V，10。他认为，君主及其大臣不可能具有美德，V，12。他在政治遗嘱中提出了一项无法执行的建议，XXIX，16。

赎买（Rachat）——此项封建权利的起源，XXXI，33。

率直（Candeur）——法律必须率直，XXIX，16。

双臂交叉判决法（Jugements de la croix）——查理曼创设此法，宽厚者路易加以限制，罗泰尔予以废止，XXVIII，18。

税（Impôts）——在自由国家里，由谁和如何规定税收，XI，6。可以对人、土地或商品收税，或者对其中两项乃至三项收税。前述三者应该保持的比例，XIII，7。如果对纳税人存有错觉，税额就可能比较小，如何保持这种错觉，XIII，8。税额应与被征商品的固有价值相一致，XIII，8。法国的不公正盐税是灾难性的，XIII，8。让民众有机会走私的税给包税人提供了发财的机会，结果是人民受欺诈，国家倒霉，XIII，8。向民事合同的各种条款征收的税，使民众受损，包税人受益。可以取代的办法，XIII，9。人头税与奴役制比较吻合，商品税与自由比较吻合，XII，14。英国人为何承受如此沉重的税，XIX，27。有人说，税越重，纳税能力就越强，这纯粹是胡说，XXIII，11。

税赋（Tributs）——在贵族政体下，谁应该纳税，V，8。在君主政体下，不应以令人讨厌的征税方式征税，V，9。罗马如何征税，XI，19。征税与自由的关系，XIII。应该对什么征税，税用于何处，XIII，1。税额不会因其大而是好事，XIII，1。纳税甚多的大国中的不纳税小国，比大国更可怜，有人从此事中得出的错误结论，XIII，2。苦役奴隶该纳什么税，XIII，3。所有人都是公民的国家应该征什么税，XIII，7。税额大小取决于政体性质，XIII，10。税赋与自由的关系，XIII，12。何时可以增税，XI-II，13。赋税的性质与政体有关，XIII，14。为增加税收而滥用自由，结果会使自由蜕变为奴役，此时就不得不减税，XIII，15。欧洲严格征税的唯一原因就是大臣的眼光短浅，XIII，15。欧洲税赋不断增长的原因，XIII，15。过度征税使穆斯林轻而易举地在战争中取得胜利，XIII，16。不得不为部分人民减税时，应该是真正的减，而且不损害其余人民的利益，否则就会危及国王和国家，XIII，18。让臣民在税收上相互以丰补歉是对国家的不公和有害之举，XIII，18。偶尔征收和依据勤劳程度征收的税赋是不良财富，XXI，22。在君主政体初期，法兰克人不纳税，史书上有关此事的记载，XXX，12。在法国君主制初期，包括罗马人和高卢人在内的所有自由民，都不负担任何税赋，只负担自费参战的义务，他们承担此项义务的比例，XXX，13。

税赋（Cenus，Cens）——法国君主制初期的税赋，向谁征收，XXX，14。蛮族法使用此词时随意性很大，以致论述古代君主制特殊体系的作者们，例如迪波教士，从中找到了为支持他的想法所需的一切，XXX，14。君主制初期所说的税赋是经济权力，而不是财政权力，XXX，15。尽管此词被滥用，但这是一种由主人对农奴收取的特殊税，证据，XXX，15。过去没有从罗马人的管理中派生出来的税赋，领主的权利根本不是从这种虚幻的税赋中派生出来的，证据，XXX，15。

税收（Deniers publics）——在自由国家中，税收的额度和管理应由行政机构或是立法机构负责？XI，6。

水手（Matelots）——水手们在航行途中缔结的一切民事借贷契约均属无效，XXVI，25。

税务机关（Fisc）——罗马法制止税务机关的贪婪，XXI，17。这个词在古代语汇中是采地的同义词，XXX，21。

税务刑罚（Peines fiscales）——亚洲的这种刑罚为何比欧洲重，XII，11。

斯巴达、拉栖代孟（Lacédémone）——斯巴达共和国的法律抄自何处，IV，6。由于斯巴达的法律优秀，所以斯巴达抵御马其顿人攻击的时间比其他希腊城市长，IV，6。可以娶同父异母或同母异父的姐妹为妻，但同父同母的姐妹不能娶，V，5。斯巴达的每个老人都是监察官，V，7。斯巴达共和国与雅典共和国在服从官吏方面的主要区别，V，7。监察官使所有等级保持平等，V，8。该共和国体制方面的主要毛病，VI，3。该国的奇特刑罚，VI，9。斯巴达之所以存续时间长，是因为它不扩张领土，VIII，16。斯巴达政府的目标是什么，XI，5。古人把这个共和国视为君主国，XI，9。只有这个国家能容忍两个国王并存，XI，10。该共和国的自由与奴役都过了头，XI，19。为何奴隶动摇了该国的政体基础，XV，16。

该共和国中对奴隶的凶残和不公状况，XV，17。贵族为何在该共和国确立地位比在希腊早，XVII，2。习俗在那里主宰风气，XIX，4。婚姻全由官吏处置，XXIII，7。该国官吏的等级是绝对的，XXIX，9。为人所不齿是最大的不幸，弱小则是最大的罪，XXIX，9。该国训练孩子行窃，只有被当场抓住才受罚，XXIX，13。处理偷窃的办法源自克里特，是罗马法处理同类事件办法的由来，XXIX，13。斯巴达处理偷窃的办法只适合该国，对其他国家丝毫无用，XXIX，13。

斯巴达人、拉栖代孟人（Lacédémoniens）——他们的禀性和性格与雅典人相反，XIX，7。好战的斯巴达人为恐惧之神建立庙宇，并非因为喜爱此神，XXIV，2。

斯巴达人（Spartiates）——斯巴达人的祭品都很平常，为的是可以天天祭神，XXV，7。

斯宾诺莎（Spinosa）——他的理论与自然宗教相矛盾，《辩护》第一部分第10条异议。

斯宾诺莎主义（Spinosisme）——尽管斯宾诺莎主义与无神论互不相容，《教会新闻》仍然要把这顶帽子扣在孟德斯鸠头上，《辩护》第一部分。

斯多葛主义者（Stoïciens）——在能让人获得幸福的各种伦理中，斯多葛主义仅次于基督教，斯多葛主义的主要信条，XXIV，10。他们否认灵魂不死，他们由此推导出许多有益于社会的结论，XXIV，19。本书作者赞扬他们的伦理，但反对他们的宿命论，《辩护》第一部分第1条异议。《教会新闻》把他们当作自然神论者，其实他们是无神论者，《辩护》第一部分第10条异议。

司法、公正（Justice）——公正关系早于法律，I，1。个人绝对不应被允许亲自惩处他们所指控的罪行，XII，17。苏丹的公正就是破坏公正，XXVI，24。允许自行司法的法律应该采取的谨慎措施，XXIX，15。我们的先祖所理解的司法公正，就是保护罪犯不被复仇者伤害，XXX，20。我们的先祖所谓的司法权，仅仅属于采地的拥有者，就连国王也被排斥在外，为何，XXX，20。

司法程序（Formalités de justice）——君主政体和共和政体都需要司法程序，司法程序对专制政体不利，VI，2。热衷于司法程序的罗马人以此为借口逃避法律，XXVII，1。司法程序太多不是好事，XXIX，1。

司法决斗（Combat judiciaire）——除萨利克法外，蛮族法都接受决斗取证，XXVIII，13。接受决斗取证的法律，是对接受否定性证言的法律的补充和补救,XXVIII,13。依据伦巴第法,为自己清白立过誓的人,不能被要求进行决斗,XXVIII,14。我们的先人从刑事案件中得到的证据,并非如想象的那样单薄,XXVIII,17。司法决斗的起源,司法决斗为何变成一种司法证据,这种证据有其一定的经验基础,XXVIII,17。由于神职人员坚持使用另一种同样有害的方法,致使决斗获得准许,XXVIII,18。决斗何以会是否定性证言的一种后果,XXVIII,18。伦巴第人把决斗带到意大利,XXVIII,18。查理曼、宽厚者路易和奥托把决斗从刑事案件扩展到民事案件,XXVIII,18。决斗盛行是导致萨利克法、里普埃尔法、罗马法和敕令失去权威的主要原因,XXVIII,19。这是我们的祖先审理所有民事、刑事、附带诉讼和中间诉讼案件的唯一途径,XXVIII,19。有人为十二锊而进行决斗,XXVIII,19。决斗时使用什么武器,XXVIII,20。与决斗有关的习俗,XXVIII,22。司法决斗建立在一种法学理论基础之上,XXVIII,23。为了解有关决斗的法学而应该阅读的书籍,XXVIII,23。决斗规则,XXVIII,24。为双方平等而应该采取的措施,XXVIII,24。有人既不能挑战也不能应战,于是就由专职决斗人作替身,XXVIII,24。什么情况下不能进行决斗,XXVIII,25。即便在民事案件中,决斗也并非一无是处,XXVIII,25。妇女不请专职决斗人,就不得向任何人挑战,但向妇女挑战则可以不请专职决斗人,XXVIII,25。多大年龄可以挑战或应战,XXVIII,25。被告向第一证人提出决斗挑战,就可阻止第二证人提供证言,XXVIII,26。诉讼一方与领主的附庸进行决斗,XXVIII,27。提起渎职之诉后何时、与谁、如何进行决斗,XXVIII,26。圣路易是废除决斗的第一人,XXVIII,29。在审案中不再借助决斗的时代,XXVIII,29。因审判不公而提起上诉时,决斗的结果只能撤销判决,并不能解决谁是谁非问题,XXVIII,33。在实行决斗的时代,不存在诉讼费用判决问题,XXVIII,35。公方提出决斗令人生厌,XXVIII,36。借助决斗审案对法官的能力要求很低,XXVIII,42。

司法权(Puissance de juger)——在自由国家中,司法权绝对不应与立法权相混,例外,XI,6。

司法誓言(Serment judiciaire)——除萨利克法外,在所有的蛮族法律中,被告的誓言加上若干证人的誓言就足以为被告争回清白,XXVIII,13。为预防可能滥用誓言而采取的补救措施,XXVIII,14。依据伦巴第法的规定,已经立誓为自己辩护的被告不能再被迫进行决斗，XXVIII，14。贡德鲍为何用立誓取证法取代司法决斗取证法，XXVIII，17。在何处立誓，怎样立誓，XXVIII，18。

司法助理（Rathimburges）——他们与法官助理和法官都是同样的官员，XXX，18。

斯基泰人（Scythes）——他们关于灵魂不死的学说，XXIV，21，他们可以娶自己的女儿为妻，XXIV，14。

私人家庭（Familles particulières）——与教会人员相比，从这个比较中可以看出，应该限制教会人士的财产，XXV，5。

私生子（Bâtards）——为什么中国没有非婚生子，XXIII，5。私生子令人厌恶的程度因不同政体而异，因是否准许多妻制和离婚而异，或因其他情况不同而异，XXIII，6。他们的继承权在各国由公民法或政治法规定，XXVI，6。

斯特拉波（Strabon）——他关于音乐对民风产生影响的看法，IV，8。

思想（Pensées）——思想不应受到处罚，XII，11。

死刑（Peine de mort）——死刑在什么情况下是正确的，VI，9。

死罪（Crimes capitaux）——我们的先辈对不能和平解决的死罪，通过决斗处理，XXVIII，24。

苏丹（Soudans）苏丹在东罗马衰落之后的贸易、财富和实力，XXI，19。

苏丹（Sultans）——他们的威望受到损害后就可以食言，III，9。他们通常拥有对平民继承人所继承的遗产抽取份额的权力，V，14。他们只知道滥用权力，不知道如何才是公正，XXVI，42。

苏拉（Sylla）——他确立了许多残酷的刑罚，VI，15。他不但不惩处诽谤者，反而给以奖赏，XII，16。

诉讼（Procédure）——司法决斗使诉讼变成公开，XXVIII，34。诉讼何以又变成秘密，XXVIII，34。当诉讼成为一项技艺时，领主们就不再召集领地法官审案，XXVIII，42。

诉讼程序（Procédés）——加佩王朝初期的司法非常重视诉讼程序，XXVIII，19。

诉讼费用（Dépens）——过去的世俗法庭不就诉讼费用作判决，XXVIII，35。

诉讼费用判决（Condamnation de dépens）——法国的法院没有此类判决，为何，XXVIII，35。

诉讼人（Plaideurs）——土耳其如何对待诉讼人，VI，1。诉讼人都有哪些悲情，VI，2。

随从（Compagnons）——塔西佗所说的日耳曼人的随从，附庸制度的起源须到随从的使用和义务中去寻找，XXX，3，16。

随和的性格（Humeurs socia-

bles)——其效应,XIX,8。
孙子(Petits-enfants)——在古罗马,孙子可以继承祖父的遗产,但不能继承外祖父的遗产,为什么,做出这种规定的原因,XXVII,1。
索罗亚斯德(Zoroaste)——他为波斯人作出规定,可以优先娶自己的母亲为妻,XXVI,14。
索西穆斯(Zozime)——在他看来,康斯坦丁的宗教改宗出于什么原因,XXIV,13。
苏伊士(Suez)——国王的附庸带往阿拉伯的巨额款项,XXI,16。
梭伦(Solon)——他如何将雅典人民分成等级,II,2。他如何弥补抽签选举法中出现的缺陷,II,2。他的法律中自相矛盾之处,V,5。他如何消除好逸恶劳的恶习,V,7。他为防止人民在审理案件时可能滥权而制定的良好法律,VI,5。他纠正雅典人出售债务人的陋习,XII,21。他的法律思想应该成为所有立法者的典范,XIX,21。他在雅典废除了人身拘押,过于普遍使用这种做法并非好事,XX,15。他制定了许多针对宗教的节俭法律,XXV,7。他的一项法律准许子女在若干情况下可以拒不赡养贫困的父亲,这项法律并不全对,XXVI,5。他给予一些人以立遗嘱的权利,这是此前从未有人给予的权利,XXVII,1。他为一项极不寻常的法律所作的辩解,

XXIX,3。埃及祭司们应用他的学说的实例,XXX,14。
所罗门(Solomon)——他使用的是哪些航海家,XXI,6。他的船队航行的时间能证明航行距离吗? XXI,6。
所有权(Propriété)——所有权建立在公民法基础之上,由此产生的后果,XXVI,15。公共财产要求每个人保管好依法拥有的财产,XXVI,15。公民法是所有权的守护神,XXVI,15。

T

塔克文(Tarquin)——他如何登上王位,他为政府带来的变化,他垮台的原因,XI,13。揭发塔克文的阴谋的那位奴隶仅仅是告密者,并非证人,XII,15。
塔西佗(Tacite)——这位作者已被证误的说法,XXII,22。他关于日耳曼人习俗的著作篇幅较短,因为他见到了一切,于是就浓缩了一切。在这部著作中可以找到蛮族法,XXX,2。他把今天的附庸叫作随从,XXX,4,16。
台湾(Formose)——该岛实行丈夫入赘制,XXIII,4。由于气候的物理原因,宗教训诫禁止妇女在三十五岁之前做母亲,XXIII,16。准许放荡行为,因为那里的宗教把无关痛痒的小事看做大事,把

大事看做无关痛痒的小事，XX-IX，14。四服以内的亲属不允许结婚，此项法律仅仅出于自然原因，XXVI，14。

台湾岛的宗教（Religion de l'île de Formose）——该宗教的奇特教义证明，宗教反对民法所允许的事情非常危险，XXIV，14。

坦诚（Franchise）——在君主政体下，坦诚在何种意义上得到重视，IV，2。

贪婪（Avarice）——在美德缺失的共和政体下，被视为贪婪的是简朴而不是占有欲，III，3。人们为何喜欢保有黄金和白银，而且喜欢黄金甚于白银，XII，9。

特鲁瓦（Troies）——公元878年在该地举行公会议一事证明，罗马法和西哥特法同时并存于西哥特地区，XXVIII，5。

特权（Prérogatives）——贵族享有的特权不应转交给平民，V，9。

特权（Privilèges）——在君主政体中，特权是法律多样化的根源之一，VI，1。罗马共和时期的特权，XII，9。

特性（Caractère）——一个民族的特性何以可由法律熏陶而成，XIX，27。

忒修斯（Thésée）——他的英勇行为表明，那时希腊尚未开化，XXIV，18。

提奥多西法典（Code Théodosien）——内容，XXIII，21。墨洛温王朝时期居住在法兰西的各族人民受提奥多西法典和蛮族法制约，XXVIII，4。阿拉里克让人编纂该法集子，用以解决其统治地区的罗马人之间的纷争，XXVIII，4。法国人先知道该法典，后知道提奥多西其人，XXVIII，42。

提奥菲拉特斯（Théophraste）——他对音乐的想法，IV，8。

提比略（Tibère）——在更新共和国的反奢侈法时他十分小心，他将共和政体改变为君主政体，VII，4。出于同样的考虑，他不准禁止各省总督将妻子带往任所，VII，4。基于同一政策，他巧妙地运用惩治通奸的法律，VII，13。他滥赐爵位和荣宠，VIII，7。他把对大逆罪的惩罚用文字固定下来，XII，13。这位暴君的凶残无以复加，XII，14。他以一项巧妙的法律使货币的替代物变成了货币本身，XXII，2。他对巴比安法作了增添，XXIII，21。

体操（Gymnastique）——什么是体操，有多少种类，体操为何起初极为有用，后来却变成对民风有害，VIII，11。

替代继承（Substitutions）——替代继承在贵族政体下是有害的，V，8。在君主政体下如果仅允许贵族使用这种继承制度，那是有益的，V，7。替代继承制妨碍贸易，

V,7。在罗马,人们不得不采取替代继承,防止被替代者对孤儿设置陷阱,XIX,24。古罗马法为何许可替代继承而不许可遗产赎回,XXVII,1。罗马引入替代继承制的动机是什么,XXIX,8。

天花(Mal vénérien)——天花从何而来,为何说天花传染本来是可以制止的,XIV,11。

天主教(Catholicisme)——英国人为何仇视天主教,天主教在英国受到何种迫害,XIX,27。天主教对君主政体比对共和政体更适合,XXIV,5。天主教国家比新教国家的节日多,XXIV,23。

天主教(Religion catholique)——天主教比新教更适合于君主国,XXIV,5。

天主教徒(Catholiques)——为何比新教徒对宗教更执着,XXV,2。

条例(Chartres)——加佩王朝的最初几位国王和他们的附庸所颁布的条例,都是法国习惯法的渊源,XXVIII,45。

条约(Traités)——君主无论被迫或自愿签订的条约,都具有同样的约束力,XXVI,20。

铁锤查理(Charles Martel)——他下令为弗里兹人制定法律,XXVIII,1。他所建立的采地表明,国王的庄园当时并非不可转让,XXXI,7。他以政策迫害曾受其父政策保护的神职人员,XXXI,9。他在最佳时机着手剥夺神职人员的财产,他的政策使他与教皇站在一起,XXXI,11。将教会财产不加区分地作为采地或自由地赐予他人,XXXI,14。他发现国家虚弱不堪时,已无法挽救,XXXI,22。是他将图卢兹伯爵区变成世袭吗?XXXI,28。

帖木儿(Thimur 或 Tamerlan)——他如果是个基督徒,肯定不会如此凶残,XXIV,3。

同父异母或同母异父姐妹(Belle-soeurs)——准许与其同父异母或同母异父兄弟结婚的地区,XXVI,14。

同父异母或同母异父兄弟(Beaux-frères)——准许与其同父异母或同母异父姐妹结婚的地区,XXVI,14。

通奸(Adultère)——在民主政体下,公开指控通奸大有好处,V,7。罗马人允许公开指控通奸,为什么,VII,10。罗马何时、为何不再允许公开指控通奸,VII,11。奥古斯都和提比略仅在某些情况下,对于这种罪行使用他们自己制定的法律所规定的刑罚,VII,13。此罪因婚姻减少而增多,XVI,10。允许儿童指控其母或继母犯有此罪违背人的本性,XXVI,4。因通奸而提出分居要求的权利,只应如公民法所规定给予丈夫,而不能如宗教法所规定给予夫妻双方,XXVI,5。

同盟(Alliances)——君主用来收买同盟的钱几乎总是白花,XIII,17。

同态报复法(Talion, la loi du)——专制政体经常使用同态报复法,在宽和的国家里如何使用同态报复法,VI,19。参见"同态复仇"条。

同态报复法(Loi du talion)——同态报复法在专制国家中广泛使用,在宽和政体的国家中如何使用,VI,19。参见"同态报复的刑罚"条。

同态报复的刑罚(Peine du talion)——同态报复源于人为法出现之前的法则,I,1。

统治(Domination)——人如果不结成社会,根本不会产生统治的念头,I,2。统治精神几乎永远会毁坏最佳行动,XXVIII,41。

统治家族(Famille régnante)——开国皇帝以及此后的三四个继位者没有前朝皇帝的毛病,但此后的继位者旧病复发,于是又被另一个王朝取代,VII,7。确定王位继承顺序不是为了统治家族,而是为了国家,XXVI,16。

偷窃(Larcin)——斯巴达人为何要对儿童进行偷窃训练,XXIX,13。

偷窃(Vol)——中国如何惩罚偷窃,VI,16。不应将偷窃犯处死刑,为何偏有这种情况发生,XII,5。罗马如何惩处偷窃,关于惩治偷窃的法律与其他民法毫不相干,XXIX,13。克罗泰尔和希尔德贝曾如何设想防止偷窃,XXX,17。我们的先人如遭偷窃,不能秘密接受赔偿,也不能没有法官的命令而接受赔偿,XXX,19。

偷窃犯(Voleur)——偷窃罪是否比窝赃罪重,XXIX,12。罗马许可杀死进行抵抗的偷窃犯,法律对此项可能造成可悲后果的规定作出修正,XXIX,13。蛮族中的偷窃犯如果在行窃时被杀死,其父不得索取赔偿金,XXX,19。

土地法(Lois agraires)——土地法在民主政体下有用,VII,2。即使缺乏工艺,土地法也有利于人口增长,XXIII,15。西塞罗为何视土地法为可悲,XXVI,15。罗马的土地法是谁制定的,XXVII,1。为何罗马人每隔一年就提出一次对土地法的要求,XXVII,1。

土地耕作(Culture des terres)——土地耕作的依据不是土地的肥沃程度,而是自由,XVIII,3。人口多寡与土地耕作和百艺有关,XVIII,10。土地耕作意味着百艺、知识和货币,XVIII,15。

土耳其(Turquie)——土耳其如何处置遗产继承,土耳其人的遗产继承顺序的缺陷,V,14。土耳其国王如何确保自己的王位,V,14。那里的专制政体排除了司法程序,VI,2。那里的司法优于其他地方吗? VI,2。土耳其征收的进口商品税,XIII,11。商人在土耳其不可能有多少钱可以出借,XI-I,14。

土耳其人(Turcs)——土耳其专制政体令人不寒而栗的原因,XI,6。他们对黑死病不采取任何防范措施,为何,XIV,11。他们攻击阿比西尼亚人的时间表明,不应依据宗教原则决定受制于自然法的事情,XXVI,7。内战中首战胜利对于他们来说是上帝的裁决,XX-VII,17。

土地(Terres)——土地何时适宜于在公民之间分配,V,5。民主政体下的公民应如何分地,V,6。所有民主政体下的公民是否可以以同样的方式分地,V,7。在共和政体下,当原有的土地分配制度混乱不清时,是否可以重新分地,VII,2。对土地税应该施加的限制,XIII,7。土地垦殖与自由的关系,XVIII,1,2。禁止出售土地的法律是不良法律,XXII,15。何处的土地上人口最多,XXIII,14。塞尔维乌斯·图里乌斯在罗马恢复分地,XXVII。高卢的日耳曼人和蛮族如何分地,XXX,7。

土地的贫瘠(Stérilité des terres)——贫瘠的土地使人变得优秀,XX-VIII,4。

土地税(Taxes sur les terres)——土地税应有的限制,XIII,7。

图拉真(Trajan)——图拉真拒不给予敕复,为何,XI,18。

图林根人(Thuringiens)——他们的法律相当简单,是谁制定的,XXVIII,1。他们的刑法与里普埃尔人的刑法出于同一考虑,XX-VIII,13。他们处置奸妇的手段,XXVIII,17。

图卢兹(Toulouse)——在铁锤查理在位时期,这个伯爵区变成世袭的了吗? XXXI,28。

图密善(Domitien)——他的凶残让人民得到了些许宽松,III,9。他为何让高卢人拔掉葡萄,XXI,15。

土壤(Terrain)——土壤性质如何影响法律,XVIII,1。土壤越肥沃,该地区越适合建立君主政体,XVIII,1。

团队军官(Tribuns des légions)——在什么时间由谁任命团队军官,XI,17。

托付(Recommander)——什么是为获得赏赐而托付,XXX,22。

托勒密(Ptolomée)——这位地理学家对非洲的了解,XXI,10。他把腓尼基人的绕非洲航行视为无稽之谈,他认为非洲与亚洲之间有一条地峡相连,其实从来就没有这个地峡,他还认为,印度洋仅仅是一个大湖,XXI,10。

托马斯·摩尔(Thomas More)——他在立法上的短见,XXIX,9。

推断(Présomption)——法律推断胜过人的推断,XXIX,16。

W

瓦雷烈法(Loi Valérienne)——何时制定该法,内容是什么,XI,18。

瓦伦梯尼安(Valentinien)——他准许外甥继承外祖父的遗产,XXVII,1。阿波加斯特对这位皇帝的行为与宫相相比,体现了法兰西民族的智慧,XXXI,4。

瓦伦梯尼安法(Loi Valentinien)——该法允许帝国之内实行多偶制,为何没有成功,XVI,2。

瓦姆巴(Vamba)——他的史学著作证实,罗马法在高卢南部的权威高于哥特法,XXVIII,7。

瓦纳歇尔(Warnachaire)——他在克罗泰尔在位期间确立了宫相的永久权威,XXXI,1。

外邦人(Etrangers)——以前来到法国的外邦人被当作农奴,本书作者由此推定,所谓税(cemsus 或 cens)仅由外邦人缴纳,XXX,15。

万丹(Bantam)——万丹如何解决继承问题,V,14。那里的一个男子有十个妻子,这是多妻制的一种十分罕见的现象,XVI,4。那里的姑娘十三四岁便出嫁,XVI,19。那里的女性出生率太高,人口难以保持平衡,XXIII,12。

万民法(Droit des gens)——什么是万民法,什么是其精神,I,3。最凶残的民族都有一部万民法,I,3。他们的万民法什么样,X,1。不从事土地耕作的民族的万民法,XVIII,12。万民法对不从事土地耕作的民族的管束超过公民法,XVIII,26。鞑靼人的万民法,该法凶残的原因,该法似与该民族的性格矛盾,XVIII,20。迦太基人的万民法十分奇特,XXI,11。由万民法约束的事务不应适用公民法或政治法,XXVI,20,21。践踏万民法如今是开战的最常见借口,XXVIII,28。

汪达尔人(Vandales)——他们的蹂躏,XXII,4。

亡夫的遗产(Douaire)——由此引发的问题无法通过司法决斗解决,XXVIII,25。参见"因婚姻获得的财产"条。

王家法官(Juges Royaux)——他们过去不能进入任何领地行使任何职务,XXX,20。

王权(Autorité royale)——好人手中的王权因情况不同而扩大或缩小。王权应该给人以鼓励,法律应该给人以威胁,XII,25。

王位(Couronne)——不同国家的法律和习惯对于王位继承有不同的规定,有人从本国的观念出发认为这些继承法不公正,其实它们都各有其理由,XXVI,6。确定继承法不是为了当朝王族的利益,而是为了国家的利益,XXVI,16。王位继承权的处理不同于个人权利，王位继承权受政治法制约，个人权利受公民法制约，XXI，16。被拥立为王者废除了为他而立的政治机构后，继承顺序可以改变，XXVI，23。国家有权废除王位继承权，也有权要求放弃王位继承权，XXVI，23。

王位继承（Succession au trône）——专制政体国家的王位继承由谁决定，V，14。俄国如何处理这个问题，V，14。最佳方案是哪一种，V，14。各国的法律和习惯对这个问题的处理各不相同，有人认为某国的法律或习惯不公正，其实是因为从自己国家的情况出发，它们各有各的道理，XXVI，6。王位继承不应由公民法来处理，XXVI，16。有关王位传承的法律是为某个政治团体制定的，如果该法对这个政治团体造成伤害，法律就应该更改，XXVI，23。国家可以改变王位继承顺序的实例，XXVI，23。

王威（Royauté）——王威不仅仅是一种荣耀，XXIX，16。

王族后代（Prince du sang royal）——印度人为确保国王是王族后代而采用的方法，XXVI，6。

围城（Sièges）——希腊历史上令人不可思议的顽强守城行为的原因，XXIX，14。

未成年（Minorité）——未成年期在罗马为何这样长，我们也应该这样吗？V，7。

未成年继承人（Pupilles）——在什么情况下可以下令以决斗来解决涉及未成年继承人的案件，XXVIII，25。

未成年继承人替代继承（Substitution pupillaire）——什么是未成年继承人替代继承，XIX，24。

维克托·阿马戴乌斯（Victor Amédée）——撒丁国王。他自相矛盾的行为，V，19。

维吉尼亚（Virginie）——她的受辱和死亡在罗马引发的革命，VI，7；XI，15。她的不幸遭遇强化了罗马的自由，XII，22。

未交人头税者（Aerarii）——谁如此称呼他们，XXVII，1。

未开化人（Sauvages）——他们的治理目标是什么，XI，5。未开化人与蛮族的区别是什么，XVIII，11。约束他们的几乎只是大自然和气候，XIX，4。他们为何对宗教不在意，XXV，2。

畏惧（Crainte）——人在自然状态下的第一类感情之一，畏惧促使人们彼此接近，组成社会，I，2。畏惧是专制政体的原则，III，9。

维列斯（Verrès）——他遵顺的不是沃科尼乌斯法的精神，而是该法的文字，为此他受到西塞罗的指责，XXVII，1。

威尼斯（Venise）——威尼斯如何为维持贵族政体而与贵族对抗，II，

3。威尼斯的国家监察官的用处，II，3。国家监察官与罗马独裁者有何区别，II，3。对一位威尼斯贵族和一位普通绅士的讼案的巧妙审理，V，8。威尼斯禁止贵族经商，V，8。只有妓女能从贵族身上搞到钱，VII，3。威尼斯借助法律发现并纠正了世袭贵族的弊病，VIII，5。为何要有国家监察官，这个共和国的各类法庭，XI，6。威尼斯为何比荷兰容易受制于自己的军队，XI，6。威尼斯的贸易如何，XX，4。威尼斯的贸易依靠暴戾和欺诈进行，XX，5。威尼斯的船只为何比不上其他地方的船只，XXI，6。好望角的发现毁掉了威尼斯的贸易，XXI，21。这个共和国违背事物性质的法律，XXVI，24。

维斯塔守护女（Vestales）——为何给予她们以拥有子女权，XXIII，21。

委托遗赠（Fidéicommis）——古罗马法为何不允许委托遗赠，奥古斯都是第一位允许委托遗赠的人，XXVII，1。为了逃避沃科尼乌斯法而引入委托遗赠，什么是委托遗赠，有一些委托遗赠人将继承权交出，另有一些人则继续保留继承权，XXVII，1。只能由本质好的人来做，只能委托给诚实的人，不应把这些诚实的人视为坏公民，XXVII，1。委托给生活在习俗腐化的环境中的人是很危险的，XXVII，1。

唯物主义者（Matérialistes）——他们的命定论十分荒谬，I，1。

唯物主义者的宿命论（Fatalité des matérialistes）——荒谬，为何，I，1。支持这种观点的宗教应该得到严厉的法律支持，并严格执行，XXIV，14。

唯一法官（Magistrat unique）——什么政体下可以设置唯一法官，VI，7。

"唯一圣子"圣谕（Bull Unigenitus）——"唯一圣子"圣谕是导致写作《论法的精神》的偶然原因吗？《辩护》，第一部分第12条异议。

未作忏悔而死（Déconfès）——什么是未作忏悔而死，被剥夺圣事和棺木，XXVIII，41。

温得克斯（Vindex）——他就是发现对塔克文有利的那次密谋的那个奴隶，他在诉讼中起了什么作用，得到了什么奖励，XII，15。

文士（Gradués）——法官处理需要判刑的案件时必须有两位文士在场，他们取代以往必须咨询的仲裁官，XXVIII，42。

文字（Ecriture）——当文字在各地被野蛮排斥时，却在意大利得到保存，因此，习惯法在某些行省不能胜过罗马法，XXVIII，11。文字的使用因野蛮而被废弃后，人们忘却了罗马法、蛮族法和敕令集，代之以习惯法。XXVIII，19。在使用文字之前，不得不将刑事审判程序公之于众，XXVIII，34。文字是最可靠的证人，XXVIII，44。

文字材料（Ecrits）——文字材料何时在何种政体下被视为大逆罪之一种，XII，13。

沃尔古斯基人（Wolguski）——居住在西伯利亚的部落，他们是没有祭司的蛮族，XXV，4。

伏尔西尼安人（Volsiniens）——伏尔西尼安人因奴隶数量太大而不得不采用的法律，XV，18。

沃科尼乌斯法（Loi Voconienne）——该法规定，女子不能继承遗产，即使是独生女也不可以，这样的规定是否不公正？XXVI，6。该法何时在何种情况下制定，关于该法的说明，XXVII，1。如何在司法形式范围内找到逃避该法的方法，XXVII，1。该法牺牲公民和人，只关注共和国，XXVII，1。巴比安法中止对该法的禁止，进而促使该法广为传播，XXVII，1。通过何种手段终于彻底废止该法，XXVII，1。

窝赃者（Recéleur）——在希腊、罗马和法国，窝赃者与窃贼同罪，此项法律在希腊和罗马是对的，在法国则不对，为何，XXIX，12。

乌尔比安（Ulpien）——他把什么定为大逆罪，XII，10。

武器（Armes）——许多习惯法因武器变更而变化，XXVIII，21。

侮辱（Injures）——写在书中的污辱性语言只能证明写的人会骂人，对于聪明人毫无影响，《辩护》第一部分第二条异议。

无神论（Athéisme）——无神论比偶像崇拜对社会有利些吗？XXIV，2。无神论与自然宗教不是一回事，自然宗教提供了反对无神论的原则，《辩护》第一部分第11条异议。

无神论者（Athées）——无神论者因惧怕宗教而时时谈论宗教，XXV，1。

无遗嘱继承（Successions ab intestat）——罗马为何严格限制无遗嘱继承，同时扩大有遗嘱继承的范围，XXVII。

无知（Ignorance）——在普遍无知时代，对一部著作的摘录会使这部著作湮灭，XXVIII，5。

物质世界（Monde physique）——物质世界之所以存在，原因在于它的法则是不变的，I，2。物质世界比智能世界治理得更好，为何，I，2。

巫术（Magie）——追究对巫术的指控应该特别谨慎，在这种借口下发生的不公正的实例，XII，5。证实这种罪不存在并非难事，XII，6。

X

西奥多·拉斯卡里斯（Théodore

Lascaris)——在他在位期间，他以巫术为借口所做的不公正的事例，XII，5。

西奥多里克（Théodoric）——意大利国王。他如何采用赫鲁尔的法律，XVIII，28。他在东哥特人中废除司法决斗，XXVIII，18。

西班牙（Espagne）——西班牙教会人员的权利对人民有多大好处，II，4。为保护其广大帝国而采用的奇特手段，VIII，18。该王国美好的国土，IX，6。在路易十四时代，西班牙的地理形势有助于法国的辉煌，IX，9。西哥特人在那里制定的法律的奇特之处，这些法律源于自气候，XIV，14。该国的不良战时商业政策，XX，14。古人对该国财富的看法，金矿和银矿，XXI，11。西班牙因从美洲攫取的财富而积贫，XXI，22。关于使用金银的荒谬法律，XXI，22。西印度为主，西班牙为次，XXI，22。从加的斯征收的海关税是对其国王的不良税收，XXI，22。发现西印度后为何利率下降一半，XXII，6。西班牙子女自愿择偶比其他地方不合理，XXIII，8。罗马人到来之前有许多小部族和居民，XXIII，18。罗马法如何在西班牙被废弃，XXVIII，7。那里的西哥特法因不使用文字而消失，XXVIII，11。西班牙的封建法为何与法国的封建法不一样，XXX，11。

西班牙的法律（Lois，Espagne）——就使用金银制定的法律十分荒谬，XXI，22。

西班牙人（Espagnols）——西班牙人能为墨西哥做的好事，他们为墨西哥人做的坏事，X，4。他们奴役美洲人的高明理由，XV，3。宗教是在他们美洲所犯一切罪行的借口，XV，4。他们因傲慢而给自己和他人造成的不幸，XIX，9。西班牙人与中国人的性格比较，他们经过时间考验的诚信，与诚信相结合的懒惰对他们有害，XIX，10。他们的征服和发现，他们与葡萄牙人的争执由谁来裁决，XXI，21。让其他国家经营西印度的贸易不好吗，XXI，23。他们对印第安人的苛政连婚姻也不放过，XXIII，7。美洲妇女在他们的残暴统治下不得不堕胎，XXIII，11。他们在美洲残暴而愚蠢地践踏万民法，XXVI，22。说他们的宗教对他们自己的国家比对墨西哥更适合，这不是傻话，XXIV，24。

西班牙人或西哥特人（Espagnol 或 Wisigoths）——与婚姻馈赠有关的法律的理由，XIX，25。

西庇阿（Scipion）——坎奈之战之后，西庇阿为何挽留人民不要离开罗马，VIII，13。

西伯利亚（Sibérie）——西伯利亚的居民是未开化人，不是蛮族，XVI-

II，11。参见"蛮族"条。

西德尼（Sidney Algernon）——以他之见，代表人民的那个团体应该做些什么，XI，6。

希尔代里克（Childéric）——他为何被赶下王座，XVIII，25。

希尔德贝（Childebert）——他十五岁就被宣布为成年，XVIII，26。他为何掐死其两个侄子，XVIII，27。他何以被贡特朗收养，28。他设置百人长职位，为何，XXX，17。被迪波教士曲解的著名的希尔德贝法规，XXX，25。

西尔佩里克（Chilpéric）——他抱怨唯有主教享有尊荣，他虽是国王，却反而不能享有此项尊荣，XXXI，9。

希波吕托斯（Hippolyte）——对拉辛的剧作《菲德拉》中的这个角色的赞颂，XXVI，4。

西哥特法（Lois des Wisigoths）——国王和教会人士重新整理了该法。蛮族法中原本根本没有体刑，是教会人士把体刑引入西哥特法，XXVIII，1。宗教裁判所使用的法律全部来自该法，僧侣们所做仅仅是抄袭该法而已，XXVIII，1。该法很愚蠢，根本不能达到其目的，内容浅薄，文风装腔作势，XXVIII，1。在西班牙大获全胜后，罗马法被挤掉，XXVIII，7。一个可怜的编纂者把该法改变为一项敕令，XXVIII，8。该法何以在法国不再使用，XXVIII，9。由于不使用文字，该法终于在西班牙销声匿迹，XXVIII，11。

西哥特人（Wisigoths）——西哥特人关于贞操的奇特法律，这种法律源于气候，XIV，14。西哥特女子可以继承土地乃至王位，XVIII，22。他们的国王为何蓄长发，XVIII，23。西班牙的西哥特人的法律对于因结婚而获得的财产所作规定的原因，XIX，25。蛮族人毁灭贸易的法律，XXI，17。促进贸易的法律，XXI，17。这些民族用以惩处有通奸行为的妇女的可怕法律，XXVI，19。他们的法律何时以及为何写成文字，XXVIII，1。他们的法律为何失去了特点，XXVIII，1。神职人员重新制定西哥特法时引进其他蛮族法从来没有的肉刑，但并未触及其他蛮族法，XXVIII，1。宗教裁判所的法律全都源自西哥特人的法律，僧侣们并未制定新法，而是仅仅抄袭了他们的法律，XXVIII，1。他们的法律很笨拙，达不到其目的，内容贫乏而风格雄伟，XXVIII，1。他们的法律与萨利克法的主要区别，XXVIII，3。他们的习惯法是奉欧里克之命制定的，XXVIII，4。罗马法为何在西哥特人中广泛使用，却在法兰克人中渐渐湮灭，XXVIII，4。他们的法律并未给他们在遗产方面带来任何超过罗马人的民事利益，XXVIII，4。他们的法律在西班牙大获全胜,而罗马法则在西班牙销声匿迹,XXVIII,7。西贡特人的残酷法律,XXIX,16。西哥特人在纳波奈兹高卢站稳脚跟,带去了日耳曼习惯法,并把采地带到这些地区。XXX,6,7,8。

习惯(Usages)——武器的变化是许多习惯变化的根源,XXVIII,21。

习惯法(Droit coutumier)——习惯法包含若干来自罗马法的条款,XXVIII,45。

西吉斯蒙德(Sigismond)——他是勃艮第法的收集者之一,XVIII,1。

西蒙(Simond)——蒙福尔伯爵。是该伯爵区的习惯法编集者,XXVIII,45。

西克塔斯五世(Sixte V)——他好像有意恢复公开控诉通奸罪,VII,11。

希腊(Grèce)——希腊共有多少种共和国,V,6。希腊用什么方法制止对共和政体极为有害的奢侈之风,VII,3。希腊妇女为何那么聪明,VII,9。促使希腊长期繁荣的是它的联邦体制,IX,1。希腊衰败的原因,IX,2。希腊人不能容忍一人治国的政体,XVIII,1。对希腊的财富、贸易、工艺、声誉,以及从世界各地获得的和他们自己创造的财富的描述,XXI,7。罗马人到来之前,小部落和居民很多,XXIII,18。骑士的殷勤献媚之风

为何没有传入希腊,XXVIII,22。希腊的政制要求对在骚乱中不站在任何一边的人进行惩罚,XXIX,3。希腊万民法的瑕疵,该法很糟糕,是许多糟糕的法律的根源,XXIX,14。希腊对自杀的惩治出自与罗马人不同的考虑,XXIX,9。希腊对窝赃者的惩治与对窃贼的惩治一样,这样做在希腊是对的,在法国就不公正,为何,XXIX,12。

希腊的法律(Lois de la Grèce)——米诺斯、莱库古和柏拉图的法律只能适用于小国,IV,17。希腊的法律与罗马法一样惩治自杀行为,但目的不同,XXIX,9。希腊若干臭名昭著的法律的来源,XXIX,14。

希腊人(Grecs)——希腊人的政策中民主原则观念比当今的人更清晰,III,3。为把教育引向培养美德,希腊人花费了多少精力,IV,6。希腊人认为商业与公民的身份不配,IV,8。他们的占领性质使音乐成为必不可少的东西,IV,8。对波斯人的畏惧使他们保持自己的法律,VIII,5。希腊人为何在西塞罗时代认为自己享有自由,XI,2。英雄时代的希腊是什么政体,XI,11。由于从来不知道君主的职能究竟是什么,所以他们赶走了所有国王,XI,11。他们所说的开化是什么,XI,11。判处

一个被告需要多少票，XII，3。他们怎么会喜欢犯违背天性的罪呢，XII，6。希腊人惩处暴君过于严厉，致使革命不断，XII，18。希腊人不知麻风病为何物，XIV，11。希腊人对待奴隶的良好法律，XV，17。他们的船只为何比印度人的船只速度快，XXI，6。亚历山大之前和之后的希腊人贸易，XXI，7，8，9；荷马之前的希腊人贸易，XXI，7。波斯离印度更近，为何希腊人的印度贸易却早于波斯人，XXI，8。他们的印度贸易范围不大，但比我们的贸易方便，XXI，9。希腊人的殖民地，XXI，12。他们为何重视陆军甚于海军，XXI，13。他们强加给波斯人的法律，XXI，27。他们依据人口数量所采取的多种激励人口增长的机制，XXIII，17。他们如是基督徒，就不至于犯下受人指责的屠杀和蹂躏罪，XXIV，3。他们的阿波罗祭司享有永久和平，这种宗教规矩的聪明之处，XXIV，16。他们在野蛮时代如何利用宗教制止谋杀，XXIV，18。他们设置避难所的想法比其他民族更加合情合理，起初他们对避难所的处理仅限于合理的范围之内，后来则加以滥用，因而变成有害，XXV，3。

希腊诸共和国（Républiques grecques）——在最优秀的共和国里，财富和贫穷同样是负担，VII，3。这些共和国的精神是满足于已有的领土，所以它们能够长期存在，VIII，16。

锡兰（Ceylan）——一个人的一月花销仅六苏，所以多妻制盛行，XVI，3。

希洛特（Ilotie）——什么是希洛特奴隶，希洛特奴隶是违背事物性质的奴役，XV，10。

希洛特人（Elotes, Ilotes）——他们在斯巴达被罚从事农耕，犹如一桩奴役性的职业，IV，8。

希米尔科（Himilcon）——迦太基航海家。他的游历，他的建树，他为了不让罗马人知道英国航路而故意触礁，XXI，11。

西内特（Cynètes）——该地人民比希腊任何地方的民众凶残，因为他们不培植音乐，IV，8。

西塞罗（Cicéron）——他认为规定秘密投票的法规是导致共和国倾覆的主要原因之一，II，2。他试图让人不制定涉及普通人的法律，XII，19。他认为什么是最佳贡献，XXV，7。他接受了柏拉图关于丧事节俭的法律，XXV，7。他为何认为土地法不好，XXVI，15。他认为，试图以解决檐槽所有权的法律解决王国所有权的想法是可笑的，XXVI，16。他斥责维列斯不按沃科尼乌斯法的字面而按该法的精神行事，XXVII，1。他认为不实行委托继承是不公正的，XXVII，1。

主题索引　697

习俗(Moeurs)——君主国的习俗应该具有某种率真,IV,2。民风败坏的原因有多少种,VI,12。败坏民风的罪行有哪几种,如何惩治,XII,4。习俗能使专制国家多少有些自由,XII,29。东方习俗不变的物质原因,XIV,4。在不同气候下,习俗因不同需求而异,XIV,10。在不实行土地分配的民族中,起作用的是习俗而不是法律,XVIII,13。习俗连同一个国家的气候、宗教、法律、普遍精神等主宰着人,XIX,4。习俗为斯巴达定调,XIX,4。专制政体国家的习俗绝对不应改变,XIX,12。习俗与法律的效果不同,XIX,12。改变一个国家习俗的办法,XIX,14。什么是一个民族的习俗,XIX,16。习俗与法律的差异,XIX,16。习俗与风尚的区别,XIX,16。习俗对法律的影响有多大,XIX,22。一个民族的习俗何以可以由法律来养成,XIX,27。商业使习俗变得温和,也会使习俗败坏,XXI,1。民法有时不得不保护习俗而对抗宗教,XXIV,16。习俗来自天性,所以为了保护习俗就不应违背天性,XXVI,4。父母应该灌输给子女的行为端正的教育,是防止近亲结婚的根本,XXVI,15。法律取决于习俗的情况,XXVI,15。与决斗有关的习俗,XXVIII,22。习惯法修改时法国的习俗状况,XXVIII,45。

西西里(Sicile)——罗马人到来之前,西西里岛上有许多小民族,人口极多,XXIII,18。

现代犹太人(Juifs, modernes)——在以公共仇恨为基础的错误借口下,犹太人被逐出法兰西,XII,5。野蛮时代为何只有他们在欧洲经商,他们受到的不公正待遇,汇票是他们是发明的,XXI,20。1745年把犹太人逐出俄国的谕令表明,俄国的专制性质不可能改变,XXII,14。他们为何如此执着于他们的宗教,XXV,2。对他们为拒不摆脱盲目状态所作辩解的反驳,XXV,13。宗教裁判所迫害犹太人是巨大的不公,XXV,13。宗教裁判官对犹太人的迫害与其说是迫害他们自己的敌人,不如说是迫害宗教的敌人,XXV,13。高卢南部被视为犹太人的福地,他们以其实力阻止西哥特法在那里实施,XXVIII,7。西哥特人粗暴地对待犹太人,XXIX,16。

先例(Exemples)——先例与气候、宗教、法律等一同主宰着人,民族的普遍精神由此而生,XIX,4。

暹罗人(Siamois)——他们让君主长期处于静止之中,这种看法的物质原因,立法机构应该通过制定适用的法律反对这种意见,XIV,5。他们对所有的宗教都持无所谓态度,他们从来不就这个问题展开争论，XXV，15。

献媚（Galanterie）——在什么意义上君主政体允许献媚，IV，2。献媚引起的可恶后果，献媚从何而来，什么是献媚，什么不是献媚，献媚为何愈演愈烈，XXVIII，22。我们骑士的殷勤献媚之风从何而来，XXVIII，22。他们的这种风气为何没有传入罗马和希腊，XXVIII，22。骑士比武提高了献媚之风的重要性，XXVIII，22。

先天自由民（Ingénus）——在罗马，先天自由民可以娶哪些女子为妻，XXVIII，21。

现行偷窃犯和非现行偷窃犯（Voleur manifeste et voleur non manifeste）——在罗马，如何界定这两类偷窃犯，这种区分很不可靠，XXIX，13。

香槟（Champagne）——该地区的习惯法是国王蒂博给予的，XXVIII，45。

乡间（Campagne）——乡间的节日应比城市少，XXIV，23。

向人民分发财产（Distributions faites au peu-ple）——这种做法在民主政体下有害，在贵族政体下有益，V，8。

向上级法庭提起判决不公之诉（Appel de faux jugements）——什么是此类诉讼，此类诉讼可以针对谁，应该小心注意的事项，以免陷入背叛领主的陷阱或被迫与领主的封臣决斗，XXVIII，27。不同情况下必须遵守的规程，XXVIII，27。决斗并不能一概解决问题，XXVIII，27。凡是由国王的臣子在国王法庭或领主法庭或领主中作出的判决，不得提起上诉，XXVIII，27。圣路易废除领主领地和他本人领地上的此类诉讼，允许在男爵领地上依旧实行，但不得进行决斗，XXVIII，29。男爵领地上的做法，XXVIII，32。

向上级法庭提起渎职之诉（Appel de défaute de droit）——何时开始实行这种上诉，XXVIII，28。为何这种上诉在我们的历史上往往非常出色，XXVIII，28。在什么情况下，针对谁提起此类上诉，应该办理的程序，向谁提起此类上诉，XXVIII，28。此类上诉有时与判决不公之诉同时提起，XXVIII，28。参见《辩护》中的渎职之诉。

向王宫提起的判决不公之诉（Appel de faux jugement à la cour du roi）——这是唯一允准的上诉，其他上诉均被禁并受罚，XXVIII，28。

向西班牙和葡萄牙的宗教裁判官递交的陈情书——（Remontrances aux inquisiteurs d'Espagne et de Portugal）宗教裁判所的凶残在这些陈情书中暴露无遗，XXV，13。

小狄奥尼修（Denys le Petit）——他搜集的教规集，XXVIII，9。

小麦（Blé）——小麦是罗马人内贸的最重要部分，XXI，14。种植小

主题索引　699

麦的肥沃土地上人口极多,为何,XXIII,14。

小民(Vilains)——过去法国如何惩罚小民,VI,10。他们如何争斗,XXVIII,20。他们不能指控领主法庭的裁决,也不能对领主法庭的判决提起不公上诉,他们何时开始拥有这种上诉权,XXVIII,31。

小亚细亚(Asie mineure)——该地的小民族很多,在罗马人到来之前,该地居民极多,XXIII,18。

效忠(Hommage)——附庸效忠礼的缘起,XXXI,33。

效忠与臣服(Foi et hommage)——这种封建权的由来,XXXI,33。

效忠于国王的人(Hommes qui sont sous la foi du roi)——这是萨利克法当年对附庸的称呼,XXX,16。

携带热兵器(Armes à feu, port des)——威尼斯对此惩罚过严,为何,XXVI,24。

亵渎神圣(Sacrilège)——民法对什么是亵渎神圣罪的理解胜过教会法,XXVI,8。

信风(Vents alisés)——对于古人来说,信风就是罗盘,XXI,9。

新教(Religion protestante)——新教为何在北方传播更广,XXIV,5。

新教(Protestantisme)——新教更适合于共和政体,对于君主政体的适应性稍差,XXIV,5。新教国家不如天主教国家有那么多的节日,XXIV,23。

新教徒(Protestants)——新教徒对于宗教的执著比不上天主教徒,为何,XXV,2。

信条(Préceptes)——宗教的信条应该少,规劝应该多,XXIV,7。

信仰的外表(Culte extérieur)——宗教的华丽的外表对人具有巨大的吸引力,XXV,2。宗教的华丽外表与国家的政制关系极大,XXV,7。

信誉(Crédit)——保护国家信誉的手段,国家若没有信誉,如何为国家创造信誉,XXII,18。

信息(Informations)——信息何时开始变成秘密,XXVIII,34。

形成中的民族(Peuple naissant)——在那里不宜独身生活,不宜生育孩子,这与已经形成的民族恰好相反,XXIII,10。

刑法(Lois criminelles)——刑法在不同政体下应有的不同简明程度,VI,2。为完善刑法花费了多少时间,在库麦、在最初几位皇帝执政时的罗马、在最初几位国王执政时的法国,刑罚如何不完善,XII,2。公民的自由主要取决于刑罚的优劣,XII,2。土耳其的帕夏不如拥有优良刑罚的国家中的普通人自由,在此类国家中,罪犯被判绞刑后应于翌日执行,XII,2。如何才能制定最佳刑法,XII,4。每一种刑罚都应依据罪行的性质确定,XII,4。只能处罚外在罪行,XII,11。被处死刑的罪犯不能对刑法提出异议,因为刑法曾经每时每刻保护他,XV,2。刑罚对于宗教只能起到破坏作用,XXV,12。允许子女控告父亲犯偷窃罪或通奸罪的刑法违背人性,XXVI,4。最凶残的刑法能是最佳刑法吗？XXIX,2。

刑罚(Peines)——在不同政体下,刑罚的宽严应该不同,VI,9。刑罚加重或减轻取决于距离自由的远近,VI,9。在政体宽和的国家中,法律所称的刑罚只有一种,奇特的实例,VI,9。如何纾解刑罚对精神的压力,VI,12。刑罚若是过严,就连专制主义也会深受其害,VI,13。罗马的元老院偏爱宽和的刑罚,实例,VI,14。罗马皇帝们注重因罪量刑,VI,15。罪与罚应该相当,自由取决于罪与罚的比例,VI,16；XII,4。法国的一大弊端是罪与罚不当,VI,16。罗马皇帝宣布的对通奸的惩罚为何没有得到执行,VII,13。刑罚应该依据罪行的性质而定,XII,4。亵渎神圣罪应判何种刑罚,XII,4。败坏风化或伤害贞操的罪的刑罚,XII,4。破坏治安罪的刑罚,XII,4。对于破坏公民的安宁但并未伤害安全的罪行,应如何判刑,XII,4。刑罚的目的应该是什么,XII,14。不应处以有伤贞操的刑罚,XII,14。处以刑罚是为了制止犯罪,而不是为了改变一个民族的风尚,XIX,15。罗马法对独身者强加的刑罚,XXIII,21。宗教若不宣布死后可能受到的刑罚,就难以抓住人心,XXV,2。蛮族的刑罚全部是罚金,所以无需公诉方,XXVIII,36。日耳曼人很穷,为何却屡屡处以罚金,XXX,19。

星期天、周日(Dimanche)——周日不工作的规定起初仅强制城市居民执行,XXIV,23。

行省总督(Propréteurs)——他们在各个行省的不公正施政,XI,19。

姓氏(Noms)——姓氏对于人口增长大有好处,姓氏不应仅仅区分个人,还应该区分家族,XXIII,4。

刑事案件(Procès criminels)——过去公开审理刑事案件,为何废止这种做法,XXVIII,34。

刑事法庭(Aréopage)——刑事法庭与雅典的元老院并非同一机构,V,7。刑事法庭对一宗过于严厉的判决的解释,V,19。

刑事法庭法官(Aéropagite)——刑事法庭法官因杀死麻雀而被处罚,V,19。

性无能(Impuissnce)——不能尽丈夫之道的男子,应该允许其妻在一段时间后休夫,XXIX,16。

行政官员(Edile)——他们应具备的品质,II,2。

行政区(Curies)——罗马的行政区是什么,行政区给谁以最多的权力,XI,14。

羞耻（Honte）——防止犯罪应该甚于重刑惩治犯罪，XVI，12。子女犯罪令父亲羞耻，这种惩罚超过任何其他惩罚；同样，父亲犯罪令子女羞耻，这种惩罚也超过其他刑罚，VI，20。

修道院（Monastères）——英国的修道院养成一些人的懒惰，摧毁修道院有助于确立商业和勤劳精神，XXIII，29。出售其产业换取终身年金或为终身年金而借贷的那些人是在耍弄人民，而且开银行耍弄人民，只要有一点点常识就不应允许他们这样做，XXV，6。

修道制度（Monachisme）——在修道成风的国家里造成的危害，修道为何在热带国家比在其他国家更兴盛，因为这些国家更需要遏制其发展，XIV，7。在确立了修道制度的国家中，青年人的婚姻自由会受到妨碍，XXIII，8。

修改判决（Amendement des jugements）——什么是修改判决；谁确立了这个程序，它取代了什么，XXVIII，29。

休婚（Répudiation）——在雅典，丈夫和妻子同样拥有休婚的权利，XVI，15。休婚与离婚的区别，凡是准许休婚的地方，应该把这项权利交给夫妻双方，为何，XVI，15。据说在罗马，五百年中没有一人敢于使用法律赋予的休婚权，此说是否属实，XVI，16。在罗马，这方面的法律随着民风改变而改变，XIX，26。

修女的服饰（Habit de religieuses）——穿着修女服饰但并未出家的妇女能结婚吗？XXIX，16。

羞辱（Insulte）——君王永远不应羞辱人，事实证明，XII，28。

休息（Repos）——物质因素越是让人休息，精神因素越应让人远离休息，XIV，5。

兄弟（Frères）——为何不得与姐妹结婚，XXVI，14。允许兄弟姐妹结婚的民族，为什么，XXVI，14。

匈牙利（Hongrie）——匈牙利的贵族支持不断迫害匈牙利人的奥地利王族，VIII，9。在那里建立的是什么奴隶制，XV，10。匈牙利的矿藏因不是富矿而有用，XXI，22。

酗酒（Ivrognerie）——北方民族喜酒的物质原因，XIV，2。气候越冷越潮，就越喜酒，XIV，10。

叙拉古（Syracuse）——这个共和国发生革命的原因，VIII，2。雅典人的溃败是叙拉古倾覆的原因，VI-II，4。贝壳放逐制在叙拉古造成了难以计数的弊端，而在雅典却是一种相当不错的措施，XXIX，7。

叙利亚（Syrie）——亚历山大之后叙利亚诸王的贸易活动，XXI，7。

需求（besoins）——一个治理良好的国家应该如何预防穷人因需求而产生的焦虑，XXIII，29。

需要缴纳贡赋的土地（Mansus）——

此词在敕令语言中的含义,XXX,13。

选举(Elections)——在民主政体下,抽签选举的好处,II,2。梭伦如何克服抽签的缺陷,II,2。国王们为何在一段时间中放弃了主教和教士推举权,XXXI,13。

选票(Suffrages)——对于拥有主权的人民来说,选票就是人民的意志,II,2。在民主政体下,以法律确定投票方式非常重要,II,2。民主政体和君主政体的投票方式应该有所不同,II,2。在民主政体下,可以有多少种投票方式,II,2。梭伦如何在不妨碍抽签投票的前提下,把选票引向最适合担任官职的人,II,2。在民主政体和贵族政体下,投票应该秘密还是公开进行?II,2。在贵族政体下绝不应该实行抽签选举,II,3。

悬赏(Proscriptions)——悬赏谋杀奥兰治亲王是一件蠢举,XXIX,16。三大执政官利用什么借口让人相信,悬赏有利于公共利益,XII,18。

学究气(Pédantrie)——把学究气引进法国是好还是坏? XIX,5。

学校(Collège)——在君主政体下,接受主要教育的地方不是学校,IV,2。

《学说汇纂》(Institutes)——查士丁尼的《学说汇纂》对奴隶制起源的解释是错误的,XII,5。

迅捷(Sublilité)——制定法律时,迅捷是一种应该避免的缺点,XXX,16。

殉难者(Martyr)——对于日本官员来说,这个词的意思是反叛者,所以基督教被日本人所憎恶,XXV,14。

训谕(Préceptions)——墨洛温王朝的训谕是什么,是谁在何时创立了训谕,XXXI,2。对训谕的滥用,XXXI,23。

Y

哑巴(Muet)——为何哑巴不可立遗嘱,XXVIII,1。

雅典(Athènes)——混入人民会议的外邦人先后被处以死刑,为何,II,2。下层人民从不要求上升为权贵,尽管他们有权力,原因,II,2。梭伦如何将人民分等,II,2。雅典政治体制的明智,II,2。奴隶制时期与战胜波斯人时的公民人数相同,III,3。为何这个共和政体是最佳贵族政体,II,3。雅典因丧失美德而丧失自由,但未丧失实力。对历次变革的描述,变革的原因,III,3。雅典公共开支的来源,V,3。可娶同父异母的姐妹为妻,但不准与同母异父的姐妹结婚,此法的精神,V,5。元老院与刑事法庭不同,V,7。雅典关于财产平等的法律自相矛盾,V,5。雅典设有专职官员监视妇女行为,VII,9。萨拉米海战的胜利腐蚀了这个共和国,VIII,4。这个城市为何丧失美德,VIII,6。雅典的野心丝毫无害于希腊,因为它所追求的不是统治其他共和国,而只是优于这些共和国,VIII,16。雅典如何惩罚没有获得五分之一支持票的控告者,XII,20。法律允许被告在宣判前退席,XII,20。梭伦消除了允许将债务人出卖的弊端,XII,21。雅典如何确定人头税,XIII,7。雅典的奴隶为何从不骚乱,XV,16。该共和国有利于奴隶的公正法律,XV,17。夫妻双方均可休婚,XVI,16。雅典的商业,XX,4。梭伦废除肉刑,此规定过于普遍并非好事,XX,15。雅典曾是海上霸主,但未能利用这种优势,XXI,7。商业原本不应如此受到局限,XXI,7。雅典的非婚生子女时而是公民,时而不是公民,XXIII,6。雅典的节日太多,XXIV,23。雅典的规矩是以小型物件祭祀神明胜过宰牛,为何,XXIV,24。子女在什么情况下必须赡养贫困的父亲,该法的公正性和不公正性,XXVI,5。梭伦之前,任何公民不得立遗嘱,雅典共和国与罗马共和国在这方面的比较,XXVII,1。贝壳放逐在雅典是好事,在叙拉古则造成许多恶果,XXIX,7。有一项法律规定,城市被围时,应将所有无用的

人杀死,这项极好的法律是一项极坏的万民法的后果,XXIX,14。本书作者说,小部分人被免除纳税,此话是否说错了,《辩护》,《几点说明》,II。

雅典人(Athéniens)——他们为何能免除所有税收,XIII,12。他们的禀性和性格与法国人相近,XIX,7。他们最初的货币是什么,这种货币的不便之处,XXII,2。

雅典人民(Peuple d'Athènes)——梭伦如何把雅典人民分成等级,II,2。

雅典元老院(Sénat d'Athènes)——它的决定在什么时期具有法律效力,V,7。它与雅典的刑事法庭不是同一机构,V,7。

雅克一世(Jacques Ier)——他为何在阿拉贡颁布限制奢侈的法律,这些法律如何,VII,5。

雅克二世(Jacques II)——马略卡国王。在诉讼中首次设立公方的似乎就是他,XXVIII,36。

亚历山大(Alexandre)——他的帝国因对于君主政体来说太大而被分,VIII,17。他善用对巴克特里亚(大夏)的征服,X,5。他在征服和保存其征服成果中所体现的睿智,X,14、15。他与恺撒相比,X,15。他的征服成果:他所引起的商业变革。他的发现,他的商业计划和他的工程,XXI,8。他是否曾试图把他的帝国建在阿拉伯?

XXI,8。继承他的诸希腊国王的商业,XXI,9。他的船队的航行,XXI,9。他为何不攻击希腊的亚洲殖民地,结果,XXI,12。他的去世在商业中引起的巨大变化,XXI,16。运用迪波教士的方法可以证明,亚历山大并非以征服者身份,而是应人民的召唤进入波斯,XXX,24。

亚历山大里亚城(Alexandrie)——在该城,兄弟可以娶姐妹为妻,不论亲与不亲,V,5。为何建该城,建于何处,XXI,8。

亚历山大·塞维鲁斯(Alexandre Sévère)——皇帝。不愿看到间接大逆罪出现在他在位时期,XII,9。

亚里斯多德穆斯(Aristodème)——他为保住自己在库麦的权力而采取的错误措施,X,12。

亚里斯特(Aristée)——他为撒丁制定法律,XVIII,3。

亚里士多德(Aristote)——他不同意给予手艺人以市民权,IV,8。他对君主政体没有真实的认识,XI,9。他认为,生而为奴者是确实存在的,但无法给予证明,XV,7。他的哲学造成了商业被毁所带来的一切灾难,XXI,20。他关于人口增长的言论,XXIII,17。他的某些思想的毛病从何而来,XXIX,19。

亚齐(Achim)——那里的人为何都想要出卖自己,XV,6。

亚述人(Assyriens)——对亚述人的财富来源的推测,XXI,6。对亚述人与东方和西方的偏僻地区的交往状况的推测,XXI,6。亚述人为对塞米拉米斯表示崇敬而娶母亲为妻,XVI,14。

亚洲(Asie)——亚洲的罚金为何较欧洲轻,XIII,2。亚洲的敕令大多为减轻人民负担而颁发,这与欧洲恰恰相反,XIII,15。亚洲的苦行僧为何数量众多,XIV,7。亚洲的气候促成并维持多偶制,XVI,2。亚洲因女性多于男性而形成了多偶制,XVI,4。在亚洲的寒冷地区,一个女子为何可有多个丈夫,XVI,4。折磨亚洲的专制主义的物质原因,XVII,3。亚洲各种气候与欧洲各种气候的比较,物质原因,对各国的习俗和政体的影响,本书作者的论述为历史所证实,XVIII,3。亚洲以往的商业怎样,商人如何以及在何处经商,XXI,6。亚洲的商业毁灭于何时,原因,XXI,12。谁在何时发现亚洲,如何经商,XXI,21。

亚洲人(Asiatiques)——他们违背天性的犯罪倾向从何而来,XXII,6。亚洲人把君王的辱骂当做恩宠,XII,28。

盐(Sel)——法国征收的盐税不公而又可怕,XVIII,8。非洲如何经营盐的贸易,XXII,1。

言论(Paroles)——言论何时是罪,

何时不是罪,XII,12。

炎热气候(Climats chauds)——人的精神和气质不比其他地方早熟早衰,由此而对立法产生的影响,V,15。在这种气候条件下,需求较少,存活较容易,因而多妻,XVI,3。

盐税(Gabelles)——法国设置的盐税不公且有害,XII,8。

药杀水(Jaxarte)——这条河为何不通到大海,XXI,6。

耶稣会士(Jésuites)——他们的野心,巴拉圭对他们的颂扬,IV,6。

野心(Ambition)——野心在君主政体中相当有用,III,7。一个国家中各个团体的野心并不始终能证明其成员的腐化,XXVIII,41。

伊巴米农达(Epaminondas)——他是古人的教育优于我们的教育的一个证明,IV,4。他的去世使雅典的美德毁于一旦,VII,6,脚注。

意大利(Italie)——意大利的地理位置,在路易十四中期,意大利对法国的相对强盛作出了很大贡献,IX,9。在它的各个共和国中,自由比我们的君主国少,为何,XI,6。意大利僧侣众多的原因是气候,如何遏制这个极为有害的弊病,XIV,7。十字军东征之前意大利就有麻风病,何以会传播,如何制止进一步传播,XIV,11。为何意大利的船只不如他处,XXI,6。好望角的发现摧毁了意大利的贸易,XXI,21。意大利的某些国家的法律损害贸易,XXII,15。在意大利,少年自由择偶的理由比其他地方少,XXIII,8。在罗马人到来之前,意大利的小部族和人口都很多,XXIII,18。在意大利,男女失去生育能力的年龄比北方人小,XXIII,21。蛮族入侵没有使意大利人像其他地方那样丢失文字,所以在书面法地区,习惯法没有超越罗马法的地位,XXVIII,11。伦巴第人把司法决斗引入意大利,XXVIII,18。查士丁尼法典重新发现后,意大利人就使用此法典,XXVIII,42。意大利封建法为何与法国封建法不同,XXX,11。

意大利诸共和国(Républiques d'Italie)——意大利各族人民不如我们各君主国人民自由,为何,XI,6。这些共和国几乎都将蜕化为专制政体,妨碍它们立即变成专制政体的原因,XI,6。

遗产不上传(Propres ne remontent point)——这条规定的起源,起初仅仅适用于采地,XXXI,34。

遗产继承(Successions)——在君主政体下,父亲可以把大部分财产留给子女中的一个,V,9。土耳其如何处理遗产继承问题,V,14。万丹如何处理遗产继承问题,V,14。秘鲁如何处理遗产继承问题,V,14。在鞑靼、英国的某些小郡、罗昂公爵区以及布列塔尼，男性中排位最末者继承遗产，这种规定的理由，XVIII，21。女儿和女儿的儿女继承遗产的习俗何时出现在法兰克人中，原因，XVIII，22。萨利克法对于继承顺序所作的奇特规定，原因和缘由，XVIII，22。这种继承顺序所依据的是政治法和公民法原则，而不是自然法原则，XXVI，6。查士丁尼认为，把女儿排除在外的儿子继承制度是野蛮制度，他有道理吗？XXVI，6。在君主国中，继承顺序应该固定，XXVI，16。罗马法在继承问题上的起源和变革，XXVII，1。罗马法对继承制度做了有利于鼓励生育的改动，XXVII，1。遗产继承问题何时开始不再受沃科尼乌斯法制约，XXVII，1。在罗马帝政时期，继承顺序发生了巨大变化，以致旧有的继承顺序不再被承认，XXVII，1。允许通过婚约领有非公开遗产的制度源于何处，XXXI，34。

遗产替代继承人（Prolégataire）——在罗马，谁是遗产替代继承人，XXVII，1。

异端（Hérésie）——对该罪的指控应该细细加以侦查，如果草率从事，就会造成草菅人命的后果，实例，XII，5。应该十分小心地注意辨识异端罪，XII，6。

1287年敕令（Ordonnance de 1287）——认为是这项敕令创设了领地法官的说法不对，该敕令仅仅规定领地法官应从俗人中选拔，XXVIII，43。

依附（Subordination des citoyens aux magistrats）——公民对官员的依附使法律变得有力，子女对父亲的依附对民风有益，年轻人对年长者的依附有助于纯净民风，V，7。

以弗所（Ephèse）——当这个城市的居民得知可以求助于圣母时，他们欣喜若狂，XXV，2。

已故撒丁国王（Sadaigne, le feu roi de）——这位国王自相矛盾的行为，V，19。古代撒丁岛的状况，该岛何时以及为何遭到严重破坏，XVIII，3。

议会、高等法院（Parlement）——议会不应干预领主的司法权，也不应干预教会的司法权，II，4。君主政体需要议会，II，4。议会对君主的命令讨论得越仔细，就越听命于君主，V，10。议会的坚定往往能防止王国倾覆，V，10。在君主政体的变动中，议会对法律的热爱就是君主的安全，V，11。高等法院创建初期，其宣布侦查的方式与以往大法庭的做法不同，为何，XXVIII，23。从前它的判决与政治的关系多于与民事的关系，它何时开始受理细小的民事案件，XXVIII，39。高等法院由于变成了一个常年工作机构，所以被分成若干等级，XXVIII，39。高等法院对教会司法中不可容忍的弊病进行改革，XXVIII，41。高等法院作出规定，制止教会的贪婪，XXVIII，41。

议会干预法（Bills d'attainder）——什么是英国的议会干预法，与雅典的贝壳放逐制相比，与罗马对付公民个人的法律相比，XII，19。

以货易货（Echange）——什么情况下进行以货易货贸易，XXII，1。

一家之子（Fils de famille）——为何即使获得父亲的许可，他也不能立遗嘱，XXVII，1。

异教（Paganisme）——为何在异教中有一些无法解释的罪恶，XXIV，13。

1670年敕令（Ordonnance de 1670）——本书作者所指出的起草该敕令的人的错误，XXIX，16。

一人治国（Gouvernement d'un seul）——这种制度并非来自父亲治家的习俗，I，3。

伊撒克二世（Issac l'Ange）——皇帝。他过度宽容，VI，21。

医生（Médecins）——罗马的医生因大意或医术不精而被处死，我们为何不这样做，XXIX，14。

伊斯兰教（Mahométisme）——这种宗教的不良教规，V，4。这种宗教为何如此容易在东方立足，而在欧洲却难以立足，XVI，2。专制主义比宽和政体对它更加合适，XVI，3。与基督教所做的好事相比，伊斯兰教所做的坏事，XXIV，3。气候似乎为它设置了界限，XXIV，26。

伊西多尔·梅卡多尔（Mercator, Isidore）——他的教规集，XXVII，9。

伊西斯（Isis）——埃及人出于对伊西斯的尊敬娶自己的姐妹为妻，XXVI，14。

意志（Volonté）——为组成一个公民国家，必需聚集所有居民的意志，I，3。君主的意志就是君主本人，II，2。专制君主的意志应该必然有效，XIV，13。

遗嘱（Testment）——古罗马法有关遗嘱的规定仅仅是为了防止独身，XXIII，21。古罗马人只能在公众场合立遗嘱，为何，XXVII。尽管法律采取了种种措施防止家产流入另一家，但同时又规定立遗嘱者有权自行选定遗产继承人，为何，XXVII。立遗嘱权不确定对罗马很不利，XXVII。停止当众立遗嘱后，立遗嘱时为何需要五位证人在场，XXVII。罗马法所有关于立遗嘱的规定，都源自过去立遗嘱人将遗产出售给他所看中的继承人这一事实，XXVII。为何立遗嘱权不给予聋人、哑巴和浪荡子，XXVII。为何即使获得父亲的同意，儿子也不能使用父亲的立遗嘱权,XXVII。罗马人立遗嘱的手续为何比其他民族繁杂,XXVII。遗嘱为何必须使用直截了当和强制的口气。这项法令给予了替代权,但取消了委托遗赠,XXVII。父亲若不立儿子为遗产继承人,遗嘱当属无效,如果不立女儿为继承人,遗嘱当属有效,为何,XXVII。过去在法国,亡人如果没有立下对教会有利的遗嘱,其父母必须替他另立一份遗嘱,XXVIII,41。自杀者的遗嘱在罗马是得到执行的,XXIX,9。

遗嘱继承(Successions testamentaires)——参见"无遗嘱继承"条。

遗赠(Legs)——沃科尼乌斯法为何对遗赠作出限制,XXVII,1。

印度(Indes)——印度妇女治国很不错。唯有女子可以而男子不得继承王位的情况,VII,17。印度的苦行僧为何如此众多,XIV,7。印度妇女的淫乱无以复加,原因,XVI,10。印度各族人民的不同特点,XIX,8。为何印度只用钱币经商,XXI,1,6。过去印度如何经商,在哪里经商,XXI,1。印度船只为何比罗马人和希腊人的船只航速低,XXI,6。亚历山大之后,印度在何处经营贸易,如何经营,XXI,9,16。古人以为印度与非洲由一块未知的陆地相连,所以把印度洋视为湖泊,XXI,11。他们与罗马人的贸易赢利吗?XXI,16。本书作者对印度贸易的建议,XXI,23。如果在印度建立宗教,宗教节日的数量一定要与气候相适应,XXIV,23。灵魂转世的教义在印度是有用的,物质原因,XXIV,24。该地的宗教训诫在其他地方无法实行,XXIV,26。印度人对于种姓的妒忌。在印度,何人可以继承王位,XXVI,6。印度为何允许姑表兄弟姐妹结婚,XXVI,14。既然印度妇女自焚而死,是否可以由此得出结论,说印度人根本没有任何温柔之处?《辩护》第二部分"气候"节。

印度的宗教(Religion des Indes)——印度的宗教表明,一个宗教倘若把偶然事件解释为必然,就会在人群中失去信仰它的动力,XXIV,14。

印度海(Mer des Indes)——印度海如何被发现,XXI,9。

印度河(Indus)——古人如何利用此河经商,XXI,8。

印度人(Indiens)——印度人的性格既强又弱的物质原因,XIV,3。印度人视休息为最高享受,这种想法的物质原因。立法者应该与这种想法斗争,提出各种可行的办法,XIV,5。印度人的温和性格促成了温和的法律,XXVI,14。印度人认为,死在恒河岸边的人的得到了净化,这种想法非常有害,XXIV,14。灵魂不死的理论。这种想法造成的结果是,唯有无辜者才死于非命,XXIV,21。他们的宗教促使各个种姓互相憎恶,有的印度人甚至觉得与国王一起进餐是一种耻辱,所以说这是坏宗教,XXIV,22。促使印度人鄙视穆斯林的奇怪理由,XXIV,22。印度寒冷地区的居民比其他地区的居民缺少娱乐,XXIV,23。

印加的阿图阿尔帕(Ynca, l'Athualpa)——西班牙人对他的残酷处置,XXVI,22。

银行(Banques)——这是从事节俭性商业的国家的一种机构,在君主国中建立银行是拿资金冒险,XX,10。银行促使黄金和白银的价值降低,XXI,22。

银行家(Banquiers)——他们的状况和能力是什么,XXII,10。国家的货币增值或贬值时,唯有他们赢利,XXII,10。银行家如何才能对国家有利,XXII,16。

淫乱(Incontinence)——淫乱不符合自然法,而是破坏自然法,XVI,22。

饮料(Boissons)——英国对饮料收税比法国好,XIII,7。

银山(Montagnes d'argent)——被叫作银山的是什么东西,XXI,11。

因通奸而导致夫妻分离(Séparation entre mari et femme pour cause d'adultère)——民法把要求夫妻分离的权利只交给丈夫,教会法则把这种权利交给夫妻双方,民法在这方面更为人所理解,XXVI,8。

隐修院(Abbayes)——法国国王为何放弃修道院的选举,XXXI,13。

音乐(Musique)——古人认为,音乐为良好民风所不可或缺,IV,8。音乐在英国和意大利产生的不同效果,气候不同所引起的物质原因,XIV,2。

英国(Angleterre)——英国是民主政体若无美德便不能建立的证明,III,3。为何英国的武官职务总是与文官职务相结合,V,19。英国如何审判犯人,VI,3。为何英国的谋杀案比其他地方少,VI,16。英国会有奢靡吗?VII,6。英国贵族为何如此起劲捍卫查理一世,VIII,9。路易十四在位中期,英国的形势有助于法国的相对强大,IX,9。英国的主要征服目标,XI,6。英国政治体制描述,IX,9。人民的代表应有的举止,XI,6。英国的政府体系源自塔西佗关于日耳曼人习俗的著作,这个体系何时消亡,XI,6。本书作者对于这些民族的自由的想法,对于它的政体是否优于其他政体的想法,XI,6。英国的审判与罗马共和时期大体相同,XI,18。英国在什么情况下以及如何为了大众的自由而剥夺一个公民的自由,XII,19。英国对酒类收税比法国好,XIII,7。英国商人给国家提供的好处,XIII,14。该国气候的效应,XIV,13。在该国的某些小地区,继承权属于末位男性,此项法律的理由,XVIII,21。该国政治体制带来的效应,所形成的特征和习俗,XIX,27。英国的气候对其法律的产生起部分作用,XIX,27。该国人民忧虑的原因以及忧虑引起流言的原因,XIX,27。英国国王为何经常被迫信任对他冒犯最甚的人,却不信任为他服务最好的人,XIX,27。为何那里文书极多,XIX,27。为何那里对军事才能的称赞甚于民事才能,XIX,27。英国从事商业的原因,它羡慕他国的原因,XIX,27。英国如何治理殖民地,XIX,27。英国如何阻碍爱尔兰,XIX,27。英国的海上力量、自豪、在欧洲事务中的影响、在谈判中的诚实的渊源和原因,为何英国既没有堡垒,也没有陆军,XIX,27。为何英国国王始终对内不安,对外受尊敬,XIX,27。英国国王权力虽受限制,为何却貌似拥有绝对权力,XIX,27。英国为何有这许多教派,为何不信教的人一旦信教,就不愿意有人强迫他们改宗,天主教为何遭到仇视,受到什么迫害,27。英国神职人员的风气为何比别处好,他们为何撰写许多佳作,用以证明上帝的启示;为何人们宁可放纵他们的弊端而不愿让他

们成为改革派,XIX,27。为何英国人的等级分得很清,人与人之间的差异却不大,XIX,27。英国政府重视对他们有用的人甚于能为他们带来欢愉的人,XIX,27。英国的奢华是一种特殊的奢华,XIX,27。为何那里的礼节较少,XIX,27。为何那里的妇女胆小而规矩,男子则放荡不羁,XIX,27。为何英国有许多政策。XIX,27。英国的商业精神,XX,8。这是世界上以宗教、商业和自由自诩最甚的国家,XX,8。英国为商人设置的羁绊,它给予商业的自由,XX,12。英国商业的便利源自海关管理,XX,13。英国的极佳战时商业政策,XX,14。英国贵族方便地获许从商,这对削弱君主制起到了最重要的作用,XX,21。雅典本应也这样做,XXI,7。蛮族时代英国对犹太人不公正和矛盾的做法,XXI,20。英国与法国和荷兰一起几乎控制了全欧的商业,XXI,21。在《大宪章》起草时期,一个英国人的所有财产都表现为货币,XXII,2。英国女子的婚姻自由比别处更受宽容,XXIII,8。英国的居民数量因放牧增加而减少,XXIII,14。一个人在英国值多少钱,XXIII,17。摧毁修道院和济贫院促成了英国商业和工业精神的确立,XXIII,29。该国的婚姻法与自然本性相悖,

XXVI,3。在英国,所有陪审员一致同意方可判处死刑,这个习惯的起源,XXVIII,27。作伪证在英国不处死刑,在法国则处死刑,两种法律的各自原因,XXIX,11。英国如何防止盗窃,XXX,17。认为英国人自杀是一种疾病的后果,这是自然宗教信徒的言论吗?《辩护》第一部分第11异议。

英国的法律(Lois d'Angleterre)——英国的法律一部分是出于气候的原因,XIX,27。

英国国王(Rois d'Angleterre)——英国国王几乎总是在外广受尊敬,在内忧心忡忡,XIX,27。英国国王的权力虽然很有限,可是为何却能掌握绝对权力,XIX,27。

英国人(Anglais)——他们为促进自由所做的事,II,4。他们若失去自由将会如何,II,4。他们为何没有引入民主政体,III,3。他们废弃酷刑而并未造成任何不便,VI,17。为何他们在本国比在他处容易被战胜,IX,8。他们是世界上从未有过的最自由的人民,他们的政体应该成为希望自由的人民的楷模,XII,19。他们的自杀倾向的物质原因,他们与罗马人的比较,XIV,12。他们的性格,因此而需要什么样的政体,XIV,13。在英国,为何有人是保王派,有人是议会派,为何这两派相互强烈仇视,为何一些人常常从这派转到另一派,XIX,27。与其用理性,不如用情感引领他们,XIX,27。他们为何能承受如此沉重的税收,XIX,27。他们为何爱自由,爱到什么程度,XIX,27。英国人信用的来源,XIX,27。英国人甚至能从借贷中找到保证自由的资源,XIX,27。英国人为何不从事也不想从事征服,XIX,27。他们性情抑郁、胆小和傲慢的原因,XIX,27。他们的文书的特点,XIX,27。

英雄(Héros)——英雄通常总是对自己的事迹轻描淡写,XXI,11。

英雄主义(Héroïsme)——古人的英雄主义令我们这些普通人大为吃惊,IV,4。

尤利安(Julien)——叛教者。他的错误政策在安条克引发了一场可怕的饥荒,XXII,7。可以把他看作最善于管人的人,但不要成为他叛教的同谋,XXIV,10。在他看来,君士坦丁改宗出于什么目的,XXIV,13。

尤利安法(Lois Juliennes)——该法使大逆罪变得随意定罪,XII,10。尤利安法和巴比安法:这是什么样的两种法,XXIII,21。这两种法留存至今的只是一些片段,这些片段是些什么,关于独身制的规定细节,XXIII,21。

幼年贵族监护权(Garde-noble)——起源,XXXI,33。

犹太教(Religion juive)——"犹太教曾是上帝最珍爱的宗教,它应该永远如此。"这种说法是犹太人盲目自傲的根源,对这种说法的驳斥,XXV,13。

犹太苦修派(Esséens)——他们的实例表明,无论何种宗教法都应适合道德法,XXIV,9。

游侠(Paladins)——他们都干些什么,XXVIII,22。

有息借贷(Prêts à intérêts)——关于有息借贷的理论需要到福音书中去寻找,而不是到修道院学者的梦呓中去寻找,XXI,20。

鱼(Poisson)——倘若确如有人所说,鱼的油脂部分能增强生育能力,那么,某些隐修会的规矩就很可笑,XXVIII,13。

于格·加佩(Hugues Capet)——加佩登上王位比丕平登上王位带来更大的变化,XXXI,16。法国的王位如何落入他的家族手中,XXXI,32。

御前会议(Conseil du prince)——不能成为法律备案机构,I,4。不能处理纠纷,为何,VI,6。

元首(Souverain)——某些元首为证明统治并不难而使用的简单方法,II,5。在什么政体下元首可以接受审判,VI,5。

愿望(Désirs)——了解愿望是否正当的可靠方法,XV,9。

原罪(Péché original)——本书作者是否必须在他的书中第一章谈论原罪?《辩护》第一部分第二节,第3条异议。

运动(Mouvement)——运动是物质世界的法则,运动规律是不可改变的,运动的变化是恒定的,I,1。

运动法则(Lois du mouvement)——永远不变,I,1。

Z

再婚(Noces, secondes)——罗马法允许甚至规定可以再婚,基督教使再婚变得困难,XXIII,21。

葬礼(Sépulture)——生前没有把一部分财产交给教会的人,死后不得举行葬礼,XXVIII,41。罗马人允许为自杀的人举行葬礼,XXIX,9。

葬仪(Funérailles)——柏拉图制定了葬仪从简的法律,被西塞罗接受,XXV,8。宗教不应鼓励为葬仪靡费,XXV,8。

债权人(Créanciers)——债务人不被追逼,反倒被债务人追逼,这种情况在罗马始于何时,XII,21。

债务(Dettes)——在奥尔良,一切有关债务的纠纷都以决斗解决,XXVIII,19。在圣路易时代,十二铕的债务就能引起一场讨债人和被讨人之间的司法决斗。参见"债务人"、"债权人"、"法律"、"共和国"、"罗马"、"梭伦"等条目。

债务人(Débiteurs)——共和政体应该如何对待他们。在罗马，他们何时从奴役中获得解放，由此而险些产生的变革，XII,21。

战俘(Captifs)——征服者有权杀死他们吗？XV,2。

战争(Guerre)——战争的目的是什么，I,3。不应远征，IX,8。在何种情况下有权开战，此权从何而来，X,2。战争权带来杀害战俘权吗？XV,2。基督教使战争变得几乎不再残忍，XXIV,3。宗教何以能使战争减少残酷性，XXIV,16。战争往往以司法决斗告终，XXVIII,25。过去往往以破坏政治法为借口诉诸战争，犹如如今往往以破坏万民法为借口，XXVIII,28。查理曼时代人人被迫参战，XXXI,27。

战争权(Droit de guerre)——从何而来，X,2。

战争状态(Guerre, état de)——各国如何处于战争状态，I,3。个人如何相互处于战争状态，I,3。战争状态是人为法的起源，I,3。

丈夫(Maris)——过去被称作主人，XXVIII,25。

长者、老人(Viellards)——年幼者是否听从长者，这对民主政体很重要，V,7。在罗马，有孩子的已婚者也可享受长者享有的特权，XXIII,21。治理良好的国家如何满足老人的需求，XXIII,29。

长子继承权(Majorats)——在贵族政体下，长子继承权是有害的，V,8。

长子权(Aînesse, Droit de)——经商的共和国中不应有长子权，V,6。贵族政体中的贵族也不应有长子权，V,8。该权在墨洛温王朝时期并不存在，后来与采地的永久权同时确立，并扩大至王位的继承权，王位被视为采地的一种，XXI,33。

哲理自由(Liberté philosophique)——什么是哲理意义上的自由，XII,2。

哲学(Philosophie)——是哲学开始把独身制引入帝国，基督教最终使人相信此事，XXIII,21。

哲学家(Philosophes)——他们从何处学到伦理法律？《辩护》第一部分第一节，第8条异议。

贞操(Pudeur)——在惩罚罪行时应该尊重贞操，XII,14。大自然为何将贞操给予女性而不给予男性，XVI,12。

侦查(Enquête)——被告可以向第一位证人提出决斗挑战，借以制止针对他的侦查，XXVIII,26。以往通过侦查解决所有事实和法律问题，何以代之以如此不可靠的办法，XXIII,44。

侦查庭(Enquêtes, chambre des)——过去在该庭的决定中，不得使用下列语句："法庭宣布上诉无效，法庭宣布上诉和上诉所指控的原判无效。"为何，XXVIII,33。

真话(Vérité)——在君主政体下,在什么情况下重视真话,IV,2。要让人说真话,不能用刑,只能靠说服,XXV,13。

真实货币(Monnaie réelle)——什么是真实货币,XXII,3。只有使用理想货币才能有利于贸易,XXII,3。

征服(Conquête)——征服的对象,I,3。应该追随征服者的法律,X,3。我们的作者们在公法方面的错误,他们接受了一种错误和可怕的原则,并从中得出了更为可怕的结论,X,3。征服结束后,征服者无权杀人,为何,X,3。他们的目标不是奴役而是保存,这项原则的后果,X,3。他们能带给被征服人民的好处,X,4。征服权的定义,X,4。杰龙和亚历山大对此权的出色运用,X,5。共和国何时如何运用此权,X,6。被贵族征服的人民处境最可悲,X,7,8。应如何对待被征服人民,X,11。保住征服成果的手段,X,15。专制政体国家应该如何对待被征服人民,X,15。

征服者(Conquérants)——他们性格强硬的原因,他们对被征服人民的权力,X,3。对某几位征服者的大度的评价,X,17。

征服罗马帝国的蛮族(Barbares qui conquirent l'empire romain)——他们在征服罗马各行省后的行为应该成为征服者的榜样,X,3。人类所能拥有的最佳政体是从罗马的征服者那里得来的,XI,8。是他们使世界人口锐减,XXIII,23。他们为何如此容易信奉基督教,XXV,3。他们因自由精神而向往公正精神,依靠能为之提供好处的人修建大路,XXVI,15。他们的法律全都与某人有关,而不与某个地区相关,XXVIII,2。人人遵循自然为他们规定的法律,XXVIII,2。他们是从日耳曼尼亚走出来的,他们的封建法根源应从其习俗中寻找,XXX,2。他们作出一个普遍规定,在被征服的高卢建立苦役奴隶制,此事是否属实？XXX,5。他们的法律为何以拉丁文写就,为何给予拉丁词汇以原本没有的意义,为何创制新词,XXX,14。

征服权(Droit de conquête)——此权从何而来,其精神应是什么,X,3。征服权的定义,X,4。

证据(Preuves)——依据自然公正的要求,证据的可靠程度应与罪行的严重程度成正比,《辩护》第一部分第一节。我们的先祖通过沸水、热铁和决斗取得的证据,并非如我们所想象的那样不可靠,XXVIII,17。

证人(Témoins)——为何需要两个证人才能判处被告,XII,4。罗马

主题索引　715

法为何规定立遗嘱时在场的证人应是五位，XXVIII，1。除了萨利克法，蛮族法规定证人可以通过立誓提供被告不是罪犯的否定性证言，XXVIII，13。被告在庭审之前可以向证人提出进行司法决斗的挑战，证人何时和如何拒绝挑战，XXVIII，26。证人应该当众陈述，这项规定如何被废止，XXVII，34。法国对提供伪证处以极刑，英国则不这样处理，两国不同做法的原因，XXIX，11。

正人君子（Honnêtes gens）——被称为正人君子的人在坚持良好的准则方面比不上普通人民，V，2。

证人与被告对质（Confrontation des témoins avec l'accusé）——自然法要求这个程序，XXVI，3。

证人作证（Preuves par témoins）——这种取证法所经历的种种变革，XXVIII，44。

征收年贡的土地（Censives）——起源，此类土地的确立是法国习惯法的渊源之一，XXVIII，45。

政体，政府（Gouvernement）——政体有三类，各类政体的性质是什么，II，1。一位教皇把政府交给一位大臣管理后，发现治国是最容易的事，II，5。政体的性质和原则的区别，III，1。哪些是政体原则，III，2。什么使政体不完善，III，2。只有得到拥护，才能长久存续，IV，5。政体的腐化几乎永远始于原则的腐化，VIII。政体可以经受哪些变革而不造成麻烦，VIII，8。原则腐化后的恶劣后果，VIII，11。只要原则好，表面与规矩和习俗不符的法律也是好法律，实例，VIII，11。基本机制一旦出现变化，原则就随之败坏，VIII，14。从自由和宽和的政体蜕变为军事政体的实例，XI，6。治家与政治的联系，XVI，9。政体的准则与气候、宗教、法律等共同对人实行治理，由此而产生民族的普遍精神，XIX，4。政体强硬阻碍人口增长，XXIII，11。

政治法（Droit politique）——政治法是什么，I，3。凡是属于公民法原则的事务，就不能用政治法处理，反之亦然，XXVI，15。政治法将所有人置于所在地的民事法庭和刑事法庭制约之下，唯有外国使者例外，XXVI，21。破坏政治法往往是战争的起因，XXVIII，28。

政体宽和（Modération dans le gouvernement）——有多少种宽和的政体，宽和是贵族政体的灵魂，III，4。贵族政体的宽和体现在哪些方面，V，8。

政体性质（Nature du gouvernement）——政体性质是什么，它与政体原则有什么区别，III，1。

政体原则（Principe du gouvernement）——什么是政体原则，政体原则与政体有什么区别，III，1。

各种政体的原则分别是什么,III,2。政体原则的腐化几乎不可避免地导致政体腐化,VIII,1 以及后面各节。保护某一种政体的原则的有效方法,VIII,5 以及以后各节。

正直(Probité)——维持君主政体或专制政体不需要正直,III,3。正直对罗马人民具有强大的力量,VI,11。

政治(Politique)——君主政体的政治尽量不使用美德,III,5。什么是政治,英国人的禀性妨碍他们拥有政治,XIX,27。基督教允许政治,XXIV,1。

政治法(Lois politiques)——政治法的主要效应是什么,I,3。本书作者为何不把政治法与公民法分开来,I,3。不使用货币的人民的政治法,XVIII,18。基督教要求人人享有最佳政治法,XXIV,1。与宗教有关的政治法的基本原则,XXV,10。唯有政治法可以协同公民法规范财产的继承和分割,XXVI,6。在纯选举制的君主国中,唯有政治法可以协同公民法决定在何种情况下将王位传给儿子,在何种情况下传给其他人,XXVI,6。人为政治法献出了与生俱来的独立,由此产生的后果,XXVI,15。唯有政治法可以决定有关王位继承的事宜,XXVI,16。由万民法调节的事项绝对不应由政治法来调节,XXVI,21。在有些情况下会毁灭国家的政治法应该更换,XXVI,23。公民法取决于政治法,为何,XXIX,13。

政治国家(Etat politique)——是什么组成政治国家,I,3。

政治家(Politiques)——古希腊政治家对于民主原则的看法比现代政治家纯净得多,III,3。他们在战争法问题上的错误说法,X,3。

政治奴役(Sevitude politique)——政治奴役取决于气候性质,这与民事奴役和家庭奴役相同,XVII,1。

政治权(Puissance politique)——什么是政治权,I,3。

政治自由(Liberté politique)——政治自由是什么。XII,2。政治自由在罗马产生的时代,XII,21。

治安(Police)——希腊人如何进行治安管理,XI,11。什么是妨碍治安罪,如何处置,XII,4。治安规章与公民法不属于同一范畴,XXVI,24。在治安管理中,实施惩罚的主要是官员而不是法律,治安管理不需要很多手续,也不需要重罚和重要的案例,不需要法律,只要一些规章即可;为什么,XXVI,24。

治安官吏(Magistrat de police)——他的属下如果行为过激,他应负责,XXVI,24。

指控领主法庭审判不公(Fausser la

cour de son seigneur)——这是指什么,圣路易在他的领地法庭中废除了这个诉讼程序,在领主法庭中引入指控审判不公但不诉诸决斗的程序,XXVIII,29。

指控审判不公(Fausser le jugement)——这是指什么,XXVIII,27。

殖民地(Colonies)——英国如何统治其殖民地,XIX,27。殖民地的用处和目标,法国的殖民地与英国的殖民地有何不同,如何控制殖民地的附属地位,XXI,21。法国对殖民地的控制与迦太基控制其殖民地一样,没有把严苛的法律强加给殖民地,XXI,21。

智能存在物(Etres intelligents)——智能存在物为何会犯错误,为何会远离原始法律和他们自己制定的法律,I,1;XXVI,14。

芝诺(Zénon)——他否认灵魂不死,他从这个错误原则得出了一些有利于社会的结论,XXIV,19。

职位等级(Hiérarchie)——路德为何把等级保留在他的宗教中,而加尔文则把等级废除掉,XXIV,5。

职务(Charges)——职务可以买卖吗? V,19。

植物(Plantes)——植物遵顺自然法则为何比动物好,I,1。

执行权(Puissance exécutrice)——在一个名副其实的自由国家中,执行权应该由君主执掌,XI,6。立法权如何使执行权趋于缓和,XI,6。

职业(Professions)——每种职业各有其利,包税人发财,贵族有荣耀和荣宠,大臣和官员有地位,受人尊敬,XX,22。让孩子承袭父亲的职业而不干别的是好事吗? XX,22。

制造业(Manufactures)——制造业对于我们的各种政体都是必需的,是否应该设法简化机器,XXII,5。

纸张(Papier)——对用于书写文书的纸张征税比对各种文书征税更合理,XIII,9。

庄园(Domaine)——庄园应是不可变更的,为何,XXVI,16。庄园过去是国王的唯一收入来源,证据,XXX,13。国王如何经营庄园,XXX,13。过去不被视为不可变更,XXXI,7。宽厚者路易因让庄园消失而失势,XXXI,22。

仲裁官(Préteurs)——他们应有的品质,II,2。他们为何要在罗马引入诚信行动,XI,4。他们在罗马的主要职能,XI,18。何时创设这个职务,他们的职能,在罗马的任期,XI,18。他们依照字面执行法律,而不是执行法律的精神,XXVII,1。他们何时开始更多考虑公正原则而不是法的精神,XXVII,1。

重大案件(Causes majeures)——过

去什么是我们的重大案件,重大案件保留给国王,XXVIII,28。

重臣、家臣(Pairs)——亨利八世派遣特派员,用以表示对令他不快的重臣的不满,XII,22。家臣是同一领主的附庸,在针对家臣的案件审理中协助领主,XXVIII,27。为避免背叛罪,以审判不公被上诉的不是领主而是家臣,XXVIII,27。他们的职责是出征和审案,XXVIIII,28。他们如何审案,XXVIII,42。他们何时开始不再被领主召集起来审案,XXVIII,42。在领主法庭中取消家臣审案的不是法律,而是逐渐自然形成的,XXVIII,43。

中国(Chine)——有些机制似乎与该国的政体原则不相容,V,19。中国如何惩罚谋杀犯,VI,16。子罪父坐,这种做法的弊病,VI,20。奢华应该杜绝,奢华是该帝国屡屡发生革命的原因,这些革命的细节。一个宝石矿刚被发现就遭关闭,为何,VII,6。荣宠不是该帝国的政体原则,证据,VIII,21。妇女生育力奇强,有时因此而引起革命,为何,VIII,21。该帝国凭借法律和专制主义统治,对此矛盾现象的解释,VIII,21。中国政府的作为是大国征服者的典范,X,15。中国法律的目标,XI,5。以大逆罪为名的不公正的暴政,XII,7。中国人的君主概念使他们享有极少的自由,XII,29。在中国,从不打开非商人的货袋,XIII,11。中国人民幸福,因为税收由国家管理,XIII,19。中国针对气候性质制定的法律很聪明,XIV,5。中国鼓励农耕的优良习俗,XIV,8。中国法律无法制止宦官担任文武官职,XV,19。为何伊斯兰教在中国进展甚大,基督教却不行,XVI,2。一种被视为美德奇迹的事,XVI,8。越是南方人,勇气越大,XVII,2。中国法律明智的原因,为何中国人不因国土太辽阔而感到不安,XVIII,6。中国立法者把宗教、法律、习俗和风尚混为一谈,为何,XIX,16。与以上四方面有关的原则即为礼仪,XIX,17。书面立法的优点,XIX,17。征服者为何改用中国人的习俗,而中国人却不改用征服者的习俗,为何,XIX,18。几乎永远不可能在中国建立基督教,为何,XIX,18。礼节方面的小事为何涉及中国政体的根本制度,XIX,19。中国不许偷窃,但可以欺诈,为何,XIX,20。在中国,同父异母的孩子都被视为同出一母,因而没有非婚生子,为何,XXIII,5。中国不存在同父异母的孩子问题,XXIII,5。该帝国人口奇多的物质原因,XXIII,13。中国的气候促使父亲出卖女儿,抛弃儿子,XXIII,16。皇帝是最高宗教领袖,但必须依照宗教典籍行事,想要废除宗教典籍也是徒劳,XXV,8。在中国的某些朝代,继承皇位的是先帝的兄弟,而不是儿子,为何,XXVI,6。尽管中国有礼仪和宗教都不同的两个民族,却是最安定的国家,为何,XXIX,18。中国受习俗约束,XIX,4。中国人的性格与西班牙人的性格比较,中国人在商业中的不诚信行为使他们与日本人通商,中国人从对日贸易中获得的利润,XIX,10,9。

中国官僚(Mandarins chinois)——他们的强盗行径,VIII,21。

中国人(Chinois)——中国人为何从不改变习俗,XIX,13。他们的宗教促使人口增殖,XXIII,21。佛教主张的灵魂不死说给他们造成的可悲后果,XXIV,19。

中间权力(Pouvoirs intermédiaires)——中间权力的必要性,在君主政体下的用途,II,4。中间权力应该交给哪个团体,II,4。

重量(Poids)——有必要全国统一重量吗? XXIX,18。

众所周知的事实(Notoriété de fait)——众所周知的事实过去足以作为判决的依据,无须其他证据,XXVIII,25。

重要官职(Parage)——重要官职从何时开始在采地上确立,XXXI,28。

重要官职和采地的蜕变(Aliénation des grands offices et des fiefs)——这个变化削弱了王权,XXXI,28。

种姓(Caste)——印度人为自己的种姓洋洋得意,XXVI,6。

重罪检察官(Questeur du parricide)——这个官员由谁任命,他在罗马的职能是什么,XI,18。

猪(Cochon)——禁食猪肉的宗教仅仅适合于猪很少,气候使居民容易感染皮肤病地区,XXIV,25。西哥特人的怪异法律,XXIX,16。

诸多社会(Sociétés)——什么情况下有权开战,X,2。

主教(Evêques)——主教为何在君主制初期就引人注目,并获得了巨大的权力,XXVIII,31。他们重整西哥特法,宗教裁判的准则、原则和各种观点都来自西哥特法,XXVIII,1。秃头查理不准主教们以有权制定教会法为借口,反对和忽视他的法律,XXVIII,9。由于他们是主教,因此就比其他人可信吗? XXIX,16。从前的主教出于仁慈赎买战俘,XXX,11。主教们给秃头查理的兄弟路易上经济课,让他不要给教会人士制造麻烦,XXX,13。主教们过去要率领他们的附庸参战,他们要求免去这项差事,得到许可后却又抱怨,XXX,17。他们的附庸为何不由伯爵率领参战,XXX,18。侮辱宽厚者路易的主要是这些主教,尤其是其中被路易从奴役中解放出来的那些，XXX，25。在西尔佩里克时期，财产给予他们的荣耀比国王给予的还多，XXX，9。他们写给日耳曼人路易的那封奇怪的信，XXXI，11。出于什么政治考虑，查理曼大大增加了主教的数量，并使他们在德意志变得如此强大，XXXI，19。他们何时脱去华贵的衣着，不再上前线作战，XXXI，21。

主教区（Evêchés）——国王们为何在一段时间中放弃了主教区的选举，XXI，13。

朱利安伯爵（Julien, le comte）——他的实例证明，君王绝对不应羞辱臣属，XII，28。他为何试图让自己的祖国和国王垮台，XIV，14。

朱利亚法（Julia, la loi）——该法使大逆罪变成可以任意确定的罪，XII，10。

助理法官（Echevins）——过去他们是什么人，他们的决定应该得到尊重，XXVIII，28。他们与法官、司法助理都是称呼不同的同一类人，XXX，18。

助理教士（Avoués）——他们率领主教的附庸和教士参战，XXX，17。

专横的权力（Pouvoir arbitraire）——这种权力对国家造成的祸害，XII，2。

专员（Commissaires）——为审理个人案件而任命的专员在君主政体下毫无用处，他们不公正，而且对臣民的自由有害，XII，22。

专职决斗人（Champions）——每人可以雇用一个专职决斗人参与决斗，XXVIII，19。对在决斗中作弊者的惩罚，XXVIII，24。

专制君主（Despote）——设置一位宰相对于专制君主来说是一条基本法，II，5。帝国疆域越大，专制君主管的事就越少，II，5。他的主要力量在于何处，为何容不得荣宠，III，8。他把什么权力转交给他的大臣们，III，9。他的治理应该严苛到什么程度，III，9。为何他完全不必兑现誓言，III，9。他的命令为何绝不能撤销，III，10。宗教可以反对他的旨意，III，10。他不如普通君主幸福，V，11。他集法律、国家和君主于一身，V，14。他的权力全部转移到他所托付的人手中，V，16。他只能用金钱奖励他的臣民，V，18。他的意志不应遇到任何抵抗，VI，1。他可以成为审判其臣属的法官，VI，5。他可以掌握该国的神权，妨碍他掌握神权的障碍是什么，XXV，8。

专制主义（Despotisme）——只要能限制专制主义，弊端也是好东西，II，4。这种政体的基本法，II，5。宗教为何在专制主义国家中力量极大，II，4。专制君主如何行使专制权力，II，5。专制君主沉溺于其中的懒散，II，5。专制主义的原则是什么，III，3，9；V，14。即使没有多少诚信,专制主义也能支撑下去,III,3。生活在专制主义下的悲惨状态,III,8。这种政体引起的憎恶,III,9。专制主义往往只有流血才能支撑下去,III,9。专制主义向臣民要求何种服从,III,10。君主的意志从属于宗教,III,10。专制主义国家中应该实行何种教育,IV,3。专制君主的绝对权力和臣属的盲目服从说明君臣都很无知,IV,3。这类国家中的臣属没有任何属于他们自己的美德,IV,3。专制主义与君主政体比较,V,11。专制主义无宽容可言,V,12。专制主义的法律如何与其原则相关,V,14。此类政体丑陋且真实的写照,君主的写照,人民的写照,V,14。专制主义既然如此可憎,为何大多数人民都能屈从,V,14。专制主义在炎热地区比在其他地区多见,V,15。在专制政体下,财产不得转让,V,15。有息贷款在那里被认为天经地义,V,15。专制主义下的贫困来自四面八方,V,15。侵吞公款理所当然,V,15。再小的官员也拥有绝对权力,V,16。官职不可以买卖,V,19。根本不需要监察官,V,19。法律简单的原因,VI,1。专制主义根本没有法律,VI,3。那里的重刑比别处更合适,VI,9。专制主义不知宽和为何物,VI,13。这种政体的缺陷,VI,16。拷问和酷刑适合这种政体,VI,17。专制主义广泛使用同态报复法,VI,19。对仁慈的需要比他处少,VI,21。奢侈必不可少,VII,4。妇女为何应成为奴隶,VII,9;XVI,9;XIX,15。几乎完全不需要嫁妆,VII,15。财产绝对共有,VII,15。结婚后的钱财对于妇女没有多少意义,VII,15。把专制主义引进欧洲的企图是一种反人类罪,VIII,7。即使不腐败,专制主义的原则也是这种政体垮台的原因,VIII,10。这种政体与众不同的特点,VIII,19。此类国家如何确保安全,IX,4。堡垒对此类国家有害无益,IX,5。此类国家应如何对待被征服人民,X,16。此类政体的总体目标,XI,5。达到目标的方法,XI,6。此类国家中绝对没有讽刺作品,为何,XII,13。可能给此类国家带来些许自由的公民法,XII,29。专制君主可以向沦为苦役奴隶的人民征收的税赋,XIII,6。税赋应该极低,商人应该拥有私人保镖,XIII,10。此类政体不能加税,XIII,13。君主送给臣属的礼物的性质,君主可以征收的税赋,XIII,14。商人不可能垫付很多资金,XIII,14。税收管理使那里的人民比政体宽和国家的人民幸福,XVIII,19。包税人在那里可能获得荣耀,但不可能在其他地方获得同样的荣耀,XIII,20。这是最能容忍民事奴隶制的政体,XV,1。为何在那里很容易出售自己,XV,6。大量奴隶对专制主义一点也不危险,XV,12。在美洲,专制主义仅出现在靠近赤道的地方,为何,XII,2。专制主义为何主宰亚洲和非洲,XVII,3。看不到专制政体下的习俗和风尚有任何变化,XIX,12。专制主义与基督教很难相容,与伊斯兰教却水乳交融,XIX,18;XXIV,3。好坏都不允许讲道理,XIX,27。只有在这种政体下才可以强迫儿童从事其父辈的职业,XX,22。那里的物品从来不由货币代表,XXII,2。汇兑如何妨碍这种政体,XXII,14。这类政体造成的人口削减现象很难克服,XXIII,28。专制主义倘若与某种静修宗教相结合,一切都完了,XXIV,11。在专制主义大帝国中很难建立新的宗教,XXV,15。那里的法律毫无用处,或者仅仅是君主喜怒无常和朝令夕改的意志,所以需要某种比较固定的东西,那就是宗教,XXVI,2。宗教裁判在那里像专制主义一样具有摧毁性,XXVI,10。那里的一切都是专横的,所以一切都不可靠,这就是所有不幸的来源头,XXVI,16。

专制主义的法律(Lois, despotisme)——专制主义国家中根本没有基本法,II,4。来自专制主义国家的法是什么法,II,5。专制主义国家只需要很少量的法,这些法与专制政体的关系如何,II,5。君主的旨意是这些国家所仅有的法律,V,14。专制主义国家中法律简明的原因,VI,1。规定子女只能承袭父亲职业的法律,只有在专制国家中是好法律,XX,21。

宰相(Vizir)——设立宰相是专制政体的一项基本法,II,5。

增殖(Propagation)——与增殖有关的法律,XXIII,1。动物的增殖始终是恒定的,人的增殖因受到情绪、幻想、奢侈的影响而有波动,XXIII,1。人口增殖与公众节欲当然有关系,XXIII,2。规定家庭由一群同一性别的人组成的法律有助于人口增殖,XXIII,4。苛政是人口增殖的大敌,XXIII,11。人口增殖与男女青年的数量关系极大,XXIII,12。海港的男子虽少,但人口增长却很快,此事的物质和精神原因,XXIII,13。人口增长的快慢与土地产出的大小有关,XXIII,14。立法者对于人口问题的看法应该与气候条件一致,XXIII,16。希腊如何解决人口增长问题,XXIII,17。罗马法有关此事的规定,XXIII,21。人口增长与宗教原则的关系很大,XXIII,21。基督教对于人口增长妨碍极大,XXIII,21。欧洲需要鼓励人口增长,XXIII,26。路易十四鼓励结婚的敕令对于人口增长的推动依然不够有力,XXIII,27。人口减少的国家恢复人口数量的办法,如果人口减少的原因是专制主义或教会人士的排他性特权,那就很难找到有效的办法,XXIII,28。波斯人为增加人口而制定了一些规则,这些规则虽然并不正确,却很有效,XXIV,20。参阅"人口"条。

子女、儿童(Enfants)——让子女从事父辈的职业仅在专制政体下是好事,XX,22。何时应承袭父亲的地位,何时应承袭母亲的地位,XXIII,3。在合法妻子不止一位的国家中,子女如何彼此相认,XXIII,5。在正在形成中的民族里,子女多并不坏,在已经组成的民族中就不是这样,XXIII,10。罗马的子女为父母带来什么特权,XXIII,21。弃婴是必要的吗?罗马人在这方面的法律和做法,XXIII,22。波斯在儿童教育方面的一种错误但很有用的准则,XXIV,20。让子女控告父母有违自然法,XXVI,4。自然法在什么情况下要求子女赡养贫困的父亲,XXVI,5。自然法准许子女向父亲索取食物,但不能索取继承权,继承权由公民法和政治法制约,XXVI,6。政治秩序经常要求但并非始终要求子女继承父辈,XXVI,6。为何子女不能与父母结婚,XXVI,14。由于居住在同一所房屋内,所以禁止亲属通婚,XXVI,14。古罗马的子女不得继承母亲的遗产,反之亦然,此项法律的理由,XXVII,1。在罗马,父亲可以出售子女,不受限制的立遗嘱权由此而来,XXVII,1。七个月出生的婴儿如果已经发育健全,是否由于毕达哥拉斯的数率?XXIX,16。

自然(Nature)——在专制国家中,自然所激发的感情从属于君主的旨意,III,10。大自然为聆听它的声音的人所准备的温馨和辉煌,XII,6。大自然公正地对待善与恶,XIII,2。大自然为确保儿童的食物所采取的措施,驳斥了为生而为奴制度辩护的一切理由,XV,2。大自然维持着人凭借手艺获得的种种方便,XVIII,7。统治着野蛮人的几乎只有自然,XIX,4。自然法则不可能是地方性的,而且是不变的,XXVI,14。

自然法(Lois naturelles)——自然法确立在由情感相连的存在物之间,I,1。自然法的起源,为认识自然法而应遵循的规则,I,2。把自然法与其他法区分的规则,I,2。使我们向往造物主的法就其重要性而言是第一位的,但并不是自然顺序上的第一位,I,2。自然法强迫父亲养育子女,但并不要求父亲将他们立为继承人，XXVI，6。凡涉及自然法时，应该用自然法而不是用宗教训条解决问题，XXVI，7。自然法在什么情况下应该规范亲属之间的婚姻，何时应该借助公民法规范这个问题，XXVI，14。自然法不可能是地方性的法律，XXVI，14。自然法所禁是不变的，XXVI，14。自然法的第一条是和平，规定人应为上帝所尽的义务的法律是最重要的法律，这样说是犯罪吗？《辩护》第一部分第二节，第6条异议。

自然权利（Droit naturel）——在专制国家中，自然权利从属于君主的意志，III，10。自然权利支配民族和个人，XXI，21。用公民法审案时可以变更自然权利，实例，XXVI，5。

自然神论（Déisme）——尽管自然神论与斯宾诺莎的学说互不相容，但是教会的期刊却把自然神论扣在斯宾诺莎头上，其实他既非自然神论者，也不是无神论者的证据，《辩护》第一部分第一节，第1条异议。

自然宗教（Religion naturelle）——以下这些这种说法是否就是自然宗教："人随时可能忘掉其创造者，上帝会借助教会法唤起人对上帝的记忆。"《辩护》第一部分，第7条异议。"英国的自杀现象是一种疾病引起的"，《辩护》第一部分，第7条异议。解释自然宗教的若干原则就是宣扬自然宗教吗？《辩护》第一部分，第7条异议。不但不是自然宗教，而且为反驳自然宗教提供了论据，《辩护》第一部分，第7条异议。

自杀（Suicide）——自杀违背自然法和神启宗教。罗马人的自杀，英国人的自杀；英国人惩处自杀吗？XIV，12。希腊人和罗马人惩罚自杀，但情况不同，XXIX，9。罗马共和时期根本没有惩罚自杀的法律，罗马的皇帝们开始惩罚自杀时，已经变得既贪婪又凶残，XXIX，9。惩罚因懦弱而自杀的人，这种法律有害，XXIX，16。有人说，英国人的自杀源于某种疾病，这是信奉自然宗教的说法吗？《辩护》第一部分第十一节，第10条异议。

自由（Liberté）——个人的自由观念与生活在其中的政体相关，XI，2。有人将人民的自由与其权力混为一谈，XI，2。对自由应有的正确概念，XI，2；XXVI，2。不应将自由与为所欲为混为一谈，XI，3。共和政体下的自由并不比其他地方多，XI，4。唯有何种政体机制能确立并维护自由，XI，4。自由的广泛程度因每个国家的特殊目标而异，XI，5。自由主要存在于英国，XI，6。在立法权和执行权全由一人或一个机构掌握的国家里,没有自由可言,XI,6。在自由与国家政制的关系中,是什么构成自由,XII,1。从自由与公民的关系看自由,自由是什么,XII,1。自由主要建立在什么基础之上,XII,2。在一个拥有最佳刑法的国家里,一个被判绞刑并且次日就要被执行的人,他比土耳其的帕夏还自由,XII,2。自由受惠于刑罚的性质和量刑尺度,XII,4。共和国何以会中止自由,XII,19。即使在最自由的国家里,有时也需要掩饰自由,XII,19。君主政体下什么东西会攻击自由,XII,22。自由与税赋和国家收入多少的关系,XIII,1,12。法国因对饮料征税而对自由形成致命打击,XIII,7。最符合自由原则的税是商品税,XIII,14。为过度增加税收而滥用自由,自由就会蜕化为奴役,此时就不得不减轻税收,XIII,15。欧洲的自由多于世界其他各地的物质原因,XVII,3。山区比其他地区易于保存自由,XVIII,2。土地的开发程度取决于自由程度,而不是肥沃程度,XVIII,3。自由在岛屿上比在大陆保存得好,XVIII,5。自由适合于因人的勤劳而组成的国家中,XVIII,6。不从事种植业的人所享有的自由很大,XVIII,14。这条规律对于鞑靼人是个例外,为何,XVIII,19。不使用货币的民族享有很大自由,XVIII,17。这条规律的例外情况,XVIII,18。阿拉伯人享有的自由,XVIII,19。不习惯享有自由的民族会觉得自由难以忍受,这种怪异现象的实例和原因,XIX,2。自由是自由的人民习俗的一部分,XIX,27。自由为英国带来的奇特而有效的结果,XIX,27。享有自由的人应有的权力,XIX,27。英国人的自由有时受国债的支持,XIX,27。自由使得享有自由的民族非常优秀;而其他民族则非常虚荣,XIX,27。与奴隶制相比,自由并不能让历史学家的著作更加真实,为何,XIX,27。北方民族必须勤奋劳作,才能获得大自然不向他们提供的生活资料,对于他们来说,自由是非常自然的东西;大自然供给南方民族的东西超出了他们的实际需要,他们于是觉得自由似乎不可忍受,XXI,3。人借助政治法获得自由,由此而产生的后果,XXVI,15。政治法只应对有关财产的事务作出决定,这项原则的后果,XXVI,15。君主制初期,有关自由问题只能由伯爵的法庭审理,不能由官吏审理,XXX,18。

自由地(Alleux)——自由地如何变成采地,XXX,8、21。

自由地(Allodiales, terres, Francs-alteux)——缘起,XXX,17。

自由港(Port franc)——从事节俭性贸易的国家需要一个自由港，XX，11。

自由民(Hommes libres)——君主政体初期谁被称呼为自由民。他们如何以及在谁率领下参战，XXX，17。

自由民的法庭(Placites des hommes libres)——君主政体早期被称为自由民的法庭的究竟是什么，XXX，18。

自由国家中的人民代表(Représentants du peuple dans un Etat libre)——他们应该成为什么样的人，为了什么目的，XI，6以及以下多处。他们的职能应该是什么，XI，6以及以下多处。

自由仲裁(Libre arbitre)——接受这项准则的宗教需要得到比较宽和的法律的支持，XXIV，14。

总包税人(Fermiers généraux)——他们的巨额财富可以说已经使他们高于立法者，XIII，19。

总检察长(Procureurs généraux)——不能将总检察长与过去所说的诉讼代理人混为一谈，他们职能的差异，XXVIII，36。

宗教(Religion)——本书作者谈论宗教时的身份是政治学家，而不是神学家，他只想将宗教利益与政治利益结合起来，说他怀有其他想法是很不公正的，XXIV，1。上帝借助宗教的法律不断地呼唤人们归向他，I，1。宗教为何在专制政体下拥有巨大的力量，II，4。在专制政体下，宗教高于君主的旨意，III，10。在君主政体下，宗教并不能限制君主的旨意，II，10。宗教的束缚与社会的束缚不同，所以我们的行为不能前后一致，IV，4。与宗教有关的罪行是哪些，XII，4。宗教可以为专制政体国家带来些许自由，XII，29。东方宗教不变的物质原因，XIV，4。宗教在热带国家中应能激励人们从事农耕，XIV，7。为了人口增长，我们有权使不信教的人沦为奴隶吗？正是这种想法使征服美洲人犯下了滔天大罪，XV，4。宗教与气候、法律、习俗等等一起主宰着人，民族的普遍精神由此而产生，XIX，4。宗教败坏了科林特的民风，XXI，7。宗教使得若干国家确立了合法妻子的若干等级，XXIII，5。出于气候原因，台湾的宗教要求女祭司为未满二十五岁的怀孕女子堕胎，XXIII，16。各种宗教的原则有的妨碍人口增长，有的有利于人口增长，XXIII，21。在各种伪宗教中，比较好的是有助于人们在今世获得幸福的那种，XXIV，1。根本没有宗教信仰是否比信仰一种坏宗教好一些？XXIV，2。宗教是不是一种压制因素，它所带来的弊病是否能与它所带来的福祉相比？XX-

IV，2。宗教应该多提忠告而不应多立法律，XXIV，7。无论哪种宗教，都应与道德法律一致，XXIV，8。宗教不应过于强调冥思，XXIV，11。哪种宗教不应有不可解释的罪行，XXIV，13。宗教的力量如何作用于民法，宗教的主要目标应该是使人成为优秀的公民，XXIV，14。不为彼岸世界许诺奖罚的宗教，需要得到严厉的民法和严格执法的支持，XXIV，14。不接受绝对命定论的宗教令人昏昏欲睡，应该用公民法唤醒，XXIV，14。宗教如果禁止民法所许可，民法就可能许可宗教所谴责，XXIV，14。宗教如果宣扬灵魂能否得到拯救取决于是否从事一些无关紧要的宗教活动，那就等于鼓励放荡、胡作非为和仇恨，XXIV，14；XXIV，22。宗教如果把偶发事件说成必然，那就很可悲，XXIV，14。主张彼岸世界只有奖而没有罚的宗教很糟糕，XXIV，14。某些伪宗教如何被民法修正，XXIV，15。宗教法律如何修正政治机制的弊病，XXIV，16。宗教如何制止个人恩仇的后果，XXIV，17。宗教法律何以会有民法的效应，XXIV，18。教义的真伪并不能决定宗教有益或有害，决定宗教有益或有害的是正确使用或滥用这些教义，XXIV，19。仅仅建立教义不够，还应正确指导，XXIV，19。宗教引导我们确立一些宗教观念是一件好事，XXIV，19。怎样才能促进宗教的传播，XXIV，19。灵魂转世说的正确和错误应用，XXIV，21。宗教只应该激发对邪恶的鄙视，XXIV，21。确定节日一定要十分谨慎，因为人们在节日里将要停止劳动，在这方面最好考虑到气候因素，XXIV，23。宗教可以在考虑到气候性质和物产的前提下制定一些地方法，XXIV，24。促使宗教更加普及的办法，XXIV，24。把一国的宗教移植到另一国会带来一些麻烦，XXIV，25。在气候基础上创立的宗教不应向外国传播，XXIV，26。任何宗教都应拥有特殊的教义和普遍的信仰，XXIV，26。不同程度上信仰宗教的各种原因：1）迷信对我们有吸引力，但无法让我们笃信。神灵说对我们的吸引力并不很大，但让我们笃信。2）与信仰观念相结合的神灵说既吸引我们，也让我们笃信。所以，天主教徒比新教徒更离不开自己的宗教信仰。3）神灵说与神的特殊地位观念相结合，这就是穆斯林众多的原因。4）由于宗教有许多让人频繁参与的活动，所以就有许多穆斯林和犹太教徒，而蛮族则因此而对宗教不感兴趣。5）宗教对奖励的许诺，人们对惩罚的恐惧。

6)道德的纯净。7)信仰的威严。8)庙宇的建立,XXV,2。我们喜欢宗教中所有要求作出努力的事情,XXV,4。为何要让某些神职人员独身,XXV,4。公民法应该为神职人员的财富设置界限,XXV,5。应该制定节俭法,XXV,7。不应以捐赠为借口获得国家给予人民的必需品,XXV,7。不应鼓励为丧事大事铺张,XXV,7。凡有许多神职人员的宗教都应有一位最高宗教领袖,XXV,8。一个国家如果允许多个宗教并存,各个宗教就必须相互容忍,XXV,9。被压制的宗教迟早会变成压制者,XXV,9。唯有宽容的宗教才有热情进行自我传播,XXV,10。试图改变自己国家的宗教,对于君主来说是十分危险的事,即使对于专制君主来说也是这样,XXV,11。宗教一旦蜕变为迷信,就会产生可怕的过激行为和极其严重的后果,XXV,12,13。如果顽固抵制反对宗教的民法,该宗教就可能受到严重迫害乃至被禁,XXV,15。想要改变宗教,以优渥和发财等前景进行诱惑比给予惩罚更加有效,XXV,12。在那些气候、法律、习俗和风尚与宗教发源国不同的遥远国家中,宗教很难传播开来,在专制主义大国中更加困难,XXV,15。专制国家中唯一固定不变的东西就是宗教,XXVI,2。宗教的力量主要来自何处,XXVI,2。宗教在某些国家中把王位固定在某些家族中,XXVI,6。每当涉及自然法时,不应依据宗教的教条作出决定,XXVI,7。不应以清规戒律的庄严性为由阻止行使与生俱来的自卫权,XXVI,7。与民法相比,宗教法更精细,但范围较小,XXVI,9。宗教法的对象,XXVI,9。宗教法原则很难用来解决应由民法原则解决的问题,XXVI,9。在什么情况下应该置民法的许可于不顾,而执行宗教的禁令,XXVI,10。在婚姻问题上,何时应遵照宗教法行事,何时应遵照民法行事,XXVI,13。宗教观念常常令人迷失方向,XXVI,14。宗教的精神是什么,XXVI,14。不能把由于宗教原因而形成的习俗视为自然风尚,XXVI,14。是否有必要使宗教在全国各地趋于统一,XXIX,18。本书作者以什么观点谈论真宗教和伪宗教,《辩护》第一部分,第 7 和第 10 条异议。

宗教裁判官(Inquisiteurs)——他们对犹太人的迫害与其说是迫害他们自己的敌人,不如说是迫害宗教的敌人。参见"宗教裁判所"条。

宗教裁判所(Inquisition)——指责日本人把基督徒用火慢慢烧死,此话没有道理,XXV,13。反映在提交给西班牙和葡萄牙宗教裁判官的陈情书中的宗教裁判官的残暴和不公,XXV,13。不应对犹太人施以火刑,因为他们信奉的宗教是父辈传授的,所有法律都强制他们把这种宗教视为人间的神明,XXV,13。试图用火确立基督教的地位,无异于试图以铁确立其地位的伊斯兰教,这样就使基督教的优越性荡然无存,XXV,13。宗教裁判所让基督徒扮演戴克里先的角色,让犹太人扮演基督徒的角色,XXV,13。宗教裁判所违背耶稣基督的宗教,违背人道和正义。XXV,13。宗教裁判所试图通过酷刑让人相信被掩盖的事实真相,XXV,13。不应由于犹太人不愿假装放弃自己的宗教信仰和亵渎我们的宗教而烧死他们,XXV,13。犹太人宣扬上帝过去给予他们的宗教,而且他们相信上帝现在仍然给予他们这种宗教,不能因此而将他们处死,XXV,13。宗教裁判所把一个好端端的世纪弄得名声扫地,被后世看作野蛮世纪,XXV,13。谁、如何建立宗教裁判所,任何政体都无法忍受这种法庭,XXVI,11。此类法庭的滥权现象,XXVI,12。宗教裁判所的法律全部来自西哥特法,是神职人员拟定而由僧侣抄写的,XXVIII,1。

宗教传播(Propagation de la religion)——在那些气候以及法律、习俗和风尚与宗教发源国不同的遥远国家中,这种宗教很难传播开来,在专制主义大国中更加困难,XXV,15。

宗教法(Lois divines)——宗教法不断提醒人们切莫忘却时时刻刻可能忘却的上帝,I,1。宗教法与人间法不属于同一性质,这是宗教法的一大原则;此原则必须服从的另外一些原则:1)宗教法是不变的法。2)宗教法的主要力量来自人们信教,所以宗教法必须是古老的法,人间法主要从畏惧中获得力量,所以可以是新法,XXVI,2。

宗教法庭(Justice divine)——宗教法庭与人有两个约定,XXVI,12。

宗教活动(Pratiques religieuses)——一个宗教的活动越多,就越能吸引教徒,XXV,2。

宗教首领(Pontife)——每个宗教都应有一位宗教首领,他应该有许多下属,XXV,8。罗马的宗教首领拥有的遗产继承权,人们如何设法不让他享用这种权利,XXIX,8。

宗教仪式(Cérémonies religieuses)——宗教仪式怎么会越来越多,XXV,4。

宗教许愿(Voeux en religion)——把宗教许愿当作离婚的正当理由就是远离民法原则,XXVI,9。

走私(Fraude)——商品税过重容易引发走私；走私对国家有害，是极端不公正的根源，但对包税人有利，XIII，8。莫卧儿和日本如何惩治走私，XIII，11。

阻遏权(Faculté d'empêcher)——什么是法律方面的阻遏权，XI，6。

祖父、外祖父(Aïeul)——孙子孙女可以继承祖父遗产，不能继承外祖父遗产，罗马法作此规定的理由，XXVII，1。

钻空子(Chicane)——对至今仍在使用的这种手法的精彩描述，这种手法导致对诉讼费用作出判决，XXVIII，35。

作者(Auteurs)——名气很大，但他们的作品却促使科学大步后退，XXX，15。

罪(Crimes)——在贵族政体下贵族会犯什么罪，III，4。尽管就其性质而言，各种罪都以公众为对象，但在各种政体下依然各不相同，III，5。罗马有多少种罪，由谁审判，XI，18。各类性质的罪应得的刑罚，XII，4。有多少种刑罚，XII，4。扰乱宗教的人应该归入破坏治安的人群中去，XII，4。扰乱公民的安宁但并未威胁公民安全的人应该如何惩治，XII，4。言论应该作为罪惩治吗？XII，2。治罪时应该考虑羞耻心，XII，4。何种宗教不应承认不可补赎的罪，XXIV，13。萨利克法关于罚金数额的规定，XXVIII，3。依据除萨利克法以外的蛮族法，立誓声称自己并未犯罪，并让证人立同样的誓，即可为自己解脱，证人的数量视罪的轻重而定，XXVIII，13。蛮族法仅以罚金处置，此时完全无须公方参与诉讼，XXVIII，36。日耳曼人只有两种应处极刑的重罪：胆小鬼和叛国者，XXX，19。

罪犯(Criminels)——为何许可处死罪犯，XV，2。对哪些罪犯可以处以流放，XXV，3。一些罪犯受法律处置，一些罪犯受官员处置，XXVI，24。

译名对照

A

阿巴思诺特 Arbouthnot
阿庇安 Appien
阿比西尼亚人 Abyssins
阿波加斯特 Arbogaste
阿德拉尔 Adelhard
阿蒂库斯 Atticus
阿杜安 Hardouin
阿尔巴 Albe
阿尔都塞 Althusser, Louis
阿尔基比亚德 Alcibiades
阿尔让松 Argensson, Marc-Louis d'
阿格里可拉 Agricola
阿戈斯 Argos
阿戈斯人 Argiens
阿加西亚斯 Agathias
阿基利乌斯·格拉布里奥 Acilius Globrio
阿吉罗芬格人 Agilolfingues
阿揭西劳 Agésilas
阿卡迪亚人 Arcades
阿卡迪乌斯 Arcadius
阿拉里 Alary, Pierre Joseph
阿拉里克 Alaric

阿拉图斯 Aratus
阿里安 Arrien
阿里奥巴赞 Ariobarzane
阿里奥斯托 Arioste
阿利巴斯 Arribas
阿里斯底德 Aristides
阿里亚纳 Ariane
阿里耶诺尔 Aliénor
阿马西斯 Amasis
阿米亚努斯·马西利纳斯 Ammien-Marcellin
阿莫里克 Armorique
阿姆洛·德·拉·乌赛 Amelot de la Houssaye
阿那克里翁 Anacréon
阿那斯塔修 Anastase
阿皮乌斯·克劳狄乌斯 Appius Claudius
阿奇利亚 Acilia
阿斯卡尼乌斯 Ascanius
阿司特 Aster
阿塔薛西斯 Artaxerxès
阿提卡 Attique
阿提拉 Attila
阿提米多卢斯 Artémidore
阿图阿尔帕 Athualpa

阿维图斯 Avitus
埃策希尔 Ezéchiel
艾蒂安·比赞斯 Etienne Byzance
埃尔莫根尼斯 Hermogenem
埃夫勒 Evreux
埃吉加 Egiga
埃卡尔 Echard
埃魁人 Eques
埃拉伽巴卢斯 Héliogabale
埃拉托斯特涅斯 Eratosthène
埃里亚人 Eléens
埃涅阿斯纪 Aenéide
埃弥利乌斯·鲍卢斯 Emile Paul
埃佩尔奈 Epernay
埃皮达姆纳人 Epidammiens
埃彭 Hébon
埃斯基涅斯 Eschines
埃斯图尔弗 Aistulphe
安德里 Andely
安东尼·马尔库斯 Marc-Antonin
安菲克提翁 Amphictyon
安戈尔斯 Angers
安库斯·马尔蒂乌斯 Ancus Martius
安尼乌斯·阿塞卢斯 Anius Asellus
安提奥基德海 Antiochide
安提奥库斯 Antiochus
安提帕特 Antipater
安条克(今安塔基亚) Antioche
安托尼乌斯 Antoine
安托尼乌斯·皮乌斯 Antonin Pie
安森 Anson
盎格鲁人 Angles
奥布 Abo
奥德修斯 Ulysse
奥尔泰子爵 Dorte

奥菲提安 Orphitien
奥弗里乌斯 Aufrius
奥古斯都 Auguste
奥克努米斯 Orchomène
奥克苏斯河 Oxus
奥朗则布 Aureng-Zeb
奥勒留·维克托 Aurelius Victor
奥卢斯·格利乌斯 Aulu Gelle
奥内希克里图斯 Onésicrite
奥赛里斯 Océlis
奥托 Othon
亚里安 Arien
亚里安 Arrien
亚里士多德 Aristode
亚里斯多德穆斯 Aristodème
亚里斯特 Aristée
亚里斯托布鲁斯 Aristobule
亚罗马蒂亚 Aromates

B

巴贝拉克 Barbeyrac
巴比里乌斯 Papirius
巴布曼德布 Babelmandel
巴多明 Parennin
巴尔比 Balbi
巴克豪森 Barckhaussen, Henri
巴克特里亚(大夏) Bactriane
巴鲁兹 Baluze
巴斯纳日 Basnage
巴希尔 Basile
柏拉图 Platon
柏努瓦·莱维特 Benoît Lévite
拜占庭 Byznce
邦尔卡萨 Benrekassa, Georges

鲍尔希安 Porcie
鲍里亚努斯 Paulin
鲍卢斯 Paul
贝奥蒂 Béotie
贝蒂卡 Bétique
贝蒂斯河 Bétis
贝卡利亚 Beccaria
贝列弗尔 Belièvre
贝尼耶 Bernier
贝吕勒 Bérulles, Pierre de
毕达哥拉斯 Pythagore
比代 Budé
比尔内 Burnet
比雷埃夫斯 Pirée
比索 Bison
博丹 Bodin, Jean
波尔塔瓦 Poltava
波菲利 Porphre
勃固 Pegu
博科里斯 Bocchoris
波利比乌斯 Polybe
博林布罗克 Bolingbroke, John
伯罗奔尼撒 Péloponnèse
波鲁克斯 Pollux
博内 Bonnet, Charles
博马努瓦 Beaumanoir
博纳伊 Bonneuil
博内 Bonnet, Charles
波舒哀 Bossuet
波斯杜谬斯 Posthumius
毕苏 Pisonem
布加利 Boucharies
布兰维利耶 Boulainvillier, Henri
布伦豪特 Brunehault
布鲁图 Brutus

布瓦吉贝尔 Boisguilbert, Pierre
布瓦耶 Boyer

C

查理五世 Charles V
查士丁 Justin
查士丁尼 Justinien

D

达蒙 Damon
达维拉 Davila
大夏人 Bactriens
戴奥德里克 Théodoric
戴尔萨斯 Delsace
戴封丹 Défontaines
戴克里先 Dioclétien
唐比埃 Dampierre
德笃利安 Tertullien
德·伽马, 洛佩兹 Gama, Lopez de
德拉克马 Drachmes
德·拉莫特, 乌达尔 de la Motte, Houdar
德·拉瓦莱特 de La Valette
德洛斯岛 Délos
德鲁苏斯 Drusus
德梅朗 de Mairan
德米特里乌斯 Démétrius de Phalère
德谟克利特 Démocrite
德摩斯梯尼 Démosthène
德若拉图斯 Dejoratus
狄奥 Dion
狄奥波普斯 Théopompe
狄奥多拉 Théodora

狄奥多罗斯 Diodore
狄奥凡特 Diophante
狄奥菲勒 Théophile
狄奥尼修 Denys
底比斯 Thèbes
底比斯人 Thébains
蒂博 Thibault
迪蒂耶 Duttilet
底格里斯河 Tigre
迪康热 Ducange
迪拉 Dira
蒂米什瓦尔 Temeswar
蒂永维尔 Thionville
狄特-李维 Tite-Live
杜尔阁 Turgot, Jacques
杜纳弗 Tournefort
多尔哥鲁基 Dolgourouki
多里安人 Dorique
多里亚 Doria, Paolo Mattia
多马 Domat, Jean
多维尔 Dodwell
杜申 Duchesne
杜伊卢斯 Duellus

F

法比亚人 Fabien
法布尔 Jean-Henri Fabre
伐鲁瓦 Valois
发纳高黎人 Phanagoréen
法沃里努斯 Favorinus
法希斯河 Phase
菲洛 Philon
腓罗佩门 Philopoemen
菲罗斯特拉图斯 Philostrate

费纳龙 Fénelon, François
腓特烈 Frédéric
冯特奈 Fontenay
封特奈尔 Fontenelle, Bernard
伏邦 Vauban, Sébastien
福尔班 Forbin
福凯斯 Phocas
弗拉维乌斯·沃比斯库斯 Flavius Vopiscus
佛兰德 Flandre
佛兰舍缪斯 Freinshemius
弗勒里 Fleury, Claude
弗雷戴贡德 Frédégonde
弗雷德加里乌斯 Frédégaire
弗雷齐埃 Frézier
福里乌斯·卡米鲁斯 Furius Camillus
弗里兹人 Frisons
弗洛鲁斯 Florus
福斯蒂尼亚努斯 Faustinien

G

高乃依 Corneille, Pierre
戈丹 Godin
格拉古·盖尤斯 Gracchus Caïus
格拉古·提比留 Gracchus Tiberius
格拉提安 Gratien
格拉维纳 J.-V. Gravina
格老秀斯 Grotius, Hugo van Groot
格利摩 Grimoald
格里永 Crillon
哥摩林角 Comorin
格努西乌斯 Génucius
根特人 Gantais

贡德鲍 Gondebaud
贡多瓦尔德 Gondovalde
古兰经 Alcoran
古朗治 Coulange, Fustel de
瓜拉尼人 Guaranis

H

哈德良 Adrien
哈尔梅诺普尔 Harmenopule
哈里卡纳索斯的狄奥尼修斯 Denys d'Halicarnasse
哈林顿 Harrington
海妖 Sirènes
汉尼拔 Hannibal
汉诺 Hannon
赫卡尼亚 Hyreanie
赫克勒斯 Hercule
贺拉斯 Horace
赫鲁尔斯人 Hérules
赫卢姆 Heroum
黑海 Pont-Euxin
花剌子模 Charisme
霍尔米德兹 Hormidas
霍诺里乌斯 Honorius
霍廷西乌斯 Hortensius

J

加的斯 Cadix
加尔希拉梭 Garcilasso
伽利埃努斯 Galien
加里亚尼 Galiani, Ferdinando
迦南 Cannan
贾尼松 Janisson

迦太基 Carthage
吉本 Gibbon, Edward
吉拉尔蒂, 里里奥 Giraldi, Lilio
吉兰 Guilan
吉里迈尔 Gilimer
基佐 Guizot, Guillaume
杰拉 Géla
杰龙 Gélon
杰尼库卢姆小丘 Janicule, Mont
杰诺韦西 Genovesi, Antonio
近邻同盟 Amphictyonie
京都 Mécao
居鲁士 Cyrus
君士坦丁·波菲洛戈尼图斯 Constantin Porphyrogénète
君士坦提乌斯 Constanee

K

卡蒂里纳 Catilina
卡蒂斯贾 Cadhisja
卡尔穆克人 Calmuks
卡尔西冬 Chalcédoine
卡尔西冬的费勒亚斯 Phaléas de Calcédoine
卡拉卡拉 Caracalla
卡拉马尼亚 Caramanie
卡里古拉 Caligula, Caïus
卡利卡特 Calicut
卡里西亚哥 Carisiaco
卡隆达斯 Charondas
卡墨埃斯 Camoens
卡帕多亚人 Cappadociens
卡皮多利努斯 Capitolin
卡斯蒂利亚 Castille

卡斯托耳和波吕丢刻斯 Castor et Pollux
卡瓦德 Cavade
卡瓦姆呼兰河 Kawamhuram
卡维里乌斯·鲁加 Carvilius Ruga
卡西奥多鲁斯 Cassiodore
卡希提里德岛 Cassitérides
卡西乌斯 Cassius
凯雷亚 Chéréas
恺撒 César
坎蒂利安 Quintilien
坎奈 Cannes
康比斯 Cambyse
康茂德 Commode
康斯坦丁·杜卡斯 Constantin Ducas
柯尔伯 Colbert, Jean-Baptiste
科尔基斯 Colchide
克拉吉乌斯 Cragius
克莱蒙,西蒙·德 Clermont, Simon de
克劳狄 Claude
克劳狄乌斯 Claudius
克雷姆狄乌斯·科尔都斯 Crémutius Cordus
科里奥拉奴斯 Coriolan
克利奥墨涅斯 Cléomène
克里特 Crète
科林吉乌斯 Coringius
科林斯 Corinthe
科林斯的菲洛劳斯 Philolaüs de Corinthe
克鲁恩西奥 Cluentio
克罗蒂尔德 Clotilde
克洛多米尔 Clodomir
科罗曼德尔海岸 Coromandel
克罗泰尔 Clotaire

科纳留斯 Cornelius
科纳留斯·尼波斯 Cornelius Nepos
科普托斯 Coptos
科塔 Cotta
肯普弗 Kempfer
库克洛普 Cycolpes
库拉河 Kur
库莱特 Curette
库里乌斯 Curius
库麦 Cumes
库西 Coucy
昆提乌斯·金基纳都斯 Quintius Cincinnatus

L

拉布吕耶尔 La Bruyère, Jean de
拉达曼图斯 Radammante
拉格雷塞 La Greesaye, Jean Brèthe de
拉各斯 Lagus
拉吉耶梯也尔 La Guilletière
拉克西安人 Laziens
腊古扎 Raguse
拉莫特 La motte, Houdar
拉姆齐 Ramsay, Andrew Richard
拉普兰 Laponie
拉普图姆 Raptum
拉齐奥人 Latium
拉特拉普 La Trappe
拉瓦莱特公爵 Valette, le duc de la
拉韦纳 Ravenne
拉希 Rachis
郎克 Lange
朗松 Lanson, Gustave
勒库安特 Le Cointe

莱比杜斯 Lepidus
莱比杜斯 Lépide
莱库古 Lycurgue
莱斯特鲁贡 Lestrigons
雷奥米尔 Réaumir
雷蒙·阿隆 Raymond Aron
里奥 Léon
利古里亚 Ligurie
利基尼乌斯 Licinius Caius
里科 Ricaut
里里奥·吉拉尔蒂 Lilius Girardus
里普埃尔人 Ripuaires
黎塞留 Richelieu
立窝尼亚 Livonie
林登勃洛赫 Lindembroch
琉克特拉 Leuctres
琉善 Lucien
罗昂 Rohan
洛吉耶·塔西 Logier Tassis
洛克 Locke, John
洛克里斯 Locrie
罗索, 科拉多 Rosso, Corrado
路德贝克 Rudbeck
罗里孔 Roricon
洛里埃 Laurière
罗慕洛斯 Romulus
罗塔利 Rotharis
勒诺多 Renaudot
雷塞逊德斯 Réccessuinde
罗得岛, 罗得侯爵 Rhodes
罗得岛人 Rhodiens
娄维吉尔德 Leuvigilde
卢卡 Lucques
鲁克莱西亚 Lucrèce
鲁瓦索 Loyseau

卢西乌斯·西庇阿
路易普朗 Lucius Scipion Luitpran
吕底亚 Lydie
吕基亚 Lycie
吕山德 Lysandre
吕西乌斯·瓦莱里乌斯·弗拉库斯 Lucius Valerius Flaccus
伦巴第人 Lombards

M

马比荣 Mabillon
马布里 Mably, Gabriel Bonnot de
马蒂尔德 Mathilde
马蒂乌斯·鲁蒂里乌斯 Martius Rutilius
马蒂耶 Mathieu
马尔库尔弗 Marculfe
马吉亚纳 Magiane
马卡萨尔人 Macassars
马可·奥勒留 Marc Aurèle
马克·布洛赫 Bloch, Marc
马克西米努斯 Maximinus
马库斯·瓦罗 Marc Varron
马莱阿角 Malée
马里沃 Marivaux, Pierre
马略 Marius
马略卡 Majorque
马提亚尔 Martial Valerius
马希尼萨 Massinisse
马赞达兰 Mazenderan
曼利乌斯·卡皮多利努斯 Manlius Capitolinus
曼利乌斯·托尔瓜图斯 Manlius Torquatus

曼努埃尔·科穆宁 Manuel Comnène
梅蒂乌斯·苏菲蒂乌斯 Metius Sufferius
梅卡多尔 Mercator
梅涅尼乌斯 Ménénius
米里维伊斯 Mirivéis
米尼阿莱斯 Miniares
米诺斯 Minos
米特拉达梯 Mithridate
堤亚 Médes
莫采苏马 Montésuma
莫德斯狄努斯 Modestinus
莫里西乌斯 Maurice
墨林德 Mélinde
莫洛斯人 Molosse
莫帕尔蒂 Maupertuis
墨特卢斯·努米底库斯 Métellus Numidicus
莫齐，罗贝尔 Mauzi, Robert
蒙吕克 Monluc
蒙庞西耶 Montpensier
蒙田 Montaigne, Michel
姆莫洛斯 Mummolus
穆基乌斯·斯凯沃拉 Mucius Scœvola
穆塔托里 Muratori

N

纳波奈兹 Narbonnaise
纳迪尔沙 Schah-Nadir
纳尔塞斯 Narcès
纳切兹人 Natchès
纳萨利乌斯 Nazaire
奈里，菲利普 Néri, Phlippe
奈伊人 Naïres

内勒 Nesle
内维尔 Nevers, Philippe
南怀仁 Verbiest, Ferdinand
尼布甲尼撒 Nabuchodonosor
涅尔瓦 Nerva
尼多斯 Gnide
尼古拉斯·达马斯 Nicolas de Damas
尼科 Necho
尼禄 Néron
尼塞塔斯 Nicetas
尼塔尔 Nitard
尼亚库斯 Néarque
努玛 Numa
努米底亚 Numidie

O

欧多克索斯 Eudoxe
欧里克 Euric

P

帕拉斯 Pallas
帕提亚人 Parthes
帕鲁帕米苏斯山脉 Paropamisade
帕塔拉 Patale
帕塔伦岛 Patalène
帕坦 Patane
帕特库卢斯 Paterculus
帕特洛克罗斯 Patrocle
佩达尔人 Pédaliens
佩蒂 Petty
佩蒂·德·拉克鲁瓦 Pétis de la Croix

译名对照 739

佩恩 William Penn
培尔 Bayle
佩尔菲特，阿兰 Peyrefitte, Alain
培根 Bacon
佩里 Perry
佩里西亚人 Périécien
佩洛皮达斯 Pélopidas
佩内斯特人 Pénestes
佩欧尼乌斯 Péonius
佩特罗尼乌斯·图尔比利亚努斯 Petronius Turpilianus
佩提纳克斯 Pertinax
庞波尼乌斯·梅拉 Pomponius Mela
皮埃里亚 Piérie
皮拉尔 Pirard, François
皮洛士 Pyrrhus
皮斯特 Pistes
蓬蒂厄 Ponthieu
蓬塞 Poncet
普布里乌斯·鲁蒂里乌斯 Publius Rutilius
普芬道夫 Pufendorf
普拉苏姆 Prassum
普劳狄乌斯 Platius
普里多 Prideaux
普林尼 Pline
普洛布斯 Probus
普洛科比乌斯 Procope
普洛庞蒂斯（马尔马拉海）Propontide
普洛泰尔 Protaire

Q

奇里乞亚 Silicie

奇里乞亚海岬 Zephyrium
乔南德斯 Jornandès
秦达逊德斯 Chaindasuinde
钦图斯·塞尔维利乌斯 Q. Servulius
屈亚斯 Cujas, Jacques

R

让·布蒂耶 Jean Boutiller
日耳曼人 Germains
若弗鲁瓦 Geoffroi
茹贝尔 Joubert

S

萨巴卡 Sabbacon
萨拉米 Salamine
撒迦利亚 Zacharie
萨克森人 Saxons
萨塔斯普 Sataspe
萨沃 Savot
塞尔维乌斯·图利乌斯 Servius Tullius
塞拉 Séra
塞克斯提留乌斯·鲁富斯 Sextilius Rufus
塞克斯图斯 Sextus
塞克斯图斯·柏图库斯 Sextus Peduceus
塞克斯图斯·恩比利库斯 Sextus Empiricus
塞克斯图斯·庞培 Sextus Pompée
塞琉古 Séleucus Nicator
塞米拉米斯 Sémiramis
塞纳尔 Sennar

塞奈 Cerné
塞涅卡 Sénèque
塞萨利人 Thessaliens
塞瓦朗勃 Sévarambes
塞维路斯·亚历山大 Sévère Alex-
　andre
塞西里乌斯 Cécilius
三月五日(人名) Cinq-Mars
桑克多利乌斯 Sanctorius
桑尼特人 Samnites
色拉斯 Thrace
色诺芬 Xénophon
瑟西 Circés
森普洛尼乌斯 Sempronius
沙特恩 Saturne
圣阿维特 Saint Avit
圣安布罗斯 Saint Ambroise
圣奥古斯丁 Saint Augustin
圣德尼 Saint-Denis
圣厄谢 Eucher Saint
圣帕特洛克罗斯 Saint Patrocle
圣-皮埃尔 Saint-Pierre, Charles
圣西利尔 Saint Cyrille
圣西蒙 Saint-Simon
石楼 Tour de Pierre
食鱼人 Ichthyophages
斯基泰人 Scythes
斯凯沃拉 Scévola
斯特拉波 Strabon
斯特罗夫斯基 Stlowsiki, Fortunat
斯托巴乌斯 Stobée
苏萨 Suse
苏埃托尼乌斯 Suétone Tranquilius
苏拉 Sulla(Sylla)
苏伊达斯 Suidas

苏约内人 Suions
索利斯 Solis
梭伦 Solon
琐罗亚斯德 Zoroastre
索西穆斯 Zozime
索佐梅诺斯 Sozomène

T

塔尔昆·普里斯库斯 Tarquinius
　Prisicus
塔克文 Tarquin
塔兰 Talent
塔奈伊斯河 Tanaïs
塔普洛班(斯里兰卡) Taprobane
塔西佗 Tacitus, Cornelius
坦佩 Tempé
特拉西米诺湖战役 Trasimènes
塔泰索斯河 Tartèse
塔维尼耶 Tavernier
泰冈 Tégan
泰莱马克 Télémaque
特兰西瓦尼亚 Transilvanie
特利巴尔人 Triballiens
特利比亚河战役 Trébies
特里博尼安 Tribonien
特罗古斯·庞培尤斯 Trogue Pompée
特吕布莱 Trublet, Nicola-Charles
忒昔丰 Ctésiphne
忒修斯 Thésée
提奥多西亚努斯 Théodosianus
提奥弗拉斯特 Théophraste
提比略 Tibère
提比留斯·格拉古 Tiberius Gracchus
提尔(图尔)Tyr

提吉利努斯 Tigellinus
梯耶里 Thierry, Augustin
涂尔干 Durkheim, Emile
托根堡 Tockembourg
托勒密·塞拉努斯 Ptolémée Céranus
托勒密·克劳德 Ptolémée Claude
托罗斯 Taurus
托马西耶尔 Thaumassière
托马斯·巴塞林 Thomas Bartholin
托马斯·盖杰 Thomas Gage
托玛希耶尔 Thaumassière
图尔的格雷瓜尔 Grégoire de Tours
图卢斯·霍斯提利乌斯 Tullus Hostilius
图密善 Domitien

W

瓦拉契亚 Valachie
瓦莱里 Valéry, Paul
瓦莱里乌斯·马克西姆斯 Valère-Maxime
瓦雷烈·普勃里科拉 Valerius Publicola
瓦伦梯尼安 Valentinien
瓦林斯 Valens
瓦鲁斯 Varus
瓦姆巴 Vamba
瓦纳歇尔 Wanachaire
万丹 Bantan
维蒂札 Vitiza
维杜里乌斯 Véturius
韦尔西尼, 洛朗 Versini, Laurent
魏吉尔 Virgile
维吉尼乌斯 Virginius

维吉尼亚 Verginie
维科 Vico, Giambattista
维克托·阿马戴乌斯 Victor Amédée
韦拉斯·达莱 Vairasse d'Allais
维列斯 Verrès
韦尼埃 Vernière, Paul
韦斯巴芗 Vespasien
维特利乌斯 Vitellius
韦伊 Veïes
韦伊人 Veïens
温德克斯 Vindex
沃尔古斯基人 Wolguski
沃尔内 Volney, Constantin
沃科尼乌斯 Voconius
窝尔西人 Volsques
伏尔西尼安人 Volsiniens
乌尔比安 Ulpien

X

西奥多·拉斯卡里斯 Théodore Lascaris
西奥多里克 Théodoric
西奥菲拉克特 Théophylacte
锡巴里斯人 Sybarites
希巴西斯河 Hypanis
西庇阿 Scipion
希达斯派斯河 Hydaspe
西德尼 Sidney
西多尼乌斯 Sidonius
希尔代里克 Childéric
希尔德贝 Childebert
西尔蒙都斯 Sirmond
西尔佩里克 Chilpéric
希费林 Xiphilin

希戈尼乌斯 Sigonius
西哥特人 Wisigoths
西吉斯蒙德 Sigismond
西克塔斯五世 Sixte V
西拉奴斯 Silanus
锡利群岛 Silley
西里亚诺斯 Syrian
希洛特人 Ilotes(Helites)
希米尔科 Himilcon
西内特 Cynète
西西安 Sicyone
锡亚格尔 Siagre
西哀耶斯 Sieyès, Emmanuel Joseph
夏克莱顿 Shackleton, Robert
小狄奥多西 Théodose le Jeune
谢尼埃 Chénier, André de
谢努塞尔特 Sésostris
新地岛 Nouvelle-Zambe
叙达斯 Suidas
许尔卡尼亚 Hyrcanie
叙拉古 Syracuse

伊壁鸠鲁 Epicure
以弗所 Ephèse
药杀水 Jaxarte
伊卡卢斯河 Icarus
伊里利亚人 Illyriens
伊内留乌斯 Inerius
伊庇鲁斯 Epire
伊撒克二世 Issac l'Ange
伊斯勃兰兹伊德斯 Isbrandsides
以土买人 Iduméens
伊希斯 Irtis
伊西斯 Isis
幼发拉底河 Euphrate
尤利安 Julien
幼里庇德斯 Euripide
幼琉士河 Euleus
尤塞比乌斯 Eusèbe
尤维纳利斯 Juvénal, Junius

Y

雅克一世 Jacques Ier
亚齐 Achim
亚述人 Assyriens

Z

詹农 Giannone, Pietro
佐纳拉斯 Zonare
哲特人 Gétiques
朱利安 Julie
朱利厄 Jureu, Pierre

图书在版编目(CIP)数据

孟德斯鸠文集. 第 2 卷 /(法)孟德斯鸠著；许明龙
译.—北京：商务印书馆，2022
ISBN 978 - 7 - 100 - 20921 - 2

Ⅰ.①孟…　Ⅱ.①孟…②许…　Ⅲ.①孟德斯鸠
（Montesquieu,Charles Louis de Secondat 1689-1775）—
文集　Ⅳ.①B565.24 - 53

中国版本图书馆 CIP 数据核字(2022)第 045374 号

权利保留，侵权必究。

孟德斯鸠文集
第 2 卷
论法的精神（下）
许明龙　译

商 务 印 书 馆 出 版
（北京王府井大街 36 号　邮政编码 100710）
商 务 印 书 馆 发 行
北京通州皇家印刷厂印刷
ISBN 978 - 7 - 100 - 20921 - 2

2022 年 8 月第 1 版　　　　开本 787×1092　1/16
2022 年 8 月北京第 1 次印刷　印张 47½　插页 2
定价：256.00 元